Dirk Wentzel (Hg.)

Medienökonomik –
Theoretische Grundlagen und ordnungspolitische Gestaltungsalternativen

Schriften zu Ordnungsfragen der Wirtschaft

Band 89: Medienökonomik – Theoretische Grundlagen und ordnungspolitische Gestaltungsalternativen

Lucius & Lucius · Stuttgart · 2009

Medienökonomik –

Theoretische Grundlagen und ordnungspolitische Gestaltungsalternativen

Herausgegeben von

Dirk Wentzel

Mit Beiträgen von

Thomas Apolte, Hanno Beck, Andrea Beyer, Oliver Budzinski,
Ralf Dewenter, Gisela Färber, Justus Haucap, Bernd Holznagel,
Karen Horn, Eike Jahn, Andreas Knorr, Jörn Kruse,
Nadine Lindstädt, Christian Müller, Nils Otter, Jan Schnellenbach,
Guido Schröder, Christina Schulz, Isabel Simon,
Torsten Sundmacher, Theresia Theurl, Lars Tutt,
Michael Vogelsang, Paul J.J. Welfens, Dirk Wentzel

Lucius & Lucius · Stuttgart · 2009

Anschrift des Herausgebers:

Prof. Dr. Dirk Wentzel
Hochschule Pforzheim
Tiefenbronner Straße 65
D-75175 Pforzheim
dirk.wentzel@hs-pforzheim

Bibliografische Information der Deutschen Nationalbibliothek

Die Deutsche Nationalbibliothek verzeichnet diese Publikation in der Deutschen Nationalbibliografie; detaillierte bibliografische Daten sind im Internet über http://dnb.d-nb.de abrufbar.

(Schriften zu Ordnungsfragen der Wirtschaft; Bd. 89)
ISBN 978-3-8282-0437-9

Gerokstraße 51 · D-70184 Stuttgart

Umschlaggestaltung: Isabelle Devaux, Stuttgart

Druck und Einband: ROSCH-BUCH Druckerei GmbH, 96110 Scheßlitz
Printed in Germany

ISBN 978-3-8282-0437-9
ISSN 1432-9220

Vorwort

Das „Internationale Forschungsseminar Radein e.V." ist eine echte Rarität in der internationalen Forschungslandschaft. In der Abgeschiedenheit eines Südtiroler Bergdorfes versammeln sich seit 1968 jedes Jahr etwa fünfzig bis sechzig Wissenschaftler, die zu aktuellen ordnungstheoretischen wie auch -politischen Themen eine Woche lang diskutieren. Interdisziplinarität war von Beginn an ein Strukturmerkmal des Seminars, weil die beiden Begründer, *K. Paul Hensel* und *Ingomar Bog*, die Volkswirtschaftslehre und die Wirtschaftsgeschichte an der Universität Marburg vertraten. Seitdem haben sich in Radein vor allem Wirtschaftswissenschaftler, aber auch Rechtswissenschaftler, Soziologen, Politologen und andere Geisteswissenschaftler zu fruchtbaren wissenschaftlichen Diskussionen vor dem beeindruckenden Panorama der Südtiroler Alpen getroffen. Auch Praktiker aus der Politik oder dem Wirtschaftsleben nehmen an den Seminaren teil und sorgen dafür, dass die Wissenschaftler „Bodenhaftung" behalten und dass die vorgestellten Theorien an tatsächlichen wirtschaftlichen Abläufen und an Politikberatung orientiert sind. Die akademische Besonderheit des Forschungsseminars ist die Art und Weise, wie offen und engagiert etablierte Professoren mit jungen Nachwuchswissenschaftlern diskutieren. Am Ende des Tages zählt nur das bessere Argument und nicht, von wem es vorgetragen wurde.

Im Februar 2008 betrat das Radeiner Forschungsseminar wissenschaftliches Neuland, denn erstmals wurde eine Tagung zu einem medienökonomischen Thema durchgeführt. Neben den „Alt-Radeinern", die den Verein tragen und ihre Erfahrungen an den Nachwuchs weitergeben, wurden zahlreiche externe Spezialisten aus Wissenschaft und Praxis eingeladen, die Beiträge zum Generalthema lieferten. Inhaltlich war das Seminar in drei Teilbereiche untergliedert. In einem ersten Block wurden ordnungsökonomische Grundfragen diskutiert, beispielsweise die Theorie „zweiseitiger Märkte", die Wettbewerbsintensität auf dem Nachrichtenmarkt und bildungsökonomische Wirkungen des Fernsehens. Im zweiten Block ging es um die ordnungspolitische Praxis, etwa um den öffentlich-rechtlichen Rundfunk zwischen Garantieansprüchen und Wettbewerbsdruck, um die Verwertung von Premium-Inhalten im Fernsehen, um Filmförderung, Nachrichtenagenturen oder auch die wissenschaftliche Politikberatung und deren Verhältnis zu den Medien. Im dritten Block wurden europäische Aspekte der Medienordnungspolitik diskutiert, denn der größte Binnenmarkt der Welt entwickelt sich zunehmend auch zu einem einheitlichen Medienmarkt ohne Schranken. Insofern sind Fragen beispielsweise zur Wettbewerbspolitik auf europäischen Medienmärkten, zum Pressevertrieb und der Regulierung der Telekommunikationsmärkte wissenschaftlich außerordentlich relevant und zugleich von großer Aktualität.

Abgerundet wurde das Seminar durch Vorträge renommierter Praktiker. So berichtete die langjährige FAZ-Redakteurin und jetzige Leiterin des Hauptstadtbüros des Instituts der deutschen Wirtschaft, Dr. *Karen Horn*, von ihren Erfahrungen bei der Publikation ordnungspolitischer Erkenntnisse. Ebenfalls aufschlussreich war der amüsante, aber doch mit einem großen Schuss Wahrheit vorgetragene Beitrag von Prof. Dr. *Hanno Beck* (Hochschule Pforzheim und FAZ) und *Michael Vogelsang* (ehemals n-tv), wie Ökonomen ihre Erkenntnisse an die Medien übermitteln können.

Die Drucklegung des Bandes gibt Gelegenheit, zahlreichen Helfern zu danken. An erster Stelle gebührt der *FAZit*-Stiftung Dank für eine sehr großzügige Spende, die zum Erfolg des Seminars beigetragen hat und in erster Linie der Förderung des wissenschaftlichen Nachwuchses zugute gekommen ist. Gedankt sei auch der *Hochschule Pforzheim*, die einer Studentin durch ein Stipendium die Anreise und Teilnahme am Seminar ermöglicht hat. Für die professionelle Organisation der Tagung danke ich *Raimund Scheffler* (Universität Münster) und für die Erstellung der Website, die extra für das Seminar angelegt wurde, *Alexander Moheit* (Hochschule Pforzheim).

Die redaktionelle Bearbeitung der Beiträge war mit großem Arbeitsaufwand verbunden. Hier sei Prof. Dr. *Alfred Schüller* gedankt für die kritische Durchsicht der Papiere und Dr. *Hannelore Hamel* für die sorgfältige Redigierung der Beiträge. *Christel Dehlinger* danke ich für die bewährte Fertigstellung des Druckexemplars.

Pforzheim und Marburg,
im Januar 2009 Dirk Wentzel

Inhalt

Einführung:

1. Teil: Theoretische Grundlagen

2. Teil: Ordnungspolitische Gestaltungsalternativen

Einführung

Dirk Wentzel (Hg.), Medienökonomik –
Theoretische Grundlagen und ordnungspolitische Gestaltungsalternativen
Schriften zu Ordnungsfragen der Wirtschaft · Band 89 · Stuttgart · 2009

Medienökonomik – Neuere Entwicklungen und Ordnungsfragen

Hanno Beck und *Dirk Wentzel*

Inhalt

1. Medien als Gegenstand wirtschaftswissenschaftlicher Forschung

„When my colleagues at *The New York Times* use the word „academic“, they intend no compliment; they mean irrelevant. And when my former colleagues in the academy describe someone's work as 'journalistic', they invariably mean shallow“.

Michael Weinstein (1992), S. 73.

1.1. Fragestellungen medienökonomischer Forschung

Im Zeitalter des Internet und weltumspannender Kommunikation ist die herausragende Rolle der Medien für die internationale Arbeits- und Wissensteilung unbestritten (vgl. *Geruschkat* und *Wentzel* 2003). Die modernen Mittel der Individual- und der Massenkommunikation sind *das* Bindeglied schlechthin zwischen den Gesellschafts- und Wirtschaftsordnungen dieser Welt.

Der Absturz der internationalen Börsen im Januar 2008 und erst recht im September und Oktober 2008 beispielsweise waren auch globale Medienereignisse: Getrieben von den Berichten *über* die krisenhaften Zustände an den asiatischen und den amerikanischen Finanzmärkten reagierten auch die europäischen Finanzmärkte entsprechend mit einem dramatischen Kurseinbruch. Dieses Beispiel verdeutlicht die *Dualität des Medienbegriffes*, die den besonderen Reiz des Forschungsgebietes Medienökonomik ausmacht. *Einerseits* geht es um reine Informationsvermittlung: Dass der Dax einen Wertverlust um 10 Prozent erlitten hat, ist eine ebenso *objektive Information* wie die Angabe über die aktuelle Schneehöhe in den beliebtesten deutschen Wintersportgebieten. *Andererseits* ist die Information über die Entwicklung der Finanzmärkte in einem wirtschaftspolitischen Umfeld zu interpretieren. Journalistisch formuliert, geht es um *Meldung* (Information) und *Kommentar* (Interpretation). Ist der temporäre Einbruch der Finanzmärkte der Beginn einer weltwirtschaftlichen Rezession oder lediglich eine überfällige Korrektur? Je nach wirtschaftspolitischer Grundausrichtung und/oder politischer Zielrichtung beginnt hier das *spin-doctoring*, das Drehen und Wenden von Informationen, so dass es in das eigene Weltbild hineinpasst und den eigenen Zielen dient (siehe *Färber* i. d. Bd.).

Medienökonomik befasst sich wissenschaftlich mit Massenmedien aus einem primär, aber keinesfalls ausschließlich ökonomischen Blickwinkel. Medienerzeugnisse (etwa Zeitungen, Filme, Fernsehsendungen) sind prinzipiell Güter, die sich bestens mit den Kategorien von Angebot und Nachfrage analysieren lassen. Die Produktlebenszyklus- und Marktphasentheorie von *Ernst Heuss* lässt sich ideal auf Medienerzeugnisse anwenden: Irgendwann wandert selbst eine Kultserie ins Archiv der Fernsehunternehmen. Ein Medienunternehmen, das dauerhaft mit seinen Produktionskosten oberhalb seiner Erlöse liegt, wird unausweichlich in den wirtschaftlichen Ruin geraten. Und wenn ein privater (und damit konkursbedrohter) Anbieter gegen einen staatlich unterstützten (und damit konkursunfähigen) Konkurrenten zu Feld ziehen muss, dann ist nicht verwunderlich, wenn sich der private Anbieter häufig in die letzten erlösfähigen Nischen zurückzieht, die ihm noch bleiben (siehe *Beck* und *Beyer* i. d. Bd.). Dies führt zwar häufig zum Naserümpfen der Bildungsbürger und zu einer generellen Medienschelte, aber das Verhalten der Medien gehorcht letztlich einer eindeutigen ökonomischen Logik: An sog. zweiseitigen Märkten[1] (*two-sided markets*) ist die Attraktivität des Werbeplatzes unmittelbar von der Einschaltquote und damit dem Programminhalt abhängig (ausführlich *Dewenter* und *Haucap* i. d. Bd.).

Auch die Auffassung, die Medien müssten oder sollten *objektiv* über Sachverhalte berichten, erweist sich als Mythos und hält einer genaueren ökonomischen Analyse kaum Stand. Es gibt ökonomische und wissenschaftlich nachprüfbare Gesetze des Medienmarktes, die dem entgegenstehen. Objektivität würde implizieren, dass die Häufigkeit und Genauigkeit, mit der in den Medien über gesellschaftliche oder wirtschaftliche Probleme gesprochen wird, relativ proportional zu den tatsächlichen Sachverhalten stünde. Nennungskurven und Problemkurven müssten also einen ähnlichen Verlauf aufweisen. Eine empirische Überprüfung dieser Hypothese hat jedoch ein vollkommen anderes Bild ergeben (siehe *Tietzel* und *Wentzel* 2005). Selbst seriöse Zeitungen können nur solange über ein Thema berichten, wie ein bestimmter Neuheitsgrad der Information vorliegt. Danach gehen die Nennungskurve und die Problemkurve wieder stark auseinander. Berichten die Medien zu lange über ein Thema, laufen sie Gefahr, ihre Kunden zu verlieren[2].

Objektivität der Berichterstattung wird auch noch durch eine zweite, sehr interessante Eigenschaft des Gutes Information eingeschränkt. Unabhängig von der wirtschaftlichen Zielrichtung hat jedes Medienunternehmen den Ehrgeiz, möglichst als erster mit einer neuen Meldung am Markt zu sein, denn nur unveröffentlichte Information hat die Eigenschaften eines privaten Gutes. Sobald jedoch eine Information einmal publiziert ist, wird sie zum öffentlichen Gut, das jeder nutzen kann. Dies gilt für die Meldung, dass der französische Staatspräsident eine sehr attraktive Lebensgefährtin gefunden hat, ebenso wie für die Publikation neuer wissenschaftlicher Erkenntnisse in einem referierten Journal. Die *Rangposition* der Informationsveröffentlichung bestimmt deren Wert, so dass Journalisten wie auch Wissenschaftler unter Zeitdruck stehen, was zu Qualitätsverlust bei der Veröffentlichung führen kann. Die Rangposition einer Informationsnutzung ist zudem von entscheidender Bedeutung bei sog. „Premium-Inhalten", also solchen Inhalten, die für die Mediennutzer besonders attraktiv sind (siehe *Kruse* i. d. Bd.). Ein Pay-TV-Anbieter wird nur dann am Markt überleben können, wenn er über besonders attraktive Inhalte verfügt (etwa die Übertragungsrechte für die Fußball-Bundesliga) und diese auch als erste mit großem zeitlichem Abstand zu einem möglichen Zweitverwerter nutzen kann.

Die klassische und heute größtenteils mathematische Ökonomie hat nach wie vor große Schwierigkeiten, die Medienbranche angemessen zu analysieren und Politikempfehlungen abzuleiten, die Realitätsbezug und empirische Relevanz aufweisen. Vielleicht

---

1 Der Begriff two-sided markets ist mißverständlich, weil üblicherweise jedes Marktgeschehen Anbieter und Nachfrager hat, also zweiseitig ist. Diese Kritik teilen auch *Dewenter* und *Haucap* in ihrem Beitrag in diesem Band. Allerdings hat sich dieser Begriff in der Literatur durchgesetzt und wird deshalb auch hier so genutzt.

2 Die Berichterstattung über den Irak-Krieg ist sowohl in den USA als auch in Europa praktisch eingestellt worden, obwohl die Verluste der amerikanischen Truppen im Jahr 2007 und auch 2008 unvermindert hoch waren.

erklärt dies auch das eher begrenzte Interesse an diesem Gebiet auf den großen ökonomischen Fachtagungen, etwa des Vereins für Socialpolitik. Während sich ausschließlich theoretisch arbeitende Ökonomen in ihren Elfenbeinturm zurückziehen können und sich durch die Abstraktheit ihrer Modelle weitgehend gegen Kritik immunisieren, sind Medienökonomen quasi täglich einer Falsifikation ausgesetzt. Die mikroökonomische Verhaltensannahme etwa, dass sich die Menschen stets rational und vollständig informiert um Nutzenmaximierung bemühen, ist in der Medienwirkungsforschung und auch in den sog. *behavioral economics* schon seit Jahren widerlegt (ausführlich *Beck* 2008). Medienökonomik ist grundsätzlich interdisziplinär ausgerichtet, weil sie Ergebnisse und Erkenntnisse aus anderen Forschungsbereichen integriert – etwa der Medienwirkungsforschung, die der „reinen" ökonomischen Theorie nicht ohne weiteres zugänglich sind.

Außerdem sind in der realen Medienordnungspolitik und der wissenschaftlichen Beratung hierzu zahlreiche *juristische* Gesichtspunkte zu berücksichtigen (ausführlich *Holznagel* et al. i. d. Bd.). Die Rechtsprechung des Bundesverfassungsgerichtes unterscheidet sich nun einmal fundamental von der des amerikanischen Verfassungsgerichtes – mit weiterreichenden Konsequenzen für die tatsächlichen Medienordnungen in Deutschland und in den USA (siehe *Wentzel* 2002a). Medienökonomische Überlegungen, die beispielsweise bei wettbewerbspolitischen Entscheidungen der nationalen Kartellbehörden oder bei der EU-Kommission Gehör finden, ähneln eher juristischen Abwägungsentscheidungen (siehe *Dewenter* und *Haucap* i. d. Bd.) und weniger mathematischen Optimierungskalkülen.

1.2. Methodische Grundfragen und Konflikte

Jedes Forschungsprogramm muss zunächst Auskunft geben, mit welcher Methode neue Erkenntnisse gewonnen und empirisch überprüft werden sollen. Hier gibt es ein großes Spannungsfeld zwischen „Theorie und Erfahrung" (vgl. *Albert* und *Stapf* 1979). Besonders schwierig können solche Methodenfragen werden, wenn zwei Fachgebiete zusammengeführt werden – wie beispielsweise *Medienforschung* und *Ökonomik* – und in diesen Fachgebieten unterschiedliche methodische Vorgehensweisen und Standards üblich sind.

Die wirtschaftswissenschaftliche Forschung hat sich in den vergangenen Jahrzehnten in zahlreiche neue „fachfremde" Gebiete vorgewagt, die traditionell eigentlich anderen sozialwissenschaftlichen Disziplinen zuzuordnen sind. Die hochaktuelle „Glücksforschung" oder die schon etwas ältere ökonomische Analyse der Demokratie, die ökonomische Theorie von Familien und Partnerwahl oder auch die ökonomische Theorie von Drogenkriminalität sind Beispiele für eine Entwicklung, die von deren Befürwortern als Indiz für die Leistungsfähigkeit des ökonomischen Ansatzes, von deren Kritikern als Indikator für den sog. „ökonomischen Imperialismus" gewertet werden. Selbst die Liebe konnte sich einer ökonomischen Analyse nicht entziehen (vgl. *Beck* 2005b). Angesichts der Tatsache, dass Ökonomen offensichtlich kaum eine sozialwissenschaftliche Erscheinung für eigene Forschungsbemühungen auslassen, ist es um so verwunderlicher, daß bis heute eigentlich wenige Bemühungen unternommen wurden, den Mediensektor systematisch in die ökonomische Theorie zu integrieren (vgl. *Wentzel* 1998; 2002a). Nach wie vor ist das Verhältnis zwischen den beiden Fachdisziplinen Medienwissenschaft und Wirtschaftswissenschaft sehr distanziert, und der methodische Brückenschlag einer Medienökonomik steckt noch in den Kinderschuhen.

Für jeden theoretisch oder wirtschaftspolitisch ausgerichteten Ökonomen müsste eigentlich die These von *Luhmann* (1996) relevant sein, dass alles handlungsrelevante Wissen der Menschen letztlich über die Medien transportiert wird, ganz nach dem Motto: „Was wir wissen, wissen wir letztlich nur aus den Medien". Diese allgemein formulierte These *Luhmann*s lässt sich sicherlich im Einzelfall leicht widerlegen, gleichwohl liegt ein hohes Maß an empirischer Relevanz und intuitiver Wahrheit in der abgeschwächten Version, dass die Menschen die meisten Dinge, die Gegenstand alltäglicher Kommunikation sind, aus den Medien beziehen. Um einen Klassiker der Ordnungstheorie zu zitieren: Für *Friedrich A. von Hayek* (1976, S. 105) ist die Frage, wie die Menschen Wissen erwerben und im wirtschaftlichen Planungsprozess nutzen, der Kernpunkt jeder Theorie, die den Wirtschaftsprozess erklären will. Dennoch betrachten sich Ökonomen und Medienwissenschaftler häufig mit der gleichen Sympathie wie Hund und Katze und werfen sich wechselseitig Oberflächlichkeit und Irrelevanz vor, wie das einleitende Zitat von *Weinstein* (1992) belegt.

Das offensichtliche Fehlen einer präzise ausformulierten „ökonomischen Theorie der Medien" dürfte nach wie vor vor allem methodische Gründe haben. Die meisten Ökonomen vertrauen einem eng ausgelegten *homo oeconomicus*-Ansatz, der im unbeschränkten Eigeninteresse und einer vollkommenen Rationalität seine Stützpfeiler hat und der rein methodisch für mathematische Optimierungskalküle hilfreich erscheint. Die besondere methodische Feinheit des ökonomischen Ansatzes wurde von *Becker* und *Stigler* (1977) in ihrem grundlegenden Artikel dargelegt. Im *rational choice*-Ansatz werden die Präferenzen der Individuen als gegeben und konstant angesehen: „De Gustibus *Non Est* Disputandum". Wenn jedoch angenommen wird (und empirisch sehr leicht gezeigt werden kann), dass Medien einen Einfluss auf die Bevölkerung ausüben, also mithin deren Präferenzen ändern, dann wird bereits ersichtlich, warum die traditionelle ökonomische Wissenschaft dem Mediensektor rein methodisch mit großen Schwierigkeiten gegenübersteht.

Der methodische Konflikt zwischen Ökonomik und Medienwissenschaft wird noch verschärft, wenn die (umstrittene) Annahme *vollständiger Information* berücksichtigt wird. Diese Annahme ist aus der Sicht der Medien vollkommen realitätsfern und widerspricht dem tagtäglichen Bild, nach dem Menschen alles tun, um neue Informationen zu erhalten und sie für die eigenen wirtschaftlichen Überlegungen zu nutzen. Zwar ist aus der Wissenschaftstheorie hinlänglich bekannt, dass zwischen dem Realitätsgehalt von Annahmen und der Qualität von Theorien kein systematischer Zusammenhalt besteht (siehe *B. Wentzel* 1998). Aber in diesem Fall hätte diese Hypothese weit reichende Folgen für das Verhalten der Wirtschaftssubjekte, denn ein vollständig informiertes Individuum hat überhaupt keinen Anreiz, sich mit zusätzlichen Informationen zu versorgen. Es wird keine Nachfrage entfalten und die Medien nicht mehr nutzen, es sei denn, zu reinen Unterhaltungszwecken. Ein vollständig informiertes Individuum fällt als Mediennutzer quasi aus.

Allerdings ist festzustellen, dass formale Abstraktion und Falsifizierbarkeit allein noch kein Qualitätsmerkmal einer wirtschaftswissenschaftlichen Theorie sein können. Wie *von Hayek* (1972, S. 17 f.) in seiner „Theorie komplexer Phänomene" feststellt:

> „Der Fortschritt der Wissenschaft wird sich so in zwei verschiedene Richtungen entwickeln müssen: Während es einerseits gewiß wünschenswert ist, unsere Theorien so falsifizierbar wie möglich zu machen, müssen wir andererseits in Gebiete vorstossen, in denen, wenn wir vordringen, der Grad der Falsifizierbarkeit notwendigerweise abnimmt. Das ist der Preis, den wir für ein Vordringen in das Gebiet der komplexen Phänomene zu zahlen haben."

Medien selbst und deren Auswirkung auf Wirtschaft und Gesellschaft sind in diesem Verständnis komplex und vielschichtig. Es geht um nichts weniger als um die Erklärung, in welcher Weise Medien im ökonomischen und politischen Prozess wirken und damit die wirtschaftliche Entwicklung von Nationen mitbestimmen. Es gilt, *Mustervoraussagen* zu gewinnen, mit denen die Schwankungen in der wirtschaftlichen Entwicklung auch auf die Vermittlung von Informationen und Stimmungen in den Medien zurückgeführt werden können. Auf den Punkt gebracht: Die Qualität einer Medienordnung ist zunehmend ein wirtschaftlicher Standortfaktor mit beachtlichen gesellschaftlichen Nebenwirkungen.

Die besondere Schwierigkeit, mit der ein medienökonomisches Forschungsprogramm konfrontiert ist, liegt darin, alle für die Fragestellung einflussrelevanten Faktoren festzustellen. Angesichts der Komplexität des Mediensektors ist dies schon rein praktisch nur schwer zu leisten. Hierin liegt aber auch der besondere Reiz des Forschungsgegenstandes „Medien", der sich von den „einfachen Phänomenen" unterscheidet, die sich wegen der überschaubaren Anzahl entscheidungsrelevanter Variablen auch vergleichsweise einfach formal darstellen lassen. Grundsätzlich gilt, dass eine leistungsfähige Theorie eine solche ist, die auf eine möglichst einfache Weise viel erklären kann. Es ist aber kein systematischer Zusammenhang zwischen dem Formalisierungsgrad und der Qualität einer Theorie festzustellen.

Erfreulich ist festzustellen, dass in jüngerer Zeit eine Belebung der medienökonomischen Diskussion stattgefunden hat (vgl. etwa *Waldfogel* 2007). Zudem sind neue Fachzeitschriften und Journals entstanden, die sich auf hohem theoretischen Niveau mit Medienfragen befassen, sowohl volkswirtschaftlich wie auch betriebswirtschaftlich mit Managementbezug. Auch sind in jüngerer Zeit mehrere Studiengänge begründet worden, die Medien, Ökonomik und Management miteinander verbinden. Dies könnte ein Anreiz für jüngere Forscher sein, sich intensiver mit diesem Fachgebiet zu befassen. Außerdem wird zunehmend klar, dass jede erfolgreiche (wirtschafts-)wissenschaftliche Politikberatung eine implizite Mediennutzungstheorie beinhalten muss (siehe *Färber* i. d. Bd.). Medienkompetenz wird zur Schlüsselkompetenz in der Politikberatung – und die Politikberater, wie beispielsweise *Bert Rürup*, werden selbst zum Gegenstand des Medieninteresses.

2. Anwendungsgebiete der Medienökonomik

Die Anwendungsgebiete der Medienökonomik sind vielfältig, was einen besonderen Reiz dieses Forschungsgebietes ausmacht. Grundsätzlich zu unterscheiden sind theoretische Grundfragen der Medienökonomik sowie ordnungspolitische Gestaltungsfragen, sowohl auf nationaler Ebene als auch in übergeordneten regionalen Zusammenhängen – vor allem in Europa (ausführlich *Wentzel* 2006a).

2.1. Theoretische Grundfragen

Bei den theoretischen Grundfragen der Medienökonomie interessiert zunächst die Marktstruktur. Medienmärkte sind besondere Märkte, denn es geht um Inhalte, die für die öffentliche Meinungsbildung und Kultur von besonderem Interesse sein können, sowie um die wirtschaftliche Verwertung von Werbeplätzen. Medien sind also einerseits ein *Kulturgut*, andererseits ein *Wirtschaftsgut* wie jedes andere auch (ausführlich *Wentzel* 2002a). Die Ordnungsfragen und die Wettbewerbsfragen, die sich aus dieser Dualität ergeben, sind vielfältig. In der Literatur hat sich die sog. „Theorie zweiseitiger Märkte" durchgesetzt, um Märkte zu analysieren, bei denen der Nutzen aller Marktteilnehmer positiv (oder negativ) davon abhängt, wie viele Teilnehmer es auf der jeweils anderen Marktseite gibt (siehe *Dewenter* und *Haucap* i. d. Bd.). Der Nutzen der Fernsehzuschauer oder der Leser hängt beispielsweise davon ab, wie viele Werbeeinheiten im Medium enthalten sind. Andererseits hängt der Erfolg eines werbetreibenden Unternehmens davon ab, wie viele Nutzer ein Medium tatsächlich hat: Hier geht es um sog. Netzwerkeffekte. Jede (wirtschaftspolitische) Maßnahme, die eine Seite berührt, hat also somit unmittelbare Rückwirkungen auf die andere Marktseite. Die Medien sind also eine Art von Verbindungsglied zwischen Werbung und Publikum (ausführlich *Beck* 2005a).

Mit der „Theorie zweiseitiger Märkte" können Machtstrukturen in Medienmärkten treffend analysiert werden. Dies gilt auch für cross-mediale Verflechtungen, etwa zwischen Presse- und Fernsehunternehmen. Damit ist dieser Ansatz ein wichtiger und empirisch gehaltvoller Baustein einer medienökonomischen Theorie. Auch für die tatsächliche Politikberatung hat der Ansatz großen Nutzen: Er wird in den Gutachten der Monopolkommission und des Bundeskartellamts ebenso berücksichtigt wie in der EU-Kommission, die sich häufig zu Medienfragen äußert – beispielsweise in den ordnungspolitisch eminent wichtigen Fernseh-Richtlinien.

Eine weitere Grundfrage der Medienökonomik ist darauf gerichtet, inwieweit eine qualitativ hochwertige Versorgung mit Medien und Medienerzeugnissen durch den freien Wettbewerb des Marktes erreicht werden kann oder durch andere, nicht-marktliche (öffentlich-rechtliche) Allokationsmechanismen bewirkt werden sollte (ausführlich *Beck* und *Beyer* i. d. Bd.). Prinzipiell lassen sich zahlreiche ökonomische Ansätze auf diese Frage anwenden, so etwa die Theorie der öffentlichen Güter, die Theorie des Marktversagens oder auch die Theorie der externen Effekte. Zwar hängt diese Analyse immer mit dem (schwierigen) Werturteil zusammen, was genau „qualitativ hochwertige Medien" sind. Lässt sich Qualität an der Einschaltquote messen, oder bedarf es anderer Erfolgsmaßstäbe? Ein deutscher Literaturkritiker wird diese Frage sicherlich anders beantworten als die jugendlichen Fans von „Deutschland sucht den Superstar". Die Wertgeladenheit dieser Diskussion lässt sich leicht daran erkennen, dass beispielsweise in Deutschland mit mehr als sieben Milliarden Euro ein öffentlich-rechtlicher Rundfunk finanziert, eine öffentlich-rechtliche Zeitung aber vehement abgelehnt wird. Es muss also noch einige nicht-ökonomische Argumente dafür geben, dass vollkommen unterschiedliche Ordnungsansätze für den Rundfunk und für die Presse in Deutschland gewählt wurden.

Von besonderem Interesse ist zweifelsohne die *Theorie externer Effekte* im Zusammenhang mit der Medienökonomik. Die aktuellen (empirischen) Ergebnisse der Hirnforschung, der Jugendpsychatrie und der Kriminologie belegen eindeutig, dass ein überzogener Medienkonsum bei Heranwachsenden, aber auch bei Erwachsenen gravierende Folgen haben kann (ausführlich *Müller* i. d. Bd.). Im bisher größten Massaker an einer amerikanischen Schule in *Columbine* im Jahre 1999 spielten die beiden Attentäter eine Szene nach, die sie zuvor immer und immer wieder in dem Actionfilm „Matrix" gesehen hatten. Also: Zu viel Medienkonsum (Fernsehen, Internet, Videospiele) macht dumm und eventuell sogar aggressiv, wie auch die viel beachteten empirischen Untersuchungen von *Spitzer* (2006) belegen. Allerdings ist die Kausalität im Einzelfall schwierig nachzuweisen. Warum führte der Film „Matrix" bei den jugendlichen Attentätern zu den tödlichen Verhaltensweisen, während Millionen anderer Zuschauer diesen Film ebenfalls geschaut haben, ohne in vergleichbarer Weise aggressiv nach außen zu wirken? Möglicherweise ist die Kausalität aber auch anders herum: Wer Neigung zu Gewalttätigkeit hat, schaut sich solche Filme an – man wird also nicht aggressiv, weil man entsprechende Filme schaut, sondern man schaut entsprechende Filme, weil man latent aggressiv ist.

Eine besondere Schwierigkeit im Umgang mit Inhalten, die potentiell jugendgefährdend sein können, besteht in der *ex post*-Wirkung des Ordnungsrechts. Wird ein Sender, der eine jugendgefährdende Sendung ausgestrahlt hat, im nachhinein bestraft, so ist vermutlich die negative Wirkung der Sendung schon eingetreten. Die angedrohte Strafe müsste also so prohibitiv hoch sein, dass kein Sender es sich leisten kann, einen solchen Inhalt zu senden. Dies ist aber praktisch kaum zu leisten. Zudem könnte es ein Sender als strategische Marketingaktion sehen, einen „Schocker" zur besten Sendezeit zu platzieren – und die Strafe als Werbeaufwendungen verbuchen. Bei Medieninhalten ist also grundsätzlich ein selbst-regulativer Ansatz vorzuziehen (siehe *Wentzel* 2002b), denn nur hierdurch können Inhalte mit negativen Externalitäten *ex ante* verhindert werden, *bevor* sie gesendet werden.

Ausgesprochen schwierig und wertgeladen sind die ordnungspolitischen Schlussfolgerungen, die aus der Analyse der Externalitäten gezogen werden können. Während manche Autoren mit guten Argumenten eine strikte Begrenzung jugendgefährdender Inhalt empfehlen (etwa *Müller* i. d. Bd.), fordern andere Autoren (etwa *Apolte* in seiner pointierten Gegenposition, i. d. Bd.) eine stärkere Betonung der Marktmechanismen sowie der Eigenverantwortlichkeit der Betroffenen. Ohne Zweifel gibt es in jedem Haushalt zahlreiche Gefährdungen für kleine Kinder, etwa Putzmittel oder Küchengeräte (Messer, Ofen). Hier ist es zweifelsohne die Verantwortung der Eltern, den Kindern den Zugang zu diesen Dingen zu versperren und ab einem gewissen Alter den verantwortungsvollen Umgang mit gefährlichen Stoffen und Geräten beizubringen. In diesem Sinne ist an die Eltern zu appellieren, ihren Kindern den Zugang zu gefährlichen Medieninhalten zu kontrollieren.

Auch die Frage nach öffentlich-rechtlichen Medien und deren Programmleistung ist im Zusammenhang mit der Externalitätentheorie zu stellen (hierzu *Schröder* i. d. Bd.). Da öffentlich-rechtliche Medien marktunabhängig finanziert werden, können sie sich aus der Werbeeinahmen-Reichweiten-Spirale befreien und pädagogisch und kulturell wertvollere Inhalte senden – so sagt es jedenfalls die Theorie. Der werbe- und gewaltfreie Kinderkanal KIKA ist hierzu sicherlich ein gutes Beispiel, wie einschlägige Untersuchungen belegen. Ebenso geht es um objektive und gut recherchierte Inhalte bei Nachrichtensendungen, die für kollektive Lernprozesse und politische Willensbildung von herausragender Bedeutung sind (hierzu *Schnellenbach* i. d. Bd.). Allerdings ist die Beziehung zwischen dem öffentlich-rechtlichen Grundversorgungsauftrag und dem tatsächlichen Programmangebot wesentlich komplizierter, als dies mit der (vereinfachenden) Externalitätentheorie analysiert werden kann. Die öffentlich-rechtlichen Anstalten sind eine Einrichtung, auf die sich die ökonomische Theorie der Bürokratie (*Niskanen* 1971) ideal anwenden lässt. Allein schon die Tatsache, dass weltweit die nichtkommerziellen Anstalten vollkommen unterschiedlich organisiert, finanziert und politisch gesteuert sind, lässt erkennen, dass es sich hier eher um einen politisch-administrativen Sektor handelt als um einen wirtschaftlichen (siehe *Browne* 1999).

Der öffentlich-rechtliche Sektor in Deutschland ist der größte weltweit und ein politischer Machtfaktor erster Kategorie. Diese Bürokratie versucht, ihr Budget zu maximieren und ihren Aufgabenbereich auszuweiten. Auch auf dem umkämpften Markt für Premium-Inhalte sind die öffentlich-rechtlichen Anstalten sehr aktiv mit dem fragwürdigen Argument, dass nur durch ein attraktives Rahmenprogramm auch kulturell wertvolle Inhalte übertragen werden können (sog. „Lokomotiv-Funktion massenattraktiver Programme"). Allerdings hat die Europäische Kommission beim Verhalten der öffentlich-rechtlichen Sender mäßigend gewirkt. Da Beihilfen grundsätzlich im Binnenmarkt verboten sind und die Gebührenfinanzierung ordnungspolitisch sehr bedenklich ist, wurden Auflagen ausgesprochen, um Verdrängungseffekte gegen private Mitbewerber aus dem In- und Ausland zu verhindern. Hier verbindet sich die ordnungstheoretische Analyse mit der tatsächlichen Politikberatung und ordnungspolitischer Praxis (siehe *Holznagel* et al. sowie *Budzinski* i. d. Bd.).

Die Schwierigkeiten des öffentlich-rechtlichen Angebots zeigen sich auch in den neuen Medien und im Internet. Das Internet ist weitgehend staatsfrei entstanden und führt ohne Zweifel zu einem flächendeckenden Angebot zu sehr günstigen Preisen für den Verbraucher (siehe *Beck* 2005a; *Geruschkat* und *Wentzel* 2003): Für ein staatliches Angebot lassen sich ökonomisch keine Argumente finden. Allerdings bewegen sich die (deutschen) öffentlich-rechtlichen Anstalten hier wie der berühmte Hecht im Karpfenteich: Mit weit über sieben Milliarden garantierten Einnahmen und zahlreichen *spill over*-Effekten können private Anbieter leicht vom Markt verdrängt werden. Dies wäre wettbewerbspolitisch ausgesprochen bedenklich und führt zu Klärungsbedarf, wie dies mit dem 12. Rundfunkänderungsstaatsvertrag im Oktober 2008 geschehen ist.

Aber auch für die klassischen Medien Rundfunk und Presse stellen sich durch das Internet völlig neue Ordnungsfragen, die zu klären sind (siehe *Lindstädt* i. d. Bd.). Immer mehr junge Menschen gehen *online* und verzichten auf eine Zeitungslektüre. Verdrängt also das Internet die Zeitung, oder kommt es zu komplementären Nutzungsbeziehungen? Wie sieht es insgesamt aus mit den verschiedenen Teilmärkten, etwa dem Stellenmarkt, dem Markt für gebrauchte Autos oder der Nachrichten-Berichterstattung? Durch die sog. Medienkonvergenz verschwimmen die Grenzen zwischen Massenkommunikation und Individualkommunikation, und es kommt zu einer Verschmelzung dieser Ordnungsbereiche und der dahinter stehenden Legislationen. So kann das Telefon (Handy) als Kernstück der Individualkommunikation zunehmend auch für Fernsehen und Video genutzt werden – und die Inhalte können grenzüberschreitend aus dem Internet herunter geladen werden. Hierdurch wird nationale Ordnungspolitik praktisch unmöglich, und es besteht die Notwendigkeit, Ordnungsbedingungen in einem größeren Rahmen zu schaffen – etwa auf der Ebene der EU. Es ist unschwer zu erkennen, dass angesichts des Tempos des technischen Fortschritts hier auf lange Zeit großer Forschungsbedarf besteht. Die Gesetzgebung läuft hier sozusagen den neuesten technischen Entwicklungen systematisch hinterher.

2.2. Ordnungspolitische Praxis

Seit der Zulassung privater Rundfunkanbieter in Deutschland steht der sog. Funktionsauftrag der öffentlich-rechtlichen Anbieter im Zentrum der Debatte (vgl. *Holznagel* 1999, auch *Holznagel* et al. i. d. Bd.). Das Bundesverfassungsgericht, das in seinen ersten Rundfunkurteilen zum sog. „*Adenauer*-Fernsehen" noch ökonomisch argumentierte und die Theorie öffentlicher Güter bemühte, hat sich längst einer anderen Strategie zugewandt, die im interdisziplinären Diskurs leichter zu verteidigen ist. Da der Rundfunk durch die moderne Verschlüsselungstechnik und das Ausschlussprinzip zu einem privaten Gut geworden ist, wird nunmehr mit einem Grundversorgungsauftrag argumentiert. Der private Rundfunk ist frei in der Programmgestaltung und auch im Angebot von qualitativ bedenklichen Formaten dadurch, dass der öffentlich-rechtliche Rundfunk die Grundversorgung mit hochwertigen Informationen und Sendeformaten übernimmt.

Die Argumentation des Bundesverfassungsgerichtes findet unter Ökonomen wenig Zustimmung, umso mehr hingegen in der Politik und auch in vielen Interessenvertretungen (Kirchen, Gewerkschaften, Umweltverbände). Die kulturelle Prägung dieser Argumentation ist offensichtlich, denn in anderen Ländern, in denen grundsätzlich die gleichen ökonomischen Gesetzmäßigkeiten gelten, wird völlig anders argumentiert. Dies kann teilweise auch bürokratie-theoretisch begründet werden, denn die öffentlich-rechtlichen Sender sind auch große Versorgungsanstalten (ausführlich hierzu *Wiechers* 1992) für Menschen aus der Politik oder politiknahen Vereinigungen. Angesichts der Macht der Öffentlich-Rechtlichen kann es sich auch kein Politiker leisten, sich ernsthaft mit den Anstalten anzulegen, weil deren Meinungsmacht im Wahlkampf zu groß ist. Reformanstöße kamen deshalb zumeist von außen durch die Europäische Union – etwa bei der Zulassung privater Anbieter, bei der Zulassung internationaler Anbieter („Fernsehen ohne Grenzen") und auch bei dem Druck auf die Öffentlich-Rechtlichen, ihren Tätigkeitsbereich enger einzugrenzen, um einem Beihilfeverfahren aus dem Wege zu gehen. Die EU – oft gescholten für ihren bürokratischen Ansatz – hat sich zumindest in diesem Feld als Befürworter für mehr Wettbewerb verdient gemacht und verhindert auch eine weitere Expansion der öffentlich-rechtlichen Anstalten in private Märkte.

Eine ähnliche kulturelle Prägung wie beim öffentlich-rechtlichen Rundfunk findet sich auch im Gebiet der Filmförderung. Kaum ein Subventionsbereich in Deutschland ist ähnlich undurchschaubar wie die Förderung filmischer Kunst (ausführlich *Knorr* und *Schulz* i. d. Bd.). Dass über Jahre hinweg auch Softerotik-Filme in den Genuss deutscher Filmförderung kamen und dass ein Großteil deutscher Filmförderung in die USA floss, um dortige Großproduktionen zu unterstützen, ist nur eine Rand-Anekdote zu einer insgesamt bemerkenswerten Geschichte. Aus ökonomischer Perspektive ist es außerordentlich schwer, zum Thema Filmförderung einen Beitrag zu liefern, denn im Zentrum stehen zwei schwer operationalisierende Werturteile: *Erstens* geht es um die Frage der Qualität bestimmter Erzeugnisse[3], und *zweitens* geht es um das Argument der Meritorik, auf das später noch genauer eingegangen wird.

Ein weiteres interessantes Anwendungsgebiet der Medienökonomik sind Nachrichten und deren Verwertung als Programminhalte. CNN beispielsweise ist ein attraktiver und zugleich wirtschaftlich erfolgreicher Sender, der ausschließlich Nachrichten und Dokumentationen sendet (vgl. *Wentzel* 2002a). Ein spannender Nebenaspekt der Nachrichtenproduktion liegt in der Frage, wie die Sender ihrerseits eigentlich an die neuesten Informationen gelangen. *Nachrichtenagenturen* sind dabei ein interessanter Fall von genossenschaftlich organisierten Einrichtungen, die auf Kooperationsbasis einen Pool von Informationen bilden, um das gemeinsame, übergeordnete Interesse aller Beteiligten bestmöglich zu fördern (hierzu *Theurl* i. d. Bd.). Ohne Nachrichten-Agenturen können keine Zeitung und kein Fernsehsender am Markt überleben.

Viele Sender unterhalten eigene Korrespondenten-Netzwerke auf der Suche nach exklusiven Informationen, die den eigenen Sender auf der Suche nach einer guten Rangposition im Verbreitungswettbewerb von Informationen nach vorne bringen. Für die privaten Nachrichten-Sender – etwa n-TV oder Bloomberg TV – ist dies ein großer und entscheidender Kostenfaktor. Die öffentlich-rechtlichen Anstalten haben dabei in Deutschland einen besonderen Vorteil, denn sie unterhalten weitreichende Korrespondentennetze in aller Welt. Allerdings ist es aus Kostengründen für alle Medienanbieter auch notwendig, auf allgemeinere Informationen zurückzugreifen: Täglich eine Zeitung oder 24 Stunden Sendezeit zu füllen erfordert eine große Informationsmenge, die es aufzuarbeiten gilt. Lieferant dieser Informationen sind dabei die weltweit operierenden Nachrichtenagenturen. Kooperative *governance*-Strukturen sind dabei außerordentlich hilfreich und weitverbreitet.

Umso schärfer hingegen ist der Wettbewerb in Bereichen, in denen es ausschließlich um *Exklusivität* geht und um die Positionierung des eigenen Produktes. Die Entwicklung der Verwertungsrechte für Top-Sportereignisse (sog. *Premium Content*) lässt sich nicht mit normalen Angebots- und Nachfragekurven erklären, sondern nur noch mit den strategischen Überlegungen zur Entwicklung des eigenen Senders und zur Erhöhung der

3 Ob ein deutscher Autorenfilm tatsächlich wertvoller ist als ein publikumswirksamer Kassenschlager, bleibt eine offene Frage. Aus der Tatsache, dass nur wenige einen Film sehen wollen, kann ebenso wenig ein Qualitätsurteil abgeleitet werden wie aus einer großen Zuschauermenge. „Schindlers Liste" war publikumswirksam und – so die Kritiker – kulturell wertvoll.

Kosten beim Mitbewerber („raising rival`s costs") (ausführlich *Kruse* i. d. Bd.). Insbesondere im Pay-TV kommt den hochwertigen Inhalten eine Schlüsselposition zu, so dass der Wettbewerb um attraktive Sendeformate und Inhalte letztlich über die eigene Marktposition entscheidet. Wenn ein Markt primär privatwirtschaftlich zwischen den Alternativen werbefinanziertes Fernsehen oder Pay-TV organisiert ist, dann wird sich eine Verteilung der Inhalte gemäß den marginalen Zahlungsbereitschaften der Zuschauer sowie der werbetreibenden Industrie ergeben. In den USA hat es beispielsweise nie die Diskussion ergeben, bestimmte Sportereignisse der Öffentlichkeit frei zugänglich zu machen, wie dies auf deutsche Initiative in Europa der Fall ist. Ein „Grundrecht auf Fußball" ist wohl in der Tat eine sehr deutsche Erscheinung im internationalen Medienumfeld. Ein konkursunfähiger öffentlich-rechtlicher Mitbewerber kann hingegen den Wettbewerb stark verzerren und private Mitanbieter aus dem Markt drängen: Von Grundversorgung kann man in diesem Zusammenhang kaum noch sprechen.

Aber auch bei ausschließlich privater Verwertung bleiben Detailfragen des Zugangs zu attraktiven Programminhalten schwierig. So ist es eine ökonomisch und wettbewerbstheoretisch offene Frage, ob beispielsweise Sportvereine das alleinige Recht zur Vermarktung ihrer Spiele haben sollten („Einzelverwertung"), oder ob es gerechter und ökonomisch effizienter ist, eine gesamte Liga als Ganzes zu vermarkten („Gruppenvermarktung") und die Einnahmen gleich zu verteilen. Dann etwa erhalten Bayern München oder der Hamburger SV genau die gleiche Menge an Einnahmen wie etwa Energie Cottbus oder der Karlsruher SC. Wie weit entfernt wir auch an dieser Stelle von einem ökonomisch eindeutigen Ergebnis sind, zeigt sich angesichts der Tatsache, dass in allen europäischen Ländern hierzu unterschiedliche Antworten gefunden wurden. Auch in diesem Bereich ist also noch großer Forschungs- und Klärungsbedarf, wie auch *Kruse* (i. d. Bd.) feststellt.

Wissenschaftlich kaum erforscht, dafür fest in den Händen der Praktiker und PR-Agenturen ist das Verhältnis von Medien und Politikberatung. Wie *Gisela Färber* (i. d. Bd.) treffend feststellt, ist die Literatur zu diesem Thema sehr dünn und steht damit im reziproken Verhältnis zu der angenommenen Wichtigkeit des Themas. Der Wahlkampf *Barack Obamas* 2008 war beispielsweise der teuerste in der Geschichte der USA und der erste, der als reiner Medienwahlkampf in die Geschichte eingehen wird. Das Wahlkampfteam von *Obama* nutzte Blogs, emails und SMS-Nachrichten, investierte in sehr geschickte Fernseh-Werbespots und war einfach allgegenwärtig, um die einfache Botschaft des Wandels („Change") zu transportieren. Bei aller Sympathie für den charismatischen Politiker fiel aber auf, dass die ökonomischen Botschaften eher vage und unscharf blieben. Was genau nach dem 20. Januar 2009 geschehen soll, blieb hinter dem Schleier der Zweideutigkeit verborgen. Medienökonomisch ist eine solche Strategie durchaus empfehlenswert, denn den Wandel wollte ein Großteil der Wähler, und die Details der Botschaft können auch gut nach der Wahl geklärt werden.

Für Ökonomen ist die Frage der Politikberatung besonders wichtig, denn sie wollen gestalten und Vorschläge entwickeln, die tatsächlich umgesetzt werden können (ausführlich *Wentzel* 1998). Leider sprechen sie dabei in der Regel nicht die Sprache der Journalisten und haben auch völlig falsche Vorstellungen über das Zeitbudget, das einem Journalisten zur Verfügung steht, um einen Sachverhalt zu recherchieren (vgl. *Beck* und *Vogelsang* i. d. Bd.). Für das Verhältnis zur Politik gilt gleiches: Kein Politiker hat die Zeit, sich mit allen Details einer Sachfrage auseinanderzusetzen. Die berühmte Geschichte, nach der ein Wirtschaftsberater dem damaligen US-Präsidenten *Ronald Reagan* die Idee der *Laffer*-Kurve und der Wirkung von Steuersenkungen auf einer Papierserviette erläutert hat, wäre insofern ein Beispiel für eine sehr erfolgreiche Beratung. Die meisten Modelle der modernen Ökonomik hingegen sind kaum vermittlungsfähig. In diesem Anwendungsgebiet der Medienökonomik besteht noch sehr großer Forschungsbedarf – und für die Ökonomen noch großer Lernbedarf.

Häufig unterschätzt wird in der Literatur die quantitative und qualitative Bedeutung der kirchlichen Presse, die in Europa und vor allem in Deutschland außerordentlich auflagenstark und mit einer hohen Wirkung versehen ist (siehe *Tutt* i. d. Bd.). Eine politische Position der Kirche, die beispielsweise kurz vor einer Wahl an 14.000 Pfarrer gleichzeitig weitergegeben wird mit entsprechendem „Multiplikator-Effekt", kann eine Wahl entscheiden. Der *impact*-Faktor der evangelischen Landespresse beispielsweise dürfte deutlich höher sein als der der Bild-Zeitung. Interessant auch in diesem speziellen Mediensegment sind die Zielsetzungen religiös gebundener Medien. Weder Gewinnmaximierung noch Verdrängung bestehender Konkurrenzmedien sind als Zielsetzungen vorzufinden. Gleichwohl geht es der Kirche sehr wohl um die erfolgreiche Festigung der eigenen Machtpositionen. Die moderne Verkündigung des Wortes Gottes bedient sich zunehmend intensiv auch der Medien. Diese Entwicklung gilt auch fürs Fernsehen, in dem *Bibel TV* in vielfältigen Varianten Einzug gefunden hat.

2.3. Europäische Aspekte der Medienordnungspolitik

Der europäische Binnenmarkt ist ein besonderer Anwendungsfall der Medienordnungspolitik (ausführlich *Wentzel* 2006a). Kaum ein anderer Sektor in Wirtschaft und Gesellschaft wurde auf nationaler Ebene so lange und so vehement gegen europäische und internationale Konkurrenz abgeschottet wie die Medien, vor allem Funk und Fernsehen.[4] Die Öffnung der nationalen Medienmonopole gegen europäische Konkurrenz gehört sicherlich zu den erfolgreichen Kapiteln der Europäischen Union.

Die Anwendung des Binnenmarktprinzips auf die Medien verlagert natürlich auch Kompetenzen und Eingriffsmöglichkeiten von der nationalen Ebene auf die europäische. Allerdings ist die Komplexität der Fragestellung um ein Vielfaches höher: Während das deutsche Bundeskartellamt im Falle einer Fusion in Deutschland lediglich prüfen muss, ob eine Wettbewerbsbeschränkung auf nationaler Ebene vorliegt, sind auf der EU-Ebene entsprechende private Strategien zwischen Unternehmen in allen 27 EU-Staaten zu prüfen; nicht minder schwierig und wichtig ist es zu klären, ob Nationalstaaten durch Beihilfen versuchen, die Unternehmen ihres Landes versteckt oder offen zu fördern. Die Prüfung dieser Verfahren ist juristisch wie auch wettbewerbstheoretisch außerordentlich schwierig. *Budzinski* (i. d. Bd.) zeigt beispielsweise auf, dass der Ver-

---

4 Vergleichbar ist vermutlich nur der Sektor der Verkehrspolitik, der erst durch die sog. „Untätigkeitsklage des EU-Parlements gegen den Europäischen Rat" für Wettbewerb geöffnet wurde. Auch im Bereich der Energiewirtschaft sind nach wie vor noch große nationale Abwehrmechanismen gegenüber europäischem Wettbewerb zu verspüren.

such, in stärkerem Maß ökonomische Aspekte bei der Einschätzung von Sachverhalten zu würdigen („more economic approach"), zwar theoretisch reizvoll, in der tatsächlichen Anwendung allerdings mit zahlreichen Unwägbarkeiten verbunden ist.

Eine wichtige Frage, die für die Qualität einer Medienordnung entscheidend ist, befasst sich mit dem Transport von Medienerzeugnissen vom Verlag, von Fernsehunternehmen oder der Radiostation zum Kunden und Endverbraucher. Eine wettbewerbsintensive Angebotsseite bleibt ohne positiven Effekt, wenn bei der Lieferung zum Kunden monopolistische Strukturen vorliegen, die eine Einschränkung der Qualitäten und des Lieferumfangs bewirken. Besonders relevant ist diese Frage für Zeitungen, die flächendeckend vertrieben werden müssen, um morgens früh pünktlich beim Kunden zum Frühstück vorzuliegen. Das Konzept des sog. *Presse-Grosso* mit den regionalen Vertriebsmonopolen wirkt dabei auf den ersten Blick wie ein Fremdkörper in einer wettbewerblichen Medienordnung. Allerdings zeigt eine tiefergehende Analyse, dass die Besonderheiten des Pressevertriebs Ordnungsstrukturen erfordern, die es auch kleineren Presseanbietern möglich macht, flächendeckend zum Kunden zu gelangen (siehe *Otter* i. d. Bd.). Im europäischen Vergleich mit Frankreich, Italien und Großbritannien zeigt sich, dass die deutschen Vertriebsstrukturen vergleichsweise gut geeignet sind, um die Ziele eines freien Zugangs zu Presseerzeugnissen zu erreichen.

Eng verbunden mit der Öffnung der Medienmärkte in Europa ist die Öffnung der Telekommunikationsmärkte. Die vormals nationalen Telefonmonopolisten agieren zunehmend in wettbewerblichen Marktstrukturen. Dabei stellt sich allerdings die durchaus grundsätzliche Frage, ob tatsächlich die gesamte Kompetenz zur Regulierung dieses Marktes auf die EU übergehen muß, oder ob Teilbereiche nicht in nationaler Kompetenz verbleiben können (siehe *Sundmacher* i. d. Bd.). In dieser Frage verbindet sich die Medienökonomik mit eher grundsätzlichen Fragen des Systemwettbewerbs, des fiskalischen Föderalismus sowie der Regulierungseffizienz. In einem einheitlichen Binnenmarkt spricht das Argument der Skaleneffekte durchaus für einen möglichst einheitlichen Wettbewerbsrahmen. Allerdings ist im Sinne der Subsidiarität zu prüfen, inwieweit die nach wie vor bestehenden großen nationalen (kulturellen) Unterschiede nicht einen eher dezentralen Regulierungsansatz nahe legen. Entscheidendes wettbewerbstheoretisches wie auch medienökonomisches Prüfkriterium dürfte hier die Wettbewerbsneutralität sein, damit nationale Champions sich nicht unter dem Vorwand der Subsidiarität hinter nationaler Protektion zu Lasten des Binnenmarktes verstecken können. Die Ordnung der Telekommunikation ist zudem sehr stark durch eine Innovationsdynamik herausgefordert, die in vergleichbarer Form nur in wenigen anderen Sektoren anzutreffen ist (vgl. *Vogelsang* und *Welfens* i. d. Bd.). Ein zweites Prüfkriterium für einen zweckmäßigen Ordnungsrahmen der europäischen Telekommunikationspolitik muss deshalb sein, inwieweit Innovationen zum Vorteil der Verbraucher auch weiterhin möglich sind.

3. Ausgewählte Forschungsfragen

3.1. Optimale Finanzierung von Fernsehprogrammen

Die optimale Finanzierung eines Fernsehsenders hängt von verschiedenen Variablen ab, die sich nicht erschöpfend abhandeln lassen. Im Folgenden soll der Einfluss dreier ausgewählter Faktoren auf die optimale Programmfinanzierung untersucht werden: Die Nachfrageelastizität der Rezipienten, deren Einkommenselastizität und die Exklusivität der Sendeinhalte.

Die Preiselastizität der Nachfrage nach Fernsehprogrammen bestimmt die Zahlungsbereitschaft der Rezipienten: Je geringer diese ist, umso mehr sind die Zuschauer bereit, ihren Fernsehkonsum nicht nur über den Konsum von Werbung, sondern auch über Geld zu bezahlen. Dabei gilt eine einfache Überlegung: Je mehr die Sendeinhalte auf eine spezifische Gruppe zugeschnitten sind, umso geringer ist die Nachfrageelastizität dieser Gruppe und umso besser werden die Finanzierungsmöglichkeiten der Sender – über Werbung oder aber über Bezahlung. Ein ähnliches Argument gilt für die Einkommenselastizität der Zuschauer. Mit steigender Einkommenselastizität werden Zuschauer mit höherem Einkommen auch andere Finanzierungsformen als Werbung für ihren Fernsehkonsum akzeptieren. Darüber hinaus ist zu vermuten, dass die Höhe des Einkommens auch die Nachfrage nach spezifischen Sendeinhalten mitbestimmt. Ähnliches dürfte für die Exklusivität einer Sendung gelten: Je exklusiver diese ist, umso höher wird die Zahlungsbereitschaft des Publikums sein. Mit Hilfe dieser Überlegungen lassen sich nun die unterschiedlichen Strategien der Sender und deren Finanzierungsmöglichkeiten einordnen (vgl. dazu *Beck* und *Prinz* 1999).

Die öffentlich-rechtlichen und die privaten, werbefinanzierten Sender bieten ein Vollprogramm an: Die Sendeinhalte sind breit gestreut mit der Absicht, möglichst jeder Zuschauergruppe ein attraktives Programm anzubieten. Dies impliziert, dass die Nachfrageelastizität der Zuschauer nach diesen Programmen tendenziell hoch sein dürfte, die Exklusivität der Sendeinhalte ist niedrig, und die Einkommen der Zuschauer dürften in etwa dem Durchschnitt entsprechen, was ebenfalls wenig Raum für Preiserhöhungen in Form von mehr Werbung oder gar direkten Zahlungen bietet. Aufgrund ihrer Finanzierungsform müssen die öffentlich-rechtlichen Sender allerdings weniger Rücksicht auf die Wünsche der Zuschauer sowie die Nachfrage- und Einkommenselastizitäten nehmen. Die spezifische Finanzierungsform der öffentlich-rechtlichen Sender erleichtert das Angebot eines solchen Vollprogramms.

Die werbefinanzierten, privaten Sender weisen im Prinzip ähnliche Programmspezifika auf, müssen jedoch aufgrund ihrer Finanzierungsform die Wünsche der Zuschauer stärker berücksichtigen als die öffentlich-rechtlichen Sender. Dies bedeutet, dass sie eher Inhalte senden müssen, bei denen die Zuschauer eine geringe Preiselastizität aufweisen – das garantiert die höhere Bereitschaft der Zuschauer, ihren Fernsehkonsum durch Werbung zu bezahlen. Da sich diese Sender am Durchschnittszuschauer orientieren, werden sie den Zuschauern mit höherem Einkommen tendenziell eher weniger Beachtung schenken. Die Fokussierung auf einkommensstärkere Zuschauerschichten findet eher bei *Arte*, *Phönix* und *3 Sat* statt, die zielgruppenorientierte Programme angebieten. Die Tendenz zu sog. Spartenprogrammen ist auch bei öffentlich-rechtlichen Kinderprogrammen festzustellen (vgl. *Wentzel* 2002a).

Die Exklusivität dieser Sender ist allerdings recht gering, teilweise werden Sendeinhalte aus den anderen öffentlich-rechtlichen Programmen wiederholt. Letztere Sender müssen nicht so viel Rücksicht auf die Zuschauer nehmen, da sie gebührenfinanziert sind – die Zuschauer müssen nicht mit Werbekonsum bezahlen. Aufgrund der hohen Einkommenselastizität der Zuschauer ist aber durchaus vorstellbar, dass Spartenkanäle auch ohne Gebührenfinanzierung existieren könnten. Die Tatsache, dass es solche Sender in Deutschland nicht gibt, lässt sich durch die Existenz einer gebührenfinanzierten Konkurrenz erklären.

Spartenprogramme, wie z.B. DSF, orientieren sich in ihrer Reinform lediglich an der Preiselastizität ihrer Zuschauer: Die Spezialisierung auf bestimmte Programminhalte, bei denen eine geringere Preiselastizität vermutet werden kann, impliziert zwar eine geringere Reichweite hinsichtlich der Einschaltquoten, die im Hinblick auf die Finanzierung allerdings dadurch kompensiert werden kann, dass Spartenkanäle eine homogene Zuschauerschaft haben und damit ein sehr zielgerechtes Marketing ermöglichen. Die geringe Preiselastizität deutet zudem an, dass die Konsumenten auch bereit sind, die Werbung hinzunehmen.

Andere Sender bieten eine Kombination von sparten- und zielgruppenorientierten Programmen an: Man spezialisiert sich auf Programminhalte, von denen man vermutet, dass diese vor allem von einkommensstärkeren Bevölkerungsgruppen bevorzugt werden. Ein Paradebeispiel hierfür ist der Nachrichtensender NTV. Die Konzentration auf einkommensstärkere Personengruppen macht diesen Sender für die werbetreibende Industrie besonders attraktiv. Dies könnte sich als entscheidender Vorteil hinsichtlich der Finanzierung gegenüber reinen Spartensendern erweisen. Die geringere Preiselastizität der Zuschauer bei Spartenprogrammen und zielgruppenorientierten Programmen erweist sich bei der Finanzierung dieser Programme als vorteilhaft: Die Zuschauer weisen eine höhere Zahlungsbereitschaft auf, die über Geldzahlungen oder häufigere Werbeschaltungen abgeschöpft werden.

Sowohl den Vollprogrammen als auch den Spartensendern und den zielgruppenorientierten Programmen ist gemeinsam, dass sie ein geringes Ausmaß an Exklusivität aufweisen. Hiervon versuchen Pay-TV-Sender sich abzugrenzen, indem sie eine Strategie der Exklusivität verfolgen: So werden bestimmte Sendeinhalte exklusiv für diesen Sender erworben (Fußballbundesliga-Liveübertragungen, aktuelle Kinofilme, die noch nicht im freien Fernsehen zu sehen sind). Ziel dieser Strategie ist, ein zum bisherigen Angebot an Sendeinhalten komplementäres Angebot zu schaffen: Pay-TV soll nicht anstatt des freien Fernsehens, sondern zusätzlich konsumiert werden. Damit diese Strategie verfängt, müssen Sendeinhalte angeboten werden, die es im freien Fernsehen nicht gibt. Diese Strategie ist für Pay-TV-Sender notwendig, da alle anderen Strategieoptionen (Spartenbildung oder Fokussierung auf bestimmte Zielgruppen) bereits von Sendern besetzt sind, welche „kostenlos“ (werbe- oder gebührenfinanziert) angeboten werden.

Der alles entscheidende Engpassfaktor für den Anbieter sind hierbei – wie bereits weiter oben erwähnt – sog. Premium-Inhalte. Wie *Kruse* (i. d. Bd.) es präzise aufzeigt, sind dies vor allem Sportereignisse, Rockkonzerte und Spielfilme der Extraklasse. Aus diesem Blickwinkel ist auch erklärbar, warum der Zugang zu Premium-Inhalten von strategisch so wichtiger Bedeutung ist und zu wechselseitigen Überbietungen in den Auktionen führt. Wettbewerbspolitisch ist es daher besonders bedenklich, wenn öffentlich-rechtliche Bieter – die quasi Zugang zu unbegrenzten Gebühreneinnahmen haben – diesen Bietungsspielraum nutzen, um private Anbieter zu verdrängen.

Aufgrund der hohen Aufwendungen für Premium-Inhalte ist zu vermuten, daß sich das Angebot der Pay-TV-Sender eher an einkommensstärkere Personenkreise wendet: Die Bezahlung des Fernsehkonsums über nutzungsabhängige Gebühren erfordert eine höhere Zahlungsbereitschaft der Zuschauer, vor allem angesichts des vermeintlich kostenlosen Angebotes durch die Sender des Free-TV. Aus diesem Grund dürfte auch eine geringere Preiselastizität der Zuschauer notwendig sein, um sie für das Pay-TV zu gewinnen. Da Pay-per-channel ein Vollprogramm auf Pay-TV-Ebene ist, während Pay-per-view eher dem Bild der Spartenkanäle entspricht, ist zu vermuten, dass für einen Erfolg des Pay-per-view ein höheres Einkommen der Zuschauer und auch eine geringere Preiselastizität bezüglich der Sendeinhalte notwendig sein werden.

Das Angebot exklusiver Sendeinhalte ist also eine weitere Strategieoption für Sender, um sich von der Konkurrenz abzugrenzen. Das haben auch die Free-TV-Sender erkannt und versuchen, sich über exklusive Inhalte von der Konkurrenz abzusetzen. Dies zeigt die Bedeutung der Exklusivität für Fernsehsender, da sie ein wichtiger Parameter zur Sicherung von Wettbewerbsvorteilen ist. Je ähnlicher die Kundenkreise sind, um welche die Sender konkurrieren, umso wichtiger wird es für einzelne Sender, sich durch exklusive Sendungen von den anderen Wettbewerbern abzusetzen.

Diese Überlegungen zeigen nur einige Determinanten der Finanzierung von Fernsehsendern – weitere Untersuchungen werden notwendig sein, um die Frage nach der optimalen Finanzierungsform zu klären. Diese Frage dürfte auch eng mit dem Aufkommen neuer Medien zusammenhängen, da sich bei geänderten Konkurrenzbedingungen auch die Frage der Finanzierung neu stellt.

3.2. Verdrängen neue Medien die alten Medien?

Die Ordnungsfragen des Mediensektors sind dauerhafter Natur – sie werden auch durch technische Innovationen nicht beseitigt (siehe *Wentzel* 2002a). Die Fragen etwa nach der Suggestivkraft einzelner Medien (insbesondere des Fernsehens) oder nach inhaltlichen Präferenzen sind so alt wie die Medien selbst. Gleichwohl kann der technische Fortschritt zu Veränderungen im Marktgeschehen führen, die auch eine Anpassung der Ordnungsrahmen erfordern.

Üblicherweise hat die Erfindung neuer (Speicher-)Medien und Übertragungstechnologien Auswirkungen auf bestehende Technologien. Die Verbreitung des Internet beispielsweise hat konkrete Auswirkungen auf die Presse. Einzelne Anzeigeformen – etwa der Gebrauchtwagenmarkt – sind fast vollständig aus den Zeitungen verschwunden (siehe *Lindstädt* i. d. Bd.) und ins Internet abgewandert. Grundsätzlich jedoch ist ganz im Sinne des *Riepl*schen Gesetzes zu vermuten, dass eine weitere Ausdifferenzierung der Medienlandschaft mit einem Nebeneinander alter und neuer Medien folgen wird.

Allerdings wird die Konkurrenz der Medien untereinander steigen. Sie werden zunehmend um das knappe Zeitbudget der Konsumenten konkurrieren.

Wie sieht diese Substitutionsbeziehung zwischen alten und neuen Medien aus? Eine graphische Analyse des Mediennachfrageverhaltens kann dazu beitragen, diesen Punkt näher zu illustrieren (vgl. Abbildung 1). Ausgangspunkt der Überlegungen ist folgender: Alle Medien besitzen prinzipiell die gleichen Eigenschaften, aber zu unterschiedlichen Anteilen. So sind Zeitungen weniger aktuell, bieten aber im Vergleich zu audiovisuellen Medien mehr Analyse als diese. Mit anderen Worten: Audiovisuelle Medien bieten mehr „Aktualität", aber weniger „Analyse" als Zeitungen. Diese Eigenschaften sind auf den beiden Achsen in Abbildung 1 abgetragen. Die Linie OA repräsentiert die Eigenschaftenkombination der audiovisuellen Medien: Verwendet der Rezipient sein gesamtes Zeitbudget auf diese Medien, so kann er diejenige Kombination von Aktualität und Analyse erreichen, die durch den Punkt A beschrieben ist. Liest er stattdessen nur Zeitung, so kann er diejenige Kombination von Aktualität und Analyse erreichen, die durch den Punkt B gekennzeichnet ist. Die Linie OA, welche die audiovisuellen Medien repräsentiert, verläuft oberhalb der Linie OB, welche die Eigenschaftenkombinationen der Printmedien kennzeichnet.

Der Rezipient wählt nun nicht zwischen zwei Medien, sondern wählt eine Kombination beider Eigenschaften – er will eine bestimmte Menge Analyse und Aktualität in einem bestimmten Verhältnis zueinander. Dies entspricht prinzipiell dem zweiten *Gossen*schen Gesetz, das jedem Studenten gut bekannt ist. Diese Mischung von Aktualität und Analyse stellt er selbst zusammen, indem er eine Kombination aus audiovisuellen Medien und Printmedien konsumiert, beispielsweise eine Stunde Fernsehen und zwei Zeitschriften. Der Konsument kann sich also seine eigene Mischung von Aktualität und Analyse zusammenstellen. Sein Zeitbudget stellt dabei die bindende Restriktion dar.

Abbildung 1: Die optimale Kombination von audiovisuellen Medien und Printmedien

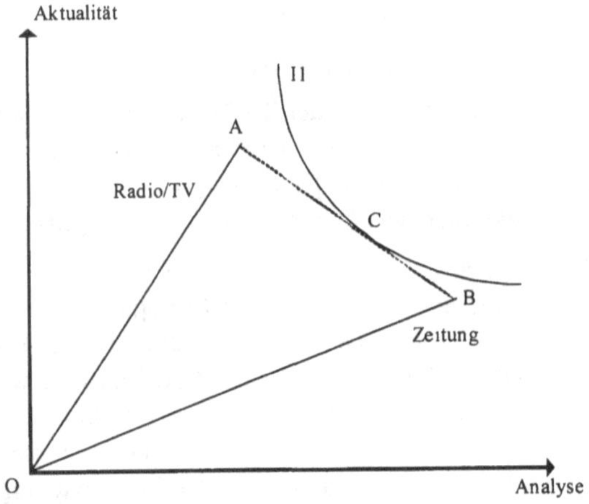

Jetzt kann der Konsument jede Kombination von Aktualität und Analyse dadurch erreichen, indem er sein Zeitbudget zwischen den beiden Medien aufteilt. In Abbildung 1 zieht man dazu eine Linie zwischen Punkt A (nur audiovisuelle Medien konsumieren) und Punkt B (nur Print lesen). Ein Punkt unterhalb der Eckpunkte der Linie AB bedeutet, dass der Konsument nicht sein gesamtes Zeitbudget ausschöpft – diesen Fall wollen wir hier vernachlässigen. Jeder Punkt auf dieser Gerade stellt eine Kombination aus lesen und radiohören/fernsehen dar, bei der ein Konsument den gewünschten Mix von Aktualität und Analyse dadurch erhält, indem er seine verfügbare Zeit entsprechend auf die beiden Medien verteilt.

Mit Hilfe von Indifferenzkurven lässt sich nun der optimale Medienkonsum bestimmen: Die Indifferenzkurve I1 repräsentiert alle Kombinationen von Aktualität und Analyse, die den Nutzen des Rezipienten konstant halten – weniger an Aktualität muss durch mehr Analyse ersetzt werden, um den Nutzen des Rezipienten konstant zu halten. Je weiter die Indifferenzkurve vom Ursprung entfernt liegt, umso größer wird der durch sie repräsentierte Nutzen sein, denn umso mehr Aktualität und Analyse konsumiert der Rezipient. Damit ist klar, dass die optimale Kombination von Analyse und Aktualität, von Zeitung und audiovisuellen Medien, in Punkt C liegt, wo die Indifferenzkurve die Verbindungslinie zwischen den Punkten A und B berührt – das ist die Indifferenzkurve, die am weitesten vom Ursprung entfernt ist und damit den größten Nutzen repräsentiert, welchen der Konsument bei gegebenem Zeitbudget erreichen kann. Solange nun der Rezipient keine extremen Vorlieben für Aktualität oder Analyse hat (also Indifferenzkurven aufweist, welche ihren Tangentialpunkt in A oder B haben), wird eine Kombination aus beiden Medien die nutzenmaximierende Entscheidung sein – man liest Zeitung *und* sieht Fern.

Mit diesem Ansatz lässt sich zeigen, wie sich das Mediennutzungsverhalten ändert, wenn nun ein neues, drittes Medium eingeführt wird (vgl. Abbildung 2).

Abbildung 2: Wie verändert Multimedia das Medienkonsumverhalten?

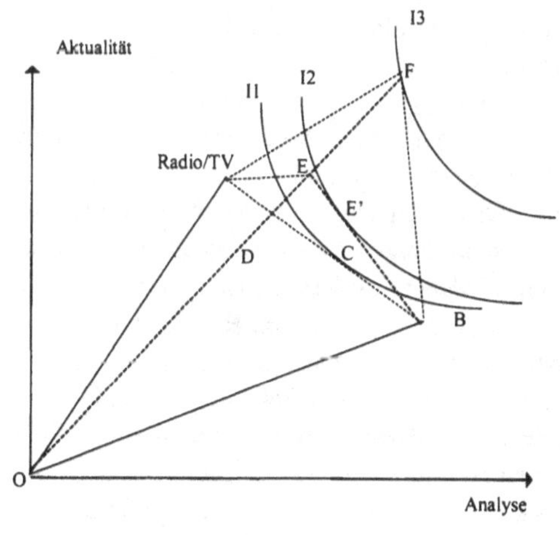

Das neue Medium wird durch die Linie ODEF in Abbildung 2 repräsentiert. Dabei repräsentieren die Punkte DEF verschiedene Entwicklungsphasen des neuen Mediums: In der ersten Entwicklungsphase (D) bietet das neue Medium bei gegebenem Zeitbudget einen Aktualitätsgrad und Analysegrad, der durch den Punkt D repräsentiert wird. Das Medium ist noch in den Kinderschuhen und bietet bei maximalem Zeitaufwand des Konsumenten einen Aktualitätsgrad und einen Analysegrad, der unter denen der beiden etablierten Medien liegt. In diesem Stadium ist das neue Medium keine Konkurrenz für die etablierten Medien – bei gleichem Zeitaufwand kann der Konsument mehr Aktualität und Analyse erreichen, indem er beispielsweise in Punkt A oder B konsumiert oder auf jedem beliebigen Punkt der A und B verbindenden Gerade.

Wenn sich das neue Medium weiterentwickelt, dann erreicht es Punkt E: Es bietet jetzt bei gleichem Zeitaufwand dem Konsumenten mehr Aktualität als die audiovisuellen Medien, hinkt aber in Sachen Analyse noch hinter den Printmedien zurück. Jetzt kann der Konsument zwischen drei Medien wählen, und die Verbindungslinie zwischen den drei Eckpunkten (in jedem dieser Eckpunkte wird nur das betreffende Medium konsumiert) repräsentiert alle möglichen Kombinationen des Konsums der drei Medien, mit deren Hilfe er seine gewünschte Kombination von Aktualität und Analyse herstellen kann. Das Konsumoptimum bei Technikstand E findet sich in Punkt E' – dort, wo die Verbindungslinie zwischen den drei Medien die höchste Indifferenzkurve berührt. Es werden also nach wie vor auch Printmedien gelesen.

Gefährlich für die anderen Medien wird es erst in Punkt F: Das neue Medium ist nun so aktuell und analytisch zugleich, dass es sowohl aktueller als die audiovisuellen Medien als auch analytischer als die Printmedien ist. Bei gegebenem Zeitbudget kann der Kunde nun am meisten Aktualität und Analyse dadurch bekommen, indem er all seine Zeit nur auf das neue Medium setzt. Der optimale Konsumpunkt liegt nun in F – das neue Medium hat nun die beiden alten Medien verdrängt. Allerdings muss man bei dieser Analyse einschränkend feststellen, dass es je nach Lage der Indifferenzkurven auch nach wie vor vorstellbar ist, dass immer noch eine Kombination mehrerer Medien konsumiert wird.

Um wirklich alle anderen Medien zu verdrängen, muss der Vorsprung des neuen Mediums sehr groß werden – so groß, dass für jeden Konsumenten die höchste für ihn erreichbare Indifferenzkurve immer Punkt F berührt, unabhängig davon, wie seine Indifferenzkurve aussieht. Für ein Überleben der „alten" Medien sprechen noch zwei weitere Punkte: Zum einen berücksichtigt diese Analyse nur zwei Eigenschaften der Medien. In der Realität fällt die Entscheidung zugunsten eines Mediums anhand vieler Eigenschaften, das relativiert das Ergebnis der obigen Analyse zusätzlich und spricht noch mehr für einen Konsum-Mix aus verschiedenen Medien. Es ist schwer vorstellbar, dass ein Medium alle anderen Medien in wirklich allen von den Rezipienten nachgefragten Eigenschaften schlägt. Zudem haben interaktive Medien gegenüber den passiven Konkurrenten einen Nachteil: Letztere nehmen eine stärkere Selektion vor und ersparen dem Rezipienten die Mühen ebenjener Selektion. Zwar kann das interaktive Medium dieses auch bieten, es lässt ja dem Konsumenten immer die Wahl, tiefer zu gehen und weitere Informationen abzurufen – doch das kostet Zeit und Kraft zur Entscheidung.

Als letzter Punkt ist zu beachten, dass auch die anderen Medien nicht stillstehen. Modernere Drucktechniken, bessere Berichterstattung, Fokussierung auf Nischen oder bestimmte Klientel – die anderen Medien werden sich nicht kampflos ergeben. In Abbildung 2 würde das dazu führen, dass sich die Eckpunkte A und B der beiden anderen Medien nach außen verlagern – bei gleichem Zeitaufwand wird der Leser jetzt beispielsweise aktueller (durch neue Techniken, die einen späteren Andruck ermöglichen) informiert. Dann dreht sich die Zeitungsgerade nach oben, Punkt B wandert nach rechts und das neue Medium verliert einen Teil seines Attraktivitätsvorsprunges. Damit wird es wahrscheinlicher, dass der Berührungspunkt von einer Indifferenzkurve und der Verbindungslinie zwischen den drei Eckpunkten nicht auf dem Eckpunkt F in liegt.

Das Fazit dieser Analyse spricht also für die Gültigkeit des *Riepl*schen Gesetzes und deckt sich mit den Ergebnissen der Analyse von *Lindstädt* (i. d. Bd.)[5]: Das Aufkommen neuer Medien muss nicht notwendigerweise dazu führen, dass alte Medien verdrängt werden. Allerdings bedeuten neue Medien immer neue Konkurrenz und sich wandelnde Märkte – was zugleich auf eine weitere Forschungsfrage hinweist: Wie gehen die alten Medien mit den strategischen Herausforderungen des Internet-Zeitalters um?

3.3. Medien: die journalistische versus die ökonomische Perspektive

Eine weitere Forschungsfrage, die eng mit dem Aufkommen der neuen Medien zusammenhängt, ist die Frage nach den journalistischen Konsequenzen. So wird von verschiedener Seite her befürchtet, dass die neuen Medien zu einer Verschlechterung der journalistischen Qualität führen könnten. Für Ökonomen ist das auf den ersten Blick wenig einleuchtend: Mehr Konkurrenz sollte in ihren Augen zu einer Verbesserung der Marktergebnisse führen. Diese Überlegung zeigt einen grundsätzlichen Konflikt auf: Unterscheiden sich die journalistische und die ökonomische Perspektive denn grundsätzlich, und wenn ja, ist dies ein unüberbrückbarer Gegensatz?

In der Tat findet sich in der Literatur ein Gegensatz zwischen der ökonomischen und der journalistischen Perspektive, wie auch im *Weinstein*-Zitat einleitend deutlich wurde. Dieser Gegensatz lässt sich am besten mit der Formel des Marktversagens umschreiben: Nach der journalistisch geprägten Denkschule führt der ökonomische Wettbewerb zu Marktversagen und damit zu schlechten Ergebnissen hinsichtlich der journalistischen Anforderungen an die Medienlandschaft. Die ökonomische Denkschule hingegen sieht in mehr Wettbewerb die Voraussetzung zu mehr Vielfalt. Dies gilt beispielsweise als Grundprinzip der amerikanischen Medienverfassung (siehe *Wentzel* 2002a).

Im Einzelnen lassen sich folgende Konflikte aufzeigen:

– Wettbewerbsversagen: der Wettbewerb auf den Medienmärkten führt dazu, dass sich die Inhalte der Medien zu sehr dem Massengeschmack anpassen und nicht genügend Raum für Nischenangebote lassen – ökonomischer Wettbewerb gefährdet aus dieser Perspektive heraus das journalistische Gebot der Pluralität. Aus ökonomischer Per-

---

5 Der Beitrag von *Nadine Lindstädt* in diesem Band ist die Kurzfassung einer wesentlich umfangreicheren Diplomarbeit, die ein sechsmonatiges Forschungsprojekt bei der ZEIT in Hamburg abschließt.

spektive ist das nicht nachvollziehbar: Herrscht am Medienmarkt ausreichend Wettbewerb, so werden exakt jene Inhalte angeboten, welche die Rezipienten auch wünschen. Nach dieser Lesart besteht kein Konflikt zwischen ökonomischen Wettbewerb und publizistischer Vielfalt. Der abwertende Gebrauch des Begriffes „Massengeschmack", der eine stark normative Färbung hat, ist Ökonomen darüber hinaus fremd.

- Qualitätsmängel als strukturelles Problem: Ein Kritikpunkt am Wettbewerb in der Medienbranche ist, dass die Konsumenten die Qualität eines Mediums nicht zuverlässig einschätzen können – und dementsprechend auch bereit sind, nicht den Preis für qualitativ hochwertigen Journalismus zu zahlen. Dadurch bleibt auch das Angebot an Qualitätsjournalismus aus. Überspitzt läuft dieses Argument darauf hinaus, dem Mediennutzer strukturelle Dummheit zu unterstellen. Dieses Argument ist so nicht haltbar: Der Konsum von Medien ist ein wiederholter Konsumakt, und durch diesen wiederholten Konsumakt kann sich der Rezipient ein Urteil über die Qualität eines Mediums bilden (siehe dazu auch den Beitrag von *Beck* und *Beyer* i. d. Bd.). Das Argument struktureller Uninformiertheit gilt nur bei einmaligen Konsumakten. In wiederholten Begegnungen der Marktteilnehmer bilden sich realistischere Erwartungswerte. Zudem haben Medienunternehmen Möglichkeiten, ihre Qualität nach außen zu signalisieren. Die Existenz hochwertiger Printprodukte in Deutschland belegt die Relevanz dieses Arguments. Auch für das Fernsehen kann kein grundsätzlicher und allgemeiner Qualitätsverlust konstatiert werden.
- Inhalte statt Verkaufszahlen: Nach journalistischer Lesart führt eine zu enge Orientierung am wirtschaftlichen Erfolg zu einem Verfall der journalistischen Qualität – wer zuviel spart, stellt nur noch schlechte Produkte her; Kostenwettbewerb führt hiernach zu minderer journalistischer Qualität. Unbestreitbar wird es einen Zusammenhang zwischen dem Redaktionsetat und der Qualität einer Redaktion geben (auch wenn dieser nicht zwingend ist, da dies ein rein inputorientiertes Denken ist), doch die Kostenseite auszublenden, hieße das ökonomische Kind mit dem journalistischen Bade ausschütten. Ohne ein solides Kostenmanagement kann ein Unternehmen langfristig nicht existieren. Ökonomisch besteht der richtige Weg darin, die Grenzkosten der Redaktion mit dem Grenznutzen ihrer Beiträge in Einklang zu bringen, das wäre die wohlfahrtsmaximierende Lösung. Damit ist klar, daß das Argument vom schädlichen Kostenwettbewerb die Nachfrageseite vernachlässigt: Die angemessene Höhe des Redaktionsaufwandes bestimmt sich durch den Nutzen der damit verbundenen Ergebnisse. Mindere Qualität bedeutet zugleich auch weniger Kunden und damit sinkende Einnahmen. Solange sich das Management eines Medienunternehmens dieser Wirkungszusammenhänge bewusst ist, wird sich ein Unternehmen auch nicht durch Kostensenkungen gefährden.

All diesen Konflikten liegt letztlich eine wesentliche Meinungsdifferenz zwischen Ökonomen und Journalisten zugrunde, nämlich die Definition von Qualität. Dies ist ein dauerhaftes Ordnungsproblem des Mediensektors (vgl. *Wentzel* 2002a, S. 7 f.). Ökonomische Qualität – also Wohlfahrtsmaximierung – definiert sich dadurch, dass bei funktionierendem Wettbewerb genau jene Produkte hergestellt werden, welche die Mehrheit der Konsumenten wünscht, und das zu Preisen, die den Grenzkosten der Herstellung entsprechen. Die Definition journalistischer Qualität hingegen ist inhaltlicher Natur:

Hier geht es um Kriterien wie Vollständigkeit, Richtigkeit, Aktualität, Relevanz, Ausgewogenheit und Meinungsvielfalt. Nach ökonomischer Lesart ist dies kein Gegensatz, solange man davon ausgeht, dass ein funktionierender Wettbewerb exakt jene Sendeinhalte mit genau jener Qualität liefert, welche die Rezipienten wünschen. Zweifelt man also daran, dass die aktuelle Medienlandschaft in Deutschland eine ausreichende journalistische Qualität liefert, so wären wettbewerbspolitische Maßnahmen angebracht.

Wenn aber aus journalistischer Perspektive ökonomischer Wettbewerb nicht die gewünschte journalistische Qualität liefert, so lässt sich das entweder damit begründen, dass man ein Marktversagen unterstellt oder aber die Ergebnisse des Marktprozesses ablehnt. Letzteres dürfte der Schlüssel zur Auflösung des Konfliktes zwischen ökonomischen und journalistischen Wettbewerb sein: Aus ökonomischer Perspektive versagt der Wettbewerb nicht, er liefert aber Ergebnisse, die aus journalistischer Perspektive nicht akzeptabel sind. Hier geht es vor allem um die journalistischen Qualitätsmerkmale Relevanz, Ausgewogenheit und Meinungsvielfalt. Was relevant ist, wann eine Medienlandschaft ausgewogen ist und wann die Vielfalt der Themen und Inhalte ausreichend ist, ist letztlich ein Werturteil. Das bedeutet, dass die Forderung nach einem Artenschutz für bestimmte Medienformate, Themen oder Inhalte eher einer normativen Vorstellung dessen, was sein sollte, entspringt als objektivierbaren Kriterien. Kurz gesagt: Die besondere Wertschätzung, die bestimmten Inhalten oder journalistischen Formaten zugesprochen wird und die Grundlage der Forderung nach einer Korrektur der Marktergebnisse bildet, ist normativer Natur und entzieht sich damit einer objektiven wissenschaftlichen Analyse.

Aus ökonomischer Perspektive werden damit bestimmte Medieninhalte oder -formate zu meritorischen Gütern erklärt, deren Bereitstellung man durch den Markt nicht ausreichend gesichert sieht. Grundsätzlich ist an solchen Forderungen nichts auszusetzen, allerdings entzieht sich die Beurteilung dessen, was meritorisch ist oder nicht, einer ökonomischen Würdigung und ist letztlich Gegenstand des politischen Prozesses. Hier endet die Erklärungs- und Gestaltungskraft der Ökonomie; hier beginnt die Politik, aber auch die kulturelle Prägung. So wird die Frage, inwieweit man dem ökonomischen Wettbewerb vertrauen kann, in den USA beispielsweise völlig anders beantwortet als in Deutschland. Während dic angelsächsische Tradition auf eine außenpluralistische Perspektive setzt (ein sog. „Jahrmarkt der Ideen"), setzen der medienrelevante Gesetzgeber in Deutschland und das Bundesverfassungsgericht auf eine binnenpluralistische Perspektive. Kurz gesagt: Die Medienordnung eines Landes ist in besonderer Weise repräsentativ für die jeweilige Gesellschaftsordnung – sie ist gewissermaßen ein Spiegelbild derselben.

4. Ordnungs- und Gestaltungsansätze moderner Medienmärkte

Das Grundpostulat der Ordnungsökonomik setzt an dem Versuch an, Rahmenbedingungen für wirtschaftliches Handeln zu schaffen, innerhalb derer sich menschliches Verhalten zum Wohle aller Beteiligten entfalten kann. Regelsetzung impliziert dabei immer auch die Frage der Regel*durch*setzung, denn wenn ein Handelnder sich ohne Risiko und ohne Kosten einer Sanktion entziehen kann, dann ist die Wahrscheinlichkeit einer Regelbefolgung vergleichsweise gering (vgl. *Leipold* 1997). Diese Ordnungsfrage der bindungsbedürftigen Institutionen ist von großer Bedeutung und Aktualität beispielsweise in der Steuerpolitik oder in der Umweltpolitik, wo sich die nationalstaatlichen Regierungen um Regeln bemühen, die Wirtschaftssubjekte sich gleichwohl relativ leicht dem engen Zugriff entziehen können.

Die Frage der Regeldurchsetzung ist auch von großer Relevanz in der Medienordnungspolitik, denn die meisten Medien sind durch ihre weiter oben bereits ausführlich dargelegten ökonomischen Eigenschaften – etwa die Vervielfältigungskosen von nahe Null – auf einen großen Verbreitungsbereich und damit grenzüberschreitend angelegt. Das *Internet* ist das Beispiel schlechthin für eine Globalisierung, die in erster Linie durch Innovationen im Mediensektor und in der Informationstechnologie getrieben wird (hierzu *Friedman* 2006). Medienpolitik war vormals, wie *Jarren* (1999, S. 51) treffend formuliert, eng mit „kultur- und integrationspolitischen Zielen" der einzelnen Staaten verknüpft, hat sich aber heute zunehmend in „übernationale Entscheidungszirkel" verlagert.

Damit sind zwei grundsätzliche Fragen angesprochen, nämlich *erstens* die Frage nach dem Verhältnis von nationaler und internationaler Medienordnungspolitik und *zweitens* die Frage nach dem spezifischen Einfluss der europäischen Medienregulierung (Binnenmarkt und die Richtlinie „Fernsehen ohne Grenzen"). Darin enthalten ist implizit auch die Frage, inwieweit der Sektor der Medien tatsächlich über Selbstheilungskräfte verfügt, die den spezifischen Ordnungsfragen besser gerecht werden als staatliche Eingriffe oder supranationale Institutionen.

4.1. Ordnungsfragen internationaler Medien

Wirtschaftliche Ordnung kann prinzipiell auf drei Ebenen (s. *Wentzel* 2002a, S. 112-131) verankert sein: *Erstens* ist die Ebene der Selbstkontrolle zu nennen, die fundiert durch moralische und ethische Standards die Menschen zu bestimmten Verhaltensweisen motiviert. In diesem Fall sind die Wirtschaftssubjekte regeltreu, weil sie die Sinnhaftigkeit allgemeiner Regeln erkennen und deshalb auch freiwillig bereit sind, auf Versuchungen (sog. „goldene Gelegenheiten") zu verzichten. *Zweitens* kann wirtschaftliche Ordnung auf der Ebene des Wettbewerbs definiert sein. Wenn eine hinreichende Anzahl an Wettbewerbern existiert sowie Transparenz über die Entscheidungsverfahren, dann werden Schlechtleistungen und Regelverstöße durch die Konkurrenz sanktioniert. Und schließlich kann *drittens* wirtschaftliche Ordnung durch staatliche Institutionen und Kontrolle bewirkt werden. Dies ist vor allem bei den Sachverhalten anzutreffen, bei denen die Gefahr von sog. negativen Externalitäten besteht (vgl. hierzu *Müller* i. d. Bd.) und Regelverstöße gegebenenfalls auch mit strafrechtlichen oder zivilrechtlichen Konsequenzen behaftet sind.

Im internationalen Zusammenhang ist die Frage der Regeldurchsetzung schwierig: Dies gilt auch für die Ordnung der Medien. In Analogie zur Theorie optimaler Währungsräume kann von einer Theorie optimaler Medienräume gesprochen werden (vgl. *Wentzel* 2006a), deren einzige wirklich effektive Restriktion die Sprachbarriere darstellt. Aber wenn bestimmte Medieninhalte dem Grundsatz nach universal nutzbar sind (etwa Popmusik, Nachrichten oder Sportgroßereignisse), dann ist eine Tendenz zu länderübergreifenden Anbietern offensichtlich[6]. Eine nationale Medienpolitik gegen einen internationalen Trend durchzusetzen, ist selbst für weitgehend abgeschlossene Länder kaum noch möglich. Selbst China mit seinem restriktiven politischen Ein-Parteien-System ist nicht in der Lage, das Internet oder internationale Fernsehsender vollständig zu zensieren und kontrollieren. Die internationale Medienordnung kann also als spontane, polyzentrische Ordnung im *Hayek*schen Verständnis interpretiert werden. Diese Ordnungen sind aber hierarchisch nicht direkt steuerbar, weil keine zentrale Instanz der Regeldurchsetzung existiert und auch kein Nationalstaat bereit wäre, sich einer solchen externen Kontrolle zu unterwerfen (vgl. *Wentzel* 2002a, S. 123).

Wenn also im Sinne einer direkten wirtschafts- und medienpolitischen Steuerung kein direkter Ursache-Wirkungs-Zusammenhang erzielt werden kann und selbst über die Ziele der Medienpolitik unterschiedliche Auffassungen bestehen (hierzu *Browne* 1999), dann ist die einzige medienpolitische Option eine Art von Kontextsteuerung (vgl. hierzu *Wegner* 1993). Eine kontextuelle Steuerung ist zu verstehen als ein internationaler Kommunikationsprozess, der zur Verabschiedung eines *Negativkatalogs* führen soll. Die beteiligten Staaten und andere Interessenvertreter (*stakeholder*) müssen gleichsam einen kleinsten gemeinsamen Nenner entwickeln und die Medieninhalte sowie Prozesse charakterisieren, die in jedem Fall ausgeschlossen oder verhindert werden sollen. Dies klingt plausibel und hat in der Praxis dazu geführt, dass beispielsweise beim Jugendschutz international weitgehend akzeptierte Standards entwickelt wurden, die grenzüberschreitend wirken. Allerdings sind Kompromisse nach wie vor schwierig, wenn es um die Interpretation von politischen Inhalten geht: Ist die Berichterstattung von *Al Dschaziera* über Israel eine „grundsätzlich objektive, wenngleich regional eingefärbte" Berichterstattung oder aber ein direkter Aufruf zu politischem Extremismus? Es zeigt sich gerade in diesen Fragen, dass die internationale Medienordnung in den politischen und kulturellen Sachverhalten auf ein Minimum an gemeinsamen Werten angewiesen ist (ausführlich hierzu *Wilke* 1996).

Angesichts der Tatsache, dass die internationale Medienordnung zentral kaum steuerbar ist und dies aus dem Blickwinkel einer freiheitlichen und unabhängigen Berichterstattung in Zeitungen und Rundfunk auch nicht wünschenswert wäre, steht die wissenschaftliche Politikberatung vor einem gewissen Dilemma. Werden Vorschläge zur direkten Einflussnahme in die Medien oder gar zur Re-Nationalisierung empfohlen, so ist mit dem Vorwurf des Konstruktivismus oder des Paternalismus (hierzu *Beck* und *Beyer* i. d. Bd.) zu rechnen. Solche Vorschläge dürften auch in der praktischen Medienordnungspolitik wenig Relevanz haben. Wird hingegen ganz in *Hayek*scher Diktion auf den Wettbewerb als Entdeckungsverfahren und auf die Ergebnisoffenheit des Prozesses verwiesen, so sehen sich die Wissenschaftler leicht einem Vorwurf des *Laissez-Faire* ausgesetzt.

---

6 Eine lokale Tageszeitung kann nur in der Landessprache angeboten werden, weshalb sie nicht durch internationale Konkurrenz bedroht ist. Bei länderübergreifenden Medien (etwa terrestrischem Fernsehen oder dem Internet) mit speziellem internationalen Programmangebot sind jedoch Substitutionsbeziehungen möglich.

Ein sinnvoller institutioneller Vorschlag, der dieses Dilemma überwindet, wurde von *Jarren* und *Donges* (2000, S. 20) vorgelegt und skizziert ein Drei-Ebenen-Modell von abgestuften Kompetenzen. Dieses Modell ist theoretisch gut fundiert und hat zugleich ein hohes Maß an praktischer Relevanz, denn es kommt der Realität der internationalen Medienordnung recht nahe. Kernidee der beiden Autoren ist dabei, die „Advokaten des Publikums" zu suchen, die tatsächlich zu einer effektiven Kontrolle des Programmangebotes fähig wären. Hier sind Nicht-Regierungsorganisationen ebenso zu erwähnen wie die wissensbasierten Organisationen – etwa *Media Watch* –, die den Mediensektor aufmerksam beobachten und auch die empirischen Daten sammeln, die für ordnungspolitische Handlungsempfehlungen notwendig sind. Aber auch gesellschaftliche Reflexionsinstanzen wie die Medienräte oder die Freiwillige Selbstkontrolle spielen hier eine entscheidende Rolle.

Jarren und *Donges* (2000) schlagen vor, dass auf der ersten Handlungsebene die grundlegenden Ordnungsbedingungen fixiert werden. Dies sind beispielsweise Marktzutrittsregeln, allgemeine Wettbewerbsregeln, Verhaltenskodices oder technische Standards, die in enger Absprache mit den Nachbarländern festzulegen sind, um grenzüberschreitende Transaktionen zu ermöglichen. Das „ordnungspolitische Grundgerüst" der Medienordnung ist sinnvollerweise im Nationalstaat verankert oder – wie im Falle der EU-Mitglieder – im Binnenmarkt. Durch die Verankerung im Nationalstaat ist prinzipiell auch die Regeldurchsetzung besser möglich, etwa wenn es um Schadensersatzklagen geht (beispielsweise im Falle irreführender Werbung) oder aber um strafrechtliche Konsequenzen (beispielsweise im Falle von politischem Extremismus).

Auf einer zweiten Handlungsebene sind dann selbstregulative Organisationen und Mechanismen zu fördern und alle Maßnahmen durchzusetzen, die deren Effektivität erhöhen (ausführlich *Wentzel* 2002b). Wie bereits weiter oben erläutert, ist die Effizienz solcher Maßnahmen in Bezug auf die Zielerreichung, nämlich negative Programminhalte zu verhindern, besonders groß, weil Selbstregulierung *ex ante* wirkt und nicht erst *ex post* sanktioniert, wenn die negative Externalität schon eingetreten ist, das Kind gleichsam schon „in den Brunnen gefallen ist". Eine funktionsfähige Selbst-Regulierung ist kostengünstig, flexibel, offen für Innovationen und kompatibel zu einem Marktsystem, das auf Wettbewerb beruht. In diesem Zusammenhang ist auch die publizistische Verantwortung zu betonen. Diese ist zwar ein „weicher Faktor" für einen Verleger, der sich täglich im Wettbewerbsprozess behaupten muss und der auf gute Auflagen oder Reichweiten angewiesen ist. Gleichwohl sind die „weichen" Faktoren keinesfalls zu unterschätzen, wenn es um die tatsächliche Qualität einer Medienordnung geht.

Auf einer dritten Handlungsebene sind dann die wissensbasierten Organisationen gefordert, deren Aufgabe die permanente Beobachtung und Hinterfragung von Medieninhalten ist. Wichtige Aufgabe von Medienanbietern ist die gesellschaftliche Innovation. Eine offene Medienordnung muss in der Lage sein, neue Sendeformate und Inhalte zu entwickeln, selbst wenn diese manchmal mit Wertvorstellungen älterer Mitbürger in Konflikt geraten. Zugegeben kann man darüber streiten, ob ein neues Programm, bei dem Erwachsene über Monate in einen Container gesperrt oder in der Wildnis ausgesetzt werden, tatsächlich wertvoll ist und zur kulturellen Innovation beiträgt. Ein generelles Verbot solcher Sendungen ist aber weder rechtsstaatlich noch aus medienpolitischen Erwägungen zweckmäßig. Gleichwohl ist es notwendig, solche neuen Formate aufmerksam zu beobachten und gegebenenfalls entgegenzusteuern, wenn Minimalstandards im Sinne des Negativkatalogs gefährdet würden.

4.2. Der europäische Ansatz: Sendestaatsprinzip und Fernsehrichtlinie

Der Europäischen Union wird häufig der Vorwurf gemacht, dass sie zu sehr dem politisch-administrativen Integrationsmodell anhängt und zu wenig dem Wettbewerb vertraut. In der Agrarwirtschaft und insbesondere in der Industriepolitik ist dieser Vorwurf durchaus gerechtfertigt. In der Medienordnungspolitik und auch in der Telekommunikation ist der EU prinzipiell jedoch ein besseres Testat auszustellen, denn die EU-Kommission hat durch eine konsequente Liberalisierungspolitik nationale Medien- und Telekommunikationsmonopole aufgebrochen und so die Entwicklung zu einem europäischen Medienraum befördert, in dem analog zum Binnenmarkt prinzipiell die Freizügigkeit für Produktionsfaktoren und für Ideen gewährleistet ist. Es dürfte nur wenige Sektoren innerhalb der EU geben, in denen die zuständige EU-Kommissarin als Leitmotiv ihrer Arbeit *in dubio pro libertate* ausgibt (vgl. *Wentzel* 2006a).

Erstaunlicherweise ist der europäische Medienmarkt noch sehr jung. Dies hat primär historische Gründe, denn der Rundfunk war nach dem Zweiten Weltkrieg im Gegensatz zur Presse praktisch überall in Westeuropa als öffentlich-rechtlicher, „staatsnaher" Rundfunk organisiert – übrigens auch in Groß-Britannien. Osteuropa kann in dieser Betrachtung ausgeklammert werden, da es unter sowjetischer Herrschaft stand und die kommunistische Partei für sich ein Informationsmonopol beanspruchte. Die langsame Eingliederung Osteuropas in einen gesamteuropäischen Medienrahmen geschah erst nach 1989 nach dem Fall der Mauer.

Mit dem *Grünbuch 1984 ()* lieferte die EU einen längst überfälligen ordnungspolitischen Denkanstoß für eine Marktöffnung sowohl für private als auch für internationale Medienanbieter. Von der wissenschaftlichen Politikberatung war diese schon seit den frühen sechziger Jahren empfohlen worden. Allerdings waren alle Versuche, private Anbieter im Rundfunk zuzulassen, an den erfolgreichen Abwehrmaßnahmen der öffentlich-rechtlichen Monopolisten gescheitert[7]. Das Grünbuch, das zwar an sich noch keine eigene Gesetzeskraft entfaltete, förderte die *de iure* und *de facto*-Liberalisierung, denn erstmals konnten europäische Fernsehsender durch terrestrische Überreichweiten bis in benachbarte Länder abstrahlen und damit den Nachweis erbringen, dass privates Fernsehangebot möglich sei, und zwar auch in solchen Ländern, in denen es der eigenen Bevölkerung mit fragwürdigen Argumenten vorenthalten wurde[8].

7 Für Deutschland ausgesprochen aufschlussreich und interessant ist die Debatte um das sog. „*Adenauer*-Fernsehen", das letztlich am Widerstand des Verfassungsgerichts scheiterte. Aus heutiger Sicht kann der damalige politische Prozess als Musterbeispiel für *rent-seeking* gelten.

8 Bis zur Liberalisierung durch die EU wurde privates Fernsehen in Deutschland stets mit dem Argument zurückgewiesen, das der Rundfunk ein öffentliches Gut sei. Diese Argumentation mag in den Anfangstagen des Rundfunks gegolten haben, ist aber spätestens seit den 60er Jahren nicht mehr überzeugend. Zu den Details dieser Debatte vergleiche den Beitrag von *Beck* und *Beyer*, i. d. Bd.

Am 3. Oktober 1989 wurde die EG-Richtlinie zum grenzüberschreitenden Fernsehen (89/552/EWG) vorgelegt. Diese steckte den rechtlichen Ordnungsrahmen für einen europäischen Medienmarkt ab und kann – bei aller berechtigten Kritik an möglichen Details der Regulierungen – als Meilenstein auf dem Weg zu einer Marktöffnung bezeichnet werden (vgl. *Wentzel* 2006a). Kernpunkt der Richtlinie war die medienpolitische Abwandlung und Anwendung des *Ursprungslandprinzips* in ein *Sendestaatsprinzip*: Damit ist prinzipiell jedes Medienerzeugnis (Zeitung, Fernsehsendung, Hörfunk), das in einem EU-Land legal angeboten werden darf, auch in allen anderen EU-Ländern legal und damit marktfähig. Ökonomisch interpretiert führt das Ursprungslandprinzip zu einer drastischen Senkung der Transaktionskosten, denn aufwendige Genehmigungsverfahren und Anhörungen werden überflüssig und durch einen allgemeinen Regelungsmechanismus auf der Staatenebene kompensiert.

Grundlegend ist auch die Interpretation von Medienangeboten als *Dienstleistung*. Da die Dienstleistungsfreiheit als eine der vier Grundfreiheiten quasi verfassungsrechtlichen Status für das Binnenmarktprogramm hat, wird durch die Analogie auch die Informations- und Medienfreiheit auf eine gleiche Stufe gestellt. Hätte die EU dem protektionistischen Drängen einzelner Mitgliedsstaaten nachgegeben und die Medien als Kulturgut interpretiert, wären diese im ausschließlichen Kompetenzbereich der Nationalstaaten verblieben. Damit wäre aber jeder Wettbewerb im Keime erstickt worden, und die europäische Medienordnung würde wie ein Flickenteppich abgeschotteter nationaler Monopole ausschauen.

Durch die Interpretation als Dienstleistung sind Medien zu einem „normalen" ökonomischen Gut geworden. Hierdurch wurden auch eigentumsrechtliche Übernahmen von Medienunternehmen möglich. Eine tschechische Tageszeitung kann einem deutschen Verlag gehören, ein deutsches Fernsehunternehmen kann französische Beteiligungen haben, ein deutscher Nachrichtensender kann durch ein internationales Konsortium geführt werden. Die EU-Kommission – Generaldirektion Wettbewerb – überwacht primär die Funktionsfähigkeit des Wettbewerbs (siehe *Budzinski,* auch *Dewenter* und *Haucap* i. d. Bd.) und geht dabei grundsätzlich von der Prämisse aus, dass funktionsfähiger ökonomischer Wettbewerb auch für die Qualität der Medieninhalte positiv wirkt. Mit der Überarbeitung der Fernsehrichtlinie 1997 und 2007 hat die EU neuere technologische Entwicklungen und insbesondere die sog. Medienkonvergenz in den Ordnungsrahmen aufgenommen. Elemente der Fernsehrichtlinie sind unter anderem das Prinzip der freien Handelbarkeit und Austauschbarkeit von Fernsehprogrammen, die Förderung europäischer Programme, der allgemeine Zugang zu Großereignissen, der Jugendschutz sowie Maßgaben für Werbung (ausführlich *Wentzel* 2006a).

Der öffentlich-rechtliche Rundfunk, der durch die Marktliberalisierung seit 1984 erstmals unter Wettbewerbsdruck geriet, steht grundsätzlich mit dem Beihilfenrecht der EU in Konflikt. Gleichwohl wurde mit dem *Amsterdamer Protokoll* vom 2. Oktober 1997 die kulturelle Bedeutung des öffentlich-rechtlichen Rundfunks von der EU bestätigt und damit ein offener Beihilfenkonflikt vermieden. Diese Bestandsgarantie wurde von den Öffentlich-Rechtlichen genutzt, um die eigene Position wieder zu verbessern und auch langsam in solche Mediensegmente vorzustoßen, in denen bislang noch kein öffentlich-rechtliches Angebot bestand – etwa im Internet. Dies ist allerdings sehr kritisch zu sehen, denn ein öffentlich-rechtliches Internet braucht man sicherlich genauso wenig wie eine öffentlich-rechtliche Zeitung (ausführlich *Beck* und *Beyer* i. d. Bd. sowie *Beyer* und *Beck* 2008).

Literatur

Albert, Hans und *Kurt H. Stapf* (Hg.) (1979), Theorie und Erfahrung, Mannheim und Tübingen.

Beck, Hanno (2005a), Medienökonomie: Print, Fernsehen und Multimedia, 2. Aufl., Berlin.

Beck, Hanno (2005b), Der Liebesökonom: Nutzen und Kosten einer Himmelsnacht, FAZ-Buch, Frankfurt.

Beck, Hanno (2008), Die Logik des Irrtums: Wie uns das Gehirn täglich ein Schnippchen schlägt, FAZ-Buch, Frankfurt.

Beck, Hanno und *Aloys Prinz* (1999), Die Zukunft des Fernsehens: Welche Rolle spielen Pay-TV und Pay-Per-View in Deutschland, *in:* Jahrbuch für Wirtschaftswissenschaften, Bd. 50, Heft 1, S. 66 – 90.

Becker, Gary S. und *George J. Stigler* (1977), De gustibus non est disputandum, in: *Gary S. Becker* (ed.) (1996), Familie, Gesellschaft, Politik, Tübingen, S. 217-226

Beyer, Andrea und *Hanno Beck* (2004), Glücklose Medienfusionen, in: Wirtschaftsdienst, 84. Jg., Heft 2, S. 91 – 97.

Beyer, Andrea und *Hanno Beck* (2006), Strategieansätze auf gesättigten Märkten: Der deutsche Zeitungsmarkt, in: Wisu, Das Wirtschaftsstudium, 35. Jg., Heft 6, S. 778 - 782.

Beyer, Andrea und *Hanno Beck* (2008), Wo Politiker in der ersten Reihe sitzen, in: Frankfurter Allgemeine Zeitung, Nr. 119, 24. Mai 2008, S. 13.

Browne, Donald R. (1999), Electronic Media and Industrialized Nations: A Comparative Study, Iowa State University Press.

Friedman, Thomas (2006), The World is Flat, Release 2.0, New York.

Geruschkat, Ralf und *Dirk Wentzel* (2003), Virtuelle Integration: Zur Rolle der Internet- und Medienwirtschaft im Integrationsprozeß, in: *Dieter Cassel* und *Paul J.J. Welfens* (Hg.), Regionale Integration und Osterweiterung der Europäischen Union, Stuttgart, Jena und New York, S. 157-186.

Grünbuch der EU-Kommission (1984), Fernsehen ohne Grenzen: Grünbuch über die Errichtung des gemeinsamen Marktes für den Rundfunk, insbesondere über Satellit und Kabel, KOM(84) 300.

Hayek, Friedrich A. von (1972, Die Theorie komplexer Phänomene, Tübingen.

Hayek, Friedrich A. von (1976), Die Verwertung des Wissens in der Gesellschaft, in: Friedrich A. von Hayek, Individualismus und wirtschaftliche Ordnung, Salzburg.

Holznagel, Bernd (1999), Der spezifische Funktionsauftrag des ZDF, in: ZDF-Schriftenreihe, Bd. 55, Mainz.

Jarren, Otfried (1999), Schwer kontrollierbarer medialer Eigensinn: Von der ehemaligen (Staats-)Ordnung zum Prozeßmanagement, in: Neue Zürcher Zeitung, Internationale Ausgabe vom 05.02.1999.

Jarren, Otfried und *Patrick Donges* (2000), Verhandlungssysteme statt zentrale Kontrolle – Eine neue Rolle für den Staat, in: Neue Zürcher Zeitung, Nr. 83, Internationale Ausgabe vom 07.04.2000, S. 50.

Leipold, Helmut (1997), Der Zusammenhang zwischen gewachsener und gesetzter Ordnung: Einige Lehren aus den postsozialistischen Erfahrungen, in: *Dieter Cassel* (Hg.), Institutionelle Probleme der Systemtransformation, Berlin, S. 43-68.

Leipold, Helmut und *Dirk Wentzel* (Hg.) (2005), Ordnungsökonomik als aktuelle Herausforderung, Stuttgart.

Luhmann, Niklas (1996), Die Realität der Massenmedien, Opladen.

Niskanen, William A. (1971), Bureaucracy and Representative Government, Chicago and New York.

Spitzer, Manfred (2006), Vorsicht Bildschirm! Elektronische Medien, Gehirnentwicklung, Gesundheit und Gesellschaft, 2. Aufl., München.

Tietzel, Manfred und *Dirk Wentzel* (2005), Pressefreiheit: Erfolg oder Mißerfolg einer Institution, in: *Thomas Eger* (Hg.), Erfolg und Versagen von Institutionen, Berlin, S. 53-88.

Waldfogel, Joel (2007), Economics of the Media, Information Economics and Policy (Special Edition).

Wegner, Gerhard (1993), Kontextsteuerung – Alternative zu Dirigismus und Laissez-Faire?, in: ORDO, Bd. 44, S. 271-290.

Weinstein, Michael (1992), Economists and the Media, in: Journal of Economic Perspectives, Vol. 6, No. 3, pp. 73-77.

Wentzel, Bettina (1998), *Der Methodenstreit*, Frankfurt.

Wentzel, Dirk (1998), Politischer Wettbewerb in der Informationsgesellschaft: Medien als Einflußträger und Kontrollinstanz der Wirtschaftspolitik, in: *Dieter Cassel* (Hg.) (1998), 50 Jahre Soziale Marktwirtschaft, Stuttgart, S. 711-740.

Wentzel, Dirk (2002a), Medien im Systemvergleich – Eine ordnungsökonomische Analyse des deutschen und amerikanischen Fernsehmarktes, Stuttgart.

Wentzel, Dirk (2002b), Principles of Self-Regulation, in: Marburger Volkswirtschaftliche Beiträge, 01/2002, der Philipps-Universität Marburg.

Wentzel, Dirk (2006a), Medien in Europa: In Dubio Pro Libertate, in: *Dirk Wentzel* (Hg.), Europäische Integration – Ordnungspolitische Chancen und Defizite, Stuttgart, S. 223-271.

Wentzel, Dirk (Hg.) (2006b), Europäische Integration – Ordnungspolitische Chancen und Defizite, Stuttgart.

Wiechers, Ralph (1992), Markt und Macht im Rundfunk: Zur Stellung der öffentlich-rechtlichen Rundfunkanstalten im dualen Rundfunksystem der Bundesrepublik Deutschland, Frankfurt a.M.

Wilke, Helmut (1996), Systemtheorie I, Grundlagen, 5. überarb. Aufl., Stuttgart.

1. Teil

Theoretische Grundlagen

Dirk Wentzel (Hg.), Medienökonomik –
Theoretische Grundlagen und ordnungspolitische Gestaltungsalternativen
Schriften zu Ordnungsfragen der Wirtschaft · Band 89 · Stuttgart · 2009

Wettbewerb als Aufgabe und Problem auf Medienmärkten: Fallstudien aus Sicht der „Theorie zweiseitiger Märkte“

Ralf Dewenter und *Justus Haucap*[*]

Inhalt

---

* Wir danken *Johannes Fischer, Dragan Jovanovic, Andreas Mitschke* und *Torben Stühmeier* für die wertvolle Unterstützung bei den Recherchen zu diesem Beitrag sowie *Christian Bauer* für die kritische Durchsicht des Manuskriptes. Ferner danken wir *Rudolf Knauff* und den Teilnehmern des 41. Radeiner Forschungsseminars für wertvolle Kommentare und Diskussionen. Alle etwaigen Unkorrektheiten gehen natürlich zu unseren Lasten.

1. Einleitung

Die Medienökonomie hat in den letzten Jahren einen wahrhaften Boom erfahren (vgl. z. B. *Waldfogel* 2007; *Doyle* 2007). Es mag paradox erscheinen, aber mit der ökonomischen Krise der Medienwirtschaft kam es zugleich zu einem enormen Aufschwung der medienökonomischen Forschung. Der Grund für diese Renaissance der Medienökonomie liegt dabei aber nicht – wie man vielleicht meinen könnte – so sehr darin, dass es so viele neue, vorher nicht beobachtbare Phänomene gäbe, die nun das Forschungsinteresse von Ökonomen wecken. Vielmehr liegt der Grund für die Renaissance der Medienökonomie wohl darin, dass sich mit der Entwicklung der „Theorie der zweiseitigen Märkte", welche vor allem durch die Kartellverfahren gegen *Visa* und *Mastercard* in den USA und Australien – und nun auch, mit einer gewissen Verspätung, in der EU (vgl. *Scherer* 2007) – angestoßen wurde, eine neue Sichtweise auf viele Märkte eröffnet, insbesondere eben auch auf Medienmärkte (vgl. z. B. *Anderson* und *Coate* 2005; *Anderson* und *Gabszewicz* 2006; *Dewenter* 2007a).

Das in der Theorie der zweiseitigen Märkte entwickelte analytische Instrumentarium ermöglicht heute eine detailliertere und genauere mikroökonomische Analyse von Interrependenzen zwischen Werbe- und Publikumsmärkten als die von *Furhoff* (1973) und *Gustafsson* (1978) entwickelte, etwas grobkörnige Theorie der Anzeigen-Auflagen-Spirale. Gewissermaßen ist die „Theorie der zweiseitigen Märkte" also wie ein verbessertes Mikroskop, das es uns erlaubt, altbekannte Phänomene und Probleme genauer zu betrachten.

Worum genau geht es bei diesen so genannten zweiseitigen Märkten? Der Begriff des zweiseitigen Marktes (*two-sided market*) ist zunächst einmal nicht besonders aussagekräftig und somit auch nicht besonders glücklich (vgl. dazu auch *Peitz* 2006; *Evans* und *Schmalensee* 2005), denn jeder Markt hat ja bekanntlich mit Angebot und Nachfrage zwei Seiten. Einige Autoren sprechen daher auch lieber von Märkten oder auch Marktplätzen mit indirekten Netzeffekten (vgl. *Peitz* 2006) oder dem Wettbewerb zwischen Plattformen (vgl. *Evans* und *Schmalensee* 2005). Dies trifft den Kern auch besser, denn es geht um Märkte, bei denen der Nutzen der Teilnehmer auf beiden Marktseiten positiv oder negativ davon abhängt, wie viele Teilnehmer es auf der jeweils anderen Marktseite gibt. Auf Medienmärkten hängt z. B. der Nutzen des Publikums bzw. der Leser auch davon ab, wie viel Werbung ein Medium enthält. Und umgekehrt hängt der Nutzen eines werbetreibenden Unternehmens davon ab, wie viele Leser, Zuschauer oder Zuhörer ein Medium hat. Indirekte Netzeffekte, die im Gegensatz zu direkten Netzeffekten auf die jeweils andere Marktseite abstellen, spielen somit eine wichtige Rolle. Medien können so als eine Plattform begriffen werden, die zugleich Werbung und Publikum zusammenführt.

Die Theorie der zweiseitigen Märkte werden wir im nächsten Abschnitt dieses Beitrags ausführlicher darstellen, bevor wir im dritten Abschnitt auf die wettbewerbspolitische Relevanz der Erkenntnisse (insbesondere auch im Rahmen eines stärker ökonomisch fundierten Ansatzes in der Wettbewerbspolitik) eingehen und diese anhand von drei ausgewählten Fallbeispielen aus der jüngeren Vergangenheit im vierten Abschnitt illustrieren. Abschnitt 5 beendet unsere Ausführungen dann mit einem Fazit und einem Ausblick auf weiteren Forschungsbedarf.

2. Die Theorie der zweiseitigen Märkte

2.1. Grundlagen von zweiseitigen Märkten

Charakteristisch für einen zweiseitigen Markt ist die Tatsache, dass auf beiden Seiten eines Marktes indirekte Netzeffekte eine Rolle spielen, die sich auf die jeweils andere Marktseite beziehen. So sind im bereits erwähnten Beispiel von Kreditkartenmärkten die Händler (auf der einen Seite des Marktes) umso eher bereit, eine bestimmte Kreditkarte zu akzeptieren (und somit auf einen Teil des ausgezeichneten Preises, z. B. typischerweise 1,5-5 % des Preises bei *Visa* und *Mastercard*, je nach Händler) zu verzichten, je mehr potenzielle Käufer (auf der anderen Seite des Marktes) die entsprechende Kreditkarte besitzen. Je mehr Kunden also gern mit der entsprechenden Kreditkarte zahlen wollen, desto eher lohnt es sich für den Händler, die Kreditkarte ebenfalls zu akzeptieren, um diese Kundschaft nicht zu verlieren. Umgekehrt sind Kunden umso eher geneigt, sich eine bestimmte Kreditkarte zuzulegen, je mehr Händler diese Kreditkarte auch akzeptieren. Die Netzeffekte gehen also klar hinüber auf die andere Marktseite. Wie viele andere Händler eine Kreditkarte akzeptieren, ist für einen Händler (im Gegensatz zum Fall direkter Netzeffekte) nicht *direkt* relevant, sondern nur insofern, als ein größeres Händlernetz, das eine Karte akzeptiert, auch zu einem größeren Netz an Kredikartenhaltern auf der Kundenseite führt. Der Netzeffekt kommt also nur *indirekt* zum Tragen.

Etwas anders, wenn auch konzeptionell sehr ähnlich, verhält es sich bei Medienmärkten. Die werbende Industrie ist bereit, für eine Werbung in einem bestimmten Medium tendenziell umso mehr zu zahlen, je größer das Publikum ist.[1] Ob das Publikum auf der anderen Seite negativ, positiv oder neutral auf zusätzliche Werbung in einem Medium reagiert, ist umstritten und kann nicht pauschal beantwortet werden (vgl. dazu z. B. *Becker* und *Murphy* 1993; *Reisinger* 2004; *Gabszewicz*, *Laussel* und *Sonnac* 2002). So wird Fernseh- und Hörfunkwerbung von vielen Zuschauern bzw. Zuhörern sicherlich eher als störend empfunden, d. h. der Nutzen aus einem Programm steigt hier typischer Weise mit abnehmender Werbemenge. Demgegenüber mag Werbung in Magazinen viele Leser womöglich überhaupt nicht tangieren (neutrale Wirkung), zumindest solange sich die Werbung innerhalb eines gewissen Umfangs bewegt. Bei Stellenanzeigen, Immobilieninseraten und anderen Kleinanzeigen schließlich ist wohl tendenziell eher von einer positiven Wertschätzung durch viele Leser auszugehen. Je mehr dieser Inserate eine Zeitung hat, desto mehr Leser wird die Zeitung, ceteris paribus, finden. Abgesehen vom Fall der neutralen Wirkung haben wir es also auch hier mit einem zweiseitigen Markt zu tun.

Wenn man einen Hammer hat, sieht alles wie ein Nagel aus.[2] So ist es auch mit der Theorie der zweiseitigen Märkte. Daher ist mittlerweile erkannt worden, dass nicht nur

1 Natürlich wird der Preis für Werbung in einem Medium noch durch zahlreiche andere Kriterien bestimmt wie z. B. die demographische Zusammensetzung (Alter, Geschlecht, Einkommen etc.) des Publikums.

2 Das wörtliche Zitat („If you have a hammer, everything looks like a nail") wird dem amerikanischen Psychologen *Abraham Maslow* (1908-1970) zugeschrieben (sowie einigen anderen Quellen).

Medienmärkte und Kreditkarten- bzw. andere Zahlungssysteme als zweiseitige Märkte analysiert werden können. Vielmehr weist eine ganze Reihe weiterer Märkte und Plattformen die erwähnten indirekten Netzeffekte auf beiden Marktseiten auf. So lässt sich die Theorie ebenso auf Immobilienmakler, Einkaufszentren, Börsen, Auktionshäuser, Internetprovider, Mobilfunkunternehmen, Märkte für Software und Videospiele, Diskotheken, professionelle Sportvereine, akademische Zeitschriften und sogar Gebietskörperschaften anwenden (vgl. den Überblick im Anhang).

Auf diesen Märkten mit indirekten Netzeffekten kommt den Intermediären, welche die genannten Plattformen (also die Zeitung, den Fernsehsender, das Auktionshaus, das Einkaufszentrum, die Diskothek etc.) betreiben, eine besondere Rolle zu. Die Intermediäre oder Plattformen vermitteln Transaktionen zwischen den beiden Gruppen von Nutzern (vgl. dazu auch *Hess* und *von Walter* 2006). Die durch die Plattform initiierten Transaktionen müssen dabei nicht unbedingt physische Produkte zum Gegenstand haben (wie es etwa bei Auktionshäusern oder Immobilienmaklern der Fall ist). Es kann auch um die Herstellung von Kontakten bzw. die Vermittlung von Informationen gehen wie z. B. bei Medien. Medien gewähren werbetreibenden Unternehmen Zugang zu „ihren“ Kunden, die dann durch die werbetreibende Industrie informiert oder anders umworben wird. Ein Medienunternehmen wie z. B. eine Zeitung versucht dann sowohl am Leser- als auch am Anzeigenmarkt optimale Preise (oder Mengen) zu setzen, um den gemeinsamen Gewinn aus beiden Erlösquellen zu maximieren (vgl. Abbildung 1). Voraussetzung dafür ist nicht nur (wie in gewöhnlichen „einseitigen“ Märkten mit nur direkten Netzeffekten) die Kenntnis über Kosten und Zahlungsbereitschaften sowie Preiselastizitäten, sondern ebenso die Kenntnis über die Stärke der beiderseitigen indirekten Netzeffekte. Welche Preise (oder Mengen) im Endeffekt vom Intermediär gesetzt werden, hängt im besonderen Maße vom Verhältnis der relativen Netzeffekte ab.[3]

Abbildung 1: Zweiseitige Märkte am Beispiel einer Tageszeitung

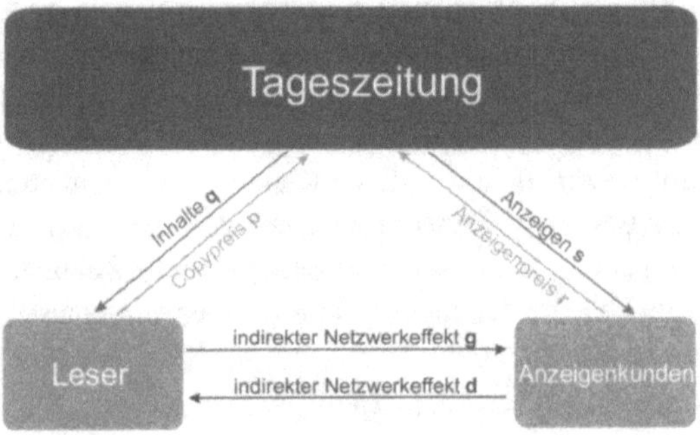

Quelle: *Dewenter* (2007a)

Eine Preiserhöhung auf dem Lesermarkt etwa führt nicht nur zu einem Rückgang der Nachfrage nach Zeitungen, sondern, ceteris paribus, durch den indirekten Netzeffekt auf

3 Die relativen Netzeffekte werden hierbei bestimmt durch die anderen Parameter, wie fixe und variable Kosten, Prohibitivpreis und Preiselastizität der Nachfrage.

dem Werbemarkt auch zu einem Rückgang der Nachfrage nach Anzeigen: Eine geringere Auflage führt bei gleichen Anzeigenpreisen zu einer Erhöhung des (1000er-)Kontaktpreises, also des Anzeigenpreises dividiert durch die Auflage (ggf. in 1000). Dadurch wird auch am Anzeigenmarkt ein Rückgang der Nachfrage induziert. Liegt nun ein positiver Netzeffekt vom Anzeigen- zum Lesermarkt vor, d. h. wenn Anzeigen den Lesern einen positiven Nutzen stiften, so entsteht ein Rückkopplungseffekt am Lesermarkt, der wiederum zu einer Reduktion der Auflage führt. Dies ist die bekannte Anzeigen-Auflagen-Spirale.[4]

Reduzieren Anzeigen hingegen den Nutzen, den die Leser aus einer Zeitung ziehen, so wird der Rückkopplungseffekt vom Anzeigen- auf den Lesermarkt dazu führen, dass die ursprüngliche Reduktion der Menge zu einem gewissen Teil wieder kompensiert wird.[5] Zwar sinkt die Nachfrage auf dem Lesermarkt zunächst aufgrund der Preiserhöhung (direkter Effekt), doch wird durch den Rückgang der Werbung (aufgrund des bei reduzierter Auflage implizit gestiegenen 1000er-Kontakpreises) die Zeitung auch wieder attraktiver, sodass der Auflagenrückgang zumindest teilweise kompensiert wird (indirekter Effekt).

Entscheidend für die Auswirkungen der Zweiseitigkeit ist die *Summe* der relativen indirekten Netzeffekte. Solange in der *Summe* positive Netzeffekte vorliegen, werden höhere Mengen umgesetzt als in „einseitigen" Märkten. Eine Plattform kann die Existenz zweiseitiger indirekter Netzeffekte nur dann ausnutzen, wenn in der Summe positive Effekte vorliegen. Übersteigt dagegen ein möglicher negativer Netzeffekt (zum Beispiel ein negativer Effekt der Werbung auf den Lesermarkt) einen positiven Effekt, so käme es zu einer Reduktion der Mengen im Vergleich zu „einseitigen" Märkten – ein „Ausnutzen" dieser Effekte ist dann nicht möglich.

Es bleibt also festzuhalten, dass indirekte Netzeffekte einen Einfluss auf die Nachfrage am jeweils anderen Markt nehmen. Positive Netzeffekte etwa, die vom Lesermarkt auf den Anzeigenmarkt wirken, führen zu einer Verschiebung der Nachfragekurve nach außen. Die Anzeigenkunden fragen, ceteris paribus, umso mehr Werberaum nach, je höher die Auflage der Zeitung ist. Umgekehrt führen negative Netzeffekte zu einer Links-Verschiebung der Nachfragekurve des jeweils anderen Marktes.

2.2. Auswirkungen auf die Preise

Während eindeutig ist, wie sich Netzeffekte auf die Mengen auswirken, sind die Preiseffekte ambivalent. Einerseits steigen die Preise auf beiden Märkten tendenziell durch die Existenz positiver Netzeffekte, die damit verbundene Vergrößerung der Märkte und die mit Netzeffekten ggf. einhergehende Marktmacht. Andererseits können positive Netzeffekte aber nur dann optimal ausgenutzt werden, wenn eine hohe Netzgröße generiert werden kann. Dies wiederum ist aber nur dann möglich, wenn die Preise hin-

---

4 Vgl. *Furhoff* (1973); *Gustafsson* (1978); *Kantzenbach* und *Greiffenberg* (1980); *Beck* (2005), S. 136 f.; *Rott* und *Kohlschein* (2007); *Seufert* (2007); *Gabszewicz*, *Garella* and *Sonnac* (2007).

5 Vgl. schon *Corden* (1952); *Bucklin*, *Caves* und *Lo* (1989); *Blair* and *Romano* (1993); *Chaudhri* (1998); *Dewenter* und *Kaiser* (2006).

reichend niedrig sind. Zu bedenken ist hier, dass bei positiven Netzeffekten eine Preiserhöhung, ceteris paribus, nicht nur zu einer Reduktion der nachgefragten Menge nach dem direkt betroffenen Produkt führt, sondern indirekt auch zu einer Verringerung der positiven Wirkung am jeweils anderen Markt. So führt die Erhöhung eines Zeitschriftenpreises nicht nur zu einer Reduktion der nachgefragten Menge dieser Zeitschrift, sondern aufgrund dieses Effektes (bei unveränderten Anzeigenpreisen) auch zu einer Reduktion der Werbenachfrage. Bei der Erhöhung des Zeitschriftenpreises muss ein Verlag somit nicht nur den dadurch ausgelösten Rückgang der Auflage berücksichtigen, sondern auch den dadurch induzierten möglichen Rückgang der Erlöse aus dem Anzeigengeschäft mit einkalkulieren. Dies wiederum macht Preiserhöhungen tendenziell weniger attraktiv als auf „normalen" („einseitigen") Märkten (ohne indirekte Nutzeffekte).

2.2.1. Preiseffekte im Monopol

Liegt eine monopolistische Marktstruktur vor, wie etwa bei regionalen Tageszeitungen in den sog. Ein-Zeitungskreisen,[6] so bestimmen wiederum nur die relativen indirekten Netzeffekte die Preishöhe in den jeweiligen Teilmärkten. Wettbewerbseffekte spielen hingegen keine Rolle. Ein Monopolist wird die Preise dann an der Stärke der jeweiligen Netzeffekte ausrichten, sodass sich eine klare Preisstruktur ergibt. Gehen von einem Markt starke Netzeffekte aus (natürlich immer in Relation zur Marktgröße, der Nachfrageelastizität und der Kostenstruktur), so wird der Preis auf diesem Markt relativ gering sein. Hohe Preise hingegen sind auf den Märkten zu erwarten, auf denen relativ geringe Netzeffekte generiert werden (vgl. auch *Rochet* und *Tirole* 2003, 2006; *Armstrong* 2006).

Im Falle eines (regionalen) Zeitungsmonopolisten ist wohl davon auszugehen, dass ein Mehr an Werbeanzeigen für die Zeitungsleser tendenziell einen geringeren zusätzlichen Nutzen erzeugt als umgekehrt eine hohe Auflage (also eine große Leserschaft) den Anzeigenkunden nutzt. Der Netzeffekt, der vom Leser- auf den Anzeigenmarkt ausgeht, sollte also stärker sein als der Netzeffekt vom Anzeigen- auf den Lesermarkt. Trifft diese Vermutung zu, so müssten die Preise so gesetzt werden, dass die Marge im Anzeigengeschäft deutlich höher ist als die im Lesermarkt. Nur in diesem Fall können die Netzeffekte optimal ausgenutzt werden. In der Tat ist eine Preisstruktur mit relativ hohen Anzeigenpreisen und relativ geringen Zeitungspreisen typischerweise zu beobachten. Diese Beziehung kann im Extremfall dazu führen, dass im Lesermarkt (oder allgemeiner im Rezipientenmarkt) Preise unterhalb der Grenzkosten oder sogar von null zu beobachten sind. Der Preis auf dem Anzeigen- bzw. Werbemarkt wird dann aber, natürlich immer ceteris paribus, umso höher sein, je geringer der Zeitungspreis für die Leser ist. Nicht selten liegt der Anzeigenpreis oberhalb des üblichen Monopolpreises auf einseitigen Märkten, während die Leserschaft durch hohe Anzeigenpreise „quersubventioniert" wird. Diese Art der „Quersubventionierung" ist jedoch – im Gegensatz zu vielen anderen Märkten – weder zwangsläufig ineffizient, noch ist sie unbedingt wett-

6 Dies ist der für Deutschland typische Fall (vgl. z. B. *Dewenter* und *Kraft* 2001).

bewerbsstrategisch motiviert. Sie ist gewissermaßen schlicht begründet durch die verschiedene Stärke der Netzeffekte von einem in den anderen Markt.[7]

2.2.2. Preiseffekte im Oligopol

Betrachtet man nun mehr oder minder wettbewerblich (in aller Regel oligopolistisch) strukturierte Märkte, so sind neben den Netzeffekten auch die Wettbewerbseffekte zu beachten. Durch die Existenz eines oder mehrerer Wettbewerber am Leser- und/oder am Anzeigenmarkt[8] und dem damit verbundenen (Preis- oder Mengen-)Wettebewerb steigen die entsprechenden Gesamtmengen an beiden Märkten. Da aber die firmenspezifischen Mengen im Vergleich zum Monopol geringer sind, sind die Medienunternehmen nicht in der Lage, die Netzeffekte so gut auszunutzen wie im Monopol. In der Folge wirken Netzeffekte und Wettbewerbseffekte zum Teil entgegengesetzt. Zwar senkt der Wettbewerbsdruck den Preis am jeweiligen Markt, jedoch kann ein starker Netzeffekt nicht in dem Maße genutzt werden wie im Monopol. Je nachdem, welcher Effekt dominiert (was wiederum davon abhängig ist, wie intensiv der Wettbewerb auf Leser- und Anzeigenmärkten ist), können Preise auf Oligopolmärkten sogar höher sein als im Monopol.

Letztendlich lässt sich daher nur festhalten, dass ohne eine genaue Kenntnis der relevanten Marktparameter weder eine Aussage über die zu erwartende Preishöhe noch über die zu erwartende Preisstruktur getroffen werden kann. Wichtig ist auch festzuhalten, dass eine ökonomische Beurteilung allein anhand der Preise nicht möglich und insgesamt sehr schwierig ist. Erschwerend kommt hinzu, dass aus wohlfahrtsökonomischer Sicht – ähnlich wie bei natürlichen Monopolen – eine Monopolsituation einer Situation mit unvollständigem Wettbewerb überlegen sein kann.

2.2.3. Kontaktpreise

Wie bereits erwähnt ist für den typischen Anzeigen- bzw. Werbekunden ohnehin nicht der nominelle Preis für eine Anzeige ausschlaggebend. Werbekunden sind vor allem daran interessiert, eine möglichst hohe zielgruppenspezifische Reichweite mit ihrer Werbung zu realisieren. Aus diesem Grund orientieren sich die Werbekunden demnach auch an dem Verhältnis von Anzeigenpreis und Auflage, dem so genannten Kontaktpreis. Dieser muss zudem noch mit der „Qualität" der Zielgruppe (Einkommensstärke, Alter, Homogenität etc.) gewichtet werden. Um einen Vergleich der Wer-

---

7 Diese Art der „Quersubventionierung" ist auch bei komplementären Produkten vorzufinden. Im Gegensatz zu komplementären Produkten haben wir es bei zweiseitigen Märkten jedoch mit zwei völlig unterschiedlichen Kundengruppen (Leser und Werbekunden) zu tun, während bei komplementären Produkten derselbe Kundenstamm mehrere Produkte (wie Drucker und Tinte, Nassrasierer und Rasierschaum etc.) kauft. Zudem sind die Netzeffekte typischerweise nicht linear.

8 Die Wettbewerbssituation am Leser- und am Anzeigenmarkt muss nicht zwangsläufig dieselbe sein. So sehen Leser vielleicht nur zwei Tageszeitungen (z. B. *Handelsblatt* und *Financial Times*) als Substitute an, während Anzeigenkunden ggf. weitere Zeitungen als Substitute betrachten (wie z. B. *FAZ, Die Welt, Süddeutsche Zeitung*). Leser- und Werbemärkte müssen daher oft asymmetrisch abgegrenzt werden. Wir werden in Abschnitt 2.4. auf diese Thematik zurückkommen.

bepreise (etwa bei unterschiedlichen Marktformen) vornehmen zu können, dürfen daher keinesfalls die nominellen Werbepreise verglichen werden, sondern die Kontaktpreise. Auswirkungen auf Kontaktpreise sind aber in den industrieökonomischen Modellen noch schwieriger festzustellen als die oben beschriebenen Preiseffekte, da einerseits der nominelle Anzeigenpreis, zum anderen aber auch die Auflage von den unterschiedlichen Wettbewerbs- und Netzeffekten beeinflusst wird.

2.3. Multihoming

Insbesondere Werbemärkte, aber auch einige Rezipientenmärkte, sind zumindest teilweise dadurch gekennzeichnet, dass ein so genanntes *Multihoming* stattfindet (vgl. *Armstrong* 2006; *Roson* 2007). Dies ist dann der Fall, wenn zumindest die Teilnehmer der einen Marktseite (oder Gruppe) nicht nur auf *einer* Plattform handeln, sondern auf mehreren. Bezogen auf den Zeitungsmarkt heißt dies anders ausgedrückt, dass Werbekunden oftmals nicht nur Anzeigenfläche in *einer* Tageszeitung nachfragen, sondern in mehreren. Vor allem in sog. Mehr-Zeitungskreisen, bei überregionalen Tageszeitungen und bei Zeitschriften ist dies der Fall. Ebenso findet ein *Multihoming* von Werbekunden bei der Fernseh- und Rundfunkwerbung statt.[9] Auf diese Weise kann die Reichweite der Werbung erhöht werden, wenn es kaum eine Überschneidung der Leserschaft bzw. des Publikums konkurrierender Werbeplattformen gibt. Dies setzt voraus, dass das Publikum seinerseits nur sehr begrenzt oder gar kein *Multihoming* betreibt. Bei regionalen und überregionalen Tageszeitungen dürfte dies für einen Großteil der Leserschaft der Fall sein, ebenso in vielen Magazinmärkten (wie z. B. bei TV-Programmzeitschriften oder Nachrichtenmagazinen).

Auch in Rezipientenmärkten ist *Multihoming* anzutreffen. Beispiele dafür sind etwa der Konsum von konkurrierenden Publikumszeitschriften oder Fernsehprogrammen bei verschiedenen Sendern. Bei Fernsehsendern allerdings ist *Multihoming* im engeren Sinne kaum möglich, da ja jeder Zuschauer zu jedem Zeitpunkt immer nur eine Sendung konsumieren kann. Allerdings können z. B. zeitversetzt verschiedene Sendungen (z. B. Nachrichten) auf verschiedenen Sendern angesehen werden.

Andere Medien wiederum werden von Konsumenten selten bist gar nicht zum *Multihoming* genutzt: So etwa ist *Multihoming* auf der Leserseite bei regionalen Tageszeitungen oder auch bei den Nutzern von Betriebssystemen, Internetzugängen oder Telefonnetzen eher selten anzutreffen.

Die wettbewerblichen Wirkungen von *Multihoming* sind demnach relativ eindeutig. Zum einen stellt *Multihoming* eine Möglichkeit für die Nutzer dar, auf andere Plattformen und Produkte auszuweichen. Damit erhöht sich die Anzahl der vorhandenen Alternativen, und der (Preis-)Wettbewerb zwischen den Plattformen wird intensiviert (*Evans* 2003a, 2003b). Auf der anderen Seite ist jedoch entscheidend, auf welcher Seite *Multihoming* betrieben wird. So werden Preise tendenziell steigen, wenn eine Seite nicht in der Lage ist, *Multihoming* zu betreiben.

---

9 Darüber hinaus findet natürlich auch Werbung in mehreren Medien statt, wobei jedoch die Märkte für Fernseh-, Radio- und Zeitungswerbung in der Regel als separate Märkte abgegrenzt werden, da die bestehenden Substitutionsbeziehungen nicht stark genug sind.

2.4. Marktabgrenzung

Eine scheinbar triviale Eigenschaft von zweiseitigen Märkten ist die, dass Märkte nicht notwendigerweise symmetrisch abgegrenzt werden können. Insbesondere in Medienmärkten ist oft eine solche asymmetrische Marktdefinition von Rezipienten- und Werbemarkt vorzunehmen, da häufig unterschiedliche Substitute auf beiden Teilmärkten zur Verfügung stehen (vgl. *Dewenter* 2004; *Dewenter* und *Kaiser* 2006).

So sind die Rezipienten vor allem an Medieninhalten interessiert, was dazu führt, dass eine mehr oder minder starke Differenzierung aus Sicht der Konsumenten über die politische, die inhaltliche oder die geographische Positionierung des Mediums vollzogen wird. Die Werbekunden dagegen sind typischerweise vor allem an soziodemographischen Eigenschaften der Rezipienten wie Einkommen, Geschlecht und Alter interessiert. Medien, die aus Sicht des Publikums nicht substituierbar sind und daher zu verschiedenen Publikumsmärkten gehören, mögen aus Sicht der Werbekunden hingegen durchaus substituierbar sein, wenn sich die soziodemographischen Eigenschaften nicht zu sehr unterscheiden.

Ein hypothetisches Beispiel für die daraus resultierende asymmetrische Marktabgrenzung mag dies verdeutlichen. So sind die Magazine *Spiegel*, *Stern* und *TV-Spielfilm* vermutlich verschiedenen Lesermärkten zuzurechnen, da sie von den allermeisten Lesern nicht als Substitut empfunden werden dürften. Sind jedoch die soziodemographischen Eigenschaften der Leserschaft hinreichend ähnlich (was durchaus vorstellbar ist), könnten sie demselben Werbemarkt zugerechnet werden. Auch im Radio- und TV-Bereich sind solche asymmetrischen Marktabgrenzungen denkbar.

Umgekehrt ist auch vorstellbar, dass z. B. bei regionalen oder überregionalen Zeitungen zwei oder mehr Zeitungen auf dem Lesermarkt als Substitute angesehen werden, sodass die Zeitungen im Wettbewerb stehen[10] und einem Markt zugerechnet werden. Auf dem Anzeigenmarkt hingegen geht es den Werbekunden um eine möglichst große Reichweite, welche durch Multihoming erreicht werden kann. Um alle Leser oder zumindest eine möglichst hohe Streuung zu erreichen, werden dann Anzeigen in allen Zeitungen geschaltet. Die Zeitungen werden dann von den Werbenden ggf. nicht als Substitute, sondern vielmehr als Komplemente angesehen, sodass auf dem Werbemarkt keine Konkurrenzbeziehung bestünde und streng genommen von zwei separaten Märkten auszugehen wäre.[11]

Noch gravierender wird die asymmetrische Beziehung von Rezipienten- und Werbemärkten, wenn weitere Medien wie Radio- oder Fernsehsender bzw. lokale oder regionale Anzeigenblätter oder Direktwerbung (Postwurfsendungen) in den Markt mit einbezogen werden. Während aus Lesersicht in der Regel keine oder nur geringe substitutive

---

10 In Deutschland beschränkt sich diese Zahl jedoch meist auf zwei unabhängige Zeitungen. Während die häufigste Marktform das regionale Zeitungsmonopol ist, sind daneben vor allem Duopolmärkte zu verzeichnen. Regionale Märkte, mit mehr als zwei Tageszeitungen, die zudem noch aus unterschiedlichen Verlagen stammen, sind äußerst selten.

11 Dies ähnelt gedanklich der „Ein Netz = ein Markt"-Philosophie, welche die EU-Kommission im Mobilfunk verfolgt.

Beziehungen zwischen diesen Medien vorliegen, nehmen die Werbenden hier möglicherweise eine andere Einschätzung vor.

Insgesamt zeigt sich, dass eine asymmetrische Abgrenzung nicht nur möglich, sondern in vielen Fällen sehr wahrscheinlich ist. Dementsprechend muss auch die Wettbewerbspolitik darauf ausgerichtet sein. Nimmt man bei asymmetrischen Substitutionsmöglichkeiten eine gleiche Marktabgrenzung vor, so bedeutet dies, dass entweder ein Markt zu weit abgegrenzt wird und damit Produkte und Unternehmen betrachtet werden, die eigentlich keine Substitute darstellen, oder aber einer der beiden Märkte zu eng abgegrenzt wird und tatsächliche Substitute ausgeschlossen werden. Beides führt zu einer wettbewerbspolitischen Fehleinschätzung.

2.5. Wohlfahrtseffekte

Im Vergleich zu gewöhnlichen oder einseitigen Märkten sind auch die Wohlfahrtseffekte in zweiseitigen Märkten nicht nur von der Preiselastizität, der Marktgröße und der Kostenstruktur anhängig, sondern natürlich ebenso von der Stärke der indirekten zweiseitigen Netzeffekte. So ist ein Monopolist im Gegensatz zu Wettbewerbern (etwa im Oligopol) in der Lage, zumindest einen Teil der Netzeffekte zu internalisieren und somit nicht nur einen deutlich höheren Gewinn zu realisieren, sondern unter Umständen auch eine höhere Gesamtwohlfahrt zu generieren.

Ausschlaggebend dabei sind zwei gegenläufige Effekte: Zum einen ist (bei positiven Netzeffekten) die Gesamtmenge auf *beiden* Teilmärkten größer, wenn die Märkte wettbewerblich strukturiert sind. Aufgrund dieser Bewegung auf der Nachfragekurve sinkt zwar die Produzentenrente, es steigt aber die Konsumentenrente und damit auch die Gesamtwohlfahrt (Wettbewerbseffekt). Auf der anderen Seite sinkt durch den Wettbewerb die firmenspezifische Menge. So weist z. B. ein Monopolist eine höhere Menge auf als ein einzelnes Unternehmen im Duopol. Dies führt dazu, dass im Monopol vorhandene Netzeffekte eventuell stärker ausgenutzt werden können als in duopolistischen Märkten. Der Monopolist unterliegt außerdem nicht dem Wettbewerbsdruck und ist in der Lage, eine – gemessen an den Netzeffekten – optimale Menge auf beiden Märkten anzubieten. Anders ausgedrückt erfolgt im Monopol bei Vorliegen von positiven Netzeffekten eine stärkere Verschiebung der Nachfragekurve nach außen als im Duopol (Markterweiterungseffekt).

Welcher der beiden Effekte überwiegt (Wettbewerbseffekt oder Markterweiterungseffekt), hängt nicht zuletzt von der Stärke der Netzeffekte sowie der Wettbewerbsintensität im Oligopol ab (vgl. dazu auch *Dewenter* und *Haucap* 2008). Ist ein intensiver Preiswettbewerb zu beobachten, so ist es durchaus wahrscheinlich, dass die Preissenkung und die damit verbundene Mengenausweitung in beiden Märkten zu einem Wohlfahrtsgewinn führen. Liegen jedoch starke Netzeffekte vor und ist gleichzeitig die Wettbewerbsintensität nur gering, so kann durchaus ein positiver Wohlfahrtseffekt in monopolistisch strukturierten Märkten vorliegen. Letztendlich lässt sich a priori jedoch keine klare Aussage treffen, welche Wohlfahrtseffekte bei unterschiedlichen Marktstrukturen vorliegen. Genauso wenig lässt sich damit im Vornherein eine Aussage darüber treffen, welche Auswirkungen sich durch veränderte Marktstrukturen ergeben, hervorgerufen etwa durch mögliche Unternehmenszusammenschlüsse. Eine Fusion kann auch positive

Wohlfahrtseffekte nach sich ziehen, wenn sie zu einer erhöhten oder sogar starken Marktkonzentration führt.

Es lässt sich also festhalten, dass selbst dann, wenn keine Kostenvorteile zu erwarten sind, durchaus ein positiver Wohlfahrtseffekt durch eine *zunehmende* Konzentration hervorgerufen werden kann. Wahrscheinlicher wird ein Wohlfahrtsgewinn, wenn neben starken Netzeffekten auch Effizienzvorteile, bedingt durch entsprechende Produktionstechnologien und Kostenfunktionen, realisiert werden können. Bei einer Verschiebung der Nachfragekurve und der damit verbundenen Markterweiterung und gleichzeitiger Senkung der Kosten ist es nicht unwahrscheinlich, dass es sowohl zu einer Erhöhung der Produzentenrente als auch der Konsumentenrente kommen kann. Eine Effizienzverteidigung sollte demnach in zweiseitigen Märkten noch weitaus ernster genommen werden, als dies in gewöhnlichen Märkten der Fall ist.

3. Wettbewerbspolitische Probleme auf Medienmärkten im Lichte der Theorie zweiseitiger Märkte

3.1. Preissetzung

Ein wichtiges Ergebnis der Analyse von zweiseitigen Märkten betrifft das Preissetzungsverhalten von zweiseitigen Plattformen und damit auch von Medienunternehmen. Solange sich die Netzeffekte auf den einzelnen Teilmärkten in Relation zur Marktgröße, Preiselastizität und Kostenstruktur unterscheiden, ist davon auszugehen, dass unterschiedliche Preise auf den beiden verbundenen Märkten bzw. Marktseiten einer Plattform zu beobachten sind. Dies wird die Regel und nicht die Ausnahme sein. Aufgrund der unterschiedlichen Einflussgrößen ist es äußerst unwahrscheinlich, dass sich identische Preise (und somit Preise wie auf „einseitigen" Märkten) ergeben. Viel wahrscheinlicher ist es, dass die Betreiber zweiseitiger Plattformen, wie bereits erläutert, auf dem Markt relativ hohe Preise setzen, von dem nur relativ geringe Netzeffekte auf den jeweils anderen Markt ausgehen. Dem entsprechend werden geringe Preise verlangt, wenn dadurch starke Netzeffekte ausgenutzt werden können.

Für die Wettbewerbspolitik bedeutet dies, dass allein aus der Preishöhe keine Rückschlüsse auf die Wettbewerbsintensität des Marktes oder das Wettbewerbsverhalten oder etwaiges wettbewerbswidriges Verhalten von Medienunternehmen gezogen werden können (vgl. z. B. *Evans* 2003a; *Wright* 2004; *Dewenter* und *Kaiser* 2006; *Peitz* 2006). Besonders hohe Preise auf einer Marktseite sind auf zweiseitigen Märkten nicht unbedingt ein Ausdruck von Marktmacht, sondern eventuell lediglich die Folge von geringen Netzeffekten, die auf diesem Markt generiert werden. Eine entsprechende Einschätzung etwa gemäß §19 GWB, wonach Entgelte als bedenklich eingestuft werden, wenn sie von denen abweichen, die sich unter Bedingungen wirksamen Wettbewerbs ergeben würden, ist selbst im Monopol problematisch, da sich ähnliche Preise – entsprechende Marktparameter vorausgesetzt – auch im Wettbewerb ergeben könnten. Ein Vergleich zu ähnlichen Märkten (anhand des Vergleichsmarktkonzepts) ist dann auch nicht ausreichend, wenn die Ähnlichkeit sich nicht auch auf die Stärke der Netzeffekte bezieht.

Ähnlich lässt sich bei besonders geringen Preisen argumentieren. Preise, die sich nicht nur gelegentlich unter den Einstandspreisen befinden, werden nach §20 GWB als unbillige Behinderung angesehen. Ist die Bewertung von Verdrängungspreisen in einseitigen Märkten schon kompliziert genug (vgl. z. B. *Haucap* und *Kruse* 2004), so kommt auf zweiseitigen Märkten noch ein weiterer Grund hinzu, warum Preise unterhalb von Grenz- oder Durchschnittskosten aus einer „naiven" Gewinnmaximierung resultieren können, ohne dass eine Verdrängungsabsicht besteht (*Dewenter* 2007a). Neben Einführungsangeboten und Penetrationspreisen (bei produktionsseitigen Lernkurveneffekten oder nachfrageseitigen Netzeffekten), kann auf zweiseitigen Märkten ein Preis – ähnlich wie bei komplementären Produkten – bewusst gering gehalten werden, um zusätzliche Erlöse auf der anderen Marktseite zu generieren. Die Analyse wird jedoch im Gegensatz zu komplementären Produkten dadurch erschwert, dass es sich auf zweiseitigen Märkten meist um getrennte Käufergruppen handelt, z. B. um die Leserschaft einerseits und die Anzeigenkunden andererseits. So kann auch nicht wie bei komplementären Produkten, die ja von derselben Zielgruppe nachgefragt werden, eine durchschnittliche Profitabilität pro Kunde (bezogen auf das durchschnittlich nachgefragte Produktbündel) berechnet werden. Bei komplementären Produkten lässt sich berechnen, ob z. B. ein Kunde, der einen Telefonanschluss bestellt und dann Telefonate führt und empfängt, im Durchschnitt (über alle bezogenen Leistungen) profitabel ist, um so einen Indikator für eine etwaige Verdrängungspreisstrategie zu erhalten. Dies ist bei zweiseitigen Märkten typischerweise nicht der Fall, da der Leser eben nicht zugleich der Werbekunde ist. Feststellen lässt sich nur die allgemeine Profitabilität des Unternehmens auf einem zweiseitigen Markt.

Hinzu kommt, dass selbst monopolistische Plattformen eine Preisstruktur aufweisen können, bei der gleichzeitig sowohl ein sehr hoher (z. B. Anzeigen-)Preis als auch ein sehr geringer (Copy-)Preis zu beobachten ist. Eine solche Preisstruktur ist aber nicht unbedingt Ausdruck eines Ausbeutungsmissbrauchs, durch den einer Marktseite missbräuchlich überhöhte Preise abverlangt werden, während auf der anderen Marktseite Marktzutrittsbarrieren errichtet werden oder Verdrängungswettbewerb vorherrscht. Besonders deutlich wird dies auf anderen zweiseitigen Märkten wie bei Partnerschaftsvermittlungen oder Immobilienmaklern. Dass die Preise für eine Marktseite (hier weibliche Kunden oder Vermieter) typischerweise geringer sind als für die andere Marktseite (hier männliche Kunden oder Mieter), ist Ausdruck der unterschiedlichen Stärke der Netzeffekte, nicht aber etwaiger Marktmacht. Auch auf Medienmärkten ist ein ähnliches Preissetzungsverhalten zu beobachten, so z. B. bei Kleinanzeigenbörsen.

Ein illustrativer Fall auf Medienmärkten sind hier die sog. Gratiszeitungen, welche eben zu einem Preis von null (also deutlich unter den inkrementellen Kosten) an die Leser abgegeben werden, gerade um damit für Werbekunden attraktiv zu werden. Eine Verdrängungsstrategie ist allein aus der Tatsache, dass Zeitungen unter den Grenzkosten der Produktion und Distribution an die Leser ausgegeben werden, nicht abzuleiten. Anders ausgedrückt müssten die korrekt kalkulierten Grenzkosten auch die Opportunitätskosten der ansonsten entgangenen Werbeerlöse enthalten, um eben einen korrekten Kostenstandard zur Beurteilung eines etwaigen Verdrängungspreises zu erhalten.

Diese Überlegungen zeigen bereits, dass aufgrund der besonderen Preisstruktur in zweiseitigen Märkten Wettbewerbsbeschränkungen, wie etwa eine unbillige Behinderung oder auch der Missbrauch einer marktbeherrschenden Stellung, nur schwer zu identifizieren sind. Ein abschließendes Urteil ist letztendlich nur dann möglich, wenn hinreichend gute Informationen über die Stärke, aber zumindest über das Verhältnis der Netzeffekte (wiederum in Relation zu den anderen Marktparametern) in den einzelnen Teilmärkten vorhanden sind. Wettbewerbsbehörden werden bei der Beurteilung solcher Verhaltensweisen daher vor eine besonders schwierige (oder auch spannende) Aufgabe gestellt.

3.2. Kartellierung

Neben der Analyse des (Preis-)Missbrauchs stellt insbesondere die Beurteilung einer möglichen Kartellierung in zweiseitigen Märkten eine besondere Herausforderung für Wettbewerbsbehörden dar. Während die Wahrscheinlichkeit kollusiven Verhaltens aufgrund des höheren Koordinierungsaufwands geringer sein dürfte als in entsprechenden „einseitigen" Märkten, sind die wohlfahrtsökonomischen Wirkungen von Kartellen hier durchaus ambivalent.

So lässt sich zeigen, dass ein Kartell, das gleichzeitig am Leser- als auch am Anzeigenmarkt gebildet wird, zwar zu einer geringeren Gesamtwohlfahrt führt als ein wettbewerblich organisierter Markt. Wird jedoch z. B. eine Preisabsprache lediglich an einem der beiden Teilmärkte (etwa am Anzeigenmarkt) durchgeführt, so hat dies zwar negative Auswirkungen auf die Nachfrager am Anzeigenmarkt, die Konsumenten der anderen Marktseite (hier: die Leser) können aber durchaus von einer solchen Semi-Collusion profitieren (*Dewenter* und *Haucap* 2008). Der Grund dafür ist, dass ein Kartell am Anzeigenmarkt dazu führt, dass es dort zu einer starken Reduktion der Anzeigenmenge kommt. Werden die Anzeigen positiv (negativ) von den Lesern bewertet, kommt es dadurch auch zu einer Reduktion (Erhöhung) der Nachfrage nach Zeitungen. Zugleich führt jedoch der Wettbewerbsdruck am Lesermarkt dazu, dass auch die Copypreise stark gesenkt werden und somit die Auflage steigt. Durch dieses Verhalten und über den positiven Netzeffekt vom Leser- zum Anzeigenmarkt (und der damit steigenden Nachfrage nach Anzeigenflächen) sind die Zeitungen nun in der Lage, höhere Kartellgewinne zu realisieren.

Zwar ließe sich grundsätzlich der Gewinn mittels eines simultanen Kartells an beiden Märkten erhöhen, jedoch hat jedes Kartellmitglied grundsätzlich den Anreiz, sich am Lesermarkt wettbewerblich zu verhalten, um damit seine eigene Leserschaft (und über den Preiswettbewerb auch die Auflage der anderen Konkurrenten) zu erhöhen. Ein Anreiz zum Parallelverhalten am Lesermarkt wird daher durch die Existenz eines Kartells am Anzeigenmarkt nicht automatisch induziert. Ganz im Gegenteil kann die Konkurrenz am Lesermarkt bei einem Preis- oder Mengenkartell auf dem Werbemarkt sogar schärfer werden.

Insgesamt lässt sich jedoch feststellen, dass die Gesamtwohlfahrt unter Semi-Collusion geringer ist als bei Wettbewerb, auch wenn die Leser von einem Kartell am Anzeigenmarkt (auf Kosten der werbetreibenden Industrie) profitieren würden (*Dewenter* und *Haucap* 2008). In der Summe reichen die Wohlfahrtsgewinne am Lesermarkt also nicht aus, die Wohlfahrtsverluste zu kompensieren, die durch das Kartell entstehen.[12] Dies lässt zugleich die Verwendung des Konsumentenstandards als Proxy für ein Gesamtwohlfahrtsmaß zumindest auf zweiseitigen Märkten als fragwürdig erscheinen.

Auch im Fall kollusiven Verhaltens sind Kartellbehörden um ihre Aufgabe nicht zu beneiden. Während in einseitigen Märkten zumindest hohe Preise und gleichförmiges Verhalten einen Hinweis auf Absprachen zwischen den Wettbewerbern geben könnten, ist die Preisstruktur auf zweiseitigen Märkten nur schwer zu deuten. Noch problematischer wird das Ganze aber, wenn Kartellabsprachen nur einen der beiden Märkte betreffen, da in diesem Fall mit einem intensiven Wettbewerb am jeweils anderen Markt zu rechnen ist. Hilfreich für die Identifikation von Kartellen könnten hier eventuell Preiserhöhungen an zumindest einem Markt sein, die scheinbar ohne Änderungen der Rahmenbedingungen zustande gekommen sind. Ein hinreichendes Kriterium ist aber auch das nicht.

3.3. Fusionen auf Medienmärkten

Wie bereits in Abschnitt 2.5. diskutiert, sind die Wirkungen von Fusionen auf zweiseitigen Medienmärkten ebenfalls davon abhängig, welche Netzeffekte von den einzelnen Märkten ausgehen (vgl. z. B. *Dukes* und *Gal-Or* 2006; *Dewenter* und *Kaiser* 2006). So sind insbesondere dann keine Preiserhöhungen zu erwarten, wenn starke Netzeffekte auch nach der Fusion noch dafür sorgen, dass geringe Preise gesetzt werden. Aber auch mögliche Preiserhöhungen sind nur beschränkt als Indiz dafür zu interpretieren, dass eine Konsolidierung zu einem negativen Wohlfahrtseffekt führen würde. Aus diesem Grund sind absolute Preise nach einer Fusion bzw. erwartete Preisveränderungen allein nicht ausreichend, um die Wohlfahrtswirkungen zu beurteilen. Insbesondere beim Übergang von duopolistischen zu monopolistischen Märkten können durchaus positive Wohlfahrtseffekte beobachtet werden, da der Monopolist in der Lage ist, einen Teil der Netzeffekte zu internalisieren. Grundsätzlich ist immer abzuwägen, welcher der beiden Effekte (Wettbewerbseffekt oder Markterweiterungseffekt) überwiegt.

Erhöht wird die Wahrscheinlichkeit von positiven Wohlfahrtseffekten durch Medienfusionen noch durch die besonderen Kostenstrukturen (vgl. z. B. *Dewenter* und *Kaiser* 2006). Sowohl Fixkostendegression als auch andere Kostenvorteile, die bei der Produktion und der Distribution von Medienprodukten anfallen, führen dazu, dass deutliche Effizienzvorteile die Folge von Zusammenschlüssen von Medienunternehmen sein können. Nimmt man beide Effekte zusammen, also die mögliche Internalisierung von indirekten Netzexternalitäten und mögliche Effizienzvorteile, wird eine Steigerung der Gesamtwohlfahrt durch eine Fusion deutlich wahrscheinlicher als in „einseitigen" Märkten. Letztendlich muss sich die Einschätzung der Wettbewerbsbehörden natürlich auf alle verfügbaren Marktparameter stützen.

Empirische Evidenz für mögliche positive Netzeffekte finden sich in einer von *Chandra* und *Collard-Wexler* (2007) durchgeführten Studie über regionale kanadische Zeitungsmärkte. Wie die Autoren feststellen, hat eine anhaltende Konsolidierung der

12 Interessanterweise ist der soziale Überschuss unter einem simultanen Kartell an beiden Märkten sogar größer als bei Semi-Collusion.

Zeitungsmärkte entgegen den Erwartungen nicht zu einem Anstieg der Preise geführt. Stattdessen ist es zu einer Reduktion sowohl der Anzeigen- als auch der Zeitungspreise nach den Fusionen gekommen. Insbesondere Preisänderungen von an der Fusion beteiligten Unternehmen fielen entweder negativ aus, sodass es zu einem Absinken der Preise kam, oder aber die realisierten Preissteigerungen sind geringer ausgefallen als bei anderen Zeitungen.

Ein weiterer Aspekt von horizontalen Medienfusionen, aber auch von crossmedialen Fusionen ist die Frage, inwiefern die (Meinungs-)Vielfalt von Zusammenschlüssen beeinträchtigt wird (s.a. *Beck* und *Wentzel* i.d.Bd.). Allein zu dieser Frage existiert eine umfangreiche ökonomische Literatur, angefangen bei *Steiner* (1952) bis zu den heutigen Modellen zweiseitiger Märkte, wie etwa *Gabszewicz*, *Laussel* und *Sonnac* (2007), *Dukes* and *Gal-Or* (2006), *Hartwich* (2007) oder *Peitz* und *Valetti* (2008). Eng verbunden mit der Frage nach der Vielfalt ist die Frage, welchen Einfluss die Marktkonzentration auf den so genannten Medienbias nimmt, inwiefern also entweder im Wettbewerb oder aber im Monopol (bzw. bei starker Konzentration) mit einer eher unverzerrten Berichterstattung zu rechnen ist. Neuere Arbeiten zeigen auf, dass bei zumindest partiell politisch motivierten Medienunternehmern und unvollständig informierten Rezipienten eine höhere Marktkonzentration durchaus zu einer Abnahme der Meinungsvielfalt führen kann.[13] Zwar finden sich in der Literatur keine eindeutigen Hinweise darauf, welche Marktform am besten geeignet ist, positive Marktergebnisse zu generieren. Es lässt sich jedoch identifizieren, dass eine hohe Konzentration bis hin zum Monopol durchaus auch einen positiven Einfluss auf den Grad der Vielfalt und der Unverzerrtheit der Berichterstattung haben kann (vgl. *Dewenter* 2007b für eine Zusammenfassung).

Sowohl die allokative als auch die qualitative Effizienz können positiv als auch negativ von Medienfusionen beeinflusst werden. Im Vergleich zu „einseitigen" Märkten besteht jedoch, relativ betrachtet, eine größere Wahrscheinlichkeit, dass es zu einem positiven Wohlfahrtseffekt bei einer Fusion kommt. Letztendlich gilt auch hier, dass nur eine tiefer gehende ökonomische Analyse des jeweiligen Einzelfalls – wenn überhaupt – genauere Aussagen über die zu erwartenden Effekte zulässt. Eine einfache Mustervorhersage ist aufgrund der theoretischen Ergebnisse und der vorhandenen empirischen Evidenz kaum möglich. Gleichzeitig zeigt sich aber auch, dass aufgrund der Komplexität der zweiseitigen Märkte der stärker ökonomisch fundierte Ansatz der Wettbewerbspolitik schnell an seine Grenzen kommen kann.

4. Aktuelle Wettbewerbsfälle

Nachdem wir die Problematik und die neuen Erkenntnisse, welche sich aus der Theorie der zweiseitigen Märkte ergeben, ausführlich präsentiert haben, sollen nun vier aktuelle Wettbewerbsfälle aus dem Medienbereich erörtert werden, um die Implikationen der Theorie für die Wettbewerbspolitik zu illustrieren. Wie wir sehen werden, ergeben sich gerade für einen stärker ökonomisch basierten Ansatz, der vor allem auf die Aus-

---

[13] Vgl. dazu *Mullainathan* und *Shleifer* (2005); *Gentzkow* und *Shapiro* (2005); *Baron* (2005); *DellaVigna* und *Kaplan* (2007) oder *Anderson* und *McLaren* (2007).

wirkungen unternehmerischer Praktiken (bzw. die Auswirkungen ihrer Untersagung) abstellt, gravierende Implikationen.

4.1. Der Fall *RTL* und *ProSiebenSat.1-Astra*

4.1.1. Worum es geht

2006 hat das Bundeskartellamt zwei Verfahren gegen den Satellitenbetreiber *SES Astra* sowie die *RTL*- und die *ProSiebenSat.1*-Sendergruppen eingeleitet. Im ersten Verfahren (mit dem Aktenzeichen B7-18/06) ging es um die Frage, ob Pläne der beiden Sendergruppen, ihre digitalen Programme zu verschlüsseln, und der zeitgleiche Plan von *SES Astra*, eine monatliche Satellitengebühr von 3,50 Euro für den Empfang der beiden Sender zu erheben, wettbewerbskonform zustande gekommen sind. Das Kartellamt nahm daher erste Untersuchungen nicht gegen die geplante Gebühr als solche auf. Die Ermittlungen richteten sich vielmehr gegen ein mögliches koordiniertes Verhalten. Dem damaligen Präsidenten des Bundeskartellamtes, *Ulf Böge*, zufolge legten

> „die schon seit Jahren bestehende Planung beider Sendergruppen, digitales Fernsehen zu verschlüsseln, um es gegen Entgelt zu vermarkten, immer wieder den Verdacht nahe, dass es sich um eine abgestimmte Strategie handelt. Würde nur eine Sendergruppe die Verschlüsselung mit einer Freischaltgebühr einführen, müsste sie einen erheblichen Einbruch bei Zuschauern und Werbeeinnahmen befürchten.“[14]

Nach Angaben des Bundeskartellamts war eine gebündelte Freischaltung beider Sendergruppen vorgesehen, wovon ein erheblicher Teil der Einnahmen beiden Sendergruppen zugeflossen wäre.

Im zweiten Verfahren (mit dem Aktenzeichen B7-18/06-2) ermittelte das Kartellamt gegen *SES Astra* wegen des Verdachts auf Missbrauch einer marktbeherrschenden Stellung. Die Behörde prüfte, ob *SES Astra* zukünftig seine Marktmacht missbrauchen kann. Dabei ging es darum, ob *SES Astra* zukünftig allein entscheiden kann, welche digitalen Satellitenprogramme gesendet werden. „Wir prüfen, ob nicht ein gewisser Automatismus entsteht, so dass jedes Fernsehunternehmen bei der Verschlüsselung mitmachen muss“, so der damalige Kartellamtspräsident *Ulf Böge*.[15]

Zudem bestand der Verdacht, dass *SES Astra* seine marktbeherrschende Stellung durch eine übermäßig restriktive Spezifikation bei Digitalreceivern abzusichern versuchte. Es ging darum, ob bei der Zertifizierung von sog. *entavio*-Receivern nur ein einziges Verschlüsselungssystem (*Nagravision*) zugelassen ist, oder ob eine Öffnung des Marktes notwendig sei. Das Kartellamt sah in der Einengung der Spezifikation bei den Digitalreceivern die Gefahr, dass nur schwer zu überwindende Marktzutrittschranken für die alternativen Hersteller von Digitalreceivern entstehen.

Auslöser dieser Untersuchung waren Beschwerden von Herstellern digitaler Decoder, dass *Astra*, *ProSiebenSat.1* und *RTL* technische Spezifikationen festgelegt hätten, die manche Decoder-Hersteller ausgrenze. Nur Decoder, die der *entavio*-Plattform genügen, sollten zum Empfang der verschlüsselten Programme freigeschaltet werden.

---

14 Vgl. Pressemitteilung des Bundeskartellamts vom 05.12.2006.

15 Siehe medienforum.nrw 02/06, „Satte Renditen mit Satelliten“.

Ausgang für die beiden Verfahren war die Erklärung der *RTL*-Gruppe vom 2. August 2006, dass sie mit dem Satellitenbetreiber *SES Astra* einen Dienstleistungsvertrag über die Nutzung einer neuen technischen Infrastruktur, der sog. *entavio*-Plattform, zur Verbreitung der digitalen Sendesignale über Satellit geschlossen habe.[16] Ab dem ersten Halbjahr 2007 sollten demnach die digitalen Programme von *RTL*, *vox*, *RTL II*, *Super RTL* und *n-tv* über Satellit nur noch verschlüsselt zu empfangen sein.[17] Notwendige Voraussetzung dafür waren ein Digitalreceiver und eine Smartcard. Die Vereinbarung sah vor, dass die Haushalte im Monat etwa 3,50 Euro[18] an *Astra* hätten zahlen müssen, um das digitale Bouquet von *RTL* zu empfangen. Bislang fallen für das Satellitenfernsehen für die Zuschauer keine laufenden Kosten an.[19]

Betroffen von der Vereinbarung wären rund 6,4 Millionen Haushalte mit digitalem Satellitenempfang. Nach Angaben der *Frankfurter Allgemeinen Zeitung (FAZ)* hätten etwa zwei Millionen Haushalte neue Decoder benötigt, da deren bisherige Geräte die Programme nicht entschlüsseln könnten.[20] Da die Bundesländer planen, bis 2010 das (alte) analoge Fernsehsignal abzuschaffen, dürften nach Angaben der *Süddeutschen Zeitung* dann weitere 10 Millionen Haushalte auf digitalen Satellitenempfang umstellen (müssen).[21] Welchen Anteil die *RTL*-Gruppe an der Gebühr erhalten sollte, ist nicht bekannt. Die *FAZ* verweist auf Branchenschätzungen, wonach die Sendergruppe rund 60 Millionen Euro im Jahr erhalten sollte.[22] Die analoge Satellitenübertragung eines Kanals kostet derzeit für einen Programmanbieter nach Angaben des Medienforums NRW sechs Millionen Euro, dank moderner Datenkompression und -reduktion im digitalen Signal sollten sich die Kosten jedoch wesentlich reduzieren.[23]

Die *RTL*-Geschäftsführerin *Anke Schäferkordt* begründete die Verschlüsselung vor allem mit dem Schutz vor illegalen Raubkopien und der Forderung internationaler Lizenzgeber, z. B. die Fußballrechte strikt auf den deutschsprachigen Raum zu begrenzen. „Deutschland ist neben Italien das letzte Land in Westeuropa, in dem der digitale Satellit noch nicht verschlüsselt wird", so *Schäferkordt*.[24] Weiterhin ermögliche die neue verschlüsselte Plattform „eine Vielzahl neuer Angebote an die Zuschauer".[25] Möglich

---

16 Siehe Pressemitteilung von *RTL* vom 02.08.2006: „RTL-Senderfamilie schließt Nutzungsvertrag mit SES Astra".

17 In einer Übergangszeit von bis zu einem Jahr sollen die Programme parallel weiterhin unverschlüsselt übertragen werden. Mit Stand Ende Januar 2008 sind die Programme noch frei empfangbar.

18 Siehe Pressemitteilung von *SES Astra* vom 02.08.2006: „SES Astra gewinnt Sender für digitale Dienstleistungen".

19 Kosten entstehen bislang lediglich für den Erwerb der Infrastruktur aus Satellitenschüssel und -receiver.

20 Vgl. www.faz.net vom 02.08.2006: „RTL soll im Satellitenfernsehen Geld kosten".

21 Siehe www.sueddeutsche.de vom 04.08.2006: „Privatfernsehen wird kostenpflichtig".

22 Siehe www.faz.net vom 02.08.2006: „RTL soll im Satellitenfernsehen Geld kosten".

23 Siehe medienforum.nrw 02/06: „Satte Renditen mit Satelliten".

24 Siehe ebenda.

25 Siehe Pressemitteilung von *RTL* vom 02.08.2006: „RTL-Senderfamilie schließt Nutzungsvertrag mit SES Astra".

würde dies durch die sog. Adressierbarkeit der Empfänger, da sich ein einzelner Zuschauer durch die Nutzung der Smartcard autorisiert. Somit ist es z. B. möglich, einzelne Filme gegen eine Gebühr zu bestellen.

SES Global, der Mutterkonzern von *SES Astra*, ist mit derzeit 13 geostationären Satelliten Marktführer in Europa, in Deutschland empfangen etwa 40 % aller Haushalte das Fernsehprogramm über Satellit. Damit hat *SES Astra* eine marktbeherrschende Stellung eingenommen, da die marktstärksten Programme, wie diejenigen der *RTL*-Gruppe und der *ProSiebenSat.1 Media AG*, per Satellit nur über Astra zu empfangen sind. Der einzige Konkurrent im europäischen Raum, *Eutelsat*, sendet lediglich die öffentlich-rechtlichen Programme[26] sowie Programme anderer europäischer Länder. Auf dem Werbemarkt lässt sich in Deutschland ein Duopol feststellen, wie sich Tabelle 1 entnehmen lässt.

Dem Dienstleistungsvertrag zwischen der *RTL*-Gruppe und *SES Astra* vorausgegangen waren Pläne zwischen den beiden Vertragspartner und *ProSiebenSat.1*, ihre Programme über den digitalen Satellit zu verschlüsseln. Diese Pläne wurden bereits 2004 zwischen den beiden Senderfamilien diskutiert. Im Jahr 2006 entstand daraufhin die *Astra*-Plattform *entavio*, die zusätzlich von *NBC Universal* unterstützt wurde.

Tabelle 1: Marktanteile im Free-TV

		ProSiebenSat.1 Media AG	RTL-Gruppe	Öffentlich-rechtliche Sender	Sonstige
Zuschauer-Marktanteil	2002	23,5%	24,3%	43,5%	8,7%
	2003	21,2%	25,3%	45,5%	8,0%
	2004	21,9%	25,7%	44,4%	8,0%
	2005	21,2%	25,0%	43,9%	9,9%
	2006	21,0%	24,6%	44,6%	9,8%
Werbe-marktanteil	2002	45,0%	42,9%	6,3%	5,8%
	2003	44,4%	45,2%	6,6%	3,8%
	2004	44,6%	43,6%	7,6%	4,2%
	2005	43,7%	43,8%	6,6%	5,9%
	2006	43,3%	43,7%	7,3%	5,7%

Quelle: 20.Medienforum.nrw, http://www.medienforum.nrw.de/en/magazin/fernsehen/grundverschluesselung.html

ProSiebenSat.1 hat schließlich im Dezember 2006 gegenüber dem Bundeskartellamt erklärt, dass die Absicht, das digitale Satellitenprogramm zu verschlüsseln, nicht länger verfolgt werde. Aus diesem Grund ist es nach Ansicht des Bundeskartellamts auch für

26 Diese sind ebenfalls über *Astra* zu empfangen.

die *RTL*-Gruppe nicht mehr vorteilhaft, ihre Programme zu verschlüsseln. Die *RTL*-Gruppe müsste mit erheblichen Einbußen im Zuschauermarkt und daher auch im Werbemarkt rechnen, würden nur die Programme der *RTL*-Gruppe verschlüsselt. Mit der Aufgabe des *entavio*-Modells durch eine der Sendergruppen sah das Bundeskartellamt den Koordinierungsverdacht entfallen, sodass das Verfahren (Aktenzeichen B7-18/06) gegen *RTL* und *ProSiebenSat.1* im Dezember 2006 eingestellt wurde. Das Bundeskartellamt ermittelt jedoch weiterhin gegen *SES Astra* wegen des Missbrauchs einer marktbeherrschenden Stellung (Aktenzeichen B7-18/06-2).

4.1.2. Wohlfahrtsökonomische Analyse unter Berücksichtigung der Theorie der zweiseitigen Märkte

Wie ist das Verhalten der beiden Sendergruppen wohlfahrtsökonomisch zu bewerten? Die Frage, die uns an dieser Stelle interessiert, ist also nicht die, *ob* im ersten Verfahren bei der Umsetzung der Verschlüsselungspläne koordiniertes Verhalten vorgelegen hat. Stattdessen wollen wir nach den *Wirkungen* eines solchen koordinierten Verhaltens fragen.

Es dürfte relativ unstrittig sein, dass die Verschlüsselung mit der parallelen Einführung einer Gebühr die Marktanteile auf dem Zuschauermarkt für die *ProSiebenSat.1 Media AG* und die *RTL*-Gruppe (zumindest marginal, wenn nicht sogar spürbar) reduziert hätte und die Marktanteile für die öffentlich-rechtlichen Sender sowie die sonstigen Programme gestiegen wären. Dies hätte, ceteris paribus, zu einer Reduktion der Werbenachfrage bei den Programmen sowohl der *ProSiebenSat.1* als auch der *RTL*-Gruppe geführt und zugleich (aufgrund der gestiegenen Zuschauerzahlen) zu einem Anstieg der Werbenachfrage bei *ARD* und *ZDF*.

Vor diesem Hintergrund erscheint der Widerstand von *ARD* und *ZDF* gegen die geplante Verschlüsselung ihrer Konkurrenzprogramme[27] zumindest überraschend. Zu erwarten wäre ja zunächst, dass die öffentlich-rechtlichen Sender von der Verschlüsselung der Konkurrenzprogramme profitieren und daher nicht gegen eine solche vorgehen würden. Worin mag der Widerstand der öffentlich-rechtlichen Sender gegenüber der Verschlüsselung und der Preiserhöhung (von null auf 3,50 Euro) der privaten Sender also begründet sein? Hier lassen sich mindestens fünf Überlegungen anstellen:

Erstens ist denkbar, dass die Zahl der Fernsehzuschauer insgesamt abnehmen würde, weil einige Nachfrager auf ihren Fernseher verzichten und diesen abmelden würden, wenn Fernsehen insgesamt teurer wird, weil das Komplettpaket aus öffentlich-rechtlichen und privaten Programmen im Preis steigt. Dies wäre der Fall, wenn öffentlich-rechtliche und private Programme von der Mehrheit der Zuschauer als komplementär betrachtet würden, d. h. wenn die Programme eigentlich gar nicht im Wettbewerb miteinander stehen würden und die zusätzlichen 3,50 Euro bzw. die Verschlüsselung der RTL- und Pro7Sat.1-Programme tatsächlich zur Abmeldung von TV-Geräten führen sollten. Dieser Gedanke vermag jedoch aus unserer Sicht nicht wirklich zu überzeugen. Den Anteil der Zuschauer, die bei einer Verschlüsselung der privaten Fernsehsender im

27 Vgl. www.netzzeitung.de vom 05.08.2006: „ARD und ZDF fürchten totales Bezahlfernsehen".

Satellitenempfang komplett auf das Fernsehen verzichten würden, schätzen wir als gering ein.

Zweitens ist vorstellbar, dass der öffentliche und politische Widerstand gegen weitere GEZ-Gebührenerhöhungen zunimmt, wenn zumindest 40 % der Zuschauer zusätzlich für die privaten Sender zu zahlen hätten und somit insgesamt mehr für das Fernsehen zahlen müssten. Wie gravierend dieser Effekt sein könnte, kann nicht sicher beantwortet werden, ohne die tatsächliche Zahlungsbereitschaft der Zuschauer genauer zu kennen. Es ist jedoch vorstellbar, dass *ARD* und *ZDF* mit stärkeren Protesten bei den von ihnen geplanten Gebührenerhöhungen rechnen, wenn 40 % der Zuschauer auch schon mehr für die privaten Sender zahlen müssen.

Drittens besteht auch die Möglichkeit, dass einige Zuschauer bei weniger frei empfangbaren Programmen selten ihren Fernseher überhaupt zum „Herumzappen" anstellen und dann auch weniger oft die öffentlich-rechtlichen Sender anschalten (bzw. bei ihnen „hängen bleiben"). Dies hätte zwar keinen Einfluss auf die Anzahl derjenigen, die ein Fernsehgerät besitzen, sodass auch die Einnahmen aus GEZ-Gebühren, welche nur von den *potenziellen* Zuschauerzahlen abhängen, unverändert blieben. Auswirkungen hätte eine solche Verhaltensänderung aber auf die Werbeeinnahmen, welche (näherungsweise) von den *tatsächlichen* Zuschauerzahlen abhängen. Auch hier stellt sich jedoch die Frage, ob dies wirklich mehr als ein marginaler Effekt ist.

Viertens ist denkbar, dass ARD und ZDF die Verschlüsselung des privaten Free-TVs deshalb ablehnen, weil sie befürchten, dass durch die prinzipielle Möglichkeit der Verschlüsselung eben auch eine Verschlüsselung der öffentlich-rechtlichen Programme möglich wird. Selbst wenn dies von *SES Astra* nicht geplant und rechtlich ggf. auch nicht zulässig wäre, könnte die Verschlüsselung es den Zuschauern möglich machen, die Empfangbereitschaft für öffentlich-rechtliche Programme im Sinne eines *Opt-outs* bewusst durch eine Verschlüsselung auszuschalten, sich nur für private Sender freischalten zu lassen und so die GEZ-Gebühren zu vermeiden. Die Möglichkeit des „Abwählens" der öffentlich-rechtlichen Programme hätte vermutlich dramatische Konsequenzen für die Einnahmen der öffentlich-rechtlichen Sendeanstalten.

Fünftens – und dies dürfte ebenfalls ein wichtiger Grund für den Widerstand der öffentlich-rechtlichen Sender sein – ist zu bedenken, dass die Einführung einer Gebühr durch die privaten Fernsehsender trotz der damit einhergehenden Verluste auf dem Werbemarkt die Einnahmen der beiden privaten Sendergruppen erhöht.[28] Damit steigen auch die Möglichkeiten dieser Sender, mehr für die Rechte an besonders wertvollen Inhalten (wie z. B. den sog. Premium-Inhalten) zu zahlen (vgl. *Kruse* i.d.Bd.). Trotz der ebenfalls zu erwartenden Steigerung der Werbeerlöse bei den öffentlich-rechtlichen Sendern (siehe unten) ist davon auszugehen, dass sich deren Möglichkeiten und ihre Position im Bieterwettbewerb um Premium-Inhalte verschlechtern.[29] Das bedeutet, dass der Widerstand der öffentlich-rechtlichen Sender gegen die Verschlüsselung bei den

28 Wäre dies nicht so, würden sie die Verschlüsselung und Gebühr wohl kaum einführen.

29 Zum Wettbewerb um Premiuminhalte siehe en detail *Kruse* (2006 und i.d.Bd.).

Privaten nichts anderes als eine Variante einer kostentreibenden Strategie („raising rivals' costs") darstellt.

Aus einer ordnungspolitischen Sicht ist es eigentlich unbedenklich, wenn private Sender ihre Situation im Bieterwettbewerb um Premiuminhalte verbessern würden. Aufgabe der öffentlich-rechtlichen Sender ist ja nicht, Inhalte anzubieten, welche private ohnehin bereitstellen würden. Vielmehr sollen gerade die Inhalte angeboten werden, die von privaten *nicht* angeboten werden (vgl. auch *Kruse* 2000, 2004).

Was aber wären nun die wohlfahrtsökonomischen Konsequenzen? Hier ist zu bedenken, dass zahlreiche Märkte bzw. Gruppen potenziell von dem koordinierten Verhalten der beiden Sendergruppen zumindest indirekt betroffen wären. Zunächst ergibt sich der direkte Effekt durch die Preiserhöhung (von null auf 3,50 Euro) für 40 % der Fernsehzuschauer. Dies reduziert die Konsumentenrente und erhöht die Produzentenrente. Wie hoch jedoch der allokative Wohlfahrtsverlust ist, hängt vor allem von der (unbekannten) Elastizität der Nachfrage ab.

Des Weiteren ergeben sich zahlreiche indirekte Effekte auf (a) die Zuschauer durch die Änderung der Werbenachfrage, (b) die werbenden Unternehmen, (c) die Kunden der werbenden Unternehmen und (d) die Inhaber und Händler von Fernsehrechten.

Betrachten wir zunächst die Effekte auf die Zuschauer durch die Änderung der Werbenachfrage. Zum einen ergeben sich Effekte auf die Zuschauer durch den tendenziellen Rückgang der Werbung bei den privaten Sendern (aufgrund der wegen der Verschlüsselung geringeren Zuschauerzahl). Zum anderen dürfte zugleich bei den öffentlich-rechtlichen Sendern die Werbenachfrage ansteigen. Dieser Anstieg kann jedoch nicht mengenwirksam werden, da das Angebot an Werbeplätzen durch die bindende Regulierung bei den öffentlich-rechtlichen Sendern ohnehin starr ist. Der Rückgang der Werbezeit auf den privaten Sendern hingegen dürfte von den Zuschauern als positiv empfunden werden, wenn wir davon ausgehen, dass die meisten Zuschauer das momentane Ausmaß an Werbung auf den Privatsendern tendenziell als störend empfinden. Allerdings ist nicht davon auszugehen, dass der Zuwachs an Nutzen durch den Rückgang der Werbung den Nutzenverlust durch die zusätzliche Gebühr von 3,50 Euro voll kompensiert.

Die Effekte für die werbenden Unternehmen sind weniger eindeutig. Klar ist, dass die absoluten Preise bei den öffentlich-rechtlichen Sendern (pro Werbespot) steigen, während die absoluten Preise bei den privaten Sendern aufgrund der tendenziell geringeren Reichweite sinken. Entscheidend ist jedoch, wie oben beschrieben, die Frage, ob und wie sich die Kontaktpreise im öffentlich-rechtlichen Rundfunk und bei den privaten Sendern ändern. Dies ist ohne eine dezidierte mikroökonomische Analyse nicht zu beantworten. Zu beachten ist zudem, dass die werbetreibenden Unternehmen Multihoming betreiben, also versuchen, ein möglichst breites Publikum durch die Streuung der Werbung zu erreichen. Durch welchen Sender die Zuschauer konkret erreicht werden, dürfte dabei (in den meisten Fällen) zweitrangig sein, wenn nur möglichst viele erreicht werden. Somit sind die Effekte für die werbetreibende Wirtschaft nicht klar, sodass auch die Effekte auf die Kunden der werbenden Unternehmen unklar sind. Die Effekte auf den Wettbewerb auf den betroffenen Produktmärkten und/oder die Verbraucher der beworbenen Produkte zu ermitteln, dürfte kaum möglich sein, zumal da in Ökonomik, Marketing und auch (anderen) Verhaltenswissenschaften noch immer umstritten ist, wie Werbung eigentlich das Verbraucherverhalten genau beeinflusst (vgl. *Haucap* 1998). Während z. B. die *Monopolkommission* (1981) noch die Einführung des privaten Rundfunks mit dem Hinweis zu bremsen versuchte, dass die dadurch zu erwartende Zunahme an Werbung den Wettbewerb auf den betroffenen Produktmärkten zu verzerren drohe, dominiert heute unter Ökonomen – nicht zuletzt auch aufgrund der Erkenntnisse sowohl der Chicago Schule als auch der Institutionenökonomik – wohl die Meinung, dass Werbung Wettbewerbsprozesse eher beflügelt als lähmt. Eine allgemein akzeptierte Sichtweise ist allerdings auch dies noch lange nicht (vgl. auch *Haucap* 1998).

Klar ist jedoch, dass höhere Erlöse der privaten Sender (aus den zusätzlichen Gebühren) sowie der öffentlich-rechtlichen Sender (aus den zusätzlichen Werbeeinnahmen) letztlich den Rechteinhabern und Inhalteproduzenten zugute kommen werden. Damit steigen (zumindest marginal) auch die Anreize, Premiuminhalte zu produzieren, sodass auch dynamische Auswirkungen der beanstandeten Praktik zu berücksichtigen sind.

Wir wollen die Analyse an dieser Stelle nicht fortführen. Es sollte sich nun gezeigt haben, dass eine umfassende Gesamtbetrachtung der Wohlfahrtseffekte außerordentlich komplex ist. Hier zeigen sich auch klar die Grenzen eines stärker ökonomisch fundierten Ansatzes, der die Auswirkungen bestimmter Praktiken in den Vordergrund der Analyse rückt. Dies bedeutet allerdings nicht, dass auf eine solche Analyse gänzlich verzichtet werden soll und gleichsam „im Blindflug“ bestimmte Praktiken untersagt werden sollten, ohne dass man weiß, wie eine solche Untersagung wirkt. Wir gelangen hier letzten Endes zu der wohl nicht völlig werturteilsfrei zu beantwortenden Frage, ob die staatliche Untersagung bestimmter Praktiken einer stärkeren Rechtfertigung bedarf oder ein Vertrag zwischen (markt-)mächtigen Unternehmen von diesen gerechtfertigt werden muss. Die Beantwortung dieser Frage führt über die Frage nach dem adäquaten Leitbild der Wettbewerbspolitik[30] zu der noch grundlegenderen philosophischen Frage nach den Aufgaben und Funktionen des Staates oder Gemeinwesens.

4.2. Der Fall *IP Deutschland* und *SevenOne Media*

4.2.1. Worum es geht

Im November 2007 hat das Bundeskartellamt Geldbußen in Höhe von 216 Millionen Euro gegen die beiden Werbezeitenvermarkter *IP Deutschland* und *SevenOne Media* verhängt.[31] Bei der *IP Deutschland GmbH* handelt es sich um ein 100-prozentiges Tochterunternehmen der *RTL*-Gruppe, das die Werbezeitenvermarktung für die TV-Sender der *RTL*-Gruppe mit Ausnahme von *RTL II* übernimmt.[32] Die gleiche Aufgabe hat die *SevenOne Media GmbH*, eine 100-prozentige Tochter der *ProSiebenSat.1 Media AG*,

30 Vgl. dazu u. a. *Budzinski* (2008); *Kerber* (2009); *Hellwig* (2006), (2007); *Haucap* (2007).

31 Pressemitteilung des Bundeskartellamts von 30.11.2007: „216. Mio. Euro Geldbuße gegen Werbezeitvermarkter von RTL und Pro7Sat.1“.

32 *RTL II* wird seit seiner Freischaltung von der *El Cartel Media GmbH* vermarktet, die ebenfalls mehrheitlich (35,9%) von der *RTL* Gruppe gehalten wird.

welche die Werbezeiten für die Fernsehsender dieser Gruppe (mit Ausnahme von *9Live*) übernimmt.[33] Gemessen an den Marktanteilen bilden die *RTL*-Gruppe und die *ProSiebenSat.1 Media AG* nahezu ein vollständiges Duopol im deutschen Fernsehwerbemarkt (siehe Tabelle 1).

Die Entscheidung des Kartellamtes betrifft kartellrechtswidrige Rabattvereinbarungen, welche „die Vermarkter (…) mit Media-Agenturen bzw. werbetreibender Industrie im Rahmen von Verträgen über die Ausstrahlung von Fernsehwerbespots abgeschlossen haben".[34] Dabei muss die *IP Deutschland GmbH*, die Werbezeiten für die Sender der *RTL*-Gruppe (außer *RTL II*) vermarktet, 96 Millionen Euro an Bußgeld zahlen und die *SevenOne Media GmbH*, der Vermarkter der *ProSiebenSat.1 Media AG*, sogar 120 Millionen Euro.

Bei den beanstandeten Rabattsystemen handelte es sich um sog. retroaktive Anteils- bzw. Share-Rabatte. Das Bundeskartellamt definiert diese als erhebliche Rabatt- und sonstige Rückvergütungen, die Media-Agenturen gewährt werden, wenn diese bestimmte (hohe) Anteile ihres Werbebudgets bei der Sendergruppe platzieren.[35] Als Konsequenz befürchtet das Bundeskartellamt eine Marktabschottung, die kleineren Sendern den Zugang zum werbefinanzierten Free-TV-Markt wesentlich erschwert. Der Grund dafür liegt in dem starken Anreiz der Media-Agenturen,

> "die entsprechenden Anteile ihres Budgets bei den großen Vermarktern und nicht bei kleineren Sendern zu platzieren, zumal die Rabatte rückwirkend für das gesamte Budget – d. h. retroaktiv – und nicht für den Teil, der über den Rabattschwellen liegt, gewährt werden."[36]

Einen Überblick über die Werbemarktanteile der von den beiden betroffenen Unternehmen vermarkteten Sender gibt Tabelle 2. Wie aus dieser Tabelle ersichtlich ist, kommen *SevenOne Media* mit einem Werbemarktanteil von 43,3 % und *IP Deutschland* mit 37,2 % gemeinsam auf einen Marktanteil 80,5 % im Fernsehwerbemarkt. Hinzu kommt, dass *RTL II* mit einem Werbemarktanteil von 5,4 % von *El Cartel Media* vermarktet wird, an der die *RTL*-Gruppe ebenfalls mehrheitlich beteiligt ist. Die Frage der Marktbeherrschung kann also als unstrittig beantwortet werden. Die beiden Sendergruppen und ihre jeweiligen Werbezeitenvermarkter bilden ein Duopol auf dem Fernsehwerbemarkt.

Als Reaktion auf das Verfahren und die angedrohte Kartellstrafe haben beide Vermarkter im Oktober 2007 neue Rabattsysteme vorgestellt.[37] Diese sind nach Angaben der

---

33 Information zu der Unternehmensaktivität sowie der Gesellschafterstruktur erhält man auf den Websites der beiden Unternehmen (www.ip-deutschland.de und www.sevenonemedia.de).

34 Pressemitteilung des Bundeskartellamts von 30.11.2007: „216. Mio. Euro Geldbuße gegen Werbezeitvermarkter von RTL und Pro7Sat.1".

35 Pressemitteilung des Bundeskartellamts von 30.11.2007: „216. Mio. Euro Geldbuße gegen Werbezeitvermarkter von RTL und Pro7Sat.1".

36 Pressemitteilung des Bundeskartellamts von 30.11.2007: „216. Mio. Euro Geldbuße gegen Werbezeitvermarkter von RTL und Pro7Sat.1".

37 Eine Darstellung der neuen Rabattsysteme findet sich in einer Pressemitteilung der *SevenOne Media GmbH* vom 11. Oktober 2007 (http://www.sevenonemedia.de/unternehmen/presse/

beiden Werbezeitenvermarkter kompatibel mit kartellrechtlichen Vorgaben für Rabattsysteme. Die wichtigsten Veränderungen bestehen darin, dass keine retroaktiven Share-Rabatte auf das gesamte Budget mehr gewährt werden, sondern lediglich inkrementelle umsatz- bzw. mengenbasierte Rabatte. Außerdem waren die neuen Rabattsysteme der beiden Vermarkter im Gegensatz zur vorherigen Situation zunächst nicht mehr identisch.

Tabelle 2: Bruttowerbeerlöse und Werbemarktanteile der beiden Werbezeitenvermarkter in 2007

		Bruttowerbeerlöse (in Mio. Euro)	**Werbemarktanteil (in %)**
SevenOne Media GmbH	Sat.1	1590	18,2
	ProSieben	1543	17,7
	kabel eins	541	6,2
	N24	101	1,2
IP Deutschland GmbH	RTL	2260	25,9
	Vox	649	7,4
	SUPER RTL	259	3,0
	n-tv	79	0,9
	RTL SHOP	k.A	k.A.

Quelle: SevenOne Media GmbH, http://www.sevenonemedia.de/imperia/md/content/content/Research/Downloads/werbemarkt/brutto_Sendersplit_1207.pdf (dort angegebene Quelle: Nielsen Media Research)

4.2.2. Wohlfahrtsökonomische Analyse unter Berücksichtigung der Theorie der zweiseitigen Märkte

Der vorliegende Fall erinnert zunächst an das Verfahren der EU-Kommission gegen *British Airways*, welches im März 2007 endgültig vom Europäischen Gerichtshof (EuGH) entschieden wurde. In dem Fall hatte sich *Virgin Atlantic Airways* über das Rabattsystem von *British Airways* gegenüber britischen Reisebüros beschwert. Dieses Rabattsystem sah vor, dass Reisebüros einen nicht-linearen Bonus bzw. Rabatt erhielten, der ebenfalls retroaktiv wirkte. Die EU-Kommission hatte bereits im Juli 1999 entschieden, dass das verwandte Bonussystem gegen Art. 82 des EG-Vertrags verstoßen würde, sodass sie eine Geldbuße von 6,8 Millionen Euro verhängte. Dagegen legte *British Airways* zunächst vor dem europäischen Gericht erster Instanz (GeI) und dann auch

pm/index.php?pnr=26279) und in einer Pressemitteilung der IP Deutschland GmbH vom 19. Oktober 2007 (http://www.ip-deutschland.de/ipdeutschland/Unternehmen/Presse/index_9405.jsp).

vor dem EuGH Beschwerde ein. Beide Gerichte bestätigten jedoch die Entscheidung der EU-Kommission und wiesen die Beschwerde von *British Airways* ab.

Die EU-Kommission und die beiden Gerichte beanstandeten, dass *British Airways* kein lineares Rabattsystem verwendete und somit nicht einfach einen bestimmten festen Prozentsatz des erzielten Umsatzes als Rabatt an die Reisebüros gewährte. Vielmehr stieg der Rabatt in einem bestimmten Bereich überproportional mit dem Umsatz, indem ab bestimmten Umsatzschwellenwerten ein erhöhter Bonussatz (10 % statt 7 %) nicht nur auf den zusätzlichen Umsatz, sondern auf den gesamten Umsatz gewährt wurde. Zudem wurde der betreffende Bereich bis 1998 jeweils in Relation zum Umsatz des Vorjahres bzw. ab 1998 in Relation zum Umsatz des entsprechenden Vorjahresmonats festgelegt (vgl. auch *Hellwig* 2006, 2007), sodass – abhängig vom eigenen Umsatz des Vorjahres bzw. des Vorjahresmonats – Unternehmen mit dem gleichen aktuellen Umsatz durchaus unterschiedliche Rabatte erhalten konnten.

Hellwig (2006, 2007) hat die Entscheidungen der Kommission und der beiden Gerichte ob ihrer mangelnden ökonomischen Analyse scharf kritisiert. Die verwendeten Rabattsysteme könnten geeignet sein, effiziente Anreize für die Reisevermittler zu setzen und damit ein Instrument des Wettbewerbs sein.

> „Auf die möglichen wettbewerbsförderlichen Effekte der beanstandeten Bonus- und Rabattsysteme gehen Kommission und Gericht nicht ein, geschweige denn auf die Möglichkeit, dass auch die Untersagung dieser Systeme wettbewerbsbeschränkend wirken könnte" (*Hellwig* 2006, S. 256).

Und weiter führt *Hellwig* aus:

> „Nach den gegebenen Begründungen wurde die Möglichkeit, bei den beanstandeten Bonus- oder Rabattsystemen könne es sich um legitimes Wettbewerbsverhalten handeln, nicht ernsthaft geprüft."

Besonders klar wird die Kritik in folgender Aussage:

> „Entlohnt das marktbeherrschende Unternehmen seine Außendienstmitarbeiter nach dem (…) gezeigten Bonussystem, so besteht wettbewerbsrechtlich kein Anlass zur Beanstandung, auch wenn die Arbeitsleistungen der Außendienstmitarbeiter anderen Unternehmen überhaupt nicht zur Verfügung stehen. Ändert sich der Status der mit dem Vertrieb betrauten Personen vom Außendienstmitarbeiter zum Geschäftsführers einer Vertriebsagentur, deren Leistungen grundsätzlich auch anderen Unternehmen zur Verfügung stehen, so ist die neue Situation wettbewerbspolitisch günstiger einzuschätzen als die alte – schließlich hat eine gewisse Marktöffnung stattgefunden. Nach diesem Wechsel aber – und trotz der eingetretenen wettbewerbspolitischen Verbesserung – kommt die Wettbewerbsbehörde und beanstandet das Verhalten des Unternehmens als missbräuchlich" (*Hellwig* 2006, S. 253 f.).

Die von *Hellwig* vorgebrachte Kritik ließe sich fast nahtlos auf den Fall *IP Deutschland-SevenOne Media* übertragen. Ähnlich wie Reisebüros fungieren Media-Agenturen als Intermediäre, sodass man fragen könnte, ob die Media-Agenturen durch retroaktive Rabatte nicht auf besonders effiziente Weise zu einer Mehrleistung angespornt werden, so wie *Hellwig* (2006, 2007) es bei den Rabatten für Reisebüros vermutet. Es ist wohl auch richtig, dass ähnliche Entlohnungsschemata kartellrechtlich unproblematisch wären, wenn sie Bestandteil von Arbeitsverträgen mit abhängig Beschäftigten wären.

Im Vergleich zum *British Airways*-Fall weist der Fall *IP Deutschland-SevenOne Media* zwar gewisse Parallelen, aber auch Unterschiede auf. Zum einen geht es nicht um missbräuchliches Verhalten durch ein quasi-monopolistisches Unternehmen, das (nur) einem Randwettbewerb ausgesetzt ist, sondern um zwei konkurrierende Unternehmen im Wettbewerb. Die Höhe der Marktanteile, welche eine gemeinsame Marktbeherrschung zwar vermuten lässt, sagt noch nichts über das tatsächliche Wettbewerbsverhalten aus. Die Tatsache, dass es (a) zunächst einmal konkurrierende Unternehmen gibt und (b) die werbetreibende Industrie (bzw. als deren Agenten die Media-Agenturen) *Multihoming* betreiben, lindert das potenzielle Wettbewerbsproblem im Vergleich zum *British Airways*-Fall noch einmal.

Somit ließe sich argumentieren, dass das beanstandete Verhalten ggf. wettbewerbsunschädlich sei, selbst wenn es durch Absprachen zustande gekommen ist. Einem rein wirkungsbasierten Ansatz zufolge wären dann die Effekte auf Wettbewerb und/oder Verbraucher zu prüfen, bevor eine Praxis zu untersagen wäre.[38] Die retroaktiven Rabatte würden, der obigen Argumentation folgend, dann wohl weniger skeptisch beurteilt.

Eine Analyse der Effekte der beanstandeten retroaktiven Rabatte ist jedoch wesentlich komplizierter als bisher suggeriert wurde. Was *Hellwig* unseres Erachtens in seiner Argumentation nicht hinreichend beachtet, ist die Tatsache, dass es sich bei Reisebüros – ähnlich wie auch bei Media-Agenturen – (a) um zweiseitige Märkte handelt und (b) zumindest auf diesen zweiseitigen Märkten in den Augen der anderen Marktseite ein großer Unterschied zwischen abhängigen und unabhängigen Vermittlern besteht.

Ein entscheidender Unterschied zwischen unabhängigen Agenturen und Vermittlern einerseits und angestellten Verkaufsagenten (bei denen die beanstandeten Rabattverträge wohl unproblematisch wären) andererseits sind die Erwartungen der Kunden auf der anderen Marktseite, also hier der werbetreibenden Industrie bzw. der Reisenden. Im Falle unabhängiger Agenturen und Vermittler wird eine Unabhängigkeit in dem Sinne erwartet, dass die Agentur dem Kunden das bestmögliche Angebot aus der Gesamtheit aller Anbieter heraussucht. Hingegen wird bei einem abhängigen Vermittler wie den beiden Werbezeitenvermarktern selbst oder bei Ticketagenturen der Fluglinien selbst „nur" das beste Angebot aus dem Portfolio des entsprechenden Anbieters erwartet. Problematisch ist dies, weil es sich bei Vermittlungsdiensten, wie sie hier diskutiert werden, um Erfahrungs- oder sogar um Vertrauensgüter handelt.[39] Die Informationsprobleme auf der anderen Marktseite dürfen daher nicht vernachlässigt werden.

Es ist davon auszugehen, dass die beanstandeten Rabattverträge die Unabhängigkeit maßgeblich einschränken, gerade indem sie Verträge nachbilden, die ansonsten innerhalb eines Unternehmens Anwendung finden, ohne dass dies jedoch für die andere Marktseite transparent wäre. Zu fragen wäre, ob die Verträge nicht *primär* die Intention haben, die Unabhängigkeit der Vermittler aufzuheben, und nur *sekundär* die allgemeinen Verkaufsanstrengungen beflügeln sollen. Interessant wäre es hier zu wissen, ob die

38 Die Frage, wie die Beweislast verteilt werden sollte, soll an dieser Stelle nicht diskutiert werden.

39 Vgl. dazu die klassischen Aufsätze von *Nelson* (1970), *Darby* und *Karni* (1973) sowie *Haucap* (1998).

Angestellten in den Ticketbüros der *British Airways* mit analogen Anreizverträgen ausgestattet waren bzw. inwieweit sich Rabatte an Media-Agenturen von denen an die werbetreibende Industrie unterscheiden. Gibt es keine Unterschiede zwischen den Rabattverträgen mit Media-Agenturen und werbetreibenden Unternehmen, so sind die Verträge weniger kritisch zu sehen.

Welche Effekte ergeben sich nun aus der Untersagung der Rabattverträge? Kommt es insgesamt zu mehr oder weniger Werbung durch die Untersagung des Kartellamtes, und wie ist dies zu bewerten? Wie schon erwähnt, ist wohlfahrtsökonomisch unklar, ob ein Mehr oder Weniger an Werbung effizient ist. Im diskutierten Fall *RTL-ProSiebenSat.1-Astra* (s. Abschnitt 4.1.) ist eine Praxis untersagt worden, die, wie oben ausgeführt, tendenziell zu einer Einschränkung der Werbemenge geführt hätte. Im vorliegenden Fall *IP Deutschland-SevenOne Media* hingegen dürfte die Untersagung selbst wohl eher zu einer Einschränkung der Werbemenge führen, da ja gerade Rabatte untersagt wurden und davon auszugehen ist, dass diese Rabatte durch die Konkurrenz unter den Mediaagenturen an die werbetreibende Industrie weitergegeben werden.[40] Somit laufen die Wirkungen der beiden Entscheidungen auf dem Werbemarkt in entgegengesetzte Richtungen. Für einen stärker wirkungsbasierten Ansatz in der Wettbewerbspolitik ist es unbefriedigend, dass einmal Praktiken untersagt werden, die zu einer Mengenausdehnung führen, während in einem anderen Fall eine Praxis untersagt wird, die den gegenläufigen Effekt gehabt hätte.

Eine Ausdehnung der Werbemenge durch die Untersagung im Fall *IP Deutschland-SevenOne Media* ist höchstens zu erwarten, wenn die beanstandeten Rabattverträge eine Verdrängungswirkung auf andere Anbieter entfaltet hätten oder aber andere Anbieter von werbefinanziertem Fernsehen vom Markteintritt abgehalten hätten, es also dadurch zu einer langfristigen Marktabschottung auf dem Fernsehmarkt gekommen wäre, dass neue Anbieter keinen hinreichenden Zugang zur Werbevermarktung bekommen hätten oder, anders ausgedrückt, sich nicht hinreichend Werbekunden hätten sichern können. Dies scheint jedoch angesichts des praktizierten *Multihomings* der Werbekunden sowie der anderen, vor allem institutionellen Markteintrittsbarrieren zum Free-TV-Markt fraglich. Auf einem Markt mit hohen institutionellen Markteintrittsbarrieren ist eine Marktabschottung durch andere Maßnahmen wohl kaum notwendig, zumal wenn die Wirkung dieser Maßnahmen eher zweifelhaft ist.

Insgesamt bleibt somit auch hier ein unbefriedigender Befund: Die Wirkungen der Untersagung auf die betroffenen Märkte sind unklar. Allerdings ist auch nicht klar, wie diese Wirkungen in der Praxis mit hinreichender Sicherheit prognostiziert werden können. Für die praktische Wettbewerbspolitik ergeben sich hier signifikante Herausforderungen.

---

40 In ähnlicher Weise werden auch die Terminierungsgebühren im Mobilfunk durch Endgerätesubventionen u.ä. an die Endkunden weitergegeben (vgl. z. B. *Bühler*, *Dewenter* und *Haucap* 2006; *Littlechild* 2006).

4.3. Das Fusionsvorhaben *Axel Springer* und *ProSiebenSat.1*

4.3.1. Worum es geht

Die im Jahre 2005 geplante Fusion der *Axel Springer AG* mit der *ProSiebenSat.1 Media AG* stellte eines der größten Fusionsvorhaben in der deutschen Medienbranche dar.

Als größter Konzern auf Deutschlands Zeitungsmarkt verfügt die *Axel Springer AG* über eine marktbeherschende Position auf dem deutschen Lesermarkt für Straßenverkaufszeitungen (Boulevardzeitungen) und zudem über eine ebenfalls beherrschende Stellung auf dem Markt für Zeitungsanzeigen (vgl. *Kuchinke* und *Schubert* 2006; *Kallfaß* 2008). Laut Bundeskartellamt verfügte die *Axel Springer AG* mit der *BILD*-Zeitung über einen Marktanteil von etwa 80 Prozent auf dem Markt für Straßenverkaufszeitungen sowie mit der *BILD*-Zeitung und der Zeitung *Die Welt* über einen Marktanteil von über 40 Prozent auf dem Markt für Zeitungsanzeigen (vgl. *Bundeskartellamt* 2006).[41]

ProSiebenSat.1 ist der zweitgrößte Privatfernsehanbieter in Deutschland neben der *Bertelsmann AG*. Auf dem deutschen Fernsehzuschauermarkt verfügte *ProSiebenSat.1* über einen Marktanteil von etwa 22 Prozent im deutschen Fernsehmarkt (siehe Tabelle 1). Auf dem Markt für Fernsehwerbung hat *ProSiebenSat.1* ebenso wie die konkurrierende *RTL*-Gruppe der *Bertelsmann AG* seit Jahren einen konstanten Marktanteil von 40 Prozent, d. h. beide Unternehmen haben eine stabile gemeinsame marktbeherrschende Stellung von 80 Prozent, welche aus Sicht des Bundeskartellamts durch Parallelverhalten gekennzeichnet ist und daher als so genanntes „wettbewerbsloses Duopol" angesehen wird.

Zentral für die Beurteilung der Fusion ist die Definition des sachlich relevanten Marktes, wobei sowohl der Lesermarkt für Boulevardzeitungen, der Zeitungsanzeigenmarkt als auch der Fernsehwerbemarkt für den Fall bedeutend sind. Während die Aktivitäten der *Axel Springer AG* primär den Markt für Straßenverkaufszeitungen und den Markt für Zeitungsanzeigen betreffen, ist für *ProSiebenSat.1* der Markt für Fernsehwerbung relevant. Es liegt somit grundsätzlich ein Fall einer konglomeraten Fusion vor (*Bundeskartellamt* 2006). Entscheidend ist somit die Frage, (a) inwiefern der Markt für Printmedien (speziell für Zeitungsanzeigen) und der Markt für Fernsehwerbung in Deutschland als zwei völlig getrennte Märkte angesehen werden können und damit die Fusion als wettbewerbsrechtlich unproblematisch eingestuft werden könnte, bzw. (b) inwieweit so genannte crossmediale Effekte zwischen beiden Märkten von Bedeutung sein könnten und daher eine Fusion möglicherweise zu einer weiteren Verstärkung einer bereits bestehenden marktbeherrschenden Stellung führen könnte (vgl. auch *Kuchinke* und *Schubert* 2006; *Kallfaß* 2008).

Zu beachten ist, dass die wettbewerbsrechtliche Beurteilung des Fusionsvorhabens durch das Bundeskartellamt strikt abzugrenzen ist von der separat erfolgenden medienrechtlichen Prüfung der geplanten Fusion durch die KEK (Kommission zur Ermittlung

---

41 Vgl. auch Pressemeldung des Bundeskartellamts vom 24.01.2006: „Bundeskartellamt untersagt Fusion Springer/ProSiebenSat.1"

der Konzentration im Medienbereich). Die KEK hatte die Fusion abgelehnt, die Landesmedienanstalten hätten diese Entscheidung mit einer Dreiviertel-Mehrheit überstimmen können.[42]

4.3.1.1. Die Entscheidung des Bundeskartellamtes

Das Bundeskartellamt hat die Fusion letztlich verboten mit der Begründung, dass dadurch in Deutschland auf drei sachlich relevanten Märkten – dem Fernsehwerbemarkt, dem Lesermarkt für Straßenverkaufszeitungen sowie dem Anzeigenmarkt für Zeitungen – eine „nicht genehmigungsfähige" Marktmacht entstehen würde (vgl. *Kuchinke* und *Schubert* 2006).

Das Bundeskartellamt ist bei der wettbewerbsrechtlichen Prüfung des Fusionsvorhabens nicht von komplett getrennten Märkten für den Zeitungs- und Fernsehbereich bzw. für den Anzeigen- und Fernsehwerbemarkt ausgegangen. Crossmediale Effekte bzw. Strategien, die das zu erwartende Markt*verhalten* des fusionierten Unternehmens betreffen, wurden genau geprüft und haben zu dem Ergebnis einer sich verstärkenden, nicht genehmigungsfähigen Marktmacht geführt (vgl. *Kuchinke* und *Schubert* 2006).

a) **Der Anzeigenmarkt für Zeitungen**: Ausgangspunkt war der Marktanteil der *Axel Springer AG* in Höhe von etwa 40 Prozent. Eine negative Wirkung crossmedialer Effekte für den Wettbewerb wurde darin gesehen, dass *Springer* durch den Zusammenschluss mit *ProSiebenSat.1* die Möglichkeit erhalten würde, Werbekampagnen für Dritte zukünftig über mehrere Medien abstimmen zu können (crossmediale Werbekampagnen). Dadurch würde die ohnehin bereits überragende Marktstellung der *Axel Springer AG* auf dem Markt für Zeitungsanzeigen ebenso weiter verfestigt (*Bundeskartellamt* 2006) wie das Duopol auf dem Fernsehwerbemarkt (*Budzinski* und *Wacker* 2007; *Bundeskartellamt* 2006). Zudem könnte die *Axel Springer AG* solchen Werbekunden, die für Werbung sowohl das Print- als auch das Fernsehmedium nutzen, Rabatte gewähren.

b) **Der Lesermarkt für Straßenverkaufszeitungen**: Ausgangspunkt war die marktbeherrschende Stellung mit etwa 80% Marktanteil der *Axel Springer AG* auf diesem Markt. Eine Fusion würde zu einem weiteren crossmedialen Effekt in der Art führen, dass die Print- und Fernsehmedien des fusionierten Unternehmens wechselseitig in verschiedenen Formen füreinander Werbung machen könnten (crossmediale Promotion), was (neue) Konkurrenten benachteiligt und die marktbeherrschende Stellung der *Axel Springer AG* im Bereich des Lesermarktes für Straßenverkaufszeitungen (*BILD*-Zeitung) weiter absichert (vgl. *Bundeskartellamt* 2006).

c) **Fernsehwerbemarkt**: Ausgangspunkt war die stabile gemeinsame marktbeherrschende Stellung von *ProSiebenSat.1* und der *Bertelsmann AG* durch einen gemeinsamen Marktanteil in Höhe von 80 Prozent. Diese Marktbeherrschung war aus Sicht des Bundeskartellamts durch Parallelverhalten gekennzeichnet (wettbewerbsloses, symmetrisches Duopol mit ähnlicher Preisgestaltung und annähernd gleich hohen

---

42 Für eine dezidierte Kritik der Entscheidung der KEK siehe *Dewenter* 2007b sowie *Monopolkommission* 2006, Tz. 21*-25* sowie Tz. 119-125.

Werbepreisen und Rabatten für Fernsehwerbung). Potenzielle Konkurrenz von außen oder disziplinierende Nachfragemacht fehlten (vgl. *Bundeskartellamt* 2006). Eine Fusion von *Springer* mit *ProSiebenSat.1* würde die marktbeherrschende Stellung des sich parallel verhaltenden Duopols „*ProSiebenSat.1* und *RTL*-Gruppe" weiter zementieren, denn das Bundeskartellamt sah die Gefahr einer „weiteren Angleichung der unternehmensbezogenen Strukturmerkmale" der *Axel Springer AG* und der *Bertelsmann AG* auf den benachbarten Zeitungs- und Zeitschriftenmärkten sowie einer sich vertiefenden Verflechtung zwischen *Springer/ProSiebenSat.1* und der *Bertelsmann AG*. Die Verflechtungen betreffen gemeinsame Minderheitsbeteiligungen von *Springer* und der *Bertelsmann AG* an mehreren privaten Hörfunksendern (z. B. *Radio Hamburg*, *Antenne Bayern*) und Pressevertriebsunternehmen (z. B. in Leipzig, Dresden, der Pfalz und Berlin) sowie die „gemeinsame Beherrschung des Tiefdruckunternehmens Prinovis" (*Bundeskartellamt* 2006). Zudem würde eine Fusion der *Axel Springer AG* mit *ProSiebenSat.1* den Werbekunden die gegenwärtig einzige wirtschaftliche Alternative zur bundesweiten Fernsehwerbung, nämlich die sogenannte „Randsubstitution durch die *BILD*-Zeitung" (*Bundeskartellamt* 2006) entziehen. Die Preise für Fernsehwerbung könnten daher im Duopol weiter anziehen, trotz aktuell sinkender Werbepreise infolge eines sinkenden Marktvolumens.

Andere ökonomische Kriterien bzw. Ziele der Fusionskontrolle, z. B. die Schaffung eines nationalen Champions und die Verhinderung einer Übernahme eines deutschen Medienkonzerns durch einen ausländischen Medienkonzern, haben für die Entscheidung des Bundeskartellamtes keine Rolle gespielt – zum einen deshalb nicht, weil die Schaffung eines nationalen Champions auf dem deutschen Medienmarkt für den Verbraucher kaum positive Effekte gehabt hätte und somit keine Berücksichtigung finden kann, zum anderen spielt es für das Bundeskartellamt keine Rolle, ob ein nationaler Medienkonzern einen in- oder ausländischen Eigentümer hat.

4.3.1.2. Betrachtung der von der *Axel Springer AG* vorgeschlagenen Auflagen

Die *Axel Springer AG* hatte Vorschläge für Auflagen gemacht, die vom Bundeskartellamt jedoch als nicht ausreichend angesehen wurden.

Das Angebot der *Axel Springer AG*, aus sämtlichen gemeinsam mit *Bertelsmann AG* gehaltenen Unternehmen auszusteigen, hielt das Bundeskartellamt zwar für beachtlich, aber nicht für ausreichend, um eine Verstärkung des Duopols auf dem Fernsehwerbemarkt zu verhindern. Auch das Angebot von *Springer*, bestimmte Geschäftsbereiche und Beteiligungen an Programmzeitschriften, weiteren Zeitschriften(-verlagen), Anzeigenblättern, Onlineunternehmen und Hörfunk- und Ballungsraumfernsehsendern zu verkaufen, hätte eine Verstärkung des Duopols nicht verhindert (*Bundeskartellamt* 2006).

Mit dem Vorschlag von Lizenzauflagen – z. B. in der Form einer Verpflichtung, kein Fernsehprogramm unter Verwendung der Marke *BILD* zu gestalten oder die Fernsehwerbung von *ProSiebenSat.1* völlig getrennt von der Anzeigenwerbung von *Springer* zu vermarkten – wollte Springer den Befürchtungen wettbewerbsschädlicher crossmedialer Effekte begegnen. Das Bundeskartellamt lehnte diese Lizenzauflagen ab, da sie den zu beurteilenden Sachverhalt nicht ändern und zudem das Kartellrecht eine dafür notwendige laufende Verhaltenskontrolle nicht zulasse (vgl. *Bundeskartellamt* 2006).

Die bedeutendste Auflage wurde kurz vor Ablauf der Prüfungsfrist von *Springer* vorgeschlagen und hätte beinahe zu einer Genehmigung der Fusion geführt. Das Bundeskartellamt hatte die *Axel Springer AG* vor die Alternative gestellt, entweder die *BILD*-Zeitung zu verkaufen oder auf den Kauf von *ProSieben* oder *Sat.1* zu verzichten. *Springer* war letztlich bereit, *ProSieben* zu verkaufen, was aus Sicht des Bundeskartellamtes die Wettbewerbssituation auf dem Fernsehwerbemarkt gegenüber dem Status quo verbessert hätte und die infolge der Fusion eintretenden Verschlechterungen auf dem Lesermarkt für Straßenverkaufszeitungen und dem Zeitungsanzeigenmarkt überwogen hätte (*Bundeskartellamt* 2006). Während das Bundeskartellamt forderte, der Sender müsse bereits vor Vollzug der Fusion verkauft und aus der Werbezeitenvermarktung durch die *SevenOne Media* herausgetrennt werden, war *Springer* aus wirtschaftlichen und steuerrechtlichen Gründen nur bereit, erst nach dem Vollzug des bereits bestehenden Kaufvertrages zwischen *Springer* und dem bisherigen *ProSiebenSat.1*-Eigentümer *Saban Group* den Sender wieder zu verkaufen. Dies wiederum fand nicht die Zustimmung des Bundeskartellamtes, da *Springer* dann eine Überleitung wichtiger Ressourcen von *ProSieben* zu den anderen Sendern von *ProSiebenSat.1* hätte durchführen können und ein anschließendes Scheitern des Verkaufs von *ProSieben* ein schwieriges Entflechtungsverfahren notwendig gemacht hätte (*Bundeskartellamt* 2006).

4.3.2. Kritikpunkte an der Entscheidung

Wie das *Bundeskartellamt* (2006) in seiner Beurteilung selbst festgestellt hat, wäre es bei der vollzogenen Fusion zwischen *ProSiebenSat.1* und *Springer* weder am Fernsehmarkt noch am Markt für Tageszeitungen zu Marktanteilsadditionen gekommen.[43] Die betroffenen Märkte sind also soweit voneinander abzugrenzen, dass keine direkte Verstärkung der Marktmacht auf den Teilmärkten zu befürchten ist. Weiterhin ist der Analyse des Bundeskartellamts insofern zuzustimmen, dass sowohl die Rezipientenmärkte als auch die Werbemärkte grundsätzlich in geographischer Hinsicht deutschlandweit abzugrenzen sind. Insgesamt können also Wettbewerbsbeschränkungen nach der Fusion nur durch die sog. crossmedialen Strategien und mögliche Cross-Promotion entstehen. Aus diesem Grund ist auch fast die gesamte Argumentation des Kartellamts auf möglichen crossmedialen Konzepten aufgebaut.

So ist ein häufig genanntes Argument des Bundeskartellamts, dass *ProSiebenSat.1-Springer* nach dem Zusammenschluss noch stärker in der Lage sein würde, crossmediale Kampagnen durchzuführen und damit die Marktmacht auf den unterschiedlichen Märkten auszubauen. Es besteht also die Befürchtung, dass das neu entstehende Unternehmen in der Lage wäre, Werbeprodukte wie Anzeigen und Fernsehspots – insbesondere aufgrund der dominanten Position der *BILD*-Zeitung – zu koppeln und damit Marktmacht auf andere Märkte zu übertragen bzw. zu sichern. Ob und inwiefern diese crossmedialen Strategien überhaupt wettbewerbsschädigend sein müssen oder vielleicht

---

43 Ausnahmen bilden die Märkte für Online-Werbung und Fernsehproduktionen. Diese seien aber, so das *Bundeskartellamt* (2006), marginal und daher zu vernachlässigen.

sogar vorteilhaft sein können, wird dabei von der Kartellbehörde nicht ausreichend gewürdigt.[44]

Insbesondere die Existenz von indirekten Netzeffekten lässt eine Kombination von bestimmten Inhalten oder Werbeflächen als lohnend erscheinen. Zum Beispiel kann Werbung durch die Kombination von verschiedenen Werbeträgern stärker auf die etwaige Zielgruppe abgestimmt und somit effizienter gestaltet werden. So können bestimmte Zielgruppen nicht nur über ausgewählte Fernsehsendungen, sondern ebenso in Kombination mit Zeitungs- oder Zeitschriftenanzeigen erreicht werden. Es ist also wahrscheinlich, dass crossmediale Werbestrategien zumindest aus Sicht der Werbekunden zu einer Steigerung der Qualität der Werbeprodukte führen würden. Sollte es auf Seiten der Rezipienten nicht zugleich zu einer starken Nutzeneinbuße durch diese Strategien kommen, so können solche crossmedialen Kampagnen durchaus zu mehr Effizienz führen. Durch den Zugang zu verschiedenen Medien ist die Plattform eher in der Lage, ein optimales Angebot für die Werbkunden zu gestalten und somit generell eine Wohlfahrtssteigerung zu generieren (vgl. *Rochet* und *Tirole* 2003).[45]

Ob in der Summe positive oder negative Wohlfahrtseffekte resultieren, kann jedoch erst nach einer genauen Analyse der Marktparameter entschieden werden. So ist zum einen auch entscheidend (wie wir bereits diskutiert haben), wie Werbung auf Seiten der Rezipienten und den Wettbewerb auf den beworbenen Produktmärkten wirkt. Weiterhin ist ein relevanter Faktor, inwiefern die Konsumenten auf beiden Märkten in der Lage sind, *Multihoming* zu betreiben (vgl. auch *Choi* 2006; *Doganoglu* und *Wright* 2006), und damit der Wettbewerb zwischen den Plattformen verstärkt oder reduziert wird.

Insgesamt sind die Argumente des Bundeskartellamts also nicht überzeugend, dass crossmediale Strategien per se wettbewerbs- und/oder wohlfahrtsreduzierende Effekte haben. Die tatsächlichen Wirkungen sind ohne eine genaue Analyse nicht erkennbar, sodass die Argumentation des Bundeskartellamts daher nicht ohne weiteres haltbar ist. Darüber hinaus stellt sich die Frage, inwiefern mögliche Bündelstrategien so massive Auswirkungen auf die Beurteilung des Zusammenschlusses haben sollten. Für den Fall, dass andere Anbieter nach der Fusion unbillig behindert werden sollten, könnte die Wettbewerbsbehörde ein solches Verhalten bei Marktbeherrschung (und die scheint ja zumindest für den Zeitungsmarkt unstrittig) ohne Probleme untersagen. Ähnliches gilt für die Beurteilung des TV-Werbemarktes. Auch hier sollte eine kollektive Marktbeherrschung von *ProSiebenSat.1* und der *RTL*-Gruppe (nach wie vor) vorliegen.

Ebenso unklar ist auch die Argumentation des Bundeskartellamts, dass eine Fusion die Marktsstellung von *ProSiebenSat.1* und der *RTL*-Gruppe insbesondere am TV-Werbemarkt stärken würde. So ist zwar das Argument, dass beide Unternehmen nach der Fusion von *ProSiebenSat.1 / Springer* sowohl in TV- als auch in Printmärkten tätig sind und sich damit noch weiter angleichen werden und gleichförmiges Verhalten damit

---

44 Vgl. dazu auch die hervorragende Analyse von *Budzinski* und *Wacker* (2007).

45 Ähnliches ist ebenso für die Kombination verschiedener Medien bei Inhalten denkbar. Eine höhere Qualität bei Inhalten würde dann zu einer höheren Nachfrage nach den entsprechenden Inhalten führen und somit ebenso einen positiven Effekt am Werbemarkt auslösen. Insgesamt ist auch hier ein positiver Wohlfahrtseffekt denkbar.

noch wahrscheinlicher wird, auf den ersten Blick nachvollziehbar. Gleichzeitig hebt die Wettbewerbsbehörde jedoch die außerordentliche Stellung von *BILD* hervor und betont, dass eine Monopolstellung am Markt für Straßenverkaufszeitungen existiert. Da die *RTL*-Gruppe eine solche Monopolstellung nicht aufweisen kann, scheint ein Angleichen von *ProSiebenSat.1* und der *RTL*-Gruppe durch die Fusion jedoch fraglich. Vielmehr hätte die Fusion doch eher zu einer stärkeren Asymmetrie der Unternehmen geführt. Auch das Argument, eine Randsubstitution zwischen dem TV-Werbemarkt und *BILD* würde nach dem Zusammenschluss wegfallen und somit zu einem geringeren Wettbewerbsdruck für das Duopol führen, überzeugt nicht. Welcher der beiden Effekte (steigende Asymmetrie vs. geringerer potenzieller Wettbewerb) tatsächlich im Endeffekt überwiegt, kann a priori nicht beantwortet werden und bedarf einer genauen Analyse. Doch selbst ein symmetrisches Duopol bedeutet nicht, dass ein eingeschränkter Wettbewerb die Folge ist.

Generell wird davon ausgegangen, dass nicht nur eine gemeinsame Marktbeherrschung von *ProSiebenSat.1* und der *RTL*-Gruppe vorliegt, sondern ebenso ein kollusives Verhalten wahrscheinlich ist. *Budzinski* und *Wacker* (2007) führen einige Argumente an, die ein kollusives Verhalten eher unwahrscheinlich erscheinen lassen oder zumindest die Stabilität solcher Absprachen infrage stellen. Dazu gehören die hohen Fixkosten bei der Medienproduktion oder die Möglichkeit, Rabatte zu gewähren, ohne dass dies vom Konkurrenten wahrgenommen werden kann (vgl. auch *Kruse* 2000). Hinzu kommt, dass das Preissetzungsverhalten nur wenig Auskunft über die Wettbewerbsintensität geben kann. Mit zunehmender Symmetrie der Unternehmen (und ebenso der Marktanteile am Rezipientenmarkt) ist eine gleichförmige Preissetzung nicht wirklich überraschend. Außerdem sagt die Preishöhe dabei, wie bereits erläutert, wenig bis nichts über die Intensität des Wettbewerbs in zweiseitigen Märkten aus.

Ein weiterer Faktor, der Kollusion begünstigt, sind hohe Marktzutrittsbarrieren. Typischerweise ist der Marktzutritt in Fernsehmärkten beschränkt. Hier stellt sich jedoch die Frage, wie hoch die Marktzutrittsschranken in Zukunft sein werden. So wird mit der zunehmenden Digitalisierung und dem damit steigenden Angebot an Frequenzen der Marktzutritt von neuen Sendern wahrscheinlicher. Damit sind nicht nur im Rezipientenmarkt Marktzutritt und hierdurch eine stärkere Wettbewerbsintensität zu erwarten, sondern ebenso im Werbemarkt.

Ein Markt, der in der Analyse des Bundeskartellamts eine deutlich zu geringe Aufmerksamkeit erfährt, ist der Online-Werbemarkt. Mit der Verbreitung von Breitbandzugängen zum Internet hat auch dieser Werbemarkt deutlich an Relevanz hinzugewonnen. Eine deutschlandweite Reichweite ist aufgrund der Struktur des Internets kaum fraglich, die Inhalte und damit die Werbung können praktisch von jedem Punkt in der Welt abgerufen werden. Eine korrekte Abgrenzung der Werbemärkte sollte demnach auch die Frage stellen, inwiefern Unternehmen wie *Google* oder *Yahoo!* Konkurrenten am Anzeigen- oder TV-Werbemarkt darstellen. Wenn also eine mögliche Randsubstitution der Bildzeitung zum TV-Werbemarkt in Betracht gezogen wird, muss auch über andere mögliche Substitute nachgedacht werden.

Letztendlich lässt sich das Vorgehen des Bundeskartellamts in diesem Fall – wie auch *Budzinski* und *Wacker* (2007) zeigen – in vielen Punkten kritisieren. So wird zum einen zu wenig zwischen den einzelnen Werbearten und Zielgruppen differenziert. Vielmehr werden hier mögliche substitutionale Beziehungen unterstellt oder in anderen Fällen auch verneint, ohne dass dieses Vorgehen eingehend begründet wird. Weiterhin werden mögliche positive Aspekte der Fusion völlig ausgeblendet. Crossmediale Strategien z. B. werden a priori als wettbewerbsschädlich definiert, mögliche Effizienzgewinne gar nicht erst in Betracht gezogen. Eine adäquate Analyse müsste sich aber stärker an ökonomischen Erkenntnissen orientieren und einen engeren Bezug zur ökonomischen Theorie herstellen, um valide Aussagen treffen zu können. Nicht zuletzt hat sich das Bundeskartellamt auch im Verfahren etwas unglücklich verhalten. So ist die allzu starre ablehnende Haltung gegenüber dem Angebot der *Axel Springer AG*, *ProSieben* erst nach der Übernahme wieder zu veräußern, nur schwer nachvollziehbar.

5. Fazit und wirtschaftspolitische Implikationen

Grundlage für das Entstehen zweiseitiger Märkte ist die Existenz zweiseitiger indirekter Netzeffekte, die beide Marktseiten bzw. Teilmärkte miteinander verbindet. Ein Intermediär wie etwa ein Medienunternehmen ist zumindest zu einem gewissen Grad in der Lage, diese Netzeffekte auszunutzen. Als Konsequenz ergeben sich Preise und Mengen, die von denen abweichen, die sich auf „einseitigen" Märkten ergeben. Wie sich anhand der Theorie der zweiseitigen Märkte zeigen lässt, sind die wettbewerbspolitischen Implikationen weitreichend. Durch die komplexe Preissetzung ist es noch schwieriger, wettbewerbswidriges Verhalten, wie z. B. die Anwendung von Verdrängungspreisstrategien, zu erkennen.

Für eine wirkungsbasierte wettbewerbsökonomische Analyse ergibt sich zudem die Schwierigkeit, dass die Auswirkungen von kollusivem Verhalten und Unternehmenszusammenschlüssen weitaus schwieriger prognostiziert werden können, als dies schon auf „normalen" Märkten der Fall ist. Die drei Fallstudien haben dies exemplarisch verdeutlicht.

Auf Medienmärkten ist es zudem noch schwieriger, die wohlfahrtsökonomischen Auswirkungen bestimmter Verhaltensweisen oder Marktstrukturveränderungen zu ermitteln, als es auf anderen zweiseitigen Märkten der Fall ist. Der Grund liegt auch darin, dass nicht pauschal zu beurteilen ist, wie Werbung auf die Empfänger wirkt (ob Werbung Nutzen stiftet oder eher als störend empfunden wird). Dies hängt sowohl von der Art der Werbung als auch vom betrachteten Medium ab. Darüber hinaus muss auch bedacht werden, dass die Werbeintensität auch den Wettbewerb auf den beworbenen Produktmärkten verändert und schließlich auch die Inputmärkte (wie z. B. für TV-Rechte) durch Veränderungen auf den Rezipienten- und Werbemärkten beeinflusst werden. Die ökonomische Theorie liefert jedoch eine Reihe von Ergebnissen, denen zufolge die erhöhte Konzentration auf Medienmärkten nicht kritischer, sondern sogar weniger kritisch als auf anderen Märkten zu beurteilen wäre.

Die Schwierigkeit, die Auswirkungen bestimmter Verhaltensweisen oder marktstruktureller Veränderungen zu ermitteln, impliziert auch, dass einer dezidierten Einzelfallprüfung, wie der stärker ökonomisch fundierte Ansatz sie einfordert, Grenzen gesetzt sind. Unserer Meinung nach kann diese jedoch nicht implizieren, gleichsam „im Blindflug" bestimmte unternehmerische Praktiken von staatlicher Seite zu untersagen, möglichst noch mit dem Verweis auf *von Hayek*: Da man nicht wisse, wie sich etwas auswirke, und gemäß *von Hayek* (1968, 1975) es ja auch niemand wissen könne, müsse man es eben verbieten oder regulieren, um den Wettbewerb am Leben zu halten.[46] Ein solcher Ansatz kann und darf in einer liberalen Marktwirtschaft nicht befriedigen.

Um Mustervorhersagen ableiten zu können, ist weitere theoretische und auch empirische Forschung dringend notwendig. Schon jetzt ist allerdings vor dem Hintergrund der ökonomischen Theorie fraglich, inwiefern ein sektorspezifisches Medienkartellrecht (wie die sektorspezifische Fusionskontrolle), das strengere Maßstäbe als das allgemeine Kartellrecht anlegt, sich ökonomisch rechtfertigen lässt.

Literatur

Anderson, S.P. and *S. Coate* (2005), Market Provision of Broadcasting: A Welfare Analysis, in: Review of Economic Studies, Vol. 72, pp. 947-972.

Anderson, S.P. and *J.J. Gabszewicz* (2006), The Media and Advertising: A Tale of Two-Sided Markets, in: *V.A. Ginsburgh* (ed.), Handbook of the Economics or Art and Culture, Vol. 1, Amsterdam, pp. 567-614.

Anderson, S. and *J. McLaren* (2007), Media Mergers and Media Bias with Rational Consumers, Working Paper, University of Virginia.

Armstrong, M. (2006), Competition in Two-Sided Markets, in: Rand Journal of Economics, Vol. 37, pp. 668-691.

Baron, D. (2005), Persistent Media Bias, in: Journal of Public Economics, Vol. 90, pp. 1-36.

Beck, H. (2005), Medienökonomie: Print, Fernsehen und Multimedia, 2. Auflage, Berlin, Heidelberg und New York.

Becker, G.S. and *K.M. Murphy* (1993), A Simple Theory of Advertising as a Good or Bad, in: Quarterly Journal of Economics, Vol. 108, pp. 941-964.

Blair, R.D. and *R.E. Romano* (1993), Pricing Decisions of the Newspaper Monopolist, in: Southern Economic Journal, Vol. 54, pp. 721-732.

Bucklin, R.E., R.E. Caves and *A.W. Lo* (1989), Games of Survival in the US Newspaper Industry, in: Applied Economics, Vol. 21, pp. 631-649.

Budzinski, O. (2008), "Wettbewerbsfreiheit" und "More Economic Approach": Wohin steuert die Europäische Wettbewerbspolitik?", in: *M. Grusevaja, C. Wonke, U. Hösel* und *M. Dunn* (Hg.), Quo vadis Wirtschaftspolitik? Festschrift zum 65. Geburtstag von Norbert Eickhof, Frankfurt a. M., S. 15-38.

Budzinski, O. and *K. Wacker* (2007), The Prohibition of the Proposed Springer-ProSiebenSat.1 Merger: How Much Economics in German Merger Control?, in: Journal of Competition Law and Economics, Vol. 3, pp. 281-306.

---

46 Dies erinnert an die bei Autorennen teilweise verpflichtenden Zusatzgewichte, durch welche Rennerfolge bestraft werden, um die Rennen weiter für die Zuschauer spannend zu halten. Der Unterschied ist jedoch, dass der wirtschaftliche Wettbewerb im Gegensatz zum sportlichen Wettbewerb kein Selbstzweck ist, sondern bestimmte Erwartungen an den Wettbewerb gestellt werden.

Bühler, S., R. Dewenter and *J. Haucap* (2006), Mobile Number Portability in Europe, in: Telecommunications Policy, Vol. 30, pp. 385-399.

Bundeskartellamt (2006), Beschluss in dem Verwaltungsverfahren Axel Springer AG/Pro-SiebenSat1 Media AG, Gz. B6-103/05, 19.01.2006, Bonn.

Caillaud, B. and *B. Jullien* (2003), Chicken & Egg: Competition among Intermediation Service Providers, in: Rand Journal of Economics, Vol. 34, pp. 309-328.

Chandra, A. and *A. Collard-Wexler* (2007), Did the Canadian Newspaper Acquisitions Raise Prices for Consumers?, Leonard N. Stern School of Business, Working Paper, No. EC-07-03.

Chaudhri, V. (1998), Pricing and Efficiency of a Circulation Industry: The Case of Newspapers, in: Information Economics and Policy, Vol. 10, pp. 59-76.

Choi, J.P. (2006), Tying in Two-Sided Markets with Multihoming, Working Paper #06-04, Net-Institute.

Corden, W.M. (1952), The Maximization of Profit by a Newspaper, in: Review of Economic Studies, Vol. 20, pp. 181-190.

Darby, M. R. and *E. Karni* (1973), Free Competition and the Optimal Amount of Fraud, in: Journal of Law and Economics, Vol. 16, pp. 67-88.

DellaVigna, S. and *E. Kaplan* (2007), The Fox News Effect: Media Bias and Voting, in: Quarterly Journal of Economics, Vol. 122, pp. 1187-1234.

Dewenter, R. (2004), Essays on Interrelated Media Markets, Baden-Baden.

Dewenter, R. (2007a), Das Konzept der zweiseitigen Märkte am Beispiel von Zeitungsmonopolen, in: MedienWirtschaft: Zeitschrift für Medienmanagement und Kommunikationsökonomie, Bd. 4, Sonderheft, S. 6-14.

Dewenter, R. (2007b), Crossmediale Fusionen und Meinungsvielfalt: Eine ökonomische Analyse, in: *F. Fechner* (Hg.), Crossmediale Fusionen und Meinungsvielfalt: Juristische und ökonomische Betrachtungen, Ilmenau, S. 47-89.

Dewenter, R. und *J. Haucap* (2008), Semi-Collusion in Media Markets, unveröffentlichtes Arbeitspapier, Ruhr-Universität Bochum.

Dewenter, R. und *U. Kaiser* (2006), Horizontale Fusionen auf zweiseitigen Märkten am Beispiel von Printmedien, in: Perspektiven der Wirtschaftspolitik, Bd. 7, S. 335-353.

Dewenter, R. und *K. Kraft* (2001), Eingeschränkter Wettbewerb und abgestimmtes Verhalten: Konzentration und Anzeigenpreise regionaler Tageszeitungen, in: ifo-Studien, Nr. 47, S. 1-24.

Doganoglu, T. and *J. Wright* (2006), Exclusive Dealing with Network Effects, Mimeo.

Doyle, G. (2007), Understanding Media Economics, 2. Aufl., London.

Dukes, A. and *E. Gal-Or* (2006), On the Profitability of Media Merger, in: Journal of Business, Vol. 79, pp. 489-526.

Evans, D. (2003a), The Antitrust Economics of Multi-Sided Platform Markets, in: Yale Journal on Regulation, Vol. 20, pp. 325-381.

Evans, D. (2003b), Some Empirical Aspects of Multi-Sided Platform Industries, in: Review of Network Economics, Vol. 2, pp. 191-209.

Evans, D. and *R. Schmalensee* (2005), The Industrial Organization of Markets with Two-Sided Platforms, NBER Working Paper, No. 11603, Washington.

Furhoff, L. (1973), Some Reflections on Newspaper Concentration, in: The Scandinavian Economic History Review, Vol. 21, pp. 1-27.

Gabszewicz, J.J, P.G. Garella and *N. Sonnac* (2007), Newspapers' Market Shares and the Theory of the Circulation Spiral, in: Information Economics and Policy, Vol. 19, pp. 405-413.

Gabszewicz, J.J, D. Laussel and *N. Sonnac* (2002), Press Advertising and the Political Differentiation of Newspapers, in: Journal of Public Economic Theory, Vol. 4, pp. 317-334.

Gabszewicz, J.J, D. Laussel and *N. Sonnac* (2007), Programming and Advertising Competition in the Broadcasting Industry, in: Journal of Economics and Management Strategy, Vol. 13, pp. 657-669.

Gentzkow, M. and *J.M. Shapiro* (2005), Media Bias and Reputation, in: Journal of Political Economy, Vol. 114, pp. 280-316.

Gustafsson, K.E. (1978), The Circulation Spiral and the Principle of Household Coverage, in: The Scandinavian Economic History Review, Vol. 26, pp. 1-14.

Hartwich, T. (2007), Content Choice in Media Markets, Dissertation, Ruhr-Universität Bochum.

Haucap, J. (1998), Werbung und Marktorganisation: Die ökonomische Theorie der Werbung betrachtet aus Perspektive der Neuen Institutionenökonomik, Lohmar.

Haucap, J. (2007), „Irrtümer über die Ökonomisierung des Wettbewerbsrechts", in: Orientierungen zur Wirtschafts- und Gesellschaftspolitik, Nr. 114, S. 12-16.

Haucap, J., T. Hartwich und *A. Uhde* (2005), Besonderheiten und Wettbewerbsprobleme des Marktes für wissenschaftliche Fachzeitschriften, in: Vierteljahreshefte zur Wirtschaftsforschung, Bd. 74 (3), S. 84-107.

Haucap, J. und *J. Kruse* (2004), Verdrängungspreise auf Telekommunikationsmärkten?, in: Perspektiven der Wirtschaftspolitik, Bd. 5, S. 337-361.

Haucap, J. und *A. Uhde* (2007), Marktmacht auf dem Markt für ökonomische Fachzeitschriften: Mögliche Auswege, in: *R. Depping, K. von Halassy* und *C. Suthaus* (Hg.), Ohne Bibliotheken keine Forschung – Das Fachreferat Wirtschaft im Wandel, Köln, S. 36-79.

Hayek, F.A. von (1968), Der Wettbewerb als Entdeckungsverfahren, Kieler Vorträge, Neue Folge, Nr. 56, Kiel.

Hayek, F.A. von (1975), The Pretence of Knowledge, in: The Swedish Journal of Economics, Vol. 77, pp. 433-442.

Hellwig, M. (2006), Effizienz oder Wettbewerbsfreiheit: Zur normativen Grundlegung der Wettbewerbspolitik, in: *C. Engel* und *W. Möschel* (Hg.), Recht und spontane Ordnung: Festschrift für Ernst-Joachim Mestmäcker zum 80. Geburtstag, Baden-Baden, S. 231-268.

Hellwig, M. (2007), Wirtschaftspolitik als Rechtsanwendung: Zum Verhältnis von Jurisprudenz und Ökonomie in der Wettbewerbspolitik, Walter-Adolf-Jöhr Vorlesung 2007, Forschungsgemeinschaft für Nationalökonomie, St. Gallen.

Hess, T. und *B. von Walter* (2006), Toward Content Intermediation: Shedding New Light on the Media Sector, in: International Journal on Media Management, Vol. 8, pp. 2-8.

Kallfaß, H. (2008), Die Entscheidung des Bundeskartellamtes zum Zusammenschlussvorhaben Axel Springer AG und ProSiebenSat.1 Media AG, in: *F. Fechner* (Hg.), Crossmediale Fusionen und Meinungsvielfalt: Juristische und ökonomische Betrachtungen, Ilmenau, S. 90-107.

Kantzenbach, E. und *H. Greiffenberg* (1980), Die Übertragbarkeit des Modells des „funktionsfähigen Wettbewerbs" auf die Presse, in: *S. Klaue, M. Knoche* und *A. Zerdick* (Hg.), Probleme der Pressekonzentrationsforschung, Baden-Baden, S. 189-202.

Katz, M.L. and *C. Shapiro* (1994), Systems Competition and Network Effects, in: Journal of Economic Perspectives, Vol. 8(2), pp. 93-115.

Kerber, W. (2009), Should Competition Law Promote Efficiency? Some Reflections of an Economist on the Normative Foundations of Competition Law, erscheint in: *J. Drexl, L. Idot* und *J. Moneger* (eds.), Economic Theory and Competition Law, Cheltenham.

Kruse, J. (2000), Ökonomische Probleme der deutschen Fernsehlandschaft, in: *J. Kruse* (Hg.), Ökonomische Perspektiven des Fernsehens in Deutschland, München, S. 7-47.

Kruse, J. (2004), Publizistische Vielfalt und Effizienz durch den Markt oder durch staatliche Regulierung, in: *M. Friedrichsen* (Hg.), Effiziente Medienregulierung: Marktdefizite oder Regulierungsdefizite?, Baden-Baden, S. 111-138.

Kruse, J. (2006), Zugang zu Premium Content aus ökonomischer Sicht, in: *R.H. Weber* und *S. Osterwalder* (Hg.), Zugang zu Premium Content, Zürich, S. 7-50.

Kuchinke, B. und *J.M. Schubert* (2006), Der Beschluss des Bundeskartellamtes in Sachen Springer-ProSieben-Sat.1: Eine Einordnung und Bewertung, in: Wirtschaft und Wettbewerb, Bd. 56, S. 477-486.

Littlechild, S.C. (2006), Mobile Termination Charges: Calling Party Pays versus Receiving Party Pays, in: Telecommunications Policy, Vol. 30, pp. 242-277.

Monopolkommission (1981), Wettbewerbsprobleme bei der Einführung von privatem Hörfunk und Fernsehen, Sondergutachten 11, Baden-Baden.

Monopolkommission (2006), Mehr Wettbewerb auch im Dienstleistungssektor, 16. Hauptgutachten 2004/2005, Baden-Baden.

Mullainathan, S. and *A. Shleifer* (2005), The Market for News, in: American Economic Review, Vol. 95, pp. 1031-1053.

Nelson, P. (1970), Information and Consumer Behavior, in: Journal of Political Economy, Vol. 78, pp. 311-329.

Parker, G. and *M. W. van Alstyne* (2005), Two-Sided Network Effects: A Theory of Information Product Design, in: Management Science, Vol. 51, pp. 1494-1504.

Peitz, M. (2006), Marktplätze und indirekte Netzwerkeffekte, in: Perspektiven der Wirtschaftspolitik, Bd. 7, S. 317-333.

Peitz, M. and *T. Valletti* (2008), Content and Advertising in the Media: Pay-TV versus Free-To-Air, in: International Journal of Industrial Organization, Vol. 226, pp 949-965.

Reisinger, M. (2004), Two-Sided Marktes with Negative Externalities, Diskussionspapier 2007-24, LM-Universität München.

Rochet, J.-C. and *J. Tirole* (2003), Platform Competition in Two-Sided Markets, in: Journal of the European Economic Association, Vol. 1, pp. 990-1029.

Rochet, J.-C. and *J. Tirole* (2006), Two-Sided Markets: A Progress Report, in: Rand Journal of Economics, Vol. 35, pp. 645-667.

Roson, R. (2007), Platform Competition with Endogenous Multihoming, in: *R. Dewenter* und *J. Haucap* (eds.), Access Pricing Theory and Practice, Amsterdam, pp. 229-248.

Rott, A. und *I. Kohlschein* (2007), Nachfrageabhängigkeiten und Durchschnittskosten: Anmerkungen zur Anzeigen-Auflagen-Spirale, in: MedienWirtschaft: Zeitschrift für Medienmanagement und Kommunikationsökonomie, Bd. 4, Sonderheft 2007, S. 62-69.

Scherer, M. (2007), EU greift Mastercard und Visa an, in: Handelsblatt, Nr. 243, 17.12.2007, S. 21.

Seufert, W. (2007), Führen Größenvorteile auf Werbemärkten zu Medienkonzentration? Zum theoretischen Gehalt der „Anzeigen-Auflagen-Spirale", in: MedienWirtschaft: Zeitschrift für Medienmanagement und Kommunikationsökonomie, Bd. 4, Sonderheft 2007, S. 48-60.

Steiner, P.O. (1952), Program Patterns and Preferences and the Workability of Competition on Radio Broadcasting, in: Quarterly Journal of Economics, Vol. 66, pp. 194-223.

Waldfogel, J. (ed.) (2007), Economics of the Media, in: Information Economics and Policy, Vol. 19, Sonderheft.

Wright, J. (2004), One-Sided Logic in Two-Sided Markets, in: Review of Network Economics, Vol. 3, pp. 44-64.

Anhang: Beispiele zweiseitiger Plattformen

Markt/Intermediär	Markt/Gruppe 1	Markt/Gruppe 2
Computer Software/Hardware		
Videospielkonsolen (Xbox, Playstation)	Konsumenten (Spieler)	Softwareentwickler
Textverarbeitungssysteme (Microsoft Word)	Leser	Verfasser
	Leser	Verfasser
Portable Dokumente (Adobe)	Nutzer	Anwendungsentwickler
Betriebssysteme (Windows, Linux)		
Klassische Medien		
Zeitungen/Zeitschriften	Leser	Anzeigenkunden
Fernsehen/Radio	Zuschauer/Zuhörer	Werbekunden
Wiss. Zeitschriften	Leser	Verfasser
Internetportale		
Auktionsportale (Ebay)	Verkäufer	Käufer
Partnervermittlungen (Parship)	Frauen	Männer
Jobvermittlungen (Monster)	Arbeitnehmer	Arbeitgeber
Plattformen für Kleinanzeigen (Craigslist)	Anbieter	Nachfrager
Zahlungssysteme		
Kreditkarten	Kartenhalter	Einzelhandel
Debitkarten	Kartenhalter	Einzelhandel
Online-Systeme (PayPal)	Nutzer	Internetportale
Immobilienmakler		
Kaufimmobilien	Käufer	Verkäufer
Mietimmobilien	Mieter	Vermieter
Internet Provider		
Access Provider	Endkunden (Surfer)	Content Provider
Content Provider	Endkunden (Surfer)	Werbekunden
Netzbetreiber	Service Provider/ Endkunden	Netzbetreiber/Content Provider
Andere		
Einkaufszentren	Kunden	Pächter der Ladengeschäfte
Partnervermittlungen	Männer	Frauen
Mobile Marketing	Mobilfunkkunden	Werbekunden
Auktionshäuser	Käufer	Verkäufer
Börsen	Käufer/Verkäufer	Unternehmen
Reisevermittlungen	Reisende	Hotels/Fluggesellschaften...

Quelle: Eigene Darstellung in Anlehnung an *Dewenter* (2007a), *Rochet* and *Tirole* (2003) und *Parker* and *van Alstyne* (2005).

Dirk Wentzel (Hg.), Medienökonomik –
Theoretische Grundlagen und ordnungspolitische Gestaltungsalternativen
Schriften zu Ordnungsfragen der Wirtschaft · Band 89 · Stuttgart · 2009

Brauchen wir öffentlich-rechtliche Medien?

Hanno Beck und *Andrea Beyer*

Inhalt

1. Einleitung

Darüber, dass die Bundesrepublik Deutschland einen öffentlich-rechtlichen Rundfunk benötigt, scheint es keine Zweifel zu geben: Mehr als sieben Milliarden Euro werden pro Jahr dafür ausgegeben, ohne dass die Notwendigkeit dieser Ausgabe hinterfragt wird. Im Gegenteil: Derzeit wird diskutiert, inwieweit die Bundesrepublik einen öffentlich-rechtlichen Auftritt im Internet benötigt, auf den die Sender mit aller Macht drängen. Dieser Befund irritiert in seiner Asymmetrie: Während audiovisuelle und elektronische Medien offenbar ein öffentlich-rechtliches Angebot benötigen, scheint der Gedanke an eine ähnliche Behandlung der Printbranche abwegig – nirgendwo wird ernsthaft über das Konzept einer öffentlich-rechtlichen Zeitung diskutiert (vgl. *Rutz* 2003 und *Habermas* 2007). Dabei kann die Frage nach der Berechtigung einer solchen Forderung – so abwegig sie auch auf den ersten Blick wirkt – nicht nur interessante Erkenntnisse darüber liefern, inwieweit wir tatsächlich einen öffentlich-rechtlichen Rundfunk benötigen, sondern auch einen Beitrag zur Diskussion über den öffentlich-rechtlichen Internet-Auftritt leisten. Brauchen wir wirklich mehr öffentlich-rechtliche Präsenz im World Wide Web? Um diese Frage zu klären, werden in diesem Beitrag die Argumente für einen öffentlich-rechtlichen Rundfunk untersucht und auf alle Medienzweige – audiovisuelle Medien, Print und Internet – angewendet. Die Diskussion dieser Argumente auf unterschiedliche Zweige der Medienlandschaft hilft, mehr Klarheit über die Berechtigung eines öffentlich-rechtlichen Medienangebotes zu gewinnen.

In den folgenden Kapiteln werden die Argumente für einen öffentlich-rechtlichen Rundfunk erörtert und überprüft, inwieweit diese auf die Printmedien und das Internet zutreffen. Im einzelnen sind es drei Kategorien von Argumenten für staatliche Eingriffe in die Rundfunkordnung: Allokationsaspekte und Marktversagen, Wettbewerbsprobleme und die gesellschaftliche Bedeutung der Medien werden als Rechtfertigung für den öffentlich-rechtlichen Rundfunk angeführt. Finden diese Argumente auch auf andere Medien – Zeitung oder Internet – Anwendung, so stellt sich die Frage, inwieweit die Sonderstellung des Rundfunks berechtigt ist. Gelangt man zu dem Ergebnis, dass die Argumente für den öffentlich-rechtlichen Rundfunk auch für Printmedien gelten, so bleiben zwei Möglichkeiten: Entweder man muss auch eine öffentlich-rechtliche Zeitung fordern oder aber die Institution öffentlich-rechtlicher Rundfunk in Frage stellen. Es wäre schwer nachvollziehbar, öffentlich-rechtlichen Rundfunk zu fordern, sich aber einer öffentlich-rechtlichen Zeitung zu verweigern, wenn Zeitungen den gleichen Gesetzmäßigkeiten unterliegen, deretwegen man sieben Milliarden Euro pro Jahr in den öffentlich-rechtlichen Rundfunk steckt. Nun ist auch den Verfassern dieses Beitrags klar, dass der Ruf nach einer öffentlich-rechtlichen Zeitung illusorisch und politisch nicht akzeptabel ist – doch zumindest lassen sich aus diesem Gedankenspiel einige wichtige Erkenntnisse über das öffentlich-rechtliche Angebot im Internet gewinnen.

2. Allokationsaspekte und Marktversagen

2.1. Rundfunk und Marktversagen

Die erste Gruppe von Argumenten für einen öffentlich-rechtlichen Rundfunk stellt auf Verzerrungen in der Allokation und auf Marktversagensaspekte ab – der Markt, so die Idee, ist nicht in der Lage, eine optimale Versorgung mit Rundfunk respektive mit dessen Dienstleistungen zu gewährleisten. Hier gilt es drei Argumente zu unterscheiden: erstens das Argument vom Rundfunk als öffentliches Gut, zweitens die Idee des Marktversagens aufgrund asymmetrischer Informationen und drittens die Debatte über externe Effekte im Medienkonsum.

Als eine eher traditionelle Begründung für staatliche Eingriffe in den Rundfunk wird das Argument genannt, dass Rundfunk ein öffentliches Gut sei und damit Marktversagen vorliege – Nicht-Rivalität im Konsum und die fehlenden Möglichkeiten, Zahlungsunwillige vom Konsum auszuschließen, so die Idee, verhindern ein Marktangebot an Rundfunk (vgl. *Heinrich* 2005, S. 327). Dieses Argument ist bei näherem Hinsehen so nicht haltbar: Ein öffentliches Gut im engeren Sinne sind lediglich die Informationen selbst, die Medienunternehmen vertreiben. Vom Konsum der Informationen kann niemand ausgeschlossen werden, zugleich besteht Nicht-Rivalität im Konsum, d.h. die Nutzung einer Information durch einen Zuschauer, Leser oder Hörer schließt nicht aus, dass weitere Zuschauer, Leser oder Hörer diese Information auch nutzen können. Informationen erfüllen also beide Voraussetzungen für ein öffentliches Gut: Nicht-Rivalität im Konsum und Nicht-Ausschliessbarkeit vom Konsum (vgl. *Beck* 2005, S. 5 ff.).

Diese Argumente treffen allerdings nicht für die audiovisuellen Medien als Anbieter von Informationen zu: So lässt sich über eine Verschlüsselung von Sendungen ein Ausschluss vom Konsum herstellen – nur Konsumenten, die zahlen, erhalten den für diese Sendungen notwendigen Dekoder. Das bedeutet, dass sich eine politische Sonderbehandlung audiovisueller Medien mit diesem Argument nicht rechtfertigen läßt: Solange das Ausschlussprinzip auf einem Markt funktioniert, liegt kein Marktversagen vor. Denkt man allerdings in historischen Kategorien, so war zumindest in den Kindertagen des Rundfunks ein Ausschluss vom Konsum technisch zu schwer zu bewerkstelligen – für die Frühzeit des Rundfunks mag dieser in der Tat ein öffentliches Gut gewesen sein, heutzutage gilt dies mit Sicherheit nicht mehr.

Allerdings stellt die Nicht-Rivalität im Konsum speziell audiovisuelle Medien vor besondere Probleme, wie das Beispiel der Musikindustrie zeigt: Sie kann dazu führen, daß Informationen von den ursprünglichen Käufern an Dritte weitergeleitet werden, ohne daß diese als Zweitverwerter der Informationen dafür bezahlen müssen. Exemplarisch dafür sind die Probleme der Software-Industrie oder auch der Musikbranche mit illegalen Raubkopien. Die aktuellen Entwicklungen in der Musikindustrie sowie die Existenz privatwirtschaftlicher Sender belegen jedoch, dass dies keine unüberwindlichen Probleme sind und das Vorliegen von Nicht-Rivalität im Konsum alleine kein Marktversagen begründet. Darüber hinaus ist bei solchen Problemen eine ursachenadäquate Politik, also ein entsprechendes Urheberrecht mit Möglichkeiten der Strafverfolgung, die korrekte Antwort, aber nicht ein staatliches Angebot (vgl. *Beyer* und *Carl* 2008, S. 18). Zudem müsste man, beruft man sich auf dieses Argument als Rechtfertigung für öffentlich-rechtlichen Rundfunk, auch über staatliche Interventionen in der Musikbranche und der Softwareindustrie nachdenken – hier dürfte die Nicht-Rivalität im Konsum der von den Unternehmen verkauften Informationen eine wesentlich größere Rolle spielen als im Rundfunk.[1]

In der Literatur findet sich auch die Idee, dass Information und Meinungsvielfalt ein öffentliches Gut sind, bei dessen Produktion der Marktmechanismus versagt. Niemand, so die Idee, ist bereit, für das abstrakte Gut „Öffentliche Meinungsvielfalt“ zu bezahlen, weswegen es in einem rein marktwirtschaftlichen System zu einer Unterproduktion an diesem Gut kommen würde. Dieses Argument hängt eng zusammen mit der Diskussion um die publizistische Qualität von Medien und soll in Abschnitt 4 näher untersucht werden.

Unter dem Strich lässt sich mit dem Argument des öffentlichen Gutes die Existenz öffentlich-rechtlichen Rundfunks nicht rechfertigen, da Rundfunk kein öffentliches Gut ist. Dieses Argument mag allenfalls in den Kindertagen des Rundfunks eine Rolle gespielt haben; heute liegt zumindest in dieser Hinsicht kein Marktversagen vor.

Das zweite Argument für ein Marktversagen in der Medienbranche stützt sich auf die Idee der asymmetrischen Information: Ein marktwirtschaftliches System, so die Idee, sorge nicht für ein Mindestmaß an publizistischer Qualität. Hierbei wird in der Literatur vor allem auf Informationsmängel der Konsumenten abgestellt: Konsumenten, so die Idee, seien gegenüber den Medienunternehmen strukturell benachteiligt, was die Einschätzung der Güte und Wahrheit der ihnen angebotenen Informationen angehe. Das führe zu einer sogenannten adversen Selektion: Da die Nutzer des Mediums die Qualität des Produktes nicht beurteilen können, sind sie nicht bereit, für eine potentiell bessere Qualität mehr zu bezahlen, weil das Risiko besteht, dass man einen hohen Preis für mindere Qualität bezahlt. Da die Produzenten höherwertiger Medien ihren Aufwand für mehr Qualität deswegen nicht honoriert bekommen, scheiden sie aus dem Wettbewerb aus, es verbleiben nur noch Publikationen oder Sendungen minderer Qualität am Markt (vgl. *Akerlof* 1970, S. 488 ff..).

Dieses Argument muss relativiert werden: Zum einen lassen sich nur mit dem Verweis auf die Komplexität eines Produktes nicht umfangreiche Eingriffe in einen Markt rechtfertigen, in vielen anderen Märkten mit gleichfalls komplexen Produkten funktioniert der Preismechanismus; einmal abgesehen davon, dass man sich fragen muss, für wie intelligent man den Konsumenten hält – bösartig gesagt stellt dieses Argument darauf ab, dass die Rezipienten zu dumm sind, um publizistische Qualität zu erkennen. Möglicherweise wäre ja eine Politik und Rahmensetzung, die eine entsprechende Transparenz in solchen Märkten herstellt, ausreichend – es muss nicht immer staatliches Angebot sein. Auch der Wettbewerb der Medien untereinander kann ein wirksames Instrument gegen mangelhafte Qualität einzelner Medien sein, nämlich dann, wenn die Konkurrenz zum schärfsten Kritiker wird.

Ein weiterer Kritikpunkt an der Hypothese von den asymmetrischen Informationen stellt darauf ab, dass es sich beim Konsum von Medien um wiederholte Konsumakte handelt: Wer einen Sender oder einzelne Sendungen regelmäßig verfolgt, ist durchaus in

1 Das zweite Problem, das mit der Nicht-Rivalität im Konsum einhergeht, die Idee der *First Copy Costs*, greifen wir in Abschnitt 3 auf.

der Lage, sich ein Urteil über die Qualität des Produktes zu bilden – es sei denn, man unterstellt einen unmündigen Rezipienten. Es ist also der wiederholte Konsumakt, der das Problem der asymmetrischen Information löst.

Eng damit zusammen steht die Tatsache, dass es auch für Produzenten in intransparenten Märkten mit komplexen Produkten Möglichkeiten gibt, den Kunden Qualität zu signalisieren (vgl. *Schumann* und *Tzouvaras* 2004, S. 199 ff.). So kann sich ein Medienunternehmen über Jahre hinweg eine Reputation als seriöses und vertrauenswürdiges Unternehmen erarbeiten und damit den Konsumenten seine Qualität signalisieren (vgl. *Siegert* 2001, S. 198 ff.). Diese hart erarbeitete Reputation hält Unternehmen zu einem sorgfältigen Umgang mit seinen Informationen an – die Erfahrungen des „Stern" nach der Publikation der falschen Hitler-Tagebücher zeigt eindrucksvoll, dass Konsumenten auf die Reputation eines Medienunternehmens achten und Fehler hart bestrafen.

Unter dem Strich rechtfertigt das Argument von den asymmetrischen Informationen nicht die Ausgabe von sieben Milliarden Euro pro Jahr für einen öffentlich-rechtlichen Rundfunk.

Ein letztes allokatives Argument für öffentlich-rechtlichen Rundfunk stellt auf die externen Effekte ab, die man qualitativ hochwertigen Medien unterstellt: Eine gut aufgeklärte, besser ausgebildete Bevölkerung, so die Idee, trägt bei zu mehr Wachstum und zu mehr demokratischer Kultur. Diese positiven Folgen qualitativ hochwertigen Medienkonsums werden aber von den Rezipienten nicht in ihr privates Kalkül bei der Entscheidung für oder gegen Medienkonsum mit einbezogen, weshalb zu wenig qualitativ hochwertige Sendungen nachgefragt und damit auch produziert werden. Gegen dieses Argument gibt es mehrere Einwände: Zum einen dürfte ein Großteil der positiven Folgen des Konsums hochwertiger Sendungen über ein höheres Einkommen und ein besseres Wohlbefinden bei den Konsumenten internalisiert werden; zum anderen rechtfertigt dieses Argument allenfalls die Subventionierung bestimmter Sendeformate, aber nicht ein komplettes öffentlich-rechtliches Angebot; erst recht nicht Sendeformate, die man von den Privatsendern kopiert. Nicht zuletzt zieht dieses Argument auch die Frage nach sich, ob man dann nicht andere Sendeformate, von denen man negative externe Effekte erwartet, in irgendeiner Form belasten müsste, beispielsweise in Form einer Talk-Show-Steuer oder in Form einer Abgabe auf gewalttätige Szenen[2].

Insgesamt müssen Zweifel angemeldet werden an der Idee, dass es auf Medienmärkten zu einem strukturellen Marktversagen kommt: So gilt das Ausschlussprinzip nicht für die Dienstleistungen der Medienunternehmen, weswegen ein reguläres Angebot mit einem funktionierenden Preismechanismus möglich ist. Des weiteren haben die Unternehmen die Möglichkeit, sich eine Reputation als Anbieter seriöser und hochwertiger Informationen zu erarbeiten, weswegen das Argument, dass es wegen asymmetrischer Information zu einem strukturellen Unterangebot hochwertiger Informationen kommt, so nicht stichhaltig ist. Aber findet sich in der Printbranche Hinweise auf ein Marktversagen? Dieser Frage widmet sich der folgende Abschnitt.

---

2 Siehe dazu auch den Beitrag von *Christian Müller* in diesem Band.

2.2. Zeitungen und Marktversagen

Die Überlegungen von Abschnitt 2.1. haben gezeigt, dass Medien per se keine öffentlichen Güter sind – lediglich für die von ihnen gelieferten Informationen gelten das Nicht-Ausschlussprinzip und die Nicht-Rivalität im Konsum. Dies gilt in verstärktem Maße für Zeitungen: Über die stoffliche Beschaffenheit der Zeitung lässt sich sofort ein Ausschluss vom Konsum herstellen, zudem besteht im Gegensatz zu den audiovisuellen Medien in zeitlicher Hinsicht auch Rivalität im Konsum – eine Zeitungsseite wird in der Regel nur von einem Leser gleichzeitig gelesen.

Die Rivalität im Konsum der Zeitung zusammen mit dem Umstand, dass ein Ausschluss vom Konsum bei audiovisuellen Medien zumindest in dessen Anfangszeit nicht möglich waren, könnte die beobachtete Asymmetrie bezüglich der staatlichen Regulierungsintensität zwischen beiden Medien erklären – sie dürfte wohl historisch sein: Während Zeitungen von Anfang an keiner staatlichen Eingriffe bedurften, weil ein Ausschluss vom Konsum der Zeitung immer möglich war, waren diese Eingriffe zumindest in den Kindertagen des Rundfunks dort möglicherweise nötig. Mit anderen Worten: Das Argument vom Rundfunk als öffentliches Gut mag vor 40 Jahren im Gegensatz zur Zeitung zutreffend gewesen sein, doch mit zunehmendem technischem Fortschritt verliert es an Relevanz. Einzig der Umstand, dass die Nicht-Rivalität im Konsum bei einer Zeitung kein so großes Problem ist wie bei audiovisuellen Medien, könnte als Begründung für die unterschiedlichen Eingriffsintensitäten herhalten – wirkt aber wenig überzeugend für ein Budget von rund 7 Milliarden Euro pro Jahr, zumal zahlreiche private Fernsehsender zeigen, dass trotz dieses Problems ein funktionierendes Angebot zustande kommt. Zumeist wird im Zusammenhang mit der Rechtfertigung für den öffentlich-rechtlichen Rundfunk auch weniger auf diesen Punkt abgestellt, sondern auf die Inhalte des privaten Rundfunks, die Missgefallen erregen. Dieser Punkt soll in Abschnitt 4 diskutiert werden.

Das zweite in Punkt 2.1. aufgeführte Argument bezüglich des Marktversagens in der Rundfunkbranche zielt auf die Idee der asymmetrischen Information ab, die besagt, dass Rundfunk deswegen staatlicher Interventionen bedarf, weil die Konsumenten des Rundfunks nicht die Qualität der Rundfunkprodukte erkennen können – weswegen nur qualitativ schlechte Sendungen hergestellt werden. Für die Frage nach einer unterschiedlichen Behandlung von audiovisuellen Medien und Zeitungen stellt sich die Frage, ob ein solches Problem bezüglich der publizistischen Qualität bei Printmedien nicht existiert – dies wäre eine Rechtfertigung dafür, dass es einen öffentlich-rechtlichen Rundfunk, aber keine öffentlich-rechtliche Zeitung gibt. Grundsätzlich aber ist nicht zu sehen, warum die Probleme mit der Informationsasymmetrie nur bei audiovisuellen Medien, nicht aber bei Printmedien vorhanden sein sollten. Insofern findet sich hier kein Argument für eine unterschiedliche Behandlung der beiden Mediengattungen. Die Fähigkeit der Zeitungen, dieses Problem zu lösen, zeigt, dass dieses Argument nicht als Rechtfertigung für öffentlich-rechtlichen Rundfunk dienen kann – es sei denn, man konstatiert, dass es in Deutschland keine qualitativ hochwertigen Printangebote gibt. Dann allerdings müsste man überlegen, ob dann nicht auch für die Printbranche eine staatliche Intervention zur Verbesserung der Qualität der Printangebote notwendig wäre.

Bleibt noch das Argument der positiven externen Effekte bestimmter Medienformate: Wenn man dieses Argument ernst nimmt, ist nicht ersichtlich, warum es nicht auch für Printmedien gelten sollte. Gibt es tatsächlich positive externe Folgen des Medienkonsums, so ist nicht einzusehen, weshalb diese abhängig von der Überbringungsart sein sollten.

2.3. Marktversagen im Internet

Als bisheriges Ergebnis lässt sich festhalten, dass es mit Blick auf Marktversagensaspekte keine Argumente gibt, die für eine asymmetrische Behandlung von Print- und Rundfunkmedien sprechen. Die Existenz eines öffentlich-rechtlichen Rundfunkregimes und rein privatwirtschaftlicher Printmedien lässt sich mit Blick auf die Nicht-Ausschliessbarkeit im Konsum allenfalls über die historische Entwicklung begründen – es handelt sich also um jahrelang gewachsenes Unrecht. Umso interessanter ist es nun zu fragen, inwieweit denn heute, in den Geburtsjahren eines neuen Mediums, staatliche Eingriffe nötig sind. Dazu wollen wir kurz die Argumente für den öffentlich-rechtlichen Rundfunk daraufhin untersuchen, inwieweit sie für das Internet zutreffen.

An erster Stelle steht die Frage nach den öffentlichen Gütern, die man für das Internet beantworten muss. Grundsätzlich gilt für Internet-Angebote, dass zwar Nicht-Rivalität im Konsum vorliegt, aber ein Ausschluss vom Konsum technisch möglich ist. Allerdings stellt sich für die Internet-Anbieter das gleiche Problem wie für die Musikbranche: Durch die kostenlose Reproduzierbarkeit der Informationen und durch die Nicht-Rivalität im Konsum werden diese rasch kopiert, nachdem sie einmal verkauft worden sind – insofern ist ein Ausschluss vom Konsum zwar technisch möglich, aber betriebswirtschaftlich nicht immer sinnvoll. Das kann auch helfen zu erklären, warum sich eine Bezahlkultur im Internet bisher nicht etabliert hat. Stattdessen sind die Geschäftsmodelle wie diejenigen der privaten Rundfunkanbieter darauf ausgerichtet, über hohe Besucherzahlen auf den Seiten möglichst hohe Werbeeinnahmen zu generieren – ein Befund, auf den wir beim Wettbewerbskapitel noch einmal zurückkommen werden.

An zweiter Stelle steht die Frage nach dem Wettbewerbsversagen aufgrund asymmetrischer Informationen, die für das Internet in der gleichen Weise beantwortet werden kann wie für den Rundfunk und die Printmedien: Der Aufbau von Reputation kann dieses Problem lösen – der Erfolg der Homepages bekannter Marken wie Spiegel.de oder FAZ.net zeigt, dass genau dies auch derzeit im Internet geschieht. Asymmetrische Information rechtfertigt also keinen staatlichen Eingriff in die Internet-Medienbranche. Auch für das letzte Argument vom Marktversagen in der Medienbranche gilt das bereits für die Zeitung gesagte: Glaubt man an externe Effekte im Medienkonsum, so ist nicht einzusehen, weshalb sich diese Effekte nur auf audiovisuelle Medien beschränken sollten.

Unter dem Strich ändert sich die Analyse für das Marktversagen im Falle des Internet nicht: Grundsätzlich handelt es sich bei dem Informationsangebot im Internet nicht um ein öffentliches Gut im engeren Sinne, und auch das Problem der asymmetrischen Information kann auf die gleiche Weise gelöst werden wie in der Printbranche oder im Rundfunk – insofern spricht aus dieser Perspektive nichts für ein öffentlich-rechtliches Internet-Angebot.

3. Wettbewerbsprobleme in der Medienbranche

3.1. Wettbewerbsprobleme im Rundfunk

Der zweite große Block der Argumente, mit denen staatliche Eingriff in die Rundfunkbranche gerechtfertigt werden, sind Wettbewerbsprobleme: Die Struktur der Branche und deren Produktionsbesonderheiten, so die Idee, machen einen staatlichen Eingriff notwendig, um Machtpositionen zu verhindern. Vor allem aufgrund des den Medien zugeschriebenen Charakters als gesellschaftlich relevante Produzenten von Meinungen macht eine aufmerksame Beobachtung der Wettbewerbsverhältnisse auf diesem Markt erforderlich, da im Falle einer Monopolisierung des Medienmarktes eine Meinungsmonokultur droht, die auch aus politischer Perspektive problematisch ist – ein Medienunternehmen mit Meinungsmonopol kann zur Gefahr für eine Demokratie werden. Auch aus ökonomischer Perspektive ist ein Monopol in der Medienbranche nicht wünschenswert: Nur in einem wettbewerblichen Umfeld ist mit einer Medienlandschaft zu rechnen, die sich an den Wünschen der Rezipienten orientiert und darüber hinaus effizient wirtschaftet. In der Literatur werden hauptsächlich drei Argumente genannt, die den Wettbewerb in der Rundfunkbranche gefährden: Die Tendenz der Medienbranche zu natürlichen Monopolen, Netzwerkexternalitäten und die sogenannte Anzeigen-Auflagen-Spirale.

Das Argument von den natürlichen Monopolen stellt auf die besonderen Produktionsbedingungen im Rundfunk ab. Der Aufbau eines Sendernetzes sowie einer umfangreichen Studiolandschaft stellen hohe Fixkosten dar, die unabhängig von der Anzahl der Sendeminuten entstehen. Somit entsteht das klassische Problem der Fixkostendegression: Je mehr Sendeminuten produziert werden, umso weniger fallen die durchschnittlichen Fixkosten, also die Fixkosten pro gesendeter Minute, ins Gewicht. Bei entsprechender Höhe der Fixkosten führt dies dazu, dass die Unternehmen mit steigender Produktion ihre Durchschnittskosten reduzieren können, weswegen sie ihre Preise dementsprechend senken können. Am Ende eines solchen Prozesses, so die Idee der natürlichen Monopole, steht bei sehr hohen Fixkosten und entsprechendem Marktvolumen nur noch ein Anbieter, der bei immer noch sinkenden Durchschnittskosten den ganzen Markt versorgen kann. Typischerweise entsteht dieses Problem vor allem in leitungsgebundenen Industrien – ein Hinweis darauf, dass dies bei audiovisuellen Medien durchaus der Fall sein kann. Es sind also die hohen Kosten der Infrastruktur, die zu Monopolen führen können.

Verschärft werden könnte dieses Problem durch das Phänomen der sogenannten *First Copy Costs* in der Medienbranche (vgl. *Wirtz* 2006, S. 34 f.). Hier ist es nicht die absolute Höhe der Kosten, die Probleme bereitet, sondern der Verlauf der Grenzkostenfunktion, die zu wettbewerblichen Problemen führen kann. Das Problem der *First Copy Costs* besteht in der einfachen Reproduzierbarkeit von Informationen: Ist die Information erst einmal selektiert, erstellt und in ein entsprechendes Sendeformat gebracht, so ist es für die Kostenseite – bei Vernachlässigung der Vertriebskosten – irrelevant, wie viele Zuschauer oder Zuhörer diese Information konsumieren. Technisch gesprochen sind die Grenzkosten, also die zusätzlichen Kosten, die durch jeden weiteren Zuschauer, Hörer oder Leser entstehen, nahezu Null und konstant. Damit ist es für das Medienunternehmen rational, die Informationen so breit wie möglich zu streuen, schließlich sind damit keine zusätzlichen Kosten verbunden, aber unter Umständen zusätzliche Erlöse zu erwarten. Theoretisch legt das klassische Kostenkalkül nahe, im Falle von Informationen die Produktion unendlich auszuweiten. Insofern kann auch das Phänomen der *First Copy Costs* die Entstehung natürlicher Monopole begünstigen.[3]

Beide Argumente legen nahe, dass es bei audiovisuellen Medien spezifische Produktionsbesonderheiten gibt – doch rechtfertigen diese Besonderheiten einen staatlichen Eingriff? Zunächst einmal muss man konstatieren, dass die Existenz hoher Fixkosten nicht notwendigerweise ein staatliches Angebot erfordert – in anderen leitungsgebundenen Branchen wie beispielsweise der Telekommunikation hat man für dieses Problem effizientere und billigere Lösungen gefunden (vgl. *Knieps* 2007, S. 153 ff.). Die Produktionsbesonderheiten der Branche – so man diese als ausreichend wettbewerbsbeschränkend erachtet – rechtfertigen zwar einen staatlichen Eingriff in die Produktionsstrukturen, beispielsweise im Sinne einer Netzregulierung, begründen aber kein staatliches Angebot von Inhalten. Der Staat mag auf der Netzebene darauf achten, dass es zu keinen Wettbewerbsproblemen kommt – das rechtfertigt aber keine staatliche Produktion von Medienangeboten, da diese selbst keine hohen Fixkosten aufweisen. Weiterhin gilt es auch, den technischen Fortschritt zu beachten: War zumindest in den Kindertagen des Rundfunks der Aufbau eines Sendernetzes teuer und aufwendig, so sind diese Kosten mittlerweile deutlich gesunken.

Mit Blick auf diese Entwicklung kann man sagen, dass das Argument der hohen Fixkosten erstens keine staatliche Produktion von Rundfunk rechtfertigt und zweitens eher in den Kindertagen des Rundfunks relevant war – die Bedeutung dieses Arguments ist mit zunehmendem technischem Fortschritt in den vergangenen Jahren deutlich gesunken.

Bleibt noch das Argument der *First Copy Costs*. Grundsätzlich gewinnt dieses Argument mit der zunehmenden Digitalisierung der Medienbranche an Gewicht. Davon ist nicht nur der Rundfunk betroffen, sondern auch die gesamte Unterhaltungsindustrie, insoweit sich ihre Produkte digitalisieren lassen – Bücher, Musik und sonstige Informationen. Wäre das Argument vom natürlichen Monopol wirklich relevant, so müssten wir in diesen Bereichen vermachtete Märkte beobachten. Das läßt sich so nicht feststellen – niemand stellt die gesamte Unterhaltungsindustrie unter den Generalverdacht des Marktversagens aufgrund des Phänomens der *First Copy Costs*. Dabei ist nicht einzusehen, warum nur ein Teil dieser Unterhaltungsindustrie – der Rundfunk – mit diesem

3 Der Unterschied zwischen den klassischen natürlichen Monopolen, die durch die Existenz eines sehr hohen Fixkostenblocks begründet sind, und natürlichen Monopolen, die aufgrund von *First Copy Costs* entstehen, besteht im Verlauf der Grenzkosten: Bei normalen natürlichen Monopolen haben die Grenzkosten den normalen Verlauf (erst sinkend, dann steigend), aber die hohen Fixkosten führen dazu, dass die Grenzkostenkurve die Durchschnittskostenkurve – wenn überhaupt – erst bei sehr hohen Stückzahlen schneidet. Im Falle der *First Copy Costs* hingegen ist die Grenzkostenkurve eine Parallele zur Mengenachse. Bei konstanten Grenzkosten allerdings weist die Durchschnittskostenkurve nun keinen ansteigenden Ast mehr auf, sie fallen beständig oder werden ebenfalls eine Parallele zur Mengenachse.

Argument zu einer Sonderveranstaltung erklärt wird, während man diesen Status aber anderen Medienbereichen mit den gleichen Problemen verwehrt.

Zudem hat das Argument der *First Copy Costs* auch bei Informationen nur eine begrenzte Gültigkeit: Man kann zwar eine Information beliebig oft kopieren, dürfte aber zumeist durch die Nachfrageseite beschränkt werden. Informationen sind als Gut zu heterogen, als dass die Logik der industriellen Massenproduktion hier Anwendung findet. Sobald man dieser Heterogenität des Produktes Information als Anbieter gerecht werden will, fallen neue Kosten für Recherche oder weitere Mitarbeiter an – was einen Anstieg der Grenzkosten zur Folge hat. Das würde dafür sprechen, dass das Argument der *First Copy Costs* stets nur für einen begrenzten Markt gilt, beispielsweise für Börseninformationen, Buntes oder Sportnachrichten.[4] Natürlich kann man die Börseninformationen nahezu ohne zusätzliche Kosten auch in einem Frauenmagazin publizieren – doch an der Nützlichkeit einer solchen Veranstaltung muss man Zweifel anmelden. Auch aus dieser Perspektive muss man die Hypothese des Wettbewerbsversagens in der Medienbranche infrage stellen.

Hohe Fixkosten können ein Marktversagen begründen, wenn sie irreversibel sind, also im Falle einer Geschäftsaufgabe nicht zu anderen Verwendungszwecken genutzt werden können. Ist dies der Fall, so können solche irreversiblen Investitionen dazu führen, dass man trotz Verlusten im Markt bleibt, was dann zu ruinösem Wettbewerb führen könnte. Dieses Argument ist nicht von der Hand zu weisen, allerdings gilt auch hier das oben bereits gesagte: Zum einen verlieren die Fixkosten, die durch den Aufbau der Infrastruktur entstehen, zunehmend an Bedeutung, zugleich bestände eine ursachenadäquate Politik entweder in der Wettbewerbspolitik oder aber in einer entsprechenden Regulierung des Sendernetzes (für die Fixkosten, die durch den *First Copy Cost*-Effekt entstehen, dürfte dieses Argument keine Rolle spielen, da diese Kosten – Redakteure, Rechner u.ä. – keine Irreversibilität aufweisen).

Neben hohen Fixkosten gefährden auch sogenannte Netzwerkexternalitäten den Wettbewerb in der Medienbranche (vgl. *Beck* 2006; S. 228 ff.). Die Grundidee der Netzwerkexternalitäten besteht in einem positiven externen Effekt, der bei den Konsumenten eines Gutes entsteht, wenn weitere Konsumenten hinzu kommen[5]. Exemplarisch dafür sind beispielsweise Online-Auktionsplattformen: Je mehr Anbieter und Käufer sich auf einer Plattform konzentrieren, um so attraktiver wird diese Plattform für alle Beteiligen – den Käufern verschafft das steigende Angebot mehr Auswahl und mehr Wettbewerb, den Verkäufern verschaffen die steigenden Nutzerzahlen einen liquideren Markt mit der Chance auf einen höheren Verkaufspreis. Jeder weitere Käufer oder Verkäufer, der sich dieser Plattform anschließt, steigert den Nutzen der Plattform für alle Beteiligten (vgl. *Shapiro* and *Varian* 1999, S. 184 f.) – das ist die Externalität. Im Endergebnis kann dieser Effekt dazu führen, dass am Schluss nur eine Plattform übrigbleibt

4 Die Grenzkostenkurve wäre in diesem Fall eine Parallele zur Mengenachse mit Sprungstellen, an denen die Grenzkostenkurve nach oben verschoben wird. Damit weisen dann auch die Durchschnittskosten wieder einen ansteigenden Ast auf.

5 Davon zu unterscheiden sind die positiven externen Effekte, die Medien bei den Rezipienten haben können – vgl. hierzu Abschnitt 2.

– damit gäbe es keinen Wettbewerb mehr in diesem Segment. Solche Netzwerkexternalitäten finden sich beispielsweise im Software-Geschäft mit Betriebssystemen (Windows) oder auch bei sozialen Plattformen wie Facebook (vgl. *Dietrich* 2006, S. 22 und S. 44 f.). Für die audiovisuellen Medien dürften sich diese Netzwerkexternalitäten in Grenzen halten – sie spielen bei der Debatte um den öffentlich-rechtlichen Rundfunk auch keine Rolle. Zudem gilt auch hier das bei den natürlichen Monopolen gesagte: Sollten diese Externalitäten für die Medienindustrie relevant sein, so kann die wirtschaftspolitische Antwort nicht in einem staatlichen Angebot bestehen, dass solche Externalitäten verhindern würde, statt sie zu nutzen. Die korrekte Antwort auf solche Probleme wäre eine Politik zur Internalisierung dieser Effekte.

Argument Nummer drei für ein Wettbewerbsversagen im Rundfunk ist die sogenannte Anzeigen-Auflagen-Spirale bzw. Werbespot-Reichweiten-Spirale: Mit steigender Reichweite eines Senders steigt dessen Attraktivität für die inserierenden Kunden, weswegen die Werbeeinnahmen der Sendung steigen. Mit den höheren Werbeeinnahmen kann das erfolgreiche Produkt noch besser und attraktiver gemacht werden, was zu einer weiteren Steigerung der Einschaltquote führt – mit den entsprechenden Folgen für die Werbeeinnahmen.[6] Am Ende dieses Prozesses steht ein marktbeherrschendes Unternehmen mit hohen Werbeeinnahmen und hohen Einschaltquoten, die keinen Raum mehr für weitere Konkurrenten lassen. So einleuchtend dieses Argument klingt, so sehr muss man es hinterfragen: Sicherlich steigert die Attraktivität einer Sendung deren Werbeeinnahmen – doch die Idee, dass ein einziger Sender aufgrund seiner Attraktivität alle anderen Sender vom Markt fegt, klingt nicht sonderlich plausibel, wie alleine die Entstehung vieler Spartensender in den vergangenen Jahren zeigt (vgl. *Hickethier* 2005, S. 312 ff.). Je größer ein Sender wird, um so mehr muss sich sein Programm der Mitte, also sozusagen dem Medianzuschauer, anpassen – um so mehr Nischen eröffnet er für Spartensender, die einer solchen Konzentration entgegenwirken. Vermutlich muss man für die Konkurrenz unter Rundfunksendern eher auf das Modell der monopolistischen Konkurrenz abstellen – das eröffnet grundsätzlich ein anderes Bild vom Wettbewerb der Sender. Und je mehr die Technik eine größere Vielfalt des Angebotes an Medieninhalten eröffnet, um so fragmentarisierter dürfte das Angebot werden.

Wenn überhaupt, so muss man die Frage nach einer Anzeigen-Auflagen-Spirale also auf Konzernebene stellen: Die Idee wäre, dass ein Konzern mit Hilfe steigender Werbeeinnahmen eine ganze Reihe von Sendern anbieten kann – dann gäbe es zwar eine Vielfalt bezüglich der Sendeangebote, aber keine Vielfalt der Anbieter. Das könnte dann auch zu einem Verlust der publizistischen Vielfalt führen. Diesen Aspekt sehen wir uns in Abschnitt 4. näher an.

Generell gilt also auch für die Medienbranche, dass dort – wie bei vielen Branchen – durchaus Wettbewerbsprobleme entstehen können. Diese Tatsache alleine rechtfertigt allerdings noch kein öffentlich-rechtliches Angebot von Rundfunk: Wie in allen anderen Branchen sollte man Wettbewerbsproblemen auch mit ursachenadäquaten Maßnahmen begegnen, nämlich mit Wettbewerbspolitik.

---

6 Der Rezipienten- und der Werbemarkt sind insofern auch über indirekte Netzwerkeffekte miteinander verbunden. Vgl. *Dewenter* (2006), S. 58.

3.2. Wettbewerbsprobleme in der Printbranche

Nach der Diskussion der Wettbewerbsprobleme in der Rundfunkbranche gilt es nun zu fragen, ob es in der Printbranche zu Wettbewerbsproblemen kommen kann, respektive, ob die Wettbewerbsprobleme, die im obigen Punkt für die Rundfunkbranche diskutiert wurden, auch in der Printbranche auftreten. Im einzelnen gilt es, die drei bereits genannten Argumente zu diskutieren, nämlich die natürlichen Monopole, die Netzwerkexternalitäten und die Anzeigen-Auflagen-Spirale.

Der hohe Fixkostenblock und das damit verbundene Problem der natürlichen Monopole dürfte bei den Printmedien in mindestens der gleichen Intensität vorliegen wie bei den audiovisuellen Medien. Der Grund dafür sind die hohen Kosten für den Vertriebsapparat, die vor allem bei Tageszeitungen ins Gewicht fallen.[7] Ähnlich wie bei Rundfunkmedien muss für den Vertrieb einer Tageszeitung ein Vertriebsnetz aufgebaut werden, über das man die Zeitung ausliefern kann. Der Aufbau eines solchen Vertriebswegs ist allerdings mit extrem hohen Fixkosten verbunden – alleine die Kosten des Vertriebs machen bei Tageszeitungen 23 Prozent der Kosten aus.[8] Nimmt man nun noch die Kosten der Redaktion – rund 25 Prozent – hinzu, die zumindest sprungfix sind, so wird deutlich, dass die Zeitungen einen hohen Fixkostenblock mit sich schleppen (vgl. *Otter* i.d.Bd.).

Zumindest teilweise lassen sich die Vertriebskosten reduzieren, indem sich Zeitungen Vertriebswege teilen. Dies ist durchaus üblich, allerdings ist eine solche Kooperation in der Regel mit Nachteilen für den Juniorpartner verbunden (rechtzeitige Auslieferung der gedruckten Exemplare an den Vertrieb); zudem ist sie auch teuer. Außerdem nutzen manche Verlage ihr Vertriebsnetz als strategisches Instrument im Kampf gegen mehr Wettbewerb – exemplarisch dafür die Weigerung des Springer-Verlags, die *Frankfurter Allgemeine Sonntagszeitung* in ihr Vertriebsnetz aufzunehmen, aus Angst vor einer Konkurrenz zu der eigenen *Welt am Sonntag*.

Unter dem Strich und mit Blick auf die Zahlen muss man konstatieren, dass auch Printmedien mit einem hohen Anteil an Fixkosten zu kämpfen haben. Zieht man zudem noch den technischen Fortschritt in Betracht, der den Vertrieb von Rundfunkbeiträgen immer günstiger macht, aber kaum Auswirkungen auf den physischen Vertrieb von Zeitungen hat, so kann man vorsichtig konstatieren, dass das Argument der sinkenden Durchschnittskosten für die Printmedien ebenso relevant ist wie für Rundfunkmedien. Mit Blick auf dieses Argument lässt sich die Sonderstellung des Rundfunks nicht rechtfertigen.

Bleibt noch das Argument der *First Copy Costs*, das bei Zeitungen aufgrund der physischen Beschaffenheit der Zeitung ein geringeres Problem sein dürfte als bei audiovisuellen Medien – bei letzteren gehen die Kosten für jeden weiteren Zuschauer in der Tat

7 Die folgende Argumentation gilt nicht für Wochen- oder Monatsmagazine, die über Pressepost verschickt werden – hier hat die Deutsche Post die Fixkosten für den Vertrieb der Kopien übernommen.

8 Vgl. *BDZV* (2007). Die Deutsche Post als Vertriebsweg ist für Tageszeitungen aller Erfahrung nach keine Option, da die Leser ihre Zeitung möglichst früh haben wollen – nichts ist älter als die Zeitung vom Nachmittag.

gegen Null, während bei Zeitungen zumindest variable Kosten für den Druck anfallen – immerhin 28 Prozent der Gesamtkosten. Mit Blick auf das oben bereits diskutierte Argument, dass auch andere Branchen mit diesem Problem zu kämpfen haben, aber auch Lösungen dafür gefunden haben, bleibt offen, ob dieser Unterschied zwischen Zeitungen und audiovisuellen Medien ausreicht, um eine unterschiedliche Behandlung beider Sparten zu rechtfertigen. Lediglich die Irreversibilität der getätigten Investitionen dürfte bei Printmedien nicht so gravierend sein wie bei audiovisuellen Medien.

Was das zweite Argument zum Wettbewerbsversagen, die Netzwerkexternalitäten, angeht, so gibt es keine erkennbaren Argumente, die eine unterschiedliche Behandlung von Printmedien und audiovisuellen Medien rechtfertigen würde – Printmedien dürften Netzwerkexternalitäten im gleichen Ausmaß ausgesetzt sein wie Rundfunkmedien, respektive nicht ausgesetzt sein. Möglicherweise sind Netzwerkexternalitäten bei Printmedien sogar relevanter als bei audiovisuellen Medien: Zumindest die Rubrikenmärkte (Stellenmarkt, Autobörse, Heiratsanzeigen) sind klassische Felder, bei denen man Netzwerkexternalitäten beobachten kann. Ähnliches gilt für die Anzeigen-Auflagen-Spirale, die auch bei Printmedien befürchtet wird. Es gibt keinen erkennbaren Grund, warum dieses Problem – falls es eines ist – bei Rundfunkmedien virulenter sein sollte als bei Printmedien.

Unter dem Strich bleibt festzuhalten, dass alle Argumente, die ein Wettbewerbsversagen auf den Rundfunkmärkten nahe legen, auch für die Printbranche gelten. Damit gibt es keine strukturellen Argumente dafür, dass man beide Mediengattungen unterschiedlich behandeln sollte, was die staatliche Eingriffsintensität angeht. Diese asymmetrische Behandlung lässt sich also nur rechtfertigen, wenn man unterstellt, dass die Wettbewerbsintensität im Rundfunkmarkt geringer ist als im Printbereich – diesen Punkt wollen wir in Abschnitt 3.5. untersuchen. Dann allerdings muss man sich fragen, ob in einem solchen Fall Wettbewerbspolitik die korrekte Antwort ist und nicht ein staatliches Angebot. Zumindest lässt sich festhalten, dass ein Strukturvergleich beider Branchen nahe legt, dass der Rundfunk im direkten Vergleich zur Printbranche keine Behandlung als wettbewerblicher Ausnahmebereich verdient.

3.3. Wettbewerbsprobleme im Internet

Im nächsten Schritt gilt es zu prüfen, ob im Internet spezifische Wettbewerbsprobleme entstehen können. Argument Nummer eins stellen hier wieder die sinkenden Durchschnittskosten dar – existieren diese für die Anbieter von Internet-Medien-Diensten? Der eigentliche Fixkostenblock ist im Falle des Internet das Netz selbst – doch diese Kosten sind von den Mediendiensteanbietern nicht komplett zu tragen. Die Kosten für einen internet-basierten Mediendienst setzen sich zusammen aus den Serverkapazitäten, die man vorrätig halten muss, gegebenenfalls Leitungen, die man anmieten kann und der Redaktion – immens hohe Fixkosten lassen sich hier nicht ausmachen. Die Bildung natürlicher Monopole aufgrund zu hoher Infrastrukturkosten ist hier also nicht zu erwarten; ebenso dürfte es keine Probleme mit einem raschen Marktaustritt geben.

Allerdings sind im Internet die *First Copy Costs* – also die Kosten pro Nutzer – mehr oder weniger Null. Hier gilt das bereits in Abschnitt 3.1. Gesagte: Informationen sind kein industrielles Massengut, so dass sich dieser Effekt in Grenzen halten dürfte. Zudem kämpft jede Branche, die mit digitalisierbaren Gütern, also Informationen, arbeitet, mit diesem Problem. Warum also eine Sonderegelung nur für einen Teil der Branche treffen, anderen Produzenten (Bücher, Videos, Musik) diese Sonderbehandlung aber verwehren?

Weder die hohen Fixkosten, noch die geringen *First Copy*-Kosten überzeugen letztlich, was die Idee vom Wettbewerbsversagen im Internet angeht – exakt wie bei den beiden anderen Medien. Was aber ist mit den Netzwerkexternalitäten? Gerade im Bereich des Internet gibt es sehr viele Netzwerkexternalitäten, beispielsweise bei Auktionsplattformen, bei sozialen Netzwerken oder bei Software – aber nicht notwendigerweise bei Internet-Seiten, die journalistische Inhalte vermitteln. Insofern steht das Internet hier der Print- und der Rundfunkbranche in nichts nach. Diese Effekte betreffen eher die Softwarebranche, Auktionsplattformen oder soziale Netzwerke als die Informationsseiten und -angebote. Insofern lässt sich hier kein Argument für ein öffentlich-rechtliches Internet-Angebot generieren.

Gleiches gilt für die Idee der Anzeigen-Auflagen-Spirale: Auch sie kann bei Internet-Seiten auftreten. Allerdings bietet das Internet aufgrund seiner Kostenstruktur für die Anbieter und aufgrund der Tatsache, dass der nächste Konkurrent nur einen Klick weit entfernt ist, weniger Spielraum für eine Seite, welche die gesamte Nachfrage auf sich zieht – je größer der Wunsch der Kunden nach Nischenprodukten ist, um so weniger Potential hat die Anzeigen-Auflagen-Spirale nach oben. Die geringen Kosten für das Aufsetzen einer Homepage und die Leichtigkeit, mit der die Nutzer die Seite wechseln können, sprechen für eine wesentlich stärkere Differenzierung des Angebots im Internet und für einen intensiveren Wettbewerb – mit entsprechenden Konsequenzen für die potentielle Marktmacht einzelner Teilnehmer.

3.4. Vergleich der Wettbewerbsintensität

Die Argumente dieses Abschnittes zeigen, dass es a priori keine stichhaltigen Argumente dafür gibt, warum der Wettbewerb im Rundfunk schlechter funktionieren sollte als in der Printbranche oder im Internet. In diesem Abschnitt wollen wir zumindest einen kursorischen Überblick über die Wettbewerbsintensität in den verschiedenen Mediengattungen geben – zeigen sich denn in der Realität Unterschiede in der Konzentration?

3.4.1. Konzentration im Rundfunk

Ein Maßstab für die Konzentration auf dem Zuschauermarkt im Rundfunk sind die Zuschauermarktanteile. Im ökonomischen Bereich sind sie gebräuchliche Indikatoren, für die publizistische Analyse, die auf die Meinungsvielfalt abstellt, stellen sie lediglich Hilfsgrößen dar, werden aber als *Second best*-Lösung verwendet. Hier läßt sich festhalten: Obwohl die Zahl der Programme kontinuierlich zunimmt, verteilt sich die Fernsehnutzung auf wenige Programme respektive Sendergruppierungen:

- 2006 und 2007 machten die vier meist genutzten Programme (ARD, ZDF, RTL, SAT1) zusammen rund die Hälfte des Fernsehkonsums aus.

- Die acht meistgenutzten Programme (ARD, ZDF, RTL, SAT1, Pro7, VOX, RTL 2, Kabel 1) kamen auf zwei Drittel der Zuschauer.
- Bezogen auf die drei großen Sendergruppierungen (Pro7/Sat1, RTL-Gruppe, öffentlich rechtliche Sender), bedienten diese 2006 rund 90 % des Zuschauermarktes.
- Unter Einbeziehung der medialen Verflechtungen/Aktivitäten auf den medienrelevanten und mediennahen Märkten, die wichtig für die Analyse der Meinungsvielfalt sind, ist diese Konzentration noch höher zu bewerten (vgl. *Beyer* und *Carl* 2008, S. 126 f. sowie *KEK* 2007, S. 63 ff.).

Die ökonomische und publizistische Konzentration in der Rundfunkbranche ist damit hoch (vgl. auch *Wirtz* 2006, S. 319). Doch trotz dieser Konzentration herrscht im ökonomischen Bereich intensiver Wettbewerb auf dem Rezipientenmarkt:

- Der Verdrängungswettbewerb ist intensiv, da der Fernsehmarkt in Bezug auf das Zeitbudget der Zuschauer relativ gesättigt ist. (vgl. *Sjurts* 2005, S. 297 f.).
- Die Konkurrenz neuer TV-Anbieter (Internet-TV, Handy-TV) und neuer Medien nimmt zu und erhöht damit die Wettbewerbsintensität.

Zur Beurteilung des publizistischen Wettbewerbs wäre zu bedenken, dass der Indikator Zuschauermarktanteil nur eine *Second best*-Lösung darstellt und dass die Analyse der Programmstrukturen im Bereich der massenattraktiven Programme einige Parallelen zeigt. Darüber hinaus liegen die Zuschauermarktanteile der Sendergruppen nahe der Aufgreifkriterien zur Sicherung der Meinungsvielfalt des Rundfunkstaatsvertrages.[9]

Als Fazit lässt sich festhalten: Die Zahl der Programme steigt, die Konzentration im Rundfunkmarkt ist hoch, doch der Wettbewerb im Rundfunkmarkt ist sehr intensiv.

3.4.2. Konzentration in der Printbranche

Maßstab für die ökonomische Konzentration in den Printmedien auf dem Rezipientenmarkt sind die Marktanteile. Je nach Teilmarkt wechselt lediglich die Bezugsgröße: Kartellrechtlich werden regionale, überregionale Abonnementzeitungen sowie Straßenverkaufszeitungen unterschieden. Maßstab für die publizistische Konzentration sind nach der Pressestatistik von *Schütz* die publizistischen Einheiten beziehungsweise die Vollredaktionen oder die Analyse der Ein- und Mehr-Zeitungskreise (vgl. *Schütz* 2007; *Knoche* 1978).

---

9 Man kann sich auch fragen, ob nicht auch ein Überblick über die Konzentration in den Medien auf der Seite der Werbeeinnahmen notwendig ist. Hier kann man zum einen argumentieren, dass ein hoher Zuschaueranteil auch ein Indiz für hohe Marktanteile auf der Ebene der Werbung ist. Darüber hinaus wäre eine Konzentration auf der Seite der Werbung eindeutig ein Argument für wettbewerbspolitische Maßnahmen, nicht aber für das Angebot eines öffentlich-rechtlichen Rundfunks. Wer Wettbewerb auf dem Markt für Werbedienstleistungen herstellen will, sollte dies über die regulären Instrumente der Wettbewerbspolitik tun, nicht aber, indem sich der Staat selbst als Anbieter geriert. Zudem sind die Anteile der öffentlich-rechtlichen Sender an den Gesamtwerbeeinnahmen viel zu gering, als dass man hier einen Effekt auf den Wettbewerb feststellen könnte. Dies liegt auch nicht zuletzt an den Werbebeschränkungen, die den öffentlich-rechtlichen Sender auferlegt worden sind – ein deutlicher Hinweis darauf, dass fehlender Wettbewerb auf der Ebene der Werbemärkte nicht das tragende Argument für öffentlich-rechtlichen Rundfunk ist.

Die ökonomische Konzentration auf dem Lesermarkt zeigt hohe Werte:

- Der Marktanteil der 10 größten Verlagsgruppen auf dem Gesamtmarkt der Tagespresse (Abo-, Kauf- und Sonntagszeitungen) weist mit 55,7 Prozent einen unverändert hohen Stand aus. Die Marktstellung der Axel Springer AG ist mit einem Marktanteil von 26% dabei überragend. Der Marktanteil der danach folgenden Zeitung, die Stuttgarter Zeitungsgruppe, beträgt lediglich ein Viertel davon. (vgl. *KEK* 2007, S. 307).
- Die Marktanteile der fünf größten Verlagsgruppen im Segment der Abonnementzeitungen liegen zwar niedriger, doch ist der Wert ab 1995 gestiegen.
- Geprägt durch die dominierende Stellung der Bild-Zeitung weist der Marktanteil der fünf größten Verlagsgruppen bei den Kaufzeitungen einen Wert von 97,3 Prozent für das Jahr 2006 aus.

Die ökonomische Konzentration im Printmarkt ist damit hoch. Die publizistische Konzentration zeigt deutlich die Konzentrationsprozesse in den 70er Jahren, die Zunahme der publizistischen Einheiten nach der Wiedervereinigung und den danach stattfindenden Konsolidierungsprozess. Die leichte Abnahme 2006 erklärt sich durch die wirtschaftlich schlechte Lage der Zeitungen in den vergangenen Jahren. Die Analyse der Ein-Zeitungskreise zeigt die Vielzahl regionaler Monopole: 2006 waren knapp 60 Prozent (59,4) der kreisfreien Städte/Kreise Regionen mit nur einer regional berichtenden Tageszeitung. Dieser Indikator hat sich im Vergleich zum Vorjahr erhöht (vgl. *Schütz* 2007, S. 578; *Röper* 2006, S. 284).

Die publizistische Konzentration ist damit hoch. Die Wettbewerbsintensität auf dem Lesermarkt hingegen ist differenziert zu sehen:

- Bei den regionalen Tageszeitungen herrscht nur geringer Wettbewerb. Das gilt sowohl in ökonomischer als auch in publizistischer Hinsicht.
- Bei den überregionalen Tageszeitungen ist der Wettbewerb hoch. Gründe hierfür sind die Marktstruktur, die strukturellen und konjunkturellen Probleme sowie auch hier wiederum die Kostenstruktur und die Anzeigen-Auflagen-Spirale. Auch hier gelten die Ergebnisse für den ökonomischen und den publizistischen Bereich.
- Im überwiegenden Teil Deutschlands ist die Bild-Zeitung keinem Wettbewerb durch andere Straßenverkaufszeitungen ausgesetzt (vgl. *KEK* 2007, S. 168).

Unter dem Strich kann man festhalten, dass die ökonomische und publizistische Konzentration hoch ist. Bei regionalen Abonnementzeitungen ist der ökonomische und publizistische Wettbewerb niedrig, bei überregionalen Abonnementzeitungen hingegen recht hoch.

3.4.3. Konzentration im Internet

Die Wettbewerbssituation im Internet ist sehr unübersichtlich. Die Ermittlung von relativen Kriterien ist schwierig, da über den Gesamtmarkt keine Transparenz besteht:

- Es kann kein Anteil an dem Gesamtangebot ermittelt werden, da das Angebot unerschöpflich ist. Deshalb lassen sich keine Marktanteile entsprechend den Auflagenanteilen im Zeitungsmarkt errechnen.

- Nicht alle Anbieter lassen ihre Angebote messen, so dass nur unter Vorbehalt ein Nutzungsanteil, entsprechend dem Zuschauermarktanteil im TV, errechnet werden kann (vgl. Online-Panels von *Nielsen* und *NetRatings*).

Was die Konzentration angeht, so lassen sowohl die absoluten Zahlen von Page-Impressions und Visits als auch die Anteile an der Verweildauer einige dominante Anbieter erkennen (vgl. *KEK* 2007, S. 219 sowie *Wirtz* 2006, S. 569 f.).

Der ökonomische Wettbewerb im Internet ist intensiv. Gründe dafür sind die hohe Markttransparenz, die niedrigen technischen Marktzutrittsschranken, die reagible Nachfrage, da die Rezipienten rasch und problemlos den Anbieter wechseln können, sowie das hohe Innovationstempo. Auch der publizistische Wettbewerb ist intensiv, da die Möglichkeiten der Informationsbereitstellung nach Umfang und Präsentation unbegrenzt sind – zusammen mit den geringen Markteintrittschranken bedeutet das unerschöpfliche Möglichkeiten, publizistische Vielfalt ins Netz zu bringen.

Fazit: Das Internet hat ein unüberschaubares und unerschöpfliches Angebot, einige dominante Anbieter und einen hohen ökonomischen und publizistischen Wettbewerb.

3.4.4. Fazit zur Wettbewerbsintensität

Ein abschließender, umfassender Vergleich der Wettbewerbssituation in den verschiedenen Mediengattungen ist kaum möglich und erst recht nicht im Rahmen dieses Beitrags zu leisten. Doch einen ersten Eindruck kann man anhand der oben gemachten Betrachtungen gewinnen – Tabelle 1 fasst die Ergebnisse zusammen.

Tabelle 1: Vergleich der Wettbewerbssituation in den Mediengattungen

	Ökonomische Konzentration	Publizistische Konzentration	Ökonomischer Wettbewerb	Publizistischer Wettbewerb
TV	Hoch	Hoch/mittel	Hoch	Mittel
Tageszeitungen	Hoch	Hoch	Hoch bei überregionalen und niedrig bei regionalen TZ	Hoch bei überregionalen und niedrig bei regionalen TZ
Internet	Mittel	Mittel	Mittel	Hoch

Insgesamt lässt sich anhand der Tabelle festhalten, dass ein Vergleich der Wettbewerbssituation auf dem Rundfunkmarkt mit dem Wettbewerb in den Printmedien keine Rechtfertigung dafür gibt, den Rundfunk anders als die Printbranche zu behandeln. Vereinfacht gesagt: Rechtfertigt man den öffentlich-rechtlichen Rundfunk mit dem Argument des Wettbewerbsversagens in der Rundfunkbranche, so zieht das zwingend die Frage nach sich, warum ein solcher Eingriff dann nicht auch in der Printbranche erfolgt. Mit Blick auf ein öffentlich-rechtliches Angebot im Internet zeigt die Tabelle, dass dieses Argument hier noch weniger trägt – das Argument eines mangelnden Wettbewerbs im Internet als Begründung für ein öffentlich-rechtliches Angebot ist schlichtweg nicht gerechtfertigt.

Bei all diesen Überlegungen sollte man zudem nicht vergessen, dass das Argument von den Wettbewerbsproblemen als Rechtfertigung für öffentlich-rechtlichen Rundfunk ohnehin auf wackeligen Beinen steht – Wettbewerbsprobleme gilt es mit Wettbewerbspolitik zu bekämpfen, nicht durch staatliches Angebot.

4. Die gesellschaftliche Bedeutung von Medien

4.1. Die gesellschaftliche Bedeutung des Rundfunks

Der dritte Block an Argumenten für den öffentlich-rechtlichen Rundfunk stellt auf die gesellschaftliche Bedeutung des Rundfunks ab – hier geht es zum einen um die Sorge um eine ausreichende Meinungsvielfalt (Pluralität) und die Idee, dass Rundfunk ein meritorisches Gut ist.

Die gesellschaftliche Bedeutung von Medien liegt zum einen in ihrer *Informationsfunktion*, d. h. sie sollen alle wichtigen Informationen umfassend, ohne Verzögerung und möglichst objektiv an die interessierte Öffentlichkeit weiter leiten. Zum anderen sind Medien am *Meinungsbildungsprozess* beteiligt, indem sie Nachrichten auswählen und kommentieren. Im Rahmen dieser Tätigkeit sollen Medien auch Fragen aufgreifen, Interessen artikulieren und verschiedenen Interessengruppen ermöglichen, sich in der Öffentlichkeit Gehör zu verschaffen. Sie sollen das politische Geschehen kritisch begleiten und kommentieren, um der Öffentlichkeit eine begründete Meinungsbildung zu ermöglichen. Um aber unabhängig über das politische Geschehen berichten zu können, muss sichergestellt werden, dass Medien möglichst keiner politischen Beeinflussung unterliegen. Aus diesen Funktionen lassen sich zwei Forderungen an eine Rundfunk- und Medienordnung ableiten: Die Medien müssen möglichst staatsfern agieren; zudem sollte es in der Berichterstattung eine möglichst große Vielfalt an Themen, Berichten und Meinungen geben (sogenannte Pluralität).

In der Literatur gibt es Diskussionen darüber, inwieweit Wettbewerb in der Medienbranche Pluralität sichern kann.[10] Bejaht man diese Frage, so wird das Argument von der mangelnden publizistischen Vielfalt zurückgeworfen auf die Frage, ob ausreichender Wettbewerb in der Medienbranche existiert – das Problem der Pluralität ist dann ein Problem der Wettbewerbspolitik.[11] Hier wird der Wettbewerb zur Glaubensfrage: Schafft ökonomischer Wettbewerb auch eine ausreichende publizistische Vielfalt, so ist kein staatlicher Eingriff in den Rundfunk notwendig. Verneint man diese Frage hingegen, so ist dies ein wichtiges Argument für staatliche Eingriffe in die Medienbranche.[12]

---

10 Vgl. *Greiffenberg* und *Zohlnhöfer* (1984), S. 577 ff.; *Czygan* und *Kallfaß* (2003), S. 297; *Ruß-Mohl* (2005), S.380. Vgl. zu empirischen Ergebnissen dieses Zusammenhangs auf dem Zeitungsmarkt *Möhring* und *Schneider* (2006), S. 16 f.

11 Ein wettbewerblicher Rundfunkmarkt dürfte auch weitgehend staatsfern sein – es ist eher zu erwarten, dass ein in irgendeiner Form vom Gesetzgeber forcierter oder finanzierter Rundfunk weniger staatsfern ist als ein privater Anbieter.

12 Eng verbunden mit dieser Diskussion ist das bereits unter 2.1 genannte Argument, dass Meinungsvielfalt ein öffentliches Gut sei, für dessen Herstellung niemand bereit sei zu zahlen. Grundsätzlich ist die Einstufung einer öffentlichen Meinung – wie auch immer man das definieren mag – korrekt, angesichts der Informationsflut, die mittlerweile über die Nutzer he-

Diese Frage ist abschließend kaum zu beantworten, vor allem weil man bereits an der Definition der Begriffe „Wettbewerb" und „publizistische Vielfalt" scheitert – von der notwendigen Wettbewerbsintensität respektive journalistischen Vielfalt ganz zu schweigen. Aus ökonomischer Perspektive zumindest lässt sich festhalten, dass der Markt bei ausreichendem Wettbewerb exakt jene Inhalte liefert, die von den Konsumenten gewünscht werden – ökonomisch betrachtet wäre das dann eine hinreichende Vielfalt, aber wäre das auch aus publizistischer Perspektive befriedigend?

Am einfachsten lässt sich dieser Widerspruch auflösen, indem man die Debatte um die publizistische Vielfalt als das begreift, was sie auch ist: als eine normative Diskussion. Letztlich geht es bei dieser Diskussion vor allem um jene Inhalte, von denen man befürchtet, dass sie im Wettbewerb zu kurz kommen würden, weil sie nicht dem Massengeschmack entsprechen, der bei Wettbewerb ja ausreichend bedient würde. Publizistische Vielfalt ist also letztlich ein normatives Konzept, das fordert, dass bestimmte Inhalte in den Medien vertreten sein müssen, weil sie per se wichtig und gut sind. Insofern muss man die Debatte um die publizistische Vielfalt als Debatte um meritorische Güter begreifen – womit wir beim zweiten Argument wären, das zur Rechtfertigung des öffentlich-rechtlichen Rundfunks aus gesellschaftlicher Perspektive herangezogen wird.

Das zweite Argument für die gesellschaftliche Bedeutung von Medien besteht also darin, dass es sich bei den Produkten der Medienunternehmen um sogenannte meritorische Güter handelt. Damit ist gemeint, dass der Konsum von Mediendienstleistungen nach Art und Umfang nicht dem entspricht, was der Staat für richtig und wünschenswert hält. Hierbei liegt die Betonung vor allem auf politischen Informationen und Kulturbeiträgen, denen per Werturteil eine besondere Bedeutung zugedacht wird. Da aber nach dieser Lesart die Bürger aus eigenem Antrieb nicht in dem Umfang politische Informationen oder Kultur-Beiträge nachfragen, wie es der Staat für wünschenswert hält, und damit auch das gewünschte Angebot an diesen Inhalten in einem rein marktwirtschaftlichen System nicht zustande kommt, müsse man von staatlicher Seite für eine zusätzliche Bereitstellung solcher Inhalte sorgen. Diese Argumentation ist allerdings normativ und paternalistisch – der Staat soll sozusagen als wohlwollender Diktator gegen die Präferenzen der Bürger ein Angebot bereitstellen, das dann von der Allgemeinheit finanziert wird (vgl. *Monopolkommission* 2006, S. 344 f.) – ohne dass sichergestellt ist, dass die staatlich bereitgestellten Inhalte auch tatsächlich konsumiert werden (vgl. *Kops* 2005, S. 343).

Die Frage nach der Berechtigung dieser Argumente kann und soll hier nicht abschließend geklärt werden – wichtig für diese Untersuchung ist lediglich die Frage, ob diese Argumente, mit denen man die Existenz öffentlich-rechtlichen Rundfunks zu rechtfertigen sucht, in dieser Form auch Gültigkeit für die Printmedien haben. Dies soll Gegenstand des folgenden Abschnittes sein.

---

reingebrochen ist, muss man sich allerdings fragen, ob es nicht die Anbieter der Informationen sind, die bereit sind, für dieses Gut zu bezahlen. Darüber hinaus muss man konstatieren, dass die Nutzer sehr wohl für dieses Gut zahlen, nämlich mit ihrer Aufmerksamkeit und ihrer Zeit – und diese Bezahlung reicht offenbar vielen Anbietern aus, um ein solches Gut anzubieten.

4.2. Die gesellschaftliche Bedeutung der Printmedien

Die bisherigen Argumente lassen nicht den Schluss zu, dass aus ökonomischer Perspektive dem Rundfunk gegenüber den Printmedien eine Sonderstellung zukommt. Zumeist wird auch die Existenz des öffentlich-rechtlichen Rundfunks weniger über die ökonomischen Besonderheiten dieser Branche gerechtfertigt, sondern über dessen gesellschaftliche Bedeutung. Mit Blick auf die Tageszeitungen gilt es also zu fragen, ob Zeitungen keine besondere gesellschaftliche Bedeutung haben.

Diese Frage kann man verneinen. Mit Blick auf die Informationsfunktion und die Beteiligung am Meinungsbildungsprozess ist nicht ersichtlich, warum Tageszeitungen gegenüber Rundfunkmedien zurückstehen sollten. Im Gegensatz zum Drei-Minuten-Takt der meisten Rundfunkmedien bieten Printmedien die Möglichkeit eines detaillierteren Diskurses, einer Vertiefung von Argumenten, und sie ermöglichen es den Rezipienten, eine Argumentation mehrmals zu hinterfragen, zu lesen und sich intensiver damit auseinanderzusetzen. Das weist sie mindestens ebenso als meritorisches Gut aus wie die audiovisuellen Medien. Sieht man also im meritorischen Charakter der Medienangebote das Argument für einen staatlichen Eingriff, so gibt es kein Argument dafür, warum man die Printmedien dem privaten Wettbewerb überlässt, während man sieben Milliarden Euro in den öffentlich-rechtlichen Rundfunk steckt. Es bliebe letztlich das gleiche Argument übrig wie unter Punkt 3.2.: Eine Sonderstellung des öffentlich-rechtlichen Rundfunks gegenüber den Printmedien ließe sich dann nur damit rechtfertigen, dass die Wettbewerbsintensität im Rundfunk geringer ist als im Printbereich. Dann aber wiederum muss man sich fragen, ob nicht Wettbewerbspolitik hier die adäquate Antwort ist.

Ein Argument, das man zugunsten einer Sonderbehandlung audiovisueller Medien anführen könnte, wäre der Verweis auf die Suggestivität von Bildern – Bilder hinterlassen wohl einen stärkeren Eindruck als das geschriebene Wort. Einmal abgesehen davon, dass man auch die Macht des Wortes nicht unterschätzen sollte (vgl. *BDZV* 2007a), ist dies das bisher einzige Argument, das eine Sonderbehandlung der Rundfunkmedien gegenüber den Printmedien rechtfertigen könnte. Fraglich ist allerdings, ob dieses Argument ausreicht, um einen Unterschied von sieben Milliarden Euro pro Jahr zu rechtfertigen. Das Problem der Suggestivität von Bildern ließe sich auch durch eine entsprechende Medienkontrolle lösen, eine staatliche Produktion von Bildern ist dazu nicht notwendig.

Sieht man vom Argument der suggestiven Bilder ab, so lässt sich festhalten, dass es keine Anhaltspunkte gibt, warum Printmedien eine geringere gesellschaftliche Bedeutung haben sollten als Rundfunkmedien. Ähnliche Überlegungen gelten für die Meritorik, mit der die Instanz des „öffentlich-rechtlichen“ Rundfunks gerechtfertigt wird: Solange es nicht die Bilder und Töne sind, denen man meritorischen Charakter zubilligt, sondern die Informationen und Meinungen, die mittels der Bilder und Töne übermittelt werden, gibt es keinen Grund, warum man mit dem Argument der Meritorik Rundfunk fördert, Printmedien aber nicht.

4.3. Gesellschaftliche Bedeutung des Internet

Was die gesellschaftliche Bedeutung des Internet angeht, so verändert sich die Diskussion kaum gegenüber den bisherigen Medien: Letztlich geht es also um die Frage, ob man erwartet, dass gesellschaftlich erwünschte Informationen – wie auch immer man diese definiert – in ausreichendem Ausmaß im Internet bereitgestellt werden. Eine abschließende Beantwortung dieser Frage ist kaum möglich, aber zumindest kann man festhalten: Es gibt keinen erkennbaren Grund, warum man das Internet als Medium in diesem Fall anders behandeln sollte als den Rundfunk oder auch die Zeitungen. Will man also mit Blick auf das Argument des meritorischen Gutes das Internet fördern, so findet sich kein Argument dafür, diese Förderung den Printmedien zu versagen. Lehnt man hingegen eine Förderung eines Internet-Medienangebotes ab mit der Begründung, dass es hier mit Blick auf die Meritorik keinen Handlungsbedarf gibt, so folgt daraus zwingend, dass man auch den öffentlich-rechtlichen Rundfunk hinterfragen muss – eine Position, welche die meisten Kritiker des öffentlich-rechtlichen Systems teilen.

5. Brauchen wir mehr öffentlich-rechtliche Medien?

5.1. Ist eine öffentlich-rechtliche Zeitung praktikabel?

Ein Argument gegen eine öffentlich-rechtliche Zeitung ist die Frage der Praktikabilität: Wie soll man dafür sorgen, dass jeder Haushalt jeden Tag eine Zeitung erhält, und wie soll das bezahlbar sein? Dieses Problem ließe sich beispielsweise dadurch lösen, indem der Staat nicht eine eigene Zeitung anbietet, sondern sich Platz kauft in Tageszeitungen, der mit öffentlich-rechtlichen Inhalten gefüllt wird. Das entspricht in etwa der Gestaltung des öffentlich-rechtlichen Rundfunks beispielsweise in Neuseeland. Allerdings stellt diese Lösung nicht sicher, dass die öffentlich-rechtlichen Teile der Zeitung auch jeden Bürger erreichen – er muss sich die Zeitung ja auch kaufen. Der Kaufpreis stellt ein Ausschlusskriterium dar.[13] Allerdings kann man auch im jetzigen Rundfunk-System nur sicherstellen, dass jeder Besitzer eines Fernsehgerätes den öffentlich-rechtlichen Rundfunk sehen kann – nicht aber, dass er es auch tut; und auch der Kaufpreis des Fernsehers ist ein Ausschlusskriterium. Zudem ist die Erreichbarkeit der digitalen Kanäle des öffentlich-rechtlichen Rundfunks derzeit nicht sichergestellt – hier zahlen viele Zuschauer, ohne die Möglichkeit zu haben, in der ersten Reihe zu sitzen.

Diese Überlegungen werfen die Frage auf, ob es Gründe für eine unterschiedliche Eingriffsintensität auf den verschiedenen Medienmärkten gibt. Gibt es Argumente dafür, dass der Staat auf dem Rundfunkmarkt anders intervenieren sollte als auf dem Printmarkt? Vereinfacht kann man drei Stufen der staatlichen Intervention mit unterschiedlicher Eingriffsintensität unterscheiden:

– Eine allen Medienmärkten gemeinsame Form der Regulierung ist die Setzung eines staatlichen Ordnungsrahmens durch den Gesetzgeber; zu nennen wären hier die Mediengrundrechte (Art. 5 GG), Pressegesetze, Rundfunkgesetze, der Urheberschutz

13 Allerdings dürfte durch die staatliche Nachfrage der Preis der Zeitung sinken.

sowie Maßnahmen zum Jugendschutz und zur Selbstkontrolle der Medien. Diese Regeln zeichnen sich durch eine geringe Eingriffsintensität von Seiten des Staates aus.

- Eine Maßnahme mit deutlich höherer Eingriffsintensität besteht in der Subventionierung einzelner Medienangebote; hier könnte man beispielsweise den reduzierten Mehrwertsteuersatz für Printmedien anführen. Letztlich auch eine Subventionierung mit einem Subventionssatz von 100 Prozent wäre die oben angesprochene Lösung der staatlichen Auftragsproduktion.
- Die ultima ratio der Eingriffe ist die staatliche Produktion, wie sie im Falle des öffentlich-rechtlichen Rundfunks erfolgt.

Die staatliche Auftragsproduktion würde einer 100-Prozent-Subventionierung einzelner Zeitungsinhalte durch den Staat entsprechen, während der Eingriff in den Rundfunk weiterhin in Form staatlichen Angebots erfolgt. Allerdings findet sich kein Argument für die unterschiedlichen Eingriffsintensitäten in der Printbranche und dem Rundfunksektor, diese wären letztlich nur der normativen Kraft des Faktischen geschuldet, obwohl man langfristig anstreben sollte, auch den Rundfunk der staatlichen Produktion zu entziehen.

Vermutlich würde mit der Forderung nach einer öffentlich-rechtlichen Zeitung aber sofort das Argument einer Wettbewerbsverzerrung aufgerufen werden – und das zu Recht. Allerdings gilt dieses Argument ebenso für die Rundfunkbranche – die Existenz der öffentlich-rechtlichen Sender mit ihrer Bestandsgarantie stellt eine schwere Wettbewerbsverzerrung dar.

5.2. Die Akzeptanzhypothese

Mit Blick auf die bisherigen Überlegungen ist deutlich geworden, dass es kaum überzeugende Argumente dafür gibt, Printmedien anders zu behandeln als audiovisuelle Medien – wer einen öffentlich-rechtlichen Rundfunk fordert, darf sich der Forderung nach einer öffentlich-rechtlichen Zeitung nicht verschließen. Natürlich wird nicht ernsthaft über eine solche Forderung nachgedacht, aber dennoch haben die bisherigen Überlegungen einen aktuellen Hintergrund: Die Debatte um das öffentlich-rechtliche Internet ist in den vergangenen Monaten aufs heftigste entbrannt (vgl. *VPRT* 2007; *Bartels* 2007; *Ermert* 2007): Sollen, dürfen oder müssen die öffentlich-rechtlichen Anbieter ihr Angebot auch im Internet ausweiten?

Mit Blick auf die bisherige Analyse lautet die Antwort ganz klar nein: Keines der herkömmlichen Argumente rechtfertigt ein öffentlich-rechtliches Angebot im Internet. Will man dieses dennoch mit Hilfe dieser Begründungen rechtfertigen, stellt sich sofort die Frage, warum man für das Medium Internet politischen Handlungsbedarf sieht, aber nicht für das Medium Print. Mit rein logischen Argumenten kann man nicht das eine tun, ohne das andere zu lassen.

Nun wird als ein wichtiges Argument für einen öffentlich-rechtlichen Internet-Auftritt angeführt, dass dieser Auftritt nötig sei, um die Akzeptanz des öffentlich-rechtlichen Angebotes zu sichern (vgl. *Voß* 2007; *Segler* 2007). Dieses Argument ist in mehrerer Hinsicht problematisch: Zum einen kann man fragen, ob denn ein öffentlich-rechtliches Angebot noch tragbar ist, wenn es selbst in den Augen der Verantwortlichen an Akzeptanz verliert. Das deutet auf die normative Komponente der öffentlich-rechtlichen Idee hin: Offenbar ist selbst den Verantwortlichen bewusst, dass zumindest ein Teil ihrer Sendeinhalte an Akzeptanzmangel leidet – was dann die Frage aufwirft, warum man so etwas noch senden will, man kann das Publikum ja nicht zum Konsum zwingen. Doch nicht nur das: Folgte man der Logik, dass ein öffentlich-rechtliches Angebot im Internet die Akzeptanz des öffentlich-rechtlichen Rundfunks erhöht, so stellt sich zudem die Frage, warum dieses Argument dann nicht auch für eine öffentlich-rechtliche Zeitung gelten sollte. Würde eine solche Zeitung nicht ebenfalls die Akzeptanz des öffentlich-rechtlichen Rundfunks erhöhen?

Nun kann man akzeptieren, dass mit einer Veränderung der Medienlandschaft auch eine Veränderung des öffentlich-rechtlichen Rundfunks einhergehen muss. Dies ist durchaus plausibel, wirft dann aber eine wichtige Frage auf: Sollte ein öffentlich-rechtliches Angebot im Internet komplementär oder substitutiv zum bisherigen Angebot sein? Nimmt man die Idee eines öffentlich-rechtlichen Angebotes, das sich an eine sich ändernde Medienlandschaft anpasst, ernst, so muss man für ein substitutives Angebot plädieren: Wenn sich die Medienkonsumgewohnheiten vom Rundfunk ins Internet verschieben, so muss man dementsprechend die Ressourcen verschieben – weniger Geld für den Rundfunk und mehr Geld fürs Internet. Wer hingegen für ein komplementäres Angebot plädiert, fordert de facto eine Ausweitung des öffentlich-rechtlichen Einflussbereiches – angesichts des bisherigen Budgets und der wackeligen Beine, auf denen die Idee vom öffentlich-rechtlichen Rundfunk steht, eine nicht nachvollziehbare Forderung.

6. Wieviel Staat braucht die Medienbranche?

Die Überlegungen dieses Beitragshaben gezeigt, dass sämtliche Argumente für einen öffentlich-rechtlichen Rundfunk auf einem wackeligen Fundament fußen: Ein pauschales Marktversagen in der Medienbranche lässt sich nicht konstatieren, ebenso wenig wie schwerwiegende Wettbewerbsprobleme. Zudem wäre, sollte man tatsächlich Marktversagen oder Wettbewerbsprobleme feststellen, Wettbewerbspolitik die ursachenadäquate Antwort, nicht ein öffentlich-rechtliches Angebot. Das deutet darauf hin, dass es nicht harte ökonomische Gründe sind, deretwegen man einen öffentlich-rechtlichen Rundfunk etabliert hat – hier geht es vor allem um normative Fragen, nämlich die Idee, dass der Staat bestimmte Inhalte fördern soll. Grundsätzlich ist an diesem Argument nichts auszusetzen, da es sich als normatives Postulat einer sachlich-inhaltlichen Würdigung entzieht. Allerdings sollte man dieses Ross dann auch bei seinem Namen nennen und nicht versuchen, normative Entscheidungen mit inhaltlichen Argumenten zu rechtfertigen, die einer näheren Überprüfung nicht standhalten.

Das führt auch zu der wichtigsten Erkenntnis dieses Beitrags: Aus rein ökonomischen und sachlogischen Gründen heraus findet sich keine Begründung dafür, einen teuren öffentlich-rechtlichen Rundfunk zu unterhalten, der Printbranche aber zugleich eine solche massive Unterstützung zu versagen. Die Sonderbehandlung des Rundfunks lässt sich allenfalls als historisch gewachsenes Unrecht erklären, da in den Kindertagen des Fernsehens kein Ausschluss vom Konsum möglich war und die Idee eines werbefinanzierten Rundfunks offenbar noch nicht in die Zeit passte.

Mit Blick auf die Expansionspläne der Öffentlich-Rechtlichen in Richtung Internet gewinnt dieses Argument an Relevanz: Wer einen Ausbau der öffentlich-rechtlichen Präsenz im Internet fordert, muss sich die Frage gefallen lassen, wie er diese Präsenz rechtfertigen will, wenn zugleich ein anderes Medium, das alle Anforderungen dafür erfüllt, ebenfalls öffentlich-rechtlichen Zuspruch zu erhalten, unberücksichtigt bleibt. Müssen wir das historisch gewachsene Unrecht der Ungleichbehandlung von Rundfunk und Medien nun auf das Internet ausweiten, zumal dieses bereits unter Beweis gestellt hat, dass es auch ohne staatliches Angebot funktioniert? Das Beispiel der Zeitungen zeigt, dass die Medienbranche funktionieren, qualitativ hochwertige Informationen liefern und zur gesellschaftlichen Entwicklung beitragen kann, ohne dass staatliche Eingriffe notwendig sind –gleiches gilt für das Internet. Verschärfend kommt hinzu, dass die öffentlich-rechtliche Präsenz im Internet vermutlich zu mehr Wettbewerbsverzerrungen führen wird als den Wettbewerb dort zu beleben (vgl. *Wolf* 2007). Damit würden sich die Öffentlich-Rechtlichen sozusagen durch die Hintertür die Rechtfertigung für ihre Expansion selbst schaffen. Das kann nicht wirklich der Sinn der vielen Gebührengelder sein – wir brauchen keine erste Reihe im Internet.

Literatur

Akerlof, G. A. (1970), The Market for "Lemons": Quality Uncertainty and the Market Mechanism, in: Quarterly Journal of Economics, Vol. 84, pp. 488-500.

Bartels, C. (2007), Erster Public-Value-Test war Bärendienst, ein Gespräch mit Jan Eumann, in: netzeitung vom 15.11.2007, http://www.netzeitung.de/medien/810131.html.

BDZV (2007), http://www.bdzv.de/schaubilder+M5a9864e8068.html.

BDZV (2007a), http://www.bdzv.de/schaubilder+M5af983db692.html.

Beck, H. (2005), Medienökonomie: Print, Fernsehen und Multimedia, 2. Aufl., Berlin u.a..

Beck, H. (2006), Medienökonomie – Märkte, Besonderheiten und Wettbewerb, in: *C. Scholz* (Hg.): Handbuch Medienmanagement, Berlin u.a., S. 221-237.

Beyer, A.. und *P. Carl* (2008), Einführung in die Medienökonomie, 2. Aufl., Konstanz.

Czygan, M. und *H. H. Kallfaß*,. (2003), Medien und Wettbewerbstheorie, in: *K.-D. Altmeppen* und *M. Karmasin* (Hg.), Medien und Ökonomie, Bd. 1, Wiesbaden, S. 283-304.

Dewenter, R. (2006), Two-sided markets, in: MedienWirtschaft, 2/2006, S. 57-62.

Dietrich, M. (2006), Wettbewerb in Gegenwart von Netzwerkeffekten, Frankfurt u.a..

Ermert, M (2007), Medientage: Streit um Onlineangebote von ARD und ZDF, heise online vom 7.11.2007, http://www.heise.de/newsticker/meldung/98624.

Greiffenberg, H. und *W. Zohlnhöfer* (1984), Pressewesen, in: *P. Oberender* (Hg.), Marktstruktur und Wettbewerb in der Bundesrepublik Deutschland, München, S. 577-628.

Habermas, J. (2007), Keine Demokratie kann sich das leisten, in: Süddeutsche Zeitung vom 16.5.2007.

Heinrich, J. (2005), Zur Funktionalität des Wettbewerbs in dualen Systemen, in: *C.-M. Ridder* u.a. (Hg.), Bausteine einer Theorie des öffentlich-rechtlichen Rundfunks, Wiesbaden, S. 325-340.

Hickethier, K. (2005), Spartenprogramme als Reaktion auf die Publikumsfragmentarisierung? In: *C.-M. Ridder* u.a. (Hg.), Bausteine einer Theorie des öffentlich-rechtlichen Rundfunks, Wiesbaden, S. 311-322.

KEK (2007), Crossmediale Verflechtungen als Herausforderung für die Konzentrationskontrolle, 3. Konzentrationsbericht, Berlin.

Knieps, G. (2007), Netzökonomie, Wiesbaden.

Knoche, M. (1978), Einführung in die Pressekonzentrationsforschung, Berlin.

Knops, M. (2005), Soll der öffentlich-rechtliche Rundfunk die Nachfrage seiner Zuhörer und Zuschauer korrigieren?, in: *C.-M. Ridder* u.a. (Hg.), Bausteine einer Theorie des öffentlich-rechtlichen Rundfunks, Wiesbaden, S. 341-366.

Möhring, W und *B. Schneider* (2006), Der deutsche Zeitungsmarkt, in: *W. Möhring* und *B. Schneider* (Hg.), Praxis des Zeitungsmanagements, München, S. 9-32.

Monopolkommission (2006), Hauptgutachten 2004/2005: Mehr Wettbewerb auch im Dienstleistungssektor! Baden-Baden.

Röper, R. (2006), Probleme und Perspektiven des Zeitungsmarktes, in: Media Perspektiven 5/2006, S. 283-297.

Ruß-Mohl, S. (2005), Qualität, in: *S. Weischenberg, H. J. Kleinsteuber* und *B. Pörsken* (Hg.), Handbuch Journalismus und Medien, Konstanz, S. 374-381.

Rutz, Michael (2003), Das Fernsehen macht's vor. Braucht Deutschland öffentlich-rechtliche Tageszeitungen?, in: Rheinischer Merkur, Nr. 19.

Schütz, W. J. (2007), Deutsche Tagespresse 2006, in: Media Perspektiven 11/2007, S. 560-588.

Schumann, M. und *A. Tzouvaras.* (2004), Qualitätsunsicherheit in der Medienindustrie, in: WISU, 2/2004, S. 197-202.

Segler, D. (2007), Die Vernachlässigung der Spinne. Bei den Münchner Medientagen streiten sich die Sender um die Präsenz im Internet, in: Frankfurter Rundschau vom 9.11.2007.

Shapiro, C. and *H. Varian* (1999), Information Rules: A Strategic Guide to the Network Economy, Boston.

Siegert, G. (2001), Medien Marken Management, München.

Sjurts, I. (2005), Strategien in der Medienbranche, 3. Aufl., Wiesbaden.

Voß, J. (2007), Medienwelt in Schieflage? ARD und ZDF in der Kritik, dwdl.de vom 7.11.2007, http://www.dwdl.de/article/news_13310,00.html.

VPRT (2007), http://www.vprt.de/index.html/de/press/article/id/106/.

Wirtz, B. W. (2006), Medien- und Internetmanagement, 5. Aufl., Wiesbaden.

Wolf, Dietmar (2007), Die gebührenfinanzierte Zeitung im Internet, in: Frankfurter Allgemeine Zeitung vom 21.06.2007.

Dirk Wentzel (Hg.), Medienökonomik –
Theoretische Grundlagen und ordnungspolitische Gestaltungsalternativen
Schriften zu Ordnungsfragen der Wirtschaft · Band 89 · Stuttgart · 2009

Die Wettbewerbsintensität auf dem Nachrichtenmarkt und die Offenheit kollektiver Lernprozesse – gibt es einen Zusammenhang?

*Jan Schnellenbach**

Inhalt

* Ich danke den Teilnehmern des Forschungsseminars Radein, vor allem meinem Korreferenten *Martin Leschke* sowie *Dirk Wentzel* und *Alfred Schüller*, für eine lebhafte Diskussion und wertvolle Hinweise. Im vorliegenden Beitrag verbleibende Unstimmigkeiten und Unzulänglichkeiten gehen natürlich ausschließlich zulasten des Autors.

1. Einleitung

Als im Frühjahr des Jahres 2006 das Bundeskartellamt die Fusion zwischen den Medienkonzernen der Springer AG auf der einen und der ProSieben/Sat1 AG auf der anderen Seite untersagte, führte die Behörde ausschließlich wettbewerbsökonomische Gründe für diese Entscheidung an (ausführlich siehe *Haucap* und *Dewenter*, i.d.Bd.). Es wurden einige relevante Märkte identifiziert, und es wurde argumentiert, dass ein Zusammenschluss der beiden Konzerne auf allen diesen Märkten wettbewerbspolitisch problematische Effekte habe (siehe *Kuchinke* und *Schubert* 2006). So wurde für den Fernsehwerbemarkt der Übergang in ein wettbewerbsloses Duopol der fusionierten Springer-ProSieben-Sat1 AG und der von Bertelsmann beherrschten RTL-Gruppe erwartet, da Springer und Bertelsmann gemeinsame Beteiligungen an verschiedenen Medienunternehmen besitzen. Darüber hinaus wurde erwartet, dass der Einsatz „*crossmedialer Promotion*" es Springer erlauben würde, die marktbeherrschende Stellung der Bild-Zeitung auf dem Markt für Tageszeitungen zu sichern oder gar auszubauen. Die Möglichkeit, medienübergreifende Werbekampagnen anzubieten, war noch in weiterer Hinsicht relevant: Auch der bereits erhebliche Marktanteil der Springer AG auf dem Anzeigenmarkt für Tageszeitungen könnte hierdurch, so das Argument des Bundeskartellamtes, weiter ausgebaut werden.

Alle diese Szenarien für Konsequenzen einer Fusion der beiden Medienkonzerne können aus verschiedenen Perspektiven kritisiert werden. So könnte man sich beispielsweise fragen, ob informierte Konsumenten tatsächlich anfällig für medienübergreifende Werbekampagnen eines Konzerns in eigener Sache sind. Wer über die Eigentumsverhältnisse sowohl der Zeitung als auch des Fernsehsenders informiert ist, dürfte Werbekampagnen des einen Mediums für das andere als kaum informatives Signal interpretieren. Ob sich durch derartiges *cheap talk* tatsächlich potentielle Leser von der Qualität der beworbenen Tageszeitung überzeugen lassen, erscheint zumindest vor dem Hintergrund des ökonomischen Menschenbildes als eher zweifelhaft. Nur wenn man unterstellen würde, dass die Beschaffung der relevanten Information über die Eigentumsverhältnisse mit hohen Kosten verbunden ist, sähe dies anders aus. Falls auf der anderen Seite medienübergreifende Werbekampagnen für konzernexterne Werbekunden tatsächlich vorteilhaft sind, dann sollte man erwarten, dass solche lukrativen Geschäftsfelder nicht lange unbesetzt bleiben. Auch ohne Fusion könnten vertragliche Kooperationsmechanismen gefunden werden, die dieses Instrument nutzen.

Im Rahmen dieses Beitrags soll es allerdings weniger um solche klassischen, wettbewerbspolitischen Fragestellungen gehen. Das Beispiel der geplanten Fusion eines Printkonzerns mit einem Fernsehkonglomerat ist auch unter einem anderen Aspekt interessant, nämlich mit Blick auf die Frage, was ein solcher Unternehmenszusammenschluss für die Medienmacht – die Möglichkeit, signifikanten Einfluss auf die öffentliche Meinung zu nehmen – bedeutet hätte. Im Gegensatz zur ausschließlich wettbewerbspolitischen Argumentation des Bundeskartellamtes hatte die öffentliche Diskussion im Jahre 2006 nämlich vor allem das Problem zum Thema, dass die ohnehin schon beim Printkonzern vermutete Meinungsführerschaft durch den Zugriff auf elektronische Medien nochmals potenziert werden könnte – dass also die Gefahr einer Monopolisierung von Prozessen der öffentlichen Meinungsbildung bestünde.

Neben dem Bundeskartellamt hatte noch eine zweite Instanz, nämlich die Kommission zur Ermittlung der Konzentration im Medienbereich (KEK), über die geplante Fusion der beiden Medienkonzerne zu befinden. Ihrem abschlägigen Urteil lag tatsächlich vor allem das Argument einer erwarteten „vorherrschenden Meinungsmacht" des neuen Unternehmens zugrunde. Die Aufgabe dieser interdisziplinär besetzten, wenn auch von Juristen dominierten Kommission besteht nach dem Wortlaut des Rundfunkstaatsvertrages in der „Sicherung von Meinungsvielfalt im Zusammenhang mit der bundesweiten Veranstaltung von Fernsehprogrammen" (§ 36 RStV). Diese Aufgabe interpretiert die Kommission vor allem als Auftrag zu einer defensiven Herangehensweise: Die Sicherung der Meinungsvielfalt in den Medien erfordert die Vermeidung einer vorherrschenden Meinungsmacht einzelner Anbieter (vgl. z. B. *KEK* 2006, S. 69 ff.).

Das hier zur Illustration gewählte Beispiel zeigt, dass im gegenwärtigen rechtlichen Rahmen die Verschmelzung zweier Medienunternehmen nach zwei Maßstäben zu beurteilen ist: einerseits nach den klassischen wettbewerbspolitischen Kriterien, andererseits unter dem Gesichtspunkt der Möglichkeit eines solchen Unternehmens, das Geschehen auf der Bühne der gesellschaftlichen Meinungsbildung entscheidend zu beeinflussen.

2. Das Kriterium der vorherrschenden Meinungsmacht

Offensichtlich ist der Maßstab der vorherrschenden Meinungsmacht nicht leicht zu operationalisieren; der Übergang von einem großen, aber noch tolerablen Einfluss eines Akteurs auf Meinungsbildungsprozesse zu einer nicht mehr tolerablen Meinungsmacht dürfte in der Praxis eher fließend als deutlich erkennbar sein. Der Rundfunkstaatsvertrag definiert dennoch einen eindeutigen quantitativen Maßstab, bei dessen Erfüllung vorherrschende Meinungsmacht vermutet wird:

> „Erreichen die einem Unternehmen zurechenbaren Programme im Durchschnitt eines Jahres einen Zuschaueranteil von 30 von Hundert, so wird vermutet, dass vorherrschende Meinungsmacht gegeben ist" (§ 26 Abs. 2 RStV).

Hat das Unternehmen auf einem verwandten Markt eine marktbeherrschende Stellung, so sinkt der Schwellenwert sogar von 30 auf 25 Prozent. Da es sich um einen Vermutungstatbestand handelt, wird dem betroffenen Unternehmen die Möglichkeit eingeräumt, diese Annahme zu widerlegen. Die Vorschrift bedeutet also zunächst nichts anderes als eine Beweislastumkehr für den Fall, dass die genannten Schwellenwerte überschritten sind. Die KEK legt diese Vorschrift im Detail jedoch noch strikter aus: Sofern eine Sendergruppe einen Marktanteil unterhalb der Schwellenwerte hat, alle Konkurrenten aber jeweils einen noch deutlich kleineren Marktanteil besitzen, wird ebenfalls eine vorherrschende Meinungsmacht vermutet. Einem einzelnen relativ großen Fernsehanbieter in einem insgesamt stark fragmentierten Sendermarkt wird also eine vorherrschende Meinungsmacht unterstellt, und zwar selbst dann, wenn sein Zuschaueranteil nicht einmal ein Viertel erreicht (vgl. *KEK* 2006, S. 76).

Im Fallbeispiel des geplanten Einstiegs der Springer AG ins Fernsehgeschäft musste die KEK allerdings zu einer noch kreativeren Argumentation greifen, um deren Fernsehbeteiligung zu untersagen. Der Marktanteil der Sender der ProSiebenSat.1-Gruppe lag nämlich deutlich unter 25 %, gleichzeitig verfügten sowohl die RTL-Gruppe als privater Konkurrent als auch die ARD als öffentlich-rechtlicher Wettbewerber jeweils über einen größeren Marktanteil. Auch das Kriterium eines stark fragmentierten Fernsehmarktes war also nicht erfüllt. Der argumentative Kunstgriff der KEK bestand nun darin, die hohen Marktanteile der Springer AG in der Tagespresse und in den sonstigen Printmedien in ein kalkulatorisches Fernsehmarktanteil-Äquivalent zu transformieren. Die Beteiligungen an einzelnen lokalen Fernseh- und Rundfunksendern ebenfalls eingerechnet, konnte die KEK nun feststellen, dass „die Meinungsmacht der Axel Springer AG einem Fernsehveranstalter mit einem Zuschaueranteil von über 42 % entspricht" (siehe *KEK* 2006, S. 102). Nachdem dieser rein kalkulatorische Anteil an einem fiktiven Fernsehmarkt einmal als zentraler Einflussfaktor auf die vereinte Meinungsmacht eines fusionierten Unternehmens argumentativ etabliert war, kam die KEK zum nun naheliegenden Urteil: Der Einstieg der Springer AG in den bundesweiten Fernsehmarkt ist unter Verweis auf die befürchtete vorherrschende Meinungsmacht zu untersagen.

Es sollte an dieser Stelle bereits deutlich geworden sein, dass der Rundfunkstaatsvertrag, jedenfalls in seiner Auslegung durch die KEK, von einem statischen Konzept der vorherrschenden Meinungsmacht ausgeht, und zwar in dem Sinne, dass die Dynamik der öffentlichen Meinungsbildung keine Berücksichtigung findet. Es wird vom Marktanteil eines Anbieters auf sein Potential geschlossen, die Meinungsbildung seiner Konsumenten entscheidend zu beeinflussen. Die Frage, wie Veränderungen individueller und schließlich auch kollektiver Meinungen im Detail vonstatten gehen, wird hingegen nicht gestellt. In diesem Sinne schwebt die Vermutung vorherrschender Meinungsmacht, wie sie schon im Rundfunkstaatsvertrag formuliert ist, im luftleeren Raum; ohnehin erscheint es problematisch zu behaupten, dass ein einzelner Anbieter, der nicht einmal ein Drittel des für ihn relevanten Marktes kontrolliert, in der Lage sei, die Meinungsbildung zu beherrschen. Aber auch im Hinblick auf die Anreizsituation der Anbieter erscheint das einfache quantitative Kriterium für das Vorliegen vorherrschender Meinungsmacht reichlich unfundiert. Liegt es im Interesse eines seinen Gewinn maximierenden Unternehmens, Kosten zur Manipulation der öffentlichen Meinung aufzuwenden? Wäre es nicht einfacher und profitabler, ihr zu folgen anstatt sie zu verändern?

Spätestens seit *Arthur T. Denzau* und *Douglass C. North* das Konzept der „shared mental models" in die ökonomische Literatur einführten (vgl. *Denzau* and *North* 1994), ist klar, dass solche Fragen auch ökonomische Implikationen haben. Wären einzelne Anbieter von Massenmedien in der Lage, solche von vielen Individuen geteilten mentalen Modelle entscheidend zu manipulieren, dann hätte dies Auswirkungen darauf, wie die Individuen in der betroffenen Volkswirtschaft sich vor allem in Situationen fundamentaler Unsicherheit verhalten. Die Möglichkeit zur Meinungsmanipulation würde auch die Möglichkeit zur Manipulation ökonomischen Handelns implizieren.[1] *Denzau*

1 In einer empirischen Untersuchung für 97 Länder finden *Djankov et al.* (2003) heraus, dass Fernsehsender und Zeitungen in der überwältigenden Mehrzahl der Fälle entweder in Staats- oder Familienbesitz sind, aber nur recht selten z.B. als Aktiengesellschaften mit Streubesitz firmieren. Sie interpretieren dies als Indiz dafür, dass Regierungen und Privatpersonen versuchen, Medien zu nutzen, um Einfluß geltend zu machen. Träfe dies zu, so wäre es nicht mehr möglich, den Medienunternehmern nur die kurzfristige Gewinnmaximierung als Motivation zu unterstellen. Wir werden daher in der folgenden Diskussion auch ideologisch motivierte Medienunternehmer zu berücksichtigen haben.

und *North* weisen auch auf die Schwierigkeit gezielter Veränderung von mentalen Modellen hin: Empfängt ein Individuum beispielsweise eine Information, so muss es dieses (zuvor vom Sender in Kommunikation kodierte) Signal zunächst entziffern und, was noch schwerwiegender ist, mit seinen bereits existierenden kognitiven Strukturen in Einklang bringen. Es ist dann keinesfalls klar, dass die Interpretation des empfangenen Signals durch den Empfänger mit den Intentionen des Senders übereinstimmen muss – die gesendeten Informationen könnten sich im Zusammenspiel mit den kognitiven Strukturen des Empfängers auch verselbständigen und ihn zu ganz anderen Meinungen führen als den vom Sender intendierten (siehe auch *Meier* und *Slembeck* 1998).

Ebenfalls offen ist die Frage, inwieweit und unter welchen Bedingungen Individuen überhaupt bereit sind, ihre aktuellen Meinungen oder sogar ihre umfassenderen mentalen Modelle zu verändern und neue Positionen zu übernehmen. Solche Fragen haben bei der Formulierung der in der Regulierungspraxis angewendeten einfachen quantitativen Kriterien für das Vorliegen vorherrschender Meinungsmacht offenbar keine Rolle gespielt. Im folgenden Abschnitt sollen sie aber unter Rückgriff auf eine ökonomische Theorie der öffentlichen Meinung diskutiert werden.

3. Die ökonomische Theorie der öffentlichen Meinung

3.1. Grundprobleme

Eine ökonomische Theorie der öffentlichen Meinung ist mit einer ähnlichen Schwierigkeit konfrontiert wie die ökonomische Theorie des Wählens: Es ist eigentlich individuell nicht rational, in Meinungsbildung über politische Fragen oder sonstige Probleme des öffentlichen Lebens zu investieren. Bereits *Anthony Downs* (1957) hat auf das Paradox des Wählens – eine beobachtete hohe Wahlbeteiligung, obwohl es individuell rational wäre, die Kosten des Wählens nicht auf sich zu nehmen – hingewiesen. Für unser Problem ist die Anreizsituation ganz ähnlich: Es ist eigentlich im Hinblick auf das gesellschaftliche Ergebnis egal, welche politische Meinung ein einzelnes Individuum vertritt, da er oder sie nur mit einer Wahrscheinlichkeit sehr nahe Null den Ausschlag auf der gesellschaftlichen Ebene geben wird. Die ökonomische Theorie des Wählens bietet inzwischen einige Erklärungen an, die dennoch eine breite politische Partizipation erklären können (vgl. etwa *Kirchgässner* 2000 für einen Überblick), wie etwa die Annahme eines Konsumnutzens des Wählens. Eine ähnliche Strategie kann auch von einer ökonomischen Theorie der öffentlichen Meinung verfolgt werden; *Albert O. Hirschman* (1989) unterstellt beispielsweise, dass Menschen ein intrinsisches Bedürfnis haben, eine Meinung zu öffentlichen Problemen zu haben.

Dies bedeutet jedoch nicht, dass die Individuen auch einen Anreiz hätten, eine zutreffende oder (sofern dieses Kriterium überhaupt anwendbar ist) eine im wissenschaftlichen Sinne nicht falsifizierte Position zu vertreten. *Hirschman* hat hier eher einen allgemeinen Konsumnutzen im Auge, den man hat, weil man überhaupt *irgendeine* Meinung vertritt und damit in der Lage ist, mit anderen Individuen über Themen und Probleme des öffentlichen Lebens zu kommunizieren. Man kann dies noch mit einer weiteren Annahme ergänzen, nämlich der, dass (nicht alle, aber viele) Individuen eine größere Zufriedenheit empfinden, wenn ihre Meinungen in der Kommunikation mit anderen bestätigt werden und kein Auslöser von Konflikten mit ihrer Umwelt sind. *Timur Kuran* hat dies in seiner Theorie des kollektiven Konservatismus unterstellt, in der er zwischen privaten und öffentlich geäußerten Meinungen oder Präferenzen unterscheidet (vgl. *Kuran* 1987, 1991). Die Tatsache, dass Individuen aus Furcht vor Widerspruch oder sogar negativen Sanktionen ihre wahren Ansichten nicht öffentlich äußern, führt in seinem Modell zu Gleichgewichten, in denen sich beispielsweise private Unzufriedenheit mit dem Status quo nicht in öffentlichem Unmut niederschlägt.

Dieser Anreizeffekt impliziert, dass die individuelle Entscheidung für oder gegen ein bestimmtes Meinungsangebot häufigkeitsabhängig ist. Ein bisher noch nicht entschiedenes, unsicheres Individuum wird sich in der Regel mit größerer Wahrscheinlichkeit für ein Meinungsangebot entscheiden, das in seiner Umwelt relativ häufig vertreten wird. Tatsächlich beobachtet man, dass die direkte, persönliche Kommunikation im Bekannten- und Freundeskreis einen erheblichen Einfluss auf die Meinungsbildung ausübt.[2] Dies muss nicht nur an den geschilderten Mitläufereffekten liegen, sondern kann etwa auch darin begründet sein, dass die relative Häufigkeit, mit der Meinungen vertreten werden, als Gradmesser für deren Plausibilität gilt. Eine nur von einer sehr kleinen Minderheit vertretene Position könnte leicht als obskur und unglaubwürdig bewertet werden, während eine bereits existierende breite Mehrheit das Gegenteil signalisiert.

3.2. Ein einfaches Modell des Meinungsmarktes

Ein häufigkeitsabhängiger Meinungsmarkt kann relativ einfach modelliert werden, indem auf den von *W. Brian Arthur* und Koautoren (1983) popularisierten, verallgemeinerten Polya-Prozeß zurückgegriffen wird. Der zentrale Baustein dieses Ansatzes ist eine Gleichung, welche den Erwartungswert für den prozentualen Anteil eines Merkmals i in einer Population zum Zeitpunkt $t+1$, w_{t+1}^{i} angibt, gegeben den Anteil, den dieses Merkmal zum Zeitpunkt t bereits hat:

$$E\left[w_{t+1}^{i} \middle| w_{t}^{i}\right] = w_{t}^{i} + \frac{1}{m+t}\left[q_{t}^{i}(w_{t}^{i}) - w_{t}^{i}\right] \qquad (1)$$

Modelliert man mit diesem Ansatz einen Meinungsbildungsprozess, dann macht man implizit die technische Annahme, dass sich zu jedem Zeitpunkt t genau ein Individuum für eine neue Meinung entscheidet. Im Modell erscheint Meinungsbildung also als ein sequentieller Prozess, an dem eine große Zahl von Individuen beteiligt ist. Der Parameter m gibt an, wie viele Individuen bereits zum Zeitpunkt $t=0$ entschieden waren. Entscheidend für die Anzahl und Eigenschaften von Gleichgewichten ist schließlich die q-Funktion. Sie gibt an, mit welcher Wahrscheinlichkeit ein sich in t entscheidendes Individuum das Meinungsangebot i wählt. Unbedingt notwenig, und aufgrund der Überlegungen im vorangegangenen Abschnitt durchaus plausibel, ist lediglich die Annahme, dass $\partial q / \partial w > 0$.

2 Vgl. bereits *Grasnovetter* (1973). Im Kontext der Beeinflussung durch Massenmedien vermutet *Witt* (1996) ebenfalls, dass die Wahrscheinlichkeit, mit der Individuen eine Präferenz für ein Angebot entwickeln, positiv von der Häufigkeit abhängt, mit der sie auf dieses Angebot treffen.

Gleichung (1) zeigt unmittelbar, dass ein Gleichgewicht für ein Meinungsangebot genau dann und nur dann erreicht wird, wenn $q_t^i(w_t^i) = w_t^i$.

Abbildung 1: Beispiel für Gleichgewichte im Meinungsbildungsprozess

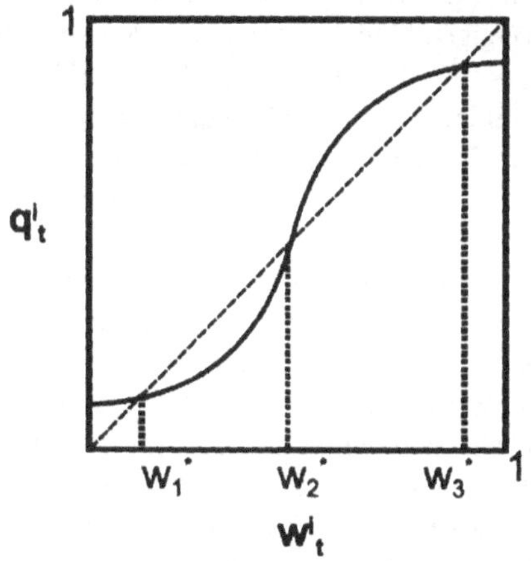

Im Beispiel in *Abbildung 1* existieren zwei stabile Gleichgewichte, w_1^* und w_3^*; das dazwischen liegende Gleichgewicht ist instabil. Befindet man sich zum Beispiel links vom ersten Gleichgewicht, so ist für die nächsten noch unentschiedenen Individuen die Wahrscheinlichkeit, dass sie sich für i entscheiden, größer als der aktuelle Marktanteil von i (symbolisiert durch die 45-Grad-Linie). Wenn man sich dagegen rechts vom Gleichgewicht befindet, dann ist diese Wahrscheinlichkeit kleiner als der aktuelle Marktanteil. In beiden Fällen konvergiert der Prozess zum Gleichgewicht zurück. Für das instabile Gleichgewicht gilt das Gegenteil; verlässt man es einmal nach links (rechts), so konvergiert der Prozess in Richtung des ersten (dritten) Fixpunktes.

Nun stellt sich die Frage, ob der Verlauf der q-Funktion, wie in *Abbildung 1* skizziert, plausibel ist. Tatsächlich gibt es einige gute Gründe, die für einen solchen sigmoidalen Verlauf sprechen (vgl. hierzu ausführlich *Schnellenbach* 2008). Beginnt man am linken Ast der Kurve, so bedeutet $q(0) > 0$ eine positive Wahrscheinlichkeit, dass selbst bei einem Marktanteil der Meinung i von Null irgendwann ein Obskurant oder ein extremer Nonkonformist sich dieser Meinung annehmen wird. Dass eine solche positive Wahrscheinlichkeit auch für die eigenwilligsten politischen Positionen existiert, legen beispielsweise Wahlwerbespots von Splitterparteien nahe, die vor jedem Wahltermin zu sehen sind. Auf dem rechten Ast der Kurve bedeutet $q(1) < 1$, dass man auch bei einem aktuellen Marktanteil von eins mit einer positiven Wahrscheinlichkeit irgendwann auf einen Nonkonformisten treffen wird, der vielleicht eine extreme Präferenz für unabhängiges Denken hat und sich daher dem Konsens entzieht. Der zunächst konvexe und dann konkave Verlauf der Kurve zwischen den Extremwerten impliziert schließlich, dass es einerseits (im konvexen Bereich) eine begeisterungsfähige Gruppe in der Bevölkerung gibt, die bei steigenden Marktanteilen mit hoher Wahrscheinlichkeit auf den „bandwagon" aufspringt, andererseits aber (im konkaven Bereich) auch eine skeptische, moderat nonkonformistische Gruppe, deren Zustimmungswahrscheinlichkeit mit steigendem Marktanteil nur noch unterproportional ansteigt.

3.3. Kollektiver Konservatismus ohne Selbstverleugnung

Im Gegensatz zum oben angesprochenen Modell von *Timur Kuran* kann mit diesem einfachen, häufigkeitsabhängigen Modell die Existenz von kollektivem Konservatismus begründet werden, ohne dass auf die Annahme zurückgegriffen werden muss, dass Individuen ihre wahre Position im öffentlichen Diskurs verleugnen, falls sie befürchten, in der Minderheit zu sein. Im Gleichgewicht könnte dies allerdings auch hier geschehen: Individuen, die sich schlussendlich in der Minderheit sehen, könnten gerade zu besonders umstrittenen Themen eher schweigen, als offenen Widerspruch zu äußern (siehe auch das Konzept der „Schweigespirale" in *Noelle-Neumann* 1982). Ausschlaggebend dürfte hier insbesondere die Gefahr informeller sozialer Sanktionen sein, die als Reaktion auf einen offenen Widerspruch erfolgen könnten. Die öffentlich vertretene entspricht der tatsächlichen, privaten Meinung. Ist ein stabiles Gleichgewicht einmal erreicht, dann wirkt Kommunikation zwischen Individuen als stabilisierender Mechanismus. Zufällige, nicht allzu große Abweichungen von einem der beiden stabilen Gleichgewichte können den Meinungsmarkt nicht dauerhaft von diesem Gleichgewicht wegführen. Wenn sich also auf dem Meinungsmarkt einmal eine Position als Mehrheitsmeinung in einem für sie günstigen Gleichgewicht wie w_3^* etabliert hat, dann wäre ein plötzlicher, rapider Vertrauensverlust nötig, um sie nachhaltig zur Minderheitenposition werden zu lassen. Dieser Vertrauensverlust müsste groß genug sein, um den Marktanteil dieser Mehrheitsmeinung auf einen geringeren Wert als w_2^* schrumpfen zu lassen.

Hier stellt sich nun die Frage, wie relevant die Prognose eines solchen kollektiven Konservatismus empirisch ist. *Joseph Schumpeter*, die Ereignisse im Dritten Reich beobachtend, vermutete das genaue Gegenteil und glaubte, dass sich die öffentliche Meinung fast nach Belieben von charismatischen politischen Unternehmern manipulieren ließe (vgl. *Schumpeter* 1942, S. 263 sowie kritisch hierzu *Schnellenbach* 2007). Aus politikwissenschaftlicher Sicht argumentiert etwa *John Zaller* (1992), dass das Gegenteil von kollektivem Konservatismus der Fall sei und dass Individuen gerade in Themenfeldern, die nicht im Zentrum ihrer Aufmerksamkeit liegen, leicht zu beeinflussen seien. *Kevin Murphy* und *Andrei Shleifer* (2004) argumentieren, dass Wähler in soziale Netzwerke integriert sind (beispielsweise in Gewerkschaften, religiösen Gruppen oder auch als Zuhörer bestimmter politischer Talk-Show-Gastgeber) und dass sie mit zunehmender Größe eines solchen Netzwerkes von diesem stärker in ihren individuellen Meinungen beeinflußt werden. *Murphy* und *Shleifer* zeigen, dass ein einmal etabliertes Netzwerk in der Meinung über sein als eindeutig definiert angenommenes Kerninteresse stabil sein wird. Für Themen, die mit dem Kerninteresse des Netzwerkes nichts oder wenig zu tun haben, kann es aber an politische Unternehmer „vermietet" werden, die für solche Themen eine Mehrheit organisieren. Ein von *Murphy* und *Shleifer* angeführtes Beispiel sind religiöse Gruppen, die überzeugt werden können, ein Freihandelsabkommen oder eine außenpolitische Intervention zu unterstützen, wenn man ihnen im Gegenzug die Unterstützung in Fragen zusichert, die ihr religiöses Kerninteresse betreffen.

Letztendlich stehen solche Argumentationslinien nicht im Widerspruch zum hier vorgeschlagenen Modellrahmen. Auch hier sind Individuen leicht von existierenden Kommunikationsnetzwerken zu beeinflussen, solange sie sich zu einem Thema noch keine Meinung gebildet haben, möglicherweise weil sie einfach bisher kein Interesse an diesem Thema hatten. Sobald sie aber in ein solches Netzwerk eingebunden sind, sich also ihre Meinung gebildet haben, stabilisiert dieses Netzwerk ihre individuellen Positionen und legt so die Fundamente für das als kollektiver Konservatismus bezeichnete Phänomen. Wie langfristig kollektive Lernprozesse sogar dann noch sein können, wenn sie durch private Lernanreize unterstützt werden, zeigt *Raquel Fernández* (2007) am Beispiel der Partizipation von Frauen auf dem Arbeitsmarkt. In ihrem Modell empfangen Individuen private und öffentliche Signale über die relative Vorteilhaftigkeit der Partizipation am Arbeitsmarkt, und die das Modell stützenden Daten zeigen, dass sich die Einschätzungen dieser relativen Vorteilhaftigkeit auf der aggregierten Ebene nur sehr langsam, schrittweise und über Generationen veränderten.

Aus einer psychologischen Sicht spricht einiges dafür, dass Individuen versuchen, einmal angenommene Standpunkte und Meinungen zu bewahren. Die Dissonanztheorie (vgl. ursprünglich *Festinger* 1957) unterstellt, dass Individuen versuchen, Widersprüche zwischen einzelnen Kognitionen zu vermeiden. Dies wiederum ist allerdings mit psychologischen Kosten verbunden; es ist nicht immer leicht, zunächst widersprüchliche Kognitionen dann doch in eine mehr oder weniger kohärente Gesamtstruktur zu bringen. Von rationalen Individuen kann daher erwartet werden, dass sie von vornherein versuchen, dissonante Informationen zu filtern oder schwach zu gewichten, konsonante Information aber stärker zu gewichten. Der Prozess der Dissonanzvermeidung führt zu einer Stabilisierung kognitiver Strukturen auf der individuellen Ebene. Entsprechend beobachtet man eine Bereitschaft zur Revision einmal eingenommener Positionen vor allem in Situationen der Mehrdeutigkeit (vgl. etwa *Meier* und *Mettler* 1985), im wirtschaftspolitischen Zusammenhang etwa in Krisensituationen, in denen vorhandenes Vermutungswissen unleugbar versagt und damit entwertet wird. Eine relativ hohe Stabilität von Meinungsgleichgewichten ist daher also nicht nur aufgrund sekundärer Effekte wie der Angst vor Äußerung abweichender Meinung zu erwarten, sondern auch aufgrund der individuellen Anreizstrukturen (vgl. hierzu auch *Elster* 2007, Kapitel 23 zum Phänomen der *pluralistic ignorance*).

3.4. Möglichkeiten zur Beeinflussung der öffentlichen Meinung

Was bedeutet dies nun für die Möglichkeit von Anbietern auf dem Meinungsmarkt, Gleichgewichte beispielsweise in Richtung eigener ideologischer Präferenzen zu verschieben? Zunächst sollte noch einmal deutlich angemerkt werden, dass es hier um die öffentliche Meinungsbildung über politische, auch wirtschaftspolitische Themen geht. Von Interesse ist also die Frage, ob Medienmacht einen Einfluss auf informelle politische Institutionen nehmen kann. Dazu zählen etwa Vorstellungen darüber, welche wirtschaftspolitischen Maßnahmen unter welchen Bedingungen eingesetzt werden sollen, aber zum Beispiel auch Meinungen über Verteilungsgerechtigkeit oder gesellschaftspolitische Fragen. Es geht also um die zugrundeliegenden politischen Probleme und nicht um die kurzfristigere Diskussion darüber, welcher politische Kandidat am ehesten geeignet ist, solche Vorstellungen zu verwirklichen.

Man kann sich vorstellen, dass die Beeinflussung in dieser kurzfristigen Kandidatenfrage relativ einfacher zu bewerkstelligen sein sollte. Es ist plausibel, dass Individuen relativ fixe Präferenzen und politische Meinungen haben, aber kurzfristig unsicher sind, welcher Kandidat zu diesen Vorstellungen passt. Gerade parteipolitisch wenig gebundene Wechselwähler sollten daher relativ stark auf neue Informationen über Kandidaten reagieren.[3] *Stefano DellaVigna* und *Ethan Kaplan* (2007) untersuchen dies anhand eines natürlichen Experiments, nämlich der sukzessiven Einführung des beliebten konservativen Fernsehsenders *Fox News* in den regionalen Fernsehmärkten der USA zwischen 1996 und 2000. Sie zeigen, dass *Fox News* trotz erheblicher Reichweiten und Zuschaueranteile nur für einen Zuwachs der Wählerschaft der Republikanischen Partei im Ausmaß von 0,4 bis 0,7 Prozentpunkten bei Präsidentschaftswahlen verantwortlich ist. Tatsächlich scheint also sogar hier die Möglichkeit der Medien, meinungsbildend zu wirken, eher begrenzt zu sein.[4]

Vom oben skizzierten einfachen Modell ausgehend ist es klar, dass es auf einem Meinungsmarkt, der einmal zu einem Gleichgewicht gefunden hat, nur unter Aufwendung enormer Kosten denkbar wäre, die Mehrheitsmeinung zu Fall zu bringen – wenn ein solcher manipulativer Eingriff überhaupt möglich wäre, was je nach tatsächlichem Beharrungsvermögen eines Gleichgewichtes nicht der Fall sein muss. Auf der anderen Seite zeigt dieses einfache Modell aber auch, dass bei noch nicht „reifen", im öffentlichen Diskurs noch nicht verhandelten Themen oder in Phasen großer Unsicherheit eine Möglichkeit zur Beeinflussung von kollektiven Meinungsbildungsprozessen existiert. Im oben skizzierten Modell kann als Maß für die Beeinflussbarkeit die Distanz des tatsächlichen Anteils einer politischen Position von ihrem gleichgewichtigen Anteil dienen: Ein Meinungsbildungsprozess, der sich noch in der Nähe des instabilen Gleichgewichts und damit weit von seinem langfristigen Gleichgewicht entfernt befindet, ist leichter durch äußere Interventionen beeinflussbar als einer, der sich bereits nah am langfristigen Gleichgewicht befindet.

Wir können annehmen, dass der Verlauf der q-Funktion von Einflüssen abhängt, die aus der Sicht eines einzelnen Anbieters auf dem Meinungsmarkt exogen sind. Zu solchen Einflüssen gehört vor allem die Verteilung von Charakteristika wie der persönlichen Neigung zu Konformismus und Nonkonformismus in der Bevölkerung. Andererseits sind es aber auch Eigenschaften der angebotenen Positionen selbst, die in der öffentlichen Diskussion stehen, die einen Einfluss auf den Verlauf der Kurve nehmen. So wird etwa die Kurve für eine sehr komplexe, nur unter großem Aufwand verständlich zu machende Position normalerweise flacher verlaufen und durchgehend für alle w_t^i geringere Werte annehmen als eine wenig komplexe, leicht zu kommunizierende Position. Wenn Medien versuchen, Einfluss zu nehmen, so müssen sie dies also tun, indem sie

3 Die bei *Mueller* (2003) zusammengefasste theoretische Literatur zu diesem Thema legt allerdings die Vermutung nahe, dass die beteiligten Parteien im Wahlkampf nur wenige informative Signale senden werden, da sie damit immer auch riskieren, Wähler abzuschrecken.

4 Vgl. auch die klassische, wenn auch in einem ganz anderen medialen Umfeld durchgeführte Studie von *Lazarsfeld et al.* (1944), die bei amerikanischen Präsidentschaftswahlen ebenfalls von nur einem sehr geringen Einfluss der Medien auf die Wahlentscheidung berichten kann. Ausführlich hierzu auch *Tietzel* und *Wentzel* (2005).

versuchen, beispielsweise in einer Kampagne den Wert von w_t^i über oder unter den kritischen Wert des instabilen Gleichgewichts zu treiben, je nachdem ob sie eine aktuelle Minderheitenmeinung stützen oder (spiegelbildlich) eine aktuelle Mehrheitenmeinung stürzen wollen.

Selbst wenn dies nur in Phasen großer Unsicherheit oder bei neuen Themen erfolgversprechend ist, zeigen sich in dieser Situation doch eindeutig die Vorteile großer Marktanteile. Anders formuliert: Die Situationen, in denen die öffentliche Meinung entscheidend beeinflusst werden kann, sind sehr rar. Die Manipulation der öffentlichen Meinung funktioniert in diesem Modell allenfalls nicht-marginal, und Versuche, schrittweise kleine Verschiebungen der Marktanteile einzelner Meinungen herzustellen, werden durch die selbststabilisierenden Effekte pfadabhängiger Kommunikationsprozesse konterkariert. Aber wenn die Möglichkeit zu einem erfolgreichen nicht-marginalen Eingriff in den Meinungsmarkt auftritt, dann haben erwartungsgemäß Medienunternehmen mit sehr hoher Reichweite größere Chancen, den Prozess der öffentlichen Meinungsbildung in der von ihnen gewünschten Richtung zu beeinflussen.

Dieses Ergebnis muss allerdings mit einem wichtigen Vorbehalt versehen werden, der den Einfluss der Zeit betrifft. Wie in Gleichung (1) unmittelbar erkennbar ist, steigt die absolute Anzahl von Individuen, die überzeugt werden muss, um eine gegebene Anteilsverschiebung zu bewirken, naturgemäß mit t an. Je früher es gelingt, in den Meinungsbildungsprozess einzugreifen, desto geringer sind die Kosten, die für eine Beeinflussung des Meinungsmarktes getragen werden müssen. Mit diesen Überlegungen kommen dann aber auch die aus der Theorie der Firma bekannten *diseconomies of scale* ins Spiel: Sind große, relativ bürokratisch geführte Organisationen tatsächlich in der Lage, Chancen zur erfolgreichen Beeinflussung der öffentlichen Meinung rechtzeitig zu erkennen und darauf schnell genug zu reagieren?

4. Die Angebotsseite des Meinungsmarktes

Die bisherige Analyse des Meinungsmarktes war vor allem auf die Nachfrageseite fokussiert, und hier war das zentrale Ergebnis, dass einmal etablierte Gleichgewichte auf dem Meinungsmarkt nicht ohne weiteres durch Medienmacht gestört werden können. Aber was kann man über das erwartete Verhalten der Meinungsanbieter oder Meinungsvermittler in den Medienunternehmen sagen? Wir haben oben das Beispiel des amerikanischen Fernsehsenders *Fox News* kurz angesprochen. Von dessen Haupteigentümer, *Rupert Murdoch*, ist bekannt, dass dieser selbst im sehr konservativen Bereich des politischen Spektrums zu verorten ist. Auf die USA bezogen, bedeutet dies eine Nähe zum sozial-konservativen Flügel der Republikanischen Partei. Ist *Fox News*, das selbst in dem Ruf steht, in diesem Sinne konservativ zu sein, also vor allem ein Instrument zur Beeinflussung der öffentlichen Meinung? Wenn man die oben bereits erwähnte Studie von *DellaVigna* und *Kaplan* (2007) konsultiert, dann erscheint der Fernsehsender unter diesem Gesichtspunkt als nur wenig erfolgreiche Investition – eine Mobilisierung zusätzlicher republikanischer Wähler im dort berichteten Umfang hätte man vermutlich mit klassischen Wahlkampfmethoden unter Einsatz von deutlich geringeren Ressourcen erreichen können.

Was bei *Fox News* möglich ist, nämlich die Verortung eines Anbieters im politischen Spektrum, ist zumindest auf groben, eindimensionalen Ideologieskalen für die meisten Anbieter im Mediensektor möglich. So dürfte die marktliberale Ausrichtung des *Economist* ebenso allgemein bekannt sein wie die Marktskepsis der *tageszeitung*, genauso wie vermutlich jeder interessierte Konsument weiß, dass die Springer AG eher eine (auf das partei-politische Spektrum bezogen) konservative, die WAZ-Gruppe hingegen eine eher sozialdemokratische Ausrichtung hat. Von vollständig rationalen Konsumenten, die auf der Suche nach unverzerrter Information sind, könnte man erwarten, dass sie dieses Wissen nutzen, um die von Medien bereitgestellte Information zu diskontieren.[5] Die Diskussion im oberen Abschnitt hat allerdings gezeigt, dass wir diesen Grad an Rationalität hier gerade nicht erwarten dürfen, sondern dass Medienkonsumenten ohnehin auf der Suche nach konsonanten, ihren Bestand an Kognitionen bestätigenden Informationen sind und versuchen, dissonante Informationen zu meiden. Was folgt also aus dieser spezifischen Anreizstruktur auf der Nachfrageseite für das Verhalten der Medien selbst?

4.1. Das Problem der Bereitstellung objektiver Information

Im Gegensatz zu unserer Annahme, nach der Medienkonsumenten bemüht sind, Dissonanzen zu vermeiden, gehen zahlreiche Ansätze der politischen Ökonomie der Medien weiterhin von der Prämisse aus, dass Individuen Medien nutzen, um möglichst objektive Informationen über ihre politische Umwelt zu erhalten. *Timothy Besley* und *Andrea Prat* untersuchen beispielsweise die Gefahr einer Kollusion zwischen Medien und Regierung. Dieser Ansatz führt einen neuen *Trade-off* in das Kalkül der Medienunternehmen ein, nämlich die Frage, ob und in welchem Umfang sie Gewinne aus dem Angebot ihres Produkts zu opfern bereit sind, um Gewinne aus der Zusammenarbeit mit der aktuellen Regierung zu erzielen (vgl. *Besley* und *Prat* 2006, S. 721). Letztere können in direkten monetären Zahlungen bestehen oder auch in der Erwartung zukünftiger Regulierungsentscheidungen, die für das betroffene Unternehmen vorteilhaft sind. Bei den monetären Zahlungen muss es sich nicht unbedingt um offene Bestechung handeln, obwohl auch dies natürlich grundsätzlich möglich ist. Plausibel wäre aber auch die Berücksichtigung bei der Auftragsvergabe, sofern Regierung und Parteien etwa als Anzeigenkunden auftreten. Auf der Ebene des einzelnen Journalisten sind Kooperationen etwa in Form von exklusivem Zugriff auf Quellen in der Politik denkbar, die langfristig lukrativer erscheinen als die kurzfristigen Gewinne aus der Publikation einer vielleicht einmalig auflagensteigernden Skandalnachricht.

5 Allerdings zeigen *Cain et al.* (2005) experimentell in einem anderen, nicht-medienökonomischen Zusammenhang, dass Indiviuen das Wissen über ein Eigeninteresse von Beratern nicht systematisch zur Korrektur der von den Beratern gesendeten Signale nutzen. Darüber hinaus scheint die Offenlegung ihres Eigeninteresses die Berater im Experiment zu ermuntern, noch stärker verzerrte Signale zu senden, als sie es tun, wenn ihr Eigeninteresse nicht offengelegt wurde. Sogar im experimentellen Rahmen und mit günstigen Informationsbedingungen berücksichtigen Individuen also scheinbar nicht hinreichend, welches Eigeninteresse ihr Gegenüber verfolgt. Dann ist es aber auch fraglich, ob man empirisch davon ausgehen kann, dass Individuen auf dem Meinungsmarkt wirklich zuverlässig z.B. ideologische Verzerrungen in Medien berücksichtigen.

Eine mögliche Beeinflussung der öffentlichen Meinung findet in diesem Modell durch das Zurückhalten objektiv richtiger, aber für die aktuelle Regierung unvorteilhafter Informationen statt. Ein zentrales, intuitiv plausibles Resultat ist dann, dass mit dem Wettbewerb auf dem Nachrichtenmarkt (gemessen in der Anzahl der Anbieter) die Wahrscheinlichkeit der staatlichen Einflussnahme auf die Berichterstattung sinkt – die Bestechung vieler Medienunternehmen wird für die Regierung relativ zum Nutzen der Veränderung ihrer Wahlwahrscheinlichkeit schlicht zu teuer. Solche Versuche, Meinungsbildung durch Unterschlagung relevanter Information zu beeinflussen, sind durchaus empirisch relevant. Dies muss nicht unbedingt durch Zurückhalten negativer Information geschehen; eine andere Variante bestünde darin, die Aufmerksamkeit auf Themen zu konzentrieren, die einem politischen Lager näher stehen als andere. *Riccardo Puglisi* (2006) zeigt etwa für die *New York Times*, dass diese Tageszeitung zwischen 1946 und 1997 jeweils während der Präsidentschaftswahlkämpfe weniger über Themen berichtet hat, in denen man üblicherweise der Republikanischen Partei ihre Kernkompetenzen bescheinigt. Sie hat allerdings in diesen Phasen den charakteristischen Themen der Demokratischen Partei große Aufmerksamkeit geschenkt hat, wie etwa den Bürgerrechten oder dem Ausbau des Wohlfahrtsstaates.

Wiederum stellt sich allerdings die Frage, wie der Leser auf diese Verzerrungen reagieren wird. Ein im neoklassischen Sinn völlig rationaler, an vollständiger und objektiver Information interessierter Leser oder Zuschauer wird den ihm bekannten politischen Standpunkt des konsumierten Mediums bei der Bewertung der empfangenen Information berücksichtigen. Ebenso wird ein Wähler, der davon ausgehen muss, dass die Regierung tatsächlich Einfluss auf die mediale Berichterstattung nimmt, vermutlich davon ausgehen, dass nicht alle negativen Fakten über den aktuellen Repräsentanten ans Tageslicht kommen, und dies bei der nächsten Wahlentscheidung berücksichtigen. Ein Wohlfahrtsverlust entsteht für diesen Medienkonsumenten also nicht so sehr, weil seine Wahrnehmung der politischen Landschaft tatsächlich verzerrt würde, sondern vielmehr weil seine Unsicherheit bei der Bewertung der politischen Lage zunimmt: Wenn über den Amtsinhaber nicht negativ berichtet wird, kann das daran liegen, dass er entweder kompetent ist, oder dass er die Medien kontrolliert. Allein durch die Existenz dieser Möglichkeit steigt also das Risiko einer Fehleinschätzung, verglichen mit einem sehr vielfältigen Nachrichtenmarkt, auf dem der Medienkonsument davon ausgehen kann, dass irgendein Nachrichtenanbieter die objektiv verifizierbare Information über die Qualität des Amtsinhabers veröffentlichen wird.[6]

Die Situation ändert sich allerdings, wenn wir von der Prämisse des vollständig rationalen, bereitwillig alle Informationen verarbeitenden Medienkonsumenten abrücken.

---

6 Tatsächlich zeigen *Mullainathan* und *Shleifer* (2005), dass unter diesen Bedingungen eine hohe Wettbewerbsintensität hilfreich in dem Sinne ist, dass der Wettbewerb um ökonomische Gewinne die Nachrichtenanbieter dazu bringt, sehr viele unterschiedliche Positionen entlang des Meinungsspektrums zu bedienen. Aus dieser Vielfalt von Quellen kann der aufgeklärte, rationale Medienkonsument dann ein relativ unverzerrtes Gesamtbild gewinnen. Dies gilt aber ausdrücklich nur dann, wenn die Medienkonsumenten tatsächlich eine starke Präferenz für unverzerrte Informationen haben und in nicht geringem Ausmaß knappe kognitive Ressourcen auf die Nachrichtenbeschaffung und -bewertung verwenden.

Diejenigen Medienkonsumenten, die von vornherein ein eher positives Bild des Amtsinhabers und seines politischen Lagers haben, werden versuchen, negative Nachrichten über dessen Leistungen auszublenden, etwa auch mit dem Verweis darauf, dass die Quelle dieser Nachrichten im anderen politischen Lager verortet und nicht vertrauenswürdig ist. Tatsächlich sind schließlich die Situationen, in denen Informationen über den Amtsinhaber und seine Politik objektiv und vom Medienkonsumenten verifizierbar sind, relativ selten. In der Regel wird vielmehr die subjektiv empfundene Vertrauenswürdigkeit der Quelle bei der Bewertung der Information eine Rolle spielen, und die Neigung zur Vermeidung kognitiver Dissonanzen wird zur Bemühung führen, dissonante Informationen auszufiltern. Unter diesen Annahmen würde eine höhere Zahl an heterogenen Anbietern auf dem Medienmarkt weniger eine Zunahme an Objektivität bedeuten als vielmehr die Möglichkeit für Medienkonsumenten, die Positionen ihres jeweiligen Lagers durch aus ihrer Sicht vertrauenswürdige Nachrichtenquellen bestätigen zu lassen.[7]

4.2. Das Nachrichtenangebot mit verzerrter Nachfrage

Wenn sich Medienkonsumenten wie oben skizziert verhalten und dezidiert verzerrte Informationen nachfragen, stellt sich die Frage, welche Auswirkungen dies für das Verhalten der Anbieter und für das Marktergebnis insgesamt hat. *Mullainathan* und *Shleifer* (2005) untersuchen diese Frage in einem Modell mit heterogenen Gruppen von Medienkonsumenten, die jeweils auf unterschiedliche Art verzerrte Nachrichten nachfragen, die also beispielsweise unterschiedliche politische Lager repräsentieren und die eine mit ihren jeweiligen kognitiven Strukturen konsonante Berichterstattung wünschen. Das Modell nutzt die vereinfachende Annahme, dass die Wähler entlang einer eindimensionalen *belief*-Skala gleichverteilt sind. Es gibt also keine unterschiedlichen Gruppengrößen, wie es etwa bei einer stark polarisierten Gesellschaft mit jeweils einer starken linken und rechten Fraktion, aber einer schwachen Mitte der Fall wäre.

Ein Monopolmarkt führt hier zu dem Problem, dass ein Monopolanbieter den Markt unter Umständen nicht vollständig abdecken wird, nämlich dann, wenn die Streuung der individuellen Prädispositionen zu breit ist. In diesem Fall gibt es an den Rändern der Skala Medienkonsumenten, deren Nachfrage nach (in ihrem Sinne verzerrten) Nachrichten einfach nicht bedient wird. In einem Duopol hingegen wird bereits der ganze Markt abgedeckt, da beide Anbieter, wenn sie ihren Gewinn maximieren, einen Anreiz haben, sich auf der *belief*-Skala so weit wie möglich voneinander entfernt zu positionieren und möglichst getrennte Marktsegmente zu bedienen. Da sich die Anbieter an den Rändern der Skala positionieren, hat dies allerdings für die Konsumenten den Effekt, dass, sofern sie sich von den Nachrichten beeinflussen lassen, ihre Prädispositionen mit der Zeit noch extremer werden. In diesem Modell wird also in einem Monopol eher die Mitte des Meinungsspektrums bedient, während Wettbewerb im Duopol eher dazu

---

7 Wenn etwa *Gentzkow* und *Shapiro* (2004) berichten, dass in einer Umfrage Zuschauer von Al Jazeera im Mittleren Osten häufiger faktisch falsche Aussagen für richtig halten als Zuschauer von CNN in den gleichen Ländern, so stellt sich die Frage, ob dies tatsächlich ein Al-Jazeera-Effekt ist oder ob nicht einfach die Zuschauer dieses Senders die Nachrichten hören, die ihre ohnehin schon vorhandenen Meinungs-Prädispositionen bestätigen.

führt, dass die Nachrichtenanbieter mit ihrem Angebot auf die Ränder des Spektrums abzielen.

Der Marktzutritt weiterer Anbieter wird in diesem Modell nicht explizit untersucht, aber ein plausibles Ergebnis wäre die weitere Segmentierung des Nachrichtenmarktes, d. h. ein dritter, vierter oder fünfter Anbieter könnte versuchen, ein bisher noch vernachlässigtes Segment der *belief*-Skala zu bedienen. In diesem Sinne bedeutet stärkerer Wettbewerb (ausgedrückt in geringeren Marktanteilen) in diesem Modell, dass kleinere Segmente der Skala von spezialisierteren Anbietern bedient werden. Dies führt aber zunächst nicht zu einer größeren Objektivität – im Gegenteil, es führt dazu, dass die Prädispositionen der Individuen gewisserweise präziser, durch genauer auf sie hin verzerrte Nachrichten bestätigt werden. Insofern bleibt die einzige Hoffnung auf objektive Meinungsbildung in diesem Modell wiederum der gewissenhafte Medienkonsument, der sich aus verschiedenen Quellen informiert, jeweils für die ideologische Position der einzelnen Quellen diskontiert und sich so ein aufgeklärtes Gesamtbild schafft. Nur wenn wir es mit dieser Art von Medienkonsumenten zu tun haben, ist eine Vielfalt von Nachrichtenanbietern wieder unmittelbar sinnvoll, da sie es dem gewissenhaften Konsumenten ermöglicht, sich ein Gesamtbild aus verschiedenen Perspektiven zu schaffen.

Das hier diskutierte Modell liefert also starke Indizien dafür, dass eine Fokussierung auf Marktanteile irreführend ist, wenn es darum geht abzuschätzen, inwiefern eine Marktkonstellation die Meinungsvielfalt gefährdet oder Potentiale für die Manipulation von Meinungsgleichgewichten vergrößert. Die Sicherung der Meinungsvielfalt als ordnungspolitisches Problem ist deutlich komplexer, als es eine die Marktanteile von Unternehmen betonende Sichtweise suggeriert (siehe auch *Wentzel* 2002 für eine ausführliche Diskussion der Sicherung von Meinungsvielfalt als ordnungspolitischer Problemstellung). Aus einer ökonomischen Sicht, die üblicherweise darauf setzt, durch eine kluge Wahl von Institutionen effiziente Ergebnisse zu erzielen, ist außerdem auch gerade die Schlussfolgerung aus dem hier vorgestellten Modell problematisch, nach der selbst bei intensivem Wettbewerb nur eine bestimmte und empirisch zweifelhafte Klasse von Präferenzen zu einer unverzerrten Wahrnehmung von Information durch die Medienkonsumenten führt. Das Argument, dass Vielfalt instrumentell sei, um eine unverzerrte Information der Medienkonsumenten sicherzustellen, ist daher sehr kritisch zu beurteilen. Dies sollte andererseits auch nicht zu der Schlussfolgerung verleiten, dass weniger Vielfalt einer unverzerrten Informationsvermittlung förderlich sei – zumal es, wie im folgenden Abschnitt argumentiert wird, andere und stichhaltige Gründe für Vielfalt auf dem Nachrichtenmarkt gibt. Die bisher diskutierten Argumente legen aber den Schluss nahe, dass es keinen robusten theoretischen Zusammenhang zwischen dem Grad der Vielfalt der Nachrichtenanbieter einerseits und unverzerrter Informationsverbreitung andererseits gibt.

Auch die Wahl eines normativen Maßstabes zur Beurteilung der verschiedenen Marktsituationen ist nicht unproblematisch. Eine naheliegende Möglichkeit bestünde darin, die aggregierten Konsumnutzen der Medienkonsumenten als Wohlfahrtsmaß heranzuziehen. In diesem Fall würde man tatsächlich die Existenz vieler, nebeneinander agierender Anbieter empfehlen, die eine möglichst vielfältige Menge an nachgefragten, verzerrten Informationen bereitstellen. Allerdings entstehen damit gesellschaftliche Kosten, die etwa darin bestehen, dass existierende Meinungsgleichgewichte noch stärker gefestigt werden, als sie es ohnehin schon sind. Diese Kosten wiederum sind aber kaum zu quantifizieren.

Schließlich besteht auch noch das Problem, dass das Kriterium der Offenheit gesellschaftlicher Kommunikationsprozesse eine weitere, bisher noch nicht angesprochene Dimension hat. Bisher ging es um die Frage, ob eine höhere Wettbewerbsintensität die Destabilisierung gegebener Meinungsgleichgewichte erleichtert, wobei diese Destabilisierung eine wesentliche Voraussetzung kollektiver Lernprozesse etwa über die relative Vorteilhaftigkeit auch wirtschaftspolitischer Maßnahmen ist. Eine andere Dimension von Offenheit ist die Frage, unter welchen Bedingungen neue gesellschaftliche Probleme eher einen Weg in den öffentlichen Diskurs finden.

5. Wozu Vielfalt auf dem Nachrichtenmarkt?

Die oben diskutierten Argumente weisen darauf hin, dass die Ratio einer interventionistischen Wettbewerbspolitik auf dem Nachrichtenmarkt nicht so sehr darin liegen kann, Verzerrungen im Prozess der Meinungsbildung zu verhindern. Die Anreizstrukturen gerade auf der individuellen Ebene sind vielmehr so, dass Individuen verzerrte Information sogar nachfragen; die Anreizstrukturen auf der gesellschaftlichen Ebene schließlich wirken stark stabilisierend auf einmal gefundene Gleichgewichte auf dem Meinungsmarkt. Die Möglichkeiten, gesellschaftliche Mehrheiten jedenfalls auf der Ebene der Themen und wahrscheinlich auch auf der Ebene der Kandidaten zu verändern, sind damit sehr beschränkt. Eine befürchtete Manipulation der politischen Meinungsbildung ist also kein überzeugender Grund, Zusammenschlüsse von Medienkonzernen schon bei relativ geringen Marktanteilen zu untersagen, so wie es derzeit zumindest in Deutschland die gängige Praxis ist.

Ein plausibleres Argument in dieser Hinsicht wäre vermutlich die Rolle, die Massenmedien als Torwächter für neue Themen spielen, die bisher noch nicht ihren Weg in einen breiten öffentlichen Diskurs gefunden haben und für die folglich auch noch keine stabilen Gleichgewichte auf dem Meinungsmarkt existieren können (vgl. etwa *Strömberg* 2001 für einen Hinweis auf die Funktion von Massenmedien als *agenda setter* im politischen Prozess). Bereits *Amartya Sen* (1981) hat darauf hingewiesen, dass massenhaftes Sterben infolge von Hungersnöten ein in Demokratien *de facto* nicht beobachtbares Phänomen ist. Auch dann, wenn Lebensmittelknappheit herrscht, werden in Demokratien in der Regel Wege gefunden, die noch zu mobilisierenden Ressourcen so aufzuteilen, dass extreme Folgen verhindert werden. Als relevanten Mechanismus zur Erklärung dieser Beobachtung kann man die Abwahldrohung anführen; eine Regierung, die für ihr Versagen in einer Krisensituation mit Abwahl bestraft wird, hat einen höheren Anreiz, auf die Forderungen ihrer Bürger zu reagieren. Es ist naheliegend anzunehmen, dass neben der Demokratie als politischer Ordnung auch die Verfügbarkeit und Verfasstheit medialer Kommunikationskanäle einen bedeutenden Einfluss auf die Wahrnehmung gesellschaftlicher Probleme durch politische Entscheidungsträger hat.

Phasen der Einführung neuer Massenmedien können als natürliche Experimente genutzt werden, um diese Vermutung zu überprüfen. *David Strömberg* (2004) analysiert die geographische Verteilung bundesstaatlicher Transfers zur Zeit des *New deal*. Er zeigt empirisch, dass solche Regionen, in denen das Radio bereits sehr verbreitet war, *ceteris paribus* höhere Transfers erhielten. Dies kann zwei verschiedenen Effekten geschuldet sein: Die Zentralregierung kann damit rechnen, dass sich die Information über ihr Engagement in medial versorgten Regionen schneller verbreitet und ihr daher dort größere Popularitätszuwächse verschafft. Die Regionen, in denen das Radio bereits stärker verbreitet war, konnten ihre Ansprüche aber auch deutlicher hörbar machen. Zu einem ähnlichen Ergebnis kommen *Timothy Besley* und *Robin Burgess* (2002) bei der Analyse eines Datensatzes für indische Staaten in der Zeit von 1958 bis 1992. Sie zeigen, dass eine entwickeltere und unabhängigere regionale Presselandschaft mit einer größeren Neigung der regionalen Regierungen einhergeht, auf Naturkatastrophen und andere unerwartete Schocks mit wirksamen Hilfen zu reagieren.

Die beiden oben genannten Beiträge interessieren sich vor allem für die Frage, welche politischen Auswirkungen eine stärkere mediale Versorgung einerseits und mediale Repräsentation andererseits haben. Die empirischen Studien bezogen sich auf geographisch abgegrenzte Regionen. Man kann jedoch ein analoges Argument auch für anders abgegrenzte Gruppen von Individuen formulieren. In einer pluralistischen Gesellschaft, in der Individuen unterschiedliche (und teils inkommensurable) politische Präferenzen oder auch ökonomische Partikularinteressen haben, ist ein freier Zugang zu medialen Kommunikationskanälen nötig, um im politischen Entscheidungsprozeß überhaupt Aufmerksamkeit zu erhalten. Auch hier wird allerdings wieder ein neuer *Trade-off* eingeführt: Zwar wird mit zunehmender Anzahl der Anbieter auf dem Nachrichtenmarkt die Zutrittsschwelle sinken, aber es sinkt ebenso die mediale Reichweite, den man durch das Überschreiten dieser Zutrittsschwelle gewinnt. Auch hier kann man also nicht einfach postulieren, dass ein vollständiger Wettbewerb das anzustrebende Ideal ist und alle Abweichungen davon als Imperfektionen zu gelten haben.

Neben der reinen Beurteilung der Marktanteile wird außerdem auch hier wieder die Annahme über eine Nutzenfunktion eine entscheidende Rolle spielen, in diesem Fall über die Nutzenfunktion des Eigentümers eines Medienunternehmens. Handelt es sich hier um reine Gewinnmaximierer, so ist der Marktanteil eines einzelnen Unternehmens für die Meinungsvielfalt und für die Offenhcit kollektiver Meinungsbildungsprozesse völlig unproblematisch, solange der Monopolist in der Lage ist, differenzierte Nachrichtenangebote anzubieten (diese Möglichkeit war im oben diskutierten Modell von *Mullainathan* und *Shleifer* 2005 durch Annahme ausgeschlossen). Er hätte dann einen Anreiz (zumindest, so weit sehr hohe Skalenvorteile dem nicht entgegenstehen), differenzierte Angebote zu machen, also etwa mehrere Zeitungen mit unterschiedlichen politischen Ausrichtungen unter dem Dach eines Verlages anzubieten. Redaktionelle Freiheit in differenzierten medialen Angeboten wäre ein wahrscheinliches Ergebnis eines rationalen Gewinnmaximierungskalküls. Dies ändert sich natürlich, wenn ein Sendereigentümer selbst ideologische Ziele verfolgt; je stärker diese relativ zu seinen ökonomischen Zielen zum Tragen kommen, desto problematischer werden steigende Marktanteile für die Offenheit des Meinungsmarktes (vgl. *Haucap* und *Dewenter* sowie *Beck* und *Wentzel* i.d.Bd.).

Es spricht also aus politisch-ökonomischer Sicht bei der Betrachtung der Interaktion von politischer Entscheidungsfindung und medialer Aufmerksamkeit einiges dafür, eine breite Vielfalt auf dem Nachrichtenmarkt zu erhalten. Wieder ist aber das isolierte Heranziehen einfacher Marktanteile zur Beurteilung der Situation unzureichend. Tatsächlich finden sich ähnliche Schlussfolgerungen bereits in älteren, sogenannten Programmwahl-Modellen (siehe ursprünglich *Steiner* 1952), die in verschiedenen Marktkonstellationen und unter verschiedenen Annahmen über das Verhalten von Zuschauern untersuchen, welche Merkmale das Programmangebot der Anbieter kennzeichnen. Auch in einem solchen Rahmen kommt *Steiner* (1961) zu dem Ergebnis, dass ein Monopolist einen Anreiz hätte, verschiedene Nachfragegruppen in ihrer ganzen Vielfalt zu bedienen, während Wettbewerb eher dazu führen wird, dass erfolgreiche Angebote kopiert werden und die Vielfalt somit eingeschränkt wird. Darauf aufbauende, spätere Simulationsmodelle wie das von *Beebe* (1977) zeigen, dass letzteres Ergebnis auch von der angenommenen Anzahl der Übertragungskanäle abhängt. Nimmt man, was inzwischen angesichts des technischen Fortschritts etwa im Internet nicht mehr gänzlich unrealistisch ist, unendlich viele Frequenzen an, so kommt es auch bei Wettbewerb und Werbefinanzierung zu einer Differenzierung der Angebote entlang der heterogenen Konsumentenpräferenzen.

6. Schlußfolgerungen

Bereits *Ronald Coase* (1974) hat sich über das Paradox gewundert, dass der Markt für Güter und Dienstleistungen in der westlichen Welt oft sehr streng, der Markt der Meinungen und Ideen aber häufig vergleichsweise wenig reguliert wird. Wenn man die gleichen Maßstäbe an beide Märkte anlegte, dann müsste man, so *Coase*, entweder den einen Markt deutlich weniger oder den anderen Markt deutlich stärker regulieren. Tatsächlich könnte man von der typischen, wohlfahrtsökonomischen Warte aus argumentieren, dass der in Abschnitt 3 dieses Beitrages skizzierte Meinungsmarkt unter Effizienzgesichtspunkten ein Albtraum ist, in dem Mehrheiten von Individuen starrsinnig auf offensichtlich falschen Meinungen beharren, so dass eine benevolente, erzieherische Intervention des Staates dringend angezeigt wäre.

Natürlich wird ein politisch-ökonomisch aufgeklärter Ökonom dringend davon abraten, dass ausgerechnet Vertreter des öffentlichen Sektors damit beauftragt werden, anstelle unabhängiger Meinungsanbieter „objektive“ Informationen zu verbreiten. Wie wir gesehen haben, ist die Bereitschaft, mittelbare Interventionen zur Sicherung der Meinungsvielfalt zuzulassen, allerdings durchaus vorhanden. An dieser Stelle können wir zum eingangs eingeführten Fallbeispiel der geplanten Fusion der Springer AG und der ProSiebenSat.1 AG zurückkehren. Die Diskussion in diesem Beitrag legt nahe, dass die recht niedrigen Marktanteile, die laut Rundfunkstaatsvertrag eine vorherrschende Meinungsmacht implizieren, völlig arbiträr gewählt wurden. Die Diskussion im dritten Abschnitt hat gezeigt, dass einfache Vorstellungen einer *stimulus-response*-Theorie der Meinungsbeeinflussung eher abwegig sind. Ökonomische und auch psychologische Überlegungen sprechen dafür, dass einmal gebildete Meinungen auf der individuellen Ebene sehr stabil sind und dass ebenso einmal gefundene Meinungsgleichgewichte eine sehr stark selbststabilisierende Eigenschaft haben. Es erscheint vor diesem Hintergrund unwahrscheinlich, dass ein auf Printmedien spezialisierter Konzern einen entscheidenden Einfluss auf die öffentliche Meinung gewinnt, wenn er eine Gruppe von Fernsehsendern zukauft, die über einen Marktanteil von nicht einmal einem Viertel verfügt und die außerdem ihren Spezialisierungsvorteil im Bereich der Komödien und Spielfilme sieht.

Die Diskussion im vierten Abschnitt hat außerdem gezeigt, dass man eher erwarten kann, dass gewinnmaximierende Medienunternehmen der öffentlichen Meinung folgen, als dass sie sie aktiv gestalten. Wir sind außerdem zu dem Ergebnis gekommen, dass unter realistischen Annahmen über das Verhalten der Medienkonsumenten eine zunehmende Fragmentierung der Angebotsseite des Meinungsmarktes dazu führt, dass vorhandene Prädispositionen der Konsumenten tendenziell verstärkt werden. Dies mag unter dem Gesichtspunkt des reinen Konsumnutzens positiv sein, für die Offenheit kollektiver Meinugsbildungsprozesse, die die Möglichkeit zur Änderung von Meinungsgleichgewichten zur Voraussetzung hat, ist dies allerdings ein negativer Einfluss.

Schließlich haben wir im fünften Abschnitt gesehen, dass eine relativ große Vielfalt von Anbietern eine Voraussetzung ist, um den Zugang neuer Themen in den öffentlichen Diskurs relativ kostengünstig zu ermöglichen und auch um die Artikulation von *voice* im politischen Meinungsbildungsprozeß zu erleichtern. Dieses ist, verglichen mit dem Wunsch nach unverzerrter Informationsvermittlung, das deutlich stichhaltigere Argument für eine Vielfalt von Anbietern auf dem Meinungs- und Nachrichtenmarkt. Wiederum aber kann man nicht problemlos vom Marktanteil eines Unternehmens auf die von ihm bereitgestellte inhaltliche Vielfalt schließen; bei hinreichend schwachen ideologischen Motiven des Eigentümers kann im Gegenteil erwartet werden, dass Unternehmen mit hohem Marktanteil ein differenziertes mediales Angebot bereitstellen. Alle diese Überlegungen lassen erhebliche Zweifel daran aufkommen, dass das aktuelle regulierungspolitische Vorgehen, eine Gefährdung der Meinungsvielfalt durch Marktanteile abzuschätzen, angemessen ist.

Literatur

Arthur, W. Brian, Yuri M. Ermoliev and *Yuri M. Kaniovski* (1983), A Generalized Urn Process and Its Applications, in: Cybernetics, Vol. 19, pp. 61-71.

Beebe, Jack H. (1977), Institutional Structure and Program Choice in Television Markets, in: Quarterly Journal of Economics, Vol. 91, pp. 15-37.

Besley, Timothy and *Robin Burgess* (2002), The Political Economy of Government Responsiveness, in: Quarterly Journal of Economics, Vol. 112, pp. 1415-1451.

Besley, Timothy and *Andrea Prat* (2006), Handcuffs for the Grabbing Hand? Media Capture and Government Accountability, in: American Economic Review, Vol. 96, pp. 720-736.

Cain, Daylian M., George Loewenstein and *Don A. Moore* (2005), The Dirt on Coming Clean: Perverse Effects of Disclosing Conflicts of Interest, in: Journal of Legal Studies, Vol. 34, pp. 1-25.

Coase, Ronald H. (1974), The Market for Goods and the Market for Ideas, in: American Economic Review, Vol. 64 (Papers & Proceedings), pp. 384-391.

DellaVigna, Stefano and *Ethan Kaplan* (2007), The Fox News Effect: Media Bias and Voting, in: Quarterly Journal of Economics, Vol. 117, pp. 1187-1234.

Denzau, Arthur T. and *Douglass C. North* (1994), Shared Mental Models: Ideologies and Institutions, in: Kyklos, Vol. 47, pp. 3-31.

Djankov, Simeon, Caralee McLiesh, Tatiana Nenova and *Andrei Shleifer* (2003), Who Owns the Media?, in: Journal of Law and Economics, Vol. 46, pp. 341-381.

Downs, Anthony (1957), An Economic Theory of Democracy, New York.

Elster, Jon (2007), Explaining Social Behavior: More Nuts and Bolts for the Social Sciences, Cambridge.

Fernández, Raquel (2007), Culture as Learning: The Evolution of Female Labor Force Participation over a Century, NYU Discussion Paper, New York.

Festinger, Leon (1957), A Theory of Cognitive Dissonance, Evanston.

Gentzkow, Matthew A. and *Jesse M. Shapiro* (2004), Media, Education and Anti-Americanism in the Muslim World, in: Journal of Economic Perspectives, Vol. 18(3), pp. 117-133.

Grasnovetter, Mark (1973), The Strength of Weak Ties, in: American Journal of Sociology, Vol. 78, pp. 1360-1380.

Hirschman, Albert O. (1989), Having Opinions: One of the Elements of Well-Being?, Amercian Economic Review, Vol. 79 (Papers & Proceedings), pp. 75-79.

KEK – Kommission zur Ermittlung der Konzentration im Medienbereich (2006), Beteiligungsveränderungen bei Tochtergesellschaften der ProSiebenSat.1 Medien AG: Beschluss und Begründung, Aktenzeichen KEK 293-1 bis -5.

Kirchgässner, Gebhard (2000), Homo Oeconomicus, 2., erg. und erw. Aufl., Tübingen.

Kuchinke, Björn A. und *Jens M. Schubert* (2006), Der Beschluss des Bundeskartellamtes in Sachen Springer-ProSieben-Sat.1 – eine Einordnung und Bewertung, in: Wirtschaft und Wettbewerb, Bd. 56, S. 477-486.

Kuran, Timur (1987), Preference Falsification, Policy Continuity and Collective Conservatism, in: Economic Journal, Vol. 97, pp. 642-665.

Kuran, Timur (1991), Cognitive Limitations and Preference Evolution, in: Journal of Institutional and Theoretical Economics, Vol. 147, pp. 241-273.

Lazarsfeld, Paul B., Bernard R. Berelson and *Hazel Gaudet* (1944), The People's Choice: How a Voter Makes Up His Mind in a Presidential Campaign, New York.

Meier, Alfred und *Daniel Mettler* (1985), Auf der Suche nach einem neuen Paradigma der Wirtschaftspolitik, in: Kyklos, Bd. 38, S. 171-199.

Meier, Alfred und *Tilman Slembeck* (1998), Wirtschaftspolitik: Ein kognitiv-evolutionärer Ansatz, 2., überarb. Aufl., München.

Mueller, Dennis C. (2003), Public Choice III, Cambridge.

Mullainathan, Sendhil and *Andrei Shleifer* (2005), The Market for News, in: American Economic Review, Vol. 95, pp. 1031-1053.

Murphy, Kevin M. and *Andrei Shleifer* (2004), Persuasion in Politics, in: American Economic Review, Vol. 94 (Papers & Proceedings), pp. 435-439.

Noelle-Neumann, Elisabeth (1982), Die Schweigespirale: Öffentliche Meinung – unsere soziale Haut, Berlin.

Puglisi, Riccardo (2006), Being the New York Times: The Political Behaviour of a Newspaper, Working Paper, London School of Economics.

Schnellenbach, Jan (2007), Public Entrepreneurship and the Economics of Reform, in: Journal of Institutional Economics, Vol. 3, pp. 183-202.

Schnellenbach, Jan (2008), Rational Ignorance Is Not Bliss: When Do Lazy Voters Learn from Decentralized Political Experiments?, erscheint in: Jahrbücher für Nationalökonomie und Statistik.

Schumpeter, Joseph A. (1942), Capitalism, Socialism and Democracy, New York.

Sen, Amartya (1981), Poverty and Famines, Oxford.

Steiner, Peter O. (1952), Program Patterns and Preferences and the Workability of Competition in Radio Broadcasting, in: Quarterly Journal of Economics, Vol. 66, pp. 194-223.

Steiner, Peter O. (1961), Monopoly and Competition in Television: Some Policy Issues, in: The Manchester School of Economics and Political Science, Vol. 29, pp. 107-131.

Strömberg, David (2001), Mass Media and Public Policy, in: European Economic Review, Vol. 45, pp. 652-663.

Strömberg, David (2004), Radio's Impact on Public Spending, in: Quarterly Journal of Economics, Vol. 119, pp. 189-221.

Tietzel, Manfred und *Dirk Wentzel* (2005), Pressefreiheit: Erfolg oder Mißerfolg einer Institution, in: *Thomas Eger* (Hg.), Erfolg und Versagen von Institutionen, Berlin, S. 53-88.

Wentzel, Dirk (2002), Medien im Systemvergleich: Eine ordnungsökonomische Analyse des deutschen und amerikanischen Fernsehmarktes, Stuttgart.

Witt, Ulrich (1996), The Political Economy of Mass Media Societies, Papers on Economics and Evolution 9601, MPI zur Erforschung von Wirtschaftssystemen, Jena.

Zaller, John (1992), The Nature and Origins of Mass Opinion, Cambridge.

Dirk Wentzel (Hg.), Medienökonomik –
Theoretische Grundlagen und ordnungspolitische Gestaltungsalternativen
Schriften zu Ordnungsfragen der Wirtschaft · Band 89 · Stuttgart · 2009

Bildschirm und Bildung: Eine bildungsökonomische Analyse der Wirkungen des Fernsehens

*Christian Müller**

Inhalt

---

* Für hilfreiche Anmerkungen zu einer früheren Fassung dieses Beitrags danke ich den Teilnehmerinnen und Teilnehmern des 41. Forschungsseminars Radein/Südtirol, besonders meinem Korreferenten *Thomas Apolte*. Für technische und organisatorische Unterstützung bin ich *Christian Küsters* und *Markus Student* dankbar.

1. Kinder vor der Mattscheibe

Wer in einem Haushalt mit Kabelanschluss lebt, kann im Durchschnitt zwischen 38,5 verschiedenen Fernsehprogrammen wählen, Haushalte mit Satellitenempfang sogar zwischen 44,3 Sendern; Haushalte mit rein terrestrischem Empfang müssen sich hingegen mit „nur" acht Wahlmöglichkeiten bescheiden (*Feierabend* und *Klingler* 2004, S. 154). Die Zahl der verfügbaren Wahlmöglichkeiten hat dabei einen entscheidenden Einfluß auf die Sehdauer. Die Regel ist: Je größer die Wahlmöglichkeiten, desto mehr wird auch tatsächlich ferngesehen. Der körperlichen Gesundheit ist diese Entwicklung alles andere als zuträglich. Denn zuviel Fernsehen macht, wie eine beträchtliche Zahl von Studien zeigt, krank. Wer viel fernsieht, ist mit höherer Wahrscheinlichkeit übergewichtig, raucht, ist körperlich weniger fit und hat einen höheren Cholesterinspiegel (eine Übersicht über die empirische Evidenz gibt *Spitzer* 2006, S. 13 ff.).

Soweit hiervon allein Erwachsene betroffen sind, mag man all dies für einigermaßen unproblematisch halten. Man mag hier auf die Mündigkeit des Bürgers setzen, dem wir in der Demokratie nicht nur politische Souveränität zutrauen, sondern auf dem Markt auch Konsumentensouveränität. Das erwachsene Individuum, so unterstellen wir im Allgemeinen als Ökonomen mit dem Postulat des normativen Individualismus, ist selbst am besten in der Lage zu entscheiden, was gut für es ist und was nicht. Dritte haben ihm dort nicht hineinzureden. Der Betroffene und nur er allein ist die „Quelle aller Werte" (*Brennan* und *Buchanan* 1993, S. 28.). Das ist auch dann nicht anders, wenn das Individuum ein „Selbstmanagement-Problem" (*Schelling* 1984, S. 87) haben sollte. Vielleicht neigt ein Erwachsener dazu, abends mehr fernzusehen, als er dies am nächsten Morgen wünschen würde; vielleicht bewegt er sich deshalb auch weniger, isst mehr Chips und nimmt damit stärker zu als gewünscht – ein gesellschaftliches Problem wird man hieraus nicht machen wollen.

Wie aber steht es mit noch unmündigen Kindern, die, wie empirische Studien zeigen, häufig schon von klein auf vor dem Bildschirm sitzen? Vorschulkinder (im Alter von drei bis fünf Jahren) sehen an einem durchschnittlichen Tag 71 Minuten lang fern. Bei Grundschulkindern steigert sich dieser Wert auf knapp anderthalb Stunden (86 Minuten), und 10- bis 13jährige verbringen knapp zwei Stunden (108 Minuten) täglich vor dem Fernsehschirm (*Feierabend* und *Klingler* 2006, S. 139).

Im Jahr 2005 lebten noch ganze drei Prozent aller Kinder in Haushalten mit rein terrestrischem Fernsehempfang; mehr als die Hälfte aller Kinder (53 Prozent) wohnte in Haushalten mit Satelliten-, 43 Prozent in solchen mit Kabelanschluss. Die Angebotsvielfalt ist auch hier mit der Sehdauer korreliert: Kinder aus Haushalten mit konventionellem Antennenempfang sehen täglich weniger als eine Stunde (56 Minuten) fern, deutlich länger hingegen die Kinder aus Kabel- (96 Minuten) und Satellitenhaushalten (88 Minuten) (*Feierabend* und *Klingler* 2006, S. 139).

Haben Kinder sogar einen eigenen Fernseher, so sitzen sie auch länger vor der Mattscheibe. Der Anteil der Kinder, für welche dies zutrifft, steigt. Waren es 1999 noch 29 Prozent, so konnten 2005 schon 42 Prozent der Kinder auf ihrem Zimmer unkontrolliert fernsehen. Kinder mit eigenem Fernseher sehen fast zwei Stunden täglich fern, Kinder ohne Fernsehgerät im Kinderzimmer eine gute halbe Stunde weniger (*Feierabend* und *Klingler* 2006, S. 140).

Amerikanische Kinder – für welche die meisten empirischen Untersuchungen durchgeführt wurden – verbringen in ihrem Leben sogar noch mehr Zeit vor dem Fernseher als in den eigentlichen Bildungseinrichtungen. Ein durchschnittliches amerikanisches Vorschul- und Schulkind verbringt knapp 30 Stunden in der Woche vor dem Fernseher, wesentlich mehr Zeit also als im Kindergarten oder in der Schule (*Gortmaker* et al. 1990). Bis zu seiner Entlassung aus der Schule hat ein Kind in den USA 16.000 bis 20.000 Stunden vor dem Fernsehschirm verbracht, aber nur 14.000 Stunden im Klassenzimmer (*Myrtek* 2006). Kein Wunder also, dass auch die Frage nach der Bildungsdimension dieses Mediums immer wieder in den Blickpunkt der öffentlichen Diskussion gerät.

Angesichts des gewaltigen Umfangs, den der Fernsehkonsum im Leben von Heranwachsenden inzwischen einnimmt, stellt sich – gerade im Zeitalter von PISA, TIMMS und anderer Schülervergleichsstudien – die Frage, ob und inwieweit die Zeit vor dem Bildschirm[1] Einfluss nimmt auf die Bildung der Kinder – in einem weiteren Sinne verstanden zum einen als Persönlichkeitsbildung, zum anderen aber auch gemessen als schulischer Erfolg. In diesem Beitrag werde ich daher zunächst einen kurzen Überblick über die empirische Literatur zu dieser Frage geben. Der hieraus zu ziehende Befund ist, wie sich zeigen wird, eindeutig: Der exzessive Fernsehkonsum in Kindheit und Jugend ist alles andere als harmlos; er beeinträchtigt wesentlich die Bildung der Kinder. Die empirische Forschung zu den Bildungswirkungen des Fernsehens zeigt in aller Deutlichkeit, dass die Zeit vor der Mattscheibe negative Externalitäten hat – nicht anders als Kraftwerke oder andere „klassische" Umweltschädiger. Im Folgenden werde ich daher einige Überlegungen aus der Literatur diskutieren und schließlich einen eigenen Vorschlag zur Sicherung des Bildungserfolgs der Kinder im Fernsehzeitalter machen.

2. Gefahren des Fernsehens für die Bildung

Fernsehen ist für Kinder in Deutschland die wichtigste Freizeitbeschäftigung (*Myrtek* 2006). Befragt man indes die Eltern der fernsehenden Kinder, so ergibt sich ein überraschendes Bild. Obwohl sie ihren Kindern einen zum Teil hohen Fernsehkonsum gestatten, befürworten in Westdeutschland 68 Prozent der Mütter und 70 Prozent der Väter das Fernsehen ihrer Kinder eher nicht; in Ostdeutschland sind es 64 und 65 Prozent. Bei den Kindern selbst ist die grundsätzliche Ablehnung der Zeit vor dem Bildschirm sogar noch größer. 80 Prozent der westdeutschen und 78 Prozent der ostdeutschen Kinder finden weniger fernsehen besser (*Klingler* und *Groebel* 1994). Befragt nach den Gründen für ihre ablehnende Haltung, äußerten die Eltern die Vermutung, dass Fernsehen die Kinder nervös mache, ihre Konzentrationsfähigkeit beeinträchtige und sie zudem zu früh erfahren, was es Böses und Grausames in der Welt gibt.

1 Dabei werde ich unter Fernsehen immer zugleich auch andere Bildschirmmedien mit betrachten wie den Konsum von DVDs oder Video. Nicht erfasst sind im Folgenden jedoch Computerspiele und ähnliche Bildschirmmedien, die in theoretischer wie empirischer Hinsicht zum Teil sehr verschieden von der Fragestellung des Fernsehens zu beurteilen sind.

Wie empirische Studien zeigen, sind die Befürchtungen der Eltern berechtigt. Als wissenschaftlich gut gesichert kann heute gelten, dass Fernsehen die Präferenzen und Werte von Kindern verändern, ihre Aggressivität steigern, ihre Persönlichkeit verändern, ihre Gesundheit einschränken und nicht zuletzt auch den Schulerfolg von Kindern gefährden kann.

2.1. Wirkungen auf die Persönlichkeitsbildung

Das Fernsehen seit der frühen Kindheit bestimmt die allgemeine Sicht der Welt und formt die Werte und Präferenzen der Seher. Empirischen Untersuchungen zufolge betrachten Vielseher, verglichen mit Wenigsehern, ihr Leben häufiger als langweilig und unglücklich und neigen zu einer fatalistischen Lebenseinstellung (*Morgan* 1984).

Besondere Probleme werfen Filme mit bestimmten Inhalten auf. Darstellungen von Gewalt und ebenso von Pornographie haben einen emotional abstumpfenden Effekt (*Zillmann* and *Bryant* 1988). Gewaltdarstellungen kommen im Fernsehen etwa hundertmal häufiger vor als in der Realität (*Myrtek* 2006). Wer viel vor der Mattscheibe sitzt, hat daher häufiger Angst, nachts auf die Straße zu gehen (*Gerbner* et al. 1994). Nach einer repräsentativen Untersuchung von elfjährigen Schülern in Nordrhein-Westfalen (*Groebel* 1981) wiesen Vielseher, besonders die Mädchen unter ihnen, höhere Werte physischer und sozialer Angst auf. Diese Wirkungen sind auch persönlichkeitsabhängig: Wer ängstlich war, sah mehr fern; der gesteigerte Fernsehkonsum erhöhte andererseits wiederum die Angst der Kinder. Die empirischen Untersuchungen zu dieser Frage stützen die sog. *Kultivierungshypothese* (*Gerbner* 1978), nach welcher häufiges Fernsehen das Bild einer relativ gefährlichen und schlechten Welt kultiviert.

Exzessivseher aus der 8. und 9. Jahrgangstufe konsumieren nach einer Studie von *Weiss* (1990) früher und tendenziell gewalttätigere Filme als ihre wenigsehenden Altersgenossen. Der Konsum von Horror- und Gewaltvideos steigert danach das Bedürfnis, anderen gegenüber als stärker und überlegener zu erscheinen. Er führt zu einer tendenziell geringeren Bereitschaft zu sozialem Engagement, zu einer hohen „Maskulinität der Einstellung" – die sich ihrerseits in einer Präferenz für aggressive Erlebnisinhalte konkretisiert – sowie zu einer Tendenz, in der Schule weniger ehrgeizig zu sein. Besonders auffällig war indes die deutliche Steigerung einer „kämpferischen, nach außen gerichteten Aggressivität", welche ein hoher bzw. exzessiver Konsum von Horror- und Gewaltmedien auslösen kann.

Ein ideales quasi-experimentelles Setting fanden *Joy*, *Kimball* und *Zabrack* (1986) für ihre Untersuchung in Kanada vor. Drei Städte wurden in die Stichprobe aufgenommen, die sich im Zeitpunkt der Einführung und der Empfangsmöglichkeiten des Fernsehens unterschieden. Eine Stadt hatte bis unmittelbar vor Durchführung der Studie noch keinen Fernsehempfang, in einer anderen war das Fernsehen bereits zwei Jahre zuvor eingeführt worden, und in einer dritten gab es das Fernsehen schon längere Zeit. In einem doppelt-blinden Forschungsdesign wurde eine Kohorte von 45 Erst- und Zweitklässlern zwei Jahre lang auf ihre physische Aggression (z. B. Schlagen, Rempeln, Beißen) beobachtet. Während sich die physische Aggression unter den Kindern in den beiden Kontrollgemeinden nicht signifikant veränderte, gingen die Raten physischer Aggression in der ersten Stadt nach Einführung des Fernsehens um 160 Prozent in die Höhe.

Zahlreiche weitere Studien kommen zu dem Ergebnis, dass Aggressivität durch den Konsum von Gewaltdarstellungen induziert sein kann (*Huesmann* et al. 1983; *Josephson* 1987; *Liebertz* 1986). Auch dass der Fernsehkonsum fiktionaler Gewalt reale Gewalttaten auslösen kann, kann heute als wissenschaftlich gut belegt gelten (*Jo* and *Berkowitz* 1994; *Myrtek* und *Scharff* 2000, S. 34). Solche Gewalttaten sind dabei umso wahrscheinlicher, wenn die Kinder und Jugendlichen aus schlechten sozialen Verhältnissen mit Aggressivität und vernachlässigendem Erziehungsstil der Eltern stammen (*Myrtek* und *Scharff* 2000, S. 34).

Auch psychische und psychosomatische Beschwerden – darunter Reizbarkeit, schlechte Laune, Kopfschmerzen u. ä. – sind eine mögliche Folge eines übermäßigen Videokonsums von Kindern und Jugendlichen. Vor allem bei Mädchen kann der Medieneinfluss auch mit häufigerem Medikamentengebrauch und mit einer Verringerung der allgemeinen Lebenszufriedenheit einhergehen (*Aarö* und *Eder* 1989).

In einer Untersuchung von *Dietz* und *Gortmaker* (1985) ließ sich für die untersuchten 6.965 Kinder im Alter von 6 bis 11 Jahren ein signifikanter Zusammenhang zwischen Fettsucht und der Dauer des Fernsehkonsums feststellen. Studien belegen auch Nachahmungseffekte. Szenen in Werbespots, in denen Alkohol konsumiert wird, führten bei Kindern und Jugendlichen im Alter von 10 bis 14 Jahren dazu, dass Alkohol mit Männlichkeit und Geselligkeit assoziiert wurde (*Kotch*, *Coulter* and *Lipsitz* 1986; *Aitken*, *Leathar* and *Scott* 1988). Selbst eine Nachahmung von im Fernsehen gezeigten Selbstmordhandlungen könnte möglich sein (*Gould* and *Shaffer* 1986; *Centerwall* 1990; dagegen aber *Phillips* and *Paight* 1987).

In einer Langzeitstudie über eine 875 Personen umfassende Alterskohorte in einem agrarisch geprägten Landkreis in den USA untersuchte *Huesmann* (1986), ob das Fernsehen von Kindern im Alter von acht Jahren die Schwere krimineller Handlungen im Alter von 30 Jahren beeinflussen könne. Unter Berücksichtigung der Faktoren der grundlegenden Aggressivität der Jungen, ihrer Intelligenz und ihres sozioökonomischen Status als Achtjährige fand er heraus, dass das Anschauen von Gewalt im Fernsehen im Alter von acht Jahren die Schwere von Verbrechen, für die sie als Dreißigjährige verurteilt werden, signifikant vorhersagen konnte.

Nachdem in den USA das Fernsehen eingeführt worden war, ging die jährliche Mord- und Totschlagsrate unter der weißen Bevölkerung um 93 Prozent in die Höhe – von drei Fällen pro 100.000 weiße Personen im Jahr 1945 auf 5,8 Fälle 1974. Ganz ähnlich erhöhte sich die entsprechende Verbrechensrate in Kanada nach der Einführung des Fernsehens um 92 Prozent – von 1,3 (1945) auf 2,9 Fällen (1974) pro 100.000 Bürger. In den wenigen Ländern, in denen es kein Fernsehen gab, blieben die vergleichbaren Tötungsraten konstant oder sanken sogar leicht. In Südafrika etwa, wo das Fernsehen längere Zeit aus rassenpolitischen Gründen vollständig verboten war, ging die jährliche Rate dieser Kapitalverbrechen sogar um 7 Prozent zurück – von 2,7 Mord- und Totschlagsdelikten pro 100.000 Personen weißer Hautfarbe im Jahr 1943 auf 2,5 Verbrechen dieser Art in 1974 (alle Angaben nach *Centerwall* 1992).

Sowohl in den USA als auch in Kanada gab es eine Zeitverzögerung von zehn bis 15 Jahren zwischen der Einführung des Fernsehens einerseits und der darauf folgenden Verdoppelung der Kapitalverbrechen andererseits. Unterstellt man, dass solche Gewalttaten vorrangig von Erwachsenen ausgeführt werden, das Fernsehen aber vor allem auf Kinder einen persönlichkeitsverändernden Einfluss hat, dann hätte die erste „Fernsehgeneration" jeweils ungefähr 10 bis 15 Jahre Zeit gehabt, bevor die Verbrechensrate entsprechend anstieg. Unter diesen Umständen wäre zu erwarten gewesen, dass die schweren Gewaltverbrechen erst unter Kindern, später unter Jugendlichen und schließlich auch unter jungen Erwachsenen usw. hätten ansteigen müssen – eine Vermutung, die mit der empirischen Evidenz übereinstimmt (*Centerwall* 1989b).

2.2. Wirkungen auf den schulischen Erfolg

Fernsehen hat nicht nur wesentlichen Einfluss auf die Persönlichkeitsbildung von Kindern und Jugendlichen, indem es ihre Werte und Verhaltensweisen verändert, sondern auch auf die Bildung im engeren Sinne: auf die schulischen Leistungen. Diese Schlussfolgerung legen jedenfalls zahlreiche empirische Studien nahe, die in den vergangenen Jahren und Jahrzehnten – vor allem im „Exzessivfernsehland" USA, in jüngerer Zeit aber auch in Deutschland – durchgeführt wurden.

Dabei ist nicht zu übersehen, dass das Medium Fernsehen auch positive Bildungswirkungen haben kann. So wurde in den 60er Jahren die Sendereihe „Sesamstraße" konzipiert, um sozial benachteiligten Kindern eine bessere Ausgangslage für den Schulstart zu ermöglichen. Das neue Medium galt damals als eine kostengünstige Möglichkeit, dieses Ziel zu fördern. 1967 wurde zu diesem Zweck der *Children's Television Workshop (CTW)* gegründet, der eine pädagogische Sendung konzipierte, die mit unterhaltsamen Elementen zu Lerneffekten bei Kindern führen sollte (*Ennemoser* 2003, S. 68).

Die empirische Forschung, mit welcher die „Sesamstraße" von Anfang an begleitet wurde, konnte den pädagogischen Wert der Sendung belegen. Bei Kindern, welche die „Sesamstraße" bis zu fünfmal pro Woche sahen, konnten die relativ größten Leistungszuwächse in Bezug auf Buchstaben- und Zahlenkenntnis und in weiteren Wissensbereichen festgestellt werden (*Ball* and *Bogatz* 1970; *Winterhoff-Spurk* 1986). In einer Längsschnittstudie fanden *Rice* et al. (1990), dass ein häufiges Sehen der „Sesamstraße" mit einem etwas größeren Wortschatz einherging. Dieser Effekt lässt sich indes nur für kleinere Kinder im Vorschulalter nachweisen; schon Schulkinder haben offenbar einen zu umfangreichen Wortschatz aufgebaut, um noch von der für Drei- bis Fünfjährige konzipierten „Sesamstraße" profitieren zu können (auch *Wright* et al. 2001).

Die positiven Effekte können sogar über lange Zeit nachwirken. Nach der von *Anderson* et al. (2001) durchgeführten Langzeitstudie zur Untersuchung der Wirkungen des Fernsehens, an welcher 570 Kinder beteiligt waren, ging zumindest bei Jungen die tägliche Fernsehdauer im Vorschulalter mit besseren Noten in der Highschool einher, während für Mädchen dieser Zusammenhang negativ war. Der positive Zusammenhang für die Jungen erklärte sich dabei aus dem Konsum der „Sesamstraße". Jungen, die im Vorschulalter fünf mal pro Woche die „Sesamstraße" gesehen hatten, schnitten durchschnittlich etwa einen Drittel-Notenpunkt besser als ihre Mitschüler ab. Bei Mädchen ließ sich ein solcher Effekt praktisch nicht nachweisen.

In der Diskussion um die Wirkungen des Fernsehens wird die „Sesamstraße" gern als ein Paradebeispiel für die Bildungschancen angeführt, welche dieses Medium beinhalten. Tatsächlich aber ist dieses Format eine Ausnahmeerscheinung in der Fernsehforschung. So gibt es kaum Studien über positive Fernsehwirkungen, die sich nicht auf die „Sesamstraße" oder ähnliche Sendungen mit pädagogischem Anspruch erstrecken. Verallgemeinernde Schlussfolgerungen wie die, dass ein gesteigerter Fernsehkonsum sich positiv auf die schulischen Leistungen von Kindern auswirken kann, lassen sich auf der Basis solcher Untersuchungen keinesfalls ziehen. Denn wer viel fernsieht, sieht typischerweise eben nicht „wertvolle" Sendungen wie die „Sesamstraße" (*Myrtek* und *Scharff* 2000, S. 28).

Üblicherweise sind die Wirkungen auf die schulischen Erfolge, welche die empirische Forschung dem Fernsehen zumisst, eher negativ. Idealiter haben solche Studien quasiexperimentellen Charakter, insofern sie eine Stichprobe von Kindern in zwei Gruppen unterteilen – in eine aus Familien mit und eine aus solchen ohne Fernsehanschluss. Leistungsunterschiede zwischen beiden Gruppen könnten dann auf den unterschiedlichen Mediengebrauch zurückzuführen sein. So vorteilhaft solche Studien grundsätzlich wären, so undurchführbar erscheinen sie in den hochentwickelten Volkswirtschaften, in denen es Familien ohne Fernsehanschluss heute praktisch nicht mehr gibt. Dieser Forschungsrichtung fehlt es heute somit an einer Kontrollgruppe, mit welcher sich die Wirkungen des Fernsehens unterscheiden lassen – sieht man einmal von völlig untypischen und daher unbrauchbaren Kontrollgruppen wie jene der *Amish People* in Pennsylvania/USA ab (*Centerwall* 1989a, S. 643).

Dem Ideal einer solchen quasiexperimentellen Studie zumindest nahe kommt die schon erwähnte *British Columbia Study* in drei kanadischen Städten, mit welcher auch die Auswirkungen des Fernsehens auf die Lesekompetenzen von Kindern untersucht wurden (*Corteen* and *Williams* 1986). Zweitklässler aus der ersten Stadt (ohne Fernsehen) hatten anfänglich im Vergleich zu Schülern aus den beiden anderen Städten eine höhere Lesegeschwindigkeit – ein Vorteil, der sich bis in die vierte Klasse fortsetzte. Zwei Jahre nach der Einführung des Fernsehens in dieser Stadt waren bei den Zweitklässlern keine Vorteile mehr gegenüber Schülern aus den anderen beiden Städten nachweisbar. Ganz offensichtlich beeinträchtigt das Fernsehen den Erwerb grundlegender Lesefähigkeiten in der ganz frühen Phase des Schreibenlernens unmittelbar nach der Einschulung. Auch nach einer ähnlichen Studie, die *Hornik* (1978) in El Salvador durchführte, hatte die Anschaffung von Fernsehern einen Rückgang der Leistungszuwächse im Bereich der Lesekompetenzen zur Folge.

Die meisten empirischen Arbeiten im Bereich der Fernsehforschung sind Feldstudien. Je mehr Zeit die Kinder vor der Mattscheibe sitzen, dies ist das durchgehende Ergebnis dieser Forschungen, desto ausgeprägter ist der relative Nachteil, den sie bei ihren schulischen Leistungen erfahren. *Henggeler* et al. (1991) fanden für eine allerdings kleine Stichprobe von nur 25 Kindern im Alter von acht Jahren einen signifikanten negativen Zusammenhang zwischen der Dauer des Fernsehens und Minderleistungen in der Schule. Für Kinder aus Familien mit einem höheren sozioökonomischen Status ermittelte *Fetler* (1984) an über 10.000 Schülern in Kalifornien starke negative Wirkungen einer Zunahme des Fernsehkonsums auf die Schulleistungen. Kinder aus einem sozial weniger privilegierten Umfeld konnten von einem mäßigen Fernsehkonsum zwar profitieren – ein Effekt indes, der mit zunehmender Dauer des Fernsehens abnahm. Der größte negative Effekt des Fernsehens auf die Schulleistungen ließ sich für sog. Vielseher feststellen. In einer weiteren amerikanischen Studie (*Roberts* et al. 1984) wurde überprüft, welchen Einfluss das Fernsehen bei 464 Schülern in der zweiten, dritten und sechsten Klasse hat. Vor allem für die dritte und die sechste Klasse fanden die Autoren, dass sich bei einer Zunahme des Fernsehkonsums die Leseleistungen in signifikanter Weise verschlechterten. *Wright* et al. (2001) untersuchten zwei- bis siebenjährige Kinder, für die sie signifikante negative Beziehungen zwischen dem Konsum von Unterhaltungsprogrammen und verschiedenen schulischen Leistungen feststellten.

Williams et al. (1982) legten eine Stichprobe von 87.025 Schüler zugrunde. Das Fernsehen hatte dabei immerhin kleine Effekte auf die schulischen Leistungen. Geringe Zeiten vor dem Fernseher von bis zu zehn Stunden pro Woche erwiesen sich dabei als förderlich für den schulischen Erfolg, längere Sehdauern indes als negativ. Eine negative Korrelation der vor dem Fernsehschirm verbrachten Zeit mit den Leistungen in der Schule ließ sich auch in weiteren amerikanischen Studien nachweisen (siehe z. B. *Medrich* et al. 1982), wobei die Zusammenhänge jedoch eher schwach ausgeprägt waren (*Ennemoser* 2003, S. 37).

Studien für die Verhältnisse in Deutschland sind seltener. Soweit sie existieren, deuten sie jedoch in die gleiche Richtung. *Myrtek* und *Scharff* (2000) fanden, dass Vielseher signifikant schlechtere Deutschnoten im Vergleich zu Wenigsehern hatten, während in anderen Schulfächern keine signifikanten Unterschiede beobachtet wurden. *Ennemoser* et al. (2002) untersuchten 157 Grundschulkinder von der zweiten bis zur vierten Klasse. Die Vielseher unter den untersuchten Kindern zeigten dabei durchgehend schwächere Leistungen in den Bereichen Lesegeschwindigkeit und Leseverständnis.[2]

In einer anderen Studie, die mit 332 Kindern aus Baden-Württemberg und Bayern durchgeführt wurde, erzielten *Ennemoser* et al. (2003) ähnliche Ergebnisse. Während der sozio-ökonomische Status der betrachteten Familie eine positive Beziehung mit den Sprach- und Leseleistungen der Kinder zeigte, fanden die Autoren negative Zusammenhänge mit dem Fernsehkonsum. Negative Effekte des Fernsehens ergaben sich für Kinder mit langfristig erhöhtem Fernsehkonsum. Dabei waren es vor allem die Vielseher aus höheren sozialen Schichten, die „überraschend deutliche Leistungseinbußen" zu verzeichnen hatten; sie fielen sogar leicht unter das Niveau von Kindern mit niedrigerer sozial-ökonomischer Ausgangssituation. Umgekehrt profitierten Kinder aus niedrigeren sozialen Schichten nicht von einem erhöhten Fernsehkonsum; Verbesserungen der Sprach- und Lesekompetenzen ließen sich bei ihnen nicht feststellen. Die populäre Be-

2 Der Begriff der Vielseher wird dabei, was hier nicht weiter relevant erscheint, in den einzelnen Studien sehr unterschiedlich definiert. Vgl. zu diesen Abgrenzungsproblemen *Ennemoser* (2003), S. 46 ff.

hauptung, der zufolge Fernsehen Schichtunterschiede in den Leistungsmaßen reduziere (sog. *Mainstreaming-Hypothese*), konnte mithin nur teilweise bestätigt werden.

In die gleiche Richtung weist schließlich auch die jüngste Studie des Kriminologischen Forschungsinstituts Niedersachsen (*Pfeiffer* et al. 2007). Danach ist das Abschneiden von Viertklässlern in der PISA-Studie negativ mit der Ausstattung der Kinderzimmer mit Fernseher, Spielkonsole und Computern korreliert. Auf der Basis von Querschnittsbefragungen von 5.500 Viertklässlern und 17.000 Neuntklässlern sowie auf einer seit 2005 laufenden Panel-Untersuchung von 1.000 Berliner Kindern und einem Experiment zu den Auswirkungen unterschiedlicher Freizeitbeschäftigungen auf die Konzentrationsleistung kommen *Pfeiffer* et al. (2007, S. 2) zu einem klaren Befund: „Je mehr Zeit Schülerinnen und Schüler mit Medienkonsum verbringen und je brutaler dessen Inhalte sind, desto schlechter fallen die Schulnoten aus."

Aus dem hier gegebenen kurzen Überblick, der allenfalls kursorisch und keineswegs umfassend sein kann[3], lassen sich einige grundlegende Ergebnisse gewinnen: Fernsehkonsum hat im Regelfall eher negative Wirkungen auf die späteren Schulleistungen von Kindern; der negative Effekt ist dabei *ceteris paribus* um so ausgeprägter,

- je mehr Unterhaltungsprogramme konsumiert werden; von Sendungen mit ausgeprägten Informationselementen oder Originaltonsendungen mit Untertiteln können Kinder hingegen sogar profitieren (*Koolstra* et al. 1997), Kinder im Vorschulalter insbesondere von Sendungen wie der „Sesamstraße";
- je mehr Zeit die Kinder vor dem Fernseher verbringen; ein gemäßigter Konsum von Fernsehsendungen kann hingegen sogar auch förderlich sein;
- je höher die Intelligenz des fernsehenden Kindes ist;
- je höher die soziale Schicht ist, aus welcher das fernsehende Kind stammt.

Man mag die letzten beiden Punkte zum Anlass nehmen, um die Kausalität der in den referierten Studien aufgezeigten Korrelationen zu bezweifeln (*Ennemoser* 2003, S. 51 f.; *Spitzer* 2006, S. 124). Sind Kinder schlechter in der Schule, weil sie viel fernsehen, oder sehen Kinder viel fern, weil sie sozial benachteiligt sind?[4] Nicht der Fernsehkonsum wäre dann ursächlich für die schlechteren schulischen Erfolge, sondern die soziale Schicht, aus welcher das beobachtete Kind kommt. Wie nämlich auch die PISA-Studie belegte (*Baumert* et al. 2000), sind Schichtenzugehörigkeit und schulische Leistungen hoch miteinander korreliert.

Auch könnte es sein, dass Kinder gar nicht deshalb schlechtere Leistungen in der Schule zeigen, weil sie zu lang und zu intensiv dem Fernsehprogramm ausgesetzt waren, sondern aus dem einzigen Grund, dass sie weniger intelligent sind. Es wäre ja mög-

---

3 Für umfassendere Übersichten über die empirische Literatur vgl. *Myrtek* und *Scharff* (2000); *Ennemoser* (2003).

4 Dass Kinder aus niedrigeren sozialen Schichten bzw. mit niedrigerem Intelligenzquotienten vergleichsweise mehr fernsehen, zeigen z. B. *Hurrelmann*, *Hammer* und *Stelberg* (1996) bzw. *Morgan* und *Gross* 1980).

lich, dass Kinder mit einem geringeren Intelligenzquotienten generell schneller zur Fernbedienung greifen als ihre begabteren Altersgenossen.

Die Kausalität scheint indes dennoch eindeutig: Soweit Studien nämlich auch die Variablen soziale Schicht und Intelligenz kontrollierten, blieben die gefundenen Zusammenhänge weiterhin bestehen (*Koolstra* et al. 1997; *Van der Voort* 2001; *Ennemoser* 2003). Zu einem ähnlichen Schluss führt auch die wichtige, auf die deutschen Verhältnisse zugeschnittene Analyse von *Ennemoser* (2003), die besonders verlässlich sein dürfte, weil sie einerseits mit deutlich geringeren Stichprobenverlusten als vorangegangene amerikanische Studien durchgeführt wurde und andererseits aufgrund der verwendeten Tagebuchtechnik eine äußerst präzise Erhebung des tatsächlichen Fernsehkonsums zugrunde legte. Auch nach dieser Studie wirkt sich die tägliche Fernsehdauer negativ auf die Lesekompetenzen in den ersten Grundschuljahren aus. Zwar konnte ein Einfluss des Fernsehens zu Beginn des Schriftspracherwerbs in der ersten Klasse nach Einbeziehung der Kontrollvariablen nicht abgesichert werden; aber zumindest in der dritten Klasse blieb danach der negative Effekt auf die Lesekompetenzen unabhängig von sozialer Schicht, Intelligenz und vorangegangenen Lesefertigkeiten bestehen. Es gibt daher Grund zu der Annahme, dass die negativen Wirkungen des Fernsehens auf die (zumindest schrift-) sprachlichen Kompetenzen von Kindern nicht auf die soziale Schicht und nur zum Teil auf die Intelligenz der Kinder in der Stichprobe zurückgeführt werden können.

So plausibel die Ursache-Wirkungs-Beziehung zwischen Fernsehkonsum einerseits und schulischen Minderleistungen andererseits nach alledem auch ist, so sehr tappt die Forschung auch heute noch im Dunkeln auf der Suche nach dem eigentlichen Wirkungsmechanismus. Was am Fernsehen ist es konkret, das so negativ auf die schulischen Leistungen zurückwirkt?[5]

Verdrängt die Zeit, welche Kinder vor dem Fernseher verbringen, einfach nur andere Zeitverwendungen, von denen man annehmen könnte, dass sie kognitiv stimulierender wären als das Fernsehen (sog. *Verdrängungs- oder Displacement-Hypothese*)? Wer fernsieht, so könnte man annehmen, hat weniger Zeit für das außerschulische Lesen, was schließlich auch auf die schulischen Leseleistungen zurückwirkt. Oder wird – in einer etwas anderen Variante dieser Idee – etwa nur die Qualität der außerschulischen Lesezeit beeinträchtigt (sog. *qualitative Verdrängungshypothese*), wenn gleichzeitig das Fernsehen als Hintergrundmedium läuft (*Van der Voort* 2001)?

Oder entwickeln Kinder, die viel Zeit vor dem Fernseher verbringen, allmählich negative Einstellungen zur Schule, was wiederum in schlechteren schulischen Leistungen seinen Ausdruck findet (sog. *Leseabwertungs- oder Anti-schooling-Hypothese*)? Es wird auch behauptet, dass das Fernsehen eine Hyperaktivität fördere, die Impulskontrolle vermindere und damit allgemein die Konzentration beeinträchtige (sog. *Konzentrationsabbau-Hypothese*). Schließlich könnte man sich auch vorstellen, dass das Fernsehen ein Medium ist, das mit einer nur geringen „mentalen Anstrengung" konsumierbar ist,

5 Zu den hier unterschiedenen Hypothesen vgl. *Ennemoser* (2003), S. 86 ff.

während das Lesen von Texten ungleich größere kognitive Anforderungen und mentale Anstrengungen voraussetzt (sog. *Passivitätshypothese*).

Was immer auch der eigentliche Grund sein mag, warum Kinder *ceteris paribus* in der Schule absacken, wenn und soweit sie viel vor dem Fernseher sitzen – die empirische Evidenz ist für jeden dieser Erklärungsansätze äußerst mager (*Ennemoser* 2003, S. 261). Einstweilen müssen wir uns, wie es aussieht, damit zufrieden geben zu wissen, *dass* das Fernsehen schulische Leistungen behindert. Was jedoch nach wie vor offen bleiben muss, ist die Frage, *warum* dieser negative Effekt so wirkt. Dennoch scheint es vor dem Hintergrund der empirischen Ergebnisse schon heute geboten, darüber nachzudenken, ob und wie die staatliche Bildungspolitik hierauf reagieren sollte.

3. Fernsehen als „geistige Umweltverschmutzung"?

Wie die vorangegangene Diskussion mit größter Deutlichkeit zeigt, ergibt sich nach der relevanten empirischen Literatur ein eindeutiges Ergebnis: Fernsehen nimmt negativen Einfluss auf die Persönlichkeitsbildung von Kindern ebenso wie auf ihre Bildung im engeren Sinne, auf die Schulbildung. Wer viel fernsieht, wird leichter aggressiv, reizbar und tendenziell weniger glücklich; er wird mit einer höheren Wahrscheinlichkeit in späteren Jahren kriminell und gegebenenfalls sogar Selbstmord begehen. Und wenn es auch im Allgemeinen nicht so schlimm kommen wird, so werden doch im Regelfall die schulischen Leistungen hinter den Möglichkeiten zurückbleiben. Im Zeitalter von PISA und anderen Schülerleistungstests erscheint es wichtig zu erkennen, dass nicht die Schule allein hierfür bestimmend sein dürfte; auch die Zeit, die Kinder vor dem Fernseher verbringen, und die Art und Qualität der Programme, die sie dort sehen, ist eine wesentliche Variable in der Bildungspolitik. „Fernsehen ist", wie auch der Psychophysiologe *Michael Myrtek* (2006, S. 4) aus den vorliegenden empirischen Befunden schließt, „keine harmlose Freizeitbeschäftigung! Daher muss der Fernsehkonsum der Kinder rigoros kontrolliert werden."

Die gesellschaftliche Dimension scheint bei alledem klar zu sein. Fernsehen, in frühester Kindheit und Jugend genossen, verursacht *negative Externalitäten* – Kosten, die von anderen Individuen getragen werden als solchen, die in die Produktion des entsprechenden Gutes involviert sind (vgl. *Hamilton* 1998, S. 3; *Spitzer* 2006, S. 247 ff.; kritisch jedoch *Schröder* 2008, S. 311 ff.). Der Flimmerkasten verschmutzt nicht die Landschaft, aber er „verschmutzt" gewissermaßen die Hirne von Kindern, die sich damit selbst und ungewollt um positive Perspektiven für ihr Leben bringen können, indem sie Werte und schulische wie außerschulische Verhaltensweisen entwickeln, die bestenfalls für sie allein, schlimmstenfalls aber für die ganze Gesellschaft schädlich sind. Oder, wie es *Centerwall* (2000, p. 30) drastisch formuliert:

> „TV violence is everybody's problem. You may feel assured that your child will never become violent despite a steady diet of television mayhem, but you cannot be assured that your child won't be murdered or maimed by someone else's child raised on a similar diet."

Wer als Kind zuviel fernsieht, schaut daher mit der Zeit ganz buchstäblich „in die Röhre": Immer mehr ist damit zu rechnen, dass sich seine Persönlichkeit deformiert und sein – emotionales wie kognitives – Humankapital erodiert oder gar nicht erst aufgebaut wird. Eine Selbstschädigung von Individuen verhindern zu wollen, ist im Falle des Fernsehkonsums von Kindern dabei *kein* Paternalismus (siehe *Tietzel* und *Müller* 2002), der in einer individualistisch orientierten Analyse nichts zu suchen hätte. Denn es sind Dritte – Eltern und Gesellschaft –, welche die unmündigen Kinder dem Fernsehkonsum aussetzen, ohne dass die eigentlich vorrangig betroffenen Kinder die möglichen Folgen hieraus schon abschätzen könnten. Die negative Externalität geht in diesem Fall somit mit einem *Rationalitätsmangel* der Betroffenen einher, der ein zusätzliches gesellschaftliches Engagement in dieser Frage als geboten erscheinen lässt.

Man mag einwenden, dass zwischen dem physischen Umweltschmutz eines Kraftwerks und der „geistigen Umweltverschmutzung" aus dem Fernsehapparat ein wesentlicher Unterschied besteht: Im Fall des Fernsehens ist es unsicher, ob überhaupt ein Schaden entsteht; die kausalen Beziehungen zwischen der identifizierten Ursache, dem Fernsehkonsum, und der Wirkung auf die Persönlichkeits- und Schulbildung ist lose und indirekt und wird von einigen Autoren sogar bestritten. Aber ist dies wirklich anders bei jenen Externalitäten, die traditionell in der Umweltökonomik untersucht werden?

Nehmen wir nur das Beispiel des Rauchens, anhand dessen in der mikroökonomischen Lehrbuchliteratur (z. B. *Weise* et al. 2004) das Wesen einer Externalität veranschaulicht wird. Ob man die Beziehung zwischen Rauchen und Lungenkrebs als negative externe Kosten untersucht oder jene zwischen Fernsehkonsum und negativen Bildungsfolgen, macht dabei keinen kategorischen Unterschied (siehe ausführlich *Bushman* und *Anderson* 2001, S. 481):

- Denn so, wie nicht jeder, der raucht, Lungenkrebs bekommt, und nicht jeder Lungenkrebspatient zuvor geraucht hat, wird nicht jeder, der lange vor der Mattscheibe sitzt, tatsächlich auch aggressiv oder schlecht in der Schule, und nicht jeder Gewalttätige ist es wegen eines zu hohen Fernsehkonsums.
- Ebenso wie Rauchen nicht der einzige Faktor ist, der Lungenkrebs verursachen kann, ist auch das Fernsehen nicht der einzige Faktor, der auf die Persönlichkeits- und Schulbildung einwirkt; in beiden Fällen aber handelt es sich um wichtige Faktoren.
- Auch hat eine einzige Zigarette nur einen geringen Einfluss auf eine tatsächliche Lungenkrebserkrankung; aber ist jemand wiederholt und kumuliert dem Tabakrauch ausgesetzt, erhöht sich sein Risiko. In gleicher Weise mag das Betrachten eines einzelnen Films, sogar eines Gewalt- oder Horrorfilms, noch nicht schädlich sein; aber wie die empirische Literatur belegt, kann das fortgesetzte Ausgesetztsein eine Person habituell aggressiv machen und seine schulischen Erfolge gefährden.

Eine negative Externalität ist damit nicht erst dann anzunehmen, wenn tatsächlich jemand geschädigt wurde, sondern schon dann, wenn allein die Gefahr besteht, dass Personen andere oder auch sich selbst schädigen. Insofern die ganze Gesellschaft betroffen sein kann, ist daher schon das Absenken der *Wahrscheinlichkeit*, die möglichen negativen Bildungsfolgen des Fernsehkonsums zu realisieren, als ein reines öffentliches Gut zu betrachten. Von seiner Bereitstellung profitieren alle (Nichtausschluss von der Nutzung), und sie profitieren alle gleichermaßen (Nichtrivalität in der Nutzung).

4. Hoffen auf den Markt?

Die gesellschaftliche Dimension eines Problems zu erkennen ist eine Sache; eine andere ist es indes, die richtigen Maßnahmen dagegen zu ergreifen. Was kann und muss die staatliche Politik – die Wirtschafts-, Bildungs- oder Gesundheitspolitik – tun, um die beschriebenen Externalitäten zu vermeiden? Oder gibt es Gründe, die darauf hoffen lassen, dass es den selbstregulierenden Kräften des Marktes gelingen wird, das Problem in einer für alle Beteiligten zufriedenstellenden Weise in den Griff zu bekommen?

In der Literatur wurden immer wieder große Hoffnungen gesetzt auf marktendogene Problemlösungsmechanismen. So hieß es schon Ende der 60er Jahre in einem Bericht für die US-amerikanische Regierung (*Baker* and *Ball* 1969, S. 381):

> „The public has tremendous powers to bring about changes in mass media content that are held by no governmental agency. The source of the public's power derives directly from the fact that modern mass media organizations are economic in nature and orientation, and are directly dependent upon the public for their economic welfare."

Allein die Tatsache, dass dieses Problem schon vor vier Jahrzehnten diskutiert wurde, ohne in der Zwischenzeit eine befriedigende Lösung erfahren zu haben, zeigt, dass die „Macht des Publikums" so groß nicht sein kann. Als Ökonom wird man dies indes auch kaum erwarten. Denn wie *Olson* (1968) zeigt, lassen sich nicht alle Interessen in einer Gesellschaft in gleicher Weise organisieren. Kleine Gruppen mit klar definierten, begrenzten Interessen werden es danach *ceteris paribus* stets leichter haben, eine Organisationsform für ihr gemeinsames Anliegen zu finden, als große Gruppen mit oftmals diffusen Zielen.[6] Die Interessen von Produzenten oder Arbeitsanbietern werden in höherem Maße organisiert sein als die Interessen von Konsumenten oder Steuerzahlern. Wohlorganisierte Marktmacht wird man daher allenfalls auf der Seite der Medienkonzerne und Programmanbieter erwarten dürfen (s. *Dewenter* und *Haucap* i.d.Bd.), deren Zahl gering und deren Interessen vergleichsweise homogen sind, nicht aber auf Seiten der Nachfrager solcher Leistungen. Ein konzertiertes Abschalten der Fernsehapparate durch das Gros der Fernsehkonsumenten dürfte schon an den prohibitiv hohen Transaktionskosten der Verhandlung einer solchen Lösung scheitern; ein individuelles Abwandern eines einzelnen Fernsehkonsumenten hätte indes – angesichts seiner Insignifikanz innerhalb eines Massenpublikums – keinerlei Wirkung.

Hinzu kommt, dass die in dieser Frage betroffenen Personen noch nicht mündig sind, um eigene Rationalentscheidungen zu treffen. Auch können sie in dieser frühen Lebensphase durch Fernsehprogramme sehr geschädigt werden. Die Gefahr des Fernsehens besteht in dieser Lebensphase gerade darin, dass hierdurch schon die Kleinsten an

6 Der Grund für diese asymmetrische Organisierbarkeit von Interessen in einer Gesellschaft besteht darin, dass das jeweilige die Gruppe einende Interesse die Eigenschaften eines gruppenbezogenen Kollektivguts hat. Insofern die Kosten individueller Leistungsbeiträge bei den einzelnen Gruppenmitgliedern in voller Höhe anfallen, ihre Nutzen indes über die Gesamtzahl der Mitglieder diffundieren, werden die Anreize, zur Bereitstellung des gruppenbezogenen Kollektivguts beizutragen, gering sein. Sie sind jedoch umso geringer, je größer die Gruppe und je weniger der Beitrag des Einzelnen signifikant ist für die Erreichung des Gesamterfolgs des Kollektivs. Es ist daher zu erwarten, dass kleine, homogene Gruppen diese *Free Riding*-Problematik leichter überwinden können als große, heterogene Kollektive.

dieses sie potenziell schädigende Medium herangeführt und gewöhnt werden. Nach aller empirischen Evidenz zu den Fernsehwirkungen sind daher Kindersendungen wie die „Teletubbies", die nachweislich das Fernseh-Anfangsalter deutlich nach unten gesenkt haben (*Götz* 2003, S. 69), kaum als harmlos zu betrachten, sondern vielmehr als eine Art „Einstiegsdroge" (*Spitzer* 2006, S. 254), vor deren Konsum man die betroffenen Kinder möglichst bewahren sollte, statt diesen (durch Ausstrahlung im öffentlich-rechtlichen „Kinderkanal") staatlich auch noch zu subventionieren.

Wer lediglich auf die „Macht des Publikums" hofft, wird daher das Problem nicht lösen. Mächtig wäre allenfalls die andere Marktseite, jene der Anbieter. Doch gerade von den Medienkonzernen wird man am allerwenigsten eine wirksame Abhilfe erwarten können. Im Kampf gegen den Tabakkonsum käme auch niemand auf die Idee, ausgerechnet von der Tabakindustrie zu erwarten, sich im Interesse der Allgemeinheit zu verhalten und eine Art „sozialen Gewissens" zu entwickeln. Ironischerweise wird in der öffentlichen Diskussion immer wieder aber gerade von der Fernsehindustrie erwartet, aus eigenem Antrieb hohe Standards der Qualität und des Kinderschutzes zu entwickeln.

Dabei sind die Programmanbieter im Fernsehmarkt – von der Sondersituation der wesentlich gebührenfinanzierten öffentlich-rechtlichen Sender in Deutschland einmal abgesehen – gar nicht in der Position, Programme direkt an ihre Zuseher zu vermarkten. Vielmehr leben sie davon, ihre Zuschauer an die Werbeindustrie zu „verkaufen" (*Centerwall* 1992, S. 5). Fragen wie die Qualität der Programme und ihre „soziale Verantwortbarkeit" werden dabei vollkommen nachrangig sein. Was letztlich zählt, ist die Einschaltquote.

Nach neurobiologischen Mechanismen des Lernens werden negative Inhalte von Zuschauern eher wahrgenommen als positive. Prosoziale Darstellungen werden danach durch zugleich gezeigte antisoziale Inhalte verdrängt – ganz nach dem Motto „Das Böse sticht das Gute (es war wichtiger, dem Säbelzahntiger zu entkommen, als die Blaubeeren fertig zu essen)" (*Spitzer* 2006, S. 250). Wenn es aber stimmt, dass sich deshalb mit Gewalt-, Horror- und Darstellungen erotischen Inhalts leichter „Quote machen" lässt als mit qualitativ höherwertigen Programmen, dann befinden sich Sender, die miteinander im Wettbewerb um Zuschauer stehen, in einer sozialen Dilemmasituation (allgemein z. B. *Dawes* 1980): Zwar läge es im Gesamtinteresse, wenn jeder Anbieter höhere Qualität anböte und damit die gesellschaftlichen Nachteile seiner Sendungen bei seiner Programmplanung in seinen individuellen Kalkül mit einbezöge. Aber da er die Opportunitätskosten hierfür – in Form des Verzichts auf Programmanteile – allein tragen müsste, während die Nutzen in Form von vermiedenen Wohlfahrtsverlusten, für den einzelnen kaum merklich, über die Allgemeinheit streuten und zudem wohl auch erst in ferner Zukunft anfielen, wird er jedoch nicht im Gesamtinteresse handeln. Im Gegenteil: Seine individuellen Interessen gebieten es ihm sogar zu versuchen, den Konkurrenten mit noch gewalttätigeren und damit spannenderen Programmen aus dem Rennen zu schlagen. Insofern alle Anbieter rationalerweise genauso kalkulieren, ist das Programmgleichgewicht im Wettbewerb der privaten Fernsehstationen die allseitig schlechte Qualität: Um Profite zu machen, werden erst die Kinder und dann die Allgemeinheit geschädigt.

Eine hohe Programmqualität ist, mit anderen Worten, ein reines Kollektivgut, das nur als ein natürliches Monopol, nicht aber im Wettbewerb bereitgestellt werden kann. Wo dieses Gut der Konkurrenz ausgesetzt wird, wird es – mindestens auf Dauer – nicht länger bereitgestellt. Dies ist der Kern des *Race to the bottom*-Arguments aus der Theorie des Steuerwettbewerbs (für einen Überblick vgl. *Müller* 2001). Die Regel lautet: Wettbewerb ist nur dort gut, wo ein Staatseingriff schlecht ist – und umgekehrt (*Sinn* 1997, S. 270). Im Bereich des Fernsehens mag es nur in jenen Marktsegmenten Ausnahmen von dieser Regel geben, in denen nicht „das Böse das Gute sticht", sondern – wie etwa im Informationsbereich oder bei anderen Spartenangeboten – es gerade die hohe Qualität ist, welche die Zuschauer dort nachfragen.

Weder die Nachfrage- noch die Anbieterseite im Fernsehmarkt werden damit im Allgemeinen die wirtschaftliche Macht oder auch nur rationale Anreize haben, eine hohe Qualität des angebotenen Programms durchzusetzen. Allein auf die Selbstregulierungskräfte des Marktes bauen zu wollen, käme im Bereich des Fernsehkonsums von Kindern damit einer unkontrollierten Freigabe von Drogen gleich. Es mag gute Gründe geben, Vorschlägen einer ökonomisch-rationalen Drogenpolitik (*Hartwig* und *Pies* 1995) zu folgen und Rauschmittel unter Aufsicht an Süchtige freizugeben, die hierdurch u. a. vor den negativen Folgen der Beschaffungskriminalität geschützt werden. Denn der Endverbrauch lässt sich in diesem Fall über Ärzte und Apotheken hinreichend kontrollieren; ganz ohne eine staatliche Intervention geht es also auch hier nicht. Im Fall der „Droge Fernsehen" besteht hingegen keine entsprechende Möglichkeit, den tatsächlichen Konsum beim Endverbraucher politisch zu steuern. Staatlicherseits zu bestimmen, unter welchen Bedingungen in einer Familie welche Fernsehsendung gesehen werden darf, scheidet in einer pluralistischen Demokratie aus. Ein solch scharfer Eingriff in die Rechte der Eltern, erst recht vor dem Hintergrund der Tatsache, dass hier auch das Menschenrecht auf Meinungsfreiheit involviert ist, wäre theoretisch weder zu rechtfertigen noch politisch durchsetzbar.

5. Optionen auf der Nachfrageseite

Nach dem bisher Gesagten scheint klar, dass es nicht genügen wird, Maßhalteappelle an die Fernsehindustrie zu richten oder auf aufeinander abgestimmte Maßnahmen der freiwilligen Selbstkontrolle der Anbieter zu bauen, um die negativen Externalitäten zu verringern, welche vom Fernsehen auf die Gesellschaft im Allgemeinen und die Kinder im Besonderen ausstrahlen. In der sozialen Dilemmasituation, in welcher sich die Programmanbieter typischerweise befinden, wären solche Appelle – in der Diktion der Spieltheorie – lediglich *cheap talk* (dazu allgemein *Farrell* and *Rabin* 1996): Es wären „bloße Worte" (*Hobbes* 1976, S. 131), die allenfalls symbolischen Wert hätten, aber die harten Anreize, nach denen die Produzenten rationalerweise handeln (müssen), nicht veränderten. Was aber kann stattdessen der Staat tun?

In den USA versuchte man, speziell dem Problem der Fernsehgewalt durch Einführung eines sog. V-Chip (*violence chip*) Herr zu werden. Darunter versteht man eine technische Vorrichtung in Fernsehgeräten, die in der Lage ist, bestimmte Fernsehsender und ihre Programme zu sperren. Diese Einrichtung soll Eltern die Möglichkeit verleihen, den Fernsehkonsum ihrer Kinder gezielt zu kontrollieren. Der amerikanische Kongress hatte den Geräteanbietern eine Zeit von einem Jahr gewährt, um ein eigenes System zu entwickeln, das in der Lage ist, zwischen gewalttätigen und anderen empfindlichen (darunter Sexprogramme und solche mit grober Sprache) und weniger bedenklichen Programmen zu unterscheiden. Seit dem Jahr 2000 ist nunmehr gesetzlich vorgeschrieben, dass alle Fernsehgeräte ab 13 Zoll mit einem solchen V-chip ausgestattet sind. Die meisten Fernsehanbieter veröffentlichen hierzu eine entsprechende Programmwertung, um Eltern die Entscheidung über den Einsatz des Gerätes zu erleichtern (*Kunkel* 2003).

Die in den USA im Wege eines Koppelungsgeschäfts mit dem Erwerb eines Fernsehgeräts vorgesehene staatliche Kaufverpflichtung für einen V-chip lässt sich ökonomisch rechtfertigen, sofern sie der Bereitstellung eines Kollektivgutes dient – ähnlich den Kaufverpflichtungen, wie sie in modernen Wohlfahrtsstaaten für private Kranken- oder Rentenversicherungen bestehen. Dass aber durch den staatlich durchgesetzten Zwang zum V-chip ein solches Kollektivgut – in Form der Senkung der Wahrscheinlichkeit negativer Bildungsfolgen des Fernsehkonsums – auch tatsächlich bereitgestellt wird, ist hingegen zu bezweifeln. Denn nicht nur die Rating-Systeme, welche die Programmanbieter zur Anwendung des V-chips anbieten, funktionieren unvollkommen. Vielmehr lässt der V-chip Eltern immer noch die Möglichkeit, sich auch dafür zu entscheiden, auf den Einsatz dieses zusätzlichen Geräts – sei es aus Bequemlichkeit, sei es aus fehlender Information über die negativen Folgen des Fernsehkonsums ihrer Kinder – ganz zu verzichten und ihrem Kind damit überhaupt keine Grenzen zu setzen (*Kunkel* 2003, S. 242). Unterstellt man, dass die elterliche Entscheidung von den Sehgewohnheiten der Familie abhängig ist, die – wie empirische Arbeiten belegen – gerade in sozioökonomisch wenig privilegierten Familien besonders ausgeprägt sind, kann es sein, dass der V-chip sogar jede Form der Wirkung verfehlt.

Maßnahmen, die wie der V-chip auf Verhaltensänderungen der Zuschauer drängen, können ein wichtiges Instrument zur Internalisierung der negativen Externalitäten des Fernsehkonsums sein. Nicht zuletzt schaffen sie in einer breiten Öffentlichkeit bei den Nutzern (oder ihren gesetzlichen Vertretern) überhaupt erst ein Bewusstsein für die negativen Wirkungen, die ein exzessiver Fernsehkonsum in der Psyche von Heranwachsenden hinterlassen kann. Hinzu kommen sollten staatliche Aufklärungskampagnen über die negativen Folgen des Fernsehens, verbunden mit der Empfehlung an Eltern, ihre Kinder nicht länger als eine Stunde fernsehen zu lassen. Auch symbolische Maßnahmen wie die Einrichtung „fernsehfreier Zonen" in öffentlichen Einrichtungen oder Einkaufszentren, die nach dem Vorbild der „Nichtraucher-Zonen" in Lokalen o. ä. gestaltet sind, kämen in Frage. Insgesamt gehören die negativen Folgen des Fernsehens nicht weniger auf die Standardagenda der staatlichen Gesundheitspolitik als Kampagnen zum Anlegen von Sicherheitsgurten und Fahrradhelmen oder Programme gegen das Rauchen oder gegen Aids (*Centerwall* 1992, S. 5 f.).

Die Wirkungen aller dieser Maßnahmen sollten indes nicht überschätzt werden. Insofern alle diese Instrumente allein an der Nachfrageseite ansetzen, doktern sie letztlich nur an den Symptomen des Problems; die Wurzel des Übels wird indes nicht angegriffen. Denn die Flut von schädlichen Gewalt-, Horror- und Sexprogrammen im Fernsehen ist offensichtlich primär anbieterinduziert.

6. Angebotsseitige Lösungen

Als Ökonomen sind wir im Allgemeinen geneigt, die Menschen so zu nehmen, wie sie sind, und nicht so, wie sie – auf der Basis welcher normativen Vorgaben auch immer – sein sollten. Ihre Präferenzen betrachten wir als gegeben. Wie es scheint, ist daher auch wenig gegen die psychische Disposition von Menschen zu unternehmen, antisozialen Inhalten größere Aufmerksamkeit zu schenken als prosozialen („Das Böse sticht das Gute"), und dies, obwohl gerade auch im Fernsehen dargestelltes prosoziales Verhalten auch zu prosozialem Verhalten der Fernsehzuschauer in der Realität – also zu positiven Externalitäten – führen kann (*Hearold* 1986). Wer eine nachhaltige Verbesserung der Programmqualität herbeizuführen wünscht, muss daher an den Anreizen der Fernsehproduzenten ansetzen, diese „Vorliebe für das Böse" zu bedienen – um dadurch eine gesamtgesellschaftlich wünschenswertere Situation herbeizuführen.

6.1. Gewalt besteuern?

Nimmt man die oben entwickelte Analogie zur Umweltproblematik ernst, so könnte eine erste Möglichkeit in Richtung auf eine Qualitätsverbesserung des Fernsehangebots sein, die „geistige Umweltverschmutzung" des Fernsehen mit einer „Öko-Steuer" zu belegen, um die hierdurch erzeugte Externalität zurückzuführen. Für jeden im Programm gezeigten Gewaltakt könnte man eine Abgabe fällig werden lassen, deren Höhe sich nach der Brutalität und der Einschaltquote, die miteinander multipliziert werden, bemisst. Dadurch würde sich, so die Hoffnung, das Ausstrahlen von Gewalt verteuern, was wiederum die Werbeagenturen teuer zu stehen käme.[7]

Eine solche Lösung hätte sicher den Vorteil, dass die erzeugte Schädigung beim Erzeuger verursachungsgerecht internalisiert würde. Ein nicht-triviales Problem dürfte indes allein darin liegen, die nötige Höhe des Verbrauchsteuersatzes zu bestimmen. Wohlfahrtsökonomisch ideal wäre eine *Pigou*-Steuer, welche – über eine Verteuerung des Angebotes – die Nachfrage der Werbewirtschaft nach publikumswirksamer Gewalt so weit zurückführt, dass der Steuersatz im Gleichgewicht genau den marginalen externen Kosten des Fernsehens entspricht.[8] Solange im Zeitpunkt der Besteuerung weder klar ist, ob überhaupt ein Schaden eintreten wird und, wenn ja, bei wem, ist die Höhe des zusätzlichen Disnutzens, die eine Einheit der Bemessungsgrundlage auslöst, schlechterdings unbestimmbar.

Auch wäre es unbedingt zu vermeiden, die Festlegung der Höhe des Steuersatzes dem politischen Alltagsgeschäft zu überlassen, damit allein das gesellschaftliche Lenkungsziel dessen Höhe determiniert, nicht aber andere, etwa fiskalpolitische Besteuerungsziele, die stimmenmaximierende Politiker gern in solchen Situationen verfolgen.

---

7 *Spitzer* (2006), S. 264. Für eine ausführliche Diskussion der *Pigou*-Lösung der Internalisierung von Medienexternalitäten s. *Schröder* (2008), S. 311 ff.).

8 Zur allgemeinen Konzeption einer *Pigou*-Steuer vgl. z. B. *Pindyck* und *Rubinfeld* (2005).

Im Fall der deutschen Ökosteuer war es etwa die völlig sachfremde Finanzierung der gesetzlichen Rentenversicherung, deren Defizit die Höhe des schließlich festgelegten Steuersatzes wesentlich bestimmte.

Ein wesentlicher Nachteil dieses Ansatzes bestünde zudem in der fehlenden Objektivierbarkeit der Bemessungsgrundlage. In der Psyche des Menschen wirkt, wie Untersuchungen zeigen, oft ein nur angedeuteter Gewaltakt viel nachhaltiger als ein vollständig gezeigter. Eine große Grauzone dessen, was als Gewalt zu betrachten ist und damit der Besteuerung unterliegt, wäre also nicht zu vermeiden. Von Nachteil wäre schließlich auch die Eindimensionalität der vorgeschlagenen Besteuerungsgrundlage. Negative Externalitäten gehen, wie empirische Untersuchungen belegen, nicht nur von Gewalt im Fernsehen aus, sondern auch von Sexdarstellungen, von grober und beleidigender Sprache und sogar von der bloßen Länge des Fernsehkonsums. Die Bemessungsgrundlage für die Ökosteuer auf geistige Umweltverschmutzung müsste somit viel komplexer sein, als nur die Dimension der Gewalt zu umfassen.

6.2. Qualität subventionieren?

Neben der Möglichkeit, die Verletzung von Qualitätsstandards zu besteuern, könnte man sich auch vorstellen, Qualität zu subventionieren. Der Neurowissenschaftler *Manfred Spitzer* schlägt vor, die öffentlich-rechtlichen Fernsehanstalten mit der Produktion prosozialer Inhalte zu betrauen und ihnen über entsprechend höhere Gebühren die Möglichkeit einzuräumen, die Vermittlung positiver gesellschaftlicher Werte mit hohen Einschaltquoten zu verbinden. Die zusätzlich aufgewendeten Mittel bezeichnet er als „Investition in eine lebenswerte Zukunft“ (*Spitzer* 2006, S. 265), die er mit den hohen Abfall-, Abwasser-, Energie-, Flaschenpfand- und Transportgebühren vergleicht oder den Kosten für Katalysatoren in Kraftwerken und Autos.

Spitzer erhofft sich hiervon, die durch das Auftreten der kommerziellen Fernsehanbieter ausgelöste Überbietungskonkurrenz mit *Sex and Crime* zu stoppen. Ausgestattet mit hinreichend hohen Gebühren und einem Programmauftrag für sehr sehenswerte gewaltfreie Sendungen, würde sich

> „… der Trend zu immer schlechteren Programmen im kommerziellen Fernsehen und im Gefolge im öffentlich-rechtlichen Fernsehen umkehren. Mehr Geld für bessere Programme, gepaart mit dem Wissen um den Schaden schlechter (und den Nutzen guter) Programme würden zwangsläufig der ARD und dem ZDF die Vorreiterposition im Hinblick auf die Gestaltung guten Fernsehens zurückgeben“ (*Spitzer* 2006, S. 266).

Der beschriebene Abwärtswettlauf der Programmanbieter um hohe Zuschaueranteile mit immer gewalttätigeren Programmen wäre, so die Hoffnung *Spitzers*, gestoppt. Statt in einem *race to the bottom* fänden sich die Anbieter nun in einem sozial gewünschten *race to the top* wieder.

Leider besteht Grund zu der Annahme, dass die erhofften Wirkungen dieses Vorschlags, wie der Autor selbst ironisch andeutet, tatsächlich ein „ebenso romantisches wie hoffnungslos unwahrscheinliches Szenario“ (*Spitzer* 2006, S. 266) bleiben wird. Wenn es nämlich stimmt, dass *Sex and Crime* in der Gunst der Zuschauer prosoziale Inhalte im Regelfall ausstechen, wird die Konkurrenz zwischen einem auf hohe Qualität verpflichteten öffentlich-rechtlichen Senderbereich und einem inhaltlich völlig freien privatwirtschaftlichen Sektor höchst ungleich sein. Der Vorschlag liefe darauf hinaus, einen der Spieler in der beschriebenen sozialen (Gefangenen-)Dilemmasituation darauf zu verpflichten, unbedingt zu kooperieren, und damit spieltheoretisch eine dominierte Strategie zu wählen. In der Diktion von *Thomas Hobbes*, der schon im 17. Jahrhundert die Anreizkonstellation in einer sozialen Dilemmasituation klar analysierte, hieße eine solche Verpflichtung für die öffentlich-rechtlichen Sendeanstalten „sich selbst als Beute darbieten“ (*Hobbes* 1976, S. 100). Im Kampf um die Quote würden sie wohl unterliegen; wenn sie nicht auch den Kampf ums schiere Überleben verlieren würden, so wohl nur deshalb, weil sie hiervor durch die ihnen exklusiv zufallenden Fernsehgebühren geschützt wären.

Vollends wird man die negativen Folgen des Abwärtswettlaufs wohl nur dann stoppen können, wenn man gleich ganz zu einem rein öffentlich-rechtlichen System des Fernsehangebots zurückkehrt. Ein solch radikaler Bruch mit den Entwicklungen der letzten 25 Jahre dürfte aber weder politisch durchsetzbar sein, noch entspräche er dem Subsidiaritätsprinzip, das sich in der Sozialen Marktwirtschaft als ein Prinzip der Aufgabenteilung zwischen dem öffentlichen und dem privaten Sektor bewährt hat. In einer Formulierung von *Eucken* (2004, S. 348) verlangt dieses Prinzip:

> „Von unten nach oben soll der Aufbau der Gesellschaft erfolgen. Was die einzelnen oder die Gruppen selbständig leisten können, das sollen sie aus freier Initiative nach besten Kräften tun. Und der Staat soll nur da eingreifen, wo seine Mithilfe in keiner Weise zu entbehren ist.“

Für die hier aufgeworfene Frage nach einer Internalisierung der negativen Bildungswirkungen des Fernsehens bedeutet dies, dass, wenn es möglich wäre, die Bereitstellung einer hohen Qualität des Fernsehprogramms – mit gleichem Erfolg – in einer wettbewerblich organisierten Privatwirtschaft zu erfüllen, diese Lösung eindeutig den Vorzug verdiente. Wenn und soweit, mit anderen Worten, eine institutionelle Rahmengesetzgebung sicherstellen könnte, dass auch private Sender hohe Anteile prosozialer Inhalte ausstrahlen, gäbe es keinen Grund einer öffentlichen Bereitstellung des Fernsehangebots.

7. Ein Vorschlag

Ist aber eine solche Lösung in Sicht? Lässt sich eine gesetzliche Rahmenregelung vorstellen, welche im Interesse des Subsidiaritätsgedankens auf die privatwirtschaftliche Initiative gewinnmaximierender Programmanbieter setzt, aber dennoch im Ergebnis zu einer Bereitstellung hoher Programmqualität führt?

7.1. Eine „Lizenz zum (virtuellen) Töten“ ...

In der Umweltökonomik wird seit geraumer Zeit als Alternative zu einer *Pigou*-Steuer der von *Coase* (1960) inspirierte Vorschlag eines Handels von Zertifikaten an Externalitäten diskutiert. Nach diesem Konzept (vgl. allgemein z.B. *Bonus* 1981), das vor einigen Jahren zur Einführung eines EU-weiten Emissionshandels geführt hat (*Müller* und *Sundmacher* 2005), hat der Staat – als Sachwalter der Interessen der Geschädigten – den in einer bestimmten Region tolerierbaren Umfang einer Umweltschädigung festzulegen und in dieser Höhe handelbare „Schädigungsrechte“ („Umweltzertifikate“)

auszugeben, ohne deren Besitz es Produzenten nicht erlaubt ist, Schadstoffe zu emittieren. Auf dem Zertifikatemarkt können Produzenten, die eine höhere als die zugelassene Schadstoffmenge emittieren wollen, anderen Anbietern ihre nicht ausgenutzten Schädigungsrechte abkaufen. Die Umwelt ist nun nicht mehr zum Nulltarif zu haben, sondern erhält durch die Privatisierung einen (Knappheits-)Preis. Dieser sorgt dafür, dass die Verursacher nach Produktionsalternativen zur Verringerung des Einsatzes der Ressource Schädigungsrechte suchen werden. Die Inanspruchnahme natürlicher Ressourcen wird reduziert und – wie bei anderen Produktionsfaktoren auch – auf jenes Maß zurückgeführt, für das die Nutzer bereit sind, einen Preis zu entrichten.

Auf das Problem der „geistigen Umweltverschmutzung" durch den Fernsehkonsum von Kindern übertragen, könnte eine solche Zertifikatelösung wie folgt aussehen:

Es wird gesetzlich ein Gremium unabhängiger Experten aus der Wissenschaft, ein „Fernsehrat", eingesetzt, der ein Ratingsystem für Fernsehsendungen aller Art entwickelt. Dieses könnte sich etwa an den *TV Parental Guidelines* orientieren, welche die amerikanische Fernsehindustrie für den V-chip erstellt (http://www.tvguidelines.org/). Auf der Basis des von ihm entwickelten Ratingsystems legt der Fernsehrat jenes Ausmaß antisozialer Fernsehinhalte fest, das, vor dem Hintergrund der neuesten wissenschaftlichen Erkenntnisse über die bildungsschädlichen Wirkungen des Fernsehens, gerade noch toleriert werden kann. Da die tatsächliche Grenzexternalität des Fernsehangebots kaum quantifizierbar sein dürfte, könnte man sich vorstellen, dass der Höchstwert aus pragmatischen Gründen einen früheren Stand als Orientierungshilfe verwendet – etwa das Ausmaß antisozialer Inhalte, wie es vor Einführung des Privatfernsehens in Deutschland existierte.

In Höhe des festgelegten Umfangs der Gesamtschädigung erhalten die einzelnen Sendeanstalten, entweder im Wege einer Versteigerung oder einer unentgeltlichen Verteilung (sog. *Grandfathering*), Rechte zur Ausstrahlung antisozialer Inhalte – ganz buchstäbliche „Lizenzen zum (virtuellen) Töten" im Fernsehprogramm. Darüber hinaus sind institutionelle Voraussetzungen zu schaffen für einen Handel mit diesen Rechten auf Sozialschädigungen. Zu denken wäre etwa an eine Clearing-Stelle, die bei einer Fernsehaufsichtsbehörde angesiedelt wäre. Ähnlich wie Kreditinstitute sich bei der Zentralbank refinanzieren, könnten Sendebetriebe hier ihren Bedarf an Sendezertifikaten decken.

Das Ergebnis wäre: Der Handel mit Zertifikaten sorgt dafür, dass die soziale Grenzschädigung durch das eigene Fernsehprogramm in die Entscheidung eines jeden Fernsehanbieters internalisiert wird. Auf der einen Seite kann er das Schädigungsrecht selbst nutzen; dann spart er die Opportunitätskosten, die er durch den Verzicht auf die publikumswirksame Ausstrahlung von *Sex and Crime*-Inhalten aufzubringen hätte. Andererseits kann er, wenn er sich auf prosoziale Inhalte konzentrieren will, das Recht jedoch auch verkaufen, was sich vor allem dann lohnen wird, wenn der zu erwartende Marktpreis über seinen marginalen Vermeidungskosten liegt. Der Zertifikatekurs wird genau den Grenzvermeidungskosten für die letzte vermiedene Einheit antisozialer Programminhalte entsprechen. Das gilt auch für den Anbieter von Inhalten geringerer Qualität, der einen Anreiz zum Erwerb eines Zertifikats hat, solange der Preis eines Zertifikats geringer ist als die Grenzkosten des Verzichts auf die Ausstrahlung schädigender Inhalte.

Die hier vorgeschlagene Zertifikatelösung hat wesentliche Vorzüge gegenüber bisher gemachten Vorschlägen:

- Sie ist erstens *anreizkompatibel*, insofern die Möglichkeit einer Schädigung Dritter durch die eigenen Programminhalte in den Kalkül der Programmanbieter mit eingehen muss. Wer viel Information und gute, qualitativ hochwertige Unterhaltung präsentiert, hat niedrige Kosten. Wer indes auf Horror und Gewalt setzt, zahlt relativ mehr.
- Die Zertifikatelösung ist – zweitens – *treffsicher*, da nur genau die Menge an Zertifikaten ausgegeben wird, die der als zulässig erachteten Gesamtmenge entspricht. Das angestrebte Schutzniveau stellt sich somit sicher ein – was eine reine *Pigou*-Steuer auf Gewalt nicht gewährleisten könnte.
- Die Lösung ist – drittens – *(allokations-)effizient*, da im Gleichgewicht die Grenzkosten der Vermeidung antisozialer Inhalte für die letzte vermiedene Schadenseinheit bei allen Beteiligten übereinstimmen.
- Der Handel mit Zertifikaten wahrt die *Meinungsfreiheit*. Sendungen mit viel *Sex and Crime* werden nicht einfach verboten. Es wird lediglich teurer, sie anzubieten. So, wie es keinen Eingriff in die Konsumentensouveränität bedeutet, wenn Alkohol besteuert oder Zigarettenwerbung verboten wird, so bleibt hier das Recht auf Meinungsfreiheit grundsätzlich unberührt. Doch jedes Recht hat Grenzen – nämlich dort, wo das Wohl anderer eingeschränkt wird. Und dieser Fall wäre – nach allem, was wir wissen – bei einem schrankenlosen Angebot antisozialer Programminhalte gegeben.
- Schließlich genügen die Handlungsergebnisse unter dem Zertifikatemodell besser dem *Subsidiaritätsprinzip* als das bisherige Nebeneinander öffentlich-rechtlicher und privater Sendebetriebe. Denn es vermag die Qualität des gleichgewichtigen Programmangebots zu heben, ohne eine vollkommene Verstaatlichung und Monopolisierung des Fernsehmarktes vorauszusetzen. Nach diesem Konzept sind und bleiben es im Wesentlichen private Sender, welche das Programmangebot gewährleisten. Mehr noch: Unter dem Zertifikatehandel sind öffentlich-rechtliche Sendeanstalten letztlich völlig verzichtbar. Zu einer Bereitstellung einer „Grundversorgung“ werden sie nicht länger benötigt. Die Privaten können dies ebenso, da der bisher öffentlich-rechtliche „Programmauftrag“ bereits durch den ökonomischen Zwang zum Angebot prosozialer Inhalte verwirklicht ist.

Eine wesentliche Voraussetzung für die Realisierung aller dieser Vorteile der Zertifikatelösung wäre jedoch, dass der Fernsehrat tatsächlich unabhängig von den tagespolitischen Entscheidungen agieren kann. Privatwirtschaftliche Medienkonzerne betreiben, wie die Erfahrung moderner Demokratien zeigt, sehr häufig gezielte politische Lobbyarbeit (*Grossman* and *Helpman* 2001). Mit dem Instrument manipulativer Berichterstattung mit Massenwirkung könnten politische Handlungsträger von diesen unter Druck gesetzt werden. Die Unabhängigkeit dieses Fernsehrats könnte dabei nach dem Vorbild des Zentralbankrates der Europäischen Zentralbank gestaltet sein: Die Mitglieder werden für eine bestimmte Zeit – etwa für einen Zeitraum von acht Jahren – gewählt und sind während dieser Zeit unkündbar, nach Ablauf der Bestellungsperiode jedoch nicht wieder bestellbar. Dass eine solche Regelung zur vollkommenen Unabhängigkeit der Mitglieder des Fernsehrates führen würde, ergibt sich aus der Anwendung des spieltheoretischen Lösungsprinzips der „Rückwärtsinduktion“ (z. B. *Gibbons* 1992, S. 57 ff.), nach dem Spiele mit bekannter Endrunde mit der letzten Spielstufe beginnend zu lösen sind.

Dies lässt sich anhand des Kalküls eines einzelnen Mitglieds des Fernsehrats klarmachen.[9] Im letzten Jahr seiner Bestellung weiß das Ratsmitglied, dass eine Weiterbeschäftigung nicht mehr möglich ist. Es kann also für Wohlwollen gegenüber den Anliegen der regierenden Politiker in einer Folgeperiode, die es dann nicht mehr gibt, nicht belohnt und für in der Politik besonders unerwünschte Entscheidungen auch nicht bestraft werden. Im letzten Jahr seiner Bestellungsperiode ist das Mitglied des Fernsehrats mithin vollkommen unabhängig, eine freie Entscheidung rein nach wissenschaftlich-ethischen Kriterien zu treffen, nicht aber nach sachfremden politischen Erwägungen. Für das vorletzte Jahr der Bestellungsperiode bedeutet dies aber, dass das Ratsmitglied im letzten Jahr für eine sorgfältige Prüfung in der vorletzten Runde vom Mandanten nicht mehr bestraft werden kann; er ist daher bereits im vorletzten Jahr völlig unabhängig in seiner Amtsführung. Dies wiederum impliziert, dass er auch im vor-vorletzten Jahr völlig unabhängig ist usw. Das spieltheoretische Gleichgewicht in allen jährlichen Stufenspielen während der gesamten Bestellungsperiode ist also, dass jedes Ratsmitglied eine völlig freie, von den tagespolitischen Interessen völlig unbeeinflusste Entscheidung treffen kann.

7.2. … im Fernseh-Club?

Die hier vorgeschlagene Zertifikatelösung kann einen wesentlichen Beitrag zu einer nachhaltigen Verbesserung der Programmqualität im deutschen Fernsehmarkt leisten. Sie verleiht den Anbietern von Fernsehprogrammen harte ökonomische Anreize, jene Schädigungen zu reduzieren, die – nach aller empirischen Evidenz – zunächst vor allem die Kinder, mit ihnen aber die ganze Gesellschaft, betreffen. Sie kann mithin die *Struktur* des gesamten Programmangebots hin zu mehr prosozialen Inhalten verschieben. Eines vermag diese Lösung jedoch nicht: Sie wird kaum Einfluss nehmen können auf die schiere *Länge* des individuellen Fernsehkonsums. Denn Fernsehen ist, wie die empirische Literatur mit überwältigender Übereinstimmung gezeigt hat, nicht nur deshalb wohlfahrtsschädlich, weil die Zuschauer, besonders die Kinder, das Falsche ansehen, sondern auch deshalb, weil sie überhaupt (zu lange) vor der Mattscheibe sitzen. Eine wirkliche Lösung des Problems muss daher auch direkt auf der Nachfrageseite ansetzen.

Die negativen Externalitäten des Fernsehkonsums entstehen zu einem wesentlichen Teil allein deshalb, weil Fernsehprogramme wie öffentliche Güter alloziert werden. Ein Ausschluss nicht-zahlungsbereiter Nachfrager wird nicht durchgesetzt, obwohl dieser sehr wohl möglich wäre; nur im Bereich des Bezahlfernsehens (z.B. *Premiere*) wird er auch jetzt schon geübt. Bei Gütern, für die ein Ausschluss nicht-zahlungswilliger Nachfrager unter vertretbaren Kosten möglich, aber keine (oder erst ab einer bestimmten

---

9 Zu analogen Überlegungen für die Unabhängigkeit von Wirtschaftsprüfern siehe *Müller* (2004).

Nutzungsintensität) Nutzungsrivalität zu erwarten ist, spricht man im Allgemeinen von Clubgütern (z. B. *Sandler* und *Tschirhart* 1997). Clubgüter können, wie in der theoretischen Literatur grundlegend gezeigt wurde, privatwirtschaftlich – über Märkte – bereitgestellt werden (*Berglas* and *Pines* 1980). Auch Fernsehprogramme könnten – auf der Basis geeigneter technischer und rechtlicher Voraussetzungen – als Clubgüter auf Märkten gehandelt werden (*Hadamitzky* et al. 2007; *Schröder* 2008, S. 143 ff.).

Würden Fernsehanbieter gezwungen, ihre Programme nicht im Wege des *Free-TV* anzubieten, sondern nach der *Pay per view*-Methode bei gleichzeitiger Einschränkung oder sogar völligem Verbot von Fernsehwerbung, könnten die negativen volkswirtschaftlichen Kosten des Fernsehens – über die positiven Wirkungen der Zertifikatelösung hinaus – weiter deutlich gemindert werden. Nach dem *Pay per view*-Verfahren wäre der Fernsehkonsum rein nutzungsabhängig abzurechnen; wer mehr fernsieht, zahlt auch mehr – ein Verfahren, das technisch nicht nur für das Kabelfernsehen realisierbar wäre, sondern – über entsprechende Codierungen – auch im Satelliten- und terrestrischen Bereich.

Allein der Effekt, dass der Zuschauer unter diesem Regime für seinen Fernsehkonsum nutzungsabhängig bezahlen müsste, dürfte den Fernsehkonsum insgesamt – und damit dessen negative Externalitäten – deutlich absenken. Wenn der marginale Fernsehkonsum nicht mehr, wie im werbefinanzierten Programm, zum Nulltarif zu haben, sondern mit positiven Grenzkosten verbunden ist, werden die Zuschauer die Programme nicht mehr bis zur Sättigungsgrenze nachfragen, sondern nur noch so lange, bis die Grenznutzen und Grenzkosten einer zusätzlichen Nutzungseinheit einander ausgleichen. Fernsehen ist dann kein anscheinend kostenloses Gut mehr. Gerade auch Eltern werden daher ihre Kinder nicht länger wahl- und grenzenlos fernsehen lassen, sondern sich für den Fernsehkonsum ihrer Kinder allein deshalb interessieren, weil sie es sind, die ihn bezahlen müssen.

Darüber hinaus würden die Gebühren, die pro zusätzliche Einheit Fernsehkonsum aufgewendet werden müssten, regressiv und damit sehr zielgenau wirken. Denn gerade jene sozioökonomisch weniger privilegierten Gesellschaftsschichten, bei denen das Fernsehen – nach aller Empirie – die größten Probleme aufwirft, würden daher – gemessen an ihrem Einkommen – relativ höhere Preise für den Fernsehkonsum zahlen. So negativ Regressionswirkungen von Abgaben und Preisen im Allgemeinen auch zu beurteilen sind – hier hätten sie offensichtlich sogar volkswirtschaftliche (Lenkungs-)Vorteile.

Die Vorteile dieser Clubgut-Allokation des Fernsehangebots wären dabei um so größer, je weniger es den Sendern gesetzlich gestattet würde, Teile ihres Programmes auch über Fernsehwerbung zu finanzieren. Maximal wären die Wohlfahrtswirkungen *ceteris paribus* im Falle eines vollkommenen Reklameverbotes, weil die hierdurch ausfallenden Werbeeinnahmen im Interesse der Kostendeckung den Nutzungsgebühren zugeschlagen werden müssten. Insbesondere wäre auch der qualitätssenkende „Zwang zur Quote“, dem die Sender bei Werbefinanzierung unterliegen, mindestens abgemildert.

Man mag einwenden, dass, um den Fernsehkonsum von Kindern zu senken, durch die Umstellung des ganzen Fernsehangebots auf Bezahlfernsehen der Fernsehkonsum auch für die Erwachsenen teurer wird. Dies indes ist lediglich der Preis für die Realisierung der Wohlfahrtswirkungen der genannten Lösung. Aus verteilungspolitischer Sicht dürfte ohnehin wenig dagegen einzuwenden sein, wenn für ein Gut wie die Steigerung der volkswirtschaftlichen Wohlfahrt, von dem alle Bürger gleichermaßen profitieren, auch alle Bürger gleichermaßen einen Beitrag leisten müssen.

8. PISA, TIMMS ... und Fernsehen?

Wäre das Fernsehen nie erfunden worden, so hat der amerikanische Psychiater und Epidemiologe *Brandon S. Centerwall* (1992) auf der Basis zahlreicher empirischer Studien errechnet, dann gäbe es allein in den USA jedes Jahr 10.000 Morde und Totschläge weniger, 70.000 weniger Vergewaltigungen und 700.000 weniger Gewaltdelikte gegen Personen. Unabhängig davon, dass solche Hochrechnungen sicher mit Vorsicht zu genießen sind, geben sie doch eine gewisse Vorstellung davon, dass die gesamtgesellschaftlichen Schäden, die von dem scheinbar so harmlosen Medium Fernsehen ausgehen, alles andere als vernachlässigbar sind. Exzessives Fernsehen gefährdet – dies zeigt die empirische Evidenz mit einer Deutlichkeit, die nichts zu wünschen übrig lässt – nicht nur die Persönlichkeitsbildung von Kindern in erheblichen Maße, sondern auch und nicht zuletzt ihren schulischen Erfolg. Im Zeitalter von PISA, TIMMS und anderen Schülervergleichstests wird man daher nicht nur am Schulsystem selbst ansetzen müssen, sondern auch an jenen gesamtgesellschaftlichen Einflussfaktoren, die – wie das Fernsehen – seine Effizienz gefährden können.

Das Problem der gesellschaftlichen Schädigungen durch das Fernsehen lässt sich dabei in Analogie zu Schädigungen unserer natürlichen Umwelt analysieren. Fernsehkonsum verursacht, vor allem bei Kindern, „geistige Umweltverschmutzung", wie Kraftwerke und Fabriken Abgase und Abwässer produzieren. Es ist daher auch die Umweltökonomik, von welcher die Bildungsökonomen in dieser Frage am ehesten lernen können.

Im vorliegenden Beitrag wurde argumentiert, dass sich die Qualität der gezeigten Programme mit der Initiierung eines Zertifikatehandels verbessern ließe, wie er vor wenigen Jahren in der EU für Kohlendioxid-Emissionen realisiert worden ist. Ein solcher Handel mit Lizenzen zur Ausstrahlung antisozialer Inhalte wäre – wie gezeigt wurde – nicht nur anreizkompatibel, treffsicher und effizient, sondern er würde auch das Grundrecht auf Meinungsfreiheit nicht berühren und dem Subsidiaritätsprinzip der Sozialen Marktwirtschaft genügen. Zu einer wirklich nachhaltigen Lösung des Problems der Fernsehexternalitäten könnte dieser Vorschlag vor allem dann führen, wenn er nachfrageseitig mit der Einführung eines Bezahlfernsehsystems kombiniert würde.

Vorschläge wie diese mögen heute noch unverhältnismäßig radikal wirken. Radikal aber werden die Politikoptionen wohl sein müssen, wenn wir nach Jahrzehnten den Abwärtstrend endlich stoppen wollen. Denn es geht nicht zuletzt um die Zukunft unserer Gesellschaft. Und diese fängt bei den Bildungschancen unserer Kinder an.

Literatur

Aarö, L.E. und *A. Eder* (1989), Videokonsum, Gesundheit und Lebensstil von Schulkindern: Bericht über eine internationale Studie, in: Drogalkohol, Bd. 13, S. 163-176.

Aitken, P.P., D.S. Leathar and *A.C. Scott* (1988), Ten- to sixteen-year-olds' perceptions of advertisements for alcoholic drinks, in: Alcohol and Alcoholism, Vol. 23, pp. 491-500.

Anderson, D.R., A.C. Huston, K.L. Schmitt, D.L. Linebarger and *J.C. Wright* (2001), Early childhood television viewing and adolescent achievement, The Recontact Study, Monographs of the Society for Research in Child Development, Vol. 66, Serial No. 264.

Baker, R.K. and *S.J. Ball* (1969), Mass media and violence: A staff report to the National Commission on the Causes and Prevention of Violence, Washington D.C.

Ball, S. and *G.A. Bogatz* (1970), The first year of Sesame Street: An evaluation, Princeton N.J.: Educational Testing Service. (ERIC Document Reproduction Service No. ED 047 823).

Baumert J., C. Artelt, E. Klieme, M. Neubrand und *M. Prenzel* (2000), Pisa 2000: Die Länder der Bundesrepublik Deutschland im Vergleich, Opladen.

Berglas, E. and *D.* Pines (1980), Clubs as a Case of Competitive Industry with Goods of Variable Quality, in: Economic Letters, Vol. 5, pp. 363-366.

Bonus, H. (1981), Emissionsrechte als Mittel der Privatisierung öffentlicher Ressourcen aus der Umwelt, in: *L. Wegehenkel* (Hg.), Marktwirtschaft und Umwelt, Tübingen, S. 54-77.

Brennan, G. und *J.M. Buchanan* (1993), Die Begründung von Regeln, Tübingen.

Bushman, B.J. and *C.A. Anderson* (2001), Media Violence and the American Public, American Psychologist, Vol. 56, pp. 477-489.

Centerwall, B.S. (1989a), Exposure to television as a risk factor for Violence, in: American Journal of Epidemiology, Vol. 129, pp. 643-652.

Centerwall, B.S. (1989b), Exposure to television as a cause of violence, in: *G. Cornstock* (ed.), Public Communication and Behavior, Orlando, pp. 1-58.

Centerwall, B.S. (1990), Young adult suicide and exposure to television, in: Social Psychiatry and Psychiatric Epidemiology, Vol. 25, pp. 149-153.

Centerwall, B.S. (1992), Television and Violence – the Scale of the Problem and Where to Go From Here, in: Journal of the American Medical Association, Vol. 267, pp. 3059-3063.

Centerwall, Brandon (2000), Television Comes To South Africa, and McBride, Canada, in: *Joanne Cantor* et al. (eds.), Media Violence Alert, Zionsville/Indiana, pp. 25-33.

Coase, R.H. (1960), The Problem of Social Cost, in: Journal of Law and Economics, Vol. 3, pp. 1-44.

Comstock G. and *E. Scharrer* (2003), Meta-analyzing the controversy over television violence and aggression, in: *D.A. Gentile* (ed.), Media violence and children, Westport, pp. 205-226.

Corteen, R.S. and *T.M Williams* (1986), Television and reading skills, in: *T.M. Williams* (ed.), The Impact of Television: A Natural Experiment in Three Communities, Orlando/FLA, pp. 39-86.

Dawes, R.M. (1980), Social dilemmas, in: Annual Review of Psychology, Vol. 31, pp. 169-193.

Dietz, W.H. and *S.L. Gortmaker* (1985), Do we fatten our children at the television set? Obesity and television viewing in children and adolescents, in: Pediatrics, Vol. 75, pp. 807-812.

Ennemoser, M. (2003), Der Einfluss des Fernsehens auf die Entwicklung von Lesekompetenzen: Eine Längsschnittstudie vom Vorschulalter bis zur dritten Klasse, Hamburg.

Ennemoser, M., K. Schiffer und *W. Schneider* (2002), Die Rolle des Fernsehkonsums bei der Entwicklung der Lesekompetenzen, in: *N. Groeben* und *B. Hurrelmann* (Hg.), Lesekompetenz: Bedingungen, Dimensionen, Funktionen, Weinheim, S. 236-250.

Ennemoser M., K. Schiffer, C. Reinsch und *W. Schneider* (2003), Fernsehkonsum und die Entwicklung von Sprach- und Lesekompetenzen im frühen Grundschulalter, in: Zeitschrift für Entwicklungspsychologie und Pädagogische Psychologie, Bd. 35, S. 12-26.

Eucken, W. (2004), Grundsätze der Wirtschaftspolitik, 7. Auflage, Tübingen (1. Auflage 1952).

Farrell, J. and *M. Rabin* (1996), Cheap Talk, in: The Journal of Economic Perspectives, Vol. 10, pp. 103-118.

Feierabend, S. und *W. Klingler* (2004), Was Kinder sehen: Eine Analyse der Fernsehnutzung Drei- bis 13-Jähriger 2003, in: Media Perspektiven, 4/2004, S. 151-162.

Feierabend, S. und *W. Klingler* (2006), Was Kinder sehen: Eine Analyse der Fernsehnutzung Drei- bis 13-Jähriger 2005, in: Media Perspektiven, 3/2006, S. 138-153.

Fetler, M. (1984), Television viewing and school achievement, in: Journal of Communication, Vol. 34, pp. 104-118.

Gerbner, G. (1978), Über die Ängstlichkeit von Vielsehern, in: Fernsehen und Bildung, Jg. 12, S. 48-58.

Gerbner, G., L. Gross, M. Morgan and *N. Signorielli* (1994), Growing up with television: the cultivation perspective, in: *J. Bryant* and *D. Zillmann* (eds.), Media effects, Advances in theory and research, Hillsdale/N.J., pp. 17-41.

Gibbons, R. (1992), Game theory for applied economists, Princeton/N.J.

Gortmaker, S.L., C.A. Salter, D.K. Walker and *W.H. Dietz* (1990), The impact of television viewing on mental aptitude and achievement: a longitudinal study, in: Public Opinion Quarterly, Vol. 54, pp. 594-604.

Götz M. (2003), Wer hat Angst vor den Teletubbies? in: *W. Biresch* (Hg.), Kinderfernsehen: Vom Hasen Cäsar bis zu Tinky Winky, Dipsy und Co., Frankfurt, S. 51-70.

Gould, M. S. and *D. Schaffer* (1986), The impact of suicide in television movies: Evidence of imitation, in: New England Journal of Medicine, Vol. 315, pp. 690-694.

Groebel, J. (1981), Vielseher und Angst: Theoretische Überlegungen und einige Längsschnittergebnisse, in: Fernsehen und Bildung, Jg. 15, S. 114-136.

Grossman, G. M. and *E. Helpman* (2001), Special Interest Politics, Cambridge and London.

Hadamitzky, A., K. von Blanckenburg und *C. Backhaus* (2007), Die Bereitstellung von öffentlich-rechtlichen Fernseh- und Rundfunkprogrammen: Eine Analyse auf Basis der Kollektivgütertheorie, in: Perspektiven der Wirtschaftspolitik, Bd. 8, S. 256-278.

Hamilton, J.T. (1998), Channeling Violence: The Economic Market for Violent Television Programming, Princeton

Hartwig, K.-H. und *I. Pies* (1995), Rationale Drogenpolitik in der Demokratie: Wirtschaftswissenschaftliche und wirtschaftsethische Perspektiven einer Heroinvergabe, Tübingen,

Hearold S. (1986), A Synthesis of 1043 effects of television social behavior, in: Communication and Behavior, Vol. 1, pp. 65-133.

Henggeler, S.W., R. Cohen, J.J. Edwards, M.B. Summerville and *G.E. Ray* (1991), Family stress as a link in the association between television viewing and achievement, in: Child Study Journal, Vol. 21, pp. 1-10.

Hobbes, T. (1976), Leviathan oder Stoff, Form und Gewalt eines bürgerlichen und kirchlichen Staates, Frankfurt a. M. (Originalausgabe 1651).

Hornik, R.C. (1978), Television access and the slowing of cognitive growth, in: American Educational Research, Vol. 15, pp. 1-15.

Huesmann, L.R. (1986), Psychological processes promoting the relation between exposure to media violence and aggressive behaviour by the viewer, in: Journal of Social Issues, Vol. 42, pp. 125-139.

Huesmann, L. R., L.D. Eron, R. Klein, P. Brice and *P. Fischer* (1983), Mitigating the imitation of aggressive behaviors by changing children's attitudes about media violence, in: Journal of Personality and Social Psychology, Vol. 44, pp. 899-910.

Hurrelmann, B., M. Hammer und *K. Stelberg* (1996), Familienmitglied Fernsehen: Fernsehgebrauch und Probleme in verschiedenen Familienformen, Opladen.

Jo, E. and *L. Berkowitz* (1994), A priming effect analysis of media influences: an update, in: *J. Bryant* and *D. Zillmann* (eds.), Media effects: Advances in theory and research, Hillsdale N.J. pp. 43-60.

Joy, L.A., M.M. Kimball and *M.L. Zabrack* (1986), Television and children's aggressive behavior, in: *T.M. Williams* (ed.), The Impact of Television: A Natural Experiment in Three Communities, Orlando/FLA, pp. 303-360.

Josephson, W.L. (1987). Television violence and children's aggression: Testing the priming, social script, and disinhibition predictions, in: Journal of Personality and Social Psychology, Vol. 53, pp. 882-890.

Klingler, W. und *J. Groebel* (1994), Kinder und Medien 1990, Eine Studie der ARD/ZDF-Medienkommission, Baden-Baden.

Koolstra, C.M., T.H.A. Van de Voort and *L.J.T. Van der Kamp* (1997), Television's impact on children's reading comprehension and decoding skills: a 3-year panel study, in: Reading Research Quarterly, Vol. 32, pp. 128-152.

Kotch, J.B., M.L. Coulter and A. Lipsitz (1986), Does televised drinking influence children's attitudes toward alcohol?, in: Addictive Behaviours, Vol. 11, pp. 67-70.

Kunkel, D. (2003), The Road to the V-Chip: Television Violence and Public Policy, in: *D.A. Gentile* (ed.), Media violence and children, Westport/CO, pp. 227-245.

Liebertz, R.M. (1986), Effects of television on children and adolescents, in: Journal of Developmental and Behavioral Pediatrics, Vol. 7, pp. 43-48.

Medrich, E.A., J. Roizen, V. Rubin and *S. Buckley* (1982), The serious business of growing up: A study of children's lives outside school, Los Angeles.

Morgan, M. (1984), Heavy television viewing and perceived quality of life, in: Journalism Quarterly, Vol. 61, pp. 499-504.

Morgan, M. and *L. Gross* (1980), Television Viewing, IQ, and Academic Achievement, in: Journal of Broadcasting, Vol. 24, pp. 117-133.

Müller, C. (2001), Finanzpolitik: Allokative und politische Effizienz durch internationalen Steuerwettbewerb? in: *L.T. Koch* (Hg.), Wirtschaftspolitik im Wandel, München, S. 81-112.

Müller, C. (2004), Bilanzskandale: Eine institutionenökonomische Analyse, in: Perspektiven der Wirtschaftspolitik, Bd. 5, S. 211-225.

Müller, C. und *T. Sundmacher* (2005), Soziale Kosten und EU-Emissionshandel, in: Das Wirtschaftsstudium, Jg. 34, S. 1086-1091.

Myrtek, M. (2006), Folgen des Fernsehens bei Kindern und Jugendlichen, http://www.Familienhandbuch.de/cmain/f_Aktuelles/a_Kindliche_Entwicklung/s742.html.

Myrtek, M. und *C. Scharff* (2000), Fernsehen, Schule und Verhalten: Untersuchungen zur emotionalen Beanspruchung von Schülern, Bern u.a.

Olson, Mancur (1968), Die Logik des kollektiven Handelns: Kollektivgüter und die Theorie der Gruppen, Tübingen.

Pfeiffer, C., T. Mößle, M. Kleimann und *F. Rehbein* (2007), Die PISA-Verlierer – Opfer ihres Medienkonsums: Eine Analyse auf der Basis verschiedener empirischer Untersuchungen, Kriminologisches Forschungsinstitut Niedersachsen e.V., Hannover; online unter: http://www.kfn.de/versions/kfn/assets/pisaverlierer.pdf (Abruf am 1. Mai 2008).

Phillips, D.P. and *D.J. Paight* (1987), The impact of televised movies about suicide: A replicative study, in: New England Journal of Medicine, Vol. 317, pp. 809-811.

Pindyck R.S. und *D.L. Rubinfeld* (2005), Mikroökonomie, 6. Aufl., München u.a.

Rice, M.L., A.C. Huston and *R.T. Truglio* (1990), Words from "Sesam Street": Learning vocabulary while viewing, in: Developmental Psychology, Vol. 26, pp. 421-428.

Roberts, D.F., C.M. Bachen, M.C. Hornby, M.C. and *P. Hernandez-Ramos* (1984), Reading and television: Predictors of reading achievement at different age levels, in: Communication Research, Vol. 11, pp. 9-49.

Sandler, T.M. and *J.* Tschirhart (1997), Club Theory: Thirty Years Later, in: Public Choice, Vol. 93, pp. 335-355.

Schelling, T.C. (1984), Ethics, Law and the Exercise of Self-Command, in: *T.C. Schelling* (ed.), Choice and Consequence, Cambridge and London, pp. 83-112.

Schröder, G. (2008), Positive Medienökonomik – Institutionenökonomischer Ansatz für eine rationale Medienpolitik, Baden-Baden.

Sinn, H.–W. (1997), The selection principle and market failure in systems competition, in: Journal of Public Economics, Vol. 66, pp. 247–274.

Spitzer, M. (2006), Vorsicht Bildschirm! Elektronische Medien, Gehirnentwicklung, Gesundheit und Gesellschaft, 2. Aufl., München.

Tietzel, M. und *C. Müller* (2002), Merit goods from a constitutional perspective, in: *H. G. Brennan, H. Kliemt* and *R. Tollison* (eds.), Method and Morals in Constitutional Economics. Essays in Honor of James M. Buchanan, Berlin et al., pp. 375-400.

Van der Voort, T.H.A. (2001), Television's impact on childrens' leisure-time reading and reading skills, in: *L. Verhoeven* and *C.E. Snow* (eds.), Literacy and motivation: Reading engagement in individuals and groups, Mahwah, pp. 95-122.

Weise, P., W. Brandes, T. Eger und *M. Kraft* (2004), Neue Mikroökonomie, 5. Aufl., Heidelberg.

Weiss, R.H. (1990), Horror-Gewalt-Video-Konsum bei Jugendlichen: Gefühlsreaktion – Persönlichkeit – Identifikation Täter/Opfer, in: *H. Lukesch* (Hg.), Wenn Gewalt zur Unterhaltung wird: Beiträge zur Nutzung und Wirkung von Gewaltdarstellungen in audiovisuellen Medien, Medienforschung 3, S. 47-91.

Williams, P.A., E.H. Haertel, G.D. Haertel and *H.J. Walberg* (1982), The impact of leisure-time television on school learning: A research synthesis, in: American Educational Research Journal, Vol. 19, pp. 19-50.

Winterhoff-Spurk, P. (1986), Fernsehen: Psychologische Befunde zur Medienwirkung, Bern.

Wright, J.C., A.C. Huston, C. Murphy, M. St. Peters, M. Pinon, R.M. Scantlin and *J.A. Kotler* (2001), The relations of early television viewing to school readiness and vocabulary of children from low-income families: The early window project, in: Child Development, Vol. 72, pp. 1347-1366.

Zillmann, D. and *J. Bryant* (1988), Pornography's impact of sexual satisfaction, in: Journal of Applied Social Psychology, Vol. 18, pp. 438-453.

Dirk Wentzel (Hg.), Medienökonomik –
Theoretische Grundlagen und ordnungspolitische Gestaltungsalternativen
Schriften zu Ordnungsfragen der Wirtschaft · Band 89 · Stuttgart · 2009

Bildschirm und Bildung

Zum Zertifikate-Vorschlag von *Christian Müller*

Thomas Apolte

Christian Müller sorgt sich in seinem Beitrag (i.d.Bd.) um die externen Effekte exzessiven Fernsehkonsums. In beeindruckenden Schilderungen einschlägiger empirischer Befunde zeigt er auf, dass Fernsehkonsum mit schlechten schulischen Leistungen, mit Gewaltbereitschaft und Defiziten der Persönlichkeitsentwicklung korreliert ist. Die Lektüre seiner Schilderungen ist beängstigend. Den möglichen Einwand der *reversed causality* lässt *Müller* – offenbar zu Recht – nicht gelten. Denn sofern empirische Studien den Einfluss von Faktoren wie soziale Herkunft oder Intelligenz kontrollieren, bleibt ein signifikanter Zusammenhang zwischen Fernsehkonsum und verschiedenen Fehlentwicklungen erhalten. Das deutet zumindest darauf hin, dass es nicht die soziale Herkunft oder die Intelligenz ist, welche zunächst das Bildungsniveau und darüber dann den Fernsehkonsum bestimmt, sondern dass der Fernsehkonsum unabhängig von der sozialen Herkunft oder der Intelligenz das Bildungsniveau beeinträchtigt.

Alles das mag bedrücken, wer ein hohes Bildungsniveau als Gut *per se* betrachtet, welches auf individueller Ebene nicht zur Disposition stehen darf. Ein geschulter Wohlfahrtsökonom würde indes darauf bestehen, dass darin kein Problem zu sehen ist. Denn wenn rationale Individuen zugunsten unterhaltsamen Fernsehkonsums aus freien Stücken auf Bildung und womöglich auch auf künftige Einkommen, ja sogar auf Gesundheit und Wohlergehen verzichten, so tun sie dies aus freien Stücken und im Angesicht aller Folgen ihres Tuns. Zumindest wäre es paternalistisch, ihnen eine solche Entscheidung abnehmen zu wollen. Schließlich wäre damit die Entscheidungsfreiheit dahin, und es wäre nicht einmal im Falle einer gewissen Irrationaliät der betroffenen Individuen gesichert, dass das intertemporale Nutzenniveau durch den Paternalismus erhöht werden kann. Schließlich riskieren auch Rennfahrer, Drachenflieger und Leistungssportler ihre Gesundheit und damit ihr künftiges Wohlergehen. Und wenn deren Entscheidungen für ihr Vergnügen erst einmal staatlich korrigiert sind, was ist dann mit den Konsumenten von Schokolade, Alkohol, lauter Musik oder mit jenen, die nicht einmal die Spät- und Folgewirkungen des Konsums einwöchiger Seminare am Rande hochalpiner Dörfer scheuen? Muss man sie nicht alle vor den Folgen ihres tatsächlich oder vermeintlich undurchdachten Handelns schützen? Bei allem Schrecken, welche die von *Müller* gelieferten Fakten zunächst auslösen: Die Faktensammlung eines Chirurgen zu den Folgen des Motorradfahrens oder auch des Skifahrens würde sicher denselben Impuls wie jene zu den Folgen des Fernsehkonsums auslösen.

Damit allein ist staatliches Handeln also nicht zu legitimieren, und das ist dem Verfasser des Beitrags natürlich wohlbewusst. Abfinden mag er sich mit den Folgen des Fernsehkonsums dennoch nicht. Was macht also der Ökonom, wenn er ein Problem diagnostizieren will, ohne sich des Paternalismus schuldig machen zu wollen? Er verweist auf das Vorliegen von Marktversagen, und das ist im vorliegenden Fall schnell gefunden. Denn kaum zu bestreiten sind die negativen Externalitäten des Fernsehkonsums, und zwar gleich in zweierlei Varianten:

- Wenn Fernsehen Verhaltensmuster wie Gewalt fördert, welche Auswirkungen auf Dritte haben, dann werden diese Auswirkungen auch von vollständig rationalen Fernsehkonsumenten nicht berücksichtigt.
- Wenn Eltern – beispielsweise aus eigener Bequemlichkeit – ihren unmündigen Kindern einen Fernsehkonsum erlauben, den diese als Erwachsene unangemessen hoch einstufen würden, dann handeln sie nicht als perfekte Agenten ihrer Kinder und fügen ihnen damit einen Schaden zu, der sich beispielsweise in einem zu niedrigen Humankapitalbestand im Erwachsenenalter ausdrückt.

In typischer Weise lässt sich die hier vorliegende Externalität wie folgt beschreiben. Der Nutzen *U(F,X)* eines repräsentativen Konsumenten hänge in der üblichen Form vom Fernsehkonsum *F* sowie dem sonstigen Konsum *X* ab und zeige dabei abnehmende Grenznutzen in den beiden Argumenten. Dabei sehe sich das Individuum einer Budgetrestriktion der folgenden Form gegenüber:

$$w \cdot N = P \cdot X + \alpha \cdot P_F \cdot F + (1-\alpha) \cdot P_F \cdot \overline{F}\text{; mit } 0 \leq \alpha \leq 1. \quad (1)$$

Der Nominallohn ist mit *w* bezeichnet, *N = Arbeitszeit, w·N also das Arbeitseinkommen, P* ist der Preisindex der sonstigen Konsumgüter, P_F ist ein impliziter Preis des Fernsehens, den man sich beispielsweise als Humankapitalverlust vorstellen mag, welcher das Realeinkommen und damit die „sonstigen“ Konsummöglichkeiten beschränkt. Wegen der Externalität wird ein Teil $(1-\alpha)$ dieses Preises von anderen Personen getragen, die ihrerseits in Höhe von $\overline{F}$ Fernsehkonsum genießen. Durch Einsetzen der Zeitbudgetrestriktion $A = Z - L - F$ mit Arbeitszeit *A*, Gesamtzeit *Z*, Fernsehzeit *F* und sonstige Freizeit *L* wird die Budgetrestriktion (1) zu:

$$w \cdot (Z - L - F) = P \cdot X + \alpha \cdot P_F \cdot F + (1-\alpha) \cdot P_F \cdot \overline{F} \quad (2)$$

Die Entscheidungsregel eines repräsentativen Individuums folgt wie üblich aus der Ableitung der Nutzenfunktion unter der Nebenbedingung (2):

$$\frac{U_F}{U_X} = \frac{w + \alpha \cdot P_F}{P} \quad (3)$$

Die Interpretation von (3) hängt an der Höhe α der Externalität. Bei $\alpha = 1$ verschwindet die Externalität, und das Individuum trägt die Grenzkosten P_F des Fernsehkonsums allein. Die Grenzopportunitätskosten bestehen aus dem Lohn *w* plus den Grenzkosten P_F des Fernsehens, deflationiert mit dem Preisindex *P* des sonstigen Konsums. Schon von daher betrachtet, muss ein höherer Fernsehkonsum seitens unterer sozialer Schichten keineswegs Ausdruck von irrationalem Verhalten sein, weil mit niedrigerem Lohnsatz *w* auch die Opportunitätskosten des Fernsehens geringer sind. Das kann man auch verallgemeinern: Wer – im weitesten Sinne – attraktivere Zeitverwendungsmöglichkeiten hat, wird weniger fernsehen. Zu den attraktiveren Zeitverwendungen gehören neben einer besser entlohnten Erwerbsarbeit auch teurere oder voraussetzungsvollere Freizeitaktivitäten wie Oper, Theater, Golf spielen oder Skifahren. Personen, für welche es im weiteren Sinne teuer ist, sich solche Aktivitäten zu erschließen, werden auch einen Fernsehkonsum mit vergleichsweise niedrigem Grenznutzen lohnend finden – das gilt nicht nur zeitlich, sondern auch inhaltlich, wenn man bedenkt, dass mit dem anspruchsvollen Sendeangebot unserer Fernsehwelt keine große Fernsehzeit abgedeckt werden kann.

Problematisch wird es für Wohlfahrtsökonomen streng genommen erst, wenn α unter eins fällt und damit ein Teil der Kosten auf andere abgewälzt wird. Im Extremfall $\alpha = 0$ fallen nur noch die unmittelbaren Zeitopportunitätskosten des Fernsehens in Höhe des Reallohnes w/P beim Individuum an, sodass auch ein sehr extensiver Fernsehkonsum mit niedrigen Grenznutzen U_F lohnend bleibt. Dieser überschüssige Fernsehkonsum ist dann als ineffizient und damit gesellschaftlich schädlich einzustufen. Daraus folgt typischerweise, dass der Staat seinen Bürgern das Fernsehen zu einem Teil verbieten oder es zumindest so verteuern müsste, dass die Bürger ihren Fernsehkonsum „freiwillig" einschränkten.

Was ist nun aber, wenn der repräsentative Bürger eine grundsätzliche Abneigung dagegen hat, sich vom Staat in seine persönliche Entscheidung über den Fernsehkonsum hineinreden zu lassen? Man mag sich hierzu eine Entscheidung des Medianwählers darüber vorstellen, ob er lieber in einer Gesellschaft lebt, innerhalb derer alle Bürger mit einer gewissen Externalität zu leben haben und dafür Entscheidungsfreiheit genießen, oder ob sie in einer Welt leben wollen, in der die Externalität überwunden und dafür die individuelle Entscheidungsfreiheit mit Blick auf den Fernsehkonsum eingeschränkt wird. Anders gewendet stellt sich die Frage, warum nahezu ausnahmslos alle demokratischen Gesellschaften die Fernsehmärkte in den letzten Jahrzehnten dereguliert haben, anstatt den Fernsehkonsum zu begrenzen. Wenn die wohlfahrtsökonomische Analyse zutreffend und empirisch relevant ist, dann müssten die politischen Märkte in nahezu grotesker Weise ineffizient sein, weil sie in den vergangenen Jahrzehnten das Gegenteil dessen produziert haben, was für die Bürger (putativ) gut gewesen wäre.

Dass der Medianwähler die Externalitäten berücksichtigt, lässt sich leicht zeigen. Nehmen wir eine Gleichbehandlungsregel an, nach der der Medianwähler mit der Festlegung des erlaubten Fernsehkonsums $\overline{F}$ zugleich auch den eigenen Fernsehkonsum bestimmt, weil eine Beschränkung der anderen auch ihn bindet. Dann ist der eigene Fernsehkonsum eine Funktion des durch den Medianwähler bestimmten Fernsehkonsums für alle, oder $F = f(\overline{F})$ mit $\partial f / \partial \overline{F} = 1$. Die Budgetrestriktion des Medianwählers lautet dann:

$$w \cdot (Z - L - F(\overline{F})) = P \cdot X + \alpha \cdot P_F \cdot F(\overline{F}) + (1-\alpha) \cdot P_F \cdot \overline{F}, \tag{4}$$

und die Optimalbedingung wird zu:

$$\frac{U_F}{U_X} = \frac{w + P_F}{P}. \tag{5}$$

Der Medianwähler internalisiert also die Externalität vollständig und entscheidet sich insofern für einen effizienten Fernsehkonsum. Sofern *Christian Müller* dennoch eine grobe Ineffizienz im Fernsehkonsum der westlichen Gesellschaften konstatieren will, muss er zugleich behaupten, dass die politischen Märkte in dieser Hinsicht grob versagen. Erst recht muss er diesen Nachweis erbringen, bevor er seinen Vorschlag legitimieren kann, die Kontrolle über die Medien einem unabhängigen Expertengremium zu übertragen. Denn so erfolgreich eine solche Übertragung etwa im Falle der Geld- und Wettbewerbspolitik auch war, so darf man nicht übersehen, dass damit ein wichtiger Entscheidungsbereich sowohl der individuell-marktwirtschaftlichen als auch der demokratischen Kontrolle entzogen wird. Der Mensch wird also einem Expertengremium unterworfen. Wenn man es drastisch ausdrückt, wird ein Teil seines Lebens zugleich kollektiviert und entdemokratisiert – und das nicht in der Geldpolitik, sondern in einem ganz persönliches Bereich seiner Lebensgestaltung. Hierzu muss man schon sehr bedeutendes Markt- und Politikversagen nachweisen. Sehen wir uns die dazu gängigen Kriterien an, so finden wir:

- das Vorliegen von rationaler Ignoranz,
- das Vorliegen von Zeitinkonsistenzen,
- eine schiefe Verteilung der Präferenzen der Wählerschaft,
- Prinzipal-Agent-Probleme.

Rationale Ignoranz ist sicher ein gravierendes Problem, welches in der Folge eines Buches von *Caplan* (2007) wieder intensiver diskutiert wird. Aber es kann hier nicht verwendet werden, um eine systematische Verzerrung des Wählervotums zu erklären. Dass Wähler – gemessen an ihren eigenen Präferenzen – falsch urteilen können, ist zwar plausibel. Warum sie sich aber systematisch für eine zu laxe Regulierung entscheiden sollten, ist nicht ersichtlich. Zeitinkonsistenzen sind in der *Political Economics*-Literatur zwar ein Standardbaustein zur Erklärung von Politikversagen (*Persson* and *Tabellini* 2000), doch ist im vorliegenden Falle nicht absehbar, an welcher Stelle ein Zeitinkonsistenzproblem relevant sein sollte. Eine schiefe Verteilung der Wählerpräferenzen mag dann vorliegen, wenn auch das Einkommen (rechts-)schief verteilt ist, was freilich plausibel ist. Dies ist wiederum dann von Bedeutung, wenn der Fernsehkonsum negativ mit dem Einkommen korreliert ist, was theoretisch wie empirisch auch nicht von der Hand zu weisen ist. Doch müsste ein darin enthaltenes Marktversagen empirisch sehr gründlich untermauert werden, wenn man daraus einen so drastischen Einschnitt in die Lebensgestaltung der Bürger konstruieren wollte, wie es von *Müller* vorgeschlagen wird.

Am Ende bleiben die Prinzipal-Agent-Beziehungen, und hier scheint in der Tat ein gewichtiges Problem vorzuliegen. Bis zum 18. Lebensjahr bestimmen Eltern über die Geschicke ihrer Nachkommen, und das familienorientierte Gesellschaftsbild der Bundesrepublik Deutschland unterstellt implizit, dass Eltern die besten aller möglichen Agenten ihrer Kinder sind. Dass dies zumindest die moderne Gesellschaft nicht (mehr) zureichend widerspiegelt, dürfte das überzeugendste Argument für eine durchgreifende Regulierung sein, zumal gerade Kinder aus bildungsfernen Schichten offenkundig zu wenig in ihrem Fernsehkonsum kontrolliert werden, obwohl es gerade dort wichtig wäre. Was aber helfen in einem solchen Falle die von *Müller* vorgeschlagenen Zertifikate, mit denen eine begrenzte Menge an *Sex and Crime* den meistbietenden Anbietern zugewiesen wird? So sinnvoll die Allokation von Rechten über Zertifikate auch sein kann, so gibt sie selbst doch keine Antwort auf die entscheidenden Fragen:

1. Wie könnte der Fernsehkonsum von Kindern und Jugendlichen generell zeitlich zugunsten sinnvoller Beschäftigungen beschränkt werden?
2. Welches Maß an *Sex and Crime* sollte es denn sein, welches für junge Menschen über die Fernsehkanäle verfügbar ist? Die Allokation entsprechender Senderechte über Zertifikate folgt ja dieser Entscheidung erst und ersetzt sie nicht.

Bei allen berechtigten Bedenken gegenüber einem unbegrenzten Fernsehkonsum vor allem von Kindern und Jugendlichen bietet eine Zertifikatelösung also kaum überzeugende Antworten auf die anstehenden Probleme. Daher sollte man alternativ an anderer Stelle ansetzen:

1. Bildungsinvestitionen in einem bestimmten Lebensalter haben umso höhere Erträge, je mehr sie auf Bildungsinvestitionen in früheren und offenbar sehr frühen Lebensphasen aufbauen können (*Heckman* 2007; *Pfeiffer* und *Reuss* 2008). Kinder und Jugendliche aus bildungsfernen Schichten sollten daher im Rahmen frühkindlicher Bildung bereits sehr früh mit Alternativen zum Fernsehkonsum vertraut gemacht werden. Weiterhin sollte ihnen schrittweise der sinnvolle Umgang mit diesem ebenso wie mit anderen Medien nahe gebracht werden. Hierzu ist es zu begrüßen, dass die frühkindliche Bildung in Deutschland ausgebaut wird.
2. Warum sollte die Ausstrahlung bestimmter Inhalte über das Medium Fernsehen mit dem Argument des Jugendschutzes nicht schlicht verboten werden? Mit einer Zertifikatelösung wird es ja immer noch Sender geben, die das Recht haben, solche Inhalte zu senden; und diese Sendungen werden die Jugendlichen sicher auch finden. Was spricht also gegen generell restriktive Regelungen, was die Verbreitung Jugendgefährdender Inhalte über das frei verfügbare Medium Fernsehen anbelangt?

Selbstverständlich sind damit nicht alle Probleme gelöst. So könnten Erwachsene etwa DVDs erwerben und es unterlassen, ihre Kinder davon fernzuhalten. Weiterhin können sie ihnen den unkontrollierten Zugang zu Internetinhalten gewähren usw. Alles das ist aber auch mit Zertifikatelösungen nicht zu kontrollieren. In der Hand von gut ausgebildeten und gefestigten Menschen richten die angesprochenen Inhalte – so sie denn überhaupt noch konsumiert werden – offenbar nur noch geringe Schäden an; zumindest gilt dies für die externen Schäden wie beispielsweise Kriminalität. Deshalb scheint der Erfolg-versprechende Weg der zu sein, Kinder und Jugendliche früh zu erreichen und ihnen so etwas wie Medienreife zu vermitteln. Sofern hierzu das Elternhaus nicht (mehr) hinreicht, ist gegen staatliche Aktivitäten auf dieser Ebene kein schlagkräftiges Argument zu finden. Den Menschen aber die Freizeitgestaltung vorzuschreiben, wird in einer freien Gesellschaft kaum möglich sein – ganz abgesehen davon, dass es schwerlich wünschenswert ist.

Literatur

Caplan, Bryan (2007), The Myth of the Rational Voter, Princeton.

Heckman, James J. (2007), The Economics, Technology and Neuroscience of Human Capability Formation, Proceedings of the National Academy of Science, No. 104(3).

Persson, Torsten and *Guido Tabellini* (2000), Political Economics: Explaining Economic Policy, Cambridge, Mass.

Pfeiffer, Friedhelm und *Karsten Reuß* (2008), Ungleichheit und die differentiellen Erträge von frühkindlichen Bildungsinvestitionen im Lebenszyklus, in: *Thomas Apolte* und *Antje Funcke* (Hg.), Frühkindliche Bildung und Betreuung: Reformen aus ökonomischer, pädagogischer und psychologischer Perspektive, Baden-Baden, S. 25-43.

Dirk Wentzel (Hg.), Medienökonomik –
Theoretische Grundlagen und ordnungspolitische Gestaltungsalternativen
Schriften zu Ordnungsfragen der Wirtschaft · Band 89 · Stuttgart · 2009

Klassisches Printmedium vs. Online-Zeitung – Substitutionseffekte oder Komplementaritäten?

Nadine Lindstädt

Inhalt

1. Einleitung

Mit dem Aufkommen des Internet wurde die Befürchtung laut, dass damit die bisherigen klassischen Massenmedien und somit auch die Zeitung verdrängt werden könnten. Durch das Internet verschärfte sich die Medienkonvergenz – plötzlich vereint ein einziges Medium die Eigenschaften der bislang drei getrennten Massenmedien Fernsehen, Radio und Print. Wird folglich die klassische Zeitung in einigen Jahren nicht mehr existieren? Oder besitzt das *Riepl*sche Gesetz von 1913 nach wie vor Gültigkeit? Es besagt:

> Medien können, „wenn sie nur einmal eingebürgert und für brauchbar befunden worden sind, auch von den vollkommensten und höchst entwickelten niemals wieder gänzlich und dauerhaft verdrängt und außer Kraft gesetzt werden (...), sondern (werden) sich neben diesen erhalten, nur dass sie genötigt werden, andere Aufgaben und Verwertungsgebiete aufzusuchen“ (*Wolfgang Riepl*, 1913, in: *Hagen* 2002, S. 1).

Als Einführung in das Thema wird zunächst die Stellung der Medien sowie ihre Bedeutung in der Gesellschaft beleuchtet. Es folgt eine Betrachtung, wie sich der Wettbewerb im Medienmarkt gestaltet. Welche Konkurrenzbeziehungen bestehen? Reicht es zur Klärung dieser Frage, nur einen einzigen Markt zu betrachten? Das Hauptinteresse gilt allerdings dem zweiten Teil: Hier wird der Frage nachgegangen, welche Beweggründe die Menschen haben, sich für die Nutzung der Zeitung oder des Internet zu entscheiden. In der anschließenden Kernfrage geht es um die Abschätzung des Verhältnisses von Substitutions- und Komplementaritätseffekten. Es folgen eine Schlussfolgerung und ein Ausblick.

2. Medienökonomische Fragestellungen

2.1. Die Bedeutung der Medien in unserer Gesellschaft

Es geht im Folgenden um die Medien der Massenkommunikation: Fernsehen und Radio, die Printmedien sowie das Internet. Massenmedien wenden sich mit ihren Informationen an ein sehr großes, breit gestreutes Publikum. Darüber hinaus erfolgt die Kommunikation in den überwiegenden Fällen einseitig bzw. asynchron; die Medien richten Informationsinhalte an ein Publikum, ohne dass dieses sofort und direkt mit Voice (Widerspruch) darauf reagieren kann. Überwiegend insofern, als dass Ausnahmen existieren. Das „neue" Medium Internet erlaubt eine verstärkte, zeitgleiche Kommunikation zwischen Sender und Empfänger, so unter anderem durch Diskussionsforen oder Chats. Die hohe Bedeutung der Massenmedien in der Gesellschaft spiegelt sich darin wider, dass fast alle Bürger fernsehen, Zeitung lesen, Radio hören oder im Internet surfen. Sie beziehen Informationen aus diesen Medien und leiten für sich selbst Entscheidungen oder Auffassungen ab. Den Medien können folglich zwei grundsätzliche Aufgaben zugesprochen werden. Sie sorgen einerseits für die Wissens- und Informationsvermittlung gegenüber den Bürgern, auf der anderen Seite tragen sie somit zur öffentlichen Meinungsbildung bei, insbesondere – wenn auch nicht ausschließlich – bei der Betrachtung von Nachrichtenformaten. Dieses Phänomen wird als sog. Medium-Faktor-Hypothese bezeichnet (vgl. *Wentzel* 2002, S. 2).

2.2. Zum Wettbewerb im Medienmarkt

Dem Wettbewerb kommt grundsätzlich in der marktwirtschaftlichen Gesellschaft eine Schutzfunktion für die gesellschaftlichen Grundwerte Freiheit, Gerechtigkeit und Wohlstand zu, indem marktmächtige Positionen einzelner Anbieter oder von Anbietergruppen verhindert werden. Im Mediensektor kommt hinzu, dass der Wettbewerb neben der ökonomischen eine publizistische Dimension hat, womit die Meinungsvielfalt auch einzelner Angebote gemeint ist (vgl. *Beck* 2005, S. 68 f.).

Für die Einschätzung des ökonomischen Wettbewerbs auf Märkten interessiert der sog. relevante Markt. Im Rahmen dieser Arbeit geht es um die Abgrenzung von Print-, Rundfunk- und Internetmärkten. Die Printmedien lassen sich unterteilen in Zeitungen und Zeitschriften. Innerhalb der Zeitungen können Tages- und Wochenzeitungen, innerhalb der Zeitschriften Fach- und Publikumszeitschriften abgegrenzt werden. Der Rundfunk teilt sich in Radio- und Fernsehmedien. Hier sind zudem die öffentlichen und die privaten Angebote zu unterscheiden. Das Medium Internet wird nicht weiter unterteilt.

Wenn Medienunternehmen ihren relevanten Markt abstecken, um zu ermitteln, wer ihre Mitbewerber sind, ist es für sie wichtig, sowohl den intramedialen Wettbewerb als auch den intermedialen Wettbewerb zu berücksichtigen. Der intramediale Wettbewerb findet innerhalb der einzelnen Medien statt, so z.B. bei den Verlagen von Printerzeugnissen und bei diesen zwischen den Tageszeitungen. Der intermediale Wettbewerb hingegen bezeichnet das Konkurrieren zwischen den unterschiedlichen Medien. So ist es möglich, dass die Anbieter von Printerzeugnissen mit solchen von Rundfunkerzeugnissen oder von Internetangeboten konkurrieren. Aufgrund der technisch bedingten steigenden Medienkonvergenz nimmt die relevante Marktabgrenzung für die Anbieter von Medienerzeugnissen eine immer bedeutendere Rolle ein. Es reicht nicht mehr, nur die direkten Wettbewerber des bisher gleichen Marktes zu betrachten, vielmehr müssen auch angrenzende und neue Märkte berücksichtigt werden (vgl. *Beck* 2005, S. 64, 334).

Bei der Betrachtung der Wettbewerber müssen die Verlage allerdings zwei Märkte berücksichtigen, denn Zeitungen finanzieren sich nicht ausschließlich über Abonnement- und Einzelverkäufe. Laut dem Bundesverband Deutscher Zeitungsverleger e.V. finanzierten sich im Jahr 2005 die Verlage zu 47 % über Vertriebserlöse und zu 53 % über Anzeigenerlöse (vgl. *Pasquay* 2006, S. 6). Folglich kann festgehalten werden, dass Verlage Kuppelprodukte herstellen. Auf der einen Seite wird für den Leser das Produkt Zeitung mit gebündelten Informationen zur Verfügung gestellt. Auf der anderen Seite bietet die Zeitung den werbetreibenden Unternehmen die Möglichkeit, in diesem Medium zu werben. Zeitungen agieren also auf zwei Märkten – dem Anzeigenmarkt und dem Lesermarkt. Auf dem Anzeigenmarkt müssen die Verlage versuchen, möglichst viele Werbekunden zu akquirieren, auf der anderen Seite wollen sie eine möglichst große Leserschaft an sich binden. Auf beiden Märkten stehen die einzelnen Verlage im Wettbewerb mit anderen Mitbewerbern und müssen versuchen, sich gegenüber diesen zu behaupten. Dabei beeinflussen sich die beiden Märkte gegenseitig, was mit Hilfe der Anzeigen-Auflagen-Spirale aufgezeigt werden kann: Anzeigenkunden schalten bevorzugt in Zeitungen mit einer hohen Reichweite der Leserschaft. Generieren die Verlage hieraus höhere Anzeigenerlöse, können sie mit dem Geld die Attraktivität ihrer Zeitung – sei es durch bessere Redakteure oder Exklusivinterviews – weiter erhöhen. Als Folge wird die Leserschaft vergrößert, was wiederum das Blatt noch attraktiver bei den Werbekunden macht und der Zeitung mehr Werbekunden und -einnahmen beschert. Natürlich führt sich dieser Prozess nicht unendlich fort, da auch Zeitungen begrenzte Kapazitäten für Werbeplätze haben. (vgl. *Beck* 2005, S. 124 f., 136).

Es gibt auch weitere Beurteilungskriterien für die Werbetreibenden: Struktur und Qualität der Leserschaft, so der Anteil der Abonnenten, als Indiz für relativ stabile Einnahmen. Für die Frage, ob das Internet die Zeitung verdrängen könnte, bedarf es folglich der Analyse beider Märkte – Leser-/User-Markt auf der einen und Anzeigenmarkt auf der anderen Seite.

2.3. Der Wettbewerb und die Dynamik im deutschen Zeitungsmarkt

2.3.1. Die intra- und intermedialen Wettbewerber der Zeitungen

In Deutschland existierten 2006 387 Zeitungen mit einer Gesamtauflage von 26,96 Mio. Exemplaren pro Erscheinungstag. Den größten Anteil haben die Tageszeitungen (353), wovon 10 überregionale Blätter, 334 lokale und regionale Abonnementzeitungen und 9 Straßenverkaufszeitungen sind. Sonntagszeitungen gab es 6 und Wochenzeitungen 28 (vgl. *Pasquay* 2006, S. 3). Auch wenn die Zeitungen allesamt auf dem Lesermarkt um Kunden werben, können die relevanten Märkte und damit die Wettbewerbsverhältnisse verschieden sein (vgl. *Beck* 2005, S. 138 f.). Freilich können die Medien innerhalb der abgesteckten relevanten Märkte trotzdem in bestimmtem Maße mit den Medien anderer Märkte konkurrieren.

Zeitungen haben im Gegensatz zum Radio, Fernsehen oder Internet den Vorteil, dass sie ein hohes Maß an Mobilität für den Leser bieten. Die Mobilität erstreckt sich dabei auf eine räumliche, sachliche und zeitliche Komponente (vgl. *Beck* 2005, S. 104). Räumlich mobil ist der Leser insofern, als dass er die Zeitung überall mit hinnehmen kann – er kann sie in der Bahn, im Flugzeug, im Büro oder zuhause lesen. Diese Möglichkeit besteht bei den anderen Medien nur eingeschränkt – wobei das Internet aufgrund der Multifunktionalität der modernen Handys schon aufgeholt hat. Sachlich mobil ist der Leser insofern, als er entscheiden kann, was er liest – den Wirtschaftsteil, die Nachrichten aus aller Welt oder alles. Dies hängt eng mit der zeitlichen Mobilität zusammen. Denn neben der Entscheidung, was er lesen möchte, kann der Nutzer bestimmen, wann er was liest. Dies ist zumindest bei Radio oder Fernsehen nicht möglich. Zwar kann der Hörer oder Zuschauer frei entscheiden, wann er das Gerät anschaltet. Wenn er Nachrichten hört oder sieht, kann er allerdings nicht vorher auswählen, welche Nachrichten er hören möchte und welche nicht, bzw. welche er jetzt und welche später aufnehmen möchte.

Heute sind die audiovisuellen Medien Radio und TV sowie das Internet ernsthafte intermediale Wettbewerber der Zeitungen. Beide Märkte sind davon betroffen: der Anzeigen- und der Lesermarkt. Menschen können, statt Zeitung zu lesen, auf die Angebote der insgesamt 261 Hörfunkprogramme bzw. ca. 175 Fernsehprogramme ausweichen (vgl. *o.V.* 2006). Die Wahl des jeweiligen Mediums und somit die Intensität der Wettbewerbsbeziehung hängen maßgeblich von den Präferenzen der Zielgruppe ab. Die Zeitung bietet grundsätzlich mehr Analysen, während die audiovisuellen Medien aktueller sein können (vgl. *Beck* 2005, S. 149). Auf der anderen Seite konkurrieren die Verlage mit den audiovisuellen Medienunternehmen auch auf dem Anzeigenmarkt. Die werbetreibende Wirtschaft muss zu Beginn des Geschäftsjahres stets neu entscheiden, auf welche Medien sie ihr Werbebudget verteilt. Um die breite Masse anzusprechen, kann die TV- und Radiowerbung von Vorteil sein. Wird allerdings eine Zielgruppenfokussierung gewünscht, werden Anzeigenschaltungen in spezialisierten Printtiteln bevorzugt.

Von zunehmender Bedeutung innerhalb des intermedialen Wettbewerbs dürfte allerdings das Internet sein. Hierdurch wird der relevante Markt zusätzlich erweitert. Während im Bereich des Print- sowie des Rundfunkmarktes primär deutsche Angebote genutzt werden, treten im Bereich der Internetangebote zunehmend internationale Konkurrenten als Anbieter auf den Markt. Die Online-Nutzung ist in Deutschland in den letzten Jahren signifikant angestiegen, und zwar von 4,11 Mio. Bürgern (1997) auf 40,8 Mio. (2007) (vgl. *o.V.* 2007k). Das Medium Internet besitzt ähnliche Eigenschaften wie die konkurrierenden Medien Zeitung, TV und Radio. Allerdings vereint es für den Nutzer mehrere Vorteile: Es ist das Medium mit dem wohl größten Aktualitätsaspekt – binnen weniger Minuten können neue Informationen und Nachrichten „online gestellt" werden. Gleichzeitig kann das Internet dem Nutzer detaillierte und tiefgreifende Informationen bieten. Ein ganz entscheidender Aspekt besteht darin, dass die Angebote von Informationen im Internet bislang überwiegend kostenlos zur Verfügung gestellt werden, ein nicht zu verachtender Vorteil gegenüber der Zeitung, die jeden Tag aufs Neue gekauft werden muss. Mobile Endgeräte wie z.B. das Handy bieten zunehmend die Möglichkeit, ebenfalls orts- und zeitunabhängig Zugang zum Medium zu erhalten. Aus diesem Grund besteht die Gefahr, dass das Internet die bisherigen Vorteile der Printzeitung aufwiegt und eine bedrohliche Konkurrenz für diese darstellt.

Auch für den Anzeigenmarkt bietet das Internet eine attraktive Alternative zu den bisherigen klassischen Medien, ebenfalls zu begründen mit dem hohen Aktualitätsaspekt sowie umfangreicheren, multimedialen Darstellungsmöglichkeiten. Außerdem kommt hier der Zusammenhang beider Märkte – Anzeigen- und Lesermarkt – zum Tragen. Die Werbekunden wollen bevorzugt dort werben, wo sich viele Menschen bzw. Zielgruppen befinden. Durch die stetige Zunahme der Online-Nutzung wird das Medium für die Anzeigenkunden zunehmend attraktiver.

2.3.2. Mediennutzung in Deutschland und die zunehmende Medienkonvergenz auf den Märkten

Bei allen genannten Medien, mit denen die Zeitung in einer Konkurrenzbeziehung steht, ist neben den Kosten und den Präferenzen der Zielgruppe der Aspekt Zeit nicht außer Acht zu lassen. Menschen haben nur ein begrenztes Zeitbudget tagtäglich zur Verfügung. Dabei haben sie unterschiedliche Präferenzen, wenn es um die Nutzung von Medien geht: von der reinen Unterhaltung bis zur intensiven Auseinandersetzung mit dem Tagesgeschehen. 2007 wurden die Medien im Schnitt täglich 568 Minuten (+8 Minuten zu 2006) genutzt. Den größten Anteil macht das Fernsehen mit 227 Minuten aus, gefolgt von Hörfunk (186 Minuten) und Internet (54 Minuten). Zeitungen wurden durchschnittlich 28 Minuten am Tag gelesen (vgl. *o.V.* 2007b).

Schon in den 20er Jahren wurde mit dem Aufkommen des Hörfunks und in den 50er Jahren mit dem Fernsehen die Gefahr gesehen, dass beide Medien mittel- bis langfristig die Printzeitungen verdrängen könnten (vgl. *Beck* 2005, S. 324). Ähnliches wird seit Beginn der 90er Jahre durch das Aufkommen des Internet befürchtet. Die Nutzungsdauer der Medien zeigt allerdings recht deutlich, dass neue Medien in den meisten Fällen nicht substitutiv, sondern komplementär genutzt zu werden scheinen. Zudem hat die Nutzungsdauer der Medien in den letzten Jahren zugenommen. Verbrachten die Menschen 1999 noch knapp 390 Minuten mit Medien, so waren es in 2006 bereits rund 170 Minuten mehr (vgl. *o.V.* 2005a, S. 48). Von diesem Zuwachs profitierte das Internet am Meisten. Die Nutzung der verschiedenen Medien ist stark tagesabhängig. So ist zu beobachten, dass die Zeitung insbesondere das Medium für die frühen Morgenstunden ist, während das Fernsehen seine intensivste Nutzung am Abend erreicht. Die Internetnutzung dagegen scheint sich relativ konstant über den Tag zu verteilen, mit einem Schwerpunkt am Nachmittag (vgl. *Blödorn u. a.* 2006, S. 631). Ein nicht zu verachtender Aspekt dabei ist die zunehmende Medienkonvergenz. Darunter wird das „[...] Zusammenwachsen von Telekommunikation, Fernseher, Internet und anderen Medien" verstanden (*Beck* 2005, S. 334). Der Computer nimmt durch seine Multifunktionalität den zentralen Platz ein. So ist es aufgrund technischen Fortschritts heutzutage bereits möglich, über das Internet TV zu schauen, Radio zu hören oder Zeitung zu lesen. Auch Videos und Musik werden vermehrt über das Internet herunter geladen, worunter die Musik- und Filmindustrie leidet.

An dieser Stelle werden einige wettbewerbsrelevante Effekte des Internets erkennbar, die zu der hier interessierenden Frage Anlass geben: Wird es künftig vielleicht nur noch ein Medium geben? Ist die Parallelexistenz der Medien vor dem Hintergrund der ständigen Weiterentwicklung der Informations- und Kommunikationstechnologie also noch gesichert?

3. Substitutionstendenzen zwischen Print- und Online-Medien

3.1. Zeitungen und Internet im Marktlebenszyklus

Entsteht durch den Auftritt des Online-Angebots überhaupt ein neuer Markt, oder handelt es sich lediglich um eine Produktdifferenzierung oder -diversifizierung? Fest steht, dass das Internet als neues Produkt wie die bisherigen Medien Nutzungszeit beansprucht – vor dem Hintergrund begrenzten Zeitbudgets in Konkurrenz zu den bisherigen Massenmedien. Wenngleich das Internet bei zunehmender Medienkonvergenz viele Eigenschaften mit den Print-, Radio- und TV-Medien teilt, weist es andere Eigenschaften als die Zeitung auf: Das Internet ermöglicht es, Inhalte multimedial – d. h. über Wort, Audio und Video – darzustellen, zudem entwickelt es sich zunehmend zum *Lean-Forward*-Medium, in dem die Nutzer selbst aktiv werden und eigene Inhalte einstellen können (vgl. *Oehmichen* und *Schröter* 2006, S. 406; *van Eimeren* und *Frees* 2006, S. 412). Somit ist anzunehmen, dass mit dem Internet ein Markt mit neuen Charakteristika entstanden ist. Zeitungen stehen also nicht nur mit TV, Radio und Zeitschriften, sondern auch mit dem Internet im intermedialen Wettbewerb. Ein weiterer Aspekt, der darauf schließen lässt, dass die Print- und Online-Medien sich in unterschiedlichen Märkten befinden, sind die verschiedenen Entwicklungen der Marktlebenszyklen :

Bei den Printmedien sind, wie schon erwähnt, Tages- und Wochenzeitungen zu unterscheiden. Die Tageszeitungen weisen zwischen 1997 und 2007 eine deutlich fallende Tendenz der verkauften Auflage auf. Lag die durchschnittlich verkaufte Auflage 1997 noch bei 29,7 Mio. Exemplaren, waren es 2007 nur noch rund 24,04 Mio. (vgl. *o.V.* 2007d). Die Entwicklung der letzten Jahre lässt vermuten, dass sich der Markt der Tageszeitungen in der Rückgangsphase befindet. Ein etwas anderes Bild zeigt sich bei den Wochenzeitungen. Hier lag die Auflage 1997 noch über 2 Mio., worauf ein leichter Rückgang innerhalb der folgenden Jahre einsetzte. Seit 2005 jedoch pendelt sich dieser Wert bei knapp 2 Mio. Exemplaren ein. Eine Rückgangsphase erscheint hier aktuell noch nicht erreicht (vgl. *o.V.* 2007d).

Ein gänzlich anderes Bild zeigt sich bei der Entwicklung des Internet, dessen Nutzung – wie bereits erwähnt – von 4,11 Mio. (1997) auf 40,8 Mio. Menschen (2007) anstieg. Bei genauerer Betrachtung redaktioneller Angebote lässt sich ebenfalls eine signifikante Reichweitensteigerung feststellen. Sowohl die Online-Angebote von regionalen und überregionalen Tageszeitungen als auch die von Wochenmagazinen haben von 1998 bis 2006 deutlich an Reichweite gewonnen (vgl. *Schneller* 2006, S. 8).

3.2. Nutzungsverhalten und Präferenzen der Zielgruppen für die Medien

Es stellt sich die Frage, was die Beweggründe der Zielgruppen – Leser einerseits sowie Anzeigenkunden andererseits – sind, die Zeitung bzw. das Internet zu nutzen. Vor diesem Hintergrund ist auch zu fragen, ob und welche Substitutionstendenzen zu beobachten sind.

3.2.1. Die Beweggründe der Leser, Zeitungen zu nutzen

Wie bereits festgestellt, mussten Zeitungen in den letzten Jahren deutlich sinkende Auflagen verzeichnen und ihre Vormachtstellung, die sie zusammen mit dem Radio als wichtigstes Medium für den Leser noch Ende der neunziger Jahre hatten, an das Fernsehen abgeben (vgl. *o.V.* 2005a, S. 38). Interessant ist vor diesem Hintergrund, einen Blick auf die Veränderung der Reichweiten von Zeitungen im Allgemeinen und innerhalb der unterschiedlichen Altersgruppen im Speziellen zu wagen. Die Reichweite der Tageszeitungen ist zwischen 1996 und 2006 um -5,9 % gefallen. Laut *Media-Analyse 2007* (*o.V.* 2007i) lag sie bei 73,2 % (-0,5 %P. zum Vorjahr). Somit lesen knapp ¾ der Deutschen ab 14 Jahren täglich eine Zeitung. Zwischen den verschiedenen Zeitungstypen verteilt sich die Reichweite zu 61,6 % auf die regionalen Abonnementzeitungen, zu 21 % auf die Kaufzeitungen und zu 5,7 % auf die überregionalen Tageszeitungen. Bei der Betrachtung einzelner Altersgruppen ist festzustellen, dass insbesondere bei den jungen Zielgruppen, d. h. den 14-19-Jährigen, den 20-29-Jährigen, aber auch den 30-39-Jährigen, von 1996 bis 2006 starke Reichweitenverluste von je rund -10 %P. verzeichnet werden mussten. Erfreulich sind dagegen die Ergebnisse der *Media-Analyse 2007*. Hier konnten in den Altersgruppen 14-19 und 20-29 Jahre erstmals wieder leichte Reichweitensteigerungen verzeichnet werden. So betrug sie bei den 14-19-Jährigen 47,8 % (+0,3 %P. zum Vorjahr) und bei den 20-29-Jährigen 58,6 % (+0,4 %P. zum Vorjahr). Bei den 30-39-Jährigen war eine Reichweite von 68,4 % (-0,3 %P. zum Vorjahr) und bei den über 70-jährigen von 83,1 % (+0,3 %P. zum Vorjahr) festzustellen. Es lässt sich also eine positive Tendenz erkennen: Die Zeitungen nehmen bei der deutschen Bevölkerung weiterhin einen hohen Stellenwert ein (vgl. *Röper* 2006, S. 283, *o.V.* 2007i).

In Erhebungen der LAE (Leseranalyse Entscheidungsträger in Wirtschaft und Verwaltung) wurden 2007 insgesamt 2,3 Mio. Freiberufler, Selbständige, hohe Beamte bzw. leitende Angestellte zu ihren Lesegewohnheiten befragt. Danach lesen über 90 % der Befragten täglich eine überregionale Zeitung. Die hohe Bedeutung des Printmediums wird noch deutlicher, wenn Print und Online verglichen werden. Hier ist zu erkennen, dass Entscheidungsträger bevorzugter zu Printmedien greifen, obwohl 98 % zumindest sporadisch, wenn auch nicht täglich, „online sind". Somit verzeichnen Zeitungen bei dieser Zielgruppe deutlich höhere Reichweiten als das jeweilige Online-Angebot (vgl. *Wadlinger* 2007, S. 52).

Der Grund liegt im höheren Nutzwert der gedruckten Zeitung für viele Leser: Aktuelle Informationen und Hintergrundberichte. Bei der tatsächlichen Nutzung und folglich der Bedeutung eines Mediums für die tagesaktuellen Informationen lag die Tagespresse laut AWA (Allensbacher Markt- und Werbeträger-Analyse) und ACTA (Allensbacher Computer und Technik-Analyse) 2006 direkt hinter dem Fernsehen und vor dem Radio, wie Abbildung 1 zu entnehmen ist (vgl. *Köcher* 2006, S. 17, *Süßlin* 2006, S. 19).

Abbildung 1: Tagesaktuelle Informationsquellen für die Bürger

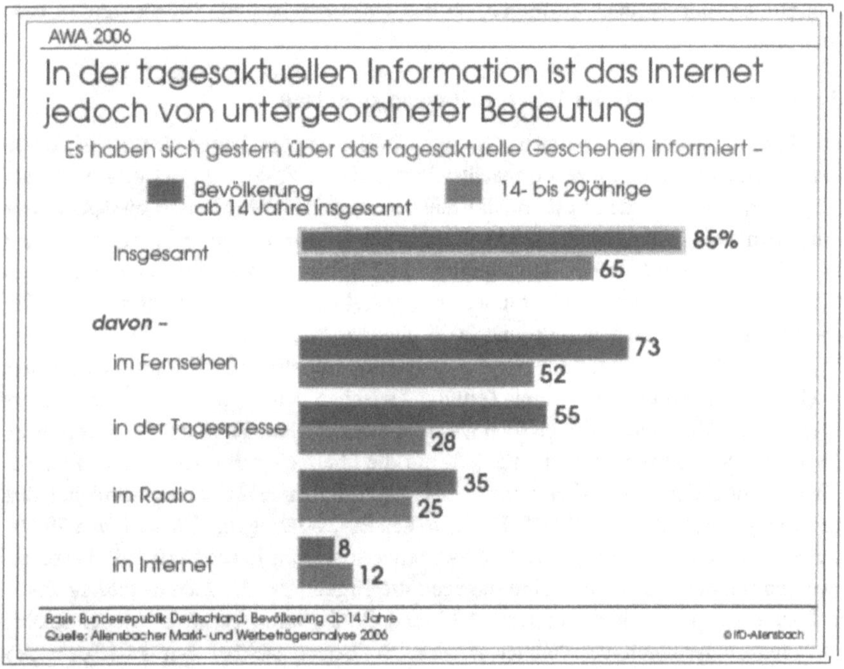

Quelle: *Köcher* (2006), S. 17

Offensichtlich informieren sich die 14-29-Jährigen weniger häufig über das aktuelle Geschehen als die Gesamtbevölkerung. So lasen die 14-29-Jährigen täglich rund 13 Minuten die Zeitung, während es bei den 30-49-Jährigen 23 Minuten und bei den ab 50-Jährigen 39 Minuten waren (vgl. *Best* und *Engel* 2007, S. 25). Auch laut der Studie *TimeBudget 12* werden Printmedien regelmäßig genutzt – über 50 % lesen täglich die Zeitung, jeder vierte eine Zeitschrift. Bei den 14-29-Jährigen betrug dabei die tägliche Nutzungsdauer der Zeitung in 2005 noch 18 Minuten (-4 Minuten gegenüber 1999), bei den Zeitschriften waren es rund 16 Minuten (+1 Minute gegenüber 1999). Es ging den Lesern bei den Nachrichten aus der Zeitung insbesondere um Themen aus Deutschland und der Welt, lokale und regionale Geschehnisse, politische und wirtschaftliche Informationen sowie Sport (vgl. *o.V.* 2005a, S. 6, 18, 36).

Die Tageszeitung wird überwiegend morgens zwischen 6.00 und 10.00 Uhr gelesen. Während dieser Zeit hat die Tageszeitung bereits 33 % aller Bürger mit tagesaktuellen Informationen erreicht, im Laufe des restlichen Tages steigt dieser Wert noch auf 50 % an (vgl. *Blödorn u. a.* 2006, S. 631 f.; *o.V.* 2005a, S. 26 f.). Die Zeitung wird überwiegend direkt am Frühstückstisch, auf dem Weg zur Arbeit oder aber auf Geschäftsreisen gelesen (vgl. *Wadlinger* 2007, S. 54). Je weiter der Tag fortschreitet, desto mehr verliert die Tageszeitung an Bedeutung, die Informationen veralten schnell und können erst am nächsten Tag wieder aktualisiert werden. Bezogen auf das gesamte Medienzeitbudget, das der Bürger im Durchschnitt täglich zur Verfügung hat, weist die Tageszeitung einen Anteil von 5 % auf. Wochenzeitungen werden aufgrund ihrer längeren Gültigkeit über den Tag bzw. die Woche verteilt gelesen. Der inhaltliche Schwerpunkt liegt auf Analysen, Hintergrundberichten und Kommentaren. Vom durchschnittlichen Medienzeitbudget beanspruchen diese nur rund 2 %. Sowohl Fernsehen als auch Radio verzeichnen einen deutlich höheren Anteil, und selbst das Internet liegt mit 8 % wesentlich darüber (s.. Abbildung 2).

Abbildung 2:

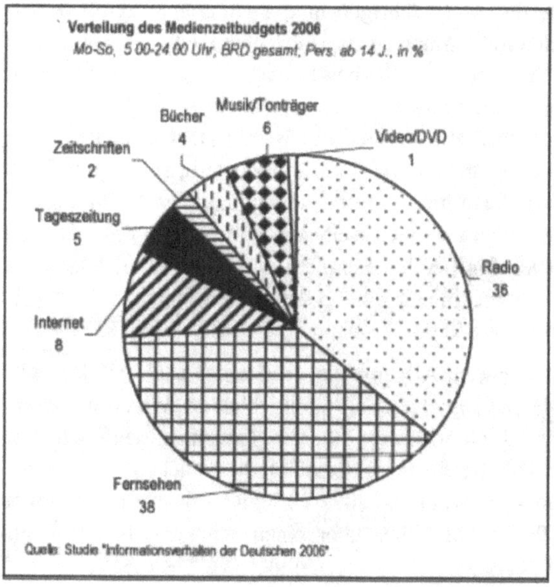

Quelle: *Blödorn u. a.* (2006), S. 633

Grundsätzlich kann festgestellt werden, dass Zeitungen wie auch Zeitschriften, trotz zum Teil massiver Auflagen- und Reichweitenverluste, einen weiterhin hohen Stellenwert bei der Bevölkerung in der aktuellen Informationsvermittlung einnehmen. Laut *Axel Baumann*, Forschungsleiter der „Zeitungs Marketing GmbH & Co. KG“, profitiert die Zeitung weiterhin von ihren zentralen Stärken „[…] Stabilität, Orientierung und Verlässlichkeit […]“, die sie ihren Lesern bietet (in: *o.V.* 2007i). Dennoch ist auch zu erkennen, dass insbesondere junge Menschen weniger Zeitungen und Zeitschriften lesen als die älteren. Für Jüngere gewinnt das Medium Internet einen höheren Stellenwert.

3.2.2. Beweggründe für die Nutzung des Internets

Wie bereits festgestellt, hat die Internetnutzung in den vergangenen Jahren einen signifikanten Aufschwung genommen. Mit 64,2 % liegt die Nutzung in Westdeutschland höher als in Ostdeutschland (56,9 %), auch sind mit 21,53 Mio. (68,9 %) immer noch mehr Männer online als Frauen (19,26 Mio. bzw. 56,9 %.) (vgl. *o.V.* 2007n). Allerdings haben die Frauen innerhalb der letzten Jahre deutlich aufgeholt und nähern sich den Männern weiter an (vgl. *o.V.* 2007a). Auch innerhalb der Altersgruppen ist das Internet das bevorzugte Medium der jungen Zielgruppen; die prozentuale Nutzung nimmt mit steigendem Alter ab. Die 14-19- (95,8 %) und die 20-29-Jährigen (94,3 %) sind am stärksten vertreten, während die ab 60-Jährigen noch das Schlusslicht mit nur 25,1 % bilden. Absolut betrachtet, hat diese Altersgruppe 2007 allerdings mit 5,12 Mio. Menschen zum ersten Mal die 14-19-Jährigen (4,92 Mio.) überholt (vgl. *o.V.* 2007a). Interessant ist, die 10-Jahres-Entwicklung innerhalb der Altersgruppen zu betrachten. Entwickelte sich die Internetnutzung bei den jungen Zielgruppen bereits ab 1997 steil nach oben, weisen mittlerweile gerade die 14-19-Jährigen eine stagnierende Tendenz auf, während bei den ab 40-Jährigen deutliche Anstiege zu beobachten sind. Es scheint, dass die Erschließung der jungen Zielgruppe weitestgehend erschöpft ist, während große Wachstumspotentiale insbesondere bei der älteren Zielgruppe erwartet werden (vgl. *van Eimeren u. a.* 2007, S. 3; *o.V.* 2007m). Hinsichtlich des Berufs ist festzuhalten, dass 97,6 % der Onliner in der Ausbildung stehen und 78,6 % berufstätig sind – nur 32 % sind Rentner bzw. nicht berufstätig. Auch hier ist festzustellen, dass der Anteil der Berufstätigen und in Ausbildung stehenden Personen weitestgehend erschöpft ist und sich die größten Wachstumspotentiale künftig bei den Rentnern und Nicht-Berufstätigen zu ergeben scheinen. Entsprechende Entwicklungen sind in den letzten Jahren zu beobachten gewesen (vgl. *van Eimeren* und *Frees* 2006, S. 403; *o.V.* 2007a).

Die stetig gestiegene Internetnutzung im Allgemeinen erklärt sich auch mit der technischen Entwicklung des Internets und seiner Zugangsmöglichkeiten. Waren die Internetverbindungen in den neunziger Jahren noch sehr langsam, kamen im Laufe der Zeit schnellere und immer günstigere Breitbandnetze auf den Markt – nicht zuletzt unterstützt durch das Angebot von Flatrates. Waren es 2004 22 % der Haushalte mit einem Breitbandanschluss, verfügten 2007 schon 59 % über einen schnellen Breitbandanschluss. Eine Flatrate nutzten 2006 bereits 50 % der Onliner (vgl. *van Eimeren* und *Frees* 2006, S. 408). Das Internet hat sich in den letzten Jahren aber auch aufgrund seiner hohen Attraktivität so positiv entwickelt. Mit 8 % der Mediennutzungszeit – Tendenz steigend – bildet es in der Nutzung das drittstärkste Medium. Es wird, wie die anderen klassischen Medien TV, Radio und Zeitung, von immer mehr Menschen mehrmals pro Woche, wenn nicht gar täglich genutzt (vgl. *Faehling* 2006, S. 3). Im Durchschnitt wird das Internet an 4,8 Tagen pro Woche genutzt (3,3 Tage in 1997). Pro Tag ergibt sich bei den Onlinern eine durchschnittliche Verweildauer von 119 Minuten (76

Minuten in 1997)[1]. Hinsichtlich beider Dimensionen liegen erneut die jungen Zielgruppen an der Spitze. Die 14-29-Jährigen verweilen rund 150 Minuten online, die ab 50-Jährigen nur 89 Minuten. Die Nutzungszeit ist beim Internet relativ gleichmäßig über den Tag verteilt, allerdings ist eine verstärkte Nutzung am Nachmittag bzw. frühen Abend zu beobachten (vgl. *van Eimeren u. a.* 2007, S. 10; *van Eimeren* und *Frees* 2006, S. 414; *Blödorn u. a.*2006, S. 631).

Das Internet bietet einen Mehrwert gegenüber den anderen klassischen Medien, den diese nicht erfüllen können. Es ist möglich, zeitgleich multimediale Inhalte bereitzustellen, über Wort, Ton und Bild. Hinzu kommen interaktive Elemente, wie Diskussionsforen, Chats und Communities. Mit Suchfunktionen wird es dem Nutzer leichter gemacht, den Überblick zu behalten. Darüber hinaus können über das Internet Informationen zeitnah präsentiert und ständig aktualisiert werden. Laut *Informationsnutzung und Medienauswahl 2006* ist das Internet in den Bereichen Aktualität und Hintergrund für Deutschland, Welt und Region sowie für spezifische Themenbereiche als „tagesbezogene Quelle" festzumachen. Bereits 2005 war festzustellen, dass sich das Internet in immer mehr Bereichen als Erstinformationsmedium etabliert hat (vgl. *o.V.* 2005a, S. 37). Insbesondere für die jungen Zielgruppen stellt das Internet die wichtigste Informationsquelle für das aktuelle Geschehen dar, wie in ACTA 2006 ermittelt wurde (vgl. *Süßlin* 2006, S. 20). Es wird als schneller, ausführlicher, tiefer und verfügbarer wahrgenommen. So werden im Internet am häufigsten aktuelle Nachrichten (regional, national und international), Serviceseiten, Freizeit- und Veranstaltungsseiten sowie Seiten zur Wissensvermittlung abgerufen. Dabei wünschen die Nutzer überwiegend schnelle und prägnante Informationen und wollen selber bestimmen, wie tief sie in Themengebiete einsteigen.[2]

Tagesaktuelle Nachrichten sind allerdings nicht der einzige Grund, warum Nutzer „online gehen", wenngleich sich die Reichweiten redaktioneller Angebote im Internet im Laufe der Jahre stark nach oben entwickelt haben. Insgesamt stehen die Anwendungen „Versenden und Empfangen von Emails", „Suchmaschinen" und „zielgerichtet bestimmte Angebote suchen" im Vordergrund der Online-Nutzer. Chats, Newgroups und Gesprächsforen haben sich mit 20 % im Jahr 2006 noch einmal um +4 % im Vergleich zum Vorjahr nach oben entwickelt – sicherlich nicht zuletzt auch aufgrund der starken Ausbreitung von Communities (vgl. *van Eimeren* und *Frees* 2006, S. 406).

Laut *ARD/ZDF-Online-Studie 2007* (vgl. *o.V.* 2007g) hat das Abrufen von Audio- und Videodateien über das Internet weiter an Attraktivität zugenommen. Mit 16 % der Onliner, die sich mindestens wöchentlich Videodateien ansehen, hat sich die Zahl gegenüber dem Vorjahr nahezu verdoppelt. Audiodateien nutzen sogar 21 % der Onliner. Viele Verlage haben bereits auf diesen Trend reagiert und stellen Nachrichten auch als Videos bereit. Grundsätzlich ist festzustellen, dass die Nutzer aufgrund der unendlichen Größe des Internet nach Orientierung suchen und sich dabei gerne auf bekannte Seiten

1 Bei der Betrachtung von On- *und* Offlinern ergibt sich eine tägliche Internet-Nutzungsdauer von 48 Minuten (+46 Minuten gegenüber. 1997) (vgl. *van Eimeren u.a.* 2007, S. 10).

2 Vgl. *Frey u. a.* (2003), S. 33; *Oehmichen* und *Schröter* (2006), S. 441; *van Eimeren* und *Frees* (2006), S. 407, 413; *Blödorn u. a.* (2006), S. 637.

und Angebote verlassen (vgl. *Süßlin* 2006, S. 20). So greifen bei der privaten Nutzung des Internet 82 % der Onliner auf Seiten zu, die sie regelmäßig nutzen. Interessant ist, dass die Habitualisierung bei der jungen Zielgruppe stärker ausgeprägt ist als bei der älteren. Auch setzt sich der Trend fort, dass Nutzer, wenn sie einmal eine interessante Seite gefunden haben, kaum nach neuen Seiten und Angeboten suchen (2006: 51 % der Nutzer) (vgl. *van Eimeren* und *Frees* 2006, S. 407).

Die Nutzer haben nicht nur ein unterschiedliches technisches Verständnis, sondern auch unterschiedliche Interessen und verschiedene Zeitbudgets zur Verfügung. Somit wurden für 2006 insgesamt sechs verschiedene Onliner-Typen unterschieden:

1. Junge Hyperaktive (8,1 %): durchschnittlich 27 Jahre, 77 % männlich, über 4 Stunden täglich online. Das Internet stellt das Informations- und Kommunikationsmedium dar; genutzt werden fast alle Anwendungsmöglichkeiten (auch Multimedia).
2. Junge Flaneure (10,1 %): durchschnittlich 28 Jahre, 58 % männlich, 2,5 Stunden täglich online. Das Internet stellt das Informationsmedium dar (nachrichten- und freizeitbezogen); starke Nutzung von Audiodateien. Junge Flaneure sehen mehr Bequemlichkeit und Unterhaltung durch das Internet.
3. E-Consumer (12,9 %): durchschnittlich 39 Jahre, 47 % männlich, knapp 2 Stunden täglich online. Bezug von Information, überwiegend im Zusammenhang mit Onlinekauf von Interesse. Das Internet wird als großer Marktplatz bzw. Shopping- und Transaktionsbereich wahrgenommen.
4. Routinierte Infonutzer (14,2 %): durchschnittlich 41 Jahre, 57 % männlich, 2¼ Stunden täglich online. Informationsmedium für private und berufliche Interessen (Nachrichten, Politik, Wirtschaft, Service etc.). Internet wird kaum für Kommunikation oder Shopping genutzt.
5. Selektivnutzer (18,7 %): durchschnittlich 41 Jahre, 43 % männlich, ca. 1 Stunde täglich online. Integration ins tägliche Leben nur unwesentlich ausgeprägt. Zugriff auf aktuelle Informationen, Wirtschafts-, Wissenschafts- und Kulturthemen, kaum Nutzung von multimedialen Applikationen.
6. Randnutzer (35,9 %): durchschnittlich 43 Jahre, 41 % männlich, ca. 30 Minuten täglich online, distanzierte Haltung gegenüber dem Internet, Zugriff beschränkt sich auf Email-Funktionen, Angebote des Providers, speziell gesuchte Informationen und Homebanking. Das Internet sorgt beim Nutzer noch oft für Verwirrung (vgl. *Oehmichen* und *Schröter* 2006, S. 446 f.).

Die 6 genannten Online-Typen lassen sich noch einmal unterteilen in selektiv-zurückhaltende (Selektiv- und Randnutzer) und aktiv-dynamische Nutzer (Junge Hyperaktive, Junge Flaneure, E-Consumer, Routinierte Infonutzer). Interessant ist, dass dabei keineswegs nur die jungen Zielgruppen unter die aktiv-dynamischen Nutzer fallen. Die 14-29-Jährigen überwiegen zwar mit 64,9 %, allerdings sind hier auch die ab 50-Jährigen mit 45,5 % stark vertreten. Bei den selektiv-zurückhaltenden Nutzern sind die ab 50-Jährigen mit 54,4 % stärker vertreten, als die 14-29-Jährigen (35,1 %). Es ist ferner festzustellen, dass der Anteil der selektiv-zurückhaltenden Nutzer mit 54,6 % in 2006 zugenommen hat (+5,9 %P. zum Vorjahr). Der Wert der aktiv-dynamischen User dagegen ging zeitgleich auf 45,4 % (-5,9 %P.) zurück (vgl. *Oehmichen* und *Schröter* 2006, S. 448; *van Eimeren* und *Frees* 2006, S. 406).

Es stellt sich hier die Frage, ob eine Ernüchterung bei der Internetnutzung eingetreten ist. Fest steht, dass nur noch 19 % der Onliner sich 2006 von neuen Angeboten oder Seiten inspirieren ließen. Auch ist der Anteil der sporadischen Nutzer auf 43 % angestiegen (+4 % gegenüber 2004). Im Gegenzug bleibt der Prozentsatz der Onliner, die täglich im Internet sind, seit 2004 konstant bei 37 % (vgl. *Oehmichen* und *Schröter* 2006, S. 443). Somit liegt die Aussage nahe, dass sich eine zurückhaltendere Internetnutzung oder zumindest eine Stagnation, vor allem bei der Nutzungstiefe, abzeichnet.

3.2.3. Die Beweggründe der Anzeigenkunden für die Print-Werbung

Bei den Anzeigenkunden sind Werbe- und Rubrikenanzeigenkunden zu unterscheiden. Erstere schalten Werbung klassischerweise zum Abverkauf oder zur Imagesteigerung. Unter die Rubrikenanzeigen fallen insbesondere Kfz-, Stellen- und Immobilienangebote sowie sonstige Kleinanzeigen. Nach einer sehr positiven Entwicklung des deutschen Werbemarktes mit Bruttowerbeinvestitionen von insgesamt 18,5 Mrd. Euro im Jahr 2000, mussten in den folgenden zwei Jahren merkliche Einbußen verzeichnet werden, wovon insbesondere die Printmedien stark betroffen waren. Währenddessen sank der Anzeigenumfang – rubriken- und werbeseitig – um -22 %, was einen Umsatzverlust von rund -25 % hervorrief (vgl. *Rizzo* 2007, S. 3).

Neben der konjunkturellen Krise, mit der Zeitungen aufgrund der Dualität ihres Zielgruppenmarktes besonders schwer zu kämpfen haben, war vor allem der Rückgang der Rubrikenanzeigen für die wirtschaftlichen Schwierigkeiten verantwortlich. Diese wanderten verstärkt ins Internet ab. Zwischen 2000 und 2003 gingen die Rubrikenanzeigen der Kfz-, Immobilien- und Stellenmärkte um -48 % zurück (vgl. *Frey u. a.* 2003, S. 5 f.). Aufgrund der starken Umschichtungen am Werbemarkt generierten die Verlage in 2005 nur noch 53 % der Zeitungsumsätze über Anzeigen- und 47 % über Vertriebserlöse (vgl. *Pasquay* 2006, S. 6) – allerdings nicht zuletzt auch hervorgerufen durch Preiserhöhungen bei den Abgabepreisen. Positiv an dieser Entwicklung ist, dass die Verlage somit nicht mehr nur vom Anzeigenmarkt abhängig sind.

Derzeit scheint sich der Werbemarkt in Deutschland wieder zu erholen. Die Brutto-Werbeinvestitionen der klassischen Medien[3] konnten in 2006 auf 20,1 Mrd. Euro (+1,0 Mrd. zum Vorjahr) gesteigert werden. Interessant ist, dass die Printmedien die Wachstumstreiber des Gesamtmarktes sind. Die Zeitungen hatten 2006 Werbeeinnahmen von 5,3 Mrd. Euro (+316,7 Mio. z.Vj.). Hauptverantwortlich hierfür waren die Sonntags- und Wochenzeitungen. Somit weisen Zeitungen aktuell einen Werbemarktanteil von 25,5 % auf und liegen hinter der Mediengattung TV (39,9 %) und vor den Publikumszeitschriften (20,0 %) (vgl. *Rizzo* 2007, S. 19). Die am stärksten beworbene Branche im Printmarkt bildet mit deutlichem Abstand der Handel (1,55 Mrd. Euro). Dabei wird fast ausschließlich in den Tageszeitungen geworben. Gleiches gilt für die unmittelbar folgenden Branchen Pkw (759 Mio. Euro) und Finanzdienstleistungen (379 Mio. Euro)

3 Hierunter werden im *WerbemarktReport 2006* die Gattungen Plakat, Radio, Fach-, Publikumszeitschriften, Tageszeitungen und Fernsehen zusammengefaßt (*Rizzo* 2007).

(vgl. *Rizzo* 2007, S. 2 f., 17). Bei der Betrachtung der Netto-Werbeeinnahmen[4] erfassbarer Werbeträger konnten in 2006 20,35 Mrd. Euro (+2,6 % z.Vj.) erzielt werden. Davon verzeichneten die Tageszeitungen 4,53 Mrd. Euro (+1,3 % z.Vj.), die Sonntags- und Wochenzeitungen 260,20 Mio. Euro (+2,9 % z.Vj.). Die Tageszeitungen bilden weiterhin die Mediengattung mit den höchsten Werbeerlösen (vgl. *o.V.* 2007j). Bei der Betrachtung der werbetreibenden Branchen in Zeitungen wird deutlich, dass diese bevorzugt aus Gründen des Abverkaufs, d. h. der Bewerbung aktueller oder regionaler Angebote, zu werben scheinen. Auch wird ein beträchtlicher Anteil – insbesondere bei den überregionalen Zeitungen – zum Imageaufbau von Unternehmen oder Marken ausgegeben. Entscheidend bei der Wahl des Mediums ist es, eine möglichst große Zielgruppe zu erreichen, die potentielles Interesse an dem beworbenen Produkt hat. Hier werden vor allem das Kriterium Reichweite sowie bestimmte Zielgruppenkriterien als Maßstab herangezogen.

Bei der Analyse des Rubrikenmarktes ist seit zwei Jahren eine stagnierende Tendenz zu beobachten, nachdem die Verlage zwischen 2000 und 2005 dramatische Einbußen verzeichnen mussten – bei den regionalen Zeitungsverlagen ca. -70 % bei Stellenanzeigen, -29,2 % bei Kfz- und -32,5 % bei Immobilienanzeigen (vgl. *o.V.* 2007e, S. 27). Wird speziell der regionale und lokale Abonnementzeitungsmarkt untersucht, bei dem die Rubrikenanzeigen einen bedeutenden Stellenwert einnehmen, so ist festzustellen: Im 1. Quartal 2007 ist der Umfang bezahlter Anzeigen um +7,5 % zum Vorjahresquartal gestiegen. Das entspricht dem Stand der neunziger Jahre. Innerhalb der Rubrikenanzeigen weisen die Stellenanzeigen (+42,7 %) die erfreulichsten Zuwächse auf, gefolgt von Veranstaltungen (+5,1 %), Immobilien (+4,9 %) und Familienanzeigen (+4,2 %). Der Kfz-Markt dagegen verlor -4,7 % zum Vorjahresquartal (vgl. *o.V.* 2007f). Seit mehreren Quartalen ist ein deutlich positiver Trend für die Stellenanzeigen zu beobachten. Es scheint für Unternehmen wieder attraktiv zu sein, in Zeitungen – regional wie überregional – für vakante Stellen zu werben. Dagegen ist anzunehmen, dass die Bewerbung von Veranstaltungen und Immobilien bevorzugt in regionalen und lokalen Titeln von Interesse ist. Der Kfz-Markt hingegen verzeichnet im Printmedium sinkende Anzeigenumfänge. Eine Erklärung mag hierfür das Internet sein, in dem eine multimediale Darstellung besser möglich ist als in Zeitungen.

3.2.4. Die Beweggründe der Anzeigenkunden für die Online-Werbung

Der Online-Werbemarkt hat innerhalb der letzten Jahre kontinuierlich signifikante Anstiege zu verzeichnen (vgl. *Rizzo* 2007, S. 17). Betrugen die Brutto-Werbeinvestitionen 2003 noch 296,7 Mio. Euro, erreichten sie 2006 ihre bisherige Höchstmarke mit 694,5 Mio. Euro (+66,0 % zum Vorjahr). Auch in den nächsten Jahren wird mit weiteren Steigerungen gerechnet. Die Häufigkeit der Internetnutzung und die Nutzerqualitäten nehmen weiter zu, womit das Internet für Werbetreibende immer attraktiver wird. Der Werbemarktanteil des Internet liegt bei „nur" 3,3 % (+1,2 % zum Vorjahr) und damit noch deutlich hinter den Daten des Nutzermarktes – bei ihnen ver-

4 Unter die Netto-Werbeeinnahmen erfassbarer Werbeträger fallen die Einnahmen *nach* Abzug von Mengen- und Malrabatten sowie Mittlerprovisionen, sofern nicht anders bezeichnet *vor* Skonti, ohne Produktionskosten (vgl. *o.V.* 2007j).

eint das neue Medium bereits 8 % ihrer Mediennutzungszeit auf sich (vgl. *Rizzo* 2007, S. 17, 19). Bei den Netto-Werbeeinnahmen sind ebenfalls seit 2003 kontinuierliche Steigerungen festzustellen. 2006 wurden 495,0 Mio. Euro mit Online-Angeboten erzielt – dieser Markt weist mit +49,1 % zum Vorjahr die mit Abstand größte Steigerung unter den 13 vom Zentralverband der deutschen Werbewirtschaft erfassten Mediengattungen auf (vgl. *o.V.* 2007j; *o.V.* 2007c). Bei den „top-beworbenen" Branchen im Internet führt am deutlichsten die Branche der Online-Dienstleistungen (112 Mio. Euro), gefolgt von der Telekommunikations- (78,8 Mio. Euro) der E-Commerce- (57,2 %) und der Finanzdienstleistungsbranche (54,9 %) (vgl. *Rizzo* 2007, S. 17).

Aufgrund der noch großen Diskrepanz zwischen Mediennutzungsanteil der User und Werbemarktanteil der Anzeigenkunden stellt der Internet-Werbemarkt auch in den nächsten Jahren einen zukunftsträchtigen Markt dar. 2006 warben bereits 2.431 Unternehmen im Internet (+120 zum Vorjahr) (vgl. *Rizzo* 2007, S. 20). Aktuell spielen bei den Werbetreibenden – ähnlich wie im Printmarkt – die Reichweiten als Beurteilungskriterium eine entscheidende Rolle. Die Nutzersteigerungen machen es folglich zu einem attraktiven Medium.

3.3. Die Zukunft der Zeitung: Substitutiv oder komplementär zum Internet?

3.3.1. Verdrängung oder Ergänzung auf dem Lesermarkt?

Nach der vorangegangenen Analyse der Beweggründe und des Nutzerverhaltens für beide Mediengattungen ist nun zu fragen: Sind tatsächlich Substitutionstendenzen zu beobachten? Aufgrund der Digitalisierung sind in starkem Maße Markteintrittsbarrieren aufgehoben worden. Im Printbereich ist es dagegen aufgrund von Druckerei-, Vertriebs- bzw. Distributionskosten bislang sehr kostspielig, als Newcomer Erfolg zu haben. Im Internet entfallen diese Kosten. Das macht es für potentielle Anbieter leichter, als Wettbewerber aufzutreten (vgl. *o.V.* 2007e, S. 134 f.). Es ist somit zu beobachten, dass es nicht nur die Online-Angebote der Verlage sind, die als Konkurrenten dazukommen, sondern auch die der reinen Online-Player, die Nachrichten lediglich als Nebenprodukt anbieten (vgl. *Range* und *Schweins* 2007, S. 30). Hinzu kommt, dass das Internet multifunktionale Eigenschaften aufweist: Es lassen sich Angebote über Audio, Video oder rein textlich darstellen. Damit vereint das Internet als einziges Medium die Eigenschaften von Print, TV und Radio gemeinsam in sich. Internet und Computer haben somit die zuvor beschriebene Medienkonvergenz weiter verstärkt. Die stetig sinkenden Auflagen der Zeitungen, die signifikant wachsenden Zahlen neuer Nutzer im Internet und die merklichen Bedeutungszuwächse für das neue Medium verstärken vielfach gehegte Befürchtungen vor einer Verdrängung der Zeitungen. Dabei ist zu bedenken, dass erneut beide Märkte betroffen sein könnten – der Leser- bzw. Nutzermarkt einerseits sowie der Anzeigenmarkt andererseits. Nicht nur der Nutzer wählt das Medium, auch der Werbetreibende muss – nicht zuletzt geleitet vom Lesermarkt – entscheiden, auf welche Medien er seine Werbeausgaben verteilt.

Wolfgang Riepl stellte - wie eingangs erwähnt – 1913 das sog. *Riepl*sche Gesetz auf. Die neoklassische Nachfragetheorie spricht von Substitution, wenn ein Gut – aufgrund ökonomischer Motivation – durch ein anderes Gut mit dem Ziel, der Nutzenmaximierung ersetzt wird. Dabei müssen die beiden Güter allerdings zumindest teilweise den gleichen Nutzen aufweisen, damit das eine Gut gegen das andere ausgetauscht werden kann (vgl. *Hagen* 2002, S. 2). Zunächst stellt sich die Frage, ob Internet- und Zeitungsprodukte zwei Güter sind, die einen teilweise gleichen Nutzen stiften. Grundsätzlich können sowohl das Internet als auch die Zeitung dem Menschen Informationen zur Verfügung stellen. Wie bereits festgestellt, vereint das Internet aufgrund der zunehmenden Medienkonvergenz gewisse Eigenschaften des klassischen Printmediums in sich. Allerdings stehen die beiden Medien für unterschiedliche Eigenschaften und Aufgaben. Dies betrifft zunächst einmal die Darstellungsform: Während in der Zeitung Elemente rein visuell, d. h. textlich oder über statische Bilder, dargestellt werden können, bietet das Internet eine multimediale Darstellung über Audio, Video und Text. Das Internet ermöglicht dem Anbieter zudem, seine Inhalte kontinuierlich zu aktualisieren, während eine Zeitung maximal täglich gedruckt wird und erst am nächsten Tag wieder „aktualisiert" werden kann. Das Internet ist folglich ein aktuelleres Medium als die Zeitung für das Tagesgeschehen. Letztere steht insbesondere für Hintergrundberichte und Analysen – Merkmale, die sich bei Wochenzeitungen und Nachrichtenmagazinen nochmals verstärken. Das Internet im Gegenzug kann dem Nutzer sehr schnell kurze und prägnante Informationen bereitstellen (vgl. *Frey* u. a. 2003, S. 33). In Deutschland genießen die Printmedien ein hohes Vertrauen und besitzen eine hohe Reputation bei der Bereitstellung von Informationen. Die Nachrichtenportale im Internet dagegen beschränken sich nicht ausschließlich auf eine Informationsbereitstellung, sondern vereinen Informations- und Boulevardjournalismus (vgl. *Range* und *Schweins* 2007, S. 43). Interessant ist auch, dass das Medium Zeitung überwiegend exklusiv genutzt wird, während das Internet oftmals in Verbindung mit Fernsehen und Radio Anwendung findet (vgl. *Best u. a.* 2007, S. 34). Ein ganz entscheidender Unterschied beider Medien liegt im Aktivierungsgrad der Nutzer. Während die Zeitung als klassisches „*Lean-Back*-Medium" angesehen wird, bei dem der Leser außer dem Lesen nicht weiter aktiv werden muss, stellt das Internet ein sog. „*Lean-Forward*-Medium" dar. Hier wird der Nutzer aktiv in Prozesse eingebunden – er kann bzw. soll unter anderem interaktiv an der Gestaltung des Programms mitwirken, mitkommentieren und diskutieren (vgl. *van Eimeren* und *Frees* 2006, S 412).

Hinsichtlich der Frage nach Substitutionstendenzen ist auch der Zeitaufwand als entscheidendes Kriterium zu berücksichtigen. So können Medien – auch wenn sie nicht im engeren Sinne in einer substitutiven Konkurrenzbeziehung stehen – zu einer verringerten Nutzungsintensität anderer Medien führen, da den Menschen nur ein begrenztes Zeitbudget am Tag zur Verfügung steht, um sich mit Medien auseinanderzusetzen (vgl. *Hagen* 2002, S. 2 f.). Die eingangs erwähnte Zunahme der Mediennutzungszeit kommt vor allem dem Fernsehen und dem Internet zugute. Allerdings muss die Nutzung eines Mediums nicht zwingend die einer anderen Gattung einschränken; so ist zu beobachten, dass andere Freizeitaktivitäten für eine erweiterte Mediennutzung geopfert werden (vgl. *Steinmetz u. a.* 2005, S 6; *o.V.* 2005a, S. 6 f., 16). Bei der Verteilung des Medienzeitbudgets schneidet derzeit die Zeitung mit nur 5 % schlechter ab als das Internet mit 8 %. Den größten Anteil nehmen Radio (36 %) und Fernsehen (38 %) ein. Bezogen auf die Frequenz – also die Nutzungshäufigkeit pro Woche –, liegt das Fernsehen (95 %) an erster Stelle, gefolgt von Radio (86 %), von Tageszeitung (75 %) und Zeitschriften (46 %). Das Internet folgt erst an fünfter Stelle mit 45 %. Danach bestimmen die klassischen Medien weiterhin sehr stark den Alltag (vgl. *Blödorn u. a.* 2006, S. 630). Auch wenn das Internet in den letzten Jahren verstärkt an Bedeutung gewonnen hat und vermehrt als tagesaktuelle Informationsquelle herangezogen wird, ist die Tageszeitung bislang nach dem Fernsehen (38 %) weiterhin als bevorzugte Nachrichtenquelle bei den 18-65-Jährigen gefragt. Das Internet dagegen folgt mit 13 % auch hier erst an vierter Stelle, hinter dem Radio (14 %) (vgl. *o.V.* 2005a, S. 37, 39; *o.V.* 2007h).

Auch zeigt sich, dass bei der Nutzung von überregionalen Abonnement-Tageszeitungen die Bindung an die (Zeitungs-)Marke von 2005 auf 2006 durch das Internet zugenommen hat (+0,4 Mio. zum Vorjahr). Dabei ist die reine Online-Nutzung der jeweiligen Marke angestiegen (+0,39 Mio. zum Vorjahr), aber auch die komplementäre Nutzung von Print und Online (+0,06 Mio. z.Vj.). Leichte Rückgänge waren lediglich bei der ausschließlichen Printnutzung festzustellen (-0,04 Mio. z.Vj.). Die Wirtschaftstagespresse verzeichnet zeitgleich eine Zunahme um +0,09 Mio. Maßgeblich dafür zeigte sich der Anstieg der reinen Online-Nutzung der jeweiligen Marke (+0,16 Mio. z.Vj.), während die komplementäre Nutzung konstant blieb und die ausschließliche Printnutzung um -0,07 Mio. zum Vorjahr zurückging. Generell scheint dies für eine gleichzeitige Nutzung von Zeitung und Online zu sprechen (vgl. *Schneller* 2006, S. 13 f.). Wichtig ist jedoch, dass es sich hierbei um allgemeine Aussagen handelt, die für die gesamte Bevölkerung in Deutschland gelten.

Bei der Frage nach Substitutionstendenzen oder Komplementaritätseffekten wäre es nun aber unrealistisch, die deutsche Bevölkerung nur insgesamt zu betrachten. Es empfiehlt sich vielmehr, die Gesamtbevölkerung nach verschiedenen Kriterien zu gruppieren, etwa nach Altersklassen oder Bildung. Allein innerhalb der Gruppe der Onliner lassen sich je nach dem Nutzungszweck sechs Typen von Online-Nutzern unterscheiden. Erst innerhalb einer solchen Gruppenbildung erscheint es sinnvoll, nach möglichen Substitutions- oder Komplementaritätstendenzen zu fragen:

Bei der Klassifizierung der Bevölkerung nach *Altersklassen* wurde bereits festgestellt, dass gerade die junge Zielgruppe verstärkt „online ist", wenngleich die ältere Zielgruppe und innerhalb dieser wiederum die „Silver Surfer" seit einiger Zeit signifikante Zuwächse verzeichnen (vgl. *o.V.* 2007a). Innerhalb der Altersklassen (vgl. Abbildung 3) ist ferner festzustellen, dass sich die älteren Menschen auch weiterhin sehr stark der Zeitung zuneigen, während die jüngeren Zielgruppen deutlich mehr Zeit für das Internet aufbringen. So ergab die Studie „Informationsverhalten der Deutschen 2006" (*Blödorn u. a.* 2006, S. 634), dass die ab 50-Jährigen durchschnittlich 33 Minuten am Tag mit der Tageszeitung verbringen, sich im Internet allerdings nur 14 Minuten aufhalten. Wer mit der Tageszeitung aufgewachsen ist, sieht in deren täglicher Lektüre eine vertraute Gewohnheit. Die 14-29-Jährigen dagegen verbringen durchschnittlich rund 66 Minuten im Internet, widmen sich aber nur 11 Minuten der Zeitung. Auch die 30-49-Jährigen verbringen mit 57 Minuten mehr Zeit mit dem Internet als mit dem Lesen einer Tageszeitung (22 Minuten) (vgl. *Blödorn u. a.* 2006, S. 634). Unterstützt wird die Tendenz durch die Studie *Time Budget 12* (vgl. *o.V.* 2005a, S. 18). Sie zeigt, dass die 14-29-Jährigen sich 2005 intensiver anderen Medien zuwendeten als der Tageszeitung. Nach

Fernsehen und Radio folgte an dritter Stelle bereits das Internet mit 69 Minuten (+57 Minuten gegenüber 1999). Die Zeitung folgt erst an sechster Stelle mit 18 Minuten (-4 Minuten gegenüber 1999). Allerdings ist zu berücksichtigen, dass es jeweils um die allgemeine Internetnutzung geht, das Internet jedoch nicht nur tagesaktuelle Informationen bietet.

Abbildung 3: Unterschiedliche Mediennutzung nach soziodemographischen Gesichtspunkten

④ Medienzeitbudget 2006 nach Soziodemografie
Mo–So, 5.00–24.00 Uhr, BRD gesamt, in Min.

	Personen ab 14 J.	Männer	Frauen	14–29 J.	30–49 J.	ab 50 J.	Volks-/ Hauptschule	Weiterf. Schule	mind. Abitur
Fernsehen	190	189	190	157	168	221	210	187	130
Radio	176	162	189	110	189	194	187	177	135
Internet	39	61	19	66	57	14	29	32	92
CD/MC/MP3/LP	29	35	23	79	25	10	21	36	35
Tageszeitung	25	28	21	11	22	33	28	21	26
Bücher	20	18	23	29	15	21	15	20	38
Zeitschriften	10	7	12	7	5	15	10	8	13
Video/DVD/Festplatte	4	4	3	9	4	1	3	3	8

Quelle: Studie „Informationsverhalten der Deutschen 2006".

Quelle: *Blödorn u. a.* (2006), S. 634

Bei der Betrachtung der tatsächlichen Mediennutzung und somit der Bedeutung der Medien für die Information über das aktuelle Tagesgeschehen ist festzustellen, dass sowohl in der Gesamtbevölkerung als auch bei den 14-29-Jährigen die Zeitung an zweiter Stelle hinter dem Fernsehen steht, das Internet dagegen das Schlusslicht bildet, wie in der (bereits erwähnten) *AWA 2006* und in der *ACTA 2006* festgestellt wurde. Weiterhin wurde ermittelt, dass sich die 14-29-Jährigen weniger über das tagesaktuelle Geschehen informieren als die Gesamtbevölkerung. Interessant ist auch, dass die jungen intensiven Internetnutzer, die selten oder gar keine Zeitung lesen, sich auch generell in den übrigen Mediengattungen weniger oder jedenfalls seltener über das tagesaktuelle Geschehen informieren. Bei den 14-29-Jährigen, die dagegen regelmäßig Zeitung lesen, ist zu beobachten, dass sie sich mehr in der Tageszeitung informieren als im Internet (vgl. *Köcher* 2006, S. 17 f.; *Süßlin* 2006 S. 19).

Grundsätzlich ist nach Altersgruppen festzuhalten, dass gerade die jüngere Generation eine starke Affinität zum Internet hat, was damit zu erklären ist, dass sie mit dem Online-Medium aufwächst. Hier liegen die Online-Reichweiten deutlich höher als die der Tageszeitungen (vgl. *Brauck* und *Hülsen* 2007, S. 107). Ein entscheidender Vorteil des Mediums besteht darin, dass die Menschen im Internet selber aktiv werden können – eine Neuheit, die bei den bisherigen *Lean-Back*-Medien nicht möglich war und insbesondere der jungen Generation entgegen kommt (vgl. *van Eimeren* und *Frees* 2006, S. 412). Generell ist zu beobachten, dass die Zeitungsnutzung mit dem Alter zunimmt. Es ist allerdings auch festzustellen, dass weiterhin viele junge Menschen Zeitung lesen – sogar mehr als zuvor, wie die *Media-Analyse 2007* (vgl. *o.V.* 2007i) ergeben hat. So konnte die Reichweite bei den 14-19-Jährigen und bei den 20-29-Jährigen zulegen Auch scheint, dass die bisherigen jungen Zeitungsleser sich auch aktuell noch in der Zeitung über das Tagesgeschehen informieren; das Internet nutzen sie vorrangig für andere Zwecke.

Beim Kriterium *Schulbildung* fällt auf, dass die Nutzung der Tageszeitung mit durchschnittlich 28 bzw. 26 Minuten täglich am stärksten bei den Bürgern mit Volks-/Hauptschule bzw. mindestens Abitur ausgeprägt ist (vgl. Abbildung 3). Die Menschen mit weiterführender Schule dagegen nutzen die Tageszeitung rund 5 Minuten weniger. Die Unterschiede werden bei der Betrachtung der Internetnutzung deutlicher. Das Internet nutzen diejenigen, die mindestens Abitur haben, durchschnittlich 92 Minuten täglich. Absolventen weiterführender Schulen *surfen* lediglich 32 Minuten und jene mit Volks-/Hauptschule sogar nur 29 Minuten im Internet. Auffällig ist, dass die Internetnutzung bei den höheren Bildungsschichten deutlich höher liegt als die Zeitungsnutzung. Wie bereits festgestellt, zeigt die *LAE-Studie 2007* dagegen ein deutlich anderes Bild; hiernach greifen die Entscheidungsträger aus Wirtschaft und Verwaltung auch weiterhin bevorzugt zu Printtiteln (vgl. *Wadlinger* 2007, S. 52). Diese Ergebnisse zeigen einerseits positive Tendenzen für die Zeitung und sprechen mehr für Komplementaritäts- als für Substitutionseffekte, da das jeweilige Online-Angebot durchaus genutzt wird, wenn auch nicht so stark wie die zugehörige Zeitung. Sie haben andererseits eine besondere Bedeutung für den Anzeigenmarkt, da sich aus der geschilderten Tendenz attraktive Argumente für Anzeigenschaltungen in Printtiteln ergeben.

Wie bereits festgestellt, lassen sich auch bei den Nutzern verschiedene Onlinetypen definieren. Laut *ARD-ZDF-Onlinestudie 2006* (*o. V.* 2007a) gaben nur 17 % der Onlinenutzer an, dass durch das Internet der Stellenwert von Zeitungen oder Zeitschriften gesunken sei, 23 % sagten, dass sie tatsächlich weniger Zeitungen oder Zeitschriften lesen. Auch hier kann allerdings nicht pauschal von einer überwiegenden Substitution der Zeitung durch das Internet gesprochen werden. Bei den „Jungen Hyperaktiven" ist auffällig, dass die Onlinenutzung mit einer distanzierenden Haltung zum Printmedium verbunden ist. 34 % gaben an, dass sowohl Stellenwert als auch tatsächliche Nutzung der Printmedien durch das Internet abgenommen haben. Bei den „Jungen Flaneuren" ist diese Haltung sogar noch stärker ausgeprägt. Während nur 23 % von ihnen angeben, die Printmedien seien im persönlichen Stellenwert gesunken, hat die tatsächliche Nutzung um 45 % abgenommen. Anders verhält es sich bei den „E-Consumern". Bei diesen genießen die klassischen Medien und somit auch die Zeitung weiterhin einen hohen Stellenwert. Nur 16 % ist das Printmedium weniger wichtig als das Internet. Rund 24 % meinen, weniger Zeitung zu lesen. Bei den „routinierten Infonutzern" hat sich die verstärkte Internetnutzung insbesondere zu Lasten des Fernsehens verändert, die Zeitung scheint mit 23 % gefühlter verringerter Nutzung weniger betroffen. Von den übrigen zwei Nutzertypen, den „Randnutzern" und den „Selektivnutzern", scheint ebenfalls keine Substitutionsgefahr auszugehen – nur 9 % bzw. 11 % geben an, dass das Printmedium durch das Internet an Bedeutung verliert. Die tatsächliche Nutzung der Randnutzer beträgt durch das Internet 11 % weniger. Hier liegen die „Selektivnutzer" mit 25 % allerdings deutlich höher. In beiden Gruppen sind sämtliche klassischen Medien aber weiterhin stark in den Alltag verankert (vgl. *Oehmichen* und *Schröter* 2006, S. 445 ff.).

Werden die Nutzer wieder als eine einzige Gruppe betrachtet, ist zu erkennen, dass die klassischen Medien weiterhin einen hohen Stellenwert in der Online-Bevölkerung haben und neben TV und Radio auch der Rückgriff auf die Zeitung mit einer Nutzungszeit von 55 Minuten über der Internetnutzung (50 Minuten) liegt. Dabei sind die Werte für die Tageszeitung seit 1999 weitestgehend konstant geblieben, während die Internetnutzung gestiegen ist. Bei der gefühlten Nutzung der Mediengattungen in 2006 gaben nur 23 % an, dass sie durch das Internet weniger Zeitungen oder Zeitschriften läsen. Diese Aussagen haben sich innerhalb der letzten drei Jahre zugunsten des Printmediums gewandelt, gaben doch zwischen 2003 und 2005 die Onliner noch an, zu 25 % bzw. 26 % weniger Printtitel zu lesen (vgl. *van Eimeren* und *Frees 2006*, S. 413 f.).

Abschließend bleibt festzuhalten: In den letzten Jahren hat sich das Internet zum vierten Massenmedium neben Print, TV und Radio entwickelt. Es kann allerdings auch festgehalten werden, dass keine gravierenden Substitutionstendenzen zu erkennen sind – die Werte sind seit 2003 stabil geblieben (vgl. *Oehmichen* und *Schröter* 2006, S. 445). *Wolfgang Riepls* These scheint sich auch für das Verhältnis Zeitung und Internet zu bestätigen. Zum jetzigen Zeitpunkt sollte eher von einer komplementären Beziehung gesprochen werden. Das Internet kann Nachrichten aktuell, kurz und prägnant darstellen, gleichzeitig wird beim Nutzer das Bedürfnis nach Analysen und Hintergrundberichten ausgelöst, das wiederum im Printmedium befriedigt werden kann (vgl. *Hagen* 2002, S. 3). Zudem werden die verschiedenen Mediengattungen meist zu verschiedenen Tageszeiten genutzt. Folglich kann von einer Aufgabenteilung gesprochen werden: Während die Zeitung insbesondere der morgendlichen Information dient, wird das Internet stärker im weiteren Tagesverlauf genutzt. Jedes Medium scheint je eigene Kernkompetenzen zu haben; diese sind je nach Bedarfsgruppen zu gewichten. Demzufolge sind Substitutionstendenzen unterschiedlich. Für über 80 % der Bevölkerung haben aber die Printmedien auch heute noch den gleichen Stellenwert wie vor der Einführung des Internet (vgl. *Oehmichen* und *Schröter* 2006, S. 444).

Es ist anzunehmen, dass größere Zuwächse in der Internetnutzung von der älteren Generation (den sog. „Silver Surfern") ausgehen. Die Dauerexpansion der Internetnutzung ist davon zu erwarten, dass immer mehr Jugendliche mit dem Internet aufwachsen (vgl. *Range* und *Schweins* 2007, S. 9). Aber auch das dürfte nicht zu einem Garaus der Printmedien führen. Aktuell nutzen noch 75 % der deutschen Bevölkerung mindestens mehrmals wöchentlich die Zeitung. Ein Wert, der noch deutlich vor dem Internet (45 %) liegt (vgl. *Blödorn u. a.* 2006, S. 630). Insgesamt hat sich – trotz schwerwiegender Auflagenverluste und einer leicht rückläufigen Nutzungsdauer – die Zeitung auch dadurch ein kräftiges Behauptungspotential zugelegt, dass sie ihre Leistungsbündel durch komplementäre Internetangebote attraktiver gestaltet hat. Die Zeitungen werden sich in Kombination mit einer speziellen Internetnutzung ihre Zukunft selbst zu schaffen haben.

3.3.2. Ersetzung oder Ergänzung auf dem Anzeigenmarkt?

Für die Entwicklung des Anzeigenmarktes haben die Triebkräfte, die die Anzeigen-Auflagen-Spirale bestimmen (siehe Kapitel 1) entscheidenden Einfluss. Mit dem Aufkommen des Internet bewirbt sich ein dynamischer Anbieter um die Werbebudgets. Aktuell werden 8 % der Mediennutzungszeit für das Internet aufgewendet; sein Werbemarktanteil liegt dagegen erst bei 3,3 %. Daraus könnte ein überdurchschnittliches

Wachsen des Online-Werbemarktes für die Zukunft gefolgert werden. Fraglich ist, ob und inwieweit dies zu Lasten des Print-Anzeigenmarktes gehen wird?

Nach zuletzt starken Einbußen der Printmedien bei den Werbeerlösen, befindet sich der Werbemarkt aktuell in einer Erholungsphase; daran sind die Printmedien maßgeblich beteiligt (vgl. *Frey u. a.* 2003, S. 5 f.). Allein die Zeitungen hatten 2006 Brutto-Werbeeinnahmen in Höhe von 5,3 Mrd. Euro (+316,7 Mio. Euro zum Vorjahr). Sie halten somit einen Werbemarktanteil von 25,5 % und liegen damit deutlich vor dem Internet (vgl. *Rizzo* 2007, S. 2 f.). Es ist anzunehmen, dass diese Entwicklung mit den komplementären Effekten auf dem Nutzermarkt zusammenhängen: Wo Leser sind, ist auch die Werbung attraktiv. Bemerkenswert ist, dass digitale Medien sich bisher noch nicht als die typischen Werbemedien für Markenbildung und Markenführung durchgesetzt haben. Immer noch viele Nutzer empfinden Online-Werbung als störend: Das „Wegklicken" ist im Internet sehr verbreitet. Vielmehr wird das Medium als Transaktions- bzw. Responsemedium genutzt (vgl. *Fösken* 2006, S. 152; *o.V.* 2005a, S. 31). Unterstützt wird dies durch eine *Gruner + Jahr*-Studie. Sie belegt, dass Imagewerbung nur selten „online" stattfindet, was verständlich ist, wenn als Erfolgsmaßstab im Internet Klickraten herangezogen werden, so unsicher dieser Maßstab auch sein mag (vgl. *Range* und *Schweins 2007,* S. 20 f.). Das Internet bietet allerdings gegenüber Printmedien den Vorteil über Audio, Video und Text, also multimedial, werben zu können. Es ist anzunehmen, dass sich diesbezüglich schon bald neue Werbeformate entwickeln werden. Ein weiterer nicht zu verkennender Vorteil, der den Werbetreibenden *online* geboten wird, liegt darin, dass Erfolgskontrollen als *Return on Advertising* konkret berechnet werden können. Streuverluste können anders als in den Printmedien verringert, wenn nicht gänzlich eliminiert werden, indem die Nutzer gezielter, eventuell sogar 1:1 angesprochen werden. Das Internet ermöglicht den Einsatz von Techniken, mit dem der Nutzer, sein Verhalten sowie seine „Laufwege" genauestens analysiert werden können. Das Ergebnis sind präzise Schaltungen von Werbebannern für die definierte Zielgruppe. Derzeit werden diese Techniken allerdings noch sehr wenig genutzt. Das liegt nicht zuletzt daran, dass kostenintensive Investitionen in die jeweiligen Technologien notwendig sind. Aktuell dominieren als Auswahlkriterien für ein Werbemedium im Internet noch *Page Impressions*[5] und *Visits*[6] als bevorzugte Reichweitenkennziffern (vgl. *o.V.* 2007e, S. 200 f., 204).

5 *Page Impressions*: „Eine PageImpression bezeichnet den Abruf einer Seite eines Angebotes durch einen Nutzer. […]" (*o.V.* 2005b, S. 4).

6 *Visit*: „Ein Visit bezeichnet einen zusammenhängenden Nutzungsvorgang. Ein Visit beginnt, wenn ein Nutzer innerhalb eines Angebotes eine PageImpression erzeugt. Jede weitere PageImpression, die der Nutzer im folgenden innerhalb eines Angebotes erzeugt, wird diesem Visit zugeordnet. Der Visit wird als beendet angesehen, wenn länger als 30 Minuten keine PageImpression durch den Nutzer erzeugt worden ist. Wechselt der Nutzer auf ein neues Angebot und kehrt innerhalb von 30 Minuten auf das alte Angebot zurück, so wird kein neuer Visit gezählt. Wechselt der Nutzer auf ein neues Angebot und kehrt nach Ablauf einer Frist von 30 Minuten auf das alte Angebot zurück, so wird ein neuer Visit gezählt" (*o.V.* 2005b, S. 6).

Die Wachstumschancen auf dem Werbemarkt für Online-Präsentationen liegen deutlich höher als für Printmedien. Doch ist anzunehmen, dass es aus den genannten Gründen auch auf dem Anzeigenmarkt weiterhin Entwicklungspotential auch für Zeitungen geben wird. Bei überwiegenden Komplementaritätstendenzen (siehe Umfrage des *Zentralverbandes der deutschen Werbewirtschaft* im Frühjahr 2006, *o.V.* 2007c) werden auf eine heute noch nicht im Detail bekannte Weise Synergieeffekte zu erzielen sein – in enger Verbindung mit der Entwicklung auf den Lesermärkten.

4. Schlussfolgerung und Ausblick

Das *Riepl*sche Gesetz verdient weiterhin Beachtung. Statt einer Verdrängung sind Komplementaritätseffekte zwischen Zeitung und Internet zu beobachten – auf dem Leser- wie auf dem Anzeigenmarkt. Das Internet hat sich mit der Zeit zu einem vierten Massenmedium neben Print, TV und Radio entwickelt. Grundsätzlich kann von einer Aufgabenverteilung der Medien gesprochen werden, die von vielen Bürgern gewollt ist. Entscheidend für die Medienunternehmen ist, sich den wandelnden Bedürfnissen der Nutzer in einem ständigen Prozess des vorstoßenden und nachfolgenden Wettbewerbs anzupassen.

Die Verlage können sich dem Internet nicht entziehen. Sie müssen darauf mit eigenen Entwicklungspotentialen reagieren und das Internet auch als ihren Wachstumsmarkt betrachten. Wochenzeitungen und Nachrichtenmagazine könnten es dabei etwas leichter haben – insbesondere im Vergleich zu lokalen und regionalen Tageszeitungen. Sie können eine klare Aufgabenverteilung der Mediengattungen Online und Print glaubwürdiger darstellen – kurzer und prägnanter Überblick online, ausführliche Berichte und Analysen offline. Hier bestehen Potentiale, dass ein guter Online-Auftritt reine Onliner zusätzlich (wieder) an das jeweilige Printmedium heranführt.

Der Anzeigenmarkt wird auch weiterhin eine entscheidende Rolle einnehmen. Während die Printmedien nur noch nahezu zur Hälfte von den Erlösen der Anzeigenkunden abhängig sind, nehmen die Anzeigenkunden im Online-Markt eine wichtigere Rolle ein, da der Nutzer auch künftig bezahlpflichtige Angebote (*paid content*) kaum akzeptieren wird. *Cross-Media*-Aktivitäten werden für Verlage immer wichtiger. Eng damit verbunden ist die Notwendigkeit, innovative Werbeformate zu entwickeln, insbesondere im Printbereich, aber auch online. Im Online-Markt im Speziellen wird es aufgrund neuer Technologien eine Wandlung von den bisher reichweitenbasierten hin zu Modellen der erfolgsbasierten Werbekontrolle geben.

Aufgrund der Digitalisierung treten Neuerungen und Veränderungen immer schneller ein. So wird es in den nächsten Jahren auch interessant sein, wie sich der mobile Markt über Handys entwickeln wird, und welchen Einfluss dieses digitale Medium auf die Zeitung haben wird. Auch ist fraglich, wie sich die Aktivität der Nutzer im Internet entwickeln wird. Werden die einstigen Konsumenten zu Produzenten? Und welche Auswirkungen könnte dies auf den Printmarkt und die journalistische Qualität haben?

Es wird auch in Zukunft von entscheidender Bedeutung bleiben, Veränderungen im Nutzerverhalten der verschiedenen Gruppen in der Bevölkerung sowie den Anzeigenmarkt von Print und Online zu beobachten und vor diesem Hintergrund mögliche ergänzende oder verdrängende Tendenzen kontinuierlich zu analysieren.

Literatur

Beck, H. (2005), Medienökonomie Print, Fernsehen und Multimedia, 2. überarb. Aufl., Berlin.

Best, S. und *B. Engel* (2007), Qualitäten der Mediennutzung, in: Media Perspektiven,Nr.1, S. 20-36.

Blödorn, S., M. Gerhards und *W. Klingler (2006),* Informationsnutzung und Medienauswahl 2006, in: Media Perspektiven, Nr. 12, S. 630-638.

Brauck, M. und *I. Hülsen, I.* (2007), Auf der Flucht, in: Der Spiegel, Nr. 23 vom 04.06.2007, S. 106 ff.

Faehling, G. (2006), [Internet] Mediaplanung für attraktive Zielgruppen, eine Präsentation der ACTA 2006, URL: http://www.acta-online.de/praesentationen/acta_2006/acta_2006_Mediaplanung.pdf (01.09.2007).

Fösken, S. (2006), [Internet] Massenmedien unter Druck, in: Absatzwirtschaft, Sonderheft, S. 152-157.

Frey, L. G., H. Klein und *A. Koch* (2003), [Internet] Zeitungsverlage im Umbruch, Stimmungen und Perspektiven, Ernst & Young AG, Eschborn, URL: http://www.ey.com/global/download.nsf/Germany/Studie_Zeitungsverlage_12_2003/$file/Zeitungsverlage_12_2003.pdf (01.09.2007).

Hagen, L. M. (2002), [Internet] Riepls Gesetz im Online-Zeitalter: Eine Sekundäranalyse über die Grenzen der Substitution von Massenmedien durch das Internet, URL: http://www.mediasprut.ru/jour/beitraege/riepl.shtml (01.09.2007).

Köcher, R. (2006), [Internet] Konsum und Mediennutzung in der multioptionalen Gesellschaft, eine Präsentation der AWA 2006, URL: http://www.awa-online.de/main. php3?selection=89&rubrik=0 (03.02.2008).

o.V. (2005a), [Internet] Time Budget 12 1999-2005, SevenOne Media GmbH, Unterföhring URL: http://appz.sevenonemedia.de/download/publikationen/TimeBudget12.pdf (01.09.2007).

o.V. (2005b), [Internet] Anlage 1 zu den IVW-Richtlinien für Online-Angebot. URL: http://daten.ivw.eu/download/pdf/Online_RichtlinienV1_9_Anlage1.pdf (01.09.2007)

o.V. (2006), [Internet] Medienforschung, Mediennutzung allgemein, URL: http://www.br-online.de/br-intern/medienforschung/mediennutzung/ (01.09.2007).

o.V. (2007a), [Internet] ARD/ZDF-Onlinestudie 2007, URL: http://www.daserste.de/service/onlinestudie-2007-vorab.pdf (01.09.2007).

o.V. (2007b), [Internet] Medienforschung Nutzungsdauer der Medien in Deutschland, URL: http://www.br-online.de/br-intern/medienforschung/mediennutzung/ueberblick/ueberblick3.shtml (03.02.2008).

o.V. (2007c), [Internet] Medien verdienen mehr an Werbung, in: Absatzwirtschaft online, URL: http://www.absatzwirtschaft.de/Content/Communication/News/_pv/_p/1003214/_t/ft/_b/60596/default.aspx/medien-verdienen-mehr-an-werbung.html (01.09.2007).

o.V. (2007d), [Internet] Werbeträgerdaten Quartalsauflagen, IVW e.V., URL: http://ivw.eu/index.php?menuid=37&reporeid=10 (03.02.2008).

o.V. (2007e), Grid Media (Überlebens-) Strategien für Publisher im digitalen Zeitalter, eine TIMElabs-Studie zur Zukunft der Medien, Frankfurt.

o.V. (2007f), [Internet] Anzeigenmarkt wieder in Bewegung, URL: http://www.bdzv.de/index.php?id=19&type=123&cHash=f15554b119&tx_list_pi1[mode]=2&tx_list_pi1 [u-id]=102155353&filename=bdzv.pdf (01.09.2007).

o.V. (2007g), [Internet] ARD/ZDF-Online Studie 2007, Deutschland ist online, URL: http://www.ard.de/intern/presseservice/ard-zdf-online-studie/-/id=8058/vv=print/pv=print/nid=8058/did=601530/1s7vnze/index.html (03.02.2008).

o.V. (2007h), [Internet] Tageszeitungen behaupten sich als Nachrichtenquelle, in: Handelsblatt online vom 16.03.2007, URL: http://www.handelsblatt.com/news/Unternehmen/Marketing-Channel/_pv/_p/204789/_t/ft/_b/1241408/default.aspx/tageszeitungen-behaupten-sich-als-nachrichtenquelle.html (01.09.2007).

o.V. (2007i), [Internet] Media-Analyse 2007: Nutzung der Tageszeitung bei jungen Lesern im Aufwind, URL: http://www.zmg.de/index.php?id=131&type=123&print=1 (28.07.2007).

o.V. (2007j), [Internet] Nettowerbeeinnahmen erfassbarer Werbeträger in Deutschland, URL: http://www.interverband.com/u-img/184/3-Netto-Werbeeinnahmen_2007.htm (01.09.2007).

*o.*V. (2007k), [Internet] Medienforschung, Entwicklung der Onlinenutzung in Mio., URL: http://www.br-online.de/br-intern/medienforschung/onlinenutzung/onlinenutzung (03.02.2008)

o.V. (2007l), [Internet] Medienforschung, Mediennutzung im Tagesverlauf, URL: http://www.br-online.de/br-intern/medienforschung/mediennutzung/ueberblick/ueberblick4.shtml (03.02.2008)

o.V. (2007m), [Internet] Medienforschung Onlinenutzung nach Gebiet, Geschlecht und Alter in Mio., URL: http://www.br-online.de/br-intern/medienforschung/onlinenutzung/onlinenutzung/onlinenutzung3.shtml (01.09.2007).

o.V. (2007n), *[*Internet] Medienforschung Onlinenutzung nach Gebiet, Geschlecht und Alter in %, URL: http://www.br-online.de/br-intern/medienforschung/onlinenutzung/onlinenutzung/onlinenutzung4.shtml (03.02.2008).

Oehmichen, E. und *C. Schröter* (2006), Internet im Medienalltag: Verzögerte Aneignung des Angebots, in: Media Perspektiven, Nr. 8, S. 441-449.

Pasquay, A. (2006), [Internet] Die deutschen Zeitungen in Zahlen und Fakten, BDZV e.V., Berlin, URL: http://www.bdzv.de/fileadmin/bdzv_hauptseite/markttrends_daten/wirtschaftliche_lage/2006/assets/ZahlenDaten_2006.pdf (01.09.2007).

Range, S. und *R. Schweins* (2007), [Internet] Klicks, Quoten, Reizwörter: Nachrichten-Sites im Internet, Gutachten im Auftrag der Friedrich Ebert Stiftung, Berlin, URL: http://library.fes.de/pdf-files/stabsabteilung/04417.pdf (01.09.2007).

Rizzo, L. (2007), [Internet] WerbemarktReport Analyse des deutschen Brutto-Werbemarktes 2006, SevenOne Media, Market Analysis, Unterföhring, URL: http://appz.sevenonemedia.de/download/publikationen/Der_deutsche_Werbemarkt_2006.pdf (03.02.2008).

Röper, H. (2006), Probleme und Perspektiven des Zeitungsmarktes, in: Media Perspektiven, Nr. 5, S. 283-296.

Schneller, J. (2006), [Internet] Neue Dynamik in den Internetmärkten, eine Präsentation der ACTA 2006, München URL: http://www.acta-online.de/praesentationen/acta_2006/acta_2006_Maerkte.pdf (01.09.2007).

Steinmetz, R., V. Raman and *D. Davis* (2005), Trends in Young Adult Use of New Media in Germany, the US and New Zealand, Amsterdam.

Süßlin, W. (2006), [Internet] Die Internetgeneration: Das Markt- und Mediennutzungsverhalten junger Zielgruppen, eine Präsentation der ACTA 2006, München, URL: http://www.acta-online.de/praesentationen/acta_2006/acta_2006_Jugend.pdf (01.09.2007).

Tietzel, M. und *D. Wentzel* (2005), Pressefreiheit: Erfolg oder Misserfolg einer Institution?, in: *Thomas Eger* (Hg.), Erfolg und Versagen von Institutionen, Berlin, S. 53-88.

van Eimeren, B. und *B. Frees* (2006), Schnelle Zugänge, neue Anwendungen, neue Nutzer?, in: Media Perspektiven, Nr. 8, S. 402-415.

van Eimeren, B., B. Frees und *M. Fisch u .a.* (2007), [Internet] Internet zwischen Hype, Ernüchterung und Aufbruch, 10 Jahre ARD/ZDF-Onlinestudie, Baden-Baden URL: http://www.br-online.de/br-intern/medienforschung/onlinenutzung/ (01.09.2007).

Wadlinger, C. (2007), Ansichten eines Chefs, in: Werben & Verkaufen, 27/2007, S. 52 ff.

Wentzel, D. (2002), Medien im Systemvergleich, Stuttgart.

Dirk Wentzel (Hg.), Medienökonomik –
Theoretische Grundlagen und ordnungspolitische Gestaltungsalternativen
Schriften zu Ordnungsfragen der Wirtschaft · Band 89 · Stuttgart · 2009

Öffentlich-rechtliche Anbieter im Dilemma zwischen Massengeschmack und Gemeinwohl:

Das medienökonomische Instrument der Programmleistung als Basis einer rationalen Medienpolitik

Guido Schröder

Inhalt

1. Der Mangel an medienökonomischer Politikberatung als Theoriedefizit

Seit seiner Gründung in den 50er-Jahren, spätestens aber mit dem Hinzutreten des Zweiten Fernsehprogramms im Jahre 1964, steht das öffentlich-rechtliche Rundfunksystem der Bundesrepublik in der Kritik. Über Jahrzehnte nahezu ausschließlich mit politikwissenschaftlichen und publizistischen Argumenten geführt, beteiligen sich seit Mitte der 90er-Jahre zunehmend Ökonomen an der Debatte über die Finanzierung und Zukunft von ARD und ZDF. Obwohl die deutschsprachige Medienökonomik noch immer ein Nischendasein innerhalb der Ökonomik führt, kann sie mittlerweile auf eine längere Forschungstradition zurückblicken, die sich aus höchst unterschiedlichen Perspektiven –

wie der Wettbewerbspolitik, der Ordnungsökonomik oder der (Neuen) Institutionenökonomik – mit dem dualen Rundfunksystem in Deutschland auseinandergesetzt hat.[1]

Trotz unterschiedlicher theoretischer Ausgangsbasis galt das Hauptaugenmerk dabei in der Regel dem Problem, wie sich das Tätigwerden des Staates im Allgemeinen und das öffentlich-rechtliche Rundfunksystem im Besonderen aus ökonomischer Sicht legitimieren lassen.[2] Noch immer wird in der Ökonomik vehement über das Für und Wider eines über Zwangsgebühren finanzierten Rundfunkangebots gestritten.[3] Während Kritiker dieses öffentlich-rechtlichen Systems die vielfach ausgemachten Besonderheiten des Mediums Fernsehen kaum als Grund für ein Marktversagen oder einen wettbewerblichen Ausnahmebereich akzeptieren, nennen Befürworter eines öffentlichen Angebots in der Regel die spezifischen Wirkungen von Medien etwa im Sinne der Meritorik als zentrales Argument für einen Markteingriff.[4] Mit dem Verweis auf die paternalistische Meritorik wird hier allerdings eine Theorie zur Legitimation herangezogen, die nicht nur außerhalb des Forschungsprogramms der traditionellen Ökonomik steht, sondern vor allem aufgrund ihrer zweifelhaften Werturteile von den meisten Ökonomen als unwissenschaftlich abgelehnt wird.

Die allgemeine Frage nach der grundsätzlichen Berechtigung einer staatlichen Intervention in den Rundfunkmarkt mag aus Sicht einiger Medienökonomen nicht abschließend beantwortet sein, erweist sich jedoch angesichts des faktischen Bestehens der öffentlich-rechtlichen Anstalten – vor allem der neuerlich bestätigten höchstrichterlichen Bestands- und Entwicklungsgarantie – als von wohl eher theoretischer Relevanz. Mit Gesamtgebühreneinnahmen von gut 7 Mrd. Euro pro Jahr sind ARD und ZDF nicht nur gegenwärtig dominante Anbieter auf dem hier näher betrachteten Fernsehmarkt, sondern werden diese Position auch absehbar in den nächsten Jahren nicht einbüßen.

Gegenüber theoretischen Marktversagensgründen ist die Frage, welche faktische Programmleistung – im Sinne eines gesellschaftlichen Mehrwerts für die Zuschauer – die öffentlich-rechtlichen Anbieter auf dem Fernsehmarkt erbringen, sowohl für die Medienökonomik als Wissenschaft als auch für die praktische Gestaltung der Medienpolitik bedeutsam. Eine dezidierte Analyse der Programmleistung erlaubt ein Urteil darüber, ob die öffentlich-rechtlichen Anbieter ihrem Ziel einer gesellschaftlichen Versorgung mit Fernsehprogrammen nachkommen oder – wie aus Sicht der ökonomischen Theorie der Bürokratie zu erwarten – vom Gemeinwohlauftrag dadurch abweichen, dass sie eigene Ziele verfolgen.

Die wissenschaftliche Analyse der erbrachten Programmleistung stellt aus zwei Gründen einen methodischen Fortschritt dar. Zum einen löst die konkrete Auseinander-

---

1 Vgl. u. a. *Wiechers* (1992), *Schröder* (1997), *Gundlach* (1998), *Hartwig* und *Schröder* (1999), *Knorr* und *Winkler* (2000), *Never* (2002).

2 Die Kontroverse um ein Marktversagen auf dem Fernsehmarkt ist überwiegend auf ein in der Medienökonomik bestehendes Theoriedefizit zurückzuführen. Vgl. *Schröder* (2008).

3 Die Frage der Finanzierung von Fernsehprogrammen ist stark von der wohlfahrtsökonomisch geprägten Maxime beeinflusst, der Preis des Gutes müsse den Grenzkosten der jeweiligen Nutzung entsprechen. Vgl. *Schröder* (2006).

4 Zur Eignung der Meritorik für die wissenschaftliche Politikberatung vgl. *Schröder* (2007).

setzung mit der Programmleistung die grundsätzliche, in der Medienökonomik weitgehend institutionenlos geführte Diskussion zur prinzipiellen Legitimation eines öffentlich-rechtlichen Angebots ab.[5] Statt die hypothetische Überlegenheit staatlich garantierter Programme gegenüber einem theoretischen Marktangebot zu diskutieren, rückt die faktische Leistung gebührenfinanzierter und privater Anbieter in den Mittelpunkt des Erkenntnisinteresses. Einen wirtschaftspolitisch wie wissenschaftlich meist irrelevanten Ideal-Real-Vergleich zwischen öffentlichem und privatem Angebot (von marktwirtschaftlichen Ökonomen vielfach auch umgekehrt geführt) gilt es also auszuschließen.[6] Für einen Real-Real-Vergleich ist das konkrete Verhalten der verschiedenen Anbieter näher zu untersuchen, nicht das fiktive Programm eines idealisierten, d.h. im Sinne des Gemeinwohl treuhänderisch agierenden Senders oder das wohlfahrtsoptimale Angebot privatwirtschaftlicher Wettbewerber.

Ein so verändertes Forschungsprogramm, weg von (neo-)klassischen Argumenten der Kollektivgut-Theorie, der Programmwahl-Theorien, der Theorie natürlicher Monopole oder der Theorie externer Effekte hin zu einer institutionenökonomisch ausgerichteten Medienökonomik, öffnet die Perspektive, reale Marktinstitutionen – wie bestehende Organisationen und Gesetze – im Rahmen einer positiven Analyse näher zu betrachten. Durch eine konsequente Orientierung am medienpolitischen Status quo statt an modelltheoretisch hergeleiteten Referenzbedingungen werden nicht nur Fehler der Theoriebildung vermieden, die Theorie gewinnt überdies an Relevanz für die reale Welt.

Zum anderen ist die differenzierte Auseinandersetzung mit der Programmleistung eine grundlegende Voraussetzung, um ausgehend von der positiven medienökonomischen Analyse eine normative Medienökonomik zu entwerfen, die leistungsfähig genug ist, Reformprozesse in der Medienpolitik anzustoßen und beratend zu begleiten. Da die Theoriebildung in der Medienökonomik in erster Linie der Lösung realer Probleme der Medienpolitik dient, macht die positive Medienökonomik das analytische Fundament einer normativen Medienökonomik aus. Keine medienökonomische Politikberatung kann auf eine solche Basis verzichten, ohne ihren wissenschaftlichen Anspruch einzubüßen und ohne Zuflucht zu vorwissenschaftlichen *per se*-Aussagen oder meritorisch gefärbten Werturteilen zu suchen. Die Verbindung zwischen beiden Aspekten ist offensichtlich, dient doch die veränderte wissenschaftliche Agenda dazu, die normative Medienökonomik durch eine Neuausrichtung der positiven Medienökonomik methodisch zu stärken und durch eine verbesserte Beratungsleistung dem gegenwärtigen Beratungsdefizit zu begegnen.

Damit wird die Kernthese deutlich, die im Folgenden vertreten werden soll: Das Instrument der Programmleistung stellt auf medienökonomischer wie auf medienpolitischer Ebene einen methodischen Fortschritt dar, indem es durch eine bessere Theoriebildung hilft, strittige Fragen der Finanzierung eines öffentlichen Rundfunks zu versachlichen und auf eine empirische Basis zu stellen.

---

5 Zum Theoriedefizit, das aus der überwiegend institutionenlosen Herangehensweise in der positiven Medienökonomik resultiert vgl. *Schröder* (2008).

6 Nirwana-Vergleiche im Sinne *Demsetz'* werden also vermieden. Vgl. *Demsetz* (1969).

Zur Illustration dieser These soll im Folgenden der Frage nachgegangen werden, welche Programmleistung die öffentlich-rechtlichen Anbieter ARD und ZDF auf dem deutschen Fernsehmarkt erbringen. Ergebnis dieser Diskussion werden zwei weitere Thesen sein:

Erstens lässt sich für den deutschen Fernsehmarkt zeigen, dass trotz der in zahlreichen Studien herausgestellten Position der öffentlich-rechtlichen Anbieter deren faktische Programmleistung deutlich geringer ausfällt, als es gesellschaftlich wünschenswert wäre. Zwar mögen einzelne Programmschwerpunkte exklusiv, vielleicht sogar einzigartig für ARD und ZDF sein, große Teile des Programmes werden jedoch mit Inhalten bestritten, die entweder bereits in sehr ähnlicher Form von privaten Wettbewerbern ausgestrahlt werden oder die bei einem Wegfall des öffentlich-rechtlichen Angebots ohne Weiteres von diesen Sendern übernommen werden könnten.

Zweitens erfordert die Beantwortung der medienpolitisch zentralen Frage nach der Programmleistung ein grundlegend verändertes Analysedesign. Die hierfür notwendige Methodik wie auch das empirische Datenfundament sind in der medienökonomischen Forschung jedoch gegenwärtig nur ansatzweise verfügbar. Obwohl einige Studien für den deutschen Fernsehmarkt – etwa in der Konvergenz- und Programmforschung – durchgeführt wurden, sind diese aufgrund ihrer grundlegenden methodischen Mängel kaum geeignet, das bestehende Theoriedefizit zu überwinden.

2. Die Programmleistung als Analyseinstrument in der Medienökonomik

Die Programmleistung eines Senders soll als der spezifische Mehrwert definiert werden, den der Zuschauer aus dem Bestehen des Angebots erfährt. Bei privatwirtschaftlichen Sendern folgt die Programmleistung faktisch aus der Existenz des Anbieters, kann dieser sein Bestehen am Markt doch nur dadurch sicherstellen, dass er aus Sicht der Zuschauer über einen programmlichen Mehrwert im Sinne eines komparativen Konkurrenzvorteils verfügt. Da funktionsfähiger Marktwettbewerb eine positive Programmleistung folglich sicherstellt, sind privatwirtschaftliche Anbieter in dieser Hinsicht von nachrangiger Bedeutung für die Wirtschafts- bzw. Medienpolitik.

Bei öffentlich-rechtlichen Sendern ist nicht von vornherein gewährleistet, dass und inwieweit das Angebot einen gesellschaftlichen Mehrwert liefert. Einerseits besteht für öffentlich-rechtliche Sender die Chance, mit ihren Programmen in den vielfältigsten Gesellschaftsbereichen einen hohen Beitrag zu leisten. Anders als für privatwirtschaftliche Anbieter herrschen bei einem öffentlichen Angebot weniger Zwänge bezüglich der Wirtschaftlichkeit oder der Popularität einzelner Sendungen. Das Realisieren von Qualität ohne Rücksicht auf Kosten oder Markterfolg scheint also möglich. Der öffentlich-rechtliche Sender wirkt dann effektiv Defiziten entgegen, die bei einem rein privatwirtschaftlichen Angebot bestünden.

Andererseits lässt gerade der Wegfall marktlicher Zwänge das Risiko entstehen, dass das Programm des Senders sich von dem gesellschaftlich Wünschenswerten entfernt. Ohne die Notwendigkeit, Zuschauer zu erreichen und ihnen im Vergleich zu Konkurrenten einen programmlichen Mehrwert zu bieten, mag das Angebot des öffentlich-rechtlichen Senders ebenso gut an den Präferenzen der Zuschauer vorbeigehen wie ein Duplikat bestehender privater Programme beinhalten. Beide Möglichkeiten verdeutlichen die Risiken eines öffentlichen Angebots, trotz wirtschaftlicher Freiräume einen gesellschaftlichen Mehrwert nicht zu erreichen, da der Sender nicht gesellschaftliche, sondern eigene Ziele – wie die Sicherung oder den Ausbau erreichter Besitzstände – verfolgt.

Angesichts dieser Chancen und Risiken der öffentlichen Finanzierung von Fernsehprogrammen lässt sich die medienpolitische Diskussion zum Bestehen eines öffentlichen Angebots im Kern auf die Frage zurückführen, wie sich der öffentlich-rechtliche Sender zwischen einer potenziell hohen und einer unter Umständen faktisch sehr niedrigen Programmleistung positioniert. Im Spannungsverhältnis von potenzieller und faktischer Programmleistung trägt die wissenschaftliche Auseinandersetzung mit der konkret erbrachten Leistung dazu bei, die gesellschaftliche Legitimation des öffentlich-rechtlichen Senders in objektiver Weise zu untersuchen. Entschärfen lassen sich so kontrovers geführte Debatten, in denen meist um prinzipielle, nicht faktische Chancen und Risiken gestritten wird.

Jede wissenschaftliche Auseinandersetzung mit der Programmleistung setzt im Rahmen eines Institutionenvergleichs prinzipiell zwei Szenarien miteinander in Beziehung. Zum einen ist auf Grundlage einer empirischen Wettbewerbsanalyse das faktische Programmangebot des Senders selbst wie auch seiner Konkurrenten näher zu betrachten. Zum anderen ist zu untersuchen, wie sich dieses Programmangebot ändern würde, falls gedanklich davon ausgegangen wird, dass der Sender das betreffende Angebot oder gar seinen Programmbetrieb einstellt. Der Vergleich der beiden Szenarien mit/ohne Angebot erlaubt einen Rückschluss auf die spezifische Programmleistung.

Methodisch lässt sich an den beiden Szenarien ansetzen, um in zwei Analyseschritten die Programmleistung zu bestimmen. Ziel der Wettbewerbsanalyse im ersten Schritt ist die Bestimmung des Mehrwerts, den gegenwärtig das öffentliche Angebot gegenüber privaten Wettbewerbern aus Zuschauersicht besitzt. Bei der Betrachtung dieses Mehrwerts ist aufgrund der öffentlichen Finanzierung des Fernsehprogramms weiter zu differenzieren: Direkt finanzierte, privatwirtschaftliche Sender haben einen starken Anreiz, dass die angebotenen Sendungen auch nachgefragt werden und Zuschauer sie in einer Weise wertschätzen, bei der die Zahlungsbereitschaft über den Kosten der Produktion liegt. Bleibt nicht nur kurzfristig die Nachfrage hinter dem Angebot zurück oder kann die Zahlungsbereitschaft nicht die Kosten der Produktion decken, ist der Sender in seiner Existenz gefährdet und wird aufgrund fehlender Zuschauerorientierung aus dem Markt ausscheiden.

Demgegenüber kann es bei einem öffentlichen Angebot zu einer bedeutsamen Diskrepanz zwischen angebotenen, nachgefragten und wertgeschätzten Sendungen kommen. Da die Existenz des Senders nur sehr indirekt oder gar nicht an den Markterfolg geknüpft ist, ist es möglich, dass Programme ausgestrahlt werden, die entweder von nur wenigen Zuschauern gesehen werden oder die nur durch das „Gratisangebot" auf ein reges Publikumsinteresse stoßen. Während im ersten Fall offensichtlich ist, dass mit dem öffentlichen Angebot kein nennenswerter Mehrwert einhergeht, kann auch im zweiten Fall der Mehrwert niedrig sein, falls das Programm bei kostenbasierten Preisen

– aufgrund geringer Wertschätzung durch die Zuschauer – deutlich weniger oder gar nicht nachgefragt wird.

Je stärker folglich die Diskrepanz zwischen angebotenen, nachgefragten und wertgeschätzten Sendungen in der Praxis ist, desto weiter fällt auch der Mehrwert des öffentlichen Angebots hinter ein gesellschaftlich wünschenswertes Maß zurück, um schließlich gegen null zu gehen. Da ein bei gegebenen Kosten geringer Mehrwert letztlich eine Verschwendung gesellschaftlicher Ressourcen bedeutet, kann ein solches Angebot keine gesellschaftliche Legitimation für sich beanspruchen.

Demnach ist für die empirische Wettbewerbsanalyse des ersten Schrittes die Unterscheidung in angebotene, nachgefragte und wertgeschätzte Sendungen fundamental. Nicht schon das Angebot einer Sendung liefert einen Hinweis darauf, dass es auch von Zuschauern angenommen und geschätzt wird. Wenn das Analyseziel ist, die Programmleistung der öffentlichen Anbieter zu untersuchen, muss der Möglichkeit Rechnung getragen werden, dass sowohl Angebot und Nachfrage einer Sendung als auch Kosten und Zahlungsbereitschaft auseinanderfallen. Daher gilt es, neben dem Angebot der verschiedenen Fernsehsender auch das Nachfrageverhalten der Zuschauer und deren Wertschätzung näher zu betrachten. Aufgrund der marktfernen Finanzierung des öffentlichen Anbieters geht eine solche Wettbewerbsanalyse deutlich über eine klassische Marktbetrachtung anhand von Marktstrukturmerkmalen hinaus.

Stärker am Verhalten der Marktteilnehmer setzt der zweite Schritt der Analyse an. Hier wird untersucht, ob eine bisher ausgestrahlte Sendung auch weiterhin am Markt angeboten würde, falls der öffentlich-rechtliche Sender das entsprechende Angebot einstellt. Im Fernsehmarkt sind zahlreiche Programmformate etwa im Sport- oder Unterhaltungsbereich so attraktiv, dass privatwirtschaftliche Sender bereits bestehende Sendungen übernehmen oder mit eigenen Formaten die entstehenden Lücken füllen würden. Da in diesen Fällen ein Angebot privater Anbieter unmittelbar von dem öffentlichen Angebot verdrängt wird, ist auch hier die Programmleistung des öffentlich finanzierten Senders gering.

Schon die Skizze des methodischen Vorgehens macht deutlich, dass die differenzierte Analyse der Programmleistung unvermeidlich ist, um eine valide Antwort auf die Frage nach der Legitimation der öffentlichen Finanzierung geben zu können. Zwangsläufig bedingt eine solche Analyse allerdings umfangreiche und entsprechend aufwendige empirische Marktstudien, die deutlich über das hier gebotene Maß hinausgehen.

Während das konkrete Bestimmen der Programmleistung weitreichende Studien voraussetzt, lassen sich vergleichsweise einfach zu bestimmende Indikatoren nutzen, um ein Verfehlen der Programmleistung anzuzeigen. Diese Indikatoren bieten sich auch für eine erste Einschätzung der Programmleistung der öffentlich-rechtlichen Fernsehanbieter in Deutschland an. Die zwei notwendigen Kriterien, die erfüllt sein müssen, damit die Programmproduktion eines Senders mit einem Mehrwert für den Zuschauer einhergeht, folgen unmittelbar aus der Analyse der beiden Szenarien:

1. Fehlende Substituierbarkeit des öffentlichen Programmangebots aus Nachfragersicht: Das vom öffentlich finanzierten Sender ausgestrahlte Programm unterscheidet sich in nennenswerter Weise von dem der Wettbewerber. Da im Hinblick auf Art wie auf

Qualität keine wesentliche Übereinstimmung mit Konkurrenzangeboten besteht, verfügen die Programme über Exklusivität.

2. Fehlende Substituierbarkeit des öffentlichen Programmangebots aus Anbietersicht: Das öffentliche Programmangebot könnte und würde nicht ohne Weiteres von Wettbewerbern übernommen werden, falls das öffentliche Angebot eingestellt wird. Das Programm ist also einzigartig.

Bereits diese zwei Kriterien liefern politisch relevante Ergebnisse für den deutschen Fernsehmarkt und für die Programmleistung der öffentlich-rechtlichen Anstalten. Ein kurzer Blick auf ausgewählte Sendeformate ist hilfreich für die weitere Diskussion.

3. Die Programmleistung der öffentlich-rechtlichen Anbieter in Deutschland

3.1. Indizien für die Konvergenz ausgewählter Sendeformate

Schon eine kursorische Analyse des Vorabendprogramms der öffentlich-rechlichen Anbieter liefert zahlreiche Belege dafür, dass sich das Angebot von ARD und ZDF an vielen Stellen kaum von dem privater Anbieter unterscheidet.

Hierzu zählen u.a. Daily-Soaps und Telenovelas wie „Marienhof" (ARD), „Verbotene Liebe" (ARD), „Sturm der Liebe" (ARD) „Reich und Schön" (ZDF), „Bianca" (ZDF), „Julia – Wege zum Glück" (ZDF) oder „Sophie – Braut wider Willen" (ARD), die ihre Entsprechung in „Gute Zeiten, schlechte Zeiten" oder „Unter uns" (beide RTL) finden. Auch Krankenhaus- und Arztserien wie „In aller Freundschaft" (ARD), „Der Landarzt" (ZDF) oder „Die Rettungsflieger" (ZDF) werden in ähnlicher Form von privaten Anbietern, etwa „Die Kinderärzte von St. Marien" (RTL), angeboten.

Nahezu zeitgleich zu den Boulevardmagazinen „Explosiv – Das Magazin" (RTL) und „taff" (ProSieben) senden die öffentlich-rechtlichen Anbieter am Vorabend „Brisant" (ARD) und „Leute heute" (ZDF). Bereits die Titel von „Super-Illu TV" (MDR) und dem inzwischen eingestellten „Bunte TV" (ARD) machen die inhaltliche Nähe zu den gedruckten Boulevardmagazinen deutlich.

Direkt im Anschluss an diese Formate folgen senderübergreifend Krimiserien wie etwa „Das Großstadtrevier" (ARD), „SOKO 5113" (ZDF), „Niedrig und Kuhnt" und „Lenßen und Partner" (beide Sat.1). Regelmäßige Spiel- und Quizshows wie „Herzblatt" (ARD in den Jahren 1987 bis 2006) und „Das Quiz mit Jörg Pilawa" (ARD) werden von den öffentlich-rechtlichen Sendern ebenso wie von vielen privaten Anbietern, u.a. „Wer wird Millionär?" (RTL), ausgestrahlt.

Auch der Trend zu Tier- und Kochsendungen wurde von den öffentlich-rechtlichen Anbietern aufgegriffen. „Panda, Gorilla & Co." (ARD), „Nürnberger Schnauzen" (ZDF) und „Ein Dok für alle Felle" (WDR) gleichen weitgehend den Tierformaten auf VOX etwa „Hundkatzemaus", „Menschen, Tiere und Doktoren" und „Wildes Wohnzimmer". Analog entspricht „Kerner kocht", „Lafer!Lichter!Lecker! (beide ZDF) und „Alfredissimo" (WDR) den zahllosen Kochsendungen privater Anbieter wie „Die Kocharena" und „Das perfekte (Promi)Dinner" (beide VOX). Schon im Titel von „Deutschland ade"

(WDR) wird die Parallele zur Auswanderersendung „Goodbye Deutschland" (VOX) deutlich.

Wie austauschbar die Programmformate zwischen den Sendern sind, machen weitere Beispiele deutlich. Im Februar 2003 übernahm das ZDF „BravoTV" von RTL II, das innerhalb der RTL-Gruppe schon mehrfach verschoben worden war. Im November 2004 wurde die Sendung dann eingestellt, später von ProSieben wiederbelebt, um 2007 schließlich erneut aus dem Programm genommen zu werden.

Im Winter 2004 wechselten sowohl *Harald Schmidt* wie auch *Margarethe Schreinemakers* von Sat.1 zur ARD.[7] Die Talkshow „Schreinemakers" (Jahre zuvor bei Sat.1 noch „Schreinemakers live") musste inzwischen eingestellt werden. Der Late-Night-Talk von *Harald Schmidt* (mittlerweile ergänzt um den vormals für ProSieben tätigen *Oliver Pocher*) entspricht so weitgehend dem Sat.1-Format, dass *Schmidt* den Schnitt zur eigentlichen Talkrunde in der Regel mit den Worten einleitet „Nach einer kurzen Werbeunterbrechung geht es weiter ..." – obwohl die Werbepause mit dem Weggang von Sat.1 längst entfallen ist.

All diese Beispiele können das Programmangebot der öffentlich-rechtlichen Sender nur schlaglichtartig beleuchten. Sie deuten jedoch darauf hin, dass die Programmleistung dieser Anbieter geringer ausfällt, als mit einem Gemeinwohlauftrag vereinbar wäre. Trotz dieser Indizien kann nur eine strukturierte Marktanalyse dezidiert Aufschluss darüber liefern, ob auch über den gesamten Tagesablauf oder über das ganze Jahr hinweg die Programme von ARD und ZDF denen privater Wettbewerber entsprechen oder – entgegen dem ersten Eindruck – sich klar hiervon unterscheiden.

3.2. Konvergenztheoretische Analyse des deutschen Fernsehmarktes

Mit der Deregulierung des deutschen Fernsehmarktes im Jahre 1984 wurde die Frage nach der Kon- oder Divergenz der Programmangebote deutlich drängender, als sie zu Zeiten des öffentlich-rechtlichen Duopols von ARD und ZDF war. Medienpolitisch galt es zum einen zu untersuchen, ob durch die Zulassung privater Anbieter die Vielfalt im deutschen Fernsehmarkt – wie von Ökonomen lange vermutet – gestiegen war. Zum anderen wurde die langfristige Legitimation der öffentlich-rechtlichen Anbieter daran geknüpft, dass deren Programme sich von dem der privaten Konkurrenz abheben. Andernfalls wäre die „Konvergenz" bestimmter Sendeformate oder ganzer Programme[8] zu

---

7 Zu diesen Personalveränderungen im Unterhaltungsbereich kommen zahlreiche Wechsel in journalistischen Positionen. Nachdem bereits vor Jahren *Thomas Kausch* vom ZDF zu Sat.1 gegangen war, wechselten kürzlich *Susanne Kronzucker* und *Antonia Rados* von RTL zum ZDF. Der Wechsel von *Rados* war allerdings nur von kurzer Dauer, kehrte sie doch nach einem halben Jahr wieder zu RTL zurück.

8 Bemerkenswert ist, dass der Begriff „Konvergenz" in der Ökonomik Anfang der 60er-Jahre von *Jan Tinbergen* geprägt worden ist, um die Annäherung von markt- und planwirtschaftlichen Systemen zu charakterisieren. Ende der 80er-Jahre erlebte der Begriff mit dem Zusammenbruch osteuropäischer Planwirtschaften eine neue Blüte. Von *Schatz, Immer* und *Marcinkowski* (1989, S. 5) wurde der ökonomische Konvergenzbegriff aufgegriffen und auf das deutsche Mediensystem übertragen. Vgl. auch *Marcinkowski* (1991), S. 55.

einem Menetekel der öffentlich-rechtlichen Anbieter geworden (vgl. *Marcinkowski* 1991, S. 52).

Auch die hier im Vordergrund stehende Programmleistung der Anbieter setzt voraus, dass die angebotenen Programme – gemäß des ersten notwendigen Kriteriums – nicht mit den Konkurrenzangeboten übereinstimmen. Die über Jahre diskutierte Frage der Konvergenz deutscher Fernsehprogramme könnte demnach hilfreich für die Analyse der Programmleistung sein.

Theoretisch möglich sind drei Arten von Konvergenz (vgl. *Merten* 1994, S. 21). Passen sich die öffentlich-rechtlichen Anbieter der privaten Konkurrenz an, liegt eine gerichtete Konvergenz vor. Übernehmen private Sender öffentlich-rechtliche Angebote, wirken letztere also innovativ, kommt es zu einer umgekehrt gerichteten Konvergenz. Bei beidseitigem Anpassungsverhalten ist die Konvergenz ungerichtet.

Für eine gerichtete Konvergenz gibt es zahlreiche Programmbeispiele. So begannen ARD und ZDF mit dem Frühstücksfernsehen, nachdem RTL dieses Format eingeführt hatte. Auf das Boulevardmagazin „Explosiv" (RTL), das im Jahre 1992 gestartet war, reagierte die ARD zwei Jahre später mit „Brisant". Die ARD nahm die Talkshow „Fliege" ins Programm, als sich bereits „Bärbel Schäfer" und „Hans Meiser" (beide RTL) und „Arabella Kiesbauer" (ProSieben) als erfolgreich erwiesen hatten. Die ausführliche Spätberichterstattung von RTL im „RTL Nachtjournal" wurde Vorbild einiger Nachrichtensendungen etwa für das „Nachtmagazin" (ARD), „heute nacht" (ZDF) und „Sat.1 NEWS – Die Nacht". Auf „Samstagnacht" (RTL), der deutschen Version von „Saturday Night Live" (MTV), antwortete das ZDF mit der „MondScheinShow". Ein Beleg für gerichtete Konvergenz ist ebenfalls die jüngst erfolgte Übernahme der „Traumhochzeit" durch das ZDF – ein Format, das mit demselben Titel, gleichen Konzept und derselben Moderatorin *Linda de Mol* in den Jahren 1992 bis 2000 bei RTL gelaufen war.

Trotz langjähriger Beschäftigung mit der Frage der Programmkonvergenz wird in der Wissenschaft über geeignete Methoden zu deren Analyse, über die Schlussfolgerungen aus bestehenden Studien und somit über das Ausmaß und die Richtung der Programmangleichung gestritten (vgl. *Maier* 2002, S. 94 und die dort angegebenen Studien). Nicht übersehen werden darf bei der Analyse der Programmleistung, dass konvergenztheoretische Überlegungen hierfür nur bedingt relevant sind. Entsprechend dem ersten Kriterium entsteht ein gesellschaftlicher Mehrwert durch öffentlich finanzierte Programme nur, wenn sich diese von dem Angebot privater Wettbewerber unterscheiden. Allenfalls temporär ließe sich eine umgekehrt gerichtete Konvergenz folglich mit einem Verweis auf die Innovationsleistung der öffentlich-rechtlichen Anbieter rechtfertigen.

3.3. Programmtheoretische Analyse des deutschen Fernsehmarktes

Angesichts der Zahl und Vielfalt an Programmbeispielen, die die These der geringen Programmleistung und der Konvergenz untermauern, überraschen die Ergebnisse, zu denen das IFEM Institut Köln in seinen jährlichen Programmanalysen kommt.[9] Laut

9 Alle Studien wurden vom Institut für empirische Medienforschung (IFEM) durchgeführt, dessen Geschäftsführer *Udo Krüger* ist. Sie sind ausschließlich in der Reihe „Media Perspek-

Udo Michael Krüger vom IFEM müsse eine generelle Konvergenz-Vermutung bestritten werden, die Programme von ARD und ZDF unterschieden sich in Programmstruktur und Inhalt grundlegend von den betrachteten privaten Angeboten (*Krüger* 2004, S. 194). Regelmäßig bescheinigt das IFEM als vermeintlich unabhängiger Gutachter den öffentlich-rechtlichen Anbietern, Informationsführer im Fernsehmarkt zu sein und sich klar von privaten Wettbewerbern abzuheben.[10]

Der Widerspruch zwischen diesem empirischen Befund und dem Eindruck, den bereits der Blick in eine beliebige Programmzeitschrift vermittelt, lässt sich nicht leicht auflösen, da valide Rohdaten zum Programmangebot deutscher Fernsehsender in der Wissenschaft nicht verfügbar und unabhängige Marktstudien kaum Ziel medienökonomischer Analyse sind. Zudem werden in der Medienökonomik – meist unhinterfragt – die Studien des IFEM als empirischer Beleg für die Überlegenheit eines öffentlich-rechtlichen Angebots herangezogen.[11]

Um trotz des fehlenden empirischen Datenfundaments zu einer Einschätzung der Programmleistung der öffentlich-rechtlichen Anbieter zu kommen, sollen die IFEM-Studien als Ausgangspunkt für weitere Überlegungen dienen. Erklärlich wird dabei zudem, wie es zum Widerspruch zwischen Forschungsergebnis und erstem Augenschein kommt. Für die IFEM-Studien sprechen die leichte Verfügbarkeit, die Vollständigkeit der auf eine Vollerhebung zurückgehenden Datenbasis, die Aktualität der jährlich veröffentlichten Zahlen und der mittlerweile lange Vergleichszeitraum.

Forschungsleitend für die Marktstudien ist die Frage, wie das Programmangebot der fünf Vollprogrammanbieter ARD, ZDF, RTL, Sat.1 und ProSieben gemäß der inhaltlichen Sparten Information, Sport, nonfiktionale Unterhaltung, Musik, Kinder-/Jugendsendungen, Fiction, Sonstiges und Werbung strukturiert ist. Als Datengrundlage dient die Auswertung eines vollständigen Fernsehjahres nach Programmminuten. Die sendungsbezogene Minuteninformation wird entsprechend den Sparten kategorisiert und dient der Bestimmung eines durchschnittlichen Programmtags als Spartenprofil des jeweiligen Senders. Miteinander in Beziehung gesetzt, sollen diese Spartenprofile eine Aussage über die inhaltliche Ausrichtung des Senders erlauben. Trends zur Kon- oder Divergenz der Programme wären so erkennbar.

Unstrittig bei den Senderprofilanalysen des IFEM ist, dass

- die Studien seit 1985 von ARD und ZDF in Auftrag gegeben werden und somit – wie *Krüger* (2001, S. 73) einräumt – der „Selbstdarstellung nach *außen*" dienen,
- das Instrument der Programmanalyse zwar vom IFEM entwickelt, aber „in mehreren Stufen im Konsens mit der ARD/ZDF-Medienkommission" erweitert wurde (*Krüger* 2001, S. 73),

---

tiven", einer auf die Medienwissenschaften ausgerichteten Publikation der ARD-Werbung, erschienen.

10 Vgl. *Krüger* (2005), S. 204; *Krüger* und *Zapf-Schramm* (2007), S. 183; analog *Krüger* (2004), S. 206.

11 Vgl. u. a. *Gundlach* (1998), S. 354 ff.; *Donges* und *Puppis* (2003), S. 11; gegenteilig *Never* (2002), S. 42 ff.

- den Studien die Daten der ZDF-Medienforschung zugrunde liegen; diese beruhen zwar auf Rohdaten der Arbeitsgemeinschaft Fernsehforschung (AGF), kommen aufgrund abweichender Codierung aber zu (teilweise erheblich) anderen Ergebnissen als etwa die AGF oder die Gesellschaft für Konsumforschung (GfK),
- die verwendeten Daten – auch auf Nachfrage – nicht für eine Nachschätzung zur Verfügung stehen.

Strittig ist hingegen, inwieweit die Studien valide Aussagen über den deutschen Fernsehmarkt liefern. Einerseits sind die Studien im Jahre 2001 mit dem *Hans Bausch* Förderpreis des öffentlich-rechtlichen SWR ausgezeichnet worden, der mit 5.000 DM dotiert war.[12] Andererseits zeigen sich schnell Mängel in der Durchführung der Studien selbst, im grundsätzlichen Forschungsdesign und in den aus den Daten gezogenen Schlussfolgerungen. Für diese Unzulänglichkeiten gibt es im Wesentlichen fünf Gründe:

Erstens haben sowohl das angelegte Kategorienschema als auch die Codierung der Sendungen einen Einfluss auf das Analyseergebnis. Die genannten Sparten folgen nicht einem einheitlichen Prinzip, sondern unterscheiden sich nach Inhalt (z.B. Information, Musik), Zielgruppe (z.B. Kinder-/Jugendsendungen) oder Zweck (z.B. Werbung). Dem Schema liegt nicht nur eine notwendig wertende Einteilung zugrunde, sondern es ließe sich auch auf das Analyseergebnis durch eine veränderte Kategorisierung oder eine größere/geringere Zahl an Kategorien einwirken. Andere Studien vermeiden diese Probleme, indem durchgängig der Realitätsbezug der Sendung betrachtet wird (vgl. *Weiß* und *Trebbe* 2001, S. 56). Außerdem beeinflusst die Codierung der Sendungen das Analyseergebnis. Zum einen lässt sich die Codierqualität nur schwer konstant halten, zum anderen erlaubt gerade die Codierung eine nur schwer nachweisbare Manipulation der Daten.[13]

Zweitens treffen die IFEM-Studien Aussagen zur Ähnlichkeit der Spartenprofile auf Grundlage von Prozentwerten, also dem Anteil der jeweiligen Sparte am Gesamtprogramm des Senders. Angesichts der unterschiedlichen Finanzierungsstruktur der Sender ist diese Information einseitig verzerrt, weil werbefinanzierten Anbietern netto nur ein geringerer zeitlicher Rahmen für die Programmgestaltung zur Verfügung steht. Da bis zu 20 Prozent der Gesamtzeit durch Werbung gebunden wird, fällt der Netto- hinter den Brutto-Anteil zurück – im Jahre 2006 bei RTL etwa um 6,8 Prozentpunkte bei Informationen, bei Sat.1 um 7,0 Prozentpunkte bei nonfiktionaler Unterhaltung.

Werden nur die ermittelten Programmminuten der fünf Sender betrachtet, ergibt sich ein weniger verzerrtes Bild (Abb. 1). Dargestellt sind hier die Programmminuten in den jeweiligen Sparten für die Jahre 2001, 2004 und 2006. Da Abb. 1 nur den vom Sender

12 In ihrer Laudatio hebt *Claudia Mast*, Professorin für Kommunikationswissenschaft und Journalistik der Universität Hohenheim, hervor, die Studien seien mit „größtmöglicher Akribie konzipiert und ausgewertet" worden und hätten eine „unangefochtene empirische Basis für die Anerkennung des öffentlich-rechtlichen Rundfunks in der dualen Medienordnung bereitgestellt" (*Mast* 2001, S. 1 f.).

13 Nach *Weiß* und *Trebbe* (2000, S. 41) gilt selbst eine Divergenzquote von 11 Prozent bei der Erfassung der Sendungen als zufriedenstellend.

gestaltbaren Programmbereich betrachtet, entspricht die erkennbare Lücke dem Werbeanteil.

Abb. 1: Spartenprofile deutscher Vollprogramme

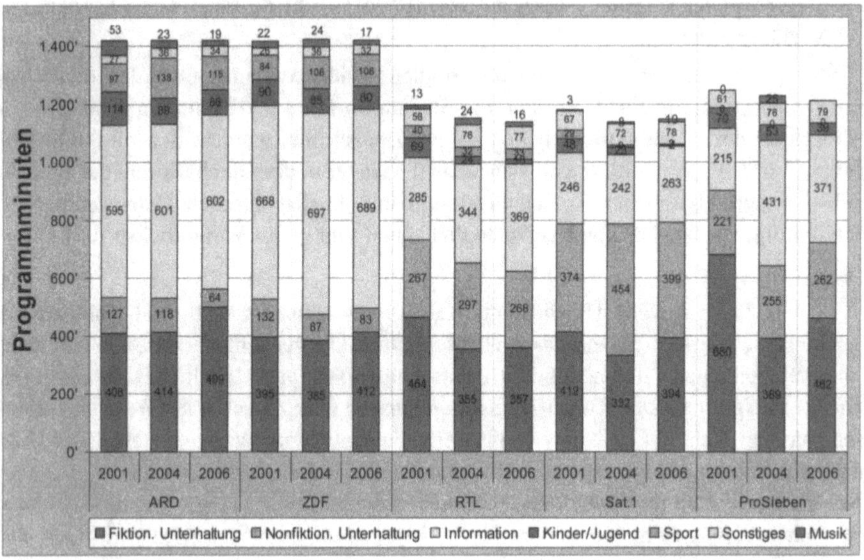

Quelle: Eigene Darstellung.

Drittens erlaubt auch diese Darstellung kein Urteil über den deutschen Fernsehmarkt. Betrachtet werden lediglich die genannten fünf traditionellen Vollprogramme, also ein in Relation zum Gesamtmarkt kleiner relevanter Markt. Außen vor bleiben hierbei die zu Vollprogrammen ausgebauten Dritten, VOX und 3sat ebenso wie zahllose Spartenprogramme.

Wenn ARD und ZDF in den IFEM-Studien als Informationsführer ausgezeichnet werden, ist diese Aussage nur von begrenzter Tragweite, kennzeichnet sie doch lediglich die (wie sich zeigen wird, scheinbare) Überlegenheit des öffentlichen Angebots gegenüber RTL, Sat.1 und ProSieben. Völlig offen ist, ob die Informationsangebote von n-tv und N24 ebenso umfangreich sind wie die Sportangebote von DSF oder Eurosport, die Kinderprogramme von Nick und SuperRTL und die Musikangebote von MTV und Viva. Auf einem Fernsehmarkt, der bereits terrestrisch den Empfang von zwei Dutzend, über Kabel und Satellit mehr als hundert, per Internet mehrere Tausend Programme erlaubt, wirkt der Vergleich mit den traditionellen Vollprogrammen wie ein Relikt der frühen 90er-Jahre.

Werden trotz dieser Vorbehalte die fünf Vollprogramme einer Stärken-Schwächen-Analyse unterzogen, zeigt sich *viertens*, dass die Stärke der öffentlich-rechtlichen Anbieter keineswegs primär im Bereich der Information liegt.

Abb. 2: Stärken-Schwächen-Analyse der fünf deutschen Vollprogramme

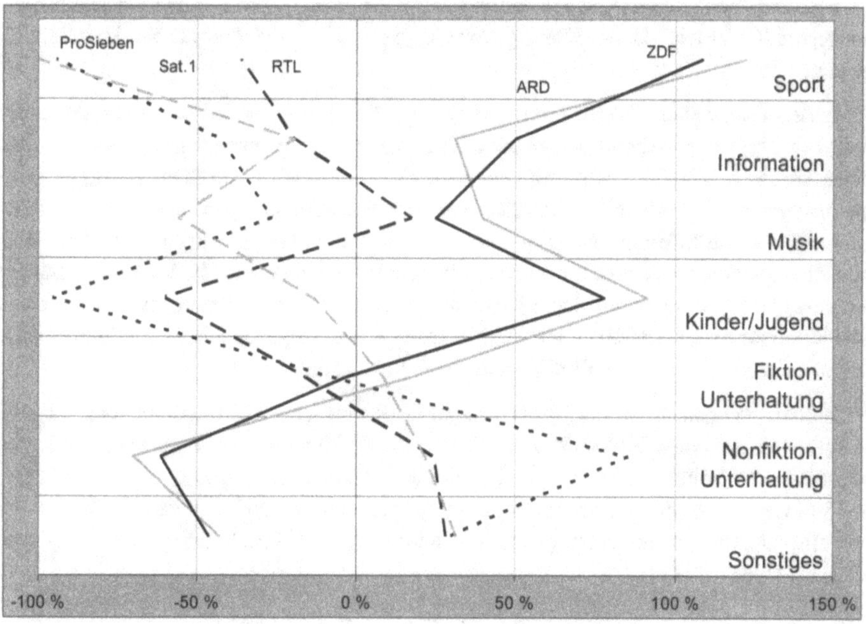

Quelle: Eigene Darstellung.

Dargestellt ist in Abb. 2 der jeweilige Spartenanteil des Senders in Relation zum hier betrachteten Marktausschnitt. Obwohl die Informationsangebote der öffentlich-rechtlichen Anbieter stets als Aushängeschild für deren Leistung dienen, fällt unmittelbar der, bezogen auf die Wettbewerber, starke Anteil an Sportsendungen auf. Werden die Daten des IFEM ernst genommen, sind ARD und ZDF vor allem führende Sportanbieter.

Der Jahresvergleich in Abb. 1 liefert zudem Hinweise darauf, wie diese starke Stellung zu erklären ist. So erreicht der Wert an Programmminuten im Bereich der Sportsendungen alle zwei Jahre ein Maximum, was unschwer auf die Ganztagsübertragungen der Olympischen Spiele und der Fußballwelt- und -europameisterschaften zurückzuführen ist. Bekanntlich entfällt das Programm des jeweils übertragenden Senders, wenn ARD und ZDF von den sportlichen Großereignissen berichten.

Verglichen mit der Dominanz von Sport- und Kindersendungen, fällt die Überlegenheit des Informationsangebots von ARD und ZDF relativ gering aus; sie scheint aber die Bedeutung der eingangs angeführten Programmbeispiele zu widerlegen, die gerade auf ein umfangreiches Angebot im Nicht-Informationsbereich hindeuten.

Fünftens ist auch die herausgestellte Informationsführerschaft von ARD und ZDF von nur zweifelhafter Relevanz aus gesellschaftlicher Sicht. Wird von den dargestellten Kategorisierungs- und Codierungsproblemen abgesehen, belegen die angegebenen 602 bzw. 689 Minuten bei ARD und ZDF, dass die öffentlich-rechtlichen Anbieter große

Teile ihrer täglichen Sendezeit auf informierende Programmformate verwenden. Damit ist allerdings noch keine Aussage darüber getroffen, wann diese Informationssendungen ausgestrahlt werden, da unabhängig von der Sendezeit jede Programmminute gleich gezählt wird.

In den vergangenen Jahren haben ARD und ZDF ihre Informationsangebote schrittweise in den späten Abend verschoben, doch statistisch bedeutsam ist vor allem, dass diese Sendungen in der Nacht und den frühen Morgenstunden – ergänzt um regelmäßige Nachrichten – erneut ausgestrahlt werden. Während die privaten Fernsehsender nachts fast keine Informationssendungen mehr bieten, besteht das Programm von ARD und ZDF zu dieser Zeit fast nur noch aus Wiederholungen bereits am Vortag gelaufener Sendungen. Zusammen mit den Morgenmagazinen, frühen Verbraucherinformationen und Bahnfahrten als Länder- und Städteimpressionen ergeben sich so – vergleichsweise leicht – die gut zehn Stunden Informationsanteil im täglichen Programm.

Implizit belegen schon die IFEM-Daten dieses Problem, weist *Krüger* doch für den bereits weit gefassten Zeitraum von 17.00 bis 1.00 Uhr einen Informationsanteil von 182 bzw. 194 Minuten bei ARD und ZDF aus (vgl. *Krüger* und *Zapf-Schramm* 2007, S. 180). Gegenüber den – finanzierungsbedingt geringeren – 160 Minuten bei RTL kann von einer deutlichen Informationsführerschaft der öffentlich-rechtlichen Anbieter kaum mehr die Rede sein.

3.4. Mangelhaftes Analysedesign als Grund für den Widerspruch zwischen Indizien und Forschungsergebnissen

Abschließend zeigt sich, dass der Widerspruch zwischen den eingangs skizzierten Beispielen und den seit Jahren durchgeführten und sogar preisgekrönten IFEM-Programmstudien auf gravierende Mängel im verwendeten Analysedesign zurückzuführen ist. Für eine ergebnisoffene Diskussion der Programmleistung der öffentlich-rechtlichen Anbieter – der aus gesellschaftlicher Sicht relevanten Fragestellung – liefern diese Studien nur eine unzuverlässige Basis. Werden die beiden notwendigen Kriterien als einfache Indikatoren für Programmleistung an das Angebot von ARD und ZDF angelegt, wird offensichtlich, dass der Mehrwert für den Zuschauer aus dem Bestehen der Sender weitaus geringer ausfällt, als in gesellschaftlichem Sinne wünschenswert wäre.

Deutlich geworden ist die zweite These, dass empirisch

1. völlig offen ist, inwieweit das bestehende öffentlich-rechtliche Angebot an Fernsehprogrammen von Konkurrenzangeboten, vor allem auf den zahlreichen Spartensendern, abweicht.

2. Zweifelhaft ist, ob selbst Sendungen, die von Wettbewerbern nicht ausgestrahlt werden, vom Bildschirm verschwinden würden, falls das öffentlich-rechtliche Angebot eingestellt wird.
   Hierunter fällt zwar in erster Linie die umfangreiche Sportberichterstattung von ARD und ZDF wie die Übertragungen der Olympischen Spiele und der Fußballeuropa- und -weltmeisterschaften. Zweifelsohne übernommen würden allerdings auch populäre Sendungen wie „Wetten, dass…?“ oder Spielfilmmehrteiler wie „Krieg und Frieden“ (beide ZDF).

4. Die Programmleistung als gesellschaftlicher Nutzen im Rahmen einer umfassenden Kosten-Nutzen-Analyse

Ziel des Überblicks über bestehende Marktanalysen zum deutschen Fernsehmarkt war der Versuch, eine Antwort auf die Frage nach der Programmleistung der öffentlich-rechtlichen Anbieter zu geben. Sowohl die Studien zur Konvergenzforschung als auch die von den öffentlich-rechtlichen Anbietern in Auftrag gegebenen Programmanalysen machen die konkreten Schwierigkeiten deutlich, die die Beantwortung dieser Frage in der Praxis aufwirft.

Zum einen bedarf es angebotsorientierter Studien, um den gesellschaftlichen Mehrwert der Angebote zu diskutieren. Zum anderen entspringt der Mehrwert einer Wertschätzung durch die Zuschauer. Neben den dargestellten Mängeln kommt gerade diese Rezipientensicht in den bisherigen Forschungsansätzen systematisch zu kurz, wenn etwa statt der Zahlungsbereitschaft von Konsumenten schlicht die Zahl der ausgestrahlten Programmminuten betrachtet wird. Ein grundlegend verändertes Analysedesign – so die dritte These hier – ist erforderlich, um die Frage nach dem Mehrwert des öffentlich-rechtlichen Programmangebots wissenschaftlich beantworten zu können.

Ein solches Design hat im Sinne eines Institutionenvergleichs die beiden Szenarien gegenüberzustellen, bei denen entweder ein öffentliches Angebot erfolgt oder ausbleibt. Im ersten Schritt gilt dabei, das faktische Programmangebot des Senders selbst und seiner Konkurrenten mithilfe einer empirischen Wettbewerbsanalyse näher zu betrachten. Im zweiten Schritt ist danach zu fragen, wie sich dieses Programmangebot ändern würde, falls der öffentliche Sender das betreffende Angebot bzw. seinen Programmbetrieb einstellt.

Die dargestellten Defizite der Konvergenz- und vor allem der Programmforschung haben deutlich gemacht, dass eine solche Analyse sich nicht rein auf die Betrachtung des Angebots beschränken darf. Da bei einem öffentlichen Programmangebot sowohl die angebotene von der nachgefragten wie die nachgefragte von der wertgeschätzten Leistung abweichen kann, ist die Angebotsperspektive zwingend um eine Nachfragesicht zu ergänzen. Nur wenn die angebotenen Sendungen auch gesehen werden – etwa weil sie nicht auf ungünstigen Programmplätzen ausgestrahlt werden – und wenn Zuschauer für die ausgestrahlten Inhalte eine Wertschätzung empfinden, geht von dem öffentlichen Angebot ein gesellschaftlicher Mehrwert aus. Der Indikator der Programmleistung setzt damit eine umfangreiche empirische Wettbewerbsanalyse voraus, die das Verhalten der Nachfrager gleichrangig neben dem Angebot der Sender betrachtet.

Der empirische und methodische Aufwand für eine solche Bestimmung der Programmleistung darf nicht zur Folge haben, dass die Frage der Programmleistung zugunsten anderer Indikatoren – etwa gängiger Einschaltquoten oder einfacher Zuschauerbefragungen – verworfen wird, weil diese beispielsweise leichter auszuwerten sind oder weil hierbei unmittelbar auf vorhandene empirische Daten zurückgegriffen werden kann. Gegenüber der Programmleistung kommt diesen Indikatoren nur ein nachrangiger gesellschaftlicher Stellenwert zu. Als Instrument in der positiven Medienökonomik und in der praktischen Medienpolitik stellt das Kriterium der Programmleistung – so die Kernthese hier – einen erheblichen methodischen Fortschritt dar.

Erstens erlaubt das Instrument der Programmleistung, durch eine bessere Theoriebildung in der Medienökonomik den weitgehend institutionenlos geführten Debatten – etwa zum Marktversagen auf dem Fernsehmarkt – durch den notwendigen Institutionenvergleich ein institutionenökonomisches Fundament zu geben. Wissenschaftlich produktiv ist eine solche Basis, da real bestehende Institutionen, nicht ein rein abstraktes Marktgeschehen, und der aktuelle Status quo, nicht ein hypothetischer, am Reißbrett zu entwickelnder Markt, im Mittelpunkt dieser positiven Analyse stehen.

Zweitens hilft in der Medienpolitik das Instrument der Programmleistung, über eine bessere normative Medienökonomik strittige Fragen der Finanzierung des öffentlichen Rundfunks auf eine valide empirische Basis zu stellen und zu versachlichen. Während medienpolitische Diskussionen gegenwärtig vielfach als wertbeladene, aber weitgehend empiriefreie Debatten geführt werden, liefert eine wissenschaftlich solide Analyse der Programmleistung eine weitaus objektivere Grundlage für eine ordnungspolitisch fundierte Medienpolitik. Statt über eine potenzielle Programmleistung zu streiten, läßt sich die faktische Programmleistung als Grundlage für Reformen nutzen und hierfür nach Lösungen suchen.

Bezogen auf das duale System in Deutschland, gilt dies sogar in zweifacher Hinsicht, finden medienpolitische Auseinandersetzungen doch nicht nur auf Ebene des Gesetzgebers, sondern ebenso der höchstrichterlichen Rechtsprechung statt. Sowohl für die Entscheidungsträger der Bundesländer wie für die Richter des Bundesverfassungsgerichtes kann ein stärker an der konkreten Anbieterleistung ausgerichtetes Analyseinstrument eine qualifizierte Entscheidungsfindung unterstützen und so entscheidende Impulse für eine Reform liefern.

Da vor allem die Existenz von ARD und ZDF als gebührenfinanzierte öffentlich-rechtliche Sender von vielen Seiten infrage gestellt wird, lässt sich die gesellschaftliche Legitimation dieser Anbieter auf Basis der erbrachten Programmleistung weitaus objektiver als bisher üblich einem Gemeinwohltest unterziehen (dem Vorbild der BBC folgend meist *Public Value*-Test genannt). In Verbindung mit den Kosten des öffentlich-rechtlichen Anbieters, einer Größe, die vergleichsweise gut dokumentiert ist, wird die Analyse der Programmleistung so zu einer umfassenden Kosten-Nutzen-Analyse des öffentlichen Angebots.

Obwohl hier ausschließlich auf Fernsehprogramme bezogen, ließe sich das Instrument der Kosten-Nutzen-Analyse in gleicher Weise auf das umfangreiche Hörfunkangebot der ARD und auf das gegenwärtig kontrovers diskutierte Internetangebot von ARD und ZDF übertragen. Auch in diesen Debatten dürfte die Frage nach der konkreten (Programm-)Leistung dazu führen, dass der faktisch erbrachte gesellschaftliche Mehrwert statt abweichender Wertvorstellungen und hypothetischer Angebotsvorteile in den Mittelpunkt des Interesses rückt.

Literatur

Demsetz, Harold (1969), Information and Efficiency – Another Viewpoint, in: The Journal of Law and Economics, Vol. 12, pp. 1–22.

Donges, Patrick und *Manuel Puppis* (2003), Die Zukunft des öffentlichen Rundfunks – Eine Einleitung, in: *Patrick Donges* und *Manuel Puppis* (Hg.), Die Zukunft des öffentlichen Rundfunks, internationale Beiträge aus Wissenschaft und Praxis, Köln, S. 9–28.

Gundlach, Hardy (1998), Die öffentlich-rechtlichen Rundfunkunternehmen zwischen öffentlichem Auftrag und marktwirtschaftlichem Wettbewerb, Berlin.

Hartwig, Karl-Hans und *Guido Schröder* (1999), Das deutsche Mediensystem zwischen Markt- und Politikversagen – Wege zu einer rationalen Medienpolitik, in: Hamburger Jahrbuch für Wirtschafts- und Gesellschaftspolitik, Band 44, S. 275–293.

Knorr, Andreas und *Katja Winkler* (2000), Die 'duale' Rundfunkordnung in der Kritik, in: ORDO – Jahrbuch für die Ordnung von Wirtschaft und Gesellschaft, Bd. 51, S. 317–354.

Krüger, Udo Michael (2001), Das Problem bleibt das Problem – Eine Replik zum Beitrag von Weiß und Trebbe, in: *Werner Wirth* und *Edmund Lauf* (Hg.), Inhaltsanalyse: Perspektiven, Probleme, Potentiale, Köln, S. 72–81.

Krüger, Udo Michael (2004), Spartenstruktur und Informationsprofile im Fernsehangebot – Programmanalyse 2003 von ARD/Das Erste, ZDF, RTL, SAT.1 und ProSieben, in: Media Perspektiven, Nr. 5, S. 194–207.

Krüger, Udo Michael (2005), Sparten, Sendungsformen und Inhalte im deutschen Fernsehangebot – Programmanalyse 2004 von ARD/Das Erste, ZDF, RTL, SAT.1 und ProSieben, in: Media Perspektiven, Nr. 5, S. 190–204.

Krüger, Udo Michael und *Thomas Zapf-Schramm* (2007), Sparten, Sendungsformen und Inhalte im deutschen Fernsehangebot 2006 – Programmanalyse von ARD/Das Erste, ZDF, RTL, SAT.1 und ProSieben, in: Media Perspektiven, Nr. 4, S. 166–186.

Lobigs, Frank (2004), Niveauvolle Unterhaltung im öffentlich-rechtlichen Fernsehen – Notwendige Voraussetzung eines Arguments der Meritorik, in: *Mike Friedrichsen* und *Udo Göttlich* (Hg.), Diversifikation in der Unterhaltungsproduktion, Köln, S. 48–63.

Maier, Michaela (2002), Zur Konvergenz des Fernsehens in Deutschland – Ergebnisse qualitativer und repräsentativer Zuschauerbefragungen, Konstanz.

Marcinkowski, Frank (1991), Die Zukunft der deutschen Rundfunkordnung aus konvergenztheoretischer Sicht, in: *Winand Gellner* (Hg.), An der Schwelle zu einer neuen deutschen Rundfunkordnung, S. 51–74.

Mast, Claudia (2001), Laudation auf Udo Michael Krüger/IFEM, Online: http://www.media.uni-hohenheim.de/htlm/newsroom/veranstaltungen/21_11_laudatio.html.

Merten, Klaus (1994), Konvergenz der deutschen Fernsehprogramme – eine Langzeituntersuchung 1980-1993, Münster und London.

Never, Henning (2002), Meinungsfreiheit, Wettbewerb und Marktversagen im Rundfunk – Eine ökonomische Kritik der verfassungsrechtlich geforderten positiven Rundfunkordnung unter besonderer Berücksichtigung der Rolle des öffentlich-rechtlichen Rundfunks, Baden-Baden.

Schatz, Heribert, Nikolaus Immer und *Frank Marcinkowski* (1989), Der Vielfalt eine Chance? – Empirische Befunde zu einem zentralen Argument für die „Dualisierung" des Rundfunks in der Bundesrepublik Deutschland, in: Rundfunk und Fernsehen, Jg. 37, S. 5–24.

Schröder, Guido (1997), Die Ökonomie des Fernsehens – Eine mikroökonomische Analyse, Telekommunikation und Multimedia, Bd. 2, Münster/London.

Schröder, Guido (2006), Preise auf Grenzkostenniveau – optimal, aber unmöglich? – Angebotsseitige Subadditivität und nachfrageseitige Nicht-Rivalität als die zwei Seiten ökonomischer Nicht-Rivalität, in: ORDO - Jahrbuch für die Ordnung von Wirtschaft und Gesellschaft, Bd. 57, S. 209–240.

Schröder, Guido (2007), De Gustibus Disputandum Est? – Thomas Schellings transdisziplinärer und meritorikfreier Ansatz zur Analyse konkreter Gesellschaftsprobleme, in: *Ingo Pies* und *Martin Leschke* (Hg.), Thomas Schellings ökonomischer Liberalismus, Tübingen, S. 39-61.

Schröder, Guido (2008), Positive Medienökonomik – Institutionenökonomischer Ansatz für eine rationale Medienpolitik, Baden-Baden.

Weiß, Hans-Jürgen und *Joachim Trebbe* (2000), Fernsehen in Deutschland 1998-1999: Programmstrukturen, Programminhalte, Programmentwicklungen, Berlin.

Weiß, Hans-Jürgen und *Joachim Trebbe* (2001), Fernsehinformation – Zur Methode kontinuierlicher Programmanalysen in einem medienpolitisch aufgeladenen Forschungsfeld, in: *Werner Wirth* und *Edmund Lauf* (Hg.), Inhaltsanalyse: Perspektiven, Probleme, Potentiale, Köln, S. 49–71.

Wiechers, Ralph (1992), Markt und Macht im Rundfunk – Zur Stellung der öffentlich-rechtlichen Rundfunkanstalten im dualen Rundfunksystem der Bundesrepublik Deutschland, Frankfurt a.M. u.a.

2. Teil

Ordnungspolitische Gestaltungsalternativen

Dirk Wentzel (Hg.), Medienökonomik –
Theoretische Grundlagen und ordnungspolitische Gestaltungsalternativen
Schriften zu Ordnungsfragen der Wirtschaft · Band 89 · Stuttgart · 2009

Der öffentlich-rechtliche Rundfunk zwischen Garantieansprüchen und IKT-getriebenem Wettbewerbsdruck

Bernd Holznagel, Eike Jahn und *Isabel Simon*

Inhalt

1. Einleitung

In Deutschland sind 118 bundesweite private Fernsehprogramme, davon acht Vollprogramme, auf Sendung, die über eine inländische Lizenz verfügen und überwiegend in deutscher Sprache produziert werden. Dies bedeutet eine Steigerung von über 100 Prozent im Vergleich zum Jahr 2003.[1] Zusätzlich gibt es 14 bundesweite private Pro-

1 ALM TV-Sender-Datenbank, abrufbar unter: http://www.alm.de/programmveranstalter/index.php.

gramme, die zwar eine deutsche Rundfunklizenz besitzen, ihr Programm aber nicht in deutscher Sprache ausstrahlen (*KEK* 2007, S. 79), 75 ausschließlich digital verbreitete Spartenkanäle, drei *Pay-per-View*-Angebote, drei Drittfensterprogramme und 15 Telemedien (*KEK* 2007, S. 82 ff.). Der Anteil der Fernsehhaushalte in Deutschland, die auf zumindest einem Fernsehgerät digitalen Empfang haben, ist allein in den letzten zwei Jahren von gut 25 Prozent auf knapp 40 Prozent gestiegen (*GSDZ* 2007, S. 50). Neuere Formen des Fernsehens wie *Video-on-Demand* oder *Mobile TV* werden in Zukunft, insbesondere nach der analogen Abschaltung, die in den nächsten fünf Jahren erfolgen soll, an Bedeutung gewinnen. Und mit fortschreitender Digitalisierung, dem Ausbau und der Erneuerung der Telekommunikationsnetze und zunehmender Konvergenz der elektronischen Medien wird die Angebotspalette nochmals erweitert werden.

Eine solch rasante Vergrößerung und Ausdifferenzierung des Angebots sowie der Verbreitungsformen und -wege erhöhen zwangsläufig den Druck auf die einzelnen Veranstalter im Kampf um Marktanteile, der für die privaten Sender mit dem Kampf um Werbeeinnahmen gleichzusetzen ist. Der öffentlich-rechtliche Rundfunk ist jedoch nicht abhängig von Werbeeinnahmen, sondern wird durch die Rundfunkgebühren finanziert, ist also im Prinzip vom Markt weitestgehend abgekoppelt. Der Druck, der auf dem öffentlich-rechtlichen Rundfunk lastet, ist ein anderer: Es geht um die Frage, ob und wie er trotz bestehender Programmvielfalt als gebührenfinanzierter Rundfunk gerechtfertigt werden kann. Das Bundesverfassungsgericht hat hierzu in seiner jüngsten rundfunkrechtlichen Grundsatzentscheidung vom 11. September 2007 (*BVerfG*, MMR 2007, S. 770 ff.) eindeutig Stellung bezogen. Nicht nur subsumierten die Karlsruher Richter dort die Gebührenfestsetzung des Jahres 2004 unter das erste Gebührenurteil aus dem Jahr 1994 (*BVerfGE* 90, 60), vielmehr haben sie die einst in der Sondersituation der Frequenzknappheit und der Kosten für die Rundfunkveranstaltung entwickelten Vorgaben praktisch unverändert in das Zeitalter der Digitalisierung übernommen.[2] Unberücksichtigt und unkommentiert gelassen wurde dabei allerdings die Entwicklung auf europäischer Ebene, die maßgeblich von dem im Dezember 2006 zwischen der EU-Kommission und der Bundesregierung getroffenen Beihilfekompromiss geprägt war. Hierin hatte sich die Bundesrepublik zu verschiedenen Maßnahmen verpflichtet, die dem von der EU-Kommission beanstandeten Verstoß gegen europäisches Beihilferecht Abhilfe leisten sollen. Diese sind jedoch in Teilen nur schwer mit den vom Bundesverfassungsgericht gemachten Vorgaben vereinbar. Mehr denn je befindet sich der öffentlich-rechtliche Rundfunk deshalb zwischen – vom Bundesverfassungsgericht erneut untermauerten – Garantieansprüchen und wachsendem – sich in der Brüsseler Beihilfeentscheidung niederschlagendem – Wettbewerbsdruck.

2. Die Rechtsprechung des Bundesverfassungsgerichts

Die im Verhältnis zur Presse intensive Rundfunkregulierung ist in einer besonderen Interpretation des Kommunikationsgrundrechts des Art. 5 GG begründet (*Degenhart* 2007, S. 26). Das Bundesverfassungsgericht vertrat stets eine funktionale Grundrechts-

2 Die diesbezügliche Entscheidung haben sie im Urteil zur Verfassungswidrigkeit des § 6 Abs. 2 Nr. 4 HPRG vom 12.3.2008 (2 BvF 4/03) bestätigt.

sicht (*Bullinger* 2001, S. 194 ff.), in deren Mittelpunkt der verfassungsrechtlich vorausgesetzte Dienst des Rundfunks stand (*BVerfGE* 87, 181, 197 f.). Wegen seiner besonderen Wirkungsmöglichkeiten kommt dem Rundfunk eine besondere Bedeutung im Kommunikationsprozess zu. Der Gewährleistung dieser grundrechtlichen Funktion dient die Rundfunkfreiheit (*BVerfGE* 73, 118, 152; *Herrmann* und *Lausen* 2004, § 7 Rdnr. 2). Dies gilt zwar auch für die anderen Kommunikationsfreiheiten des Grundgesetzes, anders als diese wird die Rundfunkfreiheit jedoch als funktionsgebundene, „dienende" Freiheit (*BVerfGE* 57, 295, 320; 74, 297, 324; 87, 181, 197 f.) aufgefasst, die nicht zum Zweck der Entfaltung des Einzelnen eingeräumt ist (*BVerfGE* 87, 181, 197 f.). Diese Konzeption ist Grundlage weitreichender Folgerungen für die Grundrechtsdogmatik, insbesondere für den Auftrag des einfachen Gesetzgebers: Er hat danach eine „positive Ordnung" (*Jarass* und *Pieroth* 2007, Art. 5 Rdnr. 44 ff.) zu schaffen, die gewährleistet, dass der Rundfunk als Medium und Faktor der öffentlichen Meinung (*BVerfGE* 12, 205, 260; 35, 202, 222; 74, 297, 323) nicht nur frei ist von staatlicher Beherrschung (*BVerfGE* 88, 25, 36), sondern auch im Übrigen frei bleibt von einseitiger Beherrschung und vorherrschender Meinungsmacht (*BVerfGE* 12, 205, 262; 73, 118, 152).

Dieses Sonderregime für den Rundfunk wurde vom Bundesverfassungsgericht ursprünglich mit der Sondersituation der Knappheit der Sendefrequenzen und dem hohen finanziellen Aufwand für die Veranstaltung von Rundfunkdarbietungen gerechtfertigt (*BVerfGE* 12, 205, 261; 31, 314, 326). Von dieser Dogmatik hat sich das Bundesverfassungsgericht schon vor der Einführung des Privatrundfunks im Jahr 1984 gelöst (*BVerfGE* 57, 295, 323) und die Existenz des (öffentlich-rechtlichen) Rundfunks mit der Notwendigkeit einer ‚Grundversorgung' begründet, die durch drei Elemente gekennzeichnet sein sollte:

> „eine Übertragungstechnik, bei der ein Empfang für die gesamte Bevölkerung sichergestellt ist; weiterhin der inhaltliche Standard der Programme im Sinne eines Angebots, das nach seinen Gegenständen und der Art ihrer Darbietungen oder Behandlung geeignet ist, den klassischen Auftrag des Rundfunks zu erfüllen; schließlich die wirksame Sicherung gleichgewichtiger Vielfalt in der Darstellung der bestehenden Meinungsrichtungen durch organisatorische und verfahrensrechtliche Vorkehrungen" (*BVerfGE* 74, 297, 326; s. hierzu auch: *Niepalla* 1990, passim).

In der jüngeren Zeit tritt in der Rechtsprechung der Karlsruher Richter jedoch auch der Terminus der primär sozialstaatlich motivierten ‚Grundversorgung' in den Hintergrund. Stattdessen wird der Begriff des ‚Funktionsauftrages' verwendet, teilweise mit dem Adjektiv ‚klassisch' (*BVerfG*, Multimedia und Recht - MMR 2007, S. 770 ff.), um die Aufgabe des öffentlich-rechtlichen Rundfunks zu beschreiben. Er wird aus einem besonderen Glaubwürdigkeitsanspruch des öffentlich-rechtlichen Rundfunks begründet (*Holznagel* und *Vesting* 1999, S. 16 f.), einem Prinzip der strukturellen Diversifikation, der strukturellen Vielfaltsicherung (*Eifert* 1999, S. 599). Öffentlich-rechtlichem Rundfunk wird so die Rolle eines strukturverschiedenen und hierin vielfaltsichernden Widerparts zum privaten Rundfunk zugewiesen, der in seinem Bestand und in seiner Entwicklung zu garantieren sei (*BVerfGE* 74, 7, 324; 83, 238, 298). Die geringeren Anforderungen an die Privatsender seien nur solange gerechtfertigt, wie die öffentlich-rechtlichen Anstalten diesen Funktionsauftrag erfüllen. Die Grundversorgungsdoktrin wurde damit allerdings weder aufgegeben noch eingeschränkt. Vielmehr geht es in den neueren Entscheidungen darum, den Aufgabenkreis des öffentlich-rechtlichen Rundfunks in einem bereits etablierten dualen Rundfunksystem näher zu bestimmen und zu klären, ob konkrete Tätigkeiten in diesen fallen oder nicht.[3] Dies soll nicht zuletzt die Frage beantworten, was zur Erfüllung dieser Funktionen erforderlich und sachgerecht ist.

Inhalt und Reichweite des Funktionsauftrages des öffentlich-rechtlichen Rundfunks ergeben sich dabei unmittelbar aus dem Verfassungsrecht (*BVerfGE* 90, 60, 87 ff.). Eine exakte gegenständliche Bestimmung ist jedoch aufgrund der aus Art. 5 Abs. 1 S. 2 GG folgenden Programmautonomie nach Ansicht des Bundesverfassungsgerichts unmöglich. Grundsätzlich ist es daher die Aufgabe der Rundfunkanstalten und nicht des Gesetzgebers, darüber zu entscheiden, mit welchem Angebot den sich aus Art. 5 Abs. 1 S. 2 GG ergebenden Anforderungen entsprochen wird (*BVerfGE* 87, 181, 200 f.).

Das bedeutet jedoch nicht, dass es dem Gesetzgeber überhaupt nicht möglich ist, medienpolitische oder programmbegleitende Entscheidungen zu fällen. Er verfügt im Gegenteil im Rahmen der verfassungsrechtlichen Zielvorgaben aus Art. 5 Abs. 1 S. 2 GG über einen weiten Gestaltungsspielraum, was die Konkretisierung des Funktionsauftrages der öffentlich-rechtlichen Rundfunkanstalten angeht (*Frye* 2001, S. 81).

Dieser Ausgestaltungsauftrag des Gesetzgebers – das hat das Bundesverfassungsgericht nun in seiner Entscheidung vom 11. September 2007 (*BVerfG*, MMR 2007, S. 770 ff.) klargestellt – gilt auch im Hinblick auf eine steigende Zahl von Übertragungswegen und unterschiedlichen Angeboten fort. Damit hat es anscheinend die Hoffnung, die es im Jahr 1981 noch hatte (*BVerfGE* 57, 295, 323), dass sich eine Vielfalt im privaten Sektor entwickeln könnte, die die gesetzlichen Vorkehrungen im Bereich des öffentlich-rechtlichen Rundfunks obsolet machen würde, aufgegeben. Insbesondere die Werbefinanzierung des privaten Rundfunks führe zur Standardisierung des Angebots, so die Karlsruher Richter, weshalb eine Steuerung des Verhaltens der Rundfunkteilnehmer allein über den Markt die für die Funktionsweise einer Demokratie unabdingbare inhaltliche Vielfalt gefährde. Der zunehmende Wettbewerbsdruck verstärke den Trend zu verzerrenden Darstellungsweisen, zur Bevorzugung des Sensationellen und der Skandalisierung von Vorgängen. Eine positive Ausgestaltung der Rundfunkordnung, die die Meinungsvielfalt sicherstellt, und eine Gebührenfinanzierung, die den öffentlich-rechtlichen Rundfunk weitestgehend vom ökonomischen Markt abkoppelt, müssten deshalb auch bei einer steigenden Zahl von Übertragungswegen und unterschiedlichen Angeboten bestehen bleiben. Durch sie gewinne die in seiner Breitenwirkung, Aktualität und Suggestivkraft begründete besondere Bedeutung des Rundfunks unter den Medien nämlich an Gewicht hinzu.

Dem öffentlich-rechtlichen Rundfunk kommt also nach Auffassung des Bundesverfassungsgerichts weiterhin eine zentrale Rolle zu, auch in der durch Digitalisierung und Konvergenz gekennzeichneten Medienlandschaft. Dabei ist und bleibt es Aufgabe des Gesetzgebers, die Rundfunkordnung im Rahmen der verfassungsrechtlichen Vorgaben dieser Rolle entsprechend auszugestalten.

---

3 *Hesse* (2003), S. 128; *Holznagel* und *Vesting* (1999), S. 42 ff.; *Holznagel* (1999), S. 20 ff.

3. Die gesetzliche Ausgestaltung des Programmauftrages

Dieser Aufgabe kommt der Gesetzgeber im Wesentlichen mit den entsprechenden Vorschriften im Rundfunkstaatsvertrag nach. Diese erstrecken sich zum einen auf die Veranstaltung von Programmen, zu denen die Rundfunkanstalten verpflichtet werden, zum anderen auf die Anforderungen an den Inhalt der Programme. Konkretisiert wird der Funktionsauftrag durch die Landesrundfunk- bzw. Landesmediengesetze und Staatsverträge der Länder, die die Programmgrundsätze normieren, die bei der Programmgestaltung zu beachten sind.[4]

3.1. Der Rundfunkstaatsvertrag

Die einschlägigen Regelungen finden sich in den §§ 11, 19 RStV, wobei § 11 RStV den Auftrag in qualitativer Hinsicht regelt und von § 19 RStV in quantitativer Hinsicht ergänzt wird. Mit dem 10. Rundfunkänderungsstaatsvertrag wird zudem ein § 19 a in den RStV eingefügt, der klarstellt, dass die öffentlich-rechtlichen Anstalten ihrem gesetzlichen Auftrag durch Nutzung aller Übertragungswege nachkommen können.

3.1.1. Qualitative Vorgaben

Die Generalklausel des § 11 Abs. 1 S. 1 RStV wiederholt die vom Bundesverfassungsgericht geprägten Kernbegriffe von Hörfunk- und Fernsehprogrammen als Medium und Faktor der öffentlichen Meinungsbildung. Außerdem eröffnet § 11 Abs. 1 S. 2 RStV dem öffentlich-rechtlichen Rundfunk die Möglichkeit (er „kann"), programmbegleitend Druckwerke und Telemedien mit programmbezogenem Inhalt herauszugeben. Programmbegleitende Druckwerke sind dabei z.B. Informationen zum Programmablauf, weiterführende Informationen, Manuskripte oder Pressetexte.

Der eigentliche Programmauftrag ist in § 11 Abs. 2 RStV enthalten. Dabei umschreibt § 11 Abs. 2 S. 1 RStV den Informationsauftrag. Der vom öffentlich-rechtlichen Rundfunk zu verschaffende Überblick muss „umfassend" sein, das Geschehen im internationalen, europäischen, nationalen und regionalen Bereich wiedergeben und alle wesentlichen Lebensbereiche erfassen. Zudem soll nach § 11 Abs. 2 S. 2 RStV der öffentlich-rechtliche Rundfunk die internationale Verständigung, die europäische Integration und den gesellschaftlichen Zusammenhalt fördern; darin spiegelt sich einfachgesetzlich der Kulturauftrag, verstanden als Vermittlung von Grundwerten, wider. Nach § 11 Abs. 2 S. 3 RStV dient der Rundfunk der Information, Bildung, Beratung und Unterhaltung. Damit wird der Aufgabenbereich ganz im Sinne der Rechtsprechung des Bundesverfassungsgerichts umfassend beschrieben. Dem liegt auch die Überlegung zu Grunde, dass nur die Kombination mit Unterhaltung Programme so attraktiv machen kann, dass die Informations- und Bildungsangebote in ausreichendem Maß wahrgenommen werden. § 11 S. 4 RStV hebt den vom Bundesverfassungsgericht betonten Kulturauftrag ausdrücklich hervor.

Die Bestimmung des § 11 Abs. 3 RStV hat die zentralen Verpflichtungen des öffentlich-rechtlichen Rundfunks zum Gegenstand. Diese sind die Verpflichtung zur Objekti-

4 Vgl. hierzu nur die Programmgrundsätze in § 5 WDR-G.

vität und Unparteilichkeit in der Berichterstattung, die Verpflichtung, die Vielfalt der Meinungen wiederzugeben, sowie die Verpflichtung, die Angebote und Programme ausgewogen darzustellen.

3.1.2. Quantitative Vorgaben

§ 19 RStV stellt eine quantitative Ergänzung zu den qualitativen Festlegungen in § 11 RStV dar. § 19 Abs. 1 RStV verpflichtet ARD und ZDF, jeweils ein Fernsehvollprogramm auszustrahlen. Durch § 19 Abs. 1 S. 2 RStV wird die Zahl der Fernsehprogramme, die die einzelnen Landesrundfunkanstalten anbieten dürfen, auf den Stand des Stichtags 1. April 2004 begrenzt.

In § 19 Abs. 2 S. 1 RStV werden die Spartenprogramme zahlenmäßig begrenzt und die Beteiligung am europäischen Fernsehkulturkanal geregelt. Die Bestimmung des § 19 Abs. 2 S. 2 RStV verpflichtet ARD und ZDF, sich am Europäischen Fernsehkulturkanal ARTE zu beteiligen. Grundlage für diese Beteiligung ist der völkerrechtliche Vertrag zwischen den Ländern der Bundesrepublik Deutschland und der französischen Republik vom 2. Oktober 1990 (s. *Bauer* und *Ory*, 3.1.). Auf der Grundlage dieses Vertrages haben sich ARD, ZDF und ARTE France zu einer Gesellschaft nach europäischem Recht zusammengeschlossen, die ihren Sitz in Straßburg hat. Die deutschen Programme werden von einer eigens für diesen Zweck von ARD und ZDF gegründeten ARTE Deutschland GmbH zugeliefert, an der zu jeweils fünfzig Prozent die Landesrundfunkanstalten der ARD und das ZDF beteiligt sind.

Nach § 19 Abs. 4 RStV dürfen ARD und ZDF jeweils bis zu drei digitale Zusatzprogramme mit den Schwerpunkten Kultur, Bildung und Information veranstalten. Zudem sind sie berechtigt, ihre sonstigen Programme auch in digitaler Technik zu verbreiten. Dazu steht ihnen allerdings nur ein begrenzter Umfang von der Bandbreite eines (ZDF) bzw. zweier (ARD) analoger Fernsehkanäle zur Verfügung. In die Übertragungskapazität von einem bzw. zwei analogen Fernsehkanälen sind auch die von ARD und ZDF gemeinsam veranstalteten Programme (3sat, Kinderkanal, Phoenix und ARTE) einzubringen. Im Hinblick darauf ordnet die Bestimmung eine Verständigungspflicht an, um eine sachgerechte Aufteilung zu gewährleisten.

In § 19 Abs. 6 RStV ist das sog. Austauschgebot verankert. Ein neues Programm kann danach nur dann in Angriff genommen werden, wenn eines der bestehenden Programme aufgegeben wird und das neue Angebot keine Mehrkosten herbeiführt. Die Austauschmöglichkeit muss also im Interesse der Gebührenzahler kostenneutral erfolgen. Aus § 19 Abs. 1 und Abs. 2 S. 2 RStV ergibt sich allerdings, dass bestimmte Fernsehprogramme von der Austauschmöglichkeit ausgenommen sind. Es handelt sich dabei um die beiden Hauptprogramme von ARD und ZDF, zu deren Ausstrahlung die Veranstalter verpflichtet sind, und den Europäischen Kulturkanal ARTE, an dem sich ARD und ZDF beteiligen müssen. Damit stehen als mögliche Austauschobjekte die beiden Spartenprogramme (§ 19 Abs. 2 S. 1 lit. b RStV) und die insgesamt bis zu sechs digitalen Zusatzprogramme (§ 19 Abs. 4 S. 1 RStV) zur Verfügung. Schließlich enthält § 19 Abs. 7 RStV eine zahlenmäßige Begrenzung der analogen und digitalen Hörfunkprogramme auf diejenigen Programme, die die Anstalten am Stichtag des 1. April 2004 veranstaltet haben. In § 19 Abs. 8 RStV bringt der Staatsvertrag zudem zum Ausdruck, dass eine Reduzierung der Zahl öffentlich-rechtlicher Hörfunkprogramme möglich und sogar erwünscht ist.

3.2. Konkretisierung durch Landesgesetze, Staatsverträge und Selbstverpflichtungserklärungen

Konkretisiert wird der Funktionsauftrag zunächst durch die Landesrundfunk- bzw. Landesmediengesetze. Diese enthalten einerseits Vorgaben für die Gestaltung des Gesamtprogramms, andererseits Programmpflichten für die Gestaltung von Einzelsendungen. So soll das Gesamtprogramm insbesondere die Vielfalt der bestehenden Meinungen widerspiegeln, für die Einzelsendungen ist der Maßstab die verfassungsmäßige Ordnung (*Hermann* und *Lausen* 2004, § 10 Rdnr. 52).

Daneben gestalten die Anstalten den Inhalt und die Reichweite ihres Auftrages durch sog. Selbstverpflichtungserklärungen aus. Diese leiten sich aus der staatsvertraglichen Grundnorm des § 11 Abs. 4 RStV ab, die die erste Stufe eines insgesamt dreistufig aufgebauten Modells darstellt. Dieses ist eng an das britische Vorbild der sog. *Promises to the public* angelehnt. § 11 Abs. 4 RStV verpflichtet ARD, ZDF und DLR zu einem Verfahren, in dem die geplanten Schwerpunkte der jeweils anstehenden programmlichen Leistungen und ein Bericht über die Erfüllung des Auftrages im zurückliegenden Zeitraum veröffentlicht werden. Auf der zweiten Stufe sind von den Rundfunkanstalten Richtlinien zu erlassen, die die gesetzlichen Programmgrundsätze allgemeingültig konkretisieren und ausgestalten. Auf der dritten Ebene erfolgt schließlich die eigentliche Selbstverpflichtung, in der in einem Rhythmus von zwei Jahren konkrete Programmziele angegeben werden, deren Einhaltung nach Ablauf der zwei Jahre von den Rundfunkanstalten überprüft wird. Sowohl die Selbstverpflichtung als auch der Bericht über ihre Erfüllung sind gegenüber der Öffentlichkeit abzugeben. Ziel dieses Verfahrens ist es, das Qualitätsbewusstsein innerhalb der Anstalten zu stärken und die besonderen Leistungen des öffentlich-rechtlichen Rundfunks in der Öffentlichkeit deutlich zu machen, um dadurch seine Akzeptanz zu fördern.

4. Die Finanzierungsgarantie des öffentlich-rechtlichen Rundfunks

Damit dem öffentlich-rechtlichen Rundfunk die Erfüllung seiner Aufgabe möglich ist, gesteht das Bundesverfassungsgericht den Anstalten einen Anspruch auf funktionsgerechte Finanzierung zu. Welchen Umfang dieser Anspruch hat, erläutern die Karlsruher Richter im so genannten Hessen-3-Beschluss (*BVerfGE* 87, 181). Dem öffentlichrechtlichen Rundfunk ist danach die Finanzierung derjenigen Programme zu ermöglichen, deren Veranstaltung ihren spezifischen Funktionen nicht bloß entspricht, sondern auch zur Wahrnehmung dieser Funktionen erforderlich ist. Was dies ist, kann einerseits nicht von den Rundfunkanstalten allein bestimmt werden, weil diese nach Ansicht des Bundesverfassungsgerichts keine hinreichende Gewähr dafür bieten, dass sie sich bei der Mittelanforderung im Rahmen des Funktionsnotwendigen halten. Es könne andererseits jedoch auch nicht dem Gesetzgeber überlassen werden, zu bestimmen, welche Mittel den Rundfunkanstalten zur Erfüllung ihrer Aufgabe bereitgestellt würden. Dies verbiete der enge Zusammenhang zwischen Programmfreiheit, Staatsferne und Finanzausstattung. Denn sonst könne der Gesetzgeber das Gebot der Staatsferne dadurch umgehen, dass er mittelbar durch Entzug oder Beschränkung von Finanzierungsmöglichkeiten dasselbe Ergebnis erreiche (s.a. *Degenhart* 2000, S. 360 m.w.N.).

Um dieses Problem zu lösen, hat das Bundesverfassungsgericht das Kriterium der Erforderlichkeit eingebracht. Dieses trägt jedoch wenig zur Steigerung des Bestimmtheitsgrades der aus der verfassungsrechtlich gewährleisteten Rundfunkfreiheit folgenden Grundsätze für die Finanzierung der öffentlich-rechtlichen Rundfunkanstalten bei. Zum Ausgleich sei deshalb ein Verfahren der Entscheidungsfindung einzurichten, das ein möglichst grundrechtskonformes Ergebnis gewährleistet. Hierzu hat das Bundesverfassungsgericht in seinem ersten Gebührenurteil (*BVerfGE* 90, 60) grundlegende Weichenstellungen vorgenommen. In dieser Entscheidung entwickelte es ein Modell, das nach seiner Auffassung mit der Rundfunkfreiheit in Einklang steht und daher in besonderer Weise geeignet ist, den verfassungsrechtlichen Anforderungen gerecht zu werden. Das Bundesverfassungsgericht selbst bezeichnet dieses Modell als ein „gestuftes und kooperatives Verfahren“. Es bildet seither die Grundlage für die Gebührenfestsetzung.

Die Gebührenentscheidung muss danach zunächst an die Bedarfsanmeldung der Rundfunkanstalten anknüpfen, da der Finanzausstattung die Programmentscheidungen der Rundfunkanstalten zugrunde zu legen sind. Allerdings müssen sich die Programmentscheidungen innerhalb des verfassungsrechtlich vorgezeichneten und gesetzlich konkretisierten Rundfunkauftrags bewegen und unter Beachtung der Grundsätze der Wirtschaftlichkeit und Sparsamkeit umgesetzt werden. Diese Programmentscheidungen und die darauf gestützten Bedarfsanmeldungen der jeweiligen Rundfunkanstalten dürfen im nachfolgenden Verfahren weder übergangen noch finanziell ignoriert werden.

Auf der zweiten Stufe des Gebührenfestsetzungsverfahrens ist eine Überprüfung der Bedarfsanmeldungen grundsätzlich möglich und geboten. Allerdings darf sich die Kontrolle nach den Vorgaben der Karlsruher Richter nicht auf die Vernünftigkeit und Zweckmäßigkeit der Programmentscheidungen beziehen, sondern allein darauf, ob sie sich im Rahmen des rechtlich umgrenzten Rundfunkauftrags halten und ob der aus den Programmentscheidungen abgeleitete Finanzbedarf zutreffend ist und in Einklang mit den Grundsätzen von Wirtschaftlichkeit und Sparsamkeit ermittelt worden ist. Bei dieser Kontrolle handelt es sich also nicht um eine politische, sondern um eine fachliche Aufgabe. Daher hat die Kontrolle durch ein Fachgremium stattzufinden, das nicht nur rundfunk-, sondern auch politikfrei zusammengesetzt werden muss. Die rundfunk- und politikfreie Zusammensetzung der KEF (Kommission zur Ermittlung des Finanzbedarfs der Landesrundfunkanstalten) schließt eine Mitwirkung des öffentlich-rechtlichen Rundfunks wie auch der Länder an der Bestellung der Kommissionsmitglieder nicht aus. Die Sachverständigen müssen sich aber durch Fachkompetenz, Neutralität und Objektivität auszeichnen. Mitglieder der Landesrechnungshöfe sind im Gegensatz zu Vertretern der Staatskanzleien nicht von vornherein ausgeschlossen, wie das Bundesverfassungsgericht ausdrücklich betont hat. Die Überprüfung der Kommission endet mit einem festgestellten Finanzbedarf, der in einen konkreten Gebührenvorschlag mündet.

Auf der dritten Stufe ist nach Auffassung des Bundesverfassungsgerichts die Gebührenentscheidung nach Maßgabe dieses überprüften Finanzbedarfs und des daraus abgeleiteten konkreten Gebührenvorschlags zu treffen. Wie diese Entscheidung gefällt wird, ist wiederum Sache gesetzlicher Regelung. Das Bundesverfassungsgericht hat allerdings nachdrücklich betont, dass Abweichungen von der Bedarfsfeststellung nur in Ausnahmefällen und aus Gründen zulässig sind, die vor der Rundfunkfreiheit Bestand haben. Insoweit beschränken sich die Abweichungsgründe regelmäßig auf die Gesichtspunkte des Informationszugangs und der angemessenen Belastung für die Gebührenzahler. Zudem muss der Gesetzgeber die Abweichungsgründe nachvollziehbar benennen und seine daran anknüpfende Bewertung offenlegen. So muss etwa erkennbar sein, inwiefern die Gebühr den Rundfunkzahler unangemessen belastet und dass die abweichende Festsetzung dem Rechnung trägt. Im Falle einer Abweichung zu Lasten der Rundfunkanstalten muss die Entscheidung dann im Einzelnen begründet werden. Insoweit bejaht das Bundesverfassungsgericht auch eine Überprüfbarkeit einer von dem Vorschlag der KEF abweichenden Entscheidung über die Gebührenhöhe.

In seiner Entscheidung vom 11. September 2007 (*BVerfG*, MMR 2007, S. 770 ff.) betont das Bundesverfassungsgericht nun darüber hinaus, dass die Festsetzung der Rundfunkgebühr frei von medienpolitischen Zwecksetzungen erfolgen muss. Es bekräftigt nochmals, dass die Rundfunkanstalten einen Anspruch auf bedarfsgerechte Finanzierung haben. Wie dieser Anspruch zu bemessen ist, sei eine fachliche und keine politische Entscheidung. Daher habe der Gesetzgeber gerade nicht das Recht, mit dem Mittel der Gebührenfestsetzung medienpolitische Ziele zu verfolgen und etwa mit einer Entscheidung über Zeitpunkt, Umfang und Geltungsdauer der Gebührenerhöhung medienpolitische Vorgaben zu verstecken oder durchzusetzen. Nachdrücklich wird bestätigt, dass das soeben beschriebene dreistufige Gebührenfestsetzungsverfahren besonders geeignet sei, eine bedarfsgerechte Finanzierung zu gewährleisten.

Im Hinblick auf andere Finanzierungsquellen wie Sponsoring und Werbung stellt das Gericht klar, dass diese zwar nicht ausgeschlossen seien, aber nicht im Vordergrund stehen dürften. Zudem müsse die Nutzung dieser Finanzierung vom Gesetzgeber laufend daraufhin überprüft werden, ob sie nicht zu einer zunehmenden Ausrichtung des Programms auf Massenattraktivität und einer Erosion der Identifizierbarkeit des öffentlich-rechtlichen Charakters führe. Es bestehe insoweit durchaus ein Prüfauftrag, ob und inwieweit Werbung und Sponsoring dem öffentlich-rechtlichen Rundfunk weiterhin ermöglicht werden sollen.

5. Der Funktionsauftrag im Lichte des sog. Beihilfekompromisses

Für die Frage des Umfangs der Gebührenfinanzierung des öffentlich-rechtlichen Rundfunks ist von ähnlicher Bedeutung wie das Urteil des Bundesverfassungsgerichts der sogenannte Beihilfekompromiss, der im Dezember 2006 zwischen der Bundesregierung und der Europäischen Kommission geschlossen wurde. Letztere hatte im März 2005 aufgrund einer Beschwerde des Verbandes „Privater Rundfunk und Telemedien" (VPRT), der die deutsche Rundfunkfinanzierung für europarechtswidrig hielt, das Verfahren nach Art. 17 VO 659/1999 gegen Deutschland eingeleitet. Insbesondere wegen der fehlenden Transparenz bei der Verteilung der Gebühreneinnahmen, der Online-Auftritte von ARD und ZDF sowie des Handels mit Sportübertragungsrechten sah der VPRT in dem geltenden Gebührensystem einen Verstoß gegen Art. 87 Abs. 1 EG.

5.1. Hintergrund: Unvereinbarkeit von staatlichen Beihilfen mit dem Gemeinsamen Markt

Art. 87 Abs. 1 EG erklärt staatliche oder aus staatlichen Mitteln gewährte Beihilfen gleich welcher Art, die durch die Begünstigung bestimmter Unternehmen oder Produktionszweige den Wettbewerb verfälschen oder zu verfälschen drohen, mit dem Gemeinsamen Markt für unvereinbar, soweit sie den Handel zwischen den Mitgliedstaaten beeinträchtigen. Art. 87 Abs. 2 EG nimmt bestimmte Beihilfen generell vom Verbot aus, nach Art. 87 Abs. 3 EG können bestimmte Beihilfen im Einzelfall für mit dem Gemeinsamen Markt vereinbar erklärt werden. Hier ist für den Medienbereich insbesondere die Ausnahme nach Art. 87 Abs. 3 lit. d EG von Bedeutung, wonach Beihilfen zur Förderung der Kultur und der Erhaltung des kulturellen Erbes mit dem Gemeinsamen Markt vereinbar sein können, soweit sie die Handels- und Wettbewerbsbedingungen in der Gemeinschaft nicht in einem Maße beeinträchtigen, das dem gemeinsamen Interesse zuwiderläuft. Schließlich kann auch die Regelung des Art. 86 Abs. 2 EG als Ausnahme eingreifen. Diese Vorschrift nimmt Unternehmen, die mit Dienstleistungen von allgemeinem wirtschaftlichem Interesse betraut sind oder den Charakter eines Finanzmonopols haben, von den Vorschriften des EG-Vertrags, insbesondere den Wettbewerbsregeln, aus, soweit die Anwendung dieser Vorschriften nicht die Erfüllung der ihnen übertragenen besonderen Aufgabe rechtlich oder tatsächlich verhindert. Bevor die sog. Ausnahmegründe greifen, ist jedoch immer nach Art. 87 Abs. 1 EG festzustellen, ob eine tatbestandlich verbotene Beihilfe vorliegt.

Der Begriff der Beihilfe ist nicht definiert, wird aber vom Europäischen Gerichtshof weit ausgelegt. Beihilfen sind staatliche Maßnahmen, die bestimmten Unternehmen wirtschaftliche Vorteile gewähren und damit den unternehmerischen Leistungswettbewerb und die Handelsströme im Binnenmarkt verfälschen. Elemente des Beihilfebegriffs sind demnach, dass ein finanzieller Vorteil besteht, die Maßnahmen staatlich oder aus staatlichen Mitteln gewährt worden sind, eine Begünstigung gegeben ist, und eine Verfälschung des Wettbewerbs und Beeinträchtigung des zwischenstaatlichen Handels eingetreten ist.[5]

5.2. Die deutsche Rundfunkgebühr als Beihilfe

2001 verfasste die Europäische Kommission eine Mitteilung zur Finanzierung des öffentlich-rechtlichen Rundfunks, nach der sie davon ausgeht, dass Rundfunkgebühren grundsätzlich den Tatbestand des Art. 87 Abs. 1 EG erfüllen, unter Umständen aber durch Art. 87 Abs. 3 lit. d oder Art. 86 Abs. 2 EG gerechtfertigt werden können.[6] In letzterem Fall haben die Mitgliedstaaten die Dienstleistungen von wirtschaftlichem Interesse, bezogen auf den Rundfunk also den Programmauftrag, zu definieren (s. *Thum* 2007; Krausnick 2007). Hierzu sind sie – und nicht die Europäische Kommission – we-

---

5 Vgl. zum Begriff der Beihilfe *Mestmäcker* und *Schweitzer* (2004), S. 1054 ff., und zu den einzelnen Elementen *Bär-Bouyssière* (2000), Art. 87, Rdnr. 27 ff.

6 Mitteilung der Kommission über die Anwendung der Vorschriften über staatliche Beihilfen auf den öffentlich-rechtlichen Rundfunk, ABl. EG vom 15.11.2001, Nr. C 320, S. 5. Textsammlung Europäisches und Internationales Medienrecht – online – Nr. A 63.

gen des Amsterdamer Protokolls Nr. 32 über den öffentlich-rechtlichen Rundfunk in den Mitgliedstaaten von 1997 befugt. Das Protokoll ist gemäß Art. 311 EG Teil des EG-Vertrages. Die Kommission bliebe jedoch unter diesen Voraussetzungen für die Prüfung zuständig, ob die Beihilfen mit dem Gemeinsamen Markt vereinbar wären. Das Europäische Gericht erster Instanz hatte 2000 ein Urteil erlassen, das in die gleiche Richtung wie die spätere Mitteilung der Kommission ging und nach dem man davon ausgehen konnte, dass Gebühren doch Beihilfen sein könnten (*EuG*, Rs. T-46/97, Slg. 2000, II-2125 – SIC).

Am 13. Dezember 2007 erging schließlich auch eine Entscheidung des Europäischen Gerichtshofes, die den gleichen Schluss zulässt *(EuGH*, Rs. C-337/06).[7] Dort hatten sich die Luxemburger Richter mit der Frage auseinanderzusetzen, ob die öffentlich-rechtlichen Rundfunkanstalten öffentliche Auftraggeber im Sinne der europäischen Vergaberichtlinien seien, was gem. Art. 1 Abs. 9 Unterabs. 2 lit. c) 1. Alt. der Richtlinie 2004/18/EG eine „Finanzierung durch den Staat" voraussetzt. Die beteiligten Anstalten machten geltend, eine solche sei nicht gegeben, da die Finanzierung überwiegend durch Gebühren der Rundfunkteilnehmer erfolge und es in dieser Hinsicht weder eine staatliche Finanzierung noch eine staatliche Aufsicht gebe. Der Europäische Gerichtshof ist jedoch der Auffassung, dass die „Finanzierung durch den Staat" funktional zu bestimmen sei und im Falle der Erhebung der Rundfunkgebühren vorliege, da es sich bei der Gebührenerhebung um ein staatliches Verfahren handele, auch wenn die Gebühren nicht direkt über den staatlichen Haushalt eingenommen würden. Dies müsste – so der Europäische Gerichtshof – sogar gelten, wenn die endgültige Gebührenentscheidung nicht durch die Landesparlamente, sondern durch die KEF selbst getroffen würde, da auch die KEF ihre Einsetzung letztlich einem staatlichen Hoheitsakt verdanke. Angesichts dieser Entscheidung des Europäischen Gerichtshofes erscheint es angebracht, das Merkmal der „staatlichen Finanzierung" auch im Zusammenhang mit dem Beihilfenrecht funktional auszulegen.

5.3. Der sog. Beihilfekompromiss

5.3.1. Der Gang des Verfahrens

Die Kommission kann, wenn sie der Auffassung ist, dass eine ihr bekannt gewordene, bestehende Beihilferegelung nicht oder nicht mehr mit dem Gemeinsamen Markt vereinbar ist, den betreffenden Mitgliedstaat hiervon in Kenntnis setzen und ihm Gelegenheit zur Stellungnahme innerhalb einer verlängerbaren Frist von einem Monat geben. Gelangt die Kommission nach Antwort des betroffenen Mitgliedstaates zu dem Schluss, dass die bestehende Beihilferegelung mit dem Gemeinsamen Markt nicht oder nicht mehr vereinbar ist, so schlägt sie dem betreffenden Mitgliedstaat zweckdienliche Maßnahmen vor (Art. 18 VO 659/1999). Diese können in einer inhaltlichen Änderung der Beihilferegelung, der Einführung von Verfahrensvorschriften oder der Abschaffung der Beihilferegelung bestehen.

7 Zu finden unter: http://curia.europa.eu/jurisp/cgi-bin/form.pl?lang=de.

Im vorliegenden Fall verlangte die Kommission zunächst im Hinblick auf Art. 86 Abs. 2 EG eine eindeutige Definition des Grundversorgungsauftrags, die Führung getrennter Bücher, so dass zwischen den öffentlich-rechtlichen und sonstigen Tätigkeiten unterschieden werden kann, sowie geeignete Mechanismen, um eine Überkompensation der öffentlich-rechtlichen Tätigkeiten zu verhindern. Weiter sollte gewährleistet werden, dass die kommerziellen Tätigkeiten der Rundfunkanstalten nach marktwirtschaftlichen Grundsätzen ausgeübt werden. Zudem sollte eine unabhängige nationale Behörde zur Überwachung der Einhaltung dieser Grundsätze errichtet werden. Zwar hielt die Kommission Online-Aktivitäten der Anstalten im Rahmen des Grundversorgungsauftrages für grundsätzlich zulässig, die Bundesrepublik wurde aber aufgefordert, den Umfang dieser Aktivitäten und ihre Finanzierung durch öffentliche Mittel zu regeln. Es dürften nur solche Dienstleistungen einbezogen werden, die die demokratischen, sozialen und kulturellen Bedürfnisse der Gesellschaft in gleicher Weise wie der herkömmliche Rundfunk befriedigten.

Die Bundesregierung gab in Beantwortung des Kommissionsschreibens eine umfassende Stellungnahme ab (*epd medien* 38/2005, S. 2 ff.). Die Kommission hielt jedoch weiter an ihrer Sichtweise fest und übersandte der Bundesregierung im Februar 2006 einen detaillierten Fragenkatalog[8], mit dem sie im Ergebnis für sich reklamierte, den Auftrag des öffentlich-rechtlichen Rundfunks in Deutschland in allen Einzelheiten zu prüfen. Im Dezember 2006 einigten sich die Bundesregierung und die Kommission schließlich auf einen Kompromiss (*epd medien* 100/2006, S. 3 f.), der zur Verfahrenseinstellung durch die Entscheidung vom 24. April 2007 führte.[9] Er sieht vor, dass Deutschland innerhalb von zwei Jahren verschiedene „zweckdienliche" Maßnahmen ergreifen wird, die nach Ansicht der Kommission dazu geeignet sind, die beihilferechtlichen Bedenken auszuräumen.[10]

5.3.2. Europäische Kommission vs. Bundesverfassungsgericht

Dabei gilt es vor allem, die Vorstellungen der Europäischen Kommission mit denen des Bundesverfassungsgerichts in Einklang zu bringen, um Konflikte nach Möglichkeit zu vermeiden. Für das Bundesverfassungsgericht hat, wie es selbst in seiner neuesten rundfunkrechtlichen Entscheidung noch einmal hervorgehoben hat, die Staatsferne des öffentlich-rechtlichen Rundfunks höchsten Stellenwert. Dies gestattet zwar gesetzliche Ausgestaltungen des öffentlich-rechtlichen Auftrags, diese dürfen aber keinen Programmbezug enthalten und müssen daher eher allgemein und generell ausgeprägt sein (*BVerfGE* 87, 181, 200 f.). Dagegen sieht der mit der Kommission gefundene Kompromiss vor, dass im Hinblick auf die Beihilferegelung und insbesondere mit Blick auf Art. 86 Abs. 2 EG der Auftrag des öffentlich-rechtlichen Rundfunks klar definiert und

---

8 Abgedruckt in: Funkkorrespondenz 08/2006, S. 39 ff. Dazu *Dörr* (2006), S. 13 ff.

9 Entscheidung der Kommission vom 24.04.2007, K(2007) 1761 endg., tw. abgedr. In: epd medien 39/2007, S. 3 ff.; vgl. dazu auch epd medien, Nr. 32/2007, S. 12 f.

10 Vgl. Pressemitteilung IP/07/543 und MEMO/07/150 zu den Details der Einigung im Rahmen der Entscheidung v. 24.04.2007, K(2007) 1761 endg., tw. abgedr. in: epd medien, Nr. 39/2007, Ziff. 7.4. ff. Kritisch zur Sichtweise der Kommission: Editorial epd medien, Nr. 39/2007, S. 2.

eindeutig durch den Staat übertragen werden muss. Insoweit enthält er eindeutige Vorgaben, die bei der Ausgestaltung der Medienordnung unbedingt beachtet werden müssen und die die Handlungsoptionen der Bundesrepublik einschränken (s.a. *Wiedemann* 2007, S. 804 ff.).

Umfassende Ausdehnung des Funktionsauftrages auf Online-Angebote (Telemedien bzw. audiovisuelle Mediendienste)

Das Bundesverfassungsgericht betont die Entwicklungsgarantie des öffentlich-rechtlichen Rundfunks und bringt deutlich zum Ausdruck, dass dieser an der neuen digitalen Welt teilhaben muss, um publizistisch wettbewerbsfähig zu bleiben, weshalb man daran denken könnte, den Auftrag des öffentlich-rechtlichen Rundfunks umfassend auf Online-Angebote (Telemedien im Sinne des Rundfunkstaatsvertrags) auszudehnen.

Nach Ansicht der Kommission kämen zwar durchaus Online-Angebote als Teil des öffentlich-rechtlichen Auftrags in Betracht, selbst wenn sie keine Programme im traditionellen Sinne darstellten (Einstellungsentscheidung der Kommission, *epd medien* 39/2007, S. 12 f.), nicht alle Online-Angebote seien jedoch automatisch und unabhängig von ihrer konkreten Ausgestaltung Dienstleistungen von allgemeinem wirtschaftlichem Interesse und dürften dem öffentlich-rechtlichen Rundfunk als Auftrag übertragen werden (op.cit., S. 14). Damit scheidet eine umfassende Ausdehnung des Auftrags auf Online-Angebote (Telemedien) für den öffentlich-rechtlichen Rundfunk aus (s.a. *Degenhart* 2005, S. 495).

Beibehaltung der bisherigen Regelung des § 11 Abs. 1 S. 2 RStV

Auch die Möglichkeit, Online-Angebote wie bisher auf programmbezogene Inhalte zu begrenzen, kommt angesichts der von Deutschland im Rahmen der Einstellungsentscheidung der Europäischen Kommission gemachten Zusagen nicht in Betracht. Die Kommission hat ausdrücklich dargelegt, dass eine Bestimmung, nach der öffentlich-rechtliche Rundfunkanstalten programmbezogene und programmbegleitende neue Mediendienste anbieten dürfen allein nicht hinreichend präzise ist und nicht erkennen lässt, dass diese Dienste als Dienste von allgemeinem wirtschaftlichen Interesse im Sinne von Art. 86 Abs. 2 EG angesehen werden können (Einstellungsentscheidung der Kommission, *epd medien* 39/2007, S. 14).

5.3.3. Der Kompromiss im Einzelnen

Dementsprechend hat die Bundesregierung zugesagt, eine weitere Präzisierung des öffentlich-rechtlichen Auftrags der Rundfunkanstalten hinsichtlich neuer Mediendienste und Zusatzkanäle vorzunehmen. Hierbei müssten die rechtlichen Rahmenbedingungen insbesondere gewährleisten, dass rein kommerzielle Tätigkeiten nicht Bestandteil des öffentlichen Auftrages sind und damit den Anstalten auch kein Anspruch auf finanziellen Ausgleich dieser Tätigkeiten zusteht (op.cit., S. 26 ff.).

Digitale Zusatzangebote

Für die digitalen Zusatzangebote bedeutet dies, dass der zukünftige Rundfunkstaatsvertrag über die Schwerpunktbildung auf Information, Bildung und Kultur hinaus durch beispielhafte Programmkategorien den Auftrag weiter konkretisieren muss. Dazu können, wie Deutschland in Aussicht gestellt hat, bei dem Schwerpunkt ‚Information' die Kategorien Nachrichten, politische Information, Regionales und in Ergänzung zu den Hauptprogrammen auch Sport, bei dem Schwerpunkt ‚Bildung' die Kategorien Wissenschaft und Technik, Kinder und Jugend, Erziehung, Geschichte, Religion und Naturkunde sowie bei dem Schwerpunkt ‚Kultur' die Kategorien Bühnenstücke, Musik, Architektur, Philosophie, Literatur und Kino zählen (op.cit., S. 26). Zudem muss der Staatsvertrag in Zukunft eine Verpflichtung für die öffentlich-rechtlichen Rundfunkanstalten enthalten, ein Programmkonzept unter Bezugnahme auf diese Programmkategorien zu entwickeln, das von den zuständigen Gremien zu genehmigen und anschließend in den amtlichen Veröffentlichungsblättern der Länder zu veröffentlichen ist.

Neue Mediendienste

Auch hinsichtlich neuer Mediendienste hat Deutschland zugesagt, den Auftrag durch materielle Vorgaben und insbesondere durch einen Drei-Stufen-Test im Bereich der Online-Angebote klar und präzise zu gestalten.

(1) Materiell-rechtliche Vorgaben:

Was die materiell-rechtlichen Vorgaben angeht, sind die Angebote auf journalistisch-redaktionelle Angebote staatsvertraglich zu begrenzen. In diesem Zusammenhang hat Deutschland zugesagt, den Begriff ‚journalistisch-redaktionell' in der Begründung zum Staatsvertrag näher zu erläutern. Zudem wird der zukünftige Staatsvertrag Kriterien enthalten, denen diese Angebote dienen müssen. Schließlich wird der Staatsvertrag entsprechend der Zusage Deutschlands eine beispielhafte Liste von Telemedien enthalten, die regelmäßig bzw. regelmäßig nicht vom Auftrag des öffentlich-rechtlichen Rundfunks erfasst sind. Zu den Angeboten, die regelmäßig nicht zum Auftrag erfasst werden, zählen etwa der elektronische Geschäftsverkehr (E-Commerce), Sponsoring und Werbung im Internet und flächendeckende lokale Berichterstattung. Entsprechend den von der Kommission geäußerten Bedenken (op.cit., S. 14) sollten die Länder aber auch – zumindest kostenpflichtige – Online-Spiele, Chat-Rooms, Online-Rechner und Online-Kontaktdienste in die Negativliste aufnehmen, auch wenn nicht ausgeschlossen werden kann, dass sie im Einzelfall das traditionelle Angebot ergänzen können. Es ist nämlich zu berücksichtigen, dass ähnliche oder identische Dienste bereits von den Marktteilnehmern angeboten werden.

(2) Der Drei-Stufen-Test:

In verfahrensrechtlicher Hinsicht wird schließlich ein Verfahren, das Ähnlichkeiten zum *Public Value*-Test der BBC aufweist (s. *Collins* 2007, S. 166 ff.), eingeführt (Einstellungsentscheidung der Kommission, *epd medien* 39/2007, S. 25 f.).[11] Vor diesem sog. Drei-Stufen-Test[12] ist zunächst zu klären, wann ein neues bzw. verändertes Ange-

11 Auf die Unterschiede zwischen dem britischen Public Value-Test und dem in Deutschland entwickelten Drei-Stufen-Test verweist *Meyer* (2008), S. 3 ff.

12 Das Verfahren wird instruktiv erläutert von *Henle* (2007).

bot vorliegt. Die dafür maßgeblichen Kriterien müssen im Staatsvertrag festgelegt und auf dieser Grundlage von den öffentlich-rechtlichen Rundfunkanstalten konkretisiert werden. Dafür ist entsprechend den deutschen Zusagen und Vorstellungen der Europäischen Kommission entscheidend, in welchem Umfang das Projekt Nutzer und Marktteilnehmer betrifft. Maßgeblich ist in diesem Zusammenhang, ob das Angebot wegen seines Umfangs auch in finanzieller Hinsicht Auswirkungen auf den Markt in Bereichen haben könnte, die von den bestehenden Angeboten der öffentlich-rechtlichen Rundfunkanstalten noch nicht erfasst werden, seine publizistische Relevanz, seine geplante Dauer und inwieweit vergleichbare Angebote der Anstalten bereits bestehen (Austauschbarkeit). Auf der ersten Stufe ist dann zu prüfen, ob das neue Angebot zum öffentlichen Auftrag gehört und damit den demokratischen, sozialen und kulturellen Bedürfnissen einer Gesellschaft entspricht. Ist dies der Fall, ist auf der zweiten Stufe zu prüfen, ob das Angebot in qualitativer Hinsicht zum publizistischen Wettbewerb beiträgt. Dabei sind Umfang und Qualität der vorhandenen, frei zugänglichen Angebote, die marktrelevanten Auswirkungen des geplanten Angebots sowie die meinungsbildende Funktion des vorgesehenen Angebots angesichts bereits vorhandener Angebote zu berücksichtigen. Je stärker die negativen wirtschaftlichen Auswirkungen auf die anderen Marktteilnehmer sind, umso gewichtiger müssen die meinungsbildenden Funktionen des vorgesehenen Angebots sein, damit insgesamt ein ausreichender Beitrag zum publizistischen Wettbewerb bejaht werden kann. Auf der dritten Stufe geht es schließlich um den finanziellen Aufwand für die Erbringung des geplanten Angebots. Dieser muss in einem angemessenen Verhältnis zu dem öffentlichen Nutzen, also dem publizistischen Mehrwert stehen.

Innerhalb des Drei-Stufen-Tests ist vorzusehen, dass Dritte Gelegenheit zur Stellungnahme erhalten. Insoweit hat Deutschland zugesagt, den Rundfunkgremien im Staatsvertrag aufzuerlegen, sich vor ihrer Entscheidung[13] mit Stellungnahmen Dritter zu den Auswirkungen auf dem jeweils relevanten Markt zu befassen. Dazu ist es notwendig, die Projektbeschreibung zu veröffentlichen und eine angemessene Frist für die Stellungnahme vorzusehen.

Nach einer erfolgreichen Durchführung des Drei-Stufen-Tests ist das geplante Vorhaben mit den Selbstverpflichtungen und Begründungen der Rechtsaufsicht vorzulegen. Diese prüft und stellt fest, ob eine Vereinbarkeit mit dem gesetzlichen Auftrag gegeben ist. In dieser Feststellung sieht die Kommission den aus ihrer Sicht erforderlichen Betrauungsakt. Die Selbstverpflichtungserklärungen und die Feststellung der Rechtsaufsicht werden in den amtlichen Veröffentlichungsblättern der Länder publiziert.

---

13 Nach einem Vorschlag des VPRT vom 19. März 2008 soll nicht, wie zwischen der Bundesrepublik und der EU-Kommission in der Einstellungsentscheidung vereinbart, der Fernseh- bzw. Rundfunkrat mit der Entscheidung, ob ein neues oder verändertes Angebot vorliegt, und der Durchführung des Drei-Stufen-Tests betraut werden, sondern eine sogenannte Public Value-Kommission. Der Vorschlag ist dokumentiert in: epd medien, Nr. 24/25/2008, S. 29 ff. Vom ZDF wird er als „bürokratische Kopfgeburt" abgelehnt. Das ZDF-interne Papier ist abgedruckt in: epd medien, Nr. 27/2008, S. 33 ff.

(3) Bestehende Angebote neuer Mediendienste:

In Bezug auf bereits bestehende Angebote neuer Mediendienste, also der Telemedien im Sinne des deutschen Rechts, hat die Bundesrepublik zugesagt, diese nochmals förmlich zu bestätigen, etwa durch Erklärung zum 11. Rundfunkänderungsstaatsvertrag. Zudem werden die öffentlich-rechtlichen Rundfunkanstalten den Ländern ein Gesamtkonzept zu den neuen Mediendiensten vorlegen. Schließlich hat Deutschland ausdrücklich erklärt, dass Angebote, die nicht von diesem präzisierten Auftrag gedeckt sind, nicht stattfinden dürfen und dass dies von der Rechtsaufsicht sowohl auf Grund von Beschwerden als auch von Amts wegen kontrolliert werde.

Trennung von öffentlich-rechtlichen Auftragsaufgaben und kommerziellen Tätigkeiten

Ferner sollen die kommerziellen Tätigkeiten strikt von den öffentlich-rechtlichen Auftragsaufgaben[14] getrennt und von den Landesrechnungshöfen kontrolliert werden. Ansonsten bestehe die Gefahr, dass der öffentlich-rechtliche Rundfunk solche Tätigkeiten mittels Rundfunkgebühren finanziere. Zu den rein kommerziellen Tätigkeiten zählten insbesondere E-Commerce, Werbung, Sponsoring und Merchandising (Einstellungsentscheidung der Kommission, *epd medien* 39/2007, S. 15). Deutschland hat insoweit zugesagt, dass in Zukunft solche Tätigkeiten nur von den rechtlich selbstständigen Tochtergesellschaften ausgeübt werden dürfen, also eine Trennung zwischen öffentlichem Auftrag und rein kommerziellen Tätigkeiten erfolgt. Zudem soll die Regelung festschreiben, dass kommerzielle Tätigkeiten nur zu Marktbedingungen erfolgen dürfen und von den übrigen Tätigkeiten durch gesonderte Rechnungslegung zu trennen sind (op.cit., S. 27). Eine entsprechende Vorschrift muss daher in den Staatsvertrag aufgenommen werden.

Sportrechte

Schlussendlich können auch Sportrechte weiterhin im bestehenden Umfang, auch mit Exklusivlizenz erworben werden, jedoch sind Sublizenzierungsmodelle für die Weitergabe nicht genutzter Teilrechte vorzusehen, und dieser Weiterverkauf muss zu angemessenen Preisen in transparenter Weise erfolgen. Sollte die Bundesrepublik Deutschland ihre Zusagen generell oder konkret nicht einhalten, hat sich die Kommission eine umfassende Wiederaufnahme des Prüfungsverfahrens bzw. eine fortlaufende Überprüfung im Einzelfall vorbehalten.

6. Fazit

Der Wettbewerbsdruck im Rundfunksektor hat in den letzten Jahren zugenommen und wird im Zuge fortschreitender Digitalisierung und zunehmender Konvergenz noch weiter zunehmen. Der Funktionsauftrag des öffentlich-rechtlichen Rundfunks findet sich in einem Spannungsfeld der Rechtsprechung des Bundesverfassungsgerichts und den europarechtlichen Vorgaben der EU-Kommission wieder. Während das Bundesverfassungsgericht die Staatsferne des öffentlich-rechtlichen Rundfunks betont und einer

14 Zum unterschiedlichen Auftragsverständnis auf europäischer und nationaler Ebene s. *Hesse* (2005), S. 505.

detaillierten Ausgestaltung des Auftrags mit konkretem Programmbezug skeptisch gegenüber steht, fordert die EU-Kommission im Hinblick auf die Vereinbarkeit der Gebührenfinanzierung mit europäischem Beihilferecht eine klare gesetzliche Definition des öffentlich-rechtlichen Auftrags. Nun ist es Aufgabe des Gesetzgebers, den Funktionsauftrag aus diesem Spannungsfeld zu befreien. Im 12. Rundfunkstaatsvertrag ist der Auftrag des öffentlich-rechtlichen Rundfunks hinsichtlich der digitalen Fernsehzusatzprogramme und der Telemedien angesichts der Vorgaben der EU-Kommission und der von der Bundesrepublik im Rahmen des Beihilfekompromisses gemachten Zusagen klarer und präziser zu definieren. Für neue oder veränderte digitale Zusatzkanäle sowie für neue oder veränderte Telemedienangebote ist verfahrensrechtlich ein Prüfverfahren einzuführen, das man als Drei-Stufen-Test bezeichnen kann.

Was eine Verbesserung des Standards im öffentlich-rechtlichen Rundfunk angeht, sollten in diesen Test jedoch keine zu hohen Erwartungen gesetzt werden, da sich eine Ex-ante-Bewertung eines neuen Angebotes zahlreichen, kaum prognostizierbaren Unwägbarkeiten gegenüber sieht. Wichtiger wird diesbezüglich sein, dass die öffentlichen Anstalten die positiven Ansätze, die es in den letzten Jahren gegeben hat, weiterführen. Sie sollten die Ex-post-Kontrolle neuer Angebote ausweiten, indem sie Programmkonzepte genau definieren oder eine einheitliche Selbstverpflichtung aller öffentlich-rechtlichen Anstalten entwerfen.

Literatur

Bär-Bouyssière, Bertold (2000), Kommentierung Art. 87 EGV, in: *Jürgen Schwarze* (Hg.), EU-Kommentar, Baden-Baden, S. 1038-1101.

Bauer, Helmut G. und *Stephan Ory*, Recht in Hörfunk und Fernsehen, Loseblattsammlung, Stand: Dez. 2005, Ulm.

Bullinger, Martin (2001), Medien, Pressefreiheit, Rundfunkverfassung, in: *Peter* Badura und *Horst* Dreier (Hg.), Festschrift 50 Jahre Bundesverfassungsgericht, Band 2, Tübingen, S. 193-218.

Collins, Richard (2007), The BBC and „public value", in: Medien- und Kommunikationswissenschaft (M&K), S. 164-184

Degenhart, Christoph (2007), Duale Rundfunkordnung im Wandel, in: Archiv für Presserecht (AfP), Sonderheft, S. 24-33.

Degenhart, Christoph (2005), Finanzierung des öffentlich-rechtlichen Rundfunks aus nationaler und internationaler Sicht: Der Rundfunkauftrag als Grundlage und Grenze, in: Archiv für Presserecht (AfP), Nr. 6, S. 493-499.

Degenhart, Christoph (2000), Programmfunktionen des öffentlich-rechtlichen Rundfunks und Aufgabenbestimmung durch den Gesetzgeber, in: Zeitschrift für Urheber- und Medienrecht (ZUM), S. 356-364.

Dörr, Dieter (2006), Ohne Ende?: Die EU-Kommission und ihre Prüfung der deutschen Rundfunkfinanzierung, in: Funkkorrespondenz, Nr. 19, S. 13-20.

Eifert, Martin (1999), Die Zuordnung der Säulen des dualen Rundfunksystems, in: Zeitschrift für Urheber- und Medienrecht (ZUM), S. 595-603.

Frye, Bernhard (2001), Die Staatsaufsicht über die öffentlich-rechtlichen Rundfunkanstalten, Berlin.

GSDZ – Gemeinsame Stelle Digitaler Zugang (2007), Digitalisierungsbericht 2007, Berlin.

Henle, Victor (2007), Wie testet man Public Value?, in: epd medien, Nr. 92, S. 3-6.

Herrmann, Günter und *Matthias Lausen* (2004), Rundfunkrecht, 2. Aufl., München.

Hesse, Albrecht (2005), Die Finanzierung des öffentlich-rechtlichen Rundfunks aus europäischer und nationaler Sicht, in: Archiv für Presserecht (AfP), S.499-506.

Hesse, Albrecht (2003), Rundfunkrecht, 3. Aufl., München.

Holznagel, Bernd (1999), Der spezifische Funktionsauftrag des Zweiten Deutschen Fernsehens (ZDF), Mainz.

Holznagel, Bernd und *Daniel Stenner* (2004), Rundfunkrecht, 2. Aufl., Oldenburg.

Holznagel, Bernd und *Thomas Vesting* (1999), Sparten- und Zielgruppenprogramme im öffentlich-rechtlichen Rundfunk, insbesondere im Hörfunk, Baden-Baden.

Jarass, Hans D. und *Bodo Pieroth* (2007), Grundgesetz für die Bundesrepublik Deutschland, 9. Aufl., München.

KEK – Kommission zur Ermittlung der Konzentration im Medienbereich (2007), Zehnter Jahresbericht, Potsdam.

Krausnick, Daniel (2007), Gebührenfinanzierung unter dem Damoklesschwert, in: Zeitschrift für Urheber- und Medienrecht (ZUM), S. 806-814.

Mestmäcker, Ernst-Joachim und *Heike Schweitzer* (2004), Europäisches Wettbewerbsrecht, 2. Aufl., München.

Meyer, Rudolph (2008), „Falschmünzerei“, in: epd medien, Nr. 29, S. 3-6.

Niepalla, Peter (1990), Die Grundversorgung durch die öffentlich-rechtlichen Rundfunkanstalten, München.

Thum, Kai (2007), Vereinbarkeit der Gebührenfinanzierung des öffentlich-rechtlichen Rundfunks mit EG-Beihilferecht, in: Neue Zeitschrift für Verwaltungsrecht (NVwZ), S. 521-527.

Wiedemann, Verena (2007), Dynamische Auftragsdefinition, in: epd medien, Nr. 95, S. 28-35.

Wiedemann, Verena (2007), Der Programmauftrag des öffentlich-rechtlichen Rundfunks in der digitalen Ära in Deutschland und Europa, in: Zeitschrift für Urheber- und Medienrecht (ZUM), S. 800-806.

*Dirk Wentzel (Hg.), Medienökonomik –
Theoretische Grundlagen und ordnungspolitische Gestaltungsalternativen
Schriften zu Ordnungsfragen der Wirtschaft · Band 89 · Stuttgart · 2009*

Premium-Inhalte bei Medien

Jörn Kruse

Inhalt

1. Einleitung

Premium-Inhalte sind von herausragender Bedeutung für die einzelnen Anbieter von Medien im Wettbewerb. Dies gilt insbesondere für Fernsehprogramme. Premium-Inhalte sind der entscheidende Wettbewerbsparameter nicht nur für Markteintritts- und Marktanteils-Wachstums-Strategien, sondern auch für eventuelle strategische Zugangsbarrieren der Etablierten gegen Newcomer. Daran knüpfen sich wettbewerbspolitische Besorgnisse, die eine Zementierung von Marktstrukturen durch die exklusive Verfügung über Premium-Inhalte befürchten. Im Mittelpunkt stehen dabei die Größe von Rechtepaketen sowie deren Dauer und Exklusivität.

Im Folgenden wird zunächst in Abschnitt 2 der Positionalgut-Charakter der Premium-Inhalte erläutert. Anschließend geht es um den Wettbewerb zwischen Programmen und die Frage, warum Premium-Inhalte dabei so bedeutsam sind (Abschnitt 3). Der Zusammenhang zwischen Inhaltepreisen und Strategien wird in Abschnitt 4 diskutiert. In Abschnitt 5 wird die Exklusivität der Rechte bei Pay- und Free-TV ökonomisch erläutert. Der Abschnitt 6 stellt die Frage, ob große Bündel von Premium-Inhalte-Rechten ein wettbewerbspolitisches Problem darstellen, und erörtert potenzielle Instrumente.

2. Premium-Inhalte

Als Premium-Inhalte werden im Folgenden besonders attraktive Inhalte von Medien bezeichnet, die einen hohen „Positionalgut-Charakter" aufweisen (*Kruse* 2006, 2001).

Unter Medien werden dabei die konsum-technologischen Plattformen verstanden, über die jeweils der eigentliche Endkundenkonsum stattfindet (also z. B. Buch, Zeitung, Kino, Radio, Fernsehen, Internet/Online, DVD, Handy etc.). Im Folgenden werden die Medien aus Vereinfachungsgründen weitgehend mit dem Fernsehen gleichgesetzt. Das Fernsehen umfasst dabei gleichermaßen das Free-TV (werbefinanziert und öffentlich-rechtlich) und das Pay-TV (wenn nicht anders erwähnt hier Pay-per-Channel) sowie Pay-per-View. Die meisten Aussagen lassen sich mit kleineren Modifikationen auch auf einige andere elektronische Medien übertragen, mit größeren Modifikationen auch auf sonstige Medien.

Unter Inhalten wird das verstanden, was über die Medien eigentlich konsumiert wird, also z. B. Sportveranstaltungen, Spielfilme, Serien, Musik, Nachrichten, Interviews, Dokumentationen, Talkshows etc.. Im Folgenden ist vor allem von Sportveranstaltungen und Spielfilmen die Rede.

Die Attraktivität von Inhalten wird an der Nachfrage oder (insbesondere bei Gratismedien wie Free-TV oder Free-Internet) an anderen Maßen der Popularität bei den Zuschauern/Nutzern (z. B. Einschaltquoten, Klickraten etc.) festgemacht. Die Attraktivität wird häufig mit der Qualität gleichgesetzt, was allerdings keine Aussage künstlerischer, kultureller oder professioneller Art beinhaltet, sondern sich allein auf den Erfolg bei den Konsumenten bezieht.

Ein Positionalgut (synonym Ranggut) ist dadurch gekennzeichnet, dass die Wertschätzung der Nachfrager und somit die Nachfragefunktion[1] nach diesem Gut nicht nur von der objektiven oder subjektiven Qualität abhängt, sondern vor allem vom Rang in der jeweiligen Qualitäts-, Attraktivitäts- bzw. Popularitäts-Hierarchie.[2] Schon definitionsgemäß gilt, dass es nur eine begrenzte Menge des jeweils Besten oder Attraktivsten geben kann. Eine wesentliche Folge dieser Tatsache ist, dass die langfristigen Angebotsfunktionen inelastisch sind, was ansonsten nur selten (z. B. bei begrenzten Ressourcen oder bei Gütern, die diese als Inputfaktor erfordern) vorkommt.

Etwas pointiert wird in Abb. 1 die Besonderheit von positionalen gegenüber „normalen", d. h. fungiblen, Gütern veranschaulicht. A_F zeigt eine langfristige Angebotsfunktion, wie sie für die meisten Märkte einer Volkswirtschaft typisch ist. Wenn sich die Nachfragefunktion von N_1 auf N_2 verschiebt, verändert sich folglich das Marktgleich-

---

1 Die Nachfragefunktion wird hier unabhängig davon verwendet, ob tatsächlich ein Preis verlangt wird oder nicht. Relevant ist vor allem die Repräsentierung der potentiellen Zahlungsbereitschaft der Konsumenten.

2 Also z. B die Top-Spielfilme einer Saison, das beste Orchester, die jeweiligen Top-10-Tennisspieler, die besten Fußballteams, Spiele der UEFA-Champions League etc.

gewicht von R zu S. Auf normalen Wettbewerbsmärkten werden langfristig (bei gegebener Technologie) die Preise durch unterschiedliche Nachfragefunktionen nicht tangiert. Kurzfristig können die Preise natürlich (je nach momentaner Angebots- und Nachfragesituation) von P_F abweichen, da die kurzfristigen Grenzkostenfunktionen häufig mehr oder minder inelastisch sind. Langfristige Angebotsfunktionen sind jedoch typischerweise vollständig elastisch.

Abbildung 1: Langfristige Angebotsfunktionen bei fungiblen und positionalen Gütern

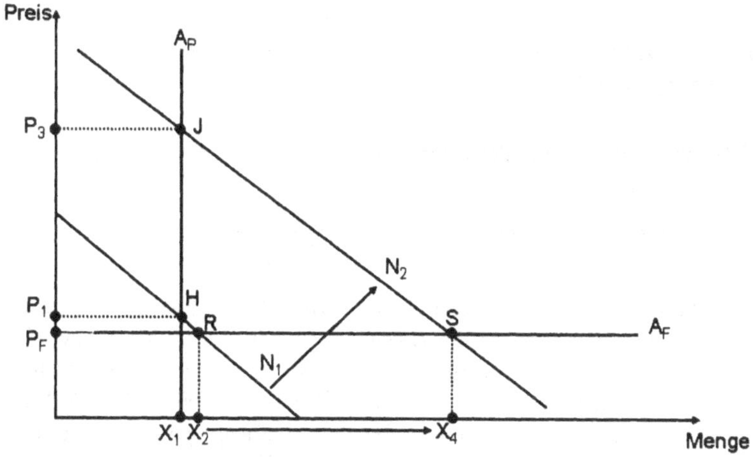

Positionale Güter haben dagegen grundsätzlich auch langfristig eine inelastische Angebotsfunktion, da die Menge z. B. der „besten Inhalte“ definitionsgemäß begrenzt ist.[3] Der Extremfall ist hier durch A_P repräsentiert.[4] Angenommen, in der Ausgangssituation sind A_P und N_1 die Angebots- und Nachfragefunktion für ein bestimmtes Fernsehrecht. Im Beschaffungswettbewerb verschiedener Programme ist der Preis dann P_1. Falls die Nachfrage dagegen N_2 wäre, wäre der Preis stattdessen P_3, und der Erlös des Rechteinhabers wären um die Fläche P_1HJP_3 höher.

Die Konsequenz der inelastischen Angebotsfunktion ist, dass die Preise für die Fernsehrechte praktisch allein von der Zahlungsbereitschaft der TV-Programme bestimmt werden – und nicht (wie das in den meisten anderen Sektoren der Volkswirtschaft der

---

3 Die Angebotsfunktion für gänzlich positionale Güter ist vollständig inelastisch. Z. B. steht die Zahl von Bundesligaspielen pro Saison (z. Z. 306) mittelfristig fest und ist vor allem keine Funktion der Preise.

4 Die Darstellung ist insofern etwas überspitzt, als sich die Menge der x-besten Inhalte nicht immer strikt abgrenzen lässt (insbesondere zum Inhalt auf Rang x+1). Es wird häufig gewisse Substitutionsbeziehungen zum „Nächstbesten“ geben. Eine Menge von 10 Positionalgütern bestimmter Art ist dann adäquat spezifiziert, wenn die Zahlungsbereitschaft für diese 10 deutlich größer ist als für die nächsten 10 Güter dieser Art.

Fall wäre) von den Kosten der Sportveranstalter.[5] Diese sind hier nahezu irrelevant. Alle Nachfrageänderungen gehen „in die Preise", ohne Mengeneffekte zu haben.

Bei den betrachteten Medien-Premium-Inhalten gelten die Positionalgut-Eigenschaften häufig auch (und manchmal verschärft) für bestimmte personale Inputfaktoren,[6] die dann den Charakter von Stars oder Superstars haben. Bei der Filmproduktion werden diese positionalen Faktoren (insbesondere berühmte oder beliebte Schauspieler) als „Above-the-Line-Faktoren" bezeichnet und von den fungiblen „Below-the-Line-Faktoren" (Komparsen, Autoren, Kulissenbauer, Fahrer und andere „namenlose" Produktionsmitarbeiter) unterschieden. Für die erste Gruppe gilt im Gegensatz zur zweiten Gruppe, dass eine steigende Nachfrage nach Filmen ihr Einkommen überproportional erhöht (Star-Gagen). Das Gleiche gilt in ähnlicher Form auch für Sportstars, z. B. für Top-Fußballspieler. Eine steigende Nachfrage nach Fußballkonsum erhöht auch ihr Einkommen überproportional (*Kruse* 2001).

3. Wettbewerb zwischen Programmen und die Bedeutung der Premium-Inhalte

Der Wettbewerb zwischen Fernsehprogrammen unterscheidet sich in mindestens zwei wesentlichen Aspekten deutlich von „normalen" Sektoren.

Erstens konkurrieren sie direkt „nur" um Zuschaueraufmerksamkeit, gemessen in Einschaltquoten, die keine ökonomische Kategorie darstellen. In ökonomischer Hinsicht bieten verschiedene Programme (die die gleichen Zuschauer erreichen wollen) auf mehreren, ganz unterschiedlichen Märkten an, nämlich auf dem Markt für TV-Werbung (Publizität, Werbekontakte für die Werbetreibenden als Nachfrager), auf dem Markt für Pay-TV (und eventuell auf einem Markt für Pay-per-View) mit den Zuschauern als „richtigen" Nachfragern und – wenn man so will – auf dem „politischen Markt" für die Erhöhung der Rundfunkgebühren. Intra-modal ist im Wesentlichen nur einer von diesen tatsächlich im ökonomischen Sinne wettbewerblich, nämlich derjenige für werbefinanzierte Free-TV-Angebote (wenn man auf dem Pay-Markt von dem Auftreten von *Arena* und einigen Angeboten von Kabelnetzbetreibern mit geringen Kundenzahlen einmal absieht). Dennoch sind alle Programme sowohl auf dem Zuschauer-„Markt" (Output-Markt) als auch vor allem auf dem Markt für Inhalte (Input-Markt) direkte Konkurrenten.

---

5 In den allermeisten wettbewerblichen Märkten einer Volkswirtschaft bestimmen (bei gegebener Technologie) die Inputfaktorkosten langfristig die Outputpreise, das heißt, diese entsprechen den langfristigen Grenzkosten. Da in der Regel die langfristigen Grenzkostenfunktionen vollkommen elastisch sind und mit den langfristigen Stückkostenfunktionen zusammenfallen, bleiben die durchschnittlichen Preise *langfristig* auch bei Nachfrageverschiebungen konstant.

6 Ein Akteur wird als positional bezeichnet, wenn er zu den besten seiner Gattung gehört, nicht ohne weiteres durch einen anderen ersetzt werden kann und den wirtschaftlichen Erfolg des Endproduktes wesentlich mitbestimmt. Die „besten" Akteure zeichnen sich nicht notwendigerweise durch inhaltlich messbar höhere Leistung aus, sondern vorrangig durch ihren Beitrag zur Attraktivität für die Zuschauer, gleichgültig, worauf dies im Einzelnen (Leistung, Aussehen, Sympathie, Ehemann von *Victoria Beckham* etc.) beruht.

Zweitens entscheidet sich auf „normalen" Märkten der Erfolg (Umsätze, Gewinne) auf der Output-Seite (Qualität, Preise) und in der Produktion (Technologie, Effizienz) während die allermeisten Input-Faktoren fungibel sind. Das heißt einerseits, dass in der Regel alle Konkurrenten auf den gleichen Ressourcenpool (Inputmärkte) zugreifen können. Andererseits sind die Inputfaktorpreise (mindestens mittel- und längerfristig) exogen bestimmt (entsprechend der elastischen langfristigen Grenzkostenfunktion) und nicht von der Lage der Nachfragefunktion abhängig.

Bei Fernsehprogrammen ist dies für wichtige Faktoren (besonders ausgeprägt für Premium-Inhalte) grundlegend anders. Die Premium-Inhalte-Preise sind nicht exogen, sondern nachfrageabhängig, und die Output-Marktanteile (Einschaltquoten) sind von den Inputs abhängig – und nicht umgekehrt (wie sonst meistens).

Die Einschaltquoten eines Fußballspiels hängen vor allem von der Attraktivität des Spiels (also des Fernseh-Inputs) ab und weniger vom Programm, in dem es übertragen wird, insbesondere bei vergleichbarer „Programmgröße". Ähnliches gilt auch für Spielfilme, wenngleich hier der „Programmfaktor" größer ist.

Da die Konsumpreise bei allen Free-TV-Sendern (und auch für Pay-Programme kurzfristig nach unterschriebenem Abonnementsvertrag) für die Zuschauer null sind, kommen auf der Output-Seite vor allem drei Wettbewerbsparameter in Betracht: erstens die Zahl und Art der Werbeunterbrechungen, wobei die werbefinanzierten Programme gegenüber den anderen a priori Wettbewerbsnachteile haben, zweitens die Programmplanung (Zeitpunkt der Sendung, Lead-in-Effekte etc.) und drittens, und vor allem, die Attraktivität der Inhalte selbst.

Für einen wesentlichen Teil der Sendungen (nämlich die nicht selbst-produzierten Programmteile) erwerben die Programmveranstalter die Inhalte in Konkurrenz zu den anderen Programmen. Die Inhaltepreise bilden sich theoretisch entsprechend der zweithöchsten Zahlungsbereitschaft aller interessierten Programme (Opportunitätskosten). Im Ergebnis werden dabei die ökonomischen Renten bei den Premium-Inhalten von den Inhalteanbietern appropriiert. Man könnte etwas überspitzt sagen: Der Wettbewerb auf der Programmebene ist in erster Linie ein Vorteil für die Rechteinhaber von Premium-Inhalten (und nicht so sehr für die Konsumenten, die die betreffenden Inhalte ohnehin sehen könnten).

Warum sind Premium-Inhalte bei Medien (und insbesondere beim Fernsehen) so außerordentlich bedeutsam? Versuchen wir, dies in vier Faktoren zu erfassen.

Erstens wirkt hier das akquisitorische Potential, das bei einigen für andere Premium-Marken im Konsumbereich (bei Autos, Konsumelektronik etc.) auch vorhanden ist und die Nachfrage nach Gütern dieser Marken erhöht. Dies allein erklärt aber nicht das Ausmaß der Effekte beim Fernsehen.

Zweitens hat es mit dem „zentralisierenden Effekt" elektronischer Medien zu tun, der diese von „realen Konsumformen" (Präsenzkonsum) von Inhalten (Theater, Konzerte, Sport im Stadion etc.) unterscheidet. Damit ist Folgendes gemeint: Bei realen Konsumformen ermöglicht eine bestimmte Performance (Aufführung, Sportereignis) schon aus räumlichen Gründen nur einer begrenzten Zahl von Personen den Konsum zur gleichen

Zeit. Die Akteure können nur eine begrenzte Anzahl von Events (Auftritte auf der Bühne, Sportereignisse etc.) bestreiten und somit in einer Periode auch nur eine begrenzte Zuschauermenge erreichen. Das heißt, die „besten" Events bzw. Akteure können nur von wenigen Konsumenten gesehen bzw. gehört werden. Die anderen gehen zu den zweit- und drittbesten Ereignissen bzw. Akteuren etc. Es differenzieren sich internationale, nationale, regionale, lokale Ebenen, Bekanntheiten, Märkte etc. heraus.

Obwohl die besten Events pro Zuschauer teurer sind und diese in größeren Lokationen stattfinden (große Hallen, große Stadien etc.) sind die Erlös- und Einkommensmöglichkeiten limitiert, da die Zahl der Konsumenten mit „Nähe zum Geschehen" und deren individuelle Zahlungsbereitschaften recht begrenzt sind. Die „Erlösreihungskurve" der Events (wenn man die einzelnen Events nach ihren Erlösen aus Präsenzkonsum rangordnet) ist relativ flach, ebenso die Einkommensreihungskurve der Akteure. Das heißt, die Konzentration aller Erlöse auf bestimmte Events oder Akteure ist vergleichsweise gering.

Es werden viele Events und Akteure vorhanden sein und eine regional unterschiedliche Bekanntheit aufweisen. Dies wird also in verschiedenen Regionen für die einzelnen Akteure differieren, insbesondere dann, wenn wir auch von elektronischer bzw. überregionaler Werbung und von elektronischen Massen-Nachrichtenmedien abstrahieren.

Wenn wir stattdessen Events im Fernsehen betrachten (z. B. Sportereignisse, Konzerte), sind die technischen Möglichkeiten, immer weitere Konsumenten zu erreichen, praktisch unbegrenzt (außer durch die globale Zahl der Menschen, die über Zugang zum Fernsehen verfügen). Es besteht Konsum-Nichtrivalität, und die Grenzkosten weiterer Konsumenten sind null.

Wenn die Zuschauer im Fernsehen jeweils immer „das Beste" sehen können (was aufgrund der Anreizstruktur der Anbieter auch tatsächlich der Fall ist), sind sie an zweit- oder drittklassiger Performance (anders als bei Präsenzkonsum von Live-Musik oder -Sport) nicht mehr interessiert. Wenige Spitzenevents können also den Konsum vieler Personen ermöglichen, wodurch diese entsprechend hohe Erlöse und die Akteure („above the line") gegebenenfalls entsprechend hohe Einkommen (Star-Einkommen) erzielen können.

Die gesamten Erlöse konzentrieren sich also wesentlich stärker auf wenige Events und Akteure. Die Erlösreihungskurve der Events ist relativ steil, ebenso die Einkommensreihungskurve der Akteure. Auch nur diese werden dann bekannt und generieren damit als „Markenartikel" zukünftige Nachfrage, insbesondere wenn die Nachrichten und Werbemedien ebenfalls elektronisch und global sind (z. B. Weltmarkt für Top-Unterhaltungsstars, die von Los Angeles über Hamburg bis Sydney „jeder" kennt).

Drittens kommt noch hinzu, dass die Signale der elektronischen Medien speicherbar und damit der Fernsehkonsum (im Gegensatz zum Präsenzkonsum) auch zeitlich multiplizierbar ist, und zwar praktisch unbegrenzt. Das heißt, sie können nicht nur tageszeitlich den unterschiedlichen Bedürfnissen und regionalen Zeitzonen bzw. Konsumgewohnheiten angepasst werden (was die Zuschauerzahl und damit die Erlöse erhöht), sondern auch beliebig häufig wiederholt werden (Wiederholung von Sportereignissen in voller Länge oder in Zusammenfassungen etc.), was ebenfalls die Reichweite, die Erlöse und die Prominenz der Stars und damit der Premium-Inhalte erhöht. Dies gilt für Spielfilme ohnehin.

Viertens gilt der nachfragekonzentrierende Zusammenhang der „konsumtiven Netzwerkeffekte". Konsum-Netzwerkeffekte sind vorhanden, wenn die Wahrscheinlichkeit des Konsums einer bestimmten Sendung durch einen Einzelnen dadurch steigt, dass andere (in der eigenen sozialen Umgebung) vermutlich die gleiche Sendung sehen. Dies hat häufig mit erwünschter sozialer Interaktion im Zusammenhang mit einem bestimmten Fernsehkonsum (z. B. Themen von Gesprächen in der Kantine) zu tun, an der der Einzelne partizipieren möchte. Wenn also viele Konsumenten einer Sportveranstaltungs- oder Unterhaltungs-Serie bzw. eines Spielfilms vorhanden sind, erhöht dies den Konsumnutzen für weitere Zuschauer. Diese entscheiden sich damit noch ausgeprägter prioritär für das Berühmte, Populäre, massiv Beworbene etc., das vermutlich ein Gesprächsthema in ihrer sozialen Bezugsgruppe sein wird. Auch dies und die begrenzte Aufmerksamkeitskapazität der Menschen trägt dazu bei, dass die Attraktivität von Inhalten, also das, „was man gesehen haben muss", sich auf relativ wenige Inhalte konzentriert.

Premium-Inhalte sind grundsätzlich für den Erfolg aller Fernsehprogramme bedeutsam. Dies gilt verstärkt für Newcomer, die erstmals die Aufmerksamkeit des Publikums erlangen müssen. Ganz außerordentlich bedeutsam sind Premium-Inhalte für Pay-Programme, da die Zuschauer extra dafür zahlen sollen, obwohl ihnen Free-TV gratis zur Verfügung steht. Das Fernsehen hat bisher eine „Gratiskultur", und die meisten Zuschauer haben demgemäß „Gratiserwartungen" (ebenso wie im Internet). Für Pay-Programme stellen Premium-Inhalte den alles entscheidenden Faktor für den wirtschaftlichen Erfolg auf dem Markt und die Überlebensfähigkeit dar (*EU-Commission* 2000a, 2000b; *Galbiati, Nicita* and *Nizi* 2005). Speziell dann, wenn ein Pay-Programm neu in den Markt eintreten will (oder sich im Wettbewerb profilieren will), benötigt es besonders attraktive Inhalte, die nicht oder nur schwer substituierbar sind.[7] Man könnte auch sagen: Nur Premium-Inhalte sind strategiegeeignet.

4. Inhaltepreise: natürliche und strategische Zahlungsbereitschaft

Die Einkaufspreise für Fernsehinhalte sind die Preise für das Recht, eine bestimmte Fernseh-Software (Spielfilme, Dokumentationen, TV-Signale von einer Sportveranstaltung etc.)[8] – im Folgenden einfach als „Inhalt" bezeichnet – für eine bestimmte Zeitspanne in einem Fernsehprogramm auf einem bestimmten Markt nutzen zu dürfen. Der Markt wird dabei typischerweise regional und nach Verwertungsarten (Free-TV, Pay-TV sowie außerdem Internet etc.) definiert.

---

7 Besonders herausragende Premium-Inhalte sind z. B. Fußball-Welt- und -Europameisterschaften (*Kruse* und *Im Winkel* 2008) und Olympische Spiele. In diesen Zeiten konzentriert sich ein großer Teil des öffentlichen Interesses auf diese Ereignisse.

8 Mit dem Begriff der „Fernseh-Software" werden die sendefähigen TV-Produkte (Fernsehsignale) der Inhalte pauschal erfasst. Dies schließt hier zur Vereinfachung der Darstellung den Fall ein, dass der Erwerber das Signal erst selbst noch produzieren muss.

Kurzfristig können wir die Angebotsfunktionen für alle Inhalte auf einem Fernsehmarkt als vollständig inelastisch betrachten, da die Menge der Inhalte kurzfristig nicht preisabhängig ist. Dies gilt unter anderem auch deshalb, weil sie in vielen Fällen (insbesondere bei Spielfilmen, weniger bei nationalen Sportligen) ohnehin auf vielen Märkten angeboten werden. Insofern wird der aktuelle Rechtepreis primär durch die Zahlungsbereitschaft der Fernsehprogramme bestimmt. Diesbezüglich ist es für die folgenden Überlegungen zweckmäßig, beim Rechteerwerb in natürliche und strategische Zahlungsbereitschaft der Fernsehprogramme zu differenzieren.

Die Obergrenze der natürlichen Zahlungsbereitschaft für einen bestimmten Inhalt wird durch die erwarteten, spezifischen Erlöse bestimmt, die um die mit der Sendung verbundenen Produktionskosten und die kalkulatorischen Overheads etc. reduziert werden (Abschnitt 5). Das heißt, sie orientiert sich an dem unmittelbaren (kurzfristigen) wirtschaftlichen Wert eines Inhalts (Refinanzierbarkeit). Bei einem werbefinanzierten Programm bilden also die zu erwartenden Werberlöse den Ausgangspunkt. Bei Pay-per-View ist ebenfalls ein Erlös für eine bestimmte Sendung direkt zurechenbar (bzw. antizipierbar). Bei einem Pay-Programm auf monatlichei Abonnementsbasis geht der Fernsehveranstalter davon aus, dass jeder Inhalt einen monetär bewertbaren Beitrag zur Aufrechterhaltung des Kundenstamms (zufriedene Abonnenten) und zur Neugewinnung von Abonnenten und damit zu den Erlösen erbringt.

Unter strategischer Zahlungsbereitschaft verstehen wir eine solche, die mit Blick auf mittel-und längerfristige Ziele über den genannten spezifischen (kurzfristigen) Wert eines einzelnen Fernsehrechts hinaus geht. Dies können einerseits Image-Effekte für das gesamte Programm sein und andererseits Käufe, die auf die Beeinflussung der Marktstruktur abzielen, z. B. die Neueinführung eines Programms oder die Abwehr eines Markteintritts von Newcomern durch eine hohe Zahlungsbereitschaft der Etablierten (strategische Markteintrittsbarriere).

Die vorgenannten Aspekte gelten insbesondere für die Einführung eines Pay-Programms bzw. für den Versuch, dieses über die kritische Abonnentenschwelle zu bringen. Für solche (defensiven und offensiven) strategischen Intentionen (Markteintritt und Markteintrittsabwehr) kommen praktisch nur Premium-Inhalte in Betracht und keine leicht substituierbaren Me-too-Inhalte.

Derartige Strategien erfordern eine besonders hohe Zahlungsbereitschaft für Premium-Inhalte auf den entsprechenden Rechtemärkten (insbesondere Top-Sport und Top-Spielfilme). Wenn ein Newcomer über entsprechende Finanzkraft und Risikobereitschaft verfügt, wird er seine Zahlungsbereitschaft temporär strategisch erhöhen, um in seinem Programm zahlreiche Premium-Angebote machen zu können und um anderen Programmen diese Inhalte zu entziehen (Exklusivität, vgl. 5.).

Insofern war es konsequent, dass *Kirch* – um *Premiere* über die in Deutschland (wegen besonders vieler, insbesondere öffentlich-rechtlicher Free-Programme) besonders hohen Abonnementsschwellen zu bringen – große Summen für Bundesliga-Fußball und andere Top-Sportrechte geboten und außerdem in Verträgen mit Hollywood-Studios besonders hohe Preise für Topfilme vereinbart hat. Das Gleiche gilt für *Arena* für die Saison ab 2006.

Betrachten wir dies anhand der Abb. 2. Diese unterstellt, dass bestimmte Premium-Inhalte von anderen Inhalten abgegrenzt werden und die daraus resultierenden Sendeminuten (Premium-Minuten) der Strecke AB entsprechen. Die Premium-Minuten der etablierten Programme sind wie üblich von links nach rechts abgetragen. Zur Verdeutlichung der direkten Rivalität um eine vorgegebene Menge AB sind die Premium-Minuten des Newcomers von rechts (ab B) nach links abgetragen.

Abbildung 2 : Konkurrenz zwischen etablierten Programmen und Newcomern um Premium-Inhalte

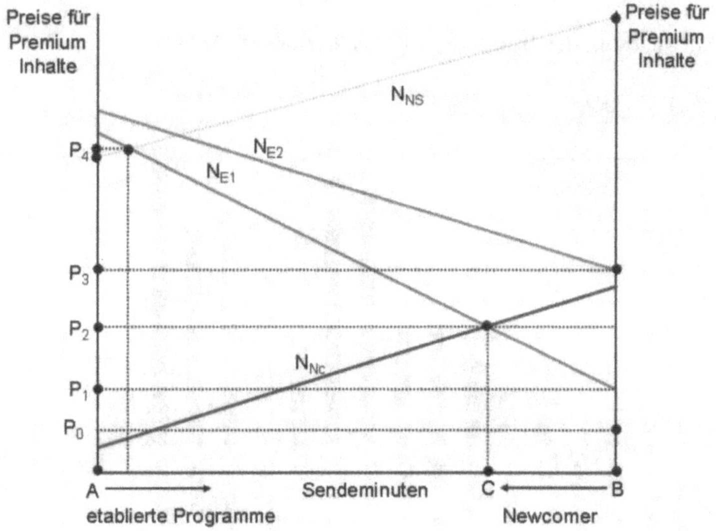

Vor dem Auftauchen des/r Newcomer/s ist die natürliche Nachfragefunktion der etablierten Anbieter nach Premium-Inhalten N_{E1}, so dass sich ein Preis P_1 herausbildet, wenn die etablierten Programme im Beschaffungswettbewerb stehen – und z. B. P_0, wenn das nicht der Fall ist (z. B. Einkaufskartell der öffentlich-rechtlichen Rundfunkanstalten bis 1983). Die etablierten Programme erhalten die Gesamtmenge AB der verfügbaren Premium-Inhalte. Wenn jetzt ein Newcomer in den Markt eintritt, dessen natürliche Nachfragefunktion nach Premium-Inhalten durch N_{NC} repräsentiert ist, steigt dadurch der Preis von P_1 auf P_2, und der Newcomer erwirbt eine Menge im Umfang der Strecke BC auf dem Inputmarkt. Wenn die etablierten Programme den Newcomer vom Markt fernhalten wollen, könnten sie ihre eigene Nachfrage nach Premium-Inhalten auf N_{E2} strategisch erhöhen, sodass der Newcomer keine Premium-Inhalte erwerben kann, wenn er nicht seine Zahlungsbereitschaft ebenfalls strategisch über das refinanzierbare

Niveau hinaus anhebt (raising rivals costs). Auf diese Weise können die Etablierten die Markteintrittsbarrieren für Newcomer strategisch erhöhen.[9]

Noch relevanter ist eine strategische Zahlungsbereitschaft auf den Inhaltemärkten für den Newcomer, indem er seine Zahlungsbereitschaft strategisch erhöht (z. B. von N_{NC} nach N_{NS}), um seinem erwarteten Publikum zahlreiche Premium-Angebote machen zu können und diese den Etablierten zu entziehen.

Ein gutes Beispiel für die strategische Verwendung von Premium-Inhalten sind die Fernsehrechte der deutschen Fußballbundesliga. Die Entwicklung der Erlöse der Deutschen Fußball Liga (DFL) bzw. des Deutschen Fußball Bundes (DFB) ist in Abb. 3 dargestellt. Die ersten Jahre sind durch die natürliche Zahlungsbereitschaft und die Veränderung der Marktstruktur auf der Programmebene erklärbar.

Abbildung 3 : Entwicklung der Bundesliga-Fernseherlöse 1965-2007

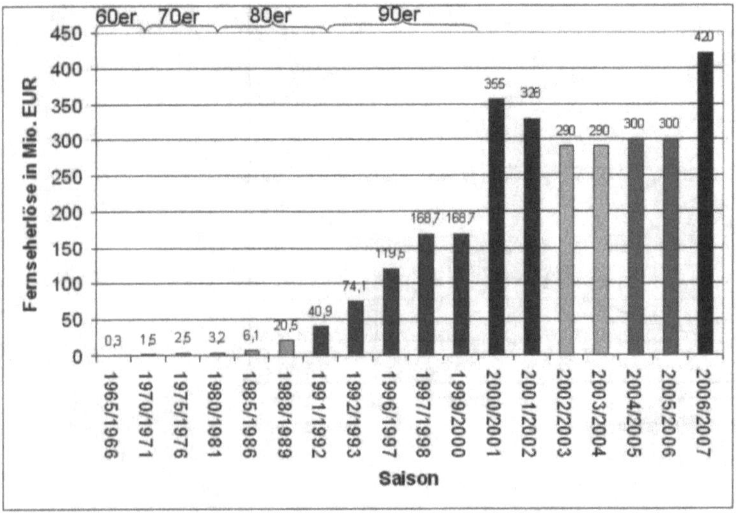

Bis zur Mitte der 80er Jahre waren nur die etablierten öffentlich-rechtlichen Programme ARD und ZDF am Markt tätig und bildeten quasi ein Nachfragekartell. Das daraus resultierende Nachfragemonopol erklärt die Preise für die Bundesligarechte bis 1985. Als die neuen privaten Fernsehveranstalter SAT 1 und RTL für die Saison 1988/1989 erstmals ernsthaft Rechte erwerben wollten, stieg der Preis für das Rechtepaket aller Spiele (DFB-Zentralvermarktung) um das Dreifache auf 20,5 Mio. Euro.

9 Wenn die Marktstruktur vor dem Auftauchen des Newcomers wettbewerblich ist, dürfte dies aber nicht sehr wahrscheinlich sein, da jeder Etablierte durch überteuerten Inhaltekauf Kollektivgüter für alle Programmanbieter erzeugen müsste. Dies wäre bei einer monopolistischen Marktstruktur natürlich anders, da das Verteidigen von Monopolrenten häufig individuell rational ist.

Die weitere Preisentwicklung bis Anfang/Mitte der 90er Jahre kann über steigende Zuschauerzahlen und damit zunehmende Zahlungsbereitschaft der im Wettbewerb stehenden werbefinanzierten privaten Fernsehprogramme erklärt werden. Allerdings haben schon damals die Zahlungsbereitschaften der privaten Programme RTL und SAT 1 erhebliche Aufschläge für Image-Effekte etc. enthalten, so dass die Rechtekosten durch die sendungsspezifischen Erlöse nicht mehr refinanzierbar waren.

Danach ist die Erlösentwicklung überhaupt nur noch strategisch zu erklären, und zwar vor dem Hintergrund der Tatsache, dass ohne exklusive Verfügung über Premium-Inhalte ein Markteintritt und ein Überleben im Pay-TV-Markt praktisch unmöglich ist. Die außerordentlich hohe Zahlungsbereitschaft der *Kirch*-Gruppe bei dem Versuch, *Premiere* über eine kritische Zahl von Abonnenten zu heben, erklärt die hohen Bundesligaerlöse der Jahre 2000 bis 2002. Als die *Kirch*-Gruppe ihre Ziele nicht erreichte, gingen die Erlöse der DFL deutlich zurück.

Doch auch die Rechtepreise für die Jahre danach dürften noch deutlich über der natürlichen Zahlungsbereitschaft marktorientierter Programmveranstalter liegen, da die gebührenfinanzierte ARD (aus ebenfalls strategischen Überlegungen und mit Unterstützung der Politischen Klasse) als Abnehmer und Finanzier eingesprungen ist. Der erneute starke Anstieg für die Saison 2006/2007 beruht wiederum auf strategischen Überlegungen, diesmal von *Arena* beim Pay-TV-Markteintritt und von *Premiere* beim Versuch, die für ihr Pay-Programm sehr wichtigen Bundesligarechte für das eigene Angebot zu erhalten.

Die strategische Zahlungsbereitschaft von *Premiere* erklärt nicht nur die genannten Bundesligaerlöse, sondern auch die damals sehr hohen Preise für die deutschen Fernsehrechte an Hollywood-Spielfilmen. Als die *Kirch*-Gruppe ihre Ziele nicht erreichte und zahlungsunfähig wurde, wurden die Verträge mit den Majors neu ausgehandelt, was zu deutlich niedrigeren Preisen für die deutschen Pay-Rechte führte.

5. Exklusivität der Fernsehrechte

Es wurde schon erwähnt, dass die Fernsehrechte (für Premium-Inhalte und andere Software) in aller Regel exklusiv vergeben werden. Dabei steht häufig die Frage im Raum, ob die Exklusivität solcher Rechte für bestimmte Programme nicht die Ursache für Wettbewerbsbeschränkungen und/oder strategische Markteintrittsbarrieren ist (*Pereira* 2003; *EU-Commission* 2004; *Nicita* and *Ramello* 2005). Sollte man eventuell die Exklusivität von Fernsehrechten für einzelne Premium-Inhalte regulatorisch untersagen (*Holznagel* 2006; *Geradin* 2006) oder begrenzen?

Die „Exklusivität" eines Fernsehrechtes bedeutet, dass ein Programm das alleinige Nutzungsrecht an dem spezifischen Sendeinhalt für einen bestimmten Zeitraum auf einem definierten Markt hat. Die Verträge zwischen den Rechteinhabern und den Fernsehprogrammen enthalten also Klauseln, mit denen einem Programmanbieter das alleinige Nutzungsrecht an einem bestimmten Inhalt garantiert wird. D. h. andere Programme sind von der gleichartigen Nutzung ausgeschlossen.

Die vertragliche Vereinbarung von Exklusivität ist generell üblich. Warum hat sich dies auf den entsprechenden Rechtemärkten im Fernsehen herausgebildet? In diesem Kontext ist zu unterscheiden zwischen (1) Exklusivität bei Free-TV, (2) Exklusivität zwischen Pay- und Free-TV, (3) Exklusivität zwischen mehreren Pay-TV-Programmen (Inter-Pay-Exklusivität) und (4) Exklusivität zwischen mehreren Pay-per-View-Angeboten. Dabei wird sich zeigen, dass sich die vier Arten der Exklusivität deutlich unterscheiden. Während die Antwort in den Fällen (1) und (2) relativ eindeutig ist, gilt dies für (3) nicht und für (4) nur unter bestimmten Bedingungen.

Der entscheidende Grund, warum sich exklusive Verträge unter Marktbedingungen herausgebildet haben, ist das Erlösinteresse der Rechteanbieter, die grundsätzlich selbst entscheiden können, ob sie ihre Rechte als exklusive oder nicht-exklusive Rechte vergeben. Dies setzt allerdings voraus, dass sie nicht von einer Schutzliste (*Kruse* 2008) erfasst sind. Sie können dann diejenige Variante wählen, bei denen ihr Gesamterlös maximiert wird.[10]

(1) Exklusivität bei Free-TV: Der Rechteinhaber (z. B. Filmproduzent oder Sportveranstalter), der über die Vergabe seiner Rechte an einem bestimmten Inhalt selbst entscheiden kann, vergleicht seine Erlöse (a) bei exklusiver Rechtevergabe und (b) nicht-exklusiver Rechtevergabe. Zur Vereinfachung wird für Abb. 4 unterstellt, dass nur zwei werbefinanzierte, ubiquitär empfangbare Free-TV-Programme an einem Erwerb interessiert sind. Es sind bei der Ausstrahlung insgesamt 1.000 Fernsehzuschauer zu erwarten. Bei einem Kontaktpreis von 100 Euro pro Zuschauer betragen die Erlöse (E) aus Werbung insgesamt 100.000 Euro.

Angenommen, die sendungsspezifischen Produktionskosten (PK) des Programms für die Ausstrahlung (bei einer Sportübertragung z. B. Signalproduktion und Kommentierung etc.) betragen 20.000 Euro. Außerdem hat jedes Fernsehprogramm sendungsunspezifische Gemeinkosten (Overheadkosten), die insgesamt gedeckt werden müssen. Zur Vereinfachung nehmen wir an, dass sie gleichermaßen auf alle Sendeminuten umgelegt werden und für die betrachtete Sendung 20.000 Euro betragen. Sie können auch als Opportunitätskosten der Sendezeit interpretiert werden.

Der linke Block in Abb. 4 zeigt die maximale Zahlungsbereitschaft Zb_X für eine exklusive Rechtenutzung an einem bestimmten Inhalt. Wenn der Programmveranstalter von den erwarteten Werbeerlösen die Produktionskosten PK und die Overheadkosten OK abzieht, bleiben 60.000 Euro, die er beim Kauf der Senderechte maximal zahlen würde (natürliche Zahlungsbereitschaft). Bei nicht-exklusiver Vergabe des Inhaltes an zwei Free-TV-Sender, die jeweils 50% der Zuschauer erwarten, könnte jedes Programm einen Werbeerlös von 50.000 Euro erzielen. Wenn jedes Programm die gleichen Produktions- und Overheadkosten kalkuliert, bleibt jeweils nur eine maximale Zahlungsbereitschaft von 10.000 Euro, also für beide insgesamt 20.000 Euro. Der Rechteinhaber könnte also bei nicht-exklusiver Vergabe deutlich weniger erlösen (20.000 Euro < 60.000 Euro) als bei exklusiver Vergabe.

10 Im Folgenden wird Erlösmaximierung mit Gewinnmaximierung gleichgesetzt, da die Kosten als bereits vorher entstanden gelten können und durch die in Frage stehenden Fernseh-Transaktionen nicht wesentlich beeinflusst werden.

Abbildung 4 : Exklusivität bei Free-TV

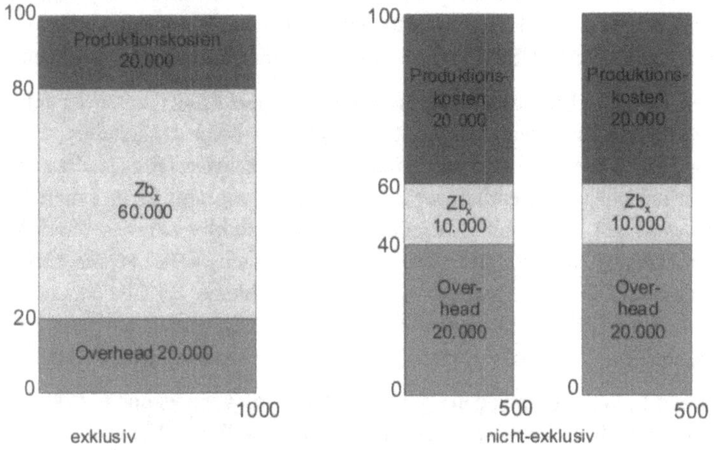

Wenn z. B. die Signalproduktion gemeinsam oder durch Dritte erledigt wird, werden die Produktionskosten nicht vollständig, sondern nur teilweise dupliziert. Der Exklusivitätsvorteil wäre dann quantitativ geringer, aber in der Regel immer noch vorhanden.

Bei der Ausstrahlung des gleichen Inhalts in zwei Free-Programmen wird insgesamt doppelt soviel Sendezeit „verbraucht". Zwar entscheidet jedes Programm selbst, welche Sendungen wie viel Gemeinkosten erwirtschaften sollen. Allerdings ist dies in der Regel nur bei hohen Einschaltquoten möglich, also insbesondere bei Sendungen mit Premium-Inhalten. Diese Tatsache würde die Exklusivitätsvorteile noch verstärken.[11]

Einige Programmveranstalter gehen aus strategischen Gründen über die Zahlungsbereitschaft Zb_X hinaus. Dies ist aber praktisch nur für exklusive Premium-Inhalte relevant, die Attraktivität beim Publikum aufweisen und mediale Aufmerksamkeit erzeugen, nicht jedoch für Me-too-Sendungen. Damit wird der Vorteil der Erlöserzielung aus exklusiver Rechtevergabe noch einmal signifikant vergrößert.

In einzelwirtschaftlicher Betrachtung können wir festhalten: Die Erlöse für die Rechteanbieter sind bei werbefinanzierten Free-TV-Programmen bei exklusiver Vergabe höher als bei nicht-exklusiver Vergabe, so dass die Rechteanbieter im Regelfall exklusive Rechte vergeben werden.

Eine volkswirtschaftliche Bewertung kommt zum gleichen Ergebnis. Wenn durch das zweite Programm keine zusätzlichen Zuschauer erreicht und keine neuen Produkt-

11 Falls Spielfilmrechte im Free-TV ohne Exklusivität vergeben würden, könnte ein spezifisches Phänomen hinzukommen, das man als strategische Programmplanung bezeichnen kann. Angenommen, ein Programm UA, das an dem Film F1 Ausstrahlungsrechte erworben hat, platziert den Spielfilm in seinem Programm auf Donnerstag. Wenn daraufhin das andere Programm, das ebenfalls über das betreffende Recht verfügt, diesen Film am Mittwoch zeigt, wird die Ausstrahlung im Programm UA am Donnerstag nur geringere Einschaltquoten aufweisen. Das damit verbundene Risiko ist ein weiterer Grund für die Exklusivität von Spielfilmrechten im Free-TV.

varianten erzeugt werden,[12] ist eine Erhöhung der Produktionskosten eine ökonomische Ineffizienz. Das Gleiche gilt auch dadurch, dass die Inhalte in mehreren Programmen gleichzeitig ausgestrahlt und damit die Opportunitätskosten der Sendezeit verdoppelt werden.[13] Das heißt, die Exklusivität der Rechte ist grundsätzlich ökonomisch effizient.

(2) Free-TV und Pay-TV: Eine besondere Bedeutung hat die Exklusivität der Fernsehrechte für das Pay-TV, und zwar insbesondere bezüglich Premium-Inhalten. Pay-Programme stehen praktisch immer mit mehreren werbefinanzierten (und in Deutschland zusätzlich mit zahlreichen öffentlich-rechtlichen) Free-Programmen in einem intermodalen Wettbewerb um Zuschauer. Für jedes Pay-Programm besteht das Problem, die Zuschauer zur Zahlung eines Preises veranlassen zu müssen, während das übrige Fernsehangebot gratis ist. Dies gilt insbesondere für Deutschland, da hier besonders viele Free-Programme zur Verfügung stehen, die Pay-Abo-Quote gering ist[14] und sich eine besonders ausgeprägte „Gratiserwartung" (ähnlich wie im Internet) gebildet hat.

Ein Pay-Programm findet allenfalls dann genügend Kunden, wenn es hoch-attraktive Inhalte bieten kann, die nicht (oder mindestens nicht zeitnah) im Free-TV zu sehen sind. Dies gilt in Deutschland in erster Linie für die Fußballbundesligaspiele, die als herausragende Premium-Inhalte eine zentrale Bedeutung für die Pay-Abos haben. Für ein Pay-Programm ist die (hinreichende) Exklusivität der Inhalte gegenüber Free-TV-Programmen geradezu eine Geschäftsvoraussetzung.

Ein Pay-Programm hat in der Regel keine hohe Zahlungsbereitschaft für Fernsehinhalte, wenn diese gleichzeitig oder in zeitlicher Nähe im Free-TV gezeigt werden. Wenn es um die Frage geht, ob ein Premium-Inhalt eventuell sowohl im Pay- als auch im Free-TV gezeigt wird, besteht zwischen beiden eine starke Asymmetrie. Für ein Pay-Programm sinkt der Wert bei einer parallelen Free-Ausstrahlung (z. B. eines Sportereignisses) drastisch. Dagegen könnte ein Free-Programm (insbesondere in einem Land mit geringer Pay-TV-Penetration wie Deutschland) grundsätzlich eine Ausstrahlung im Pay-TV tolerieren, ohne dass die Zahlungsbereitschaft deutlich gemindert wird.

Die Exklusivität ist jedoch manchmal vor allem eine Frage des zeitlichen Abstandes. Bei „hochverderblichen Inhalten", also solchen mit schnellen und hohen Wertverlusten im Zeitablauf nach dem Ereignis (z. B. bei vielen Sportveranstaltungen), hängt die Min-

---

12 Falls jedoch die Eingangsprämisse der Ubiquität aller Free-TV-Programme, d. h. die Empfangsmöglichkeiten für alle Fernsehzuschauer, nicht gegeben ist, kann sich das Bild verändern. Falls es zum Beispiel regionale oder lokale Unterschiede in der Distributions-Infrastruktur gibt oder die Präsentation der Inhalte so zielgruppen-spezifisch erfolgt, dass die Zuschauerzahl bei Übertragung in zwei Programmen signifikant höher ist, relativiert sich die prinzipielle Vorteilhaftigkeit der Exklusivität.

13 Alternative Sendeinhalte für andere Zuschauer werden dadurch verhindert. Die Konsumauswahl für die Zuschauer und damit die publizistische Vielfalt könnten durch zusätzliche Angebote erhöht werden, wenn die betreffende Sportübertragung stattdessen in nur einem Programm erfolgen würde.

14 Die Pay-Abo-Quote (bzw. die Pay-TV-Penetration, d. h. die Pay-Abos in % der Fernsehhaushalte) ist in Frankreich 38 %, in Großbritannien 34 %, in Italien 18,7 %, in Spanien 16 %, in Deutschland 11,7 %, in Österreich 5,8 % und in der Schweiz 2,8 %.

derung der Zahlungsbereitschaft eines Pay-Programms stark davon ab, wie groß der zeitliche Abstand zu einer eventuellen Zweitverwertung im Free-TV ist.

Bei „lagerfähigen" Inhalten (nur moderate Wertverluste nach der Erstaufführung, wie z. B. bei Spielfilmen) benötigt das Pay-Programm grundsätzlich ebenfalls die vertragliche Exklusivität für eine gewisse Periode, bevor es im Free-TV gezeigt wird. Dies ist auch die ökonomische Basis der Herausbildung der zeitlichen Verwertungskette von Spielfilmen (Kino, DVD, PPV-, Pay- und Free-TV).

Es gelingt einem Pay-Programm nicht immer, die Exklusivität (bzw. einen hinreichenden zeitlichen Abstand) gegenüber dem Free-TV vertraglich zu sichern, da dies von der relativen Zahlungsbereitschaft der Free- und Pay-Programme im konkreten Einzelfall abhängt. Insbesondere in Ländern mit geringer Pay-TV-Penetration ist die Pay-TV-Zahlungsbereitschaft selbst bei existenznotwendigen Premium-Inhalten nicht immer hoch genug.[15] Insbesondere dann, wenn die Sponsorwerbeerlöse (Trikot-, Banden-Werbung etc.) für die Sportveranstalter quantitativ bedeutsam sind, kann es rational sein, die Free-TV-Coverage durch einen nicht allzu großen Zeitabstand attraktiv zu machen, damit die Reichweite der Werbung hoch ist.[16] Dies stellt sich in Ländern mit höherer Pay-TV-Penetration (z. B. Frankreich und Großbritannien) quantitativ anders dar.

Grundsätzlich kann man sagen, dass eine Exklusivität attraktiver Inhalte für das Pay-TV eine Existenzvoraussetzung ist. Deshalb ist es besonders problematisch, dass bei zahlreichen Veranstaltungen in die Premium-Inhalte-Konkurrenz zwischen Free- und Pay-TV durch sogenannte Schutzlisten staatlich eingegriffen wird, die eine Pay-TV-Exklusivität untersagen. Viele europäische Länder haben in der Folge einer EU-Richtlinie[17] (ebenso wie Deutschland in §5a Abs.2 Rundfunkstaatsvertrag) vorgeschrieben, dass bestimmte Großereignisse „von erheblicher gesellschaftlicher Bedeutung" nur dann im Pay-TV ausgestrahlt werden dürfen, wenn sie gleichzeitig in einem „allgemein zugänglichen Programm" (d. h. mit einer technischen Reichweite von mindestens zwei Drittel aller TV-Haushalte) zu sehen sind. Das heißt, sie dürfen live nicht exklusiv im Pay-TV gezeigt werden, sondern müssen im Free-TV live übertragen werden.

Die einzelnen Mitgliedstaaten können eine nationale Schutzliste mit solchen Veranstaltungen erstellen und damit verhindern, dass diese exklusiv im Pay-TV übertragen werden. Diese Großereignisse sind für Deutschland (1) die Olympischen Sommer- und

---

15 Der mehrfache Versuch von *Premiere*, einen größeren zeitlichen Abstand zwischen den Bundesligaspielen am Samstag (Übertragung bis 17:15 Uhr) und der Berichterstattung in der ARD (zur Zeit ab 18:30 Uhr) zu erreichen, illustriert dies.

16 Die Zahlungsbereitschaft der Werbetreibenden für Trikot- und Bandenwerbung hängt positiv von den Einschaltquoten der betreffenden Fernsehübertragungen ab. Mit Rücksicht auf die Verbreitung der Sponsorwerbung wird ein Sportveranstalter bei der Vergabe der TV-Rechte eine möglichst große Zuschauerzahl im Blick haben (*Kruse* 2004). In einem Land mit relativ geringer Pay-Penetration muss eine Veranstaltungsserie auch befürchten, generell an Attraktivität zu verlieren, da die Zahl der TV-Konsumenten dadurch gering ist und die konsumtiven Netzwerkeffekte dann nicht mehr ausreichend wirken.

17 Die Schutzlisten basieren auf der EU-Fernsehrichtlinie 89/552/EWG unter Bezugnahme auf Art. 9 des Europarat-Übereinkommens über grenzüberschreitendes Fernsehen sowie auf Art. 3a der Richtlinie 97/36/EG von 1997.

Winterspiele, (2) alle Spiele mit deutscher Beteiligung bei Fußball-Europa- und -Weltmeisterschaften, sowie (3) unabhängig von einer deutschen Beteiligung das Eröffnungsspiel, die Halbfinalspiele und das Endspiel, (4) die Halbfinalspiele und das Endspiel um den Vereinspokal des Deutschen Fußballbundes, (5) Heim- und Auswärtsspiele der deutschen Fußballnationalmannschaft und (6) die Endspiele der europäischen Vereinsmeisterschaften im Fußball (Champions League, UEFA-Cup), sofern ein deutscher Verein beteiligt ist. In einigen anderen Ländern (insbesondere Frankreich, Belgien, UK, Schweiz) sind diese Listen deutlich länger (*Kruse* 2008, S. 161 ff.).

(3) Die Beurteilung der Exklusivität zwischen mehreren Pay-Programmen (Inter-Pay-Exklusivität) ist schwieriger und im Ergebnis weniger eindeutig. Betrachten wir die natürliche Zahlungsbereitschaft für exklusive und nicht-exklusive Senderechte auf einem Markt mit zwei Pay-Programmen, der zunächst als stabil wettbewerblich angenommen wird. Unterstellen wir die Konkurrenz von zwei etwa gleich großen Pay-Programmen U_A und U_B um ein bestimmtes Fernsehrecht für einen Inhalt (z. B. Sport-Liveübertragung), der nicht im Free-TV zu sehen ist. Wir nehmen erstens an, dass die einzelnen Zuschauer nicht gleichzeitig beide Pay-Programme abonniert haben, sondern jeweils maximal eines von beiden. Zweitens gehen wir davon aus, dass die Zufriedenheit der Abonnenten des Pay-Programms U_A, die einen Inhalt C_1 sehen können, davon unabhängig ist, ob auch die Abonnenten von U_B diesen konsumieren können (echte Nichtrivalität im Konsum). Dann könnte drittens jedes Programm eine Zahlungsbereitschaft von X Euro haben, unabhängig davon, ob das Recht für die Übertragung exklusiv oder nicht-exklusiv ist.

Der Rechteinhaber würde dann bei exklusiver Vergabe X Euro erlösen, bei nicht-exklusiver Vergabe das Doppelte. Wenn die obige dritte Annahme zutrifft, ist das Erlösinteresse des Rechteinhabers und seine multiple Vergabe eindeutig. Die Eindeutigkeit schwindet jedoch in dem Maße, in dem die dritte Annahme nicht zutrifft. Dies könnte der Fall sein, wenn die zweite Annahme nicht gilt, und vor allem, wenn strategische Überlegungen der Pay-Programme hinzukommen.

Falls das Programm U_A das Senderecht an C_1 exklusiv erwerben möchte, zum Beispiel um die relative Attraktivität des eigenen Programms zu Lasten des Konkurrenten zu erhöhen und von diesem Abonnenten abzuwerben, stellt sich die Frage nach der erforderlichen strategischen Zahlungsbereitschaft und danach, ob U_B seinerseits um das betreffende Recht kämpft und ebenfalls eine strategische Zahlungsbereitschaft entfaltet. Dann würden eventuell beide mit strategischen Motiven den Preis hochtreiben.

Für die beiden Pay-Programme würde dies dazu führen, dass die Rechteeinkaufskosten steigen und sich ihre Attraktivität beim Publikum reduziert, da jeder Abonnent weniger Premium-Inhalte konsumieren kann. Exklusive Rechte wären dann teurer und erbrächten kurzfristig keine zusätzlichen Erlöse, eher im Gegenteil. Das heißt, die Verdrängungskosten wären hoch. Mittelfristig hätte eine solche Strategie erst dann Vorteile für U_A, wenn es in signifikantem Umfang Abonnementskunden von U_B abwerben und erwarten kann, in absehbarer Zeit ein Pay-Monopol zu erlangen.

Für die Rechteinhaber wäre eine gegenseitige Verdrängungsstrategie der Programme mittels Exklusivität der Rechte zwar kurzfristig eine erlösmaximierende Situation. Eine erfolgreiche Verdrängung würde jedoch zu einem Nachfragemonopol führen, woran die Rechteinhaber kein Interesse haben können.[18]

Unter bestimmten Bedingungen kann es sein, dass die natürliche Zahlungsbereitschaft eines Pay-Programms für exklusive Rechte nicht wesentlich höher ist als für nicht-exklusive.[19] Wegen des Erlösinteresses der Rechteinhaber werden die Rechte dann in der Regel nicht exklusiv in dem Sinne vergeben, dass ein Verkauf an ein anderes Pay-Programm a priori ausgeschlossen wäre. Allerdings werden die Verträge Exklusivitätsklauseln in dem Sinne enthalten, dass der Rechteinhaber keine entsprechenden Rechte an ein Free-TV-Programm vergeben kann. Aus den obigen Annahmen über die Zahlungsbereitschaften kann man aber nicht den Schluss ziehen, dass ein staatliches Verbot der Inter-Pay-Exklusivität unproblematisch wäre. Abgesehen davon, dass es einen Eingriff in die Vertragsfreiheit darstellt und die Property Rights der Rechteinhaber beschränkt, würde es auch die strategische Verwendung von Pay-Rechten im Wettbewerb unmöglich machen. Hier ist unter Berücksichtigung der Marktstrukturen etc. eine Abwägung im Einzelfall vorzunehmen.

(4) Exklusivität zwischen Pay-per-View-Angeboten[20]: Die Ausführungen zur Inter-Pay-Exklusivität gelten grundsätzlich nicht für Pay-per-View. Wenn die einzelnen Pay-per-View-Angebote ubiquitär sind, das heißt von jedem Zuschauer konsumiert werden können (über die Fernsehinfrastrukturen oder über das Internet), gelten für eine Analyse tendenziell eher die Ausführungen, die oben für die Exklusivität zwischen Free-TV-Programmen gemacht wurden. Wenn das nicht der Fall ist, z. B. weil ein Zuschauer vor einem bestimmten Pay-per-View-Konsum eine bestimmte Pay-TV-Plattform abonniert haben muss, ist die Beurteilung wesentlich komplizierter.

---

18 Ein Nachfragemonopol für Pay-TV-Rechte würden die Rechteinhaber verhindern wollen. Falls sie ein Kollektivmonopol praktizieren könnten, würden sie eventuell die Entstehung eines Pay-TV-Monopols verhindern, indem sie die meisten ihrer Rechte grundsätzlich nicht-exklusiv an beide vergeben, um dem "gefährdeten" Unternehmen das Überleben zu sichern. Dies wäre jedoch mit Erlösverzicht verbunden. Bei zahlreichen individuellen Rechteinhabern (viele Sportveranstalter, Filmproduzenten etc.) verhindern in der Regel Kollektivgut-Probleme die Erreichung eines solchen Marktstruktur-Ziels. Dann wird jeder Rechteinhaber seine kurzfristigen Interessen verfolgen und im Einzelfall maximale Erlöse anstreben.

19 Der wesentliche Unterschied zum Exklusivitätskalkül bei werbefinanzierten Free-TV-Programmen besteht darin, dass sich die Zuschauerzahl durch die Exklusivität nicht kurzfristig erhöht und die Zuschauer dadurch nicht zufriedener sind. Mit anderen Worten: Wenn ein Pay-TV-Programm eine Übertragung exklusiv anbietet, heißt das (anders als beim Free-TV) nicht, dass alle Zuschauer diese sehen können, wodurch entsprechend die Erlöse des Programms erhöht würden, wie das bei einem werbefinanzierten Free-Programm der Fall wäre. Diese wesentliche Unterscheidung ist ein zentraler Grund dafür, dass die Exklusivität bei Free- und Pay-TV ökonomisch unterschiedlich zu bewerten ist.

20 Dabei ist unterstellt, dass die Nutzung durch Programme anderer Fernsehangebotstypen (Free- und Pay-per-Channel-TV) vertraglich ausgeschlossen ist.

6. Sind große Bündel von Premium-Inhalten ein wettbewerbspolitisches Problem?

Es wurde deutlich gemacht, dass Premium-Inhalte von herausragender Bedeutung für den Wettbewerb auf der Programmebene sind. Dies gilt insbesondere für alle Programme, die neu in den Markt eintreten, sowie generell für Pay-Programme, die praktisch nur über Angebote an besonders attraktiven Premium-Inhalten Abonnenten gewinnen können. Die Verfügbarkeit über Premium-Inhalte stellt den entscheidenden Faktor für den wirtschaftlichen Erfolg eines Pay-Programms dar.

Insofern könnten die exklusiven Rechte an Premium-Inhalten auch für Verdrängungsstrategien genutzt werden bzw. dafür, Newcomern den Markteintritt zu erschweren oder unmöglich zu machen, indem der/die Etablierten große Bündel von Rechten über längere Zeiträume erwerben, um die Nutzung durch (potenzielle) Newcomer zu verhindern (*Geradin* 2005; *Holznagel* 2006; *Klambauer* 2006). In der Diskussion stehen insbesondere große Sportrechte-Pakete (z. B. als Folge von Zentralvermarktungen) und große Bündel von Spielfilm-Rechten, die von einzelnen Programmen über viele Jahre exklusiv gehalten werden.

Frühe Beispiele für derartige Praktiken im deutschen Markt stellen der sog. „Globalvertrag" und der „Degeto-Kauf" Mitte der 80er Jahre dar (*Kruse* 1988). In beiden Fällen wurde den öffentlich-rechtlichen Rundfunkanstalten ARD und ZDF vorgeworfen, große Rechtepakete erworben zu haben, um strategische Markteintrittsbarrieren gegen die privaten Newcomer (insb. RTL und SAT1) zu errichten.

Der Globalvertrag zwischen dem Deutschen Sportbund einerseits und ARD und ZDF andererseits gewährte Letzteren für die Jahre 1985 bis 1990 das exklusive Zugriffsrecht auf die Übertragung von Sportveranstaltungen von 38 angeschlossenen Fachverbänden (ohne Fußball, Tennis, Skiweltcup und Eishockey). Erst wenn ARD und ZDF bis 5 Tage vor dem Ereignis entschieden hätten, nicht übertragen zu wollen, wären die Rechte für private Anbieter verfügbar gewesen.[21] Auch wenn der Vertrag (auch ohne strategische Intention) für beide Seiten wirtschaftlich rational war, fällt doch der erstmalige Abschluss gerade zu einem Zeitpunkt auf, an dem die Privaten neu in den Markt eintraten.

Der Degeto-Kauf beinhaltete den Erwerb eines großen Filmpaketes der ARD aus dem Fundus von Metro-Goldwyn-Mayer und United Artists (MGM/UA). Der Anfang 1984 geschlossene Vertrag umfasste die Fernsehrechte für eine Auswahl von 1350 Spielfilmen aus dem MGM/UA-Gesamtbestand von ca. 3000, deren Produktionen und Käufe der nächsten 15 Jahre (mindestens 150) sowie eine Reihe von Fernsehproduktionen und Comics. Die Exklusivrechte für den deutschsprachigen Raum liefen in der Regel über 15 Jahre und erlaubten meist unbegrenzt viele Ausstrahlungen. Ebenfalls 1984 hat das ZDF 1264 Spielfilme erworben. Beide Käufe lassen sich allerdings auch als defensive Maßnahme gegen den umfangreichen Rechtebesitz von *Kirch* interpretieren, der

21 Der Globalvertrag ist am 27.8.1987 vom Bundeskartellamt mit der Begründung für unwirksam erklärt worden, dass dadurch der Zugang der privaten Programmveranstalter zu Übertragungsrechten in diesen Sportarten unfair behindert werde.

ursprünglich Filmlieferant von ARD und ZDF war und damals als wirtschaftlicher Haupteigner von SAT 1 auf der Ebene der Fernsehprogramme zum Konkurrenten wurde.

Auch heute gilt, dass viele Fernsehrechte in großen Paketen gehandelt werden und die etablierten Programme diese für lange Zeiträume und weit in die Zukunft hinein erwerben. Diese Tatsache wird als eine der Ursachen für die hohen Markteintrittsbarrieren auf den Programmmärkten (insbesondere bei Pay-TV) gesehen. Es stehen insbesondere zwei Merkmale des Fernsehrechtehandels für Spitzensportveranstaltungen und Top-Spielfilme im Fokus der Wettbewerbspolitik, nämlich die Größe der betreffenden Rechtepakete und die Dauer der Exklusivität der Fernsehrechte.

Bezogen auf die Dimensionen der Abb. 5, bedeutet Ersteres (vertikale Achse), dass möglicherweise große Teile von Premium-Inhalte-Rechten bei Fußball-, sonstigen Top-Sport-Veranstaltungen und Top-Spielfilmen etc. im Besitz eines etablierten Programmveranstalters auf einem bestimmten Fernsehmarkt (Pay-TV, Free-TV) sind. Damit können hohe Marktzugangsbarrieren für Newcomer vorhanden und der Wettbewerb beschränkt sein. Dies gilt insbesondere dann, wenn andere Programme keine echte Chance haben, solche Rechte zu erwerben. Der zweite Punkt betrifft die Dauer der Exklusivität einzelner Rechte (horizontale Achse in Abb. 5), die möglicherweise die Zugänge für andere Programmanbieter für längere Zeit ausschließen können.

Es stellt sich insofern die Frage, ob es ökonomisch vorteilhaft wäre, dies wettbewerbspolitisch oder gar regulatorisch (als zwei potentielle Stufen der Eingriffsintensität) zu verhindern oder einzuschränken.

Man könnte es einerseits als wettbewerbspolitisches Problem von Verdrängungsstrategien bzw. der Errichtung strategischer Markteintrittsbarrieren interpretieren. Wenn dies aufgrund einer marktbeherrschenden Stellung (z. B. Pay-TV-Monopol) und einer entsprechenden ökonomischen Analyse als gegeben festgestellt wird, kommen als wettbewerbspolitische Instrumente grundsätzlich die Teilung großer Rechtepakete oder die zeitliche Begrenzung der Exklusivität (durch die Wettbewerbsbehörden und Gerichte) in Betracht.

Andererseits könnte man einen Regulierungsbedarf sehen und damit evtl. ein noch „schärferes Schwert schmieden“. Wenn es zutrifft, dass ohne Zugang zu Premium-Inhalten (insbesondere bei Pay-TV) kein Markteintritt möglich ist, könnte man die Premium-Inhalte gegebenenfalls als eine „Essential Facility“ interpretieren und eine diskriminierungsfreie Zugangsregulierung einführen. Dies könnte z. B. so aussehen, dass die Premium-Inhalte-Rechte durch einen formalisierten Prozess unter Aufsicht der Regulierungsbehörde vergeben werden, nachdem die Rechte vertikal (Anzahl) und horizontal (Dauer) angemessen portioniert wurden. Der Vergabeprozess würde dann nichtdiskriminierend und transparent stattfinden und die Form einer Auktion haben, und zwar mit oder ohne Right-Caps (Begrenzungen der Zahl der von einem Programmveranstalter erwerbbaren Rechte).

Abbildung 5: Dimensionen von Rechtebündeln

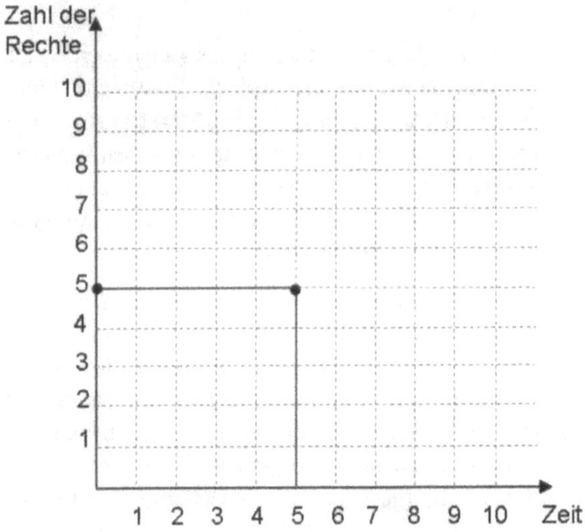

Wenn man derartige Instrumente in Betracht zieht, muss man berücksichtigen, dass einer eventuellen wettbewerbspolitischen Vorteilhaftigkeit mehrere Argumente potenziell entgegenstehen. In jedem Fall handelt es sich um Eingriffe in die Eigentumsrechte der Rechteinhaber und in eine freie marktwirtschaftliche Vertragsgestaltung, die allein schon einer guten Begründung bedarf. Dies ist evident und wird im Folgenden nicht weiter erörtert.

Wenn große Rechtepakete wettbewerbsbeschränkende und eintrittsverhindernde Wirkungen haben, liegt es nahe, diese wettbewerbspolitisch zu verhindern oder zu begrenzen. Eine sehr konsequente Form wäre das Verbot jeglicher Bündelung. Moderater wäre eine Begrenzung der Größe von Rechtebündeln. Allerdings könnten bei vielen kleineren (gegenüber wenigen größeren) Rechtepaketen eventuelle Subadditivitäten der Kosten und/oder Superadditivitäten der Nutzen nicht ausgeschöpft werden und somit einzel- und gesamtwirtschaftliche Ineffizienzen entstehen.

Eine Subadditivität der Kosten der Rechteverwertung verweist darauf, dass die Vermarktung eines großen Paketes gegebenenfalls zu geringeren Transaktionskosten (Aushandlung, Verwaltung und Durchsetzung von Verträgen) möglich ist, als die Kosten kleinerer Pakete in der Summe ausmachen würden. Allerdings können auch bei Einzeldeals oder kleineren Rechtepaketen Standardverträge genutzt werden, die die Durchschnittskosten einzelner Transaktionen reduzieren.

Eine Superadditivität der Nutzen bedeutet, dass die Nutzung von mehreren Rechten in einem Programm gelegentlich einen höheren Wert repräsentiert als die Summe der Werte in verschiedenen Programmen. Dies könnte z. B. dann gegeben sein, wenn eine Sendung mit allen Bundesligaspielen eines Tages mehr Nutzen für die Zuschauer, höhere Einschaltquoten und höhere wirtschaftliche Werte für die Fernsehprogramme erbringt als bei Verteilung der Spiele auf verschiedene Programme. Ob dies allerdings tatsächlich der Fall ist (oder eventuell das Gegenteil), ist eine empirische Frage, die mit den Vorteilen der Ausstrahlung in verschiedenen Programmen verglichen werden muss. Ein anderes Beispiel wäre die Werkschau der Filme einzelner Regisseure, Schauspieler etc., wenn dadurch die Rechte an allen Filmen einen höheren Wert für die nachfragenden Programme haben als die Summe der Einzelfilme.

Ähnliche Effekte könnten grundsätzlich auch bezüglich der Exklusivitätsdauer gelten. Die Vorteile von exklusiven Rechten wurden bereits oben diskutiert, so dass deutlich ist, dass ein staatliches Verbot der Rechte-Exklusivität in der Regel ökonomische Ineffizienzen zur Folge hat. Eine gewisse Ausnahme macht nur die Inter-Pay-Exklusivität und auch dies nur unter bestimmten Bedingungen. Allerdings kommt eine Limitierung der zeitlichen Dauer bestimmter Exklusivrechte in Betracht.

Falls z. B. die Zeit-Slots der Exklusivität sehr kurz wären, z. B. wenn (als extremes Beispiel) die Rechte für Spielfilme nur monatsweise (oder für Bundesligaspiele nur stückweise) vergeben werden dürften, hätte dies deutliche Nachteile für die Programmplanung und die Vermarktung (gegenüber Zuschauern und Werbetreibenden) der Fernsehprogramme. In einigen Fällen könnte die wirtschaftlich adäquate Mindest-Exklusivitätszeit sogar viele Jahre betragen, z. B. wenn eine bisher weniger beachtete Veranstaltungsserie oder Sportart in Zusammenarbeit mit Sponsoren und einem Fernsehprogramm kommerziell entwickelt werden soll. Dies lässt sich ebenfalls im Kontext von Kosten-Subadditivitäten und/oder Nutzen- Superadditivitäten interpretieren.

Betrachten wir dies jetzt bezüglich (1) Sportrechten (Zentralvermarktung) und (2) Spielfilmpaketen etwas konkreter.

(1) Der Begriff der Zentralvermarktung beschreibt den Tatbestand, dass die Fernsehrechte für viele Sportveranstaltungen nicht separat, sondern in großen Paketen vermarktet werden, und hat vor allem im Zusammenhang mit der Zentralvermarktung aller Spiele der deutschen Fußballbundesliga eine größere ökonomische und wettbewerbspolitische Aufmerksamkeit erfahren.[22] Die Probleme der Zentralvermarktung von Fernsehsportrechten sind seit einiger Zeit auch im Blickfeld der europäischen Wettbewerbspolitik (*Toft* 2003; *EU-Kommission* 2005).

Die Spiele aller Vereine der deutschen Fußball-Bundesliga werden seit ihrem Beginn im Jahr 1963 durch den DFB bzw. seit 2000 durch die DFL (Deutsche Fußball Liga) zentral vermarktet. Ökonomisch handelt es sich dabei um ein Syndikat, d. h. um ein institutionell gefestigtes Kartell mit zentraler Verkaufsorganisation. DFB und DFL haben praktisch eine marktzutrittsresistente Monopolstellung, die durch die verbandlichen Strukturen des Fußballs in Deutschland noch verstärkt wird und deutsche Konkurrenzveranstaltungen ausschließt. Auch der erfolglose Versuch einiger europäischer Spitzen-

---

22 Vgl. als Überblick und für weitere Literaturangaben *Quitzau* und *Kruse* (2004). Als analoge Beispiele können u. a. der oben genannte Globalvertrag von ARD und ZDF über 38 Sportarten, Fußballeuropapokalwettbewerbe, Ligaspiele in anderen Mannschaftssportarten, Turnierserien in Individualsportarten, Automobilsport der Formel 1, Olympische Spiele etc. betrachtet werden.

klubs (incl. Bayern München), eine Europaliga aufzubauen, kann als Indiz gewertet werden, dass ein Markteintritt in Deutschland praktisch nicht möglich ist. Die Zentralvermarktung ist bisher fast ausschließlich angebotszentriert betrachtet worden, d. h. bezüglich der wettbewerbspolitischen Bewertung, der institutionenökonomischen Interpretation, der ökonomischen Ineffizienz und der eventuellen Rechtfertigungsgründe (*Quitzau* und *Kruse* 2004).

Die Wirkungen der Zentralvermarktung auf die Fernsehmärkte sind wenig beachtet worden (*Cave* and *Crandall* 2001). Durch die Zentralvermarktung haben andere Programme nämlich keinen Zugang zum Bundesligafußball. Damit entstehen gegebenenfalls wettbewerbsbeschränkende Effekte zum Nachteil kleinerer Programmveranstalter. Es stellt sich die Frage, ob eine Einzelvermarktung der Fernsehrechte (wie in Spanien und Italien) durch den jeweiligen Heimverein, der im wirtschaftlichen Sinne der Veranstalter ist, mehr Programmen die Chance bietet, Fußballrechte zu erwerben und zur Intensivierung des Wettbewerbs auf der TV-Programm-Ebene beiträgt.

Trotz des Übergangs vom Monopol zum Wettbewerb ist es sehr wohl möglich, dass viele Bundesligavereine (und nicht nur wenige Spitzen-Clubs[23]) bei einer individuellen Einzelvermarktung ihre Gesamterlöse erhöhen könnten. Jeder Verein könnte dann nämlich je nach seiner Position in bundesweiten oder regionalen Märkten Produkt- und Preisdifferenzierung betreiben und individuelle Vermarktungsverträge mit Fernsehprogrammen und Sponsoren schließen, deren Zahlungsbereitschaft von der garantierten TV-Coverage abhängt.

Auf diese Weise würden sich dann vermutlich die Live-Übertragungsrechte der Bundesligaspiele auf verschiedene Programme verteilen, zu denen sowohl Free-, als auch Pay-TV-Programme und Pay-per-View gehören können. Jedenfalls könnten alle interessierten Programme mit entsprechender Zahlungsbereitschaft solche Rechte erwerben. Dies könnte bei der hinreichend großen Zahl von Bundesligavereinen (je 18 Erstliga- und Zweitliga-Klubs) einem normalen Marktprozess überlassen bleiben. Die Zahl der von den Fernsehzuschauern konsumierten Live-Minuten würde vermutlich deutlich zunehmen.

Das Prinzip der Einzelvermarktung durch den jeweiligen „wirtschaftlichen Veranstalter", der also das wirtschaftliche Risiko der Veranstaltung trägt (beim Fußball der Heimverein), könnte grundsätzlich z. B. auch auf die Champions-League angewandt werden (anderer Meinung ist *EU-Commission* 2003), ebenso für die Formel 1 wie für Tennis-Grandprix-Turniere. Bei letzteren ist dies seit langem üblich. Bei Olympischen Spielen könnten die Rechte für verschiedene Sportarten separat vergeben werden, sodass unterschiedliche Programme die Rechte erwerben und nutzen können.

Grundsätzlich sind dabei die Kosten-Subadditivitäten und/oder Nutzen-Superadditivitäten zu berücksichtigen, die oben erörtert wurden. Wenn man die einzelnen Sportereignisse grundsätzlich einzeln vermarktet, würde der Marktprozess diese Vortei-

23 Für die deutschen Spitzen-Clubs hätte dies vermutlich die Wirkung deutlich höherer Budgets beim Spielereinkauf auf dem internationalen Markt, von mehr Erfolgen bei europäischen Wettbewerben und höheren Erlösen auf verschiedenen Märkten (national und international).

le allerdings gegebenenfalls internalisieren, indem die Zahlungsbereitschaft für bestimmte Bündel größer wäre als für die Summe der Einzelrechte.

Allerdings wäre eine Einzelvermarktung für bestimmte Sportveranstaltungen nicht zweckmäßig, insbesondere beim TV-Markteintritt neuer Sportarten oder neuer Veranstaltungsserien. Dies kann es erfordern, ein Vermarktungskonzept für einige Jahre zu praktizieren, um die notwendige Aufmerksamkeit in der Öffentlichkeit zu erlangen und dem Fernsehprogramm und den Sponsoren wirtschaftliche Anreize zu geben. Zu den Ausnahmen könnten auch Randsportarten zählen, also ebenfalls Veranstaltungen, die nicht zu den Premium-Inhalten zählen.

Generell dürfte gelten, dass die großen Premium-Inhalte-Rechtepakete ohne wesentliche einzel- und volkswirtschaftliche Nachteile geteilt werden könnten. Dies ist damit aus ordnungstheoretischer Sicht eine deutlich einfachere Situation, als sie bei den Zugangsproblemen etwa im Bereich der Teilnehmeranschlussleitung in der Telekommunikation oder bei Verteilnetzen in der leitungsgebundenen Energiewirtschaft gegeben ist.

(2) Die Nutzung von Spielfilmen folgt typischerweise einer endogenen zeitlichen Verwertungskette in der Reihenfolge Kino, Video/DVD, gegebenenfalls Pay-per-View bzw. Video on Demand, Pay-TV und Free-TV.

Da das Pay-TV in den europäischen Ländern in der Regel monopolistisch ist, haben sich auf den Märkten für Pay-Rechte Geschäftspraktiken entwickelt, die als strategische Markteintrittsbarrieren gegen Newcomer wirken (*Geradin* 2006). Dazu gehört z. B. die Tatsache, dass die Nutzungsrechte für Filme fast immer für einen einzelnen Programmanbieter exklusiv sind und häufig für die ganze Pay-Dauer bestehen. Der etablierte Pay-TV-Monopolist hat in der Regel mit fast allen Premiumfilmproduzenten Verträge, die häufig große Pakete von Spielfilmrechten umfassen. Hinzu kommen sogenannte Output-Deals mit vielen Major Hollywood Studios. Diese beinhalten z.B., dass ein Fernsehprogramm sämtliche Spielfilme dieses Studios in den nächsten 10 bis 15 Jahren abnimmt. Viele Verträge beinhalten spezielle Klauseln (z. B. Meistbegünstigung, automatische Erneuerung, Last call-Optionen), die Newcomer ebenso diskriminieren wie Vergabepraktiken, die ihnen keine realistische Chance lassen, ihrerseits ein Gebot abzugeben. Derartige Vorgehensweisen auf der Inputseite sichern die gegebene Monopolstellung eines Pay-Programms und wirken als strategische Markteintrittsbarriere.

Generell gilt, dass die Spielfilmrechte für das Fernsehen üblicherweise in mehr oder minder großen Paketen gehandelt werden. Die Rechteinhaber (insbesondere Major Hollywood Studios) präferieren dies wegen der Marketingvorteile gemischter Bündel (wenige attraktive Filme und viel Standardware in einem Paket, vgl. *Lange* 1999) und wegen der Transaktionskostenvorteile (Subadditivität im o.g. Sinne) gegenüber Einzelvermarktungen. Dies gilt insbesondere in Anbetracht der Tatsache, dass die amerikanischen Rechteinhaber ohnehin für jeden regionalen Fernsehmarkt Vermarktungsverträge schließen müssen. Beide Aspekte sind grundsätzlich auch für die Fernsehprogramme vorteilhaft, so dass diese Transaktionsform einzelwirtschaftlich effizient ist. Wenn die gegenwärtige Praxis des Pakethandels durch eine Einzelfilmvermarktung ersetzt würde, dürften die Transaktionskosten ansteigen.

Bei solchen Paketen handelt es sich allerdings meist um Library-Filme und nicht um Premium-Filme. Mit Library-Filmen sind im Wesentlichen ältere Spielfilme gemeint, die im Bestand eines Produzenten oder Rechteinhabers sind. Library-Filme werden meistens von mehreren großen (und vielen kleineren) Rechteinhabern angeboten, sodass in der Regel kein wettbewerbspolitisches Problem vorhanden ist. Dies gilt bei den gegebenen Marktverhältnissen generell für die Free-TV-Rechte.

Bei Pay-TV oder Pay-per-View könnte dies anders sein, wenn ein Pay-TV-Monopol die entsprechenden Rechte für sehr viele Premium-Inhalte besitzt, evtl. sogar in Form von weit in die Zukunft reichenden Output-Deals. Grundsätzlich gilt selbst hier, dass dies oft (auch ohne strategische Intention der Marktabschottung) im einzelwirtschaftlichen Interesse beider Seiten liegt. Die Filmproduzenten verwenden die A priori-Vermarktung als Finanzierungsinstrument bei der Produktion von Spielfilmen, die ein hohes Erfolgsrisiko aufweisen. Die Eigenschaft als Premium-Inhalt resultiert erst aus dem Erfolg bei der Kinoverwertung. Jedes Pay-Programm möchte seinen (aktuellen und potentiellen) Kunden gern die Fernseh-Premieren aller Top-Spielfilme versprechen können.

Ein wettbewerbspolitisches Problem entsteht dann, wenn die genannte Praxis über längere Zeit als strategische Markteintrittsbarriere gegen zweite oder dritte Pay-Angebote verwendet wird (*Nicita* and *Ramello* 2005). Als Instrument käme dann die wettbewerbspolitische Begrenzung der Exklusivitätsdauer in Form von Zeit-Slots in Betracht (*Kruse* 2006), entweder in Verbindung mit einem formalen Vergabeverfahren (z. B. diskriminierungsfreie Auktion) oder einer Pflicht zur Sublizenzierung. Dies stellt einen vergleichsweise moderaten Eingriff in die Eigentumsrechte des Monopolisten dar, soweit seine natürliche Zahlungsbereitschaft betroffen ist (und nicht sein Interesse an strategischen Zugangsbarrieren gegen neue Konkurrenten).

Die Ausführungen haben deutlich gemacht, dass die horizontale und vertikale Verfügung (Paketgröße und Dauer) über Premium-Inhalte im Einzelfall ein wettbewerbspolitisches Problem auf bestimmten Märkten sein könnte, jedoch keine Begründung für eine umfassende Regulierung liefert. Für eine Regulierung reicht weder die ökonomisch-theoretische Begründung aus noch der empirische Befund in den meisten Märkten. Ein gravierender Fall für die Wettbewerbsbehörden könnte es allerdings sehr wohl sein.

Literatur

Cave, Martin and *Robert W. Crandall* (2001), Sports Rights and the Broadcast Industry, in: The Economic Journal, Vol. 111, pp. 4-26.

EU-Commission (2000a), Regulation (EEC) No 4064/89 Merger Procedure, Case No COMP/JV.37 - BSkyB/ Kirch Pay TV, 21.3.2000.

EU-Commission (2000b), Regulation (EEC) No 4064/89 Merger Procedure, Case No COMP/M.2050 - Vivendi / Canal+ / Seagram, 13.10.2000.

EU-Commission (2003), Joint Selling of the commercial rights of the UEFA Champions League (COMP/C.2-37.389 - Antitrust) ECComm 50, 23.7.2003.

EU-Commission (2004), Notice published pursuant to Article 19(3) of Council Regulation No 17 concerning case COMP/C.2/38.173 and 38.453 – joint selling of the media rights of the FA Premier League on an exclusive basis, in: Official Journal of the European Union, 30.4.2004, C 115/3-6.

EU-Kommission (2005), Entscheidung der Kommission DG COMP/C-2/37.214 Gemeinsame Vermarktung der Medienrechte an der deutschen Bundesliga, 19.Januar 2005.

Galbiati, Roberto, *Antonio Nicita* and *Giorgio Nizi* (2005), Regulation and Competition in Media Markets: the Evolution of Pay-TV in UK, Australia and Italy, in: ESNIE 2005, Cargese (Corsica), Mai (Discussionpaper).

Geradin, Damien (2005), Access to Content by New Media Platforms: A Review of the Competition Law Problems, in: European Law Review, Vol. 30 (1), pp. 68-94.

Geradin, Damien (2006), Regulatory issues concerning the acquisition of premium content, in: *Rolf H. Weber* und *Simon Osterwalder* (Hg.), Zugang zu Premium Content, Zürich, S. 93-120.

Holznagel, Bernd (2006), Zugang zu Premium-Inhalten: Grenzen einer Exklusivvermarktung nach europäischem Recht, in: *Rolf H. Weber* und *Simon Osterwalder* (Hg.), Zugang zu Premium Content, Zürich, S. 51-71.

Klambauer, Christine (2006), Zugang zu Sportübertragungsrechten – Die Entscheidpraxis der Europäischen Kommission, in: *Rolf H. Weber* und *Simon Osterwalder* (Hg.), Zugang zu Premium Content, Zürich, S. 73-91.

Kruse, Jörn (1988), Märkte für Rundfunkprogramme, in: *Ernst-Joachim Mestmäcker* (Hg.), Offene Rundfunkordnung, Gütersloh, S. 275-308.

Kruse, Jörn (2001), Stars als Produkte der Medien, in: *Michael Gaitanides* und *Jörn Kruse* (Hg.), Stars in Film und Sport, HFM-Schriftenreihe Bd. 3, München, S. 65-81.

Kruse, Jörn (2004), Pay-TV versus Free-TV: Ein Regulierungsproblem? Eine ökonomische Analyse der Schutzlisten für besonders bedeutsame Veranstaltungen, in: *Mike Friedrichsen* (Hg.), Kommerz - Kommunikation – Konsum: Zur Zukunft des Fernsehens, Baden-Baden, S. 69-87.

Kruse, Jörn (2006), Zugang zu Premium Content aus ökonomischer Sicht, in: *Rolf H.Weber* und *Simon Osterwalder* (Hg.), Zugang zu Premium Content, Zürich, S. 7-50.

Kruse, Jörn (2008), Exklusive Sportfernsehrechte und Schutzlisten, in: *Marina Grusevaja, Christoph Wonke, Ulrike Hösel* und *Malcom H. Dunn* (Hg.), Quo vadis Wirtschaftspolitik? Ausgewählte Aspekte der aktuellen Diskussion, Festschrift für Norbert Eickhof, Frankfurt a.M., S. 153-178.

Kruse, Jörn und *Niklas Im Winkel* (2008), Die Fußball-Europameisterschaft 2008 im Fernsehen, in: Wirtschaftspolitische Blätter, Schwerpunkt Sportökonomie: Die Fussball-Europameisterschaft 2008, Bd. 55, S. 95-111

Lange, Constantin (1999), Erfolgspotentiale für Spielfilm, Berlin.

Nicita, Antonio and *Giovanni B. Ramello* (2005), Exclusivity and Antitrust in Media Markets, in: International Journal of the Economics of Business, Vol. 12 (3), pp. 371-387.

Pereira, Miguel M. (2003), Scope and duration of media rights agreements: balancing contractual rights and competition law concerns, IBC 8th Annual Conference, Communications and EC Competition Law, Brussels, p. 3.

Quitzau, Jörn und *Jörn Kruse* (2004), Fußball-Fernsehrechte: Aspekte der Zentralvermarktung, in: *Klaus Zieschang, Herbert Woratschek* und *Klaus Beier* (Hg.), Kooperenz im Sportmanagement, Schorndorf, S. 57-74.

Toft, Torben (2003), Football: joint selling of media rights, in: Competition Policy Newsletter, No. 3, Herbst 2003, pp. 47-52.

*Dirk Wentzel (Hg.), Medienökonomik –
Theoretische Grundlagen und ordnungspolitische Gestaltungsalternativen
Schriften zu Ordnungsfragen der Wirtschaft · Band 89 · Stuttgart · 2009*

Filmförderung in Deutschland – zur Problematik eines kulturpolitischen Anspruchs

Andreas Knorr und *Christina Schulz*

Inhalt

1. Einleitung

Mit einem Anteil von 25,8 Prozent an allen im Inland verkauften Eintrittskarten war 2006 das kommerziell erfolgreichste Jahr für die deutsche Filmwirtschaft seit den späten 1960er Jahren; damals konnten noch regelmäßig Marktanteile von über vierzig Prozent erreicht werden. Überdies gewann das Drama *Das Leben der Anderen* am 27. Februar 2007 den *Oscar* als bester ausländischer Film – bereits der zweite deutsche Erfolg in dieser Kategorie seit der Auszeichnung von *Nirgendwo in Afrika* im Jahr 2002. Gleichwohl ist im Augenblick noch nicht absehbar, ob die jüngsten wirtschaftlichen und künstlerischen Erfolge eine Trendwende für die deutsche Filmwirtschaft eingeleitet haben oder ob es sich lediglich um statistische Ausreißer handelt. So fiel der heimische Marktanteil bereits 2007 wieder auf 18,9 Prozent. Außerdem schrumpft die Zahl der Kinobesucher seit dem Aufkommen und der massenhaften Verbreitung des Fernsehens kontinuierlich. Vor allem aber ist die Branche seit Jahrzehnten nur mit Hilfe massiver Subventionen des Bundes wie der Bundesländer wirtschaftlich überlebensfähig; *de facto* wurde die Produktion fast aller deutschen Spielfilme der letzten Jahrzehnte von der öffentlichen Hand finanziell unterstützt.

Vor diesem Hintergrund ist es jedoch nicht das Ziel dieser Abhandlung, die ökonomische Rechtfertigung der staatlichen Filmförderung *per se* zu diskutieren, zumal sie in vielfältigen Erscheinungsformen weltweit von allen Film produzierenden Ländern praktiziert wird. Stattdessen erscheint es sinnvoller, die Effizienz und Effektivität der staatlichen Filmförderung in Deutschland kritisch zu diskutieren – eine Problemstellung, der sich hierzulande bislang nur wenige Wirtschaftswissenschaftler zugewandt haben.[1] Konkret gilt es zu untersuchen, ob es den mit ihr betrauten Institutionen in der Tat gelang, die wirtschafts- und kulturpolitischen Förderziele zu erreichen.

2. Filmförderung: kulturpolitische vs. wirtschaftspolitische Ziele

Ökonomisch betrachtet handelt es sich bei Filmen um „Mautgüter" oder – bei ausverkauften Kinovorstellungen – sogar um reine private Güter, d. h. zahlungsunwillige Nutzer können vom Konsum ausgeschlossen werden. Darüber hinaus gehen von der Filmwirtschaft weder technologische Externalitäten aus, noch handelt es sich um ein natürliches Monopol, noch sind Informationsasymmetrien relevant. Somit kann die staatliche Filmförderung ökonomisch nicht mit dem Vorliegen allokativen Marktversagens begründet werden.[2] Gerechtfertigt wird sie von den politischen Entscheidungsträgern stattdessen mit einem Bündel medien- und kulturpolitischer Zielsetzungen. Im Bereich der Medienpolitik steht dabei die internationale Wettbewerbsfähigkeit der kommerziell orientierten Teile der heimischen Filmindustrie im Vordergrund – wobei, wie weiter unten noch ausführlich zu diskutieren sein wird, typischerweise eine sehr breite Definition der beiden Schlüsselbegriffe ‚heimisch' und ‚Filmwirtschaft' zugrunde

1 Zu den wenigen Ausnahmen zählen *Gordon* (1998), *Jansen* (2002, 2005) sowie *Duvvuri* (2007).

2 Ausführlich zu den ökonomischen Eigenschaften von Kulturgütern siehe *Schulz* (2007), S. 86 ff.; *Lueg* (2007), S. 5 ff.

gelegt wird. In diesem Zusammenhang stellt die staatliche Filmförderung folglich lediglich eines von zahlreichen sektorspezifischen Beihilfeprogrammen dar.

Im Rahmen der staatlichen Kulturpolitik soll die öffentliche Filmförderung demgegenüber zum einen die Herstellung und die Verbreitung kulturell als wertvoll erachteter, jedoch betriebswirtschaftlich nicht tragfähiger Produktionen unterstützen. Exemplarisch werden in diesem Zusammenhang meist Kunstfilme (*Arthouse productions*), Autorenfilme, Kinder- und Jugendfilme sowie Dokumentarfilme angeführt. Zum anderen sollen sozialschwache und/oder bildungsferne Schichten besseren Zugang zu qualitativ hochwertigen Filmproduktionen erhalten. In anderen Worten handelt es sich bei dieser Variante der Filmförderung um einen exemplarischen Fall einer Marktintervention auf der Basis der Theorie meritorischer Güter (s. a. *Beyer* und *Beck* i.d.Bd.). Die Auswahl der förderungswürdigen Projekte unterliegt damit ausschließlich einem (kultur-)politischen Werturteil, nicht aber objektiven Kriterien. Den Schwerpunkt der Förderung bilden hierbei typischerweise Produktionen, die (mutmaßlich) einen Beitrag zum Erhalt des kulturellen Erbes eines Landes (oder einer Region) leisten können, dessen kulturelle Vielfalt widerspiegeln, für eine angemessene Versorgung mit ‚Qualitätsfilmen' sorgen oder auch volkserzieherischen Zwecken – Stichwort: Bewahrung der nationalen kulturellen Identität – dienen sollen. Im diesem Sinne kann öffentliche Filmförderung folglich auch als ein mittelbares Instrument anderer Politikbereiche wie der der Ausländer-, der Sozial- sowie der Bildungspolitik verstanden werden.

3. Filmwirtschaft und Filmförderung in Deutschland im historischen Abriss

Gemessen am wirtschaftlichen Erfolg, dominieren US-amerikanische Filmproduzenten seit langem den Weltmarkt.[3] Nur in wenigen Ländern der Erde wie in Indien, Südkorea und Frankreich liegt ihr Marktanteil unter 50 Prozent. Bei keinem anderen Kulturgut ist überdies die Furcht der Regierungen, der Kulturschaffenden sowie der Feuilletons vieler Importländer vor einer kulturellen Hegemonie der USA so ausgeprägt wie bei der Filmwirtschaft. Abgesehen davon, dass diese Annahme stark übertrieben erscheint – immerhin sind viele der erfolgreichsten Schauspieler, Regisseure, Drehbuchautoren, Kameraleute und Techniker Hollywoods Immigranten aus Europa und Asien[4] –, sollte in diesem Zusammenhang nicht übersehen werden, dass die US-amerikanische Filmwirtschaft erst als *Latecomer* in den Markt eintrat. So wurde die Kinematographie 1895 nahezu zeitgleich in Paris von den Gebrüdern *Lumière* und in Berlin von den Gebrüdern *Skladanowsky* erfunden (*Hollstein* 1996; *Gordon* 1998, S. 59). In weniger als einem Jahrzehnt und bis zum Beginn des Ersten Weltkriegs dominierte danach die

---

3 Für einen umfassenden historischen Überblick über die Entstehung und Entwicklung der US-amerikanischen Filmwirtschaft siehe *Jarothe* (1998), S. 123 ff.; *Waterman* (2005).

4 Beispielhaft erwähnt seien in diesem Zusammenhang Schauspieler sowie sonstige Filmschaffende (Regisseure, Produzenten, Kameramänner) wie *Charlie Chaplin, Alfred Hitchcock, Ridley Scott* (alle Großbritannien), *James Cameron* (Kanada), *Roland Emmerich, Wolfgang Petersen, Michael Ballhaus* und *Hans Zimmer* (alle Deutschland), *John Woo* (Hongkong/China), *Billy Wilder, Fred Zinnemann* und *Arnold Schwarzenegger* (alle Österreich).

französische Filmindustrie unter Führung der vollständig vertikal integrierten Produktions- und Verleihfirma *Pathé* den Weltmarkt. 1908 etwa konnte *Pathé* weltweit mehr als doppelt so viele Filmminuten verkaufen wie sämtliche US-amerikanischen Produzenten zusammen (vgl. *Bakker* 2005).

In Deutschland leitete die Reichsregierung 1917 auf Drängen des Militärs, das die enorme propagandistische Wirkung des neuen Mediums schnell erkannt hatte, mit der Gründung der *Universum Film Aktiengesellschaft* (*UFA*) die Konsolidierung der bis dahin hochgradig zersplitterten inländischen Filmwirtschaft ein (*Hollstein* 1996; *Duvvuri* 2007). Das Unternehmen – dessen Struktur heute wohl als *Public Private Partnership* beschrieben würde – wuchs rasch zur bedeutendsten Filmproduktions- und Verleihfirma ganz Europas heran und attrahierte zumindest bis zum Beginn des Zweiten Weltkriegs sehr erfolgreich viele Talente aus fast allen Ländern des Kontinents. Zwischen 1933 und 1945 degenerierte die *UFA* jedoch zu einem der wichtigsten Propagandainstrumente der Nationalsozialisten. Unmittelbar nach Kriegsende wurde die *UFA* daher von den Westalliierten horizontal und vertikal entflochten und im Anschluss daran – zumindest in Westdeutschland – reprivatisiert.

Der Wiederaufbau einer westdeutschen Filmwirtschaft in der unmittelbaren Nachkriegszeit vollzog sich zunächst unter äußerst widrigen Umständen. Nicht nur wurde der deutsche Markt uneingeschränkt für ausländische Filmproduktionen geöffnet, deren Einfuhr unter der nationalsozialistischen Herrschaft verboten gewesen war. Ein Versuch der Bundesregierung, die deutsche Filmwirtschaft 1951 durch Importquoten vor allem vor US-amerikanischer Konkurrenz zu schützen, scheiterte am massiven Widerstand der Kinobetreiber und ihrer Interessenvertreter (*Hollstein* 1996, S. 23). Da sich überdies die Mehrzahl der Produktionsstätten auf dem Territorium der DDR befand, musste darüber hinaus die filmische Infrastruktur de facto neu aufgebaut werden. Schließlich war die Bereitschaft des Auslands, deutsche Produktionen zu erwerben, in der unmittelbaren Nachkriegszeit sehr gering. Wenn auch nicht *de lege*, so doch *de facto* blieben der deutschen Filmindustrie damit die wichtigen Märkte Frankreich, Großbritannien und USA weitgehend verschlossen.

Der anhaltende Lobbyismus der Filmbranche um staatliche Unterstützung war jedoch 1950 erstmals von Erfolg gekrönt, als die Bundesregierung die Einführung so genannter Bürgschaftsaktionen beschloss. Dabei handelte es sich um eine sektorspezifische staatliche Bürgschaft für Kredite von Geschäftsbanken und die Filmwirtschaft (*Wolf* 2004, S. 8 ff.). Ziel dieser ausschließlich wirtschaftlichen Motiven folgenden Initiative war es, die Filmproduktion wieder auf das Vorkriegsniveau zu heben. Allerdings wurde das Förderprogramm bereits 1955 wieder eingestellt, nachdem mehr als ein Drittel der vergebenen Darlehen notleidend geworden waren.

Die öffentliche Förderung kulturell herausragender Produktionen begann demgegenüber 1951 mit der Einrichtung der *Filmbewertungsstelle der Länder* (*FBL*), die 1957 in *Filmbewertungsstelle Wiesbaden* (*FBW*) umbenannt wurde. Seither sind alle Filme, die von der *FBW* als ‚wertvoll' oder ‚besonders wertvoll' klassifiziert werden, von der Vergnügungssteuer befreit und unterliegen zudem nur dem ermäßigten Mehrwertsteuersatz.[5] Im selben Jahr schuf die Bundesregierung den *Deutschen Filmpreis*. Er ist mit drei Millionen Euro der am höchsten dotierte Kulturpreis der Bundesrepublik und wird anlässlich der Berlinale vom *Beauftragten der Bundesregierung für Kultur und Medien* vergeben (nicht zu verwechseln mit dem *Goldenen Bären*, dem ersten Wettbewerbspreis der *Berlinale*-Jury für einen Langfilm).

Trotz allem setzte sich die Krise der deutschen Filmwirtschaft ab Mitte der 1950er Jahre als direkte Folge des damaligen Kinosterbens fort, das wiederum auf die zunehmende Verbreitung des Konkurrenzmediums Fernsehen zurückzuführen war. Waren 1956 erst 700.000 deutsche Haushalte im Besitz eines Fernsehgeräts, erhöhte sich deren Zahl bis 1962 auf 7,2 Millionen[6], und 1967 waren schließlich fünfzig Prozent aller Haushalte versorgt (*Leder* 1995, S. 190). Parallel dazu implodierte die Zahl der Kinobesucher regelrecht von 817,5 Millionen im absoluten Rekordjahr 1956 auf nur noch 172 Millionen im Jahr 1969. Entsprechend sank der jährliche Ausstoß der deutschen Filmwirtschaft bereits bis 1965 um fast fünfzig Prozent auf nur noch 56 Produktionen, während ihr Marktanteil aus dem heimischen Markt von 47,7 Prozent 1956 auf 29 Prozent 1962 schrumpfte (*Storm* 2000, S. 25; *Hollstein* 1996, S. 23). Interessanterweise waren es damals keine US-amerikanischen Produktionen, die die Importseite dominierten, sondern französische Komödien sowie ‚Italo-Western'. Letztere waren jedoch zumeist Koproduktionen mit den großen amerikanischen Studios, die sich auf diesem Weg die damals deutlich niedrigeren Lohnkosten sowie die diversen regionalen Förderprogramme in Europa zunutze machten (*Edgerton* 1986; *Freeman* et al. 2005).

Vor diesem Hintergrund nahm eine Gruppe junger deutscher Nachwuchsregisseure um *Harro Senft* und *Alexander Kluge* das *8. Oberhausener Filmfestival* zum Anlass, eine grundlegende Reform der deutschen Filmförderung anzumahnen. In ihrem berühmten, am 28. Februar 1962 veröffentlichten *Oberhausener Manifest* äußerten sie grundlegende Zweifel an der Qualität des etablierten („alten") deutschen Films, betonten ihre Erfolge auf internationalen Kurzfilmfestivals und forderten mehr Freiheiten und Unterstützung für innovative und qualitativ hochwertige Autorenfilme[7], nicht zuletzt also für ihre eigenen Filmvorhaben. Die Bundesregierung reagierte 1965 mit der Gründung des *Kuratoriums Junger Deutscher Film*, das mit der Vergabe prinzipiell rückzahlbarer Darlehen an Erfolg versprechende junge Filmemacher betraut wurde. Bereits 1970 stellte der Bund die Finanzierung der Einrichtung allerdings wieder ein, nachdem die überwiegende Mehrzahl der Empfänger die Tilgung für ihre geförderten Projekte nicht leisten konnte, und übertrug das Kuratorium in den Zuständigkeitsbereich der Länder. Nachdem 1996 sogar die Schließung dieser Einrichtung erwogen worden war, ist sie, ausgestattet mit einem Budget von 1,5 Millionen Euro, heute nur noch zuständig für die För-

---

5 *Geier* (2006), S. 57 f. Die Bewertung, deren Kosten vom Antragssteller zu tragen sind, steht inländischen wie ausländischen Produktionen gleichermaßen offen. Etwa zwei Drittel der eingereichten Produktionen erhalten die Gütesiegel ‚wertvoll' oder sogar ‚besonders wertvoll'.

6 *Cowen* (2002), S. 76. Zum Vergleich: 1955 besaßen bereits zwei Drittel aller US-amerikanischen Haushalte mindestens ein Fernsehgerät (*Caves* 2000, S. 94).

7 Der vollständige Text ist im Internet abrufbar unter http://de.wikipedia.org/wiki/Bild:Ober hausener_Manifest.JPG.

derung von Kinderfilmen sowie so genannten Talentfilmen, d. h. Produktionen junger Nachwuchstalente (*Storm* 2000, S. 26.).

1967 schließlich wurde die öffentliche Filmförderung im *Gesetz über Maßnahmen zur Förderung des deutschen Films (kurz: Filmförderungsgesetz bzw. FFG)* völlig neu geregelt. Am 1. Januar 1968 in Kraft getreten, wurde das *FFG* seitdem viermal novelliert und wird von der in Berlin ansässigen *FFA-Filmförderungsanstalt* administriert. Ursprünglich als reines Wirtschaftsförderungsgesetz angelegt (*Jarothe* 1998, S. 81), sollte es die deutsche Filmindustrie sowohl vor ausländischen Wettbewerbern als auch vor der wachsenden Konkurrenz durch das Fernsehen schützen (*vom Hofe* 2007, S. 134.). Kernstück war und ist die so genannte Referenzfilmförderung. Dabei handelt es sich um eine garantierte, automatisch erteilte Beihilfe zugunsten der Produzenten kommerziell erfolgreicher Filme. Die einzige von den Empfängern für die Inanspruchnahme dieser Förderung zu erfüllende Bedingung ist die Auflage, die erhaltenen Mittel vollumfänglich für künftige Produktionen verwenden zu müssen. In der Tat nahm die Zahl deutscher Filmproduktionen nach Einführung der Referenzfilmförderung in wenigen Jahren um ein Drittel zu. Bereits 1971 wurde jedoch ein zusätzliches Förderkriterium – der Nachweis einer gewissen Mindestqualität – eingeführt, nachdem zuvor der Löwenanteil der Beihilfen den Produzenten banaler, jedoch kommerziell überaus erfolgreicher Komödien und Softpornos à la „Liebegrüße aus der Lederhose" zugute gekommen war (*Hollstein* 1996, S. 91; *Geier* 2006, S. 43), wobei Letztere allein über die Hälfte der zusätzlich generierten Produktionen ausmachten (*Jarothe* 1998, S. 84). Ergänzend wurde 1974 die so genannte Projektförderung eingeführt. Sie richtete sich zum einen an Nachwuchstalente, die noch keinen Referenzfilm vorweisen konnten, zum anderen sollten sie die Anreize zur Herstellung qualitativ besonders hochwertiger bzw. kulturpolitisch als besonders förderungswürdig erachteter Produktionen verbessern (*Hollstein* 1996, S. 100). Im Gegensatz zu der automatischen Vergabe von Fördermittel in der Referenzförderung obliegt die Förderentscheidung bei der Projektförderung einem Auswahlgremium. Beide Verfahren werden weiter unten ausführlicher diskutiert.

Neben der Förderung für Langfilme sieht das *FFG* die Gewährung von Beihilfen auch für Kurzfilme vor, sofern diesen von der Filmbewertungsstelle das Prädikat ‚besonders wertvoll' verliehen wurde. Darüber hinaus sind nach dem *FFG* Fördermittel für nahezu alle denkbaren Tätigkeiten verfügbar, die einen direkten oder indirekten Bezug zur Filmherstellung haben, wie z. B. das Verfassen von Drehbüchern, die Filmaufführung oder die Modernisierung von Lichtspielhäusern und Videotheken, aber auch die kinematographische Forschung sowie filmspezifische Ausbildungsgänge.

Schließlich vollzogen sich in den 1970er Jahren noch drei weitere Entwicklungen, die die gegenwärtige Struktur des deutschen Filmförderungssystems entscheidend mitprägen sollten. Zum einen leisteten ab 1973 die öffentlich-rechtlichen Fernsehanstalten einen freiwilligen Finanzierungsbeitrag zum Haushalt der *FFA*. Er ist geregelt in den so genannten *FilmFernsehabkommen* und sichert *ARD* und *ZDF* im Gegenzug nicht nur umfangreiche Mitentscheidungsrechte in Förderangelegenheiten, sondern auch Verwertungsrechte (*Storm* 2000, S. 27). Seit 1989 gelten vergleichbare Vereinbarungen auch mit den privaten Fernsehanbietern (*Wolf* 2004, S. 15).

Zum zweiten gründeten mit (West-)Berlin und dem Stadtstaat Hamburg 1977 bzw. 1979 die ersten beiden Bundesländer ihre eigenen Filmfördergesellschaften. Heute verfügt jedes Bundesland – zumindest im Verbund mit anderen Ländern – über eine derartige Einrichtung. Typischerweise als GmbH firmierend, zählen ortsansässige private wie öffentlich-rechtliche Rundfunkanbieter zu den Gesellschaftern. Die Zielsetzungen dieser Fördereinrichtungen sind fast ausschließlich regionalpolitischer Natur, ein Trend, der sich mit der Zulassung privater Anbieter 1984 und dem dadurch ausgelösten Wettbewerb der Länder um deren Ansiedelung noch erheblich verstärkte. Zusätzlich vergeben die meisten Bundesländer – in der Regel über separate Einrichtungen mit deutlich niedrigeren Budgets – noch kulturpolitisch motivierte Zuwendungen, vor allem an talentierte Nachwuchsfilmer.

Schließlich entstanden erstmals steuerbegünstigte geschlossene Medien- und Filmfonds. Obwohl eine Vielzahl derartiger Fonds auch in anderen Film produzierenden Ländern wie unter anderem den USA – dort allerdings ausschließlich auf der Ebene der Bundesstaaten –, in Frankreich, Italien, Australien oder Neuseeland existiert, wurden sie anders als in den genannten Ländern vom deutschen Gesetzgeber nicht explizit als Mittel der indirekten Filmförderung konzipiert. Vielmehr nutzten deren Anbieter die allgemeinen, für sämtliche immateriellen Wirtschaftsgüter bestehenden steuerrechtlichen Vorschriften und Gestaltungsmöglichkeiten, was den Anlegern erhebliche Steuervorteile bei Investitionen in Filmproduktionen einbrachte (*Geier* 2006, S. 49 ff.). Wie weiter unten noch ausführlicher zu diskutieren sein wird, erreichten die geschlossenen Medienfonds in den späten 1990er Jahren ihre Blütezeit, bevor die Nachfrage nach ihnen 2006 aufgrund substantieller Änderungen des deutschen Steuerrechts faktisch zum Erliegen kam.

4. Der derzeitige rechtlich-institutionelle Rahmen

Wie sich im historischen Rückblick bereits andeutete, stellt die staatliche Filmförderung in Deutschland ein äußerst vielschichtiges Geflecht von Förderzielen, konkurrierenden Regelwerken und Kompetenzen, direkten und indirekten Beihilfen dar. Dieser laut *Schneider* (1998, S. 192) veritable „medienpolitische Dschungel" ist im Wesentlichen die zwangsläufige Konsequenz der dualen Natur des Films als Kulturgut einerseits und als Wirtschaftsgut andererseits und spiegelt die komplexe Kompetenzverteilung im bundesdeutschen Föderalismus wider. Vereinfacht dargestellt weist das Grundgesetz den Ländern die ausschließliche Gesetzgebungskompetenz auf dem Gebiet der Kulturpolitik zu. Demgegenüber gehört der Regelungsbereich der allgemeinen Wirtschaftspolitik zu den Kernaufgaben des Bundes, während die Länder wiederum über umfassende Entscheidungsbefugnisse in der Regionalpolitik, insbesondere im Bereich der Wirtschaftsförderung verfügen. Schließlich existieren noch diverse, teils verfassungsrechtlich festgeschriebene, teils eher der Tradition oder politischen Notwendigkeiten geschuldete informelle Kooperationsformen in der Kulturpolitik im Allgemeinen (*Schulz* 2007, S. 32 ff.) sowie auf dem Gebiet der Filmförderung im Speziellen (*Jarothe* 1998, S. 69 ff.). Vor diesem Hintergrund werden nun die wesentlichen Elemente des deutschen Filmförderungssystems vorgestellt.

4.1. Direkte Förderung durch Bund und Länder

4.1.1. Struktur

Die direkte öffentliche Filmförderung wird in Deutschland sowohl auf Bundesebene als auch von den Ländern praktiziert. Wichtigstes Fördermittel sind Darlehen. Deren Inanspruchnahme durch die Filmwirtschaft ist zwar regelmäßig an bestimmte Bedingungen geknüpft. Die relevanten Regularien unterscheiden sich jedoch je nach Förderinstitution im Detail – wenn auch nicht so sehr hinsichtlich der angestrebten Ziele – mitunter erheblich voneinander. Übersicht 1 bietet einen Überblick über die bedeutendsten staatlichen Fördereinrichtungen und deren Budgets. Unberücksichtigt blieben dabei die kleineren Einrichtungen wie das Kuratorium *Junger Deutscher Film* sowie die lokalen Filmbüros einiger Bundesländer, denen aufgrund ihrer sehr geringen Mittelausstattung von in der Regel 5 bis 7,5 Mio. € pro Jahr lediglich eine Nischenrolle zukommt (*Storm* 2000, S. 33).[8]

Übersicht 1: Öffentliche Filmförderung (2007, Budgetansätze)

Fördereinrichtung	**Budget (in Mio. €)**
Bund:	
– FFA-Filmförderungsanstalt	76,3
– Der Beauftragte der Bundesregierung für Kultur und Medien (BKM)	32,8
– Deutscher Filmförderfond (DFFF)	60,0
Länder:	
– Filmstiftung Nordrhein-Westfalen GmbH	34,5
– FFF FilmFernsehFonds Bayern GmbH	23,4
– Medienboard Berlin-Brandenburg GmbH	26,1
– MDM Mitteldeutsche Medienförderung GmbH	13,9
– MFG Filmförderung Baden-Württemberg mbH	8,4
– FFHH Filmförderung Hamburg GmbH	7,2
– nordmedia Fonds GmbH	7,5
Summe	**≈ 290,1**

Quelle: *FFA-Filmförderungsanstalt* (2007), S. 8 f.

Wie bereits erwähnt, fördern diese Einrichtungen nahezu die gesamte Bandbreite filmischen Schaffens (*FFA-Filmförderungsanstalt* 2007, S. 8 f.). Gleichwohl fließt der Löwenanteil ihrer Fördermittel in die Herstellung von Spielfilmproduktionen, wie die folgende Übersicht 2 belegt.

8 Eine vollständige Übersicht der Filmfördereinrichtungen findet sich bei *Geier* (2006), S. 52.

Übersicht 2: Öffentliche Förderung für Spielfilmproduktionen (2007, Budgetansätze)

Fördereinrichtung	**Budget (in Mio. €)**
Bund:	
– FFA Filmförderungsanstalt	39,0
– Der Beauftragte der Bundesregierung für Kultur und Medien (BKM)	6,5
– Deutscher Filmförderfonds (DFFF)	60,0
Länder:	
– Filmstiftung Nordrhein-Westfalen GmbH	18,6
– FFF FilmFernsehFonds Bayern GmbH	13,1
– Medienboard Berlin-Brandenburg GmbH	14,6
– MDM Mitteldeutsche Medienförderung GmbH	6,3
– MFG Filmförderung Baden-Württemberg mbH	5,2
– FFHH Filmförderung Hamburg GmbH	5,2
– nordmedia Fonds GmbH	1,6
Summe	**≈ 170,1**

Quelle: *FFA-Filmförderungsanstalt* (2007), S. 8 f.

4.1.2. Ziele und Regularien

Förderprogramme des Bundes

In auffälligem Gegensatz zur im Grundgesetz verankerten Kompetenzzuordnung obliegt die kulturelle Filmförderung in der Praxis in wesentlichen Teilen dem Bund. Diese nach *Roeber* und *Jacoby* (1973, S. 556) stillschweigende Duldung durch die Bundesländer, die ansonsten streng über ihre verfassungsrechtlichen Zuständigkeiten wachen, lässt sich sicher mit der daraus resultierenden Entlastung der Länderhaushalte erklären. Außerdem ist der Bund aber auch unmittelbar in die wirtschaftliche Filmförderung involviert.

(1) Kulturpolitisch motivierte Filmförderung

Wichtigste Quelle von Fördermitteln der im Rahmen der kulturpolitischen Zielen dienenden Filmförderung ist das Budget des *Beauftragten der Bundesregierung für Kultur und Medien* (*BKM*). Er ist direkt der Bundesregierung unterstellt. Seine Haushaltsmittel von gegenwärtig 32,8 Mio. €, die vollständig aus Steuergeldern finanziert werden, fließen nicht nur in den *Deutschen Filmpreis* und eine Reihe anderer Preise wie den *Deutschen Kurzfilmpreis* und den *Deutschen Drehbuchpreis*. Weitere Förderobjekte sind beispielsweise einige bedeutende Filmfestivals wie vornehmlich die *Berlinale*, Werbekampagnen zur Erhöhung des Bekanntheitsgrades deutscher Produktionen im Ausland sowie diverse kinematographische Institutionen und Filmakademien. Darüber hinaus stellt der *BKM* im Zuge der Projektförderung – dazu später mehr – für qualitativ hochwertige Spielfilme sowie für Kinderfilme Mittel bereit.

Der jährlich vergebene *Deutsche Filmpreis*[9] hat inzwischen nicht nur den Rang eines der prestigeträchtigsten Kulturpreise, die in Deutschland vergeben werden. Er ist darüber hinaus mit einem Preisgeld von fast 3 Mio. € über sämtliche Kategorien hinweg hierzulande die am höchsten dotierte Auszeichnung dieser Art. Das Preisgeld – derzeit 500.000 € in der Kategorie "Bester Film", 200.000 € für den „Besten Dokumentarfilm" und 250.000 € für den „Besten Kinder- und Jugendfilm"[10] – ist zweckgebunden und muss von den Preisträgern in vollem Umfang für künftige Produktionen verwendet werden.

(2) Wirtschaftliche Filmförderung

Wirtschaftliche Filmförderung betreibt der Bund über zwei Kanäle:

- die *FFA-Filmförderungsanstalt*, die – 1968 eingerichtet – zur Administration des Filmförderungsgesetzes gegründet wurde und die über ein Budget von derzeit 39 Mio. € verfügt, und
- den mit 60 Mio. € pro Jahr ausgestatteten *Deutschen Filmförderfonds (DFFF)*, der 2007 für zunächst drei Jahre eingerichtet wurde. Er wird im Rahmen dieser Abhandlung aus Platzgründen nur kurz behandelt.

Die *FFA* finanziert sich primär über eine Filmabgabe und eine Videoabgabe. Erstere wird von allen Kinobetreibern erhoben, deren Häuser jährlich mehr als 75.000 Besucher anziehen, und variiert je nach Größe von 1,8 bis 3 Prozent des erzielten Bruttokartenumsatzes. Als eine Art indirekter Steuer wird sie jedoch auf die Kinobesucher überwälzt. Angesichts eines aktuellen Marktanteils ausländischer Filme von 81,1 Prozent im Jahr 2007 subventionieren damit faktisch die ausländischen Produktionsfirmen ihre deutschen Wettbewerber. Demselben Prinzip folgt auch die Videoabgabe, die von der Videowirtschaft - also von den Inhabern von Lizenzrechten, die Bildträger ab einer Laufzeit von 58 Minuten zum Zweck der Vermietung, Vorführung zum Weiterverkauf oder im Direktabsatz an Endverbraucher in Verkehr bringen – zu entrichten ist. Sie beläuft sich derzeit auf 1,8 Prozent bis zu einem Jahresnettoumsatz von 30 Mio. € sowie von maximal 2,3 Prozent ab einem Jahresnettoumsatz von 60 Mio. €. Darüber hinaus fließen der *FFA* noch Mittel von den öffentlich-rechtlichen Rundfunkanstalten zu: 4,5 Mio. € pro Jahr für Koproduktionen sowie auf der Basis der so genannten *FilmFernsehabkommen* 11 Mio. € zur zweckgebundenen Verwendung im Rahmen der Projektfilmförderung.[11] Ähnliche vertragliche Arrangements existieren schließlich noch zwischen der *FFA* und den privaten Fernsehsendern. Das von Letzteren ebenfalls für die Projekt-

---

9 http://www.deutscher-filmpreis.de.

10 Darüber hinaus werden in neun Kategorien (inklusive bester Regisseur, bester männlicher Hauptdarsteller, beste weibliche Hauptdarstellerin) personenbezogene, nicht zweckgebundene Preise vergeben (*BKM* 2005).

11 http://www.ffa.de/downloads/ffg_regelsammlung/film_fernsehabkommen/01_8Abkommen _ARDZDF_2004.pdf.

filmförderung bereitgestellte Mittelvolumen erreicht gegenwärtig ca. 12 Mio. € jährlich.[12]

Wie schon erwähnt, sieht das Filmfördergesetz zwei verschiedene Förderformen vor: die Referenzfilmförderung einschließlich des hier nicht näher betrachteten Spezialfalls der Referenzkurzfilmförderung sowie die Projektfilmförderung. Ergänzt werden sie durch zahlreiche spezielle Förderprogramme für die Herstellung von Drehbüchern, den Vertrieb und die Aufführung von Filmen sowie für die filmberufliche Weiterbildung, um nur die wichtigsten Maßnahmen zu nennen (s. hierzu §§ 47-60 *FFG*). Grundsätzlich ist die Inanspruchnahme der Förderleistungen der *FFA* an zwei generelle Voraussetzungen geknüpft. Zum einen muss der Antragssteller ein, freilich breit definiertes Nationalitätskriterium erfüllen, wobei aber internationale Koproduktionen unter deutscher Beteiligung, die den rechtlichen Vorgaben des *FFG* genügen, ebenfalls förderungsfähig sind. Zum zweiten werden Fördermittel grundsätzlich verweigert, „wenn der Referenzfilm, der neue Film oder das Filmvorhaben gegen die Verfassung oder gegen die Gesetze verstoßen oder das sittliche oder religiöse Gefühl verletzen" oder „sexuelle Vorgänge oder Brutalitäten in aufdringlich vergröbernder spekulativer Form darstellen" (§ 19 *FFG*).

Konkret erhalten im Rahmen der *Referenzfilmförderung* die Produzenten derjenigen Spielfilme, die mehr als 150.000 so genannte Referenzpunkte – falls ein Prädikat der Filmbewertungsstelle vorliegt, genügen 100.000 – erreichen konnten, einen prinzipiell nicht rückzahlbaren Zuschuss zu den Herstellungskosten.[13] Da jeder Kinobesucher als 1 Referenzpunkt gewertet wird, sind folglich wenigstens 150.000 verkaufte Eintrittskarten im Jahr nach dem Filmstart auf dem deutschen Markt erforderlich, um in den Genuss der Förderung zu gelangen. Alternativ werden Referenzpunkte auch für besondere Erfolge bei den im *FFG* aufgelisteten international renommierten Filmfestivals vergeben, sofern der Film im Inland von wenigstens 50.000 Zuschauern gesehen wurde.[14] Der Zuschuss pro Film ist auf höchstens 2 Mio. € limitiert. Dabei sind vom Zuschussempfänger folgende Bedingungen einzuhalten:

– Der Zuschuss muss vollständig für ein neues Filmvorhaben verwendet werden, welchen den Kriterien gemäß §§ 15 und 16 *FFG* entspricht.

– In Übereinstimmung mit den Bestimmungen des EU-Beihilferechts darf der Subventionsanteil nicht mehr als 50 Prozent der Herstellungskosten des neuen Films betragen (*Broche* et al. 2007).

– Geförderte Filme dürfen erst sechs Monate nach ihrem Kinostart als Video oder DVD vertrieben werden sowie erst nach Ablauf von 18 Monaten im verschlüsselten

12 http://www.ffa.de/downloads/ffg_regelsammlung/film_fernsehabkommen/03_Abkommen_privat_2004.pdf

13 Inhaltlich vergleichbare, wenn auch weniger anspruchsvolle Vorgaben bestehen für Kinder- und Jugendfilme sowie Dokumentationen.

14 Gemäß § 22 *FFG* werden 300.000 Referenzpunkte für den Gewinn des *Deutschen Filmpreises*, des *Golden Globe*, des *Oscars* sowie für den ersten Preis der Filmfestspiele von Cannes, Venedig und Berlin vergeben; bereits eine bloße Nominierung bringt jeweils 150.000 Referenzpunkte.

Bezahlfernsehen bzw. nach 24 Monaten im Free TV ausgestrahlt werden (unter bestimmten Bedingungen kann das Präsidium der *FFA* auf Antrag der Produktionsfirma diese Sperrfristen jedoch verkürzen).

Ein Antrag auf *Projektfilmförderung* kann demgegenüber von denjenigen Produzenten gestellt werden, die (noch) keinen Referenzfilm vorweisen können. Die Entscheidung über die eingegangenen Förderanträge obliegt der bei der *FFA* angesiedelten Vergabekommission. Deren 11 Mitglieder repräsentieren neben dem deutschen Bundestag (1 Vertreter) noch die öffentlich-rechtlichen Rundfunkanstalten (1 Vertreter), den *Verband Privater Rundfunk und Telekommunikation* (1 Vertreter) den „kreativ-künstlerischen Bereich, benannt von der für Kultur und Medien zuständigen obersten Bundesbehörde" (1 Vertreter) sowie die Branchenverbände (7 Vertreter) (§ 8 *FFG)*. Eine Förderung setzt allerdings grundsätzlich voraus, dass „ein Filmvorhaben auf Grund des Drehbuches sowie der Stab- und Besetzungsliste einen Film erwarten lässt, der geeignet erscheint, die Qualität und die Wirtschaftlichkeit des deutschen Films zu verbessern" (§ 32 *FFG*). Außerdem muss der Antragsteller ausreichend Eigenmittel im Umfang von wenigstens 15 Prozent der Produktionskosten nachweisen. Dabei kann es sich sowohl um Eigen- oder Fremdkapital – ausgenommen sind sonstige öffentliche Fördermittel – handeln. Wurde bereits eine nachträgliche Fernsehverwertung vertraglich vereinbart, reduziert sich der Eigenanteil auf 10 Prozent der Kosten (§ 34 *FFG*).

Juristisch gesehen stellt die Projektfilmförderung ein Darlehen dar, das somit grundsätzlich der Rückzahlungspflicht unterliegt. Allerdings ist eine Tilgung erst dann vorgeschrieben, wenn die Verwertungserlöse die bei der Antragsstellung geltend gemachten und von der Vergabekommission genehmigten Kosten um mindestens 20 Prozent übersteigen – wobei die Rückzahlungspflicht 5 Jahre nach der Uraufführung des Films generell erlischt. Im Hinblick auf die Video- und DVD-Verwertungsrechte gelten identische Bestimmungen wie bei der Referenzfilmförderung.

Der *Deutsche Filmförderfonds (DFFF)* – Kernstück des so genannten neuen Anreizmodells des Bundes zur Förderung der Filmwirtschaft in Deutschland (*BKM* 2006) – wurde Ende 2006 im Wesentlichen aus drei Gründen eingerichtet. Zum einen hielt es die Bundesregierung für geboten, der Filmwirtschaft einen materiellen Ausgleich für die faktische Abschaffung der steuerlichen Privilegien der Medienfonds zu gewähren. Zum anderen sollte die Neuregelung den so genannten *German spend*, d. h. den in Deutschland verausgabten Anteil am Gesamtbudget einer Filmproduktion, substantiell anheben; insbesondere sollte Deutschland für internationale Koproduktionen attraktiver gemacht werden. Da grundsätzlich nur Anträge berücksichtigt werden, deren Budget über 1 Mio. € liegt, richtet sich die *DFFF*-Förderung faktisch in erster Linie an Großproduktionen.[15] Schließlich kann der *DFFF* noch als politische Reaktion auf die unter Filmschaffenden seit langem weit verbreitete Kritik am Modell der gremienbasierten Projektfilmförderung – dazu später mehr – interpretiert werden. In der Tat werden die

---

15 Dieser Wert gilt für programmfüllende Spielfilme mit einer Mindestlaufzeit von 79 Minuten. Für Dokumentarfilme liegt der Mindestbetrag bei 200.000 €, bei Animationsfilmen bei 3 Mio. €. Vgl. *BKM* (2006).

DFFF-Fördermittel automatisch ohne Einbeziehung einer Vergabekommission zugewiesen (*BKM* 2006; *Geier* 2007).

Übersicht 3: Die Top 10 DFFF-geförderten Filmproduktionen (2007)

Titel	Produktionsfirma	Regisseur	Zuwendung
Speed Racer	Sechste Babelsberg Film GmbH	Larry Wachowski, Andy Warchowski	9,000.000 €
The International	Siebente Babelsberg Film GmbH	Tom Tykwer	5,800.000 €
Valkyrie	Achte Babelsberg Film GmbH	Bryan Singer	4,800.000 €
Der Baader-Meinhof Komplex	Constantin Film Produktion GmbH	Uli Edel	2,700.000 €
Buddenbrooks	Bavaria Film GmbH	Prof. Dr. Heinrich Breloer	2,299.804,43 €
Anonyma – eine Frau in Berlin	Constantin Film Produktion GmbH	Max Färberböck	1,400.000 €
Hexe Lilli	blue eyes fiction GmbH & Co. KG	Stefan Ruzowitzky	1,250.000 €
Urmel im Wunderland	Constantin Film Produktion GmbH	Holger Tappe, Reinhard Kloos	1,177.621,77 €
John Rabe	Hofmann & Voges Entertainment GmbH	Florian Gallenberger	1,176,588.54 €
Effi	Constantin Film Produktion Gmbh	Hermine Huntgeburth	1,072.000 €

Quelle: *FFA-Filmförderungsanstalt* (2008a).

Konkret müssen die Antragsteller neben den in den traditionellen Fördermodellen üblichen Nationalitäts- und Qualitätskriterien einen – freilich nicht sonderlich anspruchsvollen – kulturellen Eigenschaftstest bestehen, um in den Genuss einer Förderung aus dem *DFFF* zu gelangen. Dabei handelt sich im Wesentlichen um eine Checkliste zur Abprüfung der Deutschland-spezifischen Projektinhalte und des *German spend*, der mindestens 25 Prozent der Gesamtproduktionskosten – bzw. wenigstens 20 Prozent bei Großprojekten mit einem Budget über 20 Mio. € – betragen muss. Dieser Test besteht aus zwei Blöcken mit insgesamt drei Fragebereichen: dem A-Block mit den Teilen „kultureller Inhalt“ sowie „kreative Talente“ und dem B-Block „Herstellung“. In beiden Blöcken muss jeweils eine Mindestpunktzahl erreicht werden[16] (*BKM* 2006, S. 21 ff.). Darüber hinaus muss der Antragsteller eine solide Finanzplanung und einen Eigenmittelanteil in Höhe von wenigstens 15 Prozent der Projektkosten nachweisen. Sofern es sich um eine internationale Koproduktion handelt, muss der deutsche Antragsteller wenigstens 25 Prozent der Herstellungskosten tragen, wobei bei Großprojek-

16 http://www.ffa.de/downloads/dfff/antraege/Kultureller%20Eigenschaftstest_Spielfilme.pdf.

ten ab 25 Mio. € lediglich ein Anteil von 5 Mio. € nachzuweisen ist. Außerdem muss der deutsche Antragsteller auch „inhaltlich mitverantwortlich und aktiv in die Filmherstellung eingebunden“ sein (*BKM* 2006, S. 8). Die Zuwendung beträgt 20 Prozent der deutschen Produktionskosten. Zugleich gilt ein Förderhöchstbetrag von 4 Mio. €. Dieser kann aber in Ausnahmefällen auf Antrag durch Entscheidung des Beirats auf 10 Mio. € erhöht werden, falls mehr als 35 Prozent der Herstellungskosten in Deutschland verausgabt werden bzw. das Projekt im kulturellen Eigenschaftstest zwei Drittel der Gesamtpunktzahl oder mehr erreicht (*BKM* 2006, S. 9).

Förderprogramme der Länder

Die Filmförderprogramme der Länder werden im Wesentlichen aus den jeweiligen Länderhaushalten finanziert. Aufgrund der immer engeren Zusammenarbeit mit den ortsansässigen öffentlich-rechtlichen und privaten Fernsehsendern steigen allerdings deren Beiträge zu den Haushalten der lokalen Förderinstitutionen, für die sie im Gegenzug umfassende Mitentscheidungsrechte bei der Vergabe von Fördermitteln sowie Verwertungsrechte erhalten, kontinuierlich an (*Geier* 2006, S. 56). In den beiden letzten Dekaden übertraf die Filmförderung der Länder die des Bundes deutlich; 2006 entfielen auf Erstere 63,4 Prozent der Zuwendungen insgesamt sowie 58 Prozent der Fördermittel für Spielfilme. Erst mit dem Auflegen des *DFFF* zum 1. Januar 2007 sank ihr Anteil auf 41 bzw. 38 Prozent (siehe dazu auch die Übersichten 1 und 2).

Formalrechtlich betrachtet haben die Filmfördereinrichtungen der Länder ein duales – kultur- und wirtschaftspolitisches – Mandat. In der Tat zählen der Erhalt der kulturellen und sprachlichen Vielfalt, die Bewahrung der lokalen bzw. regionalen kulturellen Identität und die Unterstützung des künstlerischen Nachwuchses zumindest auf dem Papier zu ihren wesentlichen Aufgaben. Nichtsdestotrotz offenbart ein genauerer Blick auf deren Vergabeentscheidungen eindeutig den Primat regionalpolitischer Zielsetzungen.[17] Kurz gesagt sind sie bestrebt, den ökonomischen Nutzen von Filmproduktionen in der Förderregion zu maximieren. Typischerweise werden in diesem Zusammenhang folgende regionalwirtschaftliche Wirkungen angestrebt (*Gordon* 1998, S. 55):

- Ein Anstieg der lokalen bzw. regionalen Beschäftigung sowie des Einkommens infolge von Multiplikatoreffekten;
- die Etablierung des Bundeslands als Zentrum der Medienwirtschaft bzw. die Stärkung eines bereits existierenden Medienclusters;
- das Generieren von *Spillover*-Effekten in andere lokale Wirtschaftszweige, insbesondere die Tourismuswirtschaft – eine Zielsetzung, die im Übrigen in Anspielung auf das hinlänglich bekannte *Product placement* oft auch als *Country placement* bezeichnet wird (*Hormuth* 1993, S. 72ff.).

Um diese Ziele erreichen zu können, fordern alle Fördereinrichtungen der Länder einen minimalen *Local spend*. In anderen Worten müssen die Produktionsfirmen zumindest die ihr zugeflossenen Zuwendungen vor Ort verausgaben; die meisten Länder for-

17 Ein europaweites Verzeichnis sämtlicher Fördereinrichtungen bietet die KORDA-Datenbank (http://korda.obs.coe.int/web/recherche_fonds.php).

dern sogar mindestens 150 Prozent dieses Betrags (*Storm* 2000, S. 29 ff.; *Geier* 2006, S. 52 ff.). Darüber hinaus muss das Projekt – analog den Nationalitätskriterien in der Filmförderung des Bundes – grundsätzlich einen gewissen lokalen bzw. regionalen Bezug erkennen lassen, um überhaupt für eine Förderung in Frage zu kommen. Ohne unzulässige Vereinfachung gesprochen, ist dieses Kriterium immer dann erfüllt, wenn zumindest ein Teil der Handlung auf dem Territorium des fraglichen Landes spielt oder der Regisseur, der Drehbuchautor, der Produzent oder der Koproduzent ungeachtet seiner jeweiligen Staatsbürgerschaft dort wohnhaft ist. Schließlich bescheiden die meisten Fördereinrichtungen der Länder einen Antrag nur dann positiv, wenn die Produktionsfirma sich bereit erklärt hat, lokale Mitarbeiter auf dem Set zu beschäftigen sowie die Uraufführung des Films in dem fraglichen Bundesland zuzusichern. Die Förderentscheidungen obliegen dann Auswahlgremien, in denen, wie bereits erwähnt wurde, die lokalen bzw. regionalen Fernsehsender großen Einfluss besitzen.

4.2. Indirekte Förderung

Indirekte staatliche Filmförderung kann von den politisch Verantwortlichen über eine Reihe unterschiedlicher und meist überaus intransparenter Kanäle praktiziert werden. Ein weit verbreitetes Vehikel innerhalb der EU – vornehmlich in Frankreich –, das allerdings in Deutschland nie zur Anwendung gelangte, sind Quotenregelungen.

Übersicht 4: Indirekte Filmförderung durch Steuervergünstigungen im internationalen Vergleich (Volumina, 2002)

Land	Betrag (in Mio. US-$)	Beschreibung
Deutschland	2.330	Tax-advantaged investment in film production
Großbritannien	1.600	Budgets of films certified as British
Irland	86	Tax-advantaged investment in Irish film production
Niederlande	84	Tax-advantaged investment in Dutch film production
Luxemburg	47	Rebate for foreign film production in Luxembourg
Kanada	44	Tax credit for foreign film production in Canada
Frankreich	40	Tax-advantaged investment in French film production
Australien	20	Tax credit for foreign film production in Australia
Brasilien	19	Various tax benefits for investment in Brazilian production
Island	1	Rebate for foreign film production in Iceland

Quelle: in enger Anlehnung an *Tornow* (2004).

Die Quotenregelungen sollen einheimischen Produktionen einen Mindestmarktanteil an den in den Kinos gezeigten Filmen sowie an der für Spielfilme im Free- und/oder Pay-TV vorgesehenen Sendezeit garantieren. Naturalbeihilfen beziehen sich demgegenüber auf die subventionierte Bereitstellung zentraler Inputs für die Filmproduktion, wie beispielsweise von Studiokapazitäten und sonstigen benötigten Vorleistungen. Vor allem aber vollzieht sich die indirekte Filmförderung weltweit über diverse Steuervergünstigungen (*Gordon* 1998, S. 45 ff.; *Schmidt* und *Pöhlmann* 2004). Während die Filmwirtschaft in den meisten filmproduzierenden Ländern einschließlich Deutschlands traditionell ganz oder teilweise von der Umsatzsteuer sowie speziellen Verbrauchssteuern wie der Vergnügungssteuer befreit waren (und oft noch immer befreit sind), sind heute international wesentlich komplexere Steuervergünstigungen üblich (siehe die vorstehende Übersicht 4).

In Deutschland waren steuerbegünstigte Medienfonds lange Zeit die vorherrschende Form der indirekten Filmförderung, obwohl die ihnen zugrunde liegenden Steuervergünstigungen nicht explizit für die Filmwirtschaft erlassen worden waren. Nach ersten Anfängen in den 1970er Jahren erreichten Medienfonds als Spezialform geschlossener Investmentfonds um das Jahr 2000 ihren Zenit, bevor sie ab 2005 als Folge grundlegender Änderungen der Rechtsgrundlagen vom Gesetzgeber *de facto* abgeschafft wurden (siehe die folgende Übersicht 5). Die enorme Attraktivität einer Anlage in einem geschlossenen Medienfonds wird angesichts folgender Tatsachen offenkundig (*Hubert* et al.1997; *Wessendorf* 2006): Zunächst übersteigt der Grenzabgabensatz (inklusive Solidaritätszuschlag) bereits für nur leicht überdurchschnittlich verdienende Deutsche häufig 50 Prozent der steuerpflichtigen Einkünfte. Des Weiteren schreibt das deutsche Steuerrecht für immaterielle Wirtschaftsgüter – zu denen auch Filme zählen – die sofortige Abschreibung der Herstellungs- bzw. Beschaffungskosten vor. Diese Rechtsvorschrift führte ursprünglich dazu, dass die Geldgeber von Medienfonds steuerrechtlich nicht als Financiers, sondern als Filmproduzenten behandelt wurden. Folglich waren sie verpflichtet, die von ihnen in einen solchen Fonds eingezahlten Mittel im selben Jahr steuerlich vollständig abzuschreiben. Auf diese Weise gelang es ihnen nicht nur, ihre Steuerlast in eben diesem Jahr zu reduzieren, sondern darüber hinaus noch die Steuerzahlungen für (eventuelle) Gewinne in die Zukunft zu verlagern, und zwar idealerweise in ein Jahr, in dem sie, z. B. als Rentner oder Pensionäre, eine geringeres steuerpflichtiges Einkommen erzielen würden. Außerdem konnten die Anleger die Verluste aus der Filmproduktion vollumfänglich mit Gewinnen aus anderen Einkunftsarten verrechnen, wodurch sich ein weiterer, oft substantieller Steuerverminderungseffekt ergab. Schließlich bestand ein aus Sicht der Anleger im internationalen Vergleich einmaliger Vorzug der steuerbegünstigten Medienfonds darin, dass keinerlei rechtliche Vorgaben dahingehend existierten, die Fondsmittel in deutsche Filmproduktionen investieren zu müssen, um in den Genuss der Steuervergünstigungen zu gelangen. Anders formuliert: „It has not mattered who produces the films or where they are produced" (*Bardeen* und *Shaw* 2004, S. 4).

Inzwischen hat das Bundesfinanzministerium die generösen Steuervorteile der Medienfonds durch seine zwei so genannten Medienerlasse aus den Jahren 2001 und 2003 faktisch eliminiert. Die darin erlassenen neuen Vorschriften begrenzen nicht nur die Verrechnung von Verlusten aus den Medienfonds mit anderen Einkunftsarten auf einen Höchstbetrag von 50.000 €. Sie verschärften außerdem die Kriterien, die ein Fondsinvestor erfüllen muss, um steuerrechtlich als Filmproduzent eingestuft werden zu können (*Kurp* 2004; *Geier* 2006, S. 46 f.). Vereinfacht gesagt muss ein Investor glaubwürdig nachweisen, dass er wesentlichen Einfluss auf den gesamten Herstellungsprozess auszuüben in der Lage war. Da die Medienfonds ohne ihr Steuerprivileg üblicherweise lediglich magere Renditen erwirtschaften konnten, vermag es nicht sonderlich zu überraschen, dass die Nachfrage nach ihnen seit der Neuregelung in kurzer Zeit praktisch zum Erliegen kam (Übersicht 5). Darüber hinaus verfolgen die deutschen Finanzbehörden seit geraumer Zeit sowohl die Verantwortlichen zahlreicher Medienfonds als auch deren Investoren juristisch (*Manager Magazin Online-Ausgabe* 2007).

Übersicht 5: Volumina deutscher Medienfonds 1997 – 2006

Jahr	Mittelzuflüsse pro Jahr (in Mrd. €)
1997	0,12
1998	0,70
1999	1,20
2000	2,10
2001	1,96
2002	1,53
2003	1,70
2004	1,49
2005	1,03
2006	0,01

Quelle: *Tornow* (2004); *Der Immobilienbrief* (2007), S. 2.

5. Kritische Würdigung

5.1. Entwicklung der Marktstellung der deutschen Filmwirtschaft

Die Schwächen der öffentlichen Filmförderung in Deutschland sind ebenso vielfältig wie offensichtlich. Zunächst ist festzuhalten, dass der Marktanteil der hiesigen Filmwirtschaft trotz jahrzehntelanger staatlicher Unterstützung zwar nicht mehr rückläufig ist. Er hat sich dafür aber bei sehr ausgeprägten Schwankungen von Jahr zu Jahr auch nur sehr langsam wieder erhöht und erreicht derzeit gerade einmal 18,9 Prozent, wie der nachfolgenden Abbildung 1 zu entnehmen ist.

Abbildung 1: Marktanteil deutscher Produktionen im Inland

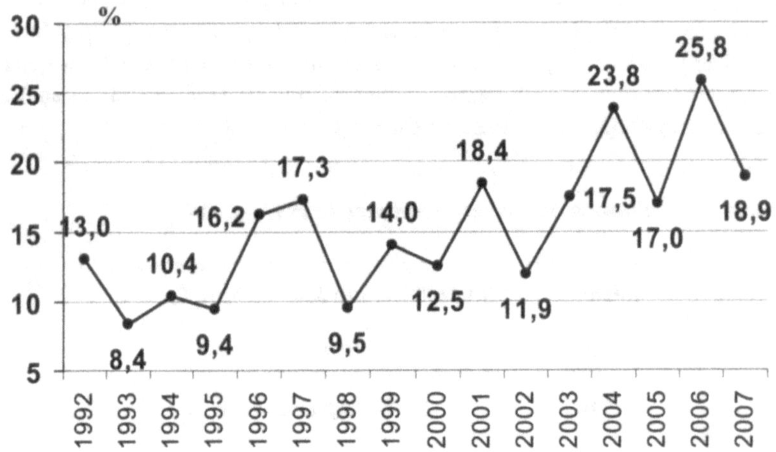

Quelle: *FFA-Filmförderungsanstalt* (2007), S. 11; (2008b).

Problematisch ist die Tatsache, dass diese für sich genommen positive Entwicklung durch eine Reihe gegenläufiger Trends konterkariert wird. So ist die Zahl der Kinogänger seit der Jahrtausendwende wieder stark rückläufig, was wiederum einen spürbaren Rückgang nicht nur der Kinoumsätze, sondern auch der Erlöse je Zuschauer nach sich zog (siehe Abbildung 2 und Übersicht 6).

Abbildung 2: Deutsche Produktionen – verkaufte Eintrittskarten im Inland

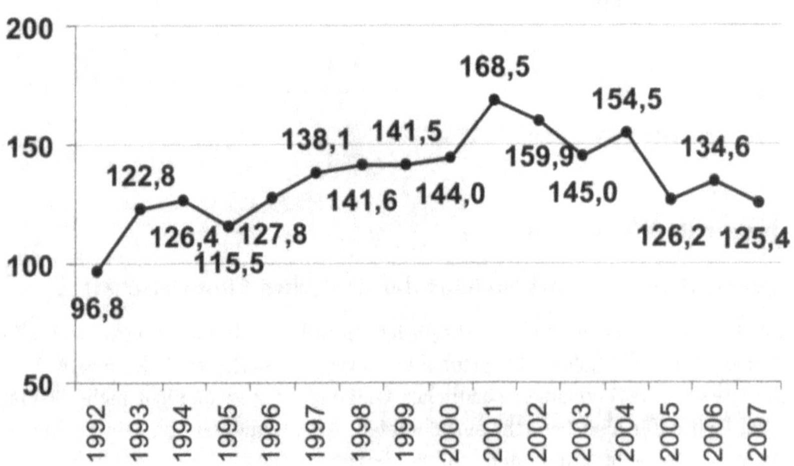

Quelle: *FFA-Filmförderungsanstalt* (2007), S. 11; (2008b).

Übersicht 6: Der deutsche Kinomarkt in Zahlen (alle Produktionen)

	2007	2006	2005	2004	2003	2002	2001
Kartenumsatz	767.9	814.4	745.0	892.9	850.0	960.1	987.2
Verkaufte Eintritts-karten pro Kopf	1.52	1.66	1.54	1.90	1.81	1.99	2.16
Mittlerer Umsatz je Besucher (in €)	9.34	9.89	9.03	10.82	10.30	11.64	12.00
Besucher je Lein-wand	25,959	28,193	26,042	32,178	30,599	33,671	37,130
Besucher deutscher Produktionen (in Mio.)	23.4	34.7	21.5	36.7	25.3	19.0	30.9

Quelle: *FFA-Filmförderungsanstalt* (2007, 2008b).

Für die geringe Effektivität der staatlichen Filmförderung in Deutschland finden sich auch in der einschlägigen Literatur zahlreiche praktische Beispiele. So belegt *Duvvuri* (2007), dass von den 209 Mio. €, die die *FFA* zwischen 1974 und 2003 als Darlehen im Rahmen der Projektfilmförderung vergeben hatte, von den erfolgreichen Antragstellern lediglich 10 Prozent später zurückgezahlt wurden. Des Weiteren lockte ein Drittel der 635 Filmproduktionen, die zwischen 1993 and 2004 öffentlich gefördert und in einem Kino aufgeführt wurden, weniger als 10.000 zahlende Zuschauer an, und zwei Drittel kamen nicht über 100.000 Zuschauer hinaus.

Bei den Filmfördereinrichtungen der Länder scheint die Erfolgsquote noch darunter zu liegen. Beispielsweise vergab die *Filmstiftung Nordrhein Westfalen*, die größte Einrichtung ihrer Art in Deutschland und eine der größten in ganz Europa, von 1991 bis 1997 1,6 Mio. € an rückzahlbaren Zuschüssen für insgesamt 66 Drehbuchprojekte. Wie der nordrheinwestfälische Landesrechnungshof ermittelte, flossen von den Empfängern lediglich 40.903.- € zurück (*Landesrechnungshof Nordrhein Westfalen* 1999, S. 78 ff.). Dies war der Tatsache geschuldet, dass es kaum einem der geförderten Autoren gelungen war, sein Skript erfolgreich bei einer Produktionsfirma zu vermarkten. Ein ähnlich schlechtes Bild zeichnet der Bericht von der Effektivität der Spielfilmförderung. In diesem Bereich gelang es nur 5 von 93 geförderten Filmvorhaben einen so hohen Gewinn abzuwerfen, dass eine (zumindest partielle) Rückzahlung der erhaltenen Darlehen veranlasst werden konnte. Konkret flossen nur 3,1 Prozent der von der *Filmstiftung Nordrhein Westfalen* gewährten Darlehen – d. h. 1,12 Mio. € von 35,85 Mio. € – zurück. Dieser bereits sehr geringe Wert hätte sich nochmals – und zwar auf 0,2 Prozent – vermindert, hätte sich nicht einer der geförderten Filme zu einem veritablen Blockbuster entwickelt und damit eine Rückzahlungsverpflichtung der Produzenten in Höhe des gesetzlichen Höchstwerts von 1 Mio. € begründet. Der Bayerische Landesrechnungshof ermittelte in einem 2004 vorgelegten Untersuchungsbericht nur unwesentlich höhere Rückzahlungsquoten bei den Filmfördermaßnahmen der *FilmFernsehFonds Bayern GMBH* und kam zu dem abschließenden Ergebnis, „dass die langjährige und massiv steigende öffentliche Subventionierung nicht dazu geführt hat, die Förderziele zu erreichen" (*Bayerischer Rechnungshof* 2004, S. 53).

5.2. Konstruktionsmängel der deutschen Filmförderung

5.2.1. *Rent-seeking* und Subventionsmentalität

Wirtschaftspsychologisch betrachtet begünstigt jede über einen längeren Zeitraum hinweg gewährte staatliche Beihilfe mit großer Wahrscheinlichkeit die Herausbildung einer ‚Subventionsmentalität' unter ihren Empfängern. Anstatt als – einmaliges oder zeitlich befristetes – Privileg wird sie zunehmend als selbstverständlicher Anspruch und als Bringschuld von Staat und Gesellschaft wahrgenommen. Im Ergebnis führt diese veränderte Wahrnehmung zu einer volkswirtschaftlich außerordentlich problematischen Kultur der Abhängigkeit, die den Unternehmergeist erstickt und statt dessen eine die gesamtwirtschaftliche Wohlfahrt mindernde *Rent-seeking society* gebiert (*Buchanan* 1980; *Tullock* 1980). Für diesen theoretischen Befund finden sich auch in der deutschen Filmwirtschaft unübersehbare Belege.

Zunächst stellt die öffentliche Filmförderung seit Jahrzehnten die mit deutlichem Abstand bedeutendste Fremdfinanzierungsquelle der Produzenten dar. Obwohl die diesbezüglichen Schätzungen differieren, dürften sie gegenwärtig etwa 50 Prozent der Produktionskosten betragen. Dies entspricht in etwa den nach EU-Beihilferecht zulässigen Höchstsätzen, liegt aber niedriger als im Zeitraum von Mitte der 1980er bis Mitte der 1990er Jahre, als die öffentlichen Zuschüsse noch etwa 70 Prozent abdeckten.[18] Aus Sicht des Produzenten stellt die öffentliche Filmförderung in Deutschland eine höchst attraktive, weil *de facto* risikofreie, Komponente seines Finanzierungsplans dar. Anders als bei marktüblichen Formen der Fremdfinanzierung werden die Fördermittel nämlich grundsätzlich zinslos gewährt und müssen – mit der in der Praxis, wie bereits erwähnt wurde, freilich eher hypothetischen – Ausnahme der Projektfilmförderung nicht zurückgezahlt werden. Sie haben folglich den Charakter verlorener Zuschüsse. Überdies ist es zulässig, Zuschüsse mehrerer Fördereinrichtungen gleichzeitig zu akquirieren, was auch den Regelfall darstellt (*Storm* 2000, S. 23). Im Ergebnis bedeutet dies eine weitgehende Entkoppelung des wirtschaftlichen Erfolgs des Produzenten vom wirtschaftlichen Erfolg der von ihm verantworteten Produktionen (*Jarothe* 1998, S. 94; *Gordon* 1998, S. 50). Aufgrund der laxen Nationalitätsanforderungen sind die hierzulande für Filmproduktionen gewährten Fördermittel schließlich auch für ausländische Produzenten höchst attraktiv. Dies zeigt sich nicht zuletzt daran, dass ausländische Handelskammern den in ihren Ländern ansässigen Filmschaffenden umfassende Informationen und Beratung für deren Einwerbung offerieren (*New Zealand Trade & Enterprise* 2004). Da Deutschland allerdings dabei mit den Förderprogrammen anderer Länder konkurriert, ist ein ausgeprägter Subventionswettlauf die gesamtwirtschaftlich unerwünschte Folge.

Während der Referenzfilmförderung zumindest eine gewisse marktorientierte Anreizwirkung innewohnt, haben die Regularien der Projektfilmförderung exakt den gegenteiligen Effekt. Die Folge sind perverse Anreize sowohl für die Filmschaffenden als auch für die zuständigen Förderinstitutionen. Vom Sonderproblem des Nepotismus bzw. eines fragwürdigen ‚Kuhhandels' – d. h. den grundsätzlichen Problemen gremienbasier-

18 Zu den Einzelheiten siehe *Ginsberg* (1984); *Neckermann* (1991); *Schröder* (1995); *Dale* (1997).

ter Zuwendungsentscheidungen – ganz abgesehen, ist es in einem derartigen System für jeden Antragsteller rational, solche Projekte vorzuschlagen, die mit hoher Wahrscheinlichkeit den (mutmaßlichen) Geschmack der Jurymitglieder treffen werden, anstatt sich an den (mutmaßlichen) Präferenzen der Zuschauer zu orientieren (*Bayerischer Oberster Rechnungshof* 2004, S. 60). Etwas schärfer formuliert, stellen somit *de facto* die Mitglieder der Fördergremien die relevante Zielgruppe und damit die Hauptklientel der Filmschaffenden dar (*Dale* 1997, S. 123.) Offensichtlich ist auch, dass eine solchermaßen enge Beziehung zwischen nationaler Filmindustrie und nationalen Fördereinrichtungen nur geringe Anreize schafft, Produktionen hervorzubringen, die sich auch im europäischen Ausland sowie auf dem Weltmarkt vermarkten ließen und damit – wie es der US-amerikanischen Filmwirtschaft in hervorragender Manier gelingt – interkulturelle Barrieren, also den so genannten „Cultural discount" (*Trepte* 2003), erfolgreich zu überwinden (*Cowen* 1998, S. 81).

5.2.2. Zersplitterung der Angebotsseite

Wegen des hohen wirtschaftlichen Risikos einer Filmproduktion – die meisten Projekte spielen ihre Herstellungskosten selbst über die gesamte Vermarktungskette nicht wieder ein – und ihrer politischen Rechenschaftspflichten gegenüber Rechnungshof und Parlament haben die Fördereinrichtungen einen starken Anreiz, eine große Zahl kleinerer anstelle einer geringen Anzahl von großen Produktionen zu unterstützen. Aus Sicht der Fördereinrichtung bietet diese Strategie den Vorteil, sich gegenüber politischer Kritik bis hin zu personellen Konsequenzen im Fall spektakulärer Flops zu isolieren. Indirekte Folge ist aber auch die anhaltende extreme Zersplitterung der deutschen Filmwirtschaft, die eindeutig zu Lasten der Wettbewerbsfähigkeit gegenüber effizienteren und finanzstärkeren ausländischen Anbietern geht. Konkret bringen 80 Prozent der knapp 450 deutschen Filmproduktionsfirmen jährlich lediglich einen Film heraus, dessen durchschnittliches Budget sich auf 5 Mio. € beläuft – verglichen mit 58,8 Mio. € für eine US-amerikanische Produktion (*Bayerischer Oberster Rechnungshof* 2004, S. 59 ff.; *Wessendorff* 2006, S. 25).

Dieses Strukturproblem wird wiederum verschärft durch zwei übergelagerte sozioökonomische Entwicklungen. Zum einen ist die Mehrzahl der Kinobesucher jünger als 35 Jahre – eine Zielgruppe, die allerdings aufgrund des demographischen Wandels absolut schrumpft. Überdies bevorzugt diese Zuschauergruppe teure Großproduktionen in Genres, in denen deutsche Produzenten traditionell nur schwach vertreten sind: FantasyFilme (wie Herr der Ringe), Science Fiction (wie die „Star Wars-Trilogy") und Action, die teure Spezialeffekte erfordern, sowie generell Filme, die mit weltbekannten – und entsprechend teuren – Schauspielerinnen und Schauspielern besetzt sind (*Rohrbach* 2001; *Cowen* 2002, S. 77). Zum anderen schafft der große und weiter zunehmende Einfluss der Fernsehsender in Förderentscheidungen, vor allem auf der Ebene der Bundesländer, Anreize für die Filmschaffenden, von vorneherein auf wesentlich kostengünstigere TV-kompatible Formate mit ihrer eigenen Bildsprache und Dramaturgie zu setzen.[19] Der kommerzielle Primat der Zweitverwertung gegenüber der Kinoerstverwertung führt freilich wiederum dazu, dass derartigen Produktionen in der Regel an der Kinokasse ebenso wie als Exportgüter – einschließlich des Rechteverkaufs an ausländische Fernsehstationen – kommerziell nur geringer Erfolg beschieden ist. Diese Strategie kontrastiert merklich mit der wettbewerblichen Antwort der US-amerikanischen Studios auf die Bedrohung durch das Fernsehen (und zunehmend das Internet) in Gestalt eines extrem ressourcenaufwendigen Dreiklangs aus „marketing, glamour, and special effects“ (*Cowen* 2002, S. 77) sowie technologischen Innovationen wie der in vollem Gang befindlichen Umrüstung sowohl der Produktion als auch der Kinoaufführung auf das 3-D-Format.

5.2.3. Ineffiziente institutionelle Fragmentierung der Förderung

Eine weitere strukturelle Schwäche der deutschen Filmförderung besteht in der Fragmentierung der Fördereinrichtungen, die untereinander einen intensiven, jedoch aus gesamtwirtschaftlicher Sicht verschwenderischen Subventionswettlauf betreiben, anstatt ihre Kräfte auf wenigere, dafür aber kommerziell erfolgversprechendere Filmvorhaben zu bündeln (*Gordon* 1998; *Landesrechnungshof Nordrhein Westfalen* 1999). Wohlgemerkt mag unter den gegenwärtigen rechtlich-institutionellen Rahmenbedingungen der Filmförderung eine derartige Strategie für die in diesem Wettbewerb erfolgreichen Bundesländer durchaus vorteilhaft sein. Dies gilt insbesondere vor dem Hintergrund, dass die geförderten Filme typischerweise Beihilfen des Bundes sowie eines oder sogar mehrerer Bundesländer erhalten. Wenn es also einem Bundesland gelingt, eine solchermaßen doppelt geförderte Produktion zu attrahieren, steigt folglich die Wahrscheinlichkeit beträchtlich, dass der gesetzlich geforderte *Local spend* übertroffen wird, da zumindest auch ein Teil der Fördermittel des Bundes vor Ort verausgabt wird. Aus gesamtwirtschaftlicher Perspektive betrachtet, trägt das Fehlen einer engen horizontalen und vertikalen Koordination der Förderentscheidungen freilich auch zur anhaltenden Fragmentierung der deutschen Filmwirtschaft bei und beschädigt somit deren Wettbewerbsfähigkeit.

5.2.4. Sonderprobleme des *DFFF*

Deutschland konkurriert mit seinen nationalen Filmförderprogrammen gegen vergleichbare Beihilfekonstruktionen anderer Staaten. Dieser bislang weitgehend unregulierte intensive internationale Subventionswettlauf erlaubt es *de facto* keinem Produktionsstandort, sich dauerhafte Wettbewerbsvorteile zu sichern. Erhebliche Wohlfahrtsverluste sind stattdessen die gesamtwirtschaftlich unerwünschte Folge. Dass dieser Subventionswettbewerb perverserweise durchaus auch massiv zu Lasten der heimischen Filmbranche – zumindest ihres kreativen ‚Rückgrats‘, also der inländischen Regisseure, Produzenten, Drehbuchautoren und Schauspieler – gehen kann, zeigen die ersten Erfahrungen mit dem neuen Förderinstrument *DFFF*.

---

19 Als Faustregel in der Branche gilt, dass die Ausstrahlungsrechte an einer deutschen Produktion etwa fünfzig Prozent preiswerter zu erwerben sind als die vergleichbarer US-amerikanischer Produktionen (*Storm* 2000, S. 40 ff.).

Zwar gilt der *DFFF* aus Sicht der Bundesregierung und der hiesigen Filmwirtschaft bereits jetzt als ein so großer Erfolg, dass die Verlängerung des Programms über 2009 hinaus politisch als ausgemacht gilt (*Die Welt* 2008). Betrachtet man freilich die 2007 getroffenen Förderentscheidungen (*FFA-Filmförderungsanstalt* 2008a), sind gleichwohl erhebliche Zweifel an der Effektivität auch dieses neuen Förderinstruments angebracht. Wie weiter oben gezeigt, waren Großproduktionen unter maßgeblicher Beteiligung US-amerikanischer Filmstudios bei der Antragstellung mit einem Anteil von etwa einem Drittel an den insgesamt ausgeschütteten Fördermitteln im ersten Jahr der *DFFF*-Förderung am erfolgreichsten – wenngleich formal stets eine deutsche Produktionsfirma als Antragsteller fungierte. Beispielsweise ist die *Achte Babelsberg GmbH*, die offizielle Produktionsfirma des Streifens *Valkyrie* – eines 54 Mio. € teuren Projekts über den deutschen Widerstandskämpfer *Claus Schenk Graf von Stauffenberg* –, gesellschaftsrechtlich überaus eng mit *United Artists* verbunden. Vor diesem Hintergrund erscheint es zunächst kaum plausibel, dass diese Produktion ohne die *DFFF*-Fördermittel nicht realisiert worden wäre – wenngleich zugegebenermaßen nicht notwendigerweise auf deutschem Boden.[20]

Sachlich nicht nachvollziehbar ist außerdem die *DFFF*-Zuwendungsentscheidung für das am stärksten bezuschusste Filmprojekt *Speed Racer*. Weder weist diese von *Warner Bros. Pictures* verantwortete Verfilmung eines japanischen Comics-Stoffs irgendeinen thematischen oder kulturellen Deutschlandbezug auf, noch sind – wie im Fall von *Valkyrie* – der Regisseur oder einer der Hauptdarsteller deutscher Nationalität oder zumindest hierzulande wohnhaft. Inwieweit die im Antragsverfahren formal als Produktionsfirma in Erscheinung getretene *Sechste Babelsberg Film GmbH* in der Tat den vorgeschriebenen inhaltlichen Einfluss geltend machen kann, ist für Außenstehende nicht erkennbar, zumal die Begründung des mit der Entscheidung betrauten Beirats – dem mit *Christoph Fisser* auch ein Vorstandsmitglied der Babelsberg-Gruppe angehört – bislang nicht veröffentlicht wurde (*Süddeutsche Zeitung Online-Ausgabe* 2007). Lediglich der *German spend* dürfte die im kulturellen Eigenschaftstest geforderten Schwellenwerte übertreffen. Was schließlich die Projekte der erfolgreichen deutschen Antragsteller angeht, erscheint angesichts der Tatsache, dass deren Regisseure bislang zum Teil überwiegend für das Fernsehen gearbeitet haben, nicht unwahrscheinlich, dass diese vorrangig für die nachfolgende TV-Zweitverwertung konzipiert wurden und weniger für das typische Kinopublikum.

---

20 Selbst wenn die Förderentscheidung für *Valkyrie* auf den ersten Blick vertretbar erscheint, um im Ausland das Bewusstsein dafür zu schaffen, dass im Dritten Reich auch in Deutschland selbst Widerstandsgruppen existierten, dürfte es sich *de facto* nur um einen Mitnahmeeffekt der US-amerikanischen Produktionsfirma gehandelt haben. Der Film wäre also wegen des enormen kommerziellen Potenzials der Handlung mit an Sicherheit grenzender Wahrscheinlichkeit auch ohne *DFFF*-Fördermittel realisiert worden. Schlechterdings nur als absurd bezeichnen lässt sich in diesem Zusammenhang auch die Weigerung der deutschen Behörden, den Produzenten von *Valkyrie* trotz der millionenschweren Förderung aus deutschen Steuermitteln zunächst die Drehgenehmigung an dramaturgisch wichtigen Originalschauplätzen wie dem *Bendlerblock* mit der Begründung zu verweigern, der Hauptdarsteller *Tom Cruise* sei Mitglied der *Scientology*-Sekte, obwohl diese Organisation hierzulande bislang nicht verboten ist.

5.2.5. Sonderprobleme der indirekten Filmförderung durch Medienfonds

In Deutschland ansässige Medienfonds, deren Geschäftsmodell im Wesentlichen auf großzügigen – von den Finanzbehörden inzwischen aber weitgehend widerrufenen – Steuervorteilen beruhten, investierten ab Mitte der 1990er Jahre Milliardenbeträge in Filmproduktionen. Da es die Bundesregierung jedoch versäumt hatte, die Inanspruchnahme der Steuervergünstigungen an einen bestimmten Mindest-*German spend* zu knüpfen, flossen wenigstens 80 Prozent der Fondsmittel in die Finanzierung US-amerikanischer Filmproduktionen (siehe Abbildung 3), einschließlich solcher Blockbuster wie *Mission Impossible 2*, *Terminator 3*, *Chicago*, *Gangs of New York* und die *Herr der Ringe*-Trilogie sowie zuletzt *Rambo IV*.

Nach Schätzungen der Bundesregierung investierten deutsche Medienfonds zwischen 1993 und 2003 über 12 Mrd. US-$ in Hollywood-Produktionen (*Geier* 2006, S. 50). Im Jahr 2003 waren 13 der mit einem *Oscar* prämierten Filme auf diese Weise kofinanziert worden, wobei diese Mittel insgesamt etwa 20 Prozent der Budgets für Hollywood-Produktionen ausmachten (*Kurp* 2004). Allerdings wurde ein nicht unwesentlicher Prozentsatz dieser Mittel, die aufgrund der oft geringen Branchenkenntnisse der Fondsinhaber rasch als „stupid German money" tituliert wurden, von den US-amerikanischen Studios für Projekte eingesetzt, für die sie keine adäquate marktmäßige Finanzierung realisieren konnten. Obwohl diese steuerlichen Anreize von der Bundesregierung inzwischen, wie bereits erwähnt, weitgehend abgeschafft wurden, belegen sie doch nachdrücklich die mangelnde Sachkenntnis der politisch Verantwortlichen sowie vor allem die fehlende Abstimmung zwischen den direkt oder indirekt mit der öffentlichen Filmförderung betrauten Ressorts. Abschließend sei der Hinweis erlaubt, dass die gesamte indirekte Filmförderung im Ergebnis lediglich den Effekt einer massiven Beihilfe zugunsten der ausländischen, allen voran der in Deutschland ohnehin dominanten US-amerikanischen, Wettbewerber der deutschen Filmbranche hatte.

Abbildung 3: Wo deutsche Medienfonds investierten (2005, in Prozent)

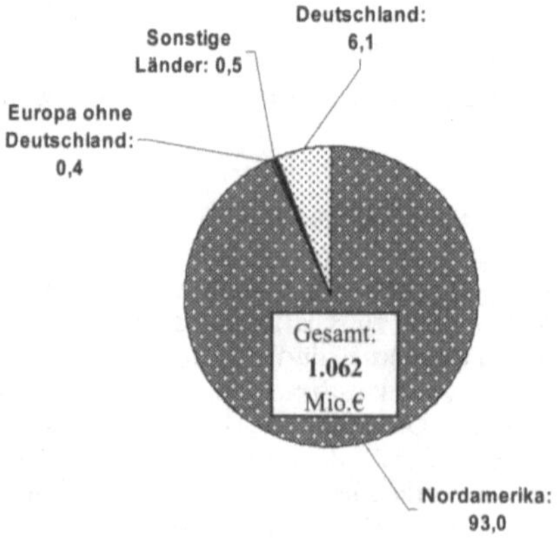

Quelle: *Financial Times Deutschland*, 24. Februar 2007, S. A3.

5.2.6. Sonderprobleme der kulturpolitisch motivierten Filmförderung

Das zentrale Problem jeder kulturell orientierten Filmförderung besteht naturgemäß im Fehlen objektiver Qualitätskriterien. Aus diesem Grund sind Förderentscheidungen extrem anfällig für politische Einflussnahme und *Rent-seeking*, zumal sie in der Regel von so genannten *Gatekeepers*, d. h. von Branchenvertretern, getroffen werden, die von der Regierung in die zuständigen Auswahlgremien berufen wurden, aber nicht selten ein wirtschaftliches Eigeninteresse an derartigen Förderentscheiden haben (*Currid* 2007, S. 132 ff.). Im Ergebnis führt dies einerseits zu hohen Marktzutrittsschranken für in der Film Community schlecht ‚vernetzte' Antragsteller, insbesondere Newcomer, sowie für Projekte außerhalb des herrschenden Mainstreams. Andererseits immunisiert die weitgehende Delegation von Förderentscheidungen an Brancheninsider die zuständigen Behörden vor politischer und fachlicher Kritik im Falle einer Fehlentscheidung. Dass dies kein rein theoretisches Problem sein muss und dass das Ziel der Förderung künstlerisch wertvoller bzw. kulturell hochwertiger Filmprojekte allen öffentlichkeitswirksamen Verlautbarungen der Entscheidungsträger zum Trotz bis heute systematisch vernachlässigt wird, lässt sich schon im Hinblick auf den Anteil der Fördermittel, welche dafür vergeben wurden, grob erkennen. Es lässt sich aber auch exemplarisch am Beispiel des *Bundesfilmpreises* nachweisen. Obwohl er nach offizieller Lesart das ‚Flagschiff' unter den vom Bund vergebenen Kulturpreisen darstellt, wird er gleichwohl im Regelfall an einen der kommerziell erfolgreichsten deutschen Filme des Jahres vergeben (*Schneider* 1998).

Freilich sollte die grundsätzliche Eignung staatlicher Beihilfen als Instrument der Kulturpolitik ohnehin nicht überschätzt werden. So belegt eine zentrale und vor allem empirisch gut abgesicherte Erkenntnis der Kulturökonomik, dass angebotsseitige Fördermaßnahmen *per se* keine zusätzliche Nachfrage nach ‚qualitativ hochwertigen' bzw. ‚kulturell wertvollen' Produktionen bei der eigentlichen gesellschaftlichen Zielgruppe – den so genannten kulturfernen Schichten – generieren. Im Gegenteil sind es regelmäßig die meist überdurchschnittlich gebildeten und wohlhabenden Haushalte, deren Nachfrage nach Kulturgütern aus dem allgemeinen Steueraufkommen von der Allgemeinheit subventioniert wird, obwohl diese gesellschaftliche Gruppe sehr wohl in der Lage wäre, Marktpreise zu bezahlen. Anders formuliert kann die staatliche Kulturförderung im Allgemeinen sowie die öffentliche Filmförderung im Besonderen nicht das Versagen von Familien und dem Schulwesen im Bereich der kulturellen Bildung kompensieren.

6. Fazit

Der Status quo der öffentlichen Filmförderung in Deutschland (aber auch in allen anderen Staaten, die derartige Beihilfen gewähren) stellt geradezu ein Musterbeispiel für Politikversagen dar. Selbst wenn man – wie die Vertreter der deutschen Filmwirtschaft aus wohlverstandenem ökonomischen Eigeninteresse – grundsätzlich für eine staatliche Unterstützung der heimischen Filmindustrie ist, können die gegenwärtigen rechtlich-institutionellen Rahmenbedingungen nicht als sonderlich erfolgreich bewertet werden. Im Gegenteil hat sich die breite Verfügbarkeit von *de jure* und/oder *de facto* nicht oder nur zu einem geringen Anteil rückzahlbaren Fördermitteln dahingehend als kontraproduktiv erwiesen, als es nicht gelungen ist, die deutsche Filmwirtschaft zu revitalisieren, also einerseits ihren Marktanteil im Inland substantiell – in den Worten von *Bernd Neumann* (*BKM* 2008) auf 40 Prozent – zu erhöhen und andererseits ihre Weltmarkttauglichkeit zu steigern.

Im Gegenteil gelang es bislang nicht, trotz enormer Subventionen von etwa 7.700 € pro Beschäftigten, die Dominanz US-amerikanischer Produktionen auf dem deutschen Markt zu überwinden. Vielmehr werden über den *DFFF* sogar in zunehmendem Maße Hollywood-Großproduktionen wie *Vakyrie* und *Speed Racer* massiv aus deutschen Steuergeldern subventioniert, die ohne messbaren kreativen Input deutscher Filmschaffender (vor allem Regisseure, Produzenten und Schauspieler) realisiert werden. Das Ziel, den *German spend* von Filmproduktionen zu steigern, konfligiert hier unmittelbar mit dem Ziel, die Wettbewerbsfähigkeit deutscher Filmprojekte zu erhöhen, aber auch mit der Intention, den Film als wichtiges Trägermedium deutscher Kultur zu fördern. Stattdessen hat die öffentliche Filmförderung die dringend erforderliche Umstrukturierung der Branche hin zu größeren Einheiten verhindert, eine fragwürdige Subventionsmentalität begründet und aller Rhetorik zum Trotz kulturpolitische Zielsetzungen systematisch vernachlässigt. Eine grundlegende Reform der öffentlichen Filmförderung erscheint also unabdingbar angesichts der Komplexität des Föderalismus bundesdeutscher Prägung sowie der unter Filmschaffenden und Politikern nach wie vor weit verbreiteten Ansicht, dass das Kino eine Kunstform für die Elite statt massentauglicher Unterhaltung darstellt (*Jansen* 2002, S. 9). Obwohl Deutschland sicherlich einen Extremfall darstellt, was die institutionelle Zersplitterung und Ineffizienz der öffentlichen Filmförderung angeht, ist das Land gleichwohl kein spektakulärer Einzelfall. Derzeit koexistieren und konkurrieren alleine in den Mitgliedsstaaten der ehemaligen EU-15 137 (!) öffentliche Filmfördereinsichtungen (*Storm* 2000, S. 35). Die öffentliche Debatte um die Sinnhaftigkeit staatlicher Filmförderung, aber auch die juristische Diskussion über ihre WTO-Konformität stehen folglich erst am Anfang.

Literatur

Bakker, Gerben (2005), The decline and fall of the European film industry: sunk costs, market size, and market structure, 1890-1927, in: The Economic History Review, Vol. 58, pp. 310-351.

Bardeen, William T. and *Claude Shaw* (2004), Tax-Motivated German Financing of the U.S. Film Industry, in: Chazen Web Journal of International Business, Spring 2004, pp. 1-8 (http://www2.gsb.columbia.edu/journals/files/chazen/German_Film_Financing.pdf).

Bayerischer Oberster Rechnungshof (2004), Jahresbericht 2004, München (http://www.orh.bayern.de/files/Jahresberichte/2004/Jahresbericht2004.pdf).

BKM – Der Beauftragte der Bundesregierung für Kultur und Medien (2005), Filmförderrichtlinien der BKM vom 13. Juli 2005, Bonn (http://www.filmfoerderung-bkm.de).

BKM – Der Beauftragte der Bundesregierung für Kultur und Medien (2006), Richtlinie des BKM „Anreiz zur Stärkung der Filmproduktion in Deutschland“ vom 21. Dezember 2006, Bonn (http://www.filmverband-sachsen.de/pdf/richtlinie_fff.pdf).

BKM – Der Beauftragte der Bundesregierung für Kultur und Medien (2008), Rede von Staatsminister Bernd Neumann zum deutschen Filmpreis 2008, Berlin (http://www.bundesregierung.de/Content/DE/Rede/2008/04/2008-04-25-rede-neumann).

Broche, Jérôme, Obhi Chatterjee, Irina Orssich and *Nóra Tosics* (2007), State aid for films – a policy in motion?, in: European Commission, Competition Directorate-General (ed.), Competition Policy Newsletter, No. 1, pp. 44-48 (http://ec.europa.eu/comm/competition/publications/cpn/cpn2007_1.pdf).

Buchanan, James M. (1980), Rent Seeking and Profit Seeking, in: *James M. Buchanan* and *Gordon Tullock* (eds.), Toward a Theory of the Rent Seeking Society, College Station. pp. 3-15.

Caves, Richard E. (2000), Creative Industries: Contracts between Art and Commerce, Cambridge (Mass.) and London.

Cowen, Tyler (1998), In Praise of Commercial Culture, Cambridge, Mass. and London.

Cowen, Tyler (2002), Creative Destruction: How Globalization Is Changing the World's Cultures, Princeton and Woodstock.

Currid, Elizabeth (2007), The Warhol Economy: How Fashion, Art & Music Drive New York City, Princeton.

Dale, Martin (1997), The Movie Game: The Film Business in Britain, Europe, and America, London.

Der Immobilienbrief (2007), Immobilien-Fonds-Spezial, Nr. 132, 01. Februar 2007 (https://www.immobilienscout24.de/published-downloads/pdf_nr132.pdf).

Die Welt (2008), Filmförderfonds soll über das Jahr 2009 hinaus verlängert werden, 04. Februar 2008, S. 25.

Duvvuri, Stephan A. (2007), Öffentliche Filmförderung in Deutschland: Versuch einer ökonomischen Erfolgs- und Legitimationsbeurteilung, München.

Edgerton, Gary (1986), The Film Bureau Phenomenon in America: State and Municipal Advocacy of Contemporary Motion Picture and Television Production, in: *Bruce A. Austin* (ed.), Current research in film: audiences, economics and law, Vol. II, Norwood, pp. 204-224.

FFA-Filmförderungsanstalt (2000), FFA Intern, Nr. 1/00, Berlin, 09. Februar 2000. (http://www.filmfoerderungsanstalt.de/downloads/publikationen/ffa_intern/ffa_intern_0100.pdf).

FFA-Filmförderungsanstalt (2001), FFA Intern, Nr. 1/01, Berlin, 05. Februar 2001. (http://www.filmfoerderungsanstalt.de/downloads/publikationen/ffa_intern/ffa_intern_0101.pdf).

FFA-Filmförderungsanstalt (2007), FFA Info 1/07, Berlin, 07. Februar 2007. (http://www.filmfoerderungsanstalt.de/downloads/publikationen/ffa_intern/FFA_info_1_2007.pdf).

FFA-Filmförderungsanstalt (2008a), Deutscher Filmförderfonds. Förderzusagen Stand 17. Dezember 2007, Berlin (http://www.ffa.de/downloads/dfff/foerderzusagen/Foerderzusagen_DFFF_2007.pdf).

FFA-Filmförderungsanstalt (2008b), FFA-Info 1/08, Berlin, 06. Februar 2008 (http://www.filmfoerderungsanstalt.de/downloads/publikationen/ffa_intern/FFA_info_1_2008.pdf).

Freeman, Gregory, Jack Kyser, Nancy Sidhu, George Huang and *Michael Montoya* (2005), What Is the Cost of Run-Away Production? Jobs, Wages, Economic Output and State Tax Revenue at Risk When Motion Picture Productions Leave California, Study prepared for the California Film Commission, Los Angeles (http://www.film.ca.gov/ttca/pdfs/link_overview/cfc/California_Film_Commission_Study.pdf).

Geier, Heike (2006), Nationale Filmförderung und europäisches Beihilfenrecht, Baden-Baden.

Geier, Heike (2007), Filmförderung und Europarecht: Der neue Filmförderfonds und die geplante Verschärfung der europäischen Beihilfenkontrolle, in: ZUM – Zeitschrift für Urheber- und Medienrecht, Bd. 51, S. 178-186.

Ginsberg, Matthias (1984), Ohne Subvention kein Verleih?, in: *Gisela Hundertmark* und *Louis Saul* (Hg.), Förderungen essen Filme auf: Positionen – Situationen – Materialien, München, S. 62-69.

Gordon, Michael (1998), Kosten und Nutzen wirtschaftlicher Filmförderung, Potsdam.

Hollstein, Kristina (1996), Filmwirtschaft und Filmförderung in Deutschland und Frankreich: Ein landeskundlicher Vergleich, Potsdam.

Hormuth, Steffen (1993), Placement: Eine innovative Kommunikationsstrategie, München.

Hubert, Eva, Michael Eckelt, Norbert P. Flechsig und *Bastian Clevé* (1997), Cashing In: Chancen und Risiken privater Filmfinanzierungs-Fonds, Potsdam.

Jansen, Christian (2002), The German Motion Picture Industry: Regulations and Economic Impact, Dissertation, Humboldt Universität Berlin (http://edoc.hu-berlin.de/dissertationen/jansen-christian-2002-07-16/PDF/Jansen.pdf).

Jansen, Christian (2005), The Performance of German Motion Pictures, Profits and Subsidies: Some Empirical Evidence, in: Journal of Cultural Economics, Vol. 29, No. 3, pp. 191-212.

Jarothe, Sabine (1998), Die Filmpolitik der Europäischen Union im Spannungsfeld zwischen nationaler staatlicher Förderung und US-amerikanischer Mediendominanz, Frankfurt a.M. u.a.

Kurp, Matthias (2004), Medienfonds als „Stupid German Money", 05. Februar 2004 (http://www.medienmaerkte.de/artikel/kino/040502_filmfonds.html).

Landesrechnungshof Nordrhein Westfalen (1999), Jahresbericht 1999 des Landesrechnungshofs Nordrhein Westfalen über das Ergebnis der Prüfungen im Geschäftsjahr 1998, Düsseldorf (http://www.lrh.nrw.de/pdf_zip_exe/lrhnrw_jb99.pdf).

Leder, Dietrich (1995), Die Hollywood-Lüge: Amerika ist nicht an allem schuld, in: *Bernd Polster* (Hg.), West-Wind: die Amerikanisierung Europas, Köln, S. 188-196.

Lueg, Barbara (2007), Kulturfinanzierung in Deutschland: Ein internationaler Vergleich mit Frankreich, Großbritannien und den USA, Saarbrücken.

Manager Magazin Online-Ausgabe (2007), BMF bestätigt: Supergau für Filmfonds, 28. September 2007 (http://www.manager-magazin.de/geld/artikel/0,2828,508402,00.html).

Neckermann, Gerhard (1991), Filmwirtschaft und Filmförderung: Strukturveränderungen – Daten, Berlin.

New Zealand Trade & Enterprise (2004), Film Funding Opportunities, Germany, Wellington.

Roeber, Georg und *Gerhard Jacoby* (1973), Handbuch der filmwirtschaftlichen Medienbereiche, München.

Rohrbach, Günter (2001), Geld regiert das Geschäft, speech given at the MMA Seminar „Strukturen der Medienwirtschaft in Deutschland", München, 13. November 2001 (http://www.film20.de/wir/index.html?c=zieleundpositionen&ID=698).

Schmidt, Ole and *Fabian Pöhlmann* (2004), Tax Incentives für Filmproduktionen, 2. A., Berlin.

Schneider, Wolfgang (1998), Braucht der Film eine Politik? Filmförderung in Deutschland, in: Deutsches Jahrbuch für Kulturmanagement, Bd. 1, S. 192-202.

Schröder, Nicolaus (1995), Filmindustrie, Reinbek.

Schulz, Christina (2007), Neugestaltung der öffentlichen Kulturförderung in Deutschland, Marburg.

Storm, Sebastian (2000), Strukturen der Filmfinanzierung in Deutschland, Potsdam.

Süddeutsche Zeitung Online-Ausgabe (2007), Schluss mit "Stupid German Money", 24. Juli 2008 (www.sueddeutsche.de/kultur/artikel/955/124772/print.html).

Throsky, David (2001), Economics and Culture, Cambridge (UK), New York u.a.

Tornow, Georgia (2004), Deutschland im europäischen Wettbewerb – Wir brauchen Sale and Leaseback mit German Spend!, Vortrag auf der Internationalen Konferenz für Film- und Fernsehproduktion, Babelsberg 2004.

Trepte, Sabine (2003), The Intercultural Perspective: Cultural Proximity as a Key Factor of Television Success, Vortrag auf der ICA Conference in San Diego vom 23.-27. Juni 2003 (http://www.uni-hamburg.de/fachbereiche-einrichtungen/fb16/absozpsy/pdf_cultural_proximity.pdf)

Tuchtfeldt, Egon (1988), Grundlagen der Wirtschaftspolitik, in: Otmar Issing (Hg.), Allgemeine Wirtschaftspolitik, München, S. 1-18.

Tullock, Gordon (1980), Rent Seeking as a Negative-Sum Game, in: *James M. Buchanan* and *Gordon Tullock* (eds.), Toward a Theory of the Rent Seeking Society, College Station. pp. 16-36.

vom Hofe, Oliver (2007), Alles umsonst, in: brand eins, Bd. 9, Heft 5, S. 132-139.

Waterman, David (2005), Hollywood's Road to Riches, Cambridge (Mass.) and London.

Wessendorf, Moritz (2006), Filmfinanzierung in Deutschland, Saarbrücken.

Wolf, Martin (2004), Analytik der Macht am Beispiel deutscher Filmförderung, Dissertation Freie Universität Berlin.

Dirk Wentzel (Hg.), Medienökonomik –
Theoretische Grundlagen und ordnungspolitische Gestaltungsalternativen
Schriften zu Ordnungsfragen der Wirtschaft · Band 89 · Stuttgart · 2009

Nachrichtenagenturen: Kooperationen in der Medienwirtschaft

Theresia Theurl

Inhalt

1. Einleitung

In vielen Industrien haben sich in den vergangenen Jahren Kooperationen in Form von Netzwerken, Allianzen und Partnerschaften als ein weit verbreitetes Geschäftsmodell herausgebildet. Für Unternehmen handelt es sich dabei um Weichenstellungen mit vielfältigen Konsequenzen für ihre organisatorischen Strukturen sowie für ihre Entscheidungs- und Verhaltensspielräume. Kooperationsaktivitäten haben eine zunehmende strategische Bedeutung für die einzelnen Unternehmen gewonnen und sich als eine wichtige Determinante für deren Wettbewerbsfähigkeit herausgestellt. Vom Weg in eine *C-Economy*, eine kooperative Ökonomie, von einem *Move to the middle* wird manchmal gesprochen. Obwohl es sich um einen allgemeinen Trend handelt, der unabhängig von Unternehmensgrößen und Branchenzugehörigkeit nachgewiesen ist, hat sich gezeigt, dass vor allem Unternehmen auf diese Weise reagieren, die von der Internationalisierung, von technologischen Entwicklungen, von regulativen Veränderungen sowie von einem Wandel im Nachfragerverhalten besonders betroffen sind, deren Wettbewerbsumfeld sich also stark und schnell verändert hat. Zusätzlich sind es Unternehmen des Dienstleistungssektors und hier besonders jene, die wissens- und informationsintensive Leistungen anbieten, die überdurchschnittlich viele Kooperationsaktivitäten aufweisen. Vor diesem Hintergrund liegt es nahe zu prüfen, ob Unternehmen der Medienwirtschaft Kooperationen vereinbaren, welche Bedeutung diese gegebenenfalls aufweisen, welche Ziele mit ihnen erreicht werden sollen und welche Ausgestaltungsformen typisch für sie sind.

Kooperationsaktivitäten von Medienunternehmen bilden zwar den Ausgangspunkt der weiteren Ausführungen, sie sollen hier jedoch nicht in ihrer Breite analysiert, sondern auf Nachrichtenagenturen eingegrenzt werden. Im Vordergrund werden unabhängige nationale Nachrichtenagenturen stehen. Als ein Beispiel wird häufig auf die *APA – Austria Presse Agentur* verwiesen werden. Wie manche andere auch zeichnet sie sich durch eine institutionelle Besonderheit auf, indem sie ein genossenschaftliches Kooperationsmodell verwirklicht. Durch dessen spezielle Governancestrukturen soll die Unabhängigkeit sichergestellt werden. Das Management von Genossenschaften sieht sich freilich besonderen Anforderungen gegenüber, deren Erfüllung vor den aktuellen Rahmenbedingungen zumindest herausfordernd ist. Ein adäquates *Schnittstellenmanagement* kann als wesentlicher Erfolgsfaktor für genossenschaftliche und andere Kooperationen eingeschätzt werden. Welche konkreten Anforderungen sich für genossenschaftlich organisierte Nachrichtenagenturen ergeben, soll im Rahmen des vorliegenden Beitrages aufgezeigt werden.

Im Weiteren wird kurz auf das aktuelle Kooperationsgeschehen sowie auf Medienkooperationen eingegangen (Abschnitte 2 und 3), bevor Nachrichtenagenturen als „kooperative Strategien" von Medienunternehmen dargestellt werden. Im Vordergrund stehen ihre Aufgaben und Funktionen. Einen weiteren Schwerpunkt bilden jene Governancestrukturen, mit denen Unabhängigkeit sichergestellt werden soll. Dabei erfolgt eine Fokussierung auf die genossenschaftliche Ausgestaltung. Schließlich wird die erfolgsentscheidende Bedeutung des Schnittstellenmanagements bei Nachrichtenagenturen aufgezeigt (Abschnitt 4). Ein kurzes Fazit bildet den Abschnitt 5.

2. Kooperationen

Ein zunehmender Anteil der wirtschaftlichen Wertschöpfung entsteht in Netzwerken[1] und unterschiedlichen Formen von Kooperationen.[2] Der *Move to the Middle* (*Clemons et al.* 1993), der bildlich in der Abbildung von *Williamsons'* (1996; 2005a; 2005b) Transaktionskostenstrukturen angesiedelt ist, also hybride Koordinationsformen einzelwirtschaftlicher Transaktionen zwischen Markt und Hierarchie[3] zum Ausdruck bringt, stammt aus zwei Entwicklungen. Einerseits werden Unternehmensfunktionen und -aktivitäten ausgelagert, um nachfolgend den Zugang über Kooperationsverträge sicherzustellen, andererseits werden unter bestimmten Voraussetzungen Markttransaktionen durch solche in Netzwerken ersetzt.[4] In diesem Prozess werden die Grenzen von Unternehmen verändert, real und virtuell, horizontal und vertikal. Insgesamt werden Wertschöpfungsprozesse neu, unter Einbeziehung der Kooperationspartner, organisiert. Die aktuelle Kooperationsbewegung deutet darauf hin, dass sich die relativen Organisationskosten zugunsten von netzwerkartigen Strukturen verschoben haben.[5] Doch auch die Ressourcenprofile in den einzelnen Unternehmen im Vergleich zu den Marktanforderungen leisten einen Erklärungsbeitrag. Dabei ist es in vielen Industrien so – auch in der Medienwirtschaft –, dass unterschiedliche Koordinationsregime nebeneinander praktiziert werden, eine weitere Ausprägung von Hybridität. Unterschiedliche Ursachen können für die Zunahme von unternehmerischen Kooperationsstrategien festgestellt werden. Sie lassen sich auf eine Veränderung von Güter-, Ressourcen- und Markteigenschaften, auf transaktionskostenrelevante Verschiebungen von Transaktionsdimensionen und Umweltbedingungen sowie auf einen Wandel in Managementstrategien zurückführen (*Theurl* und *Schweinsberg* 2004). Kooperationen weisen für die Unternehmen nicht nur Vorteile auf, sondern sie sind auch mit Steuerungs- und Koordinationskosten sowie mit speziellen Kooperationsrisiken verbunden, die in die einzelwirtschaftlichen Kalküle einzubeziehen sind. Nicht alle Partnerschaftsstrategien stellen sich als erfolgreich heraus.

---

1 Im Weiteren wird nicht zwischen einzelnen Kooperationsformen differenziert, und die Begriffe Kooperationen, Allianzen, Partnerschaften und Netzwerke werden synonym verwendet. Ihre gemeinsame Klammer bildet die Zusammenarbeit von rechtlich selbständig bleibenden Unternehmen, die über eine einzige Transaktion hinaus reicht und die auf der Basis von Kooperationsverträgen mit der Zielsetzung der Schaffung von Kooperationsrenten stattfindet. Kooperationsverträge müssen nicht schriftlich abgefasst sein, und sie können zusätzlich gesellschaftsrechtlich abgesichert sein. Beispiele dafür sind Joint Ventures, Genossenschaften oder Freiberuflerpartnerschaften.

2 Vgl. z. B. und stellvertretend für viele andere Quellen und empirische Studien *Odenthal et al.* (2002, S. 21 ff.); *Noteboom* (1999); *Masten* (1996); *European Network for SME Research* (2003, S. 25 ff.); *BDI* (2005).

3 Kooperationen sind solche hybride Koordinationsformen.

4 Dies gewinnt vor allem dann Bedeutung, wenn es darum geht, spezifische Investitionen abzusichern, die Anzahl der Transaktionspartner zu reduzieren, Dauerbeziehungen aufzubauen oder Produktdifferenzierungen zu ermöglichen.

5 Vgl. stellvertretend für viele Quellen *Holmström/Roberts* (1998); *Williamson* (2005b); *Menard* (2005).

2.1. Kooperationsmuster

Ihre einzelwirtschaftlichen Kalküle werden von den Unternehmen mit der Zielsetzung angestellt, auf ihren jeweiligen Märkten wettbewerbsfähig zu bleiben und dies über die Erzielung einer Kooperationsrente zu erreichen. Diese generelle Klammer verbirgt nicht nur die kurz skizzierten Motive und Auslöser für die einzelnen Kooperationen, sondern auch unterschiedliche Wirkungsmechanismen, über die die angestrebten Ziele erreicht werden sollen. So besteht der unmittelbare Zweck von Kooperationen häufig darin, Wertschöpfungsketten zu optimieren, eine hinreichende (virtuelle) wirtschaftliche Größe zur Nutzung von Skalenerträgen zu erreichen, den Zugang zu komplementären Kernkompetenzen zu sichern, längerfristige Transaktionsbeziehungen aufzubauen sowie individualisierte Problemlösungen für Kunden zu ermöglichen.

Für die weiteren Überlegungen soll von einer groben Klassifikation von Kooperationen anhand von drei Kriterien ausgegangen werden. Erstens ist gemäß der Stellung der Aktivitätspartner im Rahmen der Wertschöpfungskette zwischen *horizontalen, vertikalen* und *diagonalen* Kooperationen zu differenzieren. Zweitens können nach der Art der in die Kooperation eingebrachten Ressourcen und Handlungen *additive* von *komplementären* Kooperationen (*Ebertz* 2006) unterschieden werden.

Additive Kooperationen sind dadurch gekennzeichnet, dass die Kooperationspartner gleichartige, also aufsummierbare bzw. teilbare Ressourcen und Handlungen in die Kooperation einbringen. Den Hintergrund bilden die Existenz technisch bedingter Skaleneffekte, die Möglichkeit, Nachfrage- oder Angebotsmengen zu bündeln, sowie die Erreichung kritischer Größen. Häufig bestehen die Zielsetzungen additiver Kooperationen in einer Verbesserung der Produktionseffizienz über die Mechanismen von Kostensenkungen oder in einer Marktausweitung durch die Setzung von Standards. Viele additive Kooperationen sind horizontale Kooperationen.

Komplementäre Kooperationen zeichnen sich durch unterschiedliche und sich ergänzende Ressourcen und Handlungen der Kooperationspartner aus. So können Spezialisierungs- und Integrationsvorteile genutzt werden. In komplementären Kooperationen spezialisieren sich die Unternehmen auf jene Tätigkeitsfelder, in denen sie komparative Vorteile aufweisen. Dies können Ressourcen oder Technologien, aber auch Wissen und Erfahrungen sein. Im Kooperationsvertrag ist jeweils zu konkretisieren, wie die einzelnen Teilleistungen in einem zweiten Schritt koordiniert werden sollen. Die Zielsetzung komplementärer Kooperationen besteht häufig in der Förderung der Wettbewerbsfähigkeit durch das Angebot einer Vielzahl differenzierter und komplexer kundenorientierter Problemlösungen. Ein wichtiger Wirkungsmechanismus ist die Schaffung von Flexibilität und die qualitative Ausweitung von Inputfaktoren oder von Marktpotenzialen. Komplementäre Kooperationen können sowohl horizontal als auch vertikal oder diagonal angelegt sein. Größere Unternehmensnetzwerke stellen meist eine Kombination mehrerer der angeführten Kooperationsmuster dar.

Ein drittes Differenzierungsmerkmal ist die *Kooperationsintensität* oder die Institutionalisierungsform. Zu unterscheiden sind informelle Kooperationen von solchen auf der Basis von Kooperationsverträgen, die durch Kapitalbeteiligungen zusätzlich abgesichert werden können, und von der Gründung von *Kooperationsunternehmen*. Die Wahl der

Institutionalisierungsform entscheidet nicht nur über die Verteilung und die Inhalte der Verfügungsrechte, sondern auch über die Höhe der Exit-Kosten.

2.2. Schnittstellenmanagement

Werden Kooperationen als hybride Gebilde zwischen Markt und Hierarchie eingeordnet, so ergibt sich zunächst ein diffuses Bild, welche Aufgaben mit der Wahl einer solchen Koordinationsform mit ihren speziellen Governancestrukturen eigentlich verbunden sind. Während sich in Theorie und Praxis spezialisierte Experten mit den Steuerungsproblemen von Markt und Hierarchie beschäftigen, ist dieses für die hybriden Strukturen zumindest noch unterentwickelt. Unbestritten ist jedoch, dass es eines Kooperationsmanagements bedarf, das sich aus unterschiedlichen Elementen zusammensetzt und welches kooperationsbegleitend in mehrere Phasen zu strukturieren ist. Die Aufeinanderfolge der einzelnen Phasen korrespondiert mit dem Lebenszyklus der Kooperation. Zu unterscheiden sind die Managementphasen der strategischen Positionierung, der internen Vorbereitung, der Institutionalisierung und des operativen Kooperationsmanagements. Dazu kommt eine phasenübergreifende Erfolgskontrolle (*Theurl* 2005a, S. 16). Vor dem Beginn einer Kooperation sind dabei grundlegende Entscheidungen über die Zahl der Partner und deren Auswahl, die Dauer der Kooperation und die geeignete Institutionalisierung zu treffen. Entscheidend und häufig unterschätzt ist jedoch schon in diesem Stadium eine detaillierte Analyse des Wertschöpfungsprozesses. Ein wesentliches Element kooperativer Unternehmensstrukturen ist das Management gemeinsam organisierter Ressourcen und Prozesse. Dabei kann es sich um Kapitalgüter handeln, jedoch auch z. B. um Informationen, Leistungen, Kunden, Lieferantenbeziehungen, IT-Systeme etc. (*Menard* 2004, S. 7 ff.). Zu klären ist dann, welche Verfügungsrechte an welchen Teilschritten der Wertschöpfung den Partnern eingeräumt werden. Vor diesem Hintergrund wird das Management der so entstandenen Schnittstellen eine wesentliche Aufgabe des operativen Kooperationsmanagements. Nicht zuletzt geht es darum, dass so auftretende Ausbeutungspotenziale durch die Kooperationspartner abgesichert werden.

Unter einem Schnittstellenmanagement ist die Analyse, Planung, Gestaltung und Kontrolle gemeinsamer Ressourcen und Prozesse sowie interorganisationaler Übergangsstellen von Produkten, Dienstleistungen und Informationen zwischen den Partnern zu verstehen (*Herbst* 2002, S. 90). Der Begriff der Schnitt*stelle* kann dabei in kooperativen Strukturen unter Umständen irreführend sein, da es entlang der Wertschöpfungskette Bereiche geben kann, die in der gemeinsamen Verantwortung der beteiligten Partner liegen oder in denen einem Partner definierte Interventions- und Mitwirkungsrechte eingeräumt werden. So können Schnittstellen zu Schnitt*räumen* werden. Kern des Schnittstellenmanagements ist es, geeignete Instrumente zu entwickeln und anzuwenden, die Adaptionen als Reaktionen auf Veränderungen erlauben. *Williamson* (1991, S. 277 f.) hat dieses Adaptionsproblem als zentrale Herausforderung für Organisationsstrukturen herausgestellt. Für bestimmte Störungen erweisen sich Marktlösungen in Form einer Änderung relativer Preise als adäquate Anpassungsstrategie, und manchmal hat eine bewusste und zweckorientierte Anpassung auf Störungen zu erfolgen, die am besten hierarchisch organisiert wird (*Williamson* 1991, S. 279). Der relative Vorteil von

Hybriden besteht darin, dass sie beide Adaptionsleistungen erbringen können. Die herausfordernde Aufgabe des Schnittstellenmanagements besteht nun darin, Instrumente für genau dieses Anpassungsverhalten in einem Regime kooperativer Governancestrukturen bereitzustellen.

Zur Konkretisierung des Schnittstellenmanagements ist der Anpassungsprozess in seine Teilschritte zu unterteilen. Am Beginn bedarf es der Wahrnehmung einer Information über eine etwaige Störung, und in der Folge muss eine Umsetzung in eine koordinierte Handlung erfolgen. Es werden also zunächst Mechanismen benötigt, die Informationen generieren, die jenseits der eigenen Unternehmensgrenzen liegen. Vor diesem Hintergrund können Prinzipal-Agenten-Probleme auftreten. Daher sind Verfügungsrechte an Informationen bereits vor dem Kooperationsbeginn klar zu definieren. Die instrumentelle Umsetzung kann von der Kontrolle eingehender Produkte über Inspektionsrechte im Partnerunternehmen bis hin zur organisationalen Duplizierung bei Kooperationen mit einem hohen Anteil idiosynkratischer Informationen im Produktionsprozess reichen. Diese so gewonnenen Informationen müssen verarbeitet und in Reaktionen umgesetzt werden. Dafür sind vereinbarte Entscheidungsroutinen und geeignete Instrumente erforderlich. Die Instrumente des Schnittstellenmanagements sind vielfältig, und ihr Einsatz richtet sich nach dem Typ der Transaktion (Produkte, Dienstleistungen, Information etc.) und nach den Beziehungseigenschaften (Häufigkeit, Spezifität, strategische Bedeutung, Unsicherheit). Im Wesentlichen lassen sie sich nach den Anforderungen der Informationsgewinnung und der reaktiven Verarbeitung einordnen. So ermöglichen Monitoringinstrumente, Standardisierungen, Informations- und Kommunikationssysteme, Personalaustausch und Teambildung die Informationsgewinnung, während notwendige Anpassungen durch Koordinationssysteme, Regelungsvorschriften, Vertrauen, gemeinsame Wertesysteme sowie Haftungsregelungen und Sanktionen bewältigt werden können.

3. Kooperationen in der Medienwirtschaft

Kooperationen in der Medienwirtschaft fassen eine Zusammenarbeit in der oben definierten Weise zwischen Unternehmen der Medienwirtschaft oder solchen und Unternehmen anderer Branchen zusammen. Als Medienunternehmen können alle Akteure verstanden werden, die auf einer der Stufen der einschlägigen Wertschöpfungskette tätig sind. Dies sind sowohl jene Unternehmen, die ein marktreifes Endprodukt aus unterschiedlichen inhaltlichen Elementen zusammenstellen, also die Aktivität des *Content Packaging* durchführen, als auch jene, die auf den unterschiedlichen Stufen einzelne solcher Elemente erstellen oder beschaffen. Dazu kommen Akteure, die die Distribution der Ergebnisse übernehmen (*Sjurts* 2004, S. 391). Für die Zwecke dieses Beitrages kann vorerst von dieser einfachen stilisierten Wertschöpfungskette der Medienwirtschaft ausgegangen werden (*Wirtz* 2006, S. 55), die von den Besonderheiten der einzelnen Marktsegmente abstrahiert (s. Abbildung 1).

Abb. 1: Stilisierte Wertschöpfungskette in der Medienwirtschaft

Eine starke Betroffenheit der Unternehmen von der Internationalisierung, von technologischen Entwicklungen, regulativen Veränderungen und einem Wandel des Nachfragerverhaltens wurde in Abschnitt 1 als kooperationsfördernd eingeschätzt. Es kann davon ausgegangen werden, dass Unternehmen der Medienwirtschaft, und zwar auf allen Stufen der Wertschöpfungskette, von solchen Entwicklungen in besonderem Maße betroffen waren und sind.[6] Dies hat nicht nur zu einer starken Ausdifferenzierung der gesamten Industrie, sondern zu zusätzlichen Medienmarktsegmenten, zusätzlichen Akteuren, neuen Übertragungswegen und neuen Leistungen sowie geänderten Geschäftsmodellen und Wertschöpfungsmustern geführt. So veränderten sich die traditionellen Markstrukturen, und viele Unternehmen wurden mit einem deutlich kompetitiveren Umfeld konfrontiert. Nicht nur neue Akteure versuchten den Markteintritt mit kooperativen Strategien, sondern etablierte Unternehmen verteidigten ihre Marktanteile mit ebensolchen. Vor den aktuellen Rahmenbedingungen stellt sich also auch den Medienunternehmen die Frage des *Make or Buy* neu.

Neben diesen allgemeinen aktuellen kooperationsfördernden Trends können einige sehr typische ökonomische Phänomene in der Medienwirtschaft festgestellt werden, die der Bildung kooperativer Strukturen zuträglich und nicht alle neu sind. So treten in unterschiedlichsten Wertschöpfungsstufen *Netzeffekte* auf, die sich dann in bestimmten Standards oder Plattformen manifestieren. Bereiche mit tendenziell *subadditiven Kostenstrukturen* sind zu beobachten. Hierzu zählen fast sämtliche Bereiche medialer Distribution wie z. B. das Kabelfernsehen. Aber auch der Aufbau eines Korrespondentennetzes bei der *Contentbeschaffung* weist entsprechende Merkmale auf. Für Medienunternehmen ist, abhängig von ihrer Position in der Wertschöpfungskette, *die Sicherung von Zugangswegen* eine wesentliche Aufgabe: Distributoren benötigen eine gesicherte Belieferung mit Content, um ihre Netze auszulasten. Die Informationsbündler, wie z. B. die Redaktionen von Zeitungen oder Fernsehsendern, sind einerseits auf eine hinreichende Versorgung mit Rohmaterial und andererseits auf Kanäle für die Verteilung ihrer Inhalte angewiesen. Schließlich müssen Betreiber von Korrespondentennetzen ihre Informationen auch absetzen können und sind daher auf Bündler und Distributoren angewiesen. Diese Strukturen fördern vertikale Kooperationen. Mit wenigen Ausnahmen sind die *Contentbündler* auf eine *Vielfalt an Informationen* angewiesen, um ständig neue Inhalte präsentieren und damit abwechslungsreich sein zu können. Die zunehmende Digitalisierung ermöglicht die *cross-mediale Contentverwertung* mit einem relativ

6 Vgl. dazu zahlreiche Literaturquellen, z. B. *Beck* (2002); *Picot* und *Neuburger* (2006); die Beiträge in Sydow und Windeler (2004) sowie in *Kruse* (2003).

geringen Aufwand. Zeitungsartikel können sowohl für eine Zeitung als auch für die Internetpräsenz genutzt werden. Filme können über das Fernsehen, das Internet, aber auch als DVD und demnächst über das Handy bezogen werden. Auch die Möglichkeiten der cross-medialen-Verwertung wirken kooperationsfördernd.

Kooperationen in der Medienwirtschaft können unter Bezugnahme auf die allgemeinen Klassifikationsmuster anhand der stilisierten Wertschöpfungskette in Abbildung 1 einfach eingeordnet werden. Additive Kooperationen dienen z. B. dem Aufbau von Plattformen, der Etablierung von Übertragungsstandards oder gemeinsam produzierten und finanzierten Mantelprogrammen. Komplementäre Kooperationen werden für Projektkooperationen zur Produktion von Filmen oder Serien vereinbart. Horizontale Kooperationen sind z. B. Redaktionsgemeinschaften, kooperative *Contentproduktionen* oder kooperativ organisierte Nachrichtenagenturen. Zahlreiche vertikale Kooperationen stellen Kooperationen zwischen einzelnen Produzenten von *Contentelementen* und den kundennahen Medienunternehmen dar. Andere Ausprägungen sind Kooperationen von Infrastrukturanbietern, wie z. B. Kabelnetzbetreibern, und von Unternehmen der *Contentproduktion* oder des *Contentpackagings*. Diagonale Kooperationen können vor allem im Zusammenhang mit Werbeaktivitäten beobachtet werden. Die genannten Beispiele können eine systematische Analyse des Kooperationsgeschehens in der Medienwirtschaft zwar nicht ersetzen, aber einen Eindruck von der Präsenz des Kooperationsphänomens und seiner Vielfalt vermitteln. Es zeigt sich also auch in der Medienwirtschaft der *Move to the middle*, der auch in anderen Industrien festgestellt wurde. Kooperationen ersetzen jedoch auch in dieser Branche nicht den Marktbezug und die hierarchische Organisation von Transaktionen. Es kommt vielmehr zu einer stärkeren Ausdifferenzierung.[7] Dies gilt sowohl bei unterhaltungs- als auch bei informationsdominierten Medien. Im Weiteren erfolgt eine Konzentration auf Informationen als *Content*, wenn es um die Kooperation von Medienunternehmen zur Beschaffung und Bearbeitung von Informationen geht.

4. Nachrichtenagenturen

Zwar wurde in den vorangegangenen Abschnitten betont, dass Kooperationen in der Medienwirtschaft aktuell eine zunehmende Bedeutung erlangen. Dies sollte jedoch nicht den Blick auf die Tatsache verstellen, dass die gemeinsame Beschaffung und Bearbeitung von Informationen – von Nachrichten – eine lange Tradition aufweisen. Nachrichtenagenturen wurden auch in der Vergangenheit häufig gemeinsam von Medienunternehmen gegründet und genutzt. Es kann davon ausgegangen werden, dass es sich bei diesem Kooperationsmodell um eine der ältesten Formen der Medienkooperation handelt. Nachrichtenagenturen sind wichtige Akteure auf den Medienmärkten. Selbstverständlich handelt es sich nicht *per se* um Kooperationen. Medienunternehmen mit dem Schwerpunkt des *Content-Packaging* können ihre Informationen selbst beschaffen (Eigenfertigung, eigenes Korrespondentennetz) oder diese auf dem Markt für Nachrichten punktuell von entsprechenden Anbietern erwerben. Nachrichtenagenturen sind hingegen

7 Vgl. z. B. *Sjurts* (2000); *Röper* (2002); *Sjurts* (2002); *Windeler et al.* (2004) sowie Sydow und Windeler (2004).

Content-Produzenten: Unternehmen, die Informationen verkaufen. Dies kann einerseits in Form von Markttransaktionen geschehen. Andererseits können jedoch besondere Gründungs- und Eigentümerstrukturen vorliegen, in die solche Transaktionen eingebunden sind. So wird eine gemeinsame Nachrichtenagentur häufig von mehreren Unternehmen der Medienwirtschaft, die sich auf einer Wertschöpfungsstufe befinden, gegründet. Dies ist das Modell einer horizontalen Kooperation, die mit einem gemeinsamen Unternehmen auf der vorgelagerten Wertschöpfungsstufe umgesetzt wird.

4.1. Funktionen und Aufgaben

Nachrichtenagenturen haben eine lange Tradition; sie bildeten sich in der ersten Hälfte des 19. Jahrhunderts heraus. Die Pioniere der Nachrichtenagenturen, darunter *Reuters* und *Associated Press* schlossen 1870 einen Kartellvertrag mit dem Inhalt der exklusiven Berichterstattung in einzelnen Teilen der Welt durch die einzelnen Agenturen. Er hatte bis zum Ersten Weltkrieg Bestand. Heute bestehen neben weltweit tätigen Nachrichtenagenturen wie *Reuters*, *Agence France-Press*, *Associated Press* etwa 200 nationale Agenturen, von denen viele jedoch staatliche Nachrichtenagenturen sind, wie z. B. die chinesische Xinhua.[8] Die nationalen Agenturen ergänzen ihre Informationen durch den Bezug der internationalen Berichterstattung von den Weltagenturen. Spezialagenturen beschränken sich auf spezielle Nachrichtendienste (Sport, Wirtschaft etc). Medienunternehmen, die die Wertschöpfungsstufe des *Content-Packaging* bedienen – z. B. Zeitungen, Zeitschriften, Rundfunk – beziehen ihre Informationen also direkt von nationalen und von internationalen Nachrichtenagenturen sowie von Spezialagenturen. Alternativ bildet die nationale Nachrichtenagentur die Schnittstelle zu den anderen Informationslieferanten und bündelt die Nachrichten aus den unterschiedlichen Informationsquellen. Zusätzlich können eigene Korrespondenten als Nachrichtenquelle genutzt werden. Diese Wertschöpfungskette findet sich in Abbildung 2 (*Wirtz* 2006, S. 176).

Nachrichtenagenturen sind also Unternehmen, die Nachrichten sammeln, redaktionell bearbeiten und verkaufen. Ihre Aufgaben sind das Beschaffen, das Bearbeiten und das Verbreiten von Nachrichten. Sie können auch als eine Art Nervensystem verstanden werden, das die einzelnen Segmente des Medienmarktes miteinander verbindet.

> „Die Kette des Nachrichtenflusses wird … klassischerweise so definiert: Es gibt ein Ereignis, die Agenturen berichten darüber und geben es an die Massenmedien weiter, diese übermitteln es dann den Rezipienten. Das heißt also, die Nachrichtenagentur ist das erste Glied in dieser Kette, ist Zeitung und Rundfunk vorgeschaltet“ *Wilke* 1997, S. 107).

Nachdem ein solches Ereignis beobachtet wurde, wird von einem Korrespondenten oder einem freien Mitarbeiter ein Bericht verfasst, der schon möglichst den Agenturvorgaben entspricht. Alternativ können Nachrichtenagenturen auch auf andere Berichte oder auf Meldungen anderer Medien zurückgreifen. Ob dies geschieht, hängt von der Redaktionspolitik der Agentur ab. Die Nachricht wird dann an die Zentralredaktion der Nachrichtenagentur übermittelt. Dieses ist heute aufgrund der technischen Gegebenheiten zunehmend unproblematisch, stellte jedoch in früheren Zeiten ein nicht unerhebli-

---

8 Vgl. für die allgemeinen Informationen über die Organisation und die Spezialisierung von Nachrichtenagenturen *Wilke* (1997, 1998) sowie *Zschunke* (2000).

ches Problem dar, das für die Qualität der Arbeit einer Nachrichtenagentur mitentscheidend war. Nur so kann die kritische Zeitnähe des Berichtes zum Ereignis gewahrt werden. Die Redaktion der Nachrichtenagentur trifft dann eine Auswahl, welche der eingegangenen Berichte weiterverwendet und welche nicht weiterverbreitet werden. Es folgt eine redaktionelle Überarbeitung der Berichte nach den Gestaltungsprinzipien der Nachrichtenagentur. Die Agentur kann isolierte Textberichte weiterreichen. Optional kann sie die Nachricht auch *veredeln* und mit Hintergrundmaterial versehen, sie mit Bildern oder Filmen ergänzen oder andere Services zu der Meldung anbieten. Solche Services sind insbesondere so genannte *Metadaten*, die eine Weiterverarbeitung der Nachrichten beschleunigen und vereinfachen. Schließlich erfolgt die Übermittlung an die Kunden. Diese sind in der Regel Nachrichtenredaktionen von Zeitungen, Funk und Fernsehen.

Abb. 2: Wertschöpfungskette von Zeitungen/Zeitschriften

	Informations-beschaffung Inhalte-generierung	Redaktion	Packaging der Produkte	Druck/ Produktion	Distribution
Aufgaben	Beschaffung von Nachrichten, Schreiben von Nachrichten, Selektion, Primärveredelung	Erstellung des Redaktionellen Inhalts, Selektion, Primär-/Sekundär-veredelung,	Layouterstellung, Satz, Kombination der Inhalte	Vervielfältigung, Onlinestellung	Vertrieb Großhandel und Einzelhandel, Direktvertrieb
Akteure	Nachrichten-agenturen, Journalisten, Korrespondenten	Redaktion	Layoutabteilung, Designer	Druckerei, Hoster	Vertriebs-gesellschaften, Hoster

Für die Übermittlung gilt dabei dasselbe wie bei der Berichtsübermittlung an die Nachrichtenagenturredaktion. Auch hier war früher ein höherer technischer Aufwand erforderlich. Erst mit der elektronischen Datenkommunikation und den damit verbundenen Standards hat sich dies vereinfacht und ist nicht mehr an die Investition in spezialisierte Übermittlungsgeräte („Ticker") gebunden. Neben der Übermittlung sorgt die Nachrichtenagentur auch für die Archivierung und Verschlagwortung der gesendeten Meldung, sodass auch später auf sie wieder zugegriffen werden kann. Abbildung 3 zeigt die Wertschöpfungskette der Nachrichtenagentur, beschränkt auf den so genannten Basisdienst, der hier skizziert wurde.

Die Produktpalette der Agenturen wurde mit der Zeit deutlich ausgeweitet. Ergänzungen des Leistungsspektrums knüpfen an unterschiedliche Kernkompetenzen bzw. Eigenschaften der Nachrichtenagenturen an. Die meisten Agenturen bieten ihren Kunden heute nicht nur Berichte, sonder auch zahlreiche mediale Ergänzungen zu diesen Berichten, wie z. B. Bilder, Grafiken, Hintergrundberichte, die entsprechend aufwändig aufbereitet werden können. Diese Ergänzungen werden wie die eigentliche Nachricht entlang derselben Wertschöpfungskette organisiert. Daneben haben die Agenturen Know-how im Bereich des Informationsmanagements aufgebaut. Sie können ihre umfangreichen Archive für Recherchen zur Verfügung stellen. In Zeiten der elektronischen Datenspeicherung geht es dabei insbesondere um effiziente Suchinstrumente, die schnell relevante Ergebnisse und Hintergründe aus den Archiven besorgen können. Solche Aktivitäten dienen einerseits Kundennachfragen, andererseits ermöglichen sie es auch, die eigene redaktionelle Arbeit auszuweiten, sodass höherwertige Produkte angeboten werden können. Dies hat zur Folge, dass sich Agenturen aktiv um die Entwicklung entsprechender Recherchetools bemühen, sodass sie nicht nur Informationsbeschaffer, sondern immer mehr umfassende Informationsdienstleister werden.

Abb. 3: Wertschöpfungskette der Nachrichtenagentur (Basisdienst)

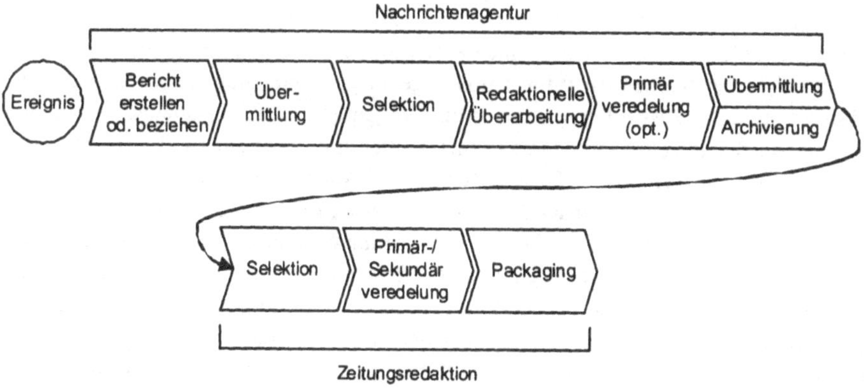

Weitere Dienstleistungen bestehen in *Originaltext-Services (ots-Leistungen)*. Dabei kehren Nachrichtenagenturen ihre Kundenbeziehung faktisch um. Unternehmen bezahlen die Nachrichtenagenturen dafür, dass sie ihre Pressemitteilungen (die Originaltexte der Unternehmen) über ihr Netzwerk verteilen. Kunde ist also nicht mehr der Nachrichtenempfänger (die Zeitungsredaktion), sondern die Nachrichtenquelle bzw. der Nachrichtensender. Auch hier kann wieder weitgehend der institutionalisierte Prozess genutzt werden, der in Abbildung 3 dargestellt ist. Er vereinfacht sich jedoch, da redaktionelle Zwischenschritte ausgespart werden können. Die Nachrichtenagentur kann ihr Netzwerk der angebundenen Zeitungsredaktionen nutzen und dieses durch eine weitere Kundenbeziehung mit Nachrichtenquellen vermarkten und damit zusätzliche Erträge erwirtschaften.

Die *ots-Leistungen* sind nicht unkritisch zu sehen, da sie ungefiltert an die Redaktionen bzw. an die vom Kunden gewünschten Rezipienten übermittelt werden. Während die Redaktion der Nachrichtenagentur eine Filterfunktion übernimmt, wird diese bei den *ots-Leistungen* durch die Tarifierung ersetzt. So soll ein Spamming-Effekt vermieden werden, was jedoch nur bei einer hinreichenden Preiselastizität der Nachrichtenquellen wirksam werden kann. Schließlich arbeiten Nachrichtenagenturen auch im IT- und Kommunikationsbereich. Dies betrifft nicht nur die Übertragung von Daten, sondern es werden von vielen Nachrichtenagenturen auch Dienstleistungen für Kunden im Bereich IT-Ausstattung, *Webhosting* und *Contentmanagement* angeboten.

Die Ausweitung der Leistungen von Nachrichtenagenturen sowie die zusätzlichen technischen Möglichkeiten, die in der Medienwirtschaft verfügbar sind, haben sukzessive zu einer Veränderung der Schnittstelle zwischen den Redaktionen der Unternehmen des *Content-Packagings* und den Nachrichtenagenturen geführt. Die Transaktionen zwischen diesen beiden Akteuren unterliegen einem Wandel, der noch nicht abgeschlossen ist und dessen Ergebnis heute noch nicht abgeschätzt werden kann. Mit einer Verlagerung der Darbietung von Inhalten im Internet kann dieses noch leichter direkt durch Nachrichtenagenturen bestückt werden, sodass die Funktion der Zeitungsredaktionen selbst erodieren könnte. Über eine zunehmende Verbreitung von Online-Diensten können Agenturen zusätzliche Kunden gewinnen, indem sie direkt und ohne Zwischenschaltung von Medienunternehmen, die das *Content-Packaging* übernehmen, Endverbraucher beliefern. Allerdings können auch die kundennah tätigen Medienunternehmen bei einem zunehmenden Informationsangebot die Agenturen umgehen und sich selbst versorgen. Die Agenturen haben in der Vergangenheit ihr Leistungsangebot zunehmend auf die einzelnen Abnehmer zugeschnitten und ihren Bearbeitungsanteil insgesamt erhöht. Dies kann dazu führen, dass die redaktionelle Bearbeitung auf der folgenden Stufe deutlich reduziert wird, was die Abhängigkeit von den Agenturen erhöht. Allerdings wird auch beobachtet, dass die Medien im Wettbewerb aktuelle Trends vorgeben und so die Agenturen abhängig machen (*Rosenberger* und *Schmid* 1997, S. 110). Es ist davon auszugehen, dass die zukünftige Arbeitsteilung zwischen Redaktionen und Agenturen erstens davon beeinflusst wird, welche eigentumsrechtliche Beziehung zwischen ihnen besteht, zweitens wie sich die Wettbewerbsverhältnisse auf dem Markt für Nachrichten entwickeln und drittens welche Skalen- und Differenzierungseffekte die einzelnen Leistungen aufweisen.

Teile der Kernleistungen von Nachrichtenagenturen und der eben dargestellten Zusatzleistungen werden zunehmend in Kooperationen von Nachrichtenagenturen entwickelt und angeboten. Auf diese Weise sollen schneller kritische Größen generiert werden. Dieses gilt z. B. für die *picture alliance*, einem Joint venture der dpa-Tochter *dpa Bilderdienste* mit sechs weiteren Bildagenturen, die damit ein großes Bildportal geschaffen haben. Es handelt sich also um eine additive Kooperation. Die zweite dominante Zielsetzung für Kooperationen von Agenturen ist der Zugang zu komplementären Kompetenzen. Dieses können z. B. Allianzen mit anderen nationalen Nachrichtenagenturen sein oder Allianzen, die es ermöglichen, einen Zugang zu bestimmte Nachrichtentypen zu gewinnen, z. B. Wirtschaftsnachrichten. So haben z. B. *dpa, APA* und *APX News* (eine Tochter von *Thomson Financial*) das Gemeinschaftsunternehmen *dpa-AFX* gegründet, das eine Versorgung mit Wirtschaftsnachrichten gewährleistet. *dpa* betreibt außerdem zusammen mit *dpa-AFX, AFP*, *epd* und *KANN* die *mecom*, ein Unternehmen, das die satellitengestützte Übermittlung von Nachrichten betreibt. Die Übertragung von Nachrichten per Satellit ist die heute noch dominierende Übermittlungsform, da sie als sehr verlässlich gilt. Diese additiven sowie komplementären Kooperationen von Nachrichtenagenturen können dann als *Meta-Kooperationen* interpretiert werden, wenn bereits die Gründung der Agentur ein Kooperationsprojekt mehrerer Medienunternehmen darstellte wie dies etwa bei *Associated Press* sowie der *APA Austria Presse Agentur* der Fall war.

4.2. Anforderungen

Aus den Eigenschaften des Gutes ‚Information', das den Kern der Aktivitäten von Nachrichtenagenturen bildet, sind Anforderungen an ihre Tätigkeit abzuleiten. Sie resultieren daraus, dass die übermittelten Informationen bestimmten Standards zu genügen haben. Diese Standards sind Relevanz, Validität, Schnelligkeit sowie Faktentreue. Dazu kommt die *inhaltliche Unabhängigkeit.*

Während die ersten vier Merkmale reine Managementaufgaben darstellen, von deren Verwirklichung die Empfänger der Nachrichten, also die Redaktionen, ausgehen können, kann die inhaltliche Unabhängigkeit nicht allein durch das Management gewährleistet werden. Hierbei handelt es sich vielmehr um eine strukturelle Aufgabe, die die Formulierung entsprechender *Governancestrukturen* für die Nachrichtenagenturen erfordert. Ist eine Agentur als Organisation unabhängig, so ist dies mit einem wichtigen Signal für die Kunden sowie für eine breitere Öffentlichkeit verbunden. Für die Nachrichtenproduktion heißt dies, dass für die Eigenschaft ‚Unabhängigkeit' keine Rivalität im Konsum besteht. Die Nutzung der Unabhängigkeit für eine Nachricht schränkt diese für andere Nachrichten nicht ein. Dabei ist zu berücksichtigen, dass Nachrichtenagenturen auch vom Staat unabhängig sein sollen. Es ist daher nicht zu erwarten, dass der Staat geeignet ist, die Unabhängigkeit von Nachrichtenagenturen bereitzustellen. Weiters ist davon auszugehen, dass ein Wettbewerb, der die Unabhängigkeit von Agenturen fördern könnte, zwischen Nachrichtenagenturen, die sich auf lokale, regionale oder nationale Nachrichten spezialisiert haben, nicht zustande kommt. Der Gesamtmarkt ist stark segmentiert, und die gutsspezifischen Merkmale von Informationen verhindern den Aufbau paralleler Strukturen.

Vor diesem Hintergrund verbleiben nur zwei Möglichkeiten, die die Unabhängigkeit von Nachrichtenagenturen gewährleistet können. Die erste Form besteht in der Anwendung von *Commitment-Technologien*, die in die Ausgestaltung der Governancestrukturen einfließen, deren Einhaltung eventuell auch seitens des Staates überprüft und sanktioniert werden kann. Eine zweite Institutionalisierung besteht im privaten Angebot (oder zumindest einer privaten Kontrolle) der Bereitstellung des Gutes ‚Unabhängigkeit'. Dies geschieht in der Form, dass jene Unternehmen, die die Informationen als Input für ihre eigene Tätigkeit benötigen, ein gemeinsames Unternehmen gründen und auf diese Weise auch die Unabhängigkeit sicherstellen können, also die *kooperative Lösung.*

Beide Varianten finden in der Medienwirtschaft ihre Anwendung. *Reuters* ist eine private, börsennotierte Nachrichtenagentur mit einem Schwerpunkt auf Wirtschaftsnachrichten und Daten. Die Satzung des Unternehmens sieht jedoch vor, dass kein Teilhaber mehr als 15 % der Aktien besitzen darf. Die so genannte *Founders Share* ist darüber hinaus mit besonderen Stimmrechten versehen, die jede Aktienmehrheit überstimmt, die versucht die Unabhängigkeitsprinzipien von *Reuters* zu ändern oder auf andere Weise Kontrolle über das Unternehmen zu erlangen (*Reuters* 2008).

Für die französische Agentur *AFP* wurde eine Zwischenlösung gewählt, die auch dem Staat eine definierte Aufgabe zuschreibt. Die Unabhängigkeit wird durch ein eigenes französisches Gesetz festgeschrieben (*Legifrance* 2008). Damit sichert der französische Staat zwar die Unabhängigkeit gesetzlich ab, während die Leitungsgremien von Vertretern der Zeitungen und von Funk und Fernsehen zu besetzen sind, so dass ein staatlicher Einfluss ausgeschlossen werden kann.

Schließlich wird die private Bereitstellung des Gutes ‚Unabhängigkeit' auf der Basis einer kooperativen Lösung der Leistungsbezieher praktiziert. Es handelt sich dabei grundsätzlich um eine *genossenschaftliche Kooperation*, wenngleich damit nicht verbunden sein muss, dass die konkrete Institutionalisierung auf der Basis des Genossenschaftsrechts erfolgen muss, das in der Ausgestaltung der Governancestrukturen nur eingeschränkte Freiheitsgrade zulässt. Diese Ausgestaltung wurde von *Associated Press (AP)*, der *APA Austria Presse Agentur* und der *dpa* – wenn auch bei letzterer nicht in Form der eG, sondern als GmbH – gewählt. Die Unternehmen auf der Wertschöpfungsstufe des *Content Packaging* gründen auf der vertikal vorgelagerten Stufe der Nachrichtenbeschaffung ein Gemeinschaftsunternehmen. Den Status der Unabhängigkeit erlangt ein solches Unternehmen natürlich nur dann, wenn eine hinreichende Zahl von Medienunternehmen unterschiedlicher politischer Provenienz dieses Unternehmen gründen und gemeinsam betreiben. Darüber hinaus gibt es weitere Gründe für eine solche kooperative Rückwärtsintegration in Form einer genossenschaftlichen Lösung. Da es in jedem Land meist nur eine große dominierende Nachrichtenagentur gibt, vermeidet man so auch die daraus resultierenden Monopolpreise, die sonst für Nachrichten zu entrichten wären.[9] Schließlich bietet die genossenschaftliche Kooperationsform nicht nur die Möglichkeit, eine unabhängige Nachrichtenagentur ins Leben zu rufen, es besteht auch die Möglichkeit, die oben als Managementaufgabe definierten Standards Relevanz, Validität, Schnelligkeit und Faktentreue besser zu kontrollieren. Dieses ist umso wichtiger, als die Agenturnachrichten den Rohstoff für die Medienproduktion darstellen. Qualitätsmängel würden sofort auf die Redaktionen durchschlagen, da sie es sind, die inhaltlich an der Schnittstelle zum Kunden/Leser angesiedelt sind. Die Besonderheiten der genossenschaftlichen Governancestrukturen werden im folgenden Abschnitt ausgeführt, während anschießend auf das Schnittstellenmanagement eingegangen wird, das in einer kooperativ organisierten Nachrichtenagentur notwendig wird.

4.3. Genossenschaftliche Institutionalisierung

Mit einer genossenschaftlichen Institutionalisierung von Nachrichtenagenturen sollen zwei Ziele erreicht werden. Erstens soll eine gemeinsame Organisation die Ressourcenknappheit der einzelnen Unternehmen überwinden, und zweitens soll auf diese Weise die Unabhängigkeit der Agentur sichergestellt werden. Die folgenden Ausführungen konkretisieren den Inhalt genossenschaftlicher Governancestrukturen und legen so die konstituierenden Merkmale dieser Kooperationsform offen.

---

9 Selbst wenn konzediert wird, dass dieses kein reines Monopol ist, so ist es doch fast immer ein sehr enges Oligopol oder ein Teilmonopol, das sich in den Nachrichtenagenturmärkten beobachten lässt.

Genossenschaften sind Organisationen des privaten Sektors einer Volkswirtschaft. Sowohl die Organisation als auch die Produktion der Leistungen erfolgen durch private Wirtschaftssubjekte, und ihre Mitglieder sind ebensolche. Es geht nicht um einen irgendwie gearteten dritten Weg, sondern um die Umsetzung einer freiwilligen Kooperationsvereinbarung, deren Basis die Erzielung einer *Kooperationsrente* ist. Wirtschaftssubjekte kooperieren im Rahmen eines spezifischen Geschäftsmodells.

Ein Merkmal genossenschaftlicher Kooperation ist, dass Unternehmen indirekt auf horizontaler Ebene zusammenwirken. Die Mitglieder zeichnen sich durch einen *homogenen Bedarf* aus. Dieser kann als eine Art Vorleistung für die eigene unternehmerische Tätigkeit verstanden werden (Beratungsdienstleistungen, die Organisation von Aufträgen, die Beschaffung von Produkten, die Beschaffung von Nachrichten und Informationen, der Absatz von Produkten, Marketingdienstleistungen, ...). Im Falle von Medienunternehmen geht es um die Beschaffung von *Content* zur Weiterverarbeitung. Eine genossenschaftliche Kooperation ist daher immer partiell, d. h. bezogen auf einzelne Bereiche der eigenen unternehmerischen Tätigkeit. Sie ist dieser vorgelagert. Ihr Zweck ist die gemeinsame Unterstützung der wirtschaftlichen Ziele der einzelnen Kooperationspartner (Mitglieder) in diesen Belangen.[10] Oft sind die Unternehmen mit übereinstimmendem Bedarf auch solche mit homogenen Stärken, also ähnlichen Kernkompetenzen (z. B. Expertise in der Produktion informationsdominanter Medienprodukte). Der Kooperationsbedarf bezieht sich dann auf jene Bereiche, in denen keine entsprechenden Kompetenzen oder Ressourcen vorhanden, aber für die wirtschaftliche Existenz notwendig sind und aus ökonomischen Gründen alleine auch nicht aufgebaut werden können und sollen. Dies korrespondiert mit der unzureichenden Ressourcenausstattung sowie mit Größen- und Verbundeffekten.

Ein weiteres genossenschaftliches Spezifikum besteht in der Gründung eines gemeinsamen Unternehmens, hier einer Nachrichtenagentur. Dieses ist als ein Instrument zu verstehen, als ein *Hilfsbetrieb zur Erstellung der benötigten Vorleistung*. Dies ist das vertikale Element einer eigentlich horizontalen Kooperation. Das Unternehmen ist im kollektiven Eigentum seiner Mitglieder, und sein Management erfolgt durch die Mitglieder oder durch deren Agenten. Der gesetzlich abgesicherte Zweck des Unternehmens ist die Förderung der wirtschaftlichen Belange der Mitglieder, die Schaffung eines *MemberValues*, eines Eigentümerwertes mit einigen Besonderheiten (*Theurl* 2005a; 2005b). Es muss ihnen mit ihrer Agentur möglich sein, bessere wirtschaftliche Ergebnisse zu erzielen als ohne diese. An dieser Stelle stellt sich aus genossenschaftstheoretischer Sicht die Frage, ob es zulässig ist, mit Nichtmitgliedern Transaktionen abzuwickeln. Es ist so lange und in einem Ausmaß zulässig, in dem ein positiver Beitrag zum *MemberValue* erzielt werden kann. Selbstverständlich müssen Genossenschaften Gewinne erzielen, sie müssen nach betriebswirtschaftlichen Grundsätzen geführt und die Wertschöpfung muss entsprechend organisiert werden (*Theurl* 2001). Genossenschaften sind keine Non-Profit-Organisationen.

10 Das heißt nicht, dass nicht innerhalb der genossenschaftlichen Kooperation in konkreten Fragen unterschiedliche Vorstellungen oder divergente Interessen auftreten können. So können heterogene Zielsetzungen durch eine unterschiedlich hohe Gegenwartspräferenz bedingt sein, die sich in der beabsichtigten Dauer der Mitgliedschaft widerspiegelt.

Genossenschaften verkörpern ein konsistentes Set von Anreizen und Kontrollen. Die Mitglieder sind Eigentümer, Kapitalgeber und Kunden und teilen sich die Kooperationsrente. Leistungs- und Kapitalbeziehungen überlagern sich also. Es handelt sich typischerweise um eine Clublösung. So wird ein wirksames System gegenseitiger Kontrolle implementiert. Das Unternehmensmanagement wird von den Mitgliedern beauftragt, die Mitglieder bzw. deren Leistungen zu kontrollieren, und die Mitglieder kontrollieren das Management bzw. seine Leistung. Kollektives Eigentum und kollektive Entscheidungsfindung führen auch im Falle der genossenschaftlichen Kooperation zu den grundsätzlichen Problemen der *Verdünnung von Eigentumsrechten* und sind daher exakt definierten, zugewiesenen und durchsetzbaren individuellen Eigentumsrechten unterlegen. Es sind die Mitglieder als Eigentümer, die die Nachrichtenagenturen neben den erzielten Gewinnen mit Eigenkapital versorgen. Genossenschaftsanteile sind nicht auf Finanzmärkten handelbar. Dies kann einerseits die Eigenkapitalversorgung erschweren, andererseits aber feindliche Übernahmen verhindern.

Transaktionsbeziehungen leiden unter der Unsicherheit über das Verhalten der Partner besonders dann, wenn Abhängigkeiten bestehen. Es geht dann darum, Mechanismen zu entwickeln, die Anreize enthalten, sich im Sinne jener Kooperationsziele zu verhalten, die mit der Genossenschaft verwirklicht werden sollen. Erwartungsstabilisierende Institutionen senken die Transaktionskosten im Innenverhältnis und sind für die Funktionsfähigkeit und für die Stabilität von Transaktionsbeziehungen erforderlich. Mit der Zunahme der Flexibilitätsanforderungen, die eine dynamische Umwelt mit sich bringt, wird es schwieriger, solche Mechanismen, Sozialkapital, aufzubauen. Genossenschaften sind sie über die skizzierte Anreizkonsistenz sowie über komplexe Gremienstrukturen, die die Einflüsse der Mitglieder sichern sollen, inhärent. Auf diese Weise kann es gelingen, Systemvertrauen aufzubauen, das nur in einer dauerhaften Beziehung entstehen kann (*Ripperger* 1998). Es besteht also nicht die Notwendigkeit, jede einzelne Transaktion isoliert zu betrachten. Im Idealfall sind damit zwei positive Effekte verbunden. Erstens können kostspielige Schutzmaßnahmen durch zusätzliche Abhängigkeiten und detaillierte Verträge unterbleiben. So wird die Komplexität der Interaktionsbeziehungen reduziert. Zweitens können sich interne und externe Erwartungen über das Verhalten von genossenschaftlichen Akteuren ohne Bezug auf konkrete Akteure herausbilden. Überspitzt formuliert: Man weiß, worauf man sich einlässt, wenn man Transaktionen mit einer Genossenschaft durchführt. In einem Umfeld, in dem manche Unternehmen ihre Identität verloren haben (*Bonus* 1994), kann dies zu einem wichtigen Abgrenzungsmerkmal werden, das die Wettbewerbsfähigkeit von Genossenschaften stärkt. Dies könnte mit der Diskussion über die Perspektiven der Nachrichtenagenturen und den befürchteten Kannibalisierungseffekten in beide Richtungen in Zusammenhang gesehen werden.

4.4. Schnittstellenmanagement

Das Schnittstellenmanagement wurde im zweiten Abschnitt als ein wesentlicher Erfolgsfaktor für Kooperationen festgehalten. Dies gilt auch für genossenschaftlich organisierte Nachrichtenagenturen. Daher ist abschließend zu untersuchen, welche relevanten Schnittstellen existieren, welche Informationsbedürfnisse an diesen Schnittstellen vorliegen und wie diesen nachgekommen werden kann. Schließlich ist zu klären, welche Möglichkeiten der Einwirkung auf die Partnerunternehmen bestehen, wenn sich ein Anpassungsbedarf herausbildet. Allgemein können vier grundlegende Schnittstellen identifiziert werden. Damit die folgenden Ausführungen nicht zu abstrakt bleiben, werden manche Zusammenhänge an der *APA Austria Presse Agentur* exemplifiziert. Diese nationale Nachrichtenagentur wurde 1946 von österreichischen Tageszeitungen und dem Österreichischen Rundfunk als Genossenschaft gegründet. Sie befindet sich heute im Eigentum von sechzehn österreichischen Tageszeitungen sowie dem *ORF*. Ihr Zweck besteht darin, eine umfassende und dabei zeit- und inhaltsgleiche Informationsversorgung der Mitglieder zu gewährleisten und dadurch ihrem genossenschaftlichen Förderauftrag nachzukommen (*Theurl* und *Schweinsberg* 2004, S. 63 ff; *Dörfler* und *Pensold* 2001).

Vier Schnittstellen können festgemacht werden, deren adäquates Management den Erfolg vor genossenschaftlich organisierten Nachrichtenagenturen beeinflusst. Eine erste Schnittstelle besteht zwischen der *Nachrichtenagentur und ihren Mitgliedern*, die gleichzeitig die Eigentümer sind. Die Mitglieder stehen also sowohl in einer Leistungsbeziehung als auch in einer Kapitalgeberbeziehung zur Nachrichtenagentur, woraus auch ihre Informationsbedürfnisse resultieren. Die Übermittlung von Nachrichten und von Bildmaterial ist heute weitgehend standardisiert, was die rein technische Schnittstellenproblematik entschärft. Informationsbedarf besteht hinsichtlich der oben genannten Qualitätsausprägungen von Nachrichten, da diese den Rohstoff für die Redaktionsarbeit der Zeitungen bilden. Hierfür sind jedoch von Seiten der Mitglieder keine tieferen Kenntnisse über die Produktion in der Agentur erforderlich, sodass diese Kontrolle tatsächlich an der Übergabeschnittstelle erfolgen kann. Dieses prinzipielle Bedürfnis unterscheidet sich auch nicht von jenem der Kunden der Agentur, die nicht Mitglied sind. Als Instrument zur Kontrolle der Qualität kann der Vergleich mit anderen Agenturen bzw. mit dem Output anderer Medien dienen. Ein wechselseitiges Informationsbedürfnis besteht hinsichtlich der mit den Nachrichten übermittelten Metadaten, die eine Einsortierung der Nachrichten erlauben und so eine effiziente Verarbeitung in den Redaktionen gestatten. Hierfür sind einerseits die Strukturen der Redaktionen relevant sowie eine geeignete Wahl der Metadaten und deren Zuordnung. In einer Zeit ständig wachsender Informationsmengen ist diese Nachrichtenklassifikation ein wesentlicher Mehrwert, der aber auch eine genaue Abstimmung erfordert. Schließlich bedarf es auch der Informationen, über die Möglichkeiten andere Mehrwerte oder Veredelungsleistungen (wie zum Beispiel Hintergrundberichte oder Kommentierungen) zu beziehen, die Redaktionsleistungen teilweise substituieren können. Es zeigt sich also, dass die genossenschaftlichen Governancestrukturen bei diesen Informationserfordernissen in der operativen Praxis nur geringe Kraft entfalten.

Dies stellt sich anders bei der Mitbestimmung in der strategischen Geschäftspolitik und bei der Sicherstellung der Unabhängigkeit dar: Die Mitwirkung der Mitglieder an ihrem Gemeinschaftsunternehmen konzentriert sich im Wesentlichen auf die strategische Ausrichtung der Genossenschaft, auf die Preisgestaltung und auf die Verwendung der Überschüsse. Damit erfolgt eine Einflussnahme auf die Ausgestaltung und Aufteilung der Gesamtwertschöpfungskette zwischen dem Gemeinschaftsunternehmen und den Mitgliedern. Es sind also die strategischen Entscheidungen, bei denen die genossenschaftliche Organisationsform ihre eigentliche Kraft entfaltet. Es besteht keine einflusslose Abhängigkeit von einem Vorproduzenten, sondern dieser wird – in Abstimmung mit den anderen Mitgliedern – in seinem Geschäftsgebaren beeinflusst. Hierunter fällt auch die Überwachung der Nachrichtenagentur als unabhängigem Nachrichtenlieferanten. Entscheidungen über die Erweiterung des Mitgliederkreises oder über die Aufnahme neuer Kundenbeziehungen können Auswirkungen auf die Unabhängigkeit haben. Aktuell bestehen die Herausforderungen an dieser Schnittstelle darin, dass es erstens gelingen muss, effiziente Weichenstellungen im sehr dynamischen Umfeld der Medienwirtschaft zu vereinbaren. Vor diesem Hintergrund ist zweitens zu beachten, dass sich das Management gegenüber den Eigentümern verselbständigen könnte. Drittens ist zu beobachten, welche Auswirkung die Herausbildung neuer Märkte haben wird, die in Konkurrenz zu den Produkten der Mitglieder stehen.

Eine zweite Schnittstelle besteht *zwischen den Mitgliedern der Nachrichtenagentur*, zwischen denen keine direkte wirtschaftliche Leistungsbeziehung besteht. Ihre Beziehung resultiert im Wesentlichen aus dem gemeinsamen Betrieb der Nachrichtenagentur. Das Informations- und Handlungsinteresse betrifft deshalb vornehmlich die Überprüfung der Interessen der anderen Mitglieder und die Stabilisierung der Mitgliedschaft. Eine möglichst breite Mitgliederbasis ist das Fundament für den Anspruch, eine unabhängige Versorgung mit Nachrichten zu gewährleisten. Dieses stützt sich etwa bei der APA Austria Presse Agentur auf drei wesentliche Elemente. Von Bedeutung ist die Abstimmungsregel nach dem Prinzip *One man, one vote* und nicht nach gezeichneten Kapitalanteilen (*Vyslozil* 2003, S. 3). Dazu kommt, dass die Preise für den Leistungsbezug für Mitglieder mit einer geringeren Reichweite unter jenen für Mitglieder mit einer größeren Reichweite liegen. So findet zwar vordergründig eine Subventionierung der Kleinen durch die Großen statt (op. cit., S. 2), wobei sich die Preise in Bezug auf die verkaufte Auflage jedoch unterlinear entwickeln. Bei den Mitgliedern besteht schließlich eine hohe Bereitschaft, Überschüsse im gemeinsamen Unternehmen zu belassen, um dem Unternehmen damit eine solide Finanzbasis zu verleihen, die eine dauerhafte Versorgung mit Nachrichten ermöglicht (op. cit.). Alle drei Mechanismen bedeuten letztlich eine Unterstützung der kleineren Mitglieder, ein Element der *Solidarität im eigenen Interesse*. Dieses wird zusätzlich dadurch stabilisiert, dass die Mitglieder nur in einem geringen Ausmaß im Wettbewerb zueinander stehen. Die kleineren Mitglieder sind hauptsächlich regionale Zeitungen mit der Kernkompetenz der Regionalberichterstattung, während große Zeitungen tendenziell ihren Fokus in der nationalen und internationalen Berichterstattung und deren Kommentierung besitzen. Wenn von unterschiedlichen politischen Orientierungen der großen Zeitungen abgesehen wird, die zusätzlich den Wettbewerb reduzieren, ist zu berücksichtigen, dass die größeren Mitglieder vergleichbare Tarife haben, sodass sich Verzerrungen in Grenzen halten. Die aktuellen Herausforderungen an dieser Schnittstelle bestehen darin, dass die Mitgliederstruktur heterogener werden könnte, dass ein Konsens in der Preisgestaltung nicht mehr möglich wäre und dass wichtige neue Akteure der Medienwirtschaft nicht zu den Mitgliedern zählen könnten.

Die dritte Schnittstelle besteht zwischen der *Nachrichtenagentur und jenen Kunden, die keine Mitglieder* sind. Die Informationsbedürfnisse der Nicht-Mitglieder gleichen in der Leistungsbeziehung jenen der Mitglieder. Es gibt nur wenige Differenzierungsmöglichkeiten für Informationsbedürfnisse. Allenfalls ist davon auszugehen, dass Nicht-Mitglieder weniger in die schnittstellenübergreifende Produktneuentwicklung involviert sind. Nicht-Mitglieder sind in gewisser Weise die Trittbrettfahrer, die in gleichem Maße die Unabhängigkeit der Informationen der Nachrichtenagentur nutzen, ohne hierfür einen Beitrag in Form der Mitgliedschaft zu leisten. Dieses ist so lange unproblematisch, wie es keine Defektionen aus der Mitgliedschaft hervorruft. Es ist sogar eher ein Vorteil für die Mitglieder, als die schon produzierten Nachrichten oder andere Leistungen einem größeren Kundenkreis verkauft werden können. Dies trägt erheblich zur Profitabilität bei, da auch im Nachrichtengeschäft hohe *First-Copy-Costs* vorliegen, während die variablen Kosten für die zusätzliche Übermittlung einer bereits erstellten Nachricht verschwinden. Durch die höhere Profitabilität wird die wirtschaftliche Performance der genossenschaftlichen Nachrichtenagentur gesteigert, was im Sinne eines dauerhaften und nachhaltigen Bezugs von Leistungen und der Abhängigkeit von diesem Informationsrohstoff positiv für die Mitglieder ist. Die Mitglieder würden sich also schlechter stellen, wenn sie dieses Geschäft verbieten würden, sofern es ihnen nicht gelingt, über das Vorenthalten von Leistungen neue Mitglieder zu gewinnen. Der Zusammenhang gilt aber nur so lange, wie hieraus keine Anreize zum Austritt aus der Genossenschaft entstehen.

Ein weiteres Problem in der Beziehung zu den Nicht-Mitgliedern könnte eine abweichende Struktur von Nicht-Mitgliedern im Verhältnis zu den Mitgliedern sein. Während sich etwa im Mitgliederkreis der *APA* der *ORF* und die Zeitungsverlage befinden, erstreckt sich der Kundenkreis auf teilweise ganz andere Branchen. So haben elektronische Nachrichtenportale oder die Anbieter mobiler Datendienste andere technische Anforderungen als die Mitglieder der *APA*. Ähnliches gilt auch für Kunden aus dem Finanzdienstleistungssektor und die *ots*-Kunden. Bei einem wachsenden Anteil dieses Geschäfts könnten daraus vermehrt Produktentwicklungen folgen, die sich von den eigenen Kernaktivitäten entfernen. Aus diesen Überlegungen können auch die Herausforderungen an dieser Schnittstelle abgeleitet werden. Es ist zu klären, wie sich ein steigender Anteil des Nicht-Mitgliedergeschäftes auf die Unabhängigkeit und auf das genossenschaftliche Geschäftsmodell auswirkt. Daraus folgt, dass eine sorgfältige Konkretisierung des *MemberValue-Konzeptes* unbedingt notwendig ist.

Die vierte Schnittstelle entsteht durch die zunehmende Bedeutung von Meta-Kooperationen zu den *Partnerunternehmen*. Dabei lassen sich die Partner in zwei Gruppen einteilen: Agenturpartner und Partner zur Erbringung von Informationsdienstleistungen. Bei den Agenturpartnern geht es um die Einbindung komplementärer Kompetenzen, also um internationale Nachrichten und ausländische Nachrichten. Die technische Schnittstelle der Nachrichtenübermittlung ist aufgrund weitgehender Standardisierungen unkompliziert. Wichtiger ist bei diesen Kooperationen die Wahrung des Unabhängigkeitsanspruches bei der Weiterverarbeitung solcher Meldungen von Partneragenturen. Bei Agenturen, die einen glaubwürdigen Unabhängigkeitsmechanismus implementiert haben, ist dies unproblematisch. Im Einzelfall ist zu überwachen, wie unabhängig die Agenturen tatsächlich operieren. Nachrichten sind dann entsprechend zu selektieren.

Komplizierter gestalten sich die Beziehungen zu den Partnern im Datenbankbereich, da es hier auch um eigene Produktentwicklungen geht, die mit den fremden Datenbanken kompatibel sein müssen, um eine schnelle Recherchemöglichkeit zu bieten. Dies erfordert die Definition gemeinsamer Standards und gegebenenfalls eine Adaption von Recherchetools. Die Herausforderungen an dieser Schnittstelle lassen sich also folgendermaßen zusammenfassen: Es geht darum, die Abhängigkeit von Kooperationspartnern abzusichern, insbesondere deren Unabhängigkeit sicherzustellen, technische Standards zu schaffen sowie unterschiedliche Unternehmenskulturen von Nachrichtenagenturen zu bewältigen.

5. Fazit

Es wurde argumentiert, dass in der Medienwirtschaft zahlreiche Kooperationspotenziale vorhanden sind. Sie weist Merkmale und Rahmenbedingungen auf, die kooperationsfördernd sind. Dies gilt in vielen Segmenten des Medienmarktes, und es gilt auf den unterschiedlichen Stufen der Wertschöpfungskette der Medienwirtschaft. Es war im Rahmen dieses Beitrages nicht beabsichtigt, ein umfassendes empirisches Bild des Kooperationsgeschehens zu präsentieren. Vielmehr erfolgte eine Konzentration auf einen Akteur der Medienwirtschaft, der bereits eine lange Kooperationstradition aufweist, nämlich Nachrichtenagenturen. Es wurde aufgezeigt, dass mittels Kooperationsmodellen nicht nur die Ressourcenknappheit der Unternehmen überwunden werden kann, die den Aufbau eines eigenen Korrespondentennetzes verhindert. Zusätzlich ermöglicht es die Wahl eines genossenschaftlichen Kooperationsmodells, die Unabhängigkeit von Nachrichtenagenturen sicherzustellen, eine wesentliche Anforderung in diesem Metier.

Die Erfahrung in anderen Branchen hat gezeigt, dass ein adäquates Schnittstellenmanagement eine wesentliche Erfolgsbedingung jedweder Kooperation darstellt. Da die Dienstleistungen von Nachrichtenagenturen heute über die reinen Basisangebote der Informationsbeschaffung hinausgehen und sie inzwischen zu umfassenden Informationsdienstleistern geworden sind, haben sie sich längst neue Kundenschichten im Nicht-Medienbereich erschlossen. Auch hierfür nutzen sie kooperative Modelle. Vor diesem Hintergrund wurde zuletzt nach den aktuellen Herausforderungen für das Schnittstellenmanagement genossenschaftlich organisierter Nachrichtenagenturen gefragt. Ein akuter Forschungsbedarf besteht dahingehend, wie ein verändertes Informationsverhalten durch die stärkere Nutzung von Onlinemedien die Wertschöpfung von Nachrichtenagenturen verändert und welche Auswirkungen dies auf die genossenschaftlichen Governancestrukturen hat.

Literatur

BDI (2005), BDI-Mittelstandspanel – Ergebnisse der Online-Mittelstandsbefragung, Herbst 2005, Langfassung, Bonn.

Beck, Hanno (2002), Medienökonomie: Print, Fernsehen und Multimedia, Berlin.

Bonus, Holger (1994), Das Selbstverständnis moderner Genossenschaften, Münster.

Clemons, Eric, Sashidhar Reddi and *Michael Row* (1993), The Impact of Information Technology on the Organization of Economic Activity: The Move to the Middle Hypothesis, in: Journal of Management Information Systems, Vol. 10, No. 2, pp. 9-35.

Dörfler, Edith und *Wolfgang Pensold* (2001), Die Macht der Nachricht: Die Geschichte der Nachrichtenagenturen in Österreich, Wien.

Ebertz, Peter (2006), Risikowirkungen von Unternehmenskooperationen, Aachen.

European Network for SME Research ENSR (2003), KMU und Kooperationen, No. 5, Luxembourg.

Herbst, Claus (2002), Interorganisationales Schnittstellenmanagement, Frankfurt.

Holmström, Bengt and *John Roberts* (1998), The Boundaries of the Firm Revisited, in: The Journal of Economic Perspectives, Vol. 12, Issue 4, pp. 73-94.

Kruse, Jörn (Hrsg.) (2003), MultiMedia Mobil: Dienste und Inhalte über mobile Plattformen, München.

Legifrance (2008), Loi n°57-32 du 10 janvier 1957 portant statut de l'agence France-Presse, http://www.legifrance.gouv.fr/affichTexte.do?cidTexte=LEGITEXT 000006068171&dateTexte=20080213

Masten, Scott (ed.) (1996), Case Studies in Contracting, New York.

Menard, Claude (2004), The economics of hybrids, in: Journal of Institutional and Theoretical Economics, Vol. 160, pp. 1 – 32.

Menard, Claude (2005), A New Institutional Approach to Organization, in: *Claude Menard* and *Mary Shirley* (eds.), Handbook of New Institutional Economics, pp. 281-318.

Noteboom, Bart (1999), Inter-Firm Alliances: Analysis and Design, London.

Odenthal, Stefan, Hannes Säubert und Andreas *Weishaar* (2002), Strategische Partnerschaften – mehr Erfolg mit dem neuen Partnering-Ansatz, Wiesbaden.

Picot, Arnold und *Rahild Neuburger* (2006), Strategische Allianzen — Eine Chance für Medienunternehmen, in: *Christian Scholz* (Hg.), Handbuch Medienmanagement, Heidelberg, S. 417-431.

Reuters (2008), Our company: Independence & Trust Principles, http://about.reuters.com/home/aboutus/ourcompany/independencetrust.aspx

Ripperger, Tanja (1998), Ökonomik des Vertrauens: Analyse eines Organisationsprinzips, Tübingen.

Röper, Horst (2002), Zeitungsmarkt 2002: Wirtschaftliche Krise und Konzentration, in: Media Perspektiven, o. Jg., Heft 10, S. 478-490.

Rosenberger, Bernhard und *Sigrun Schmid* (1997), Machtzuwachs oder Autonomieverlust?, in: *Jürgen Wilke*, (Hg.), Nachrichtenagenturen im Wettbewerb, Konstanz., S. 107-110.

Sjurts, Insa (2000), Kollektive Unternehmensstrategie: Grundfragen einer Theorie kollektiven strategischen Handelns, Wiesbaden.

Sjurts, Insa (2002), Strategien in der Medienbranche, 2. Aufl., Wiesbaden.

Sjurts, Insa (2004), Medienunternehmen, in: *Insa Sjurts* (Hg.), Gabler Lexikon Medienwirtschaft, Wiesbaden, S. 390-391.

Sydow, Joerg und *Arnold Windeler* (Hg.) (2004), Organisation der Content Produktion, Wiesbaden.

Theurl, Theresia (2001), Das mitteleuropäische Konzept der Genossenschaft als Selbsthilfeeinrichtung in der Tradition von Raiffeisen und Schulze Delitzsch, in: *Wolfgang Harbrecht*

(Hg.): Die Zukunft der Genossenschaft in der Europäischen Union an der Schwelle zum 21. Jahrhundert, Nürnberg, S. 97-116.

Theurl, Theresia (2005a), Kooperative Governancestrukturen, Arbeitspapiere des Instituts für Genossenschaftswesen der Universität Münster, Nr. 48.

Theurl, Theresia (2005b), From Corporate to Cooperative Governance, in: *Theresia Theurl* (ed.), Economics of Interfirm Networks, Tübingen, S. 149-192.

Theurl, Theresia und Andrea *Schweinsberg* (2004), Neue kooperative Ökonomie, Tübingen.

Vyslozil, Wolfgang (2003), Die gesellschaftliche Funktion der APA - Austria Presse Agentur, http://apa.cms.apa.at/cms/site/downloads/vys.pdf

Wilke, Jürgen (Hg.) (1997), Nachrichtenagenturen im Wettbewerb, Konstanz.

Wilke, Jürgen (Hg.) (1998), Nachrichtenproduktion im Mediensystem, Köln.

Williamson, Oliver (1991), Comparative Economic Organization: The analysis of discrete structure alternatives, in: Administrative Science Quarterly, Vol. 36, pp. 269-296.

Williamson, Oliver (1996), The Mechanisms of Governance, Oxford.

Williamson, Oliver (2005a), Transaction Cost Economics, in: Claude Ménard and Mary Shirley (eds.), Handbook of New Institutional Economics,S. 41-65.

Williamson, Oliver (2005b), Networks – Organizational Solutions to Future Challenges, in: *Theresia Theurl* (ed.), Economics of Interfirm Networks, Tübingen, S. 3-28.

Windeler, Arnold et al. (2004), Netzwerksteuerung durch Selektion – Die Produktion von Fernsehserien in Projektnetzwerken, in: *Jörg Sydow* und *Arnold Windeler* (Hg.), Steuerung von Netzwerken, Opladen/Wiesbaden S. 178-205.

Wirtz, Bernd (2006), Medien- und Internetmanagement, 6. Aufl., Wiesbaden.

Zschunke, Peter (2000), Agenturjournalismus: Nachrichtenschreiben im Sekundentakt, 2. Aufl., Konstanz.

Dirk Wentzel (Hg.), Medienökonomik –
Theoretische Grundlagen und ordnungspolitische Gestaltungsalternativen
Schriften zu Ordnungsfragen der Wirtschaft · Band 89 · Stuttgart · 2009

Medien und wissenschaftliche Politikberatung – Annäherung an ein Thema

Gisela Färber

Inhalt

1. Einleitung

Kein Tag vergeht, dass nicht in einer Tages- oder Wochenzeitung WissenschaftlerInnen zitiert werden, die Meinungen zu aktuellen politischen Themen äußern oder Empfehlungen an die Adresse der Politik abgeben. Prominente PolitikberaterInnen werden zu Talkshows eingeladen. Nachrichten- und Politikmagazine interviewen regelmäßig nicht nur VertreterInnen der Politik, sondern auch ExpertInnen aus dem Wissenschaftsbereich. Sogar im politischen Fernseh-Kabarett werden exponierte Politikberater wie *Bert Rürup* und *Hans-Werner Sinn* inzwischen verulkt. Namensseiten von politikberatenden WissenschaftlerInnen in Wikipedia dürften Folge der Wahrnehmung von öffentlichkeits- und medienwirksamen Empfehlungen an Politik und Öffentlichkeit seitens dieser Personen sein. Es gibt also eine mediale Präsenz der Politikberatung ebenso wie ein Interesse der Medien an Personen und Inhalten der Politikberatung. In der wissenschaftlichen Literatur findet sich davon aber rein gar nichts.

Dennoch erscheint eine wissenschaftliche Befassung mit dieser Beziehung in mehrfacher Hinsicht nicht uninteressant. Denn die Medien sind Mitspieler im Prozess der Vermittlung und Umsetzung von Empfehlungen der Politikberatung in politische Entscheidungen. Sie bilden den Filter zur sog. Öffentlichkeit und beeinflussen als wichtigste Informationsquelle das Meinungsbild der WählerInnen. Die Medien können die Inhalte wissenschaftlicher Politikberatung verständlich machen, sie können sie aber auch verzerren. Die Medien sind selbst überwiegend marktwirtschaftlich organisierte Unternehmen mit Profitinteressen. Öffentlich-rechtliche Rundfunkanstalten haben politisch besetzte Aufsichtsgremien und sind häufig nicht so ganz politisch neutral (*Kamps* 2006c, S. 110 ff.; *Wolf* 2006, S. 51 ff.). Beides hat Auswirkungen auf den Umgang mit den Inhalten wissenschaftlicher Politikberatung, was die WissenschaftlerInnen selbst bei den Rollen, die sie übernehmen, und bei ihren konkreten Einlassungen wissen und antizipieren müssen (*Hajek* 2006, S. 138 ff.).

Die folgenden Ausführungen verstehen sich vor diesem „schlecht strukturierten“ Hintergrund als der Versuch, einige „Schneisen“ in das Gelände des Verhältnisses zwischen Politikberatung und Medien zu schlagen. Zu diesem Zweck wird zunächst in einem eher theoretischen Teil nach Ansätzen gesucht, die man zur Abbildung und Erklärung der Beziehungen zwischen Medien und Öffentlichkeit sowie PolitikerInnen und politischen Entscheidungsprozessen und wissenschaftlicher Politikberatung nutzen kann. In einem weiteren Abschnitt werden einige spezielle Aspekte erörtert, die für die Beziehung zwischen den Medien und der wissenschaftlichen Politikberatung von besonderer Bedeutung sind. Sie basieren zunächst auf den verschiedensten persönlichen Erfahrungen, sind aber vielfach auch durch Fundstellen in der wissenschaftlichen Literatur zumindest indirekt belegbar. In einem vierten Abschnitt wird der Frage nachgegangen, wie die Wissenschaft ihre Beziehungen zu den Medien für die Zwecke einer wirksamen Politikberatung besser gestalten kann.

Wissenschaftliche Politikberatung wird in diesem Beitrag als der Teil der angewandten Wirtschafts- und Sozialwissenschaft verstanden, der seine wissenschaftlichen Erkenntnisse mit und ohne Auftrag der Politik mit Empfehlungen zur konkreten Gestaltung politischer Entscheidungen an diese verbindet. Als Sonderfall der wissenschaftlichen Politikberatung ist die Forschung im Auftrag von Ministerien gegen Entgelt und nach Vergabeverfahren anzusehen, weil hier in sehr viel stärkerem Maße als bei anderen Formen der Politikberatung der Auftraggeber die Ergebnisse beeinflusst und sich üblicherweise auch die Nutzungs- und Veröffentlichungsrechte vorbehält. In medienpolitischer Hinsicht sind die Unterschiede aber nicht sehr groß, zumal wenn der Untersuchungsauftrag als direkte Vorleistung für ein Reformvorhaben angelegt ist (*Kamps* 2006a, S. 201 ff.; *Grossekettler* 2005, S. 101 ff.; *Schatz* 2005, S. 115). Nicht einbezogen in diesen Beitrag wird hingegen die wissenschaftliche Demoskopie, die die Meinung von WählerInnen zu PolitikerInnen und deren Worten und Handlungen mit wissenschaftlichen Methoden erkundet und mittlerweile auch eine wichtige Rolle in der persönlichen und parteipolitischen Politikberatung spielt.

Als Medien werden alle Arten von der breiten Öffentlichkeit zugänglichen Informationsträgern verstanden, die geeignet sind, die Empfehlungen an die Politik zu verbreiten, also Print- und audiovisuelle Medien sowie Internet-Einträge bis hin zur eigenen Homepage der BeraterIn bzw. der forschenden und/oder beratenden Person oder Institution (Forschungsinstitut, Universität, auf Dauer eingesetzter Beirat/Sachverständigenrat o. ä., Experten- oder Enquête-Kommission). Nicht eingeschlossen werden Publikationen im rein wissenschaftlichen Schrifttum, auch wenn einige Zeitschriften – wie der *Wirtschaftsdienst* oder auch die *Perspektiven der Wirtschaftspolitik* – in den einschlägigen Ministerien gut verbreitet sind und auch von Nicht-Ökonomen gelesen werden, mithin durchaus auch auf Politikberatung angelegt sind (*Lompe* 2006, S. 25 ff.; *Rehfeld* 2006, S. 23 ff.).

Unter Politik werden schließlich alle Institutionen/Personen verstanden, die im politisch-administrativen System an der Vorbereitung politischer Entscheidungen beteiligt sind (Ministerien, Parteien) und/oder die Entscheidungen im Rahmen der demokratischen Kompetenzordnung verantwortlich treffen (Regierungen und Parlamente) (*Falk* und *Römmele* 2006, S. 173 f.).

2. Theoretische Ansatzpunkte zur Analyse des Verhältnisses zwischen Medien und wissenschaftlicher Politikberatung

Medien sind elementarer Bestandteil des Verhältnisses zwischen Politik und wissenschaftlicher Politikberatung. Demokratie benötigt Öffentlichkeit, damit die WählerInnen eine informationelle Basis für ihre Wahlentscheidung haben (*Jarren u. a.* 1993, S. 13 ff.; *Leggewie* 2006, S. 21 ff.). Öffentlichkeit wird über die Medien hergestellt, die dadurch gewisse Eigenschaften eines öffentlichen Gutes aufweisen. Dies erfordert besondere Marktregulierungen, um die Pluralität der Berichterstattung zu sichern, und bildet die Rechtfertigung für die öffentlich-rechtlich verfassten Fernseh- und Rundfunkanstalten (*Beck* 2002, S. 52 ff.; auch *Holznagel et al.*, i.d.Bd.).

Mit Ausnahme der Selbstdarstellung der politikberatenden Personen und Institutionen im Internet, deren Inhalt und Ausgestaltung diese selbst bestimmen können, entscheiden die Medienunternehmen, ob und wie sie Empfehlungen der Wissenschaft in ihre Berichterstattung aufnehmen. Sie benötigen hierzu ihrerseits eigenen Sachverstand, um die Informationen verstehen und verarbeiten zu können. Quelle der Informationen ist einerseits die Politik einschließlich des ministeriellen „Hinterbaus", indem sie selbst Pressekonferenzen gibt, Hintergrundgespräche abhält oder auch gezielte Indiskretionen setzt. Andererseits kommen die notwendigen Informationen von der Wissenschaft, indem die Journalisten die Politikberatungsdokumente rezipieren, im wissenschaftlichen Schrifttum selbst recherchieren oder – vor allem, wenn es sich um tagesaktuelle Hintergrundinformationen zu politischen Debatten handelt – bei den WissenschaftlerInnen direkt abfragen (*Böhret* 2004, S. 369 ff.; *Leschke* 2005, S. 303 ff.).

Das Zusammenspiel der drei Akteursgruppen erklärt sich aus ihren Zielfunktionen und Handlungsmöglichkeiten:

- Die Politik zielt auf Wiederwahl bzw. im Falle von Oppositionsparteien auf Ablösung der Regierung über die Maximierung der Wählerstimmen. Regierungen und ihre Parlamentsmehrheiten haben ein Interesse an einer medienwirksamen Veröffentlichung der von ihnen in Auftrag gegebenen Ergebnisse der Politikberatung, wenn sie damit entweder konkrete politische Entscheidungen auch gegen starke Interessengruppen besser durchsetzen können oder wenn sie geeignet sind, der Regierungsarbeit ein gutes Zeugnis auszustellen. Kritische Forschungsergebnisse und solche, bei denen die politische „Verwertbarkeit" noch nicht klar ist, werden von der Regierungsseite nicht so gern veröffentlicht (*Bentele* 2006, S. 96). Ist aber eine Veröffentlichung wie im Fall von Kommissionsberichten oder bei öffentlich bekannter Vergabe des Gutachtenauftrags unvermeidbar, wird durchaus versucht, auf die kritischen Inhalte Einfluss zu nehmen, soweit dies die Vertragslage oder andere Rechtsgrundlagen und die beauftragten WissenschaftlerInnen zulassen (*Hüther* 2005, S. 29 ff.).

  Oppositionsparteien und Oppositionsfraktionen haben das Interesse, das Handeln der Regierung auch mit Hilfe externer wissenschaftlicher Expertise kritisch zu durchleuchten oder alternative politische Gestaltungsvorschläge wissenschaftlich entwickeln oder bewerten zu lassen. Da mit beiden Zielrichtungen wissenschaftlicher Politikberatung Wählerstimmen attrahiert werden können, wird in der Regel die Öffentlichkeit der Medien mit den Ergebnissen gesucht (*Hüther* 2005, S. 29 ff.).

  Die MitarbeiterInnen in der Ministerialverwaltung üben üblicherweise eine begleitende Funktion für wissenschaftliche Politikberatung aus. Neben ihrer durch die ministerielle Geschäftsordnung in die Hierarchie eingebundenen Tätigkeit, die üblicherweise den Interessen des Ministers und der Regierung zu folgen hat, können bei den einzelnen Beschäftigten aber auch politische Wertvorstellungen oder auch explizit andere Parteizugehörigkeiten vorhanden sein, die ihrer politischen Loyalität Grenzen setzt und in seltenen Fällen auch ihre Geheimhaltungspflicht beschränkt, vor allem, wenn die Quelle anonym bleiben kann. Bei Koalitionsregierungen kann die nicht verabredete Publizität von Beratungsergebnissen auch von den Koalitionspartnern selbst betrieben werden (*Welfens* 2005, S. 235 ff.).

- Die Akteure in der wissenschaftlichen Politikberatung sind zunächst bestrebt, ihre Erkenntnisse, soweit sie sich auf reale Entscheidungsprobleme der Politik beziehen, in die Wirklichkeit umzusetzen. Sie erhalten für ihre Arbeit Entgelte oder Aufwendungsentschädigungen, können durch gute Arbeit auch ihren Marktwert für weitere Aufträge und anspruchsvollere Aufgaben in der Politikberatung steigern. Unter ‚intrinsische Motivation' können die Aufmerksamkeit der Öffentlichkeit und der wachsende Bekanntheitsgrad gezählt werden, die mit häufigeren Präsentationen von Ergebnissen der Politikberatung oder der Mitgliedschaft vor allem in Expertenkommissionen zwangsläufig verbunden ist (*Färber* 2005, S. 131 ff.; *Siefken* 2006b, S. 215 ff.).
- Die Print- und audiovisuellen Medien haben zunächst – wie andere Unternehmen auch – schlichte Gewinnmaximierungsziele, die sich über Einschaltquoten, Auflagenstärken und Abonnentenzahlen, Werbeeinnahmen u. a. operationalisieren lassen (*Gläser* 2008, S. 633 ff.; auch *Beck* und *Beyer* i.d.Bd.). Auch kommerzielle Inter-

netseiten profitieren von den mit ihrem Aufruf verbundenen Werbeeinnahmen. Die Berichterstattung über wissenschaftliche Politikberatung gehört hier zum normalen Tagesgeschäft und wird durch den Wettbewerb unter den Anbietern bestimmt. Selbst politische Profile von Zeitungen, Rundfunk- und Fernsehsendern sind unter den marktwirtschaftlichen Wettbewerb zu subsumieren, denn die Menschen konsumieren ihre Medien nicht, weil sie ihren Präferenzen nicht entsprechen, sondern wie bei anderen Produkten und Dienstleistungen handelt es sich hier um eine Ausrichtung auf eine spezielle Kundengruppe. „Und auf diesem Markt trägt die Erhöhung der Informationsqualität nicht unbedingt zur Steigerung der Verkaufszahlen und Einschaltquoten bei" (*Sarcinelli* 2003).

Inwieweit Politikberatung zum Gegenstand des medialen Interesses wird, hängt im Einzelfall davon ab, ob es sich um Themen handelt, die von den Redaktionen als wichtig genug für eine Veröffentlichung gehalten werden. Dies hängt sicherlich von der absoluten und relativen politischen Bedeutung des Gegenstands sowie von seiner medialen Inszenierung ab (*Sarcinelli* 2003). Denn vor allem, wenn es sich um wichtige und kontroverse politische Diskussionen wie z. B. die Agenda 2010 handelt, werden auch konkrete Forschungsergebnisse und erst recht die Empfehlungen von zu diesen Themen eingesetzten Kommissionen zum festen Bestandteil der Berichterstattung darüber (*Mahler u. a.* 2003, S. 30 ff.). Sehr spezielle Themen, wie z. B. der kommunale Finanzausgleich, dürften deutlich weniger Beachtung finden. Kritisches wird außerhalb von Nachrichtensendungen außerdem lieber gedruckt oder gesendet als freundliche Bestätigungen. Schließlich schafft die Prominenz der beteiligten Personen – sei es aus der Politik oder aus der Wissenschaft – selbst die mediale Wichtigkeit auch der wissenschaftlichen Politikberatung (*Glaab* und *Metz* 2006, S. 161 ff.).

Die relative Bedeutung der Presseinformation ergibt sich vor allem auch aus dem zeitlichen Umfeld. Auch die Ereignisse und die Öffentlichkeitsarbeit der Politik folgen bestimmten Mustern, die sich nach ihrer eigenen zeitlichen Organisation (Sitzungswochen, Sommerpausen etc.) und dem täglichen Redaktionsschluss für die verschiedenen Medien richten. Ist das Angebot von als wichtig und „gut verkäuflich" eingeschätzten Presseterminen zu groß, müssen weniger wichtige Themen weichen und werden unter Umständen auf Kurzmeldungen zurückgestuft oder gar nicht verwertet. Spalten und Sendeplätze müssen täglich „rationiert" werden (*Rau* 2006, S. 42 ff.).

Vor diesem Hintergrund können alle Akteure eigennutzorientiert handeln. Es gibt trotz der formalen Unabhängigkeit der Presse strikte Regeln und Usancen, unter denen Informationen ausgetauscht werden. Hintergrundinformationen werden gegen Schweigen getauscht, wohlwollende Berichterstattung gegen Mitarbeit und Interviewzusagen. Die Beherrschung dieser Regeln und ihre aktive Nutzung bestimmen den Erfolg der Öffentlichkeitsarbeit ebenso wie den „Handel" mit publizierbaren Informationen, die den ökonomischen Erfolg des eigenen Medienunternehmens und damit auch den eigenen Job sichern (*Pfetsch* 2006, S. 34 ff.).

Die Politik handelt im Rahmen ihrer Öffentlichkeitsarbeit wie die JournalistInnen zwangsläufig im Rahmen optimierter professioneller Organisationen, in Form von Pressestellen, durch die Ernennung von PressesprecherInnen mit einschlägigen Ausbildungen und beruflichen Erfahrungen oder in den jeweiligen Redaktionen, die die Informationen in die Sprache der jeweiligen Medien übersetzen (*Bentele* 2006, S. 96 ff.). Die politikberatende Wissenschaft hatte zumindest in der Vergangenheit keine professionelle Organisation ihrer Öffentlichkeit. Erst in jüngerer Zeit werden in größeren Forschungsinstituten und Universitäten Pressestellen eingerichtet, die nicht nur als Ansprechpartner für Presseanfragen dienen und den Kontakt zu den einschlägig arbeitenden ForscherInnen vermitteln, sondern ggf. auch letztere beraten (*Döhrn* 2005, S. 49 ff.).

WissenschaftlerInnen haben aber typischerweise weder eine Ausbildung in Sachen Umgang mit den Medien erhalten, noch gibt es einschlägige Weiterbildungsangebote. Ihnen bleibt nur *Learning-by-doing*. Je mehr aber sozio-ökonomische Forschungsergebnisse nicht nur für den sprichwörtlichen „Elfenbeinturm" erarbeitet werden, umso wichtiger ist es, dass sie die Zusammenhänge, Regeln und Verhaltensnormen kennen und beherrschen (*Cassel* 2006, S. 73 ff.).

3. Die Bedeutung der Medien für das Verhältnis zwischen PolitikerInnen, wissenschaftlicher Politikberatung und Öffentlichkeit: Ein äußerst komplexes Verhältnis in der Realwelt

In diesem Abschnitt werden die Beziehungen zwischen den drei Bereichen einer detaillierteren Analyse unterzogen. Aus normativer Perspektive wird der Frage nachgegangen, inwieweit die Zwischenschaltung von Massenmedien in das Verhältnis zwischen Politik und wissenschaftlicher Politikberatung das Ziel von durch Beratung verbesserten politischen Entscheidungen und deren Durchsetzung besser umsetzen hilft oder beeinträchtigt. Als Maßstäbe für die Erreichung dieser Ziele können die fünf Funktionen wirtschaftswissenschaftlicher Politikberatung herangezogen werden (*Papenfuß* und *Thomas* 2007, S. 338 ff.):

- die operative Beratungsfunktion, die das Unterbreiten sachgerechter Vorschläge zur Lösung bestimmter Probleme betrifft,
- die Konzeptionsfunktion, die eine längerfristige konzeptionelle Einbeziehung wissenschaftlicher BeraterInnen in den Prozess der Politikformulierung fordert,
- die Aufklärungsfunktion, die von dem/der WissenschaftlerIn die Übersetzung abstrakter wissenschaftlicher Erkenntnisse in die Sprache von Politik einerseits und Öffentlichkeit andererseits erwartet,
- die Legitimationsfunktion, in deren Kontext die WissenschaftlerInnen eine getroffene politische Entscheidung gegenüber der Öffentlichkeit als sachgerecht bestätigen[1].

---

1 Die Autoren führen noch eine fünfte Funktion, die Filterfunktion, auf, die die WissenschaftlerInnen im Prozess der politischen Entscheidungsfindung in einer „schadensbegrenzenden" Funktion sieht, durch die die reine politische Rationalität des Wiederwahlmotivs, die auch in der Ministerialverwaltung gesehen wird, im Hinblick auf die schlimmsten Fehler begrenzt wird. Diese Funktion muss aber auch kritisch als eine normative Überhöhung des ökonomischen Beratungsbedarfs gesehen werden, denn die sachlichen Beratungsaspekte sind bereits mit den ersten beiden Funktionen abgedeckt. Es wäre im übrigen eindeutige Hybris der Ökonomen, wenn sie ihren Rat immer als „schadensbegrenzend" für den politischen Prozess

Mediale Öffentlichkeit spielt bei der Erfüllung zumindest einiger dieser Funktionen eine wichtige Rolle, kann aber den Zielen auch abträglich sein. Insbesondere bei der Aufklärungs- und der Legitimationsfunktion hat sie einen direkten Einfluss, bei den beiden ersten Funktionen einen eher indirekten, indem die Medien bei der sachlichen und konzeptionellen Erarbeitung von sachgerechten Beratungsprodukten deren Tauglichkeit spätestens dann kritisch begleiten, wenn sie in die Öffentlichkeit gelangen (*Jens* 2006, S. 126 ff.). Das heißt, dadurch, dass die Medien die Handlungen der Politik kritisch begleiten, die Öffentlichkeit über das jeweilige Meinungsspektrum informieren und dazu die WissenschaftlerInnen quasi als „objektive" Kronzeugen zu Wort kommen lassen, entsteht für die Politik ein starker Anreiz, die wissenschaftliche Politikberatung frühzeitig einzuschalten, um ihre Vorhaben sowohl besser zu fundieren als auch um sie im ebenfalls in der Öffentlichkeit und in den Medien stattfindenden Durchsetzungsprozess gegen Kritik zu immunisieren. Viele Expertenkommissionen, zuletzt die *Hartz-* wie auch die *Rürup*-Kommission in der letzten Legislaturperiode, sind ohne die zuvor schon erlebten Prozesse der öffentlichen „Zersetzung" konzeptionell richtiger Politikansätze nicht denkbar (*Siefken* 2006a, S. 374 ff.; *Rürup* und *Tiemann* 2006, S. 390 ff.; *Wilhelm* 2005, S. 85 ff.)).

Die Beiräte bei den verschiedenen Ministerien (BMF, BMWi, BMVBS, Sozialbeirat, Familienbeirat, ...) sind wegen ihrer dauerhaften Einsetzung und der zumindest in wichtigen Teilen ihrer Gutachten Denkanstöße ausübenden Anlage stärker der Konzeptionsfunktion zuzuordnen (*Korte* 2006, S. 175).

Manche Gutachtenaufträge sind unzweifelhaft überwiegend der Legitimationsfunktion geschuldet. Soweit sie mit guten Argumenten und fundierten Methoden eine sachgerechte politische Gestaltung attestieren können, kann dies die Durchsetzung der Politik gegenüber der Öffentlichkeit stärken, vor allem dann, wenn starke Interessengruppen ebenfalls über die Medien versuchen, die ihren Interessen abträglichen Maßnahmen zu Fall zu bringen. Kritisch zu bewerten sind allerdings Gefälligkeitsgutachten, in denen die Gutachter die vom Auftraggeber gewünschte Antwort mit einem wissenschaftlichen Anstrich versehen. Es soll schon Fälle gegeben haben, in denen ein und derselbe Gutachter völlig entgegengesetzte Expertisen zum gleichen Problem erstattet hat (*Hüther* 2005, S. 29 ff.).

Am stärksten könnten Medien bei der Aufklärungsfunktion der wissenschaftlichen Politikberatung mitwirken (u. a. *Lendi* 2005). Während die Wissenschaft selbst dann, wenn sie zum Zwecke der Politikberatung schreibt oder ihre Ergebnisse in anderer Form präsentiert, eher zu einer elaborierten Fachsprache neigt, die durchschnittliche PolitikerInnen oder Ministerialbeamte/Innen gerade wegen ihrer Befassung mit Fachthemen aus einem interdisziplinären Umfeld noch verstehen können und sollten, ist die sog. Öffentlichkeit, die überwiegend aus Wahlberechtigten besteht, zu einem Gutteil kaum hinreichend vorgebildet, um komplexe wissenschaftliche Sachverhalte, im Fachjargon vorge-

---

auffassen würden. Dies würde bedeuten, dass alle Ökonomen immer wüssten, was gut für die reale Welt wäre. Das aber scheitert allein an der Vielzahl ökonomischer Meinungen zur Lösung ein und desselben Problems. Insoweit wurde auf die Übernahme dieser fünften Funktion verzichtet.

tragen, zu verstehen und beurteilen zu können. Den Medien kommt hier eine Art Übersetzungsfunktion zu, diese schwierigen Inhalte in eine verständliche Sprache zu bringen. Manche Kindersendung – wie „Löwenzahn“, die „Sendung mit der Maus“ im öffentlich-rechtlichen Fernsehen oder „Tim und Tom“ im Rundfunk – zeigt, dass solche Vermittlungen sogar für Altersklassen gelingen kann, die noch gar nicht wahlberechtigt sind, die aber möglicherweise über derartige Sachbeiträge sogar bei den Kindern ein frühzeitiges und langfristig wirksames Interesse an Fachthemen und politischen Prozessen wecken können. Je besser die „Übersetzung“ auch für relativ bildungsferne Bevölkerungsschichten gelingt, umso stärker kann die demokratische Kontrollfunktion wirkmächtig werden.

In der Realität verhalten sich die Akteure aber nicht entsprechend den in der normativen Theorie postulierten Anforderungen. Vielmehr bewirken unternehmensinterne Sachzwänge, mangelhafte Qualitätskontrollen und politische Eigeninteressen der Herausgeber/Eigentümer der Unternehmen oder der Intendanten, die durchaus eigennützig sind, dass die theoretisch vorhandenen Möglichkeiten, durch mediale Öffentlichkeit die positiven Auswirkungen wissenschaftlicher Politikberatung vielleicht erst zur Geltung zu bringen oder noch zu verstärken, nicht ausgeschöpft werden (*Rau* 2006, S. 42 ff.). Die Defizite liegen bei allen drei Akteursgruppen des Untersuchungsfeldes und werden im folgenden illustriert.

3.1. Probleme der Rezeption der wissenschaftlichen Politikberatung durch die Medien

Die Massenmedien unterliegen auch bei der politischen Berichterstattung, zu der die über wissenschaftliche Politikberatung zählt, unternehmerischen Gewinnerzielungsmaximen oder müssen – wie andere Unternehmen auch – Umsätze durch Auflagenzahlen oder Einschaltquoten sowie Werbeeinnahmen steigern oder Kosten senken (*Schichold* 2003, S. 311 ff.; *Beck* und *Beyer* i.d.Bd.). Beide Seiten der Kosten-Ertrags-Rechnung haben Auswirkungen auf den Umfang, die Qualität und die Verbreitung der Inhalte der wissenschaftlichen Politikberatung und damit auch auf die Durchsetzungschancen im politischen Entscheidungsprozeß.

Je nach Marktsegment, auf das sich die verschiedenen Print- oder audiovisuellen Medien kapriziert haben, haben auch Nachrichten und weitergehende Informationen zur wissenschaftlichen Politikberatung einen unterschiedlichen Stellenwert, der sich im Prinzip nicht von der jeweiligen Bedeutung der politischen Berichterstattung unterscheidet. So gibt es z. B. bei den vier größten TV-Nachrichtensendungen Tagesschau (ARD), Heute (ZDF), RTL-aktuell und SAT.1-News deutliche Unterschiede im Hinblick auf die Länge, die Ausführlichkeit und die Zusammensetzung der gesendeten Nachrichtenthemen (*Fleschner* 2008, S. 110 ff.). Innenpolitik, zu der die meisten Themen der sozio-ökonomischen Politikberatung zählen, sind bei der Tagesschau am stärksten vertreten, während die privaten Sender mit Sport, Katastrophen und dergleichen Quote machen. Ähnliche Schwerpunktsetzungen finden sich auch bei den Tages- und Wochenzeitungen. Ursache hierfür sind unter anderem die unterschiedlichen Zusammensetzungen und Interessen der ZuschauerInnen, HörerInnen und LeserInnen. Diese sind auch vom Bildungsabschluss abhängig. Bei den Fernsehnachrichten unterscheiden sich die Anteile der Zuschauer nach Alter und Bildungsabschluss deutlich. Die ARD-Nachrichten haben mit 12,6 % den höchsten Anteil an AkademikerInnen, bei den SAT.1-News beträgt deren Anteil nur 4,2 %; das ZDF hat mit einem Anteil von 62,2 % Über-65-Jähriger die ältesten Nachrichtenkonsumenten, die SAT.1-News die jüngsten (*Fleschner* 2008, S. 112 f.).

Höhere Einschaltquoten oder Verkaufszahlen lassen sich, wenn man nicht traditionelle Konsumenten verlieren will, nur durch „Abwerbungen an den Rändern der Konkurrenz“ erreichen. So versucht das ZDF zur Zeit, populäre RTL-Nachrichtenjournalisten abzuwerben (*Focus online* 2008) und damit deren Fachkenntnisse für ihre Nachrichtensendung zu akquirieren. Die ARD setzt bei den Tagesthemen, wo etwas längere Beiträge gesendet werden können, auf ein anderes Kommunikationskonzept im Kampf gegen sinkende Einschaltquoten, indem sie weniger Themen, diese dafür aber persönlicher und für die Zuschauer individuell nachvollziehbarer präsentieren: „Weniger Themen aus der Nachrichtenflut herauszugreifen verlangt eine stärkere Gewichtung und damit Wertung. Die Tagesthemen, das viel beschworene Hochamt des Nachrichtenjournalismus, wird damit zwangsläufig: subjektiver“ (*Krupa* 2008).

Berichterstattung über wissenschaftliche Politikberatung setzt allerdings immer hohes Fachwissen bei den berichtenden Journalisten voraus. Gerade die sozio-ökonomischen Sachverhalte, zu deren Klärung die Politik die Ergebnisse wissenschaftlicher Forschung nutzt, sind häufig komplex und benötigen zum Verständnis eine lange Zeit der Aneignung, so dass JournalistInnen selbst nur ausnahmsweise darüber verfügen (*Müller* 2006, S. 88 ff.). Obwohl gerade FachjournalistInnen häufig vor ihrem Voluntariat ein einschlägiges Studium abgeschlossen haben, verfügen nur sehr große Redaktionen über so viel Personal, dass ein Anschluss an die breite wissenschaftliche Debatte problemlos möglich ist. Bei Tageszeitungen außerhalb der großen Ballungszentren – z. B. schon in einigen der kleineren Landeshauptstädte – ist dies für die Berichterstattung über die wissenschaftliche Politikberatung von Landesregierungen häufig nicht einmal mehr ansatzweise gesichert.

JournalistInnen überbrücken ihre zwangsläufigen fachlichen Lücken gegenüber dem Stand der wissenschaftlichen Forschung deshalb häufig dadurch, dass sie sich – meist per Telefon – Informationen zu aktuellen Themen direkt bei den WissenschaftlerInnen beschaffen. Recherchen per Suchmaschinen im Internet ergänzen hier die persönlichen Datenbanken der Redaktionen. In vielen Fällen werden bei diesen Telefonaten sehr professionell die wichtigsten Fakten ausgetauscht. Häufig müssen die WissenschaftlerInnen aber auch in diesen – manchmal ermüdend detaillierten – Gesprächen überhaupt erst Grundwissen zu spezifischen Themen vermitteln, um ihre journalistischen Gesprächspartner auf Sachstand zu bringen. Per Mitschnitt bei Printmedien werden dabei oft schon Zitate für den späteren Artikel gesichert. Für die audiovisuellen Sendungen findet bei diesen Telefonaten die Suche nach Intervieweinstellungen und -fragen statt.

Damit ist noch lange nicht gesichert, dass – aus der Sicht der WissenschaftlerInnen – korrekt berichtet wird. Verschiedene Fälle des Falsch- oder Verzerrt-Berichtens kommen hier vor, wobei falsch die sachlich nicht korrekte Wiedergabe eines Sachverhalts bezeichnet, verzerrte Berichterstattung eine insbesondere durch Weglassen des Kontextes oder den Einbau in andere inhaltliche Zusammenhänge verschobene Botschaft des Beitrags (*Rau* 2006, S. 42 ff.; *Wolf* 2006, S. 51 ff.). Gegen diese Gefahren kann man sich nur sehr begrenzt absichern. Zitate für die Printmedien kann man sich zur Genehmigung vorlegen lassen und sie manchmal auch daraufhin überprüfen, ob der Kontext ihres Einbaus in den Text nicht verzerrt ist. Es passiert gelegentlich, dass die WissenschaftlerInnen ganze Artikel vom Grunde auf redigieren müssen oder dürfen, ja dass sie ihn komplett neu schreiben, so viele Fehler sind zu korrigieren. Dies ist immer noch besser, als in der Öffentlichkeit in einem dümmlichen Artikel aufzutauchen.

Bei Interviews für Hörfunk und Fernsehen gibt es nach Aufzeichnung der Konserve keine Möglichkeiten der Einflussnahme mehr. Die Gefahr eines tendenziösen Zusammenschnitts besteht immer. Lediglich bei Live-Schaltungen besteht eine vollständige Kontrollmöglichkeit, wobei bei schlecht oder unsachgerecht gestellten Fragen immer noch die Möglichkeit einer Korrektur durch „Umdeutung" besteht. In allen anderen Fällen ist die Zusammenarbeit mit den JournalistInnen ausschließlich Vertrauenssache. Eine Vorstellung auf Seiten der WissenschaftlerInnen darüber, welche Zitate oder Ausschnitte am ehesten für die Veröffentlichung oder den Zusammenschnitt der Sendung ausgewählt werden, gibt allenfalls die Möglichkeit einer sehr indirekten Einflussnahme.

Ansonsten sind Vertrauen, Kennen, Reputation und Verlässlichkeit auch für die Berichterstattung über wissenschaftliche Politikberatung die langfristig einzigen Steuerungsmöglichkeiten einer sachlich angemessenen journalistischen Berichterstattung. Denn auch die JournalistInnen müssen damit rechnen, dass sie, wenn sie ihre Interviewpartner „in die Pfanne hauen", nie wieder Kooperationsbereitschaft finden. Das bedeutet auch, dass zwischen JournalistInnen und WissenschaftlerInnen längerfristige Vertrauensbeziehungen aufgebaut werden, die ihrerseits nicht nur die zur Sicherung der Marktanteile notwendigen Informationsquellen für die Zeitung oder Sendung als Ganzes und den beruflichen Erfolg der MedienmitarbeiterIn im einzelnen sichern, sondern auch die Qualitätsgrundlage für eine sachlich ordentliche Berichterstattung über wissenschaftliche Politikberatung darstellen.

Im Gegenzug sollten WissenschaftlerInnen, bevor sie kooperieren, eine Grundvorstellung von der Ausrichtung der Zeitung oder der Sendung bezüglich Adressatenkreis und politischer Richtung oder bezüglich der „Qualität" der JournalistIn haben. Denn die BILD-Zeitung, die im übrigen wirklich über wissenschaftliche Politikberatung berichtet, baut Beiträge nicht nur sprachlich völlig anders auf als der SPIEGEL, und Panorama berichtet nicht nur über andere Themen als Report München. Und eine politisch „neutrale" Berichterstattung gibt es selbst im Bereich der wissenschaftlichen Politikberatung nicht.

3.2. Die mediale Nutzung der Politikberatung durch die Politik

Die Politik hat bei der medialen Berichterstattung über wissenschaftliche Politikberatung grundsätzlich die gleichen Probleme in Bezug auf eine sachlich angemessene Darstellung wie die Wissenschaft. Für sie wiegen allerdings die politischen Einstellungen stärker, weil sie nicht die wissenschaftlichen Ergebnisse produziert, sondern diese für ihre Ziele der Wählerstimmenmaximierung nutzt. Die PolitikerInnen haben schon aus Gründen des politischen Überlebens mehr Kenntnisse über die Funktionsweise der

Medien und verfügen über ein langjährig aufgebautes Netzwerk von persönlichen Beziehungen zu JournalistInnen. Über die Pressestellen in Ministerien, Fraktionen und Parteien verstärken sie diese Beziehungen auch personell, indem sie hierfür gelernte und erfahrene JournalistInnen einstellen (*Donsbach* 2006, S. 188 ff.).

Die Politik nutzt die Ergebnisse der wissenschaftlichen Politikberatung vor allem im Kontext der Aufklärungs- und der Legitimationsfunktion der Politikberatung (*Meckel* und *Kamps* 2006, S. 54 ff. sowie *Kamps* 2006b, S. 164 ff.). Wissenschaftliche Expertise verstärkt die Argumente der Regierungs- wie der Oppositionsseite. Interessengruppen nutzen ihrerseits Forschungsergebnisse zur Durchsetzung ihrer Interessen in den Gesetzgebungsverfahren. Das Kalkül ist grundsätzlich immer das gleiche: Gewichtige, Objektivität suggerierende Zeugen, die zumindest formal außerhalb der Gemengelage politischer Interessen stehen, aufzubringen, um die eigenen Vorschläge zur politischen Gestaltung zu stützen (*Lösche* 2006, S. 334 ff.). Diese sollen dabei helfen, die selbst um ihre Wiederwahl bemühten Abgeordneten am Ende zur Zustimmung zu der gewünschten Position zu bewegen. Denn zumindest Gruppen von Abgeordneten, die damit drohen können, der Regierung die Gefolgschaft zu verweigern, können einmal festgezurrte Kompromisse noch verändern. Im Parlament gilt das sog. *Struck*sche Gesetz: „Kein Gesetz verlässt den Bundestag so, wie es eingebracht wurde."

Regierungen müssen damit leben, dass die Medien insoweit eine asymmetrische Wahrnehmung ihrer Arbeit haben, als dass sich Kritik besser verkauft als Zustimmung. Soweit sie dabei die sachliche Berichterstattung nicht verfälschen oder vernachlässigen – sie nimmt meistens immer noch einen weit größeren Raum ein als die kritischen Stimmen –, fördert dies sogar die Vermittlung von Politikinhalten in die Öffentlichkeit. Denn wer möchte schon Artikel ohne die Wiedergabe kritischer Argumente lesen. Sonst könnte man ja gleich Regierungspropaganda pur konsumieren.

Vor diesem Hintergrund kommt der erfolgreichen Inszenierung von wissenschaftlicher Politikberatung in der Mediengesellschaft ein hoher Stellenwert zu. Expertenkommissionen z. B. haben immer neben ihrem sachlichen Auftrag die Aufgabe der öffentlichen Darbietung, soweit ihre Ergebnisse denn mit den Optionen der Regierung übereinstimmen (*Färber* 2005, S. 131). Enquête-Kommissionen werden von Oppositionsfraktionen beantragt, um zu wichtigen politischen Querschnittsthemen wissenschaftliche Expertise öffentlichkeitswirksam gegen die Regierung aufzubieten. Die Regierungsfraktionen, die über die Mehrheit der Stimmen verfügen, versuchen über die Formulierung des Untersuchungsauftrags und die von ihr zu benennenden ExpertInnen die Vormacht zu bewahren und diese auch bei der Präsentation der Ergebnisse in der Öffentlichkeit zu behalten. Wissenschaftliche Gutachten werden nicht nur wegen ihres Erkenntnisgewinns in Auftrag gegeben, sondern auch um das politische Gestaltungsfeld qua öffentlich gemachter Expertise zu dominieren. Selbst die Berichterstattung über Verfassungsgerichtsprozesse z. B. im Vorfeld mündlicher Verhandlungen wird medial professionell gemanagt und durch den Einsatz der wissenschaftlichen ExpertInnen untermauert (*Eilfort* 2006, S. 189 ff.).

Im Regelfall sind diese Prozesse der Öffentlichkeitsarbeit plan- und beherrschbar. Selbst für den Fall, dass eine Expertenkommission der Regierung z. B. nicht die gewünschten Ergebnisse bringt und zu viele kritische Töne anschlägt, gibt es die elegante

Möglichkeit, den Termin der Veröffentlichung „im Sommerloch zu versenken". Die MinisterIn steht dann auch nicht für ein gemeinsames Pressefoto mit der Kommission bereit. Welche Wissenschaftlergruppe ist schon so bekannt, dass sie ohne die politische Prominenz zur Erhöhung der Auflagenzahl oder der Einschaltquoten taugen würde. Wenn sich aber die Präsentation der Ergebnisse der wissenschaftlichen Politikberatung in einem Feld politisch relevanter und öffentlichkeitswirksam verwertbarer Konflikte abspielt, würden die Signale des politischen Missfallens seitens der Regierung zu öffentlicher Aufmerksamkeit führen.

Unangenehmer für die Politik ist die Situation, dass die Presse die öffentlich präsentierten Ergebnisse der wissenschaftlichen Politikberatung ignoriert oder falsch rezipiert. So gab es z. B. bei der Berichterstattung nach der Abschlusspressekonferenz der Rentenkommission der Bundesregierung im Januar 1997 zur politisch schwierigsten Empfehlung nur eine einzige Zeitung, nämlich das *Handelsblatt*, die den Inhalt der Empfehlung korrekt wiedergegeben hatte, obwohl eine Presseerklärung ausgegeben worden war, die überwiegend und meistens wörtlich zur Berichterstattung in den Printmedien verwendet wurde. Alle anderen Zeitungen gaben eine sachlich völlig falsche Darstellung. Es kann nicht ausgeschlossen werden, dass der damalige Arbeitsminister *Norbert Blüm*, der selbst Mitglied der Expertenkommission gewesen war, dies im vorhinein ahnte; zumindest schien er eine schwierige Pressekonferenz zu erwarten, zumal die unterbreiteten Vorschläge der Kommission fühlbar an den etablierten Besitzständen des Rentenrechts kratzten.

Selbst wenn man berücksichtigt, dass viele Medien Fehler dann kopieren, wenn sie ihre Berichterstattung auf die Formulierungen der großen Presseagenturen aufbauen, muss eine solche Häufung von falschen Darstellungen einen Grund haben. Eine Hypothese könnte sein, dass diese Reaktion der Presse bereits eine Antizipation des Regierungswechsels ein gutes Jahr später war, d. h. die Presse als solche bereits angefangen hatte, das „Lager" zu wechseln. Ein Ignorieren der Pressekonferenz in der Berichterstattung war unmöglich – zumindest formal hat eine Regierung immer die Macht, eine völlig fehlende Berichterstattung zu sanktionieren –, ein kollektives Missverstehen ist aber kaum zu bestrafen. Und es scheint in politischen Wechselsituationen immer ein kollektives Phänomen der Medien zu sein, die in anderer Situation überwiegend positiv aufgenommenen von Regierungen präsentierten Ergebnisse der wissenschaftlichen Politikberatung mehrheitlich kritisch darzustellen und so den Wechsel selbst durch Berichterstattung mitzubetreiben. So kann man auch den Stimmungswechsel der Presse zur Agenda 2010 interpretieren[2], die zunächst sehr positiv zu den angekündigten harten Reformen stand, später aber die negativen Folgen für die Verteilungsgerechtigkeit und das Unsoziale der Reformen herausstellte (*Dingeley* 2006).

3.3. WissenschaftlerInnen in der Politikberatung und Medien

Die eigene Rolle und das Selbstverständnis der beratenden Wissenschaft im Verhältnis von Politik und Medien sind offensichtlich durch ein Spannungsfeld zwischen Unwissenheit, Pragmatismus und persönlicher Erfahrung gekennzeichnet. Medien-

---

2 Der sich im übrigen in der Gespaltenheit der *Rürup*-Kommission auch widerspiegelte.

Profis wie *Bert Rürup, Hans-Werner Sinn* und *Klaus Zimmermann* verfügen über so viel Erfahrung und Prominenz, dass sie selbst Einfluss auf die Berichterstattung ausüben, auch wenn man sich hier nicht immer Freunde schafft und gelegentlich eine unerfreuliche, persönlich schmerzliche Berichterstattung vorkommt[3]. Ihre Meinungen zu aktuellen wirtschafts- und finanzpolitischen Themen werden, sofern sie sich dazu äußern, aber im Zweifel immer gedruckt. Sie dürften ihre Wirkungen kalkulieren können, können sich wahrscheinlich auch selbständig in die politische Debatte einbringen.

Weniger bekannte WissenschaftlerInnen tauchen in Medienberichten immer als ExpertInnen, zwar mit Namen und meist mit Nennung ihrer Institution, auf, aber eigentlich eher als „Charaktermaske" der ExpertIn, denn als Person. Die ersten Anrufe von JournalistInnen zu Fragen der aktuellen Politik schmeicheln zwar der persönlichen Eitelkeit ungemein, sind aber im Zweifel kaum der Exzellenz von Forschungsergebnissen geschuldet, sondern nur der Verwertbarkeit der zitierfähigen Aussagen. In dieser Phase zahlen junge WissenschaftlerInnen meist viel Lehrgeld im Umgang mit der Presse, zumal auf eine unglückliche oder gar falsche Zitierung Massen von Briefen und Mails eingehen, weil sich irgendwelche Menschen beleidigt fühlen.

Verantwortungsvoller und schwieriger wird das Verhältnis der WissenschaftlerInnen zu den Medien dann, wenn sie im Auftrag der Politik beratend tätig werden. Dann werden sie nämlich Teil dieses Machtgefüges zwischen Medien und Politik in allen seinen Schattierungen und können zum Teil sogar Verhandlungsführungen, gegebenenfalls sogar Ergebnisse innerhalb von Kommissionen beeinflussen.

Die erste Regel, die es hier zu beachten gilt, heißt schweigen können, auch einmal ein Mikrophon auslassen. Bei Gutachtenaufträgen wird ohnehin meist im Vertrag eine Schweigepflicht vereinbart. Anders ist dies bei Kommissionen, die meist ganz zu Anfang, bei großen kontroversen Themen aber während ihrer ganzen Arbeit, unter der Daueraufsicht der Öffentlichkeit stehen. Hier kann man durch Reden zwar einiges beeinflussen, zumeist den Gang der Debatte, aber auch mit erheblichen Folgen für die Qualität der Beratungsergebnisse stören. Denn die anderen Kommissionsmitglieder mögen zwar durchaus auch Egomanen sein, werden sich aber im Zweifel auch dagegen wehren, dass ein Mitglied ihre Diskussionen stört. Dies geschieht vor allem dann, wenn ein Mitglied Ergebnisse aus den prinzipiell vor definitiver Beschlussfassung durch das Gremium geheimen Beratungen ausplaudert oder Informationen aus internen Dokumenten in die Öffentlichkeit trägt[4]. Öffentlichkeitsarbeit und Kontakt zur Presse wird vor diesem Hintergrund üblicherweise von den Vorsitzenden wahrgenommen. Erst nach Abschluss der Arbeiten und Übergabe des Berichts sind auch Mitglieder frei, sich gegenüber der Presse dazu zu äußern.

3 Der Preis der Prominenz ist nun einmal, dass die Medien „Dossiers" über diese Personen anlegen, in denen gelegentlich sogar schon Nachrufe für den Fall eines plötzlichen Ablebens vorbereitet werden und so ziemlich alles gesammelt wird, was bei weniger bekannten Menschen schlicht privat ist.

4 In der *Rürup*-Kommission gab es Phasen, in denen wegen der gezielten Indiskretionen einiger Mitglieder bestimmte Beratungsunterlagen erst zu Beginn der Sitzung verteilt wurden.

Wichtiger als die tatsächliche Kommunikation mit und in den Medien für die wissenschaftliche Politikberatung ist die Möglichkeit, an die Öffentlichkeit zu gehen, wenn die Politik selbst Regeln nicht einhält. Dies bedeutet die Offenbarung von Dissens, die von den Medien lieber registriert wird als Konsens. So werden Minderheitenvoten in Kommissionsberichten auch von der Presse häufig intensiver gesucht und gefunden als die Mehrheitsmeinung. Wenn sie inhaltlich bedeutsam sind, wird ihnen in der Regel relativ mehr Raum gegeben als der Mehrheitsmeinung. Sind die Minderheiten in Kommissionen annähernd so groß wie die Mehrheiten, ist ihnen die Aufmerksamkeit der Öffentlichkeit gewiss. Auf diese Weise werden wichtige abweichende Meinungen nicht unter den Teppich gekehrt, sondern wenigstens in der Öffentlichkeit gewürdigt und die Pluralität gesichert. Durch die Möglichkeiten des Rücktritts aus Kommissionen sowie die Verweigerung der Zustimmung zum Endbericht können Minderheiten außerdem einen fairen Umgang mit ihnen innerhalb der Kommissionsarbeit und bei der Präsentation der Ergebnisse erwirken. Zunächst sollte aber innerhalb der Kommission nach Wegen gesucht werden, die verschiedenen Interessen zu berücksichtigen, um ein angemessenes Ergebnis auch aus wissenschaftlicher Sicht zu erreichen. Der Rücktritt aus der Kommission und die öffentliche Verkündigung des „dissenting votes" beenden die Strategie einer Einflussnahme durch deren Ankündigung.

Nicht immer sind solche Handlungen auch erfolgreich für die Intention, wissenschaftlich fundierte Beratungsergebnisse an die politischen Entscheidungsgremien und die Öffentlichkeit zu bringen. Sowohl mangelnde Prominenz als auch unspektakuläre abweichende Empfehlungen sowie zweifelhafte Begründungen für den Gang an die Öffentlichkeit bewirken, dass die Presse keine Notiz von der Handlung der WissenschaftlerInnen nimmt. Dann mögen solche distanzierenden Handlungen aber immerhin dazu dienen, die eigene Reputation in der Wissenschaft selbst zu retten, da man auch hier bewertet wird. Gibt es aber in einer Kommission nicht nur eine größere Gruppe Unzufriedener, die sich nicht nur in den Ergebnissen nicht wieder findet, sondern auch berechtigte Kritik an der Arbeitsweise der Mehrheit übt, so erwachsen in diesem Fall allerdings der Mehrheit Probleme, die dazu führen können, dass auch das Mehrheitsergebnis politisch wertlos wird oder gar die Wiederwahlinteressen gefährdet.

Solche Strategien sind sorgfältig zu bedenken, denn der kritische und das Wiederwahlinteresse gefährdende Schritt in die Öffentlichkeit schneidet immer Möglichkeiten einer im Zweifel wirksameren Kooperation ab. Berät man die Opposition, mag einem das gleichgültig sein. Für die Umsetzung von fundierten Empfehlungen in die politische Wirklichkeit ist aber das „Ohr" der Regierung wichtiger. Verschließt sich dieses, weil das Vertrauen gebrochen ist, was nicht allein von abweichenden Meinungen in der Sache, sondern vom Einhalten von Regeln im Umgang miteinander und in Bezug auf die Öffentlichkeit bestimmt wird, dann mag man lange auf einen Regierungswechsel warten, bis man wieder gehört wird.

4. Die Nutzung der Medien für Zwecke einer wirksamen wissenschaftlichen Politikberatung

Vor dem Hintergrund der geschilderten Funktionsweisen und Besonderheiten des „Dreiecks-Verhältnisses" zwischen Politik, Medien mit dahinter stehender Öffentlichkeit und wissenschaftlicher Politikberatung stellt sich abschließend die Frage, wie dieses für die Zwecke einer wirksameren Politikberatung besser genutzt werden kann. Dieses setzt in jedem Fall voraus, dass die Wissenschaft selbst die Aufgabe der Politikberatung als relevantes Arbeitsfeld ansieht und bei der Auswahl ihrer Themen sowie der Präsentation der Forschungsergebnisse die Interessen der Politik und der Medien so weit berücksichtigt, dass diese die damit verbundenen Beratungsangebote durch die Wissenschaft annimmt.

Seit der Entwicklung des Internet haben sich die Möglichkeiten der Wissenschaft, politikberatungsrelevante Angebote zu positionieren, deutlich verbessert. Vor allem die Redakteure der Zeitungen, Rundfunk- und Fernsehsender sowie die große Zahl freier JournalistInnen nutzen die Suchmaschinen nicht nur, um ExpertInnen zu bestimmten Themen zu finden, sondern auch um neue, aktuell verwertbare Forschungsergebnisse und neue Themen zu recherchieren. Viele Forschungsinstitute haben diese Entwicklung inzwischen erkannt und produzieren in Form von Newslettern und über die Internetseiten ihrer Institutionen professionell und mediengeeignet aufbereitete Darstellungen ihrer Forschungsergebnisse. Kleinere Institute und viele Lehrstühle haben diese Möglichkeiten noch nicht erkannt oder verfügen nicht über die notwendigen Ressourcen, um diesen Anforderungen an den erfolgreichen Transfer ihrer Arbeit in die Öffentlichkeit und, darüber vermittelt, auch an die Politik nachzukommen (*Emmer u. a.* 2006, S. 170 ff.).

Soweit aber die Einsicht herrscht, dass auch die angewandten Wirtschafts- und Sozialwissenschaften selbst Angebote an die Politik und die Öffentlichkeit formulieren müssen und nicht warten dürfen, bis diese Adressaten von sich aus die Schlussfolgerungen von und aus Forschungsergebnissen erkennen, sollten seitens der Wissenschaft auch die besonderen medialen Anforderungen an die Aufbereitung der darzustellenden Inhalte beachtet werden. Denn gerade die moderne Volkswirtschaftslehre hat mittlerweile in weiten Bereichen, vor allem in theoretischen Abfassungen, einen so ausgeprägten, nur auf sich selbst gerichteten Jargon, dass für die Vermittlung von auch für die Politik relevanten Forschungsergebnissen „Übersetzer" nötig sind. Diese Fachleute gibt es inzwischen nicht mehr nur vereinzelt. Sie werden z. B. gerne von Expertenkommissionen beschäftigt, um die in der Wissenschafts- bzw. Verwaltungssprache geschriebenen Berichtstexte in eine Form umzuschreiben, dass nicht nur andere WissenschaftlerInnen und die spezialisierten Personen in Politik und Verwaltung, sondern zumindest der an dem Thema interessierte Teil der Öffentlichkeit die Inhalte vernünftig rezipieren kann.

Die speziellen Kenntnisse des Verfassens von journalistisch ausgerichteten Transfers von Forschungsergebnissen für Politik und Öffentlichkeit können seitens der forschenden Institutionen entweder durch die entsprechende Aus- und Weiterbildung der ForscherInnen selbst oder durch die Beschäftigung einschlägig qualifizierten Personals verarbeitet werden. Einmal abgesehen davon, dass alle ForscherInnen schon aus eigenem Interesse im Bereich der angewandten Wirtschafts- und Sozialwissenschaften hier über Mindestkenntnisse verfügen sollten, erscheint der „Zukauf" der effizientere Weg zu sein. Kleinere Institute könnten mit Freiberuflern Verträge abschließen, größere Institute und Universitäten sollten ihre Stellen für Öffentlichkeitsarbeit entsprechend ausbauen. Viel Geld geben die forschenden Einrichtungen in Deutschland inzwischen für die Konfiguration und das *Lay-out* ihrer Internetauftritte aus; die Gestaltung des Inhaltes unter dem Aspekt erfolgreichen Transfers der Inhalte sollte ihnen mindestens genauso viel wert sein (*Braml* 2006, S. 255 ff.).

ForscherInnen der angewandten Wirtschafts- und Sozialwissenschaften müssen bei einer solchen Arbeitsorganisation der Öffentlichkeitsarbeit zwar keine Journalistenausbildungen absolvieren, sie sollten aber Schulungsangebote für ihre Kontakte und ihren Auftritt in den Medien erhalten. Es ist weder effektiv noch effizient, es hier bei dem erratischen Prozess des *Learning-by-doing* zu belassen, wie der Erwerb einschlägiger Kenntnisse sich derzeit darstellt. Aber so, wie die Fähigkeit „mit Messer und Gabel speisen" zu können, in der Realität auch über die Vergabe von Listenplätzen für Professuren (mit)entscheidet, so sind spezielle Kenntnisse über den Umgang mit den Medien aber auch elementar für die Wirksamkeit wissenschaftlicher Politikberatung. Es wäre wünschenswert, wenn diese Themen, die z. B. auch einschlägiges Wissen über den Aufbau und die Regeln von Talkshows umfassen, in die Weiterbildungsprogramme junger WissenschaftlerInnen Eingang finden würden. Vielleicht würde auf diese Weise quasi über den „Rückwärtsgang" auch den NachwuchswissenschaftlerInnen wieder die Perspektive vermittelt, dass sie nicht für den Nutzen referierter Zeitschriften arbeiten, sondern ausgebildet wurden, um Erkenntnisse für eine „bessere Welt" zu gewinnen und zu vermitteln. Dies war zumindest einmal der Grundansatz der alten Staatswissenschaften.

5. Zusammenfassung und Schlussfolgerungen

Der vorliegende Beitrag hat versucht, sich den Beziehungen zwischen Politik, Medien und wissenschaftlicher Politikberatung zunächst über deren spezifische, deutlich unterschiedliche Zielfunktionen zu nähern. Vor dem Hintergrund der normativen Anforderungen an die wissenschaftliche Politikberatung wurden dann aus der Sicht der drei Bereiche deren höchst komplexe Beziehungen analysiert, ohne dass ein Anspruch auf Vollständigkeit erhoben werden kann. Es konnte aber verdeutlicht werden, dass diese Beziehungen auf ungeschriebenen Regeln, Vertrauens- und Netzwerkmechanismen basieren und auch von den WissenschaftlerInnen, sofern sie ihre Beratungsaufgabe erfolgreich meistern wollen, abfordern, dass sie diese Regeln beherrschen. Als konkrete Schlussfolgerungen für einen besseren Transfer von beratungsgeeigneten Forschungsergebnissen zur Politik und in die Öffentlichkeit wurde eine Professionalisierung der Öffentlichkeitsarbeit einschließlich der sprachlichen Aufarbeitung und entsprechende Weiterbildungsangebote für jüngere WissenschaftlerInnen gefordert.

Auch wenn in dem Beitrag keine empirischen Untersuchungen zur Fundierung der aus den Beobachtungen ableitbaren Hypothesen unternommen wurden und auch keine vorliegenden Untersuchungen mangels Existenz[5] ausgewertet werden konnten, lassen sich einige Forschungsfragen – außerhalb der Netzwerkforschung der Soziologie, die auf die empirische Analyse derartiger Beziehungen spezialisiert ist – formulieren. Denn es wäre für die Wirksamkeit vor allem auch der wirtschaftswissenschaftlichen Politikberatung wichtig zu wissen, ob und welche Öffentlichkeitsarbeit ihre Umsetzungschancen verbessert oder ob sich die Politik ihrer eher nur bedient, um eigene, aus der Sicht der Ökonomie nicht zielführende Entscheidungen durchzusetzen. Des weiteren könnte untersucht werden, unter welchen Rahmenbedingungen wichtige beratungsrelevante Forschungsergebnisse von der medialen Öffentlichkeit wahrgenommen werden und ob dies ihre Relevanz für politische Entscheidungsprozesse vergrößert. Umgekehrt drängt sich auch die Frage auf, ob WissenschaftlerInnen aus ihren Erfahrungen mit Medien und Politik Rückschlüsse in Bezug auf Themen, Fragestellungen und Vermittlungstechniken (Sprache, Darstellungsmethoden, ...) ihrer Arbeiten ziehen. Denn es liegt die Hypothese nahe, dass nicht nur die Ökonomie die Politik beeinflussen will, sondern dass gerade die Wahrnehmung der ForscherInnen durch Politik und Medien auch deren Sicht der Welt verändert, was wiederum Auswirkungen auf die Ökonomie selbst und deren Kommunikationsfähigkeit mit der Politik haben könnte.

Literatur

Beck, Hanno (2002), Medienökonomie – Print, Fernsehen und Multimedia, Berlin u. a.

Bentele, Günter (2006), Zukünftige Trends politischer Öffentlichkeitsarbeit; in: *Axel Balzer, Marvin Geilich* und *Shamim Rafat* (Hg.): Politik als Marke. Politikvermittlung zwischen Kommunikation und Inszenierung, Berlin und Münster, S. 96-100.

Böhret, Carl (2004), Hofnarren, Denkfabriken, Politik-Coach: Chancen und Schwierigkeiten der Politikberatung damals und heute; in: *Stefan Fisch* und *Wilfried Rudloff* (Hg.), Experten und Politik: Wissenschaftliche Politikberatung in geschichtlicher Perspektive, Berlin, S. 369-380.

Braml, Josef (2006), Wissenschaftliche Politikberatung durch Think Tanks; in: *Svenja Falk, Dieter Rehfeld, Andrea Römmele* und *Martin Thunert* (Hg.), Handbuch Politikberatung, Wiesbaden, S. 255-267.

Cassel, Susanne (2006), Politikberatung aus wirtschaftswissenschaftlicher Perspektive; in: *Svenja Falk, Dieter Rehfeld, Andrea Römmele* und *Martin Thunert* (Hg.), Handbuch Politikberatung, Wiesbaden, S. 73-83.

Dingeley, Irene (2006), Aktivierender Wohlfahrtsstaat und sozialpolitische Steuerung, in: *Bundeszentrale für politische Bildung* (Hg.): Reformen des Sozialstaates, Aus Politik und Zeitgeschichte 8-9/2006 vom 20.02.2006, S. 3-9.

Donsbach, Wolfgang (2006), Anforderungen an die Profession: „Politische Kommunikationsberatung" aus demokratietheoretischer und kommunikationswissenschaftlicher Sicht; in: *Peter Filzmaier, Matthias Karmasin* und *Cornelia Klepp* (Hg.), Politik und Medien – Medien und Politik, Wien, S. 188-200.

5 Es gibt zwar eine Vielzahl von Publikationen zum Verhältnis von Politik und Medien, aber kaum etwas aus der Perspektive der wissenschaftlichen Politikberatung.

Döhrn, Roland (2005), Politikberatung durch wirtschaftswissenschaftliche Forschungsinstitute – das Beispiel der Gemeinschaftsdiagnose; in: *Uwe Jens* und *Hajo Romahn* (Hg.): Glanz und Elend der Politikberatung, Marburg, S. 49-57.

Eilfort, Michael (2006), Fraktionen und Ausschüsse; in: *Svenja Falk, Dieter Rehfeld, Andrea Römmele* und *Martin Thunert* (Hg.), Handbuch Politikberatung, Wiesbaden, S. 189-197.

Emmer, Martin, Markus Seifert und *Gerhard Vowe* (2006), Internet und politische Kommunikation: Die Mobilisierungsthese auf dem Prüfstand – Ergebnisse einer repräsentativen Panelstudie in Deutschland; in: *Peter Filzmaier, Matthias Karmasin* und *Cornelia Klepp* (Hg.), Politik und Medien – Medien und Politik, Wien, S. 170-187.

Falk, Svenja und *Andrea Römmele* (2006), Einführung: Ressourcen und Akteure der Politikberatung; in: *Svenja Falk, Dieter Rehfeld, Andrea Römmele* und *Martin Thunert* (Hg.), Handbuch Politikberatung, Wiesbaden, S. 173-174.

Färber, Gisela (2005), Politikberatung durch Kommissionen; in: *Martin Leschke* und *Ingo Pies* (Hg.): Wissenschaftliche Politikberatung – Theorien, Konzepte, Institutionen, Stuttgart, S. 131-159.

Fleschner, Frank (2008), Piercing statt Plenarsaal, in: Focus, Heft 6 vom 02.02.2008.

FOCUS online (2008), ZDF wirbt RTL-Reporterin ab, http://www.focus.de/kultur/medien/antonia-rados_aid_234913.html (abgerufen am 27.05.2008).

Glaab, Manuela und *Almut Metz* (2006), Politikberatung und Öffentlichkeit; in: *Svenja Falk, Dieter Rehfeld, Andrea Römmele* und *Martin Thunert* (Hg.), Handbuch Politikberatung, Wiesbaden, S. 161-170.

Gläser, Martin (2008), Medienmanagement, München.

Grossekettler, Heinz (2005), Wissenschaftliche Politikberatung: Beiträge von Ministerien als politikberatende Institutionen; in: *Martin Leschke* und *Ingo Pies* (Hg.): Wissenschaftliche Politikberatung – Theorien, Konzepte, Institutionen, Stuttgart, S. 101-130.

Hajek, Peter (2006), Public Opinion Polling: Im Dreieck zwischen Politik, Medien und Wissenschaft; in: *Peter Filzmaier, Matthias Karmasin* und *Cornelia Klepp* (Hg.), Politik und Medien – Medien und Politik, Wien, S. 138-145.

Hüther, Michael (2005), Politiker – Berater – Journalisten: Ein schwieriges Dreiecksverhältnis; in: *Uwe Jens* und *Hajo Romahn* (Hg.): Glanz und Elend der Politikberatung, Marburg, S. 29-47.

Jarren, Otried, Thorsten Grothe und *Christoph Rybarczyk* (1993), Medien und Politik – eine Problemskizze, in: *Wolfgang Donsbach, Otfried Jarren, Hans Mathis Kepplinger* und *Barbara Pfetsch*, Beziehungsspiele – Medien und Politik in der öffentlichen Diskussion, Gütersloh, S. 9-44.

Jens, Uwe (2006), Politikberatung und demokratische Legitimität; in: *Svenja Falk, Dieter Rehfeld, Andrea Römmele* und *Martin Thunert* (Hg.), Handbuch Politikberatung, Wiesbaden, S. 126-137.

Kamps, Klaus (2006a), Aufbruch und Erneuerung? Zur Professionalisierung politischer Kommunikation in der Ministerialbürokratie; in: *Peter Filzmaier, Matthias Karmasin* und *Cornelia Klepp* (Hg.), Politik und Medien – Medien und Politik, Wien, S. 201-213.

Kamps, Klaus (2006b), Gut unterrichtende Kreise: Politikberatung und Regierungskommunikation; in: *Klaus Kamps* und *Jörg-Uwe Nieland* (Hg.): Regieren und Kommunikation: Meinungsbildung, Entscheidungsfindung und gouvernementales Kommunikationsmanagement – Trends, Vergleiche, Perspektiven, Köln, S. 164-195.

Kamps, Klaus (2006c), Regierung, Partei, Medien: Meinungsfindung in der ‚Mediengesellschaft'; in: *Klaus Kamps* und *Jörg-Uwe Nieland* (Hg.): Regieren und Kommunikation. Meinungsbildung, Entscheidungsfindung und gouvernementales Kommunikationsmanagement – Trends, Vergleiche, Perspektiven, Köln, S. 110-138.

Korte, Karl-Rudolf (2006), Politikberatung von innen: Beratung der Regierungszentralen-Bund; in: *Svenja Falk, Dieter Rehfeld, Andrea Römmele* und *Martin Thunert* (Hg.), Handbuch Politikberatung, Wiesbaden, S. 175-188.

Krupa, Matthias (2008), Verschnupft in der Nachrichtenfabrik, in: DIE ZEIT, Nr. 5, vom 24.1.2008, S. 10.

Leggewie, Claus (2006), Deliberative Politik: Modebegriff oder neuer Regierungsstil? in: *Klaus Kamps* und *Jörg-Uwe Nieland* (Hg.): Regieren und Kommunikation: Meinungsbildung, Entscheidungsfindung und gouvernementales Kommunikationsmanagement – Trends, Vergleiche, Perspektiven, Köln, S. 21-53.

Lendi, Martin (2005), Politikberatung, Zürich.

Leschke, Martin (2005), Systemwettbewerb und Institutionen: Voraussetzungen einer erfolgreichen Politik(-beratung) in Deutschland; in: *Martin Leschke* und *Ingo Pies* (Hg.): Wissenschaftliche Politikberatung – Theorien, Konzepte, Institutionen, Stuttgart, S. 303-331.

Lompe, Klaus (2006), Traditionelle Modelle der Politikberatung; in: *Svenja Falk, Dieter Rehfeld, Andrea Römmele* und *Martin Thunert* (Hg.), Handbuch Politikberatung, Wiesbaden, S. 25-34.

Lösche, Peter (2006), Lobbyismus als spezifische Form der Politikberatung; in: *Svenja Falk, Dieter Rehfeld, Andrea Römmele* und *Martin Thunert* (Hg.), Handbuch Politikberatung, Wiesbaden, S. 334-342.

Mahler, Armin, Alexander Neubacher, Christian Reiermann, Michael Sauga und *Janko Tietz* (2003), Reform-Haus Deutschland, in: DER SPIEGEL, Nr. 42, S. 30-46.

Meckel, Miriam und *Klaus Kamps* (2006): Regierungskommunikation und Marketing. Differenzen und Schnittstellen; in: *Klaus Kamps* und *Jörg-Uwe Nieland* (Hg.): Regieren und Kommunikation. Meinungsbildung, Entscheidungsfindung und gouvernementales Kommunikationsmanagement – Trends, Vergleiche, Perspektiven, Köln, S. 54-72.

Müller, Marion G. (2006), Politikberatung aus kommunikationswissenschaftlicher Perspektive; in: *Svenja Falk, Dieter Rehfeld, Andrea Römmele* und *Martin Thunert* (Hg.), Handbuch Politikberatung, Wiesbaden, S. 88-95.

Papenfuß, Ulf und *Tobias Thomas* (2007), Eine Lanze für den Sachverständigenrat? Plädoyer für eine differenziertere Analyse wirtschaftswissenschaftlicher Beratungsinstitutionen, in: Perspektiven der Wirtschaftspolitik, Heft 4, S. 335-358.

Pfetsch, Barbara (2006), Politik und Medien – neue Abhängigkeiten?; in: *Axel Balzer, Marvin Geilich* und *Shamim Rafat* (Hg.): Politik als Marke. Politikvermittlung zwischen Kommunikation und Inszenierung, Berlin und Münster, S. 34-41.

Rau, Johannes (2006), Medien zwischen Anspruch und Realität; in: *Axel Balzer, Marvin Geilich* und *Shamim Rafat* (Hg.): Politik als Marke. Politikvermittlung zwischen Kommunikation und Inszenierung, Berlin und Münster, S. 42-51.

Rehfeld, Dieter (2006), Einführung: Theoretische Grundlagen und Zugangsweisen zum Thema Politikberatung; in: *Svenja Falk, Dieter Rehfeld, Andrea Römmele* und *Martin Thunert* (Hg.), Handbuch Politikberatung, Wiesbaden, S. 23-24.

Rürup, Bert und *Heinrich Tiemann* (2006), Praxisorientierte Politikberatung am Beispiel der Kommission für die Nachhaltigkeit in der Finanzierung der Sozialen Sicherungssysteme (Rürup-Kommission); in: *Svenja Falk, Dieter Rehfeld, Andrea Römmele* und *Martin Thunert* (Hg.), Handbuch Politikberatung, Wiesbaden, S. 390-399.

Sarcinelli, Ulrich (2003), Demokratie unter Kommunikationsstress? Das parlamentarische Regierungssystem in der Mediengesellschaft; in: aus politik und zeitgeschichte, B 43/2003, http://www.bpb.de/publikationen/YJTVW5,0,Demokratie_unter_Kommunikationsstress.html (abgerufen am 13.06.2008).

Schatz, Heribert (2005), „Arkanpolitik“ in der Mediengesellschaft: Zur veränderten Rolle der Ministerialbürokratie im medialisierten Prozess der Politikherstellung und -vermittlung; in: *Tanja Hitzel-Cassagnes* und *Thomas Schmidt* (Hg.), Demokratie in Europa und europäische Demokratien – Medien und Politik, Wiesbaden, S. 115-126.

Schichold, Bernd (2003), Wertorientierte Unternehmensführung in Verlagen, in: *Gerrit Brösel* und *Frank Keuper* (Hg.), Medienmanagement, München und Wien, S. 311-326.

Siefken, Sven T. (2006a), Die Arbeit der so genannten Hartz-Kommssionen und ihre Rolle im politischen Prozess; in: *Svenja Falk, Dieter Rehfeld, Andrea Römmele* und *Martin Thunert* (Hg.), Handbuch Politikberatung, Wiesbaden, S. 374-389.

Siefken, Sven T. (2006b), Expertenkommissionen der Bundesregierung; in: *Svenja Falk, Dieter Rehfeld, Andrea Römmele* und *Martin Thunert* (Hg.), Handbuch Politikberatung, Wiesbaden, S. 215-227.

Welfens, Paul J. J. (2005), Politikberatung als Problem in Deutschland: Institutionelle Fragen und Aspkete der Neuen Politischen Ökonomie; in: *Uwe Jens* und *Hajo Romahn* (Hg.), Glanz und Elend der Politikberatung, Marburg, S. 235-270.

Wilhelm, Wendelin (2005), Zur Problematik der Politikberatung durch Kommissionen und Beratungsunternehmen unter Berücksichtigung der Effizienz; in: *Uwe Jens* und *Hajo Romahn* (Hg.), Glanz und Elend der Politikberatung, Marburg, S. 85-93.

Wolf, Armin (2006), Opfer und Täter zugleich: JournalistInnen als Adressaten und Konstrukteure medialer Inszenierungen von Politik; in: *Peter Filzmaier, Matthias Karmasin* und *Cornelia Klepp* (Hg.), Politik und Medien – Medien und Politik, Wien, S. 51-66.

Dirk Wentzel (Hg.), Medienökonomik –
Theoretische Grundlagen und ordnungspolitische Gestaltungsalternativen
Schriften zu Ordnungsfragen der Wirtschaft · Band 89 · Stuttgart · 2009

Evangelische Kirchenpresse – Wettbewerb im Biotop

Lars Tutt

Inhalt

1. Evangelische Printpublizistik – Der Versuch eines Überblicks

> „Selbst wer sich hauptberuflich mit der Materie befasst, kann leicht ins Straucheln und Stolpern geraten im Dickicht der vielen Produktionseinheiten, der zum Teil undurchsichtigen Systematik von Vertriebserlösen und Subventionen, den Fragen von Abhängigkeit und journalistischer Unabhängigkeit, den Fragen der Identifikation von Zielgruppen- und Absenderinteressen, den Fragen der Messbarkeit von Erfolg und Unverzichtbarkeit – nicht zuletzt – natürlich den Problemen der innerkirchlichen, zum Teil subventionierten Konkurrenz" (*Bollmann* 2005, S. 9).

Dieses Zitat im Sinne eines Erwartungsmanagements vorangestellt, soll die Situation der evangelischen Printpublizistik nachfolgend in groben Zügen skizziert werden. Dabei geht es weder um die reine Darstellung eines Status quo, noch um das Auflösen der zitierten Problemstellungen. Ziel ist vielmehr die Analyse evangelisch verantworteter Medienarbeit vor dem Hintergrund ökonomischer Grundkategorien. Zunächst werden dabei die Rahmenbedingungen, unter denen die publizistische Arbeit der EKD und ihrer Gliedkirchen stattfindet, dargelegt.

1.1. Titel protestantischer Printpublizistik

Kaum eine Organisation in Deutschland dürfte ein so ausdifferenzierte publizistisches Angebot vorhalten, wie die evangelische Kirche. Die Zahl kirchlicher Print-Publikationen mit mehr oder minder regelmäßiger Erscheinungsweise ist unüberschaubar. Dies scheint auf den ersten Blick erstaunlich, angesichts einer begrenzten Zahl potenzieller Institutionen, die solche Publizistik verantworten könnten, und angesichts limitierter Ressourcen. Tatsache ist allerdings, dass es bis 2004 nicht gelungen ist, eine verlässliche Bestandsaufnahme von Titeln evangelischer Printpublizistik durchzuführen, obwohl diese seit Jahrzehnten von vielen Seiten als notwendig erachtet und versucht wurde (*EKD* 1979, S. 151). Nicht zuletzt dies verleitet *Haberer* (2005) zu dem nicht unzutreffenden Hinweis, dass sich die Zeiten ändern, die Fehler christlicher Publizistik aber die gleichen bleiben.

Im Hinblick auf die Gesamtzahl evangelischer Printtitel existieren allein Schätzungen. Allerdings sind auch diese nicht ohne Aussagekraft. So veränderte sich die Anzahl von rund 750 Titeln im Jahr 1966 (*Haberer* 2005) über etwa 800 bis 850 periodisch erscheinende Titel im Jahr 1979 (*EKD* 1979, S. 151) auf zuletzt rund 540 Titel (*epd* 2005), wobei hier die Publikationen der Diakonie und Mission unberücksichtigt blieben, was die Vergleichbarkeit der Zahlen zusätzlich erschwert. Gänzlich ausgeblendet bleiben bei allen Schätzungen auch die Gemeindebriefe, die in rund 14.000 Gemeinden in einer Auflage von jeweils mindestens 1.000 Exemplaren regelmäßig erscheinen (*EKD* 1997, S. 37).

In einer im Auftrag der EKD durchgeführten Untersuchung wurden im Jahr 2004 solche Druckschriften näher analysiert, die regelmäßig mindestens halbjährlich erscheinen oder deren Auflage 750 Exemplare übersteigt. Von den 541 ursprünglich erfassten Titeln blieben nach diesem Filter noch 150 Publikationen, die den genannten Kriterien entsprachen (*epd* 2005, S. 14). Ein Blick auf diese Titel zeigt, dass sich hierunter 27 Fachpublikationen, elf monothematische Fachzeitschriften, zwölf Verbandszeitschriften, 52 Mitarbeiterzeitschriften, davon alleine 25 für Mitarbeitende in der Kinder- und Jugendarbeit, sowie 16 Titel der Kirchengebietspresse in unterschiedlicher Erscheinungsform befinden.

Vor dem Hintergrund der Untersuchung kommt der EKD-Pressesprecher, *Christoph Vetter*, zu dem Schluss, dass manche Printpublikationen angesichts ihrer Auflagenhöhe „nur gemacht werden, damit der Verfasser sie lesen kann“ (*Vetter* 2005, S. 6).

Auffällig ist, dass sich die Zahl der Publikationen in verschiedenen Segmenten offensichtlich abgekoppelt von der Größe des Adressatenkreises entwickeln konnte, wie Abbildung 1 zeigt. Tatsächlich ist die „Vielgestalt“ (*Teichert* 2006) der evangelischen Publizistik ein Abbild der pluralen Struktur der evangelischen Kirche in Deutschland.

Bezogen auf den Aufwand der Erstellung, die Reichweite und die Bedeutung für die Kirche ragen aus der Vielfalt der Publikationen die Veröffentlichungen der Kirchengebietspresse heraus. Im 3. Quartal 2007 betrug die Gesamtauflage aller IVW-geprüften evangelischen Titel 350.310 verkaufte Exemplare je Ausgabe.[1] Dementsprechend ste-

1 IVW – Informationsgemeinschaft zur Feststellung der Verbreitung von Werbeträgern

hen diese Publikationen im Fokus der Betrachtungen dieses Papiers. Eine Sonderrolle kommt daneben der Fachzeitschrift „zeitzeichen" zu, die sich an ein theologisch interessiertes Publikum insbesondere innerhalb der evangelischen Kirche wendet, und dem auf einen breiteren Leserkreis kirchlich lose verbundener oder nicht-gebundener Personen zielenden kostenlosen Supplement „chrismon", das als Beilage zur säkularen Presse monatlich rund 940.000 Leserinnen und Leser erreicht (*AWA* 2006).

Abbildung 1: Zielgruppengröße und Titelzahl

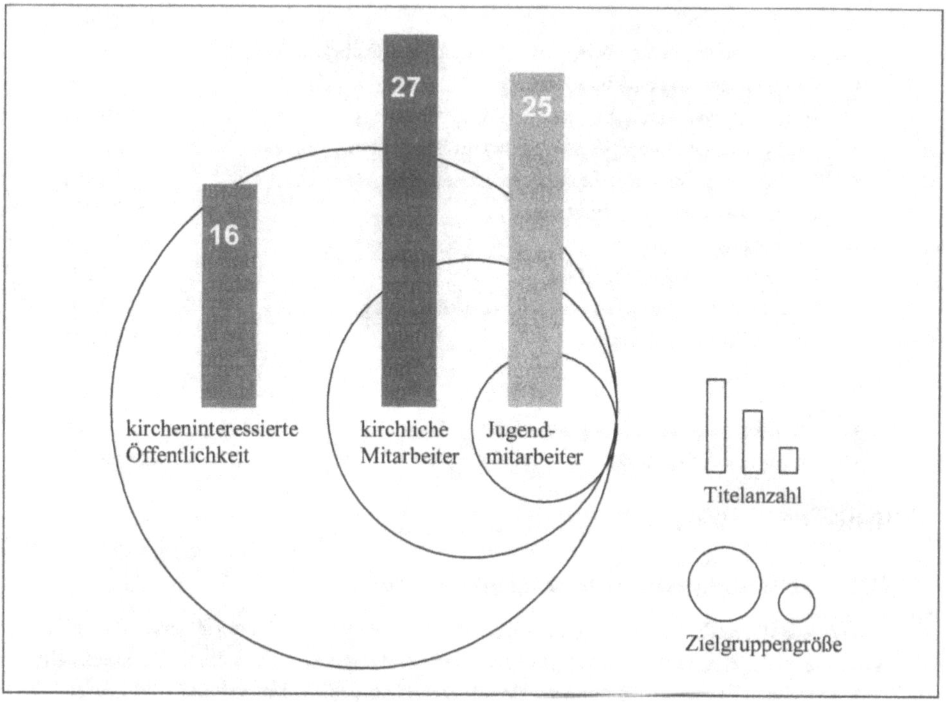

Quelle: Eigene Darstellung

Wenn im Folgenden von evangelischer Kirchengebietspresse oder verkürzt von kirchlicher Presse die Rede ist, so werden hierunter nicht die Zeitungen, Zeitschriften und Informationsdienste verstanden, die als reine Instrumente der Öffentlichkeitsarbeit in (landes-)kirchlicher Verantwortung herausgegeben werden, sondern im Wesentlichen solche Publikationen, die *Rosenstock* (2002, S. 21) als „evangelische Presse" bezeichnet. Evangelische Kirchenpresse bezeichnet die von den Gliedkirchen der Evangelischen Kirche in Deutschland unterstützten und vorwiegend von Berufsjournalisten im Rahmen ihrer Zielsetzung selbstständig verantworteten, regelmäßigen Publikationen für einen Leserkreis, der über in der Kirche Mitarbeitende hinausgeht.

Zu dieser Gattung von Publikationen zählen neben der Kirchengebietspresse (siehe Tabelle 1) auch die oben genannten Publikationen „zeitzeichen“ und „chrismon“.

Tabelle 1: Titel der Kirchengebietspresse und ihre Verkaufsauflagen

Zeitungen	Auflage 3. Quartal 07
• Der Sonntag, Leipzig	10.242
• Die Kirche Berlin-Brandenburgisches Sonntagsblatt, Berlin	8.751
• Die Kirche Magdeburg, Magdeburg	3.665
• Die Nordelbische, Kiel	11.667
• Evangelisches Gemeindeblatt für Württemberg, Stuttgart	78.468
• Evangelischer Kirchenbote, Speyer	23.706
• Evangelisches Sonntagsblatt für Bayern, München	30.094
• Evangelisches Sonntagsblatt aus Bayern, Rothenburg/Tauber	23.223
• Evangelische Sonntags-Zeitung, Frankfurt/Main	16.908
• Evangelische Zeitung, Hannover	23.796
• Glaube und Heimat, Weimar	11.173
• Kasseler Sonntagsblatt, Kassel	10.502
• Mecklenburgische & Pommersche Kirchenzeitung, Schwerin	6.795
• Unsere Kirche, Bielefeld	55.295
Magazine	
• chrismon plus rheinland, Düsseldorf	19.369
• Standpunkte, Karlsruhe	16.666

Quelle: www.emvd.de

1.2. Zielsetzungen der Kirchengebietspresse

„Was euch geflüstert wird in das Ohr, das predigt auf den Dächern“ (Mt 10,27). Dieses Zitat aus dem Matthäusevangelium beschreibt eine der zentralen, selbstgestellten Aufgaben der Kirchengebietspresse: die Verbreitung des Wortes Gottes. Mit dieser biblischen Zielsetzung zwingend verbunden ist allerdings, Absenderinteressen regelmäßig den Vorzug vor Empfängerinteressen zu geben. Als dementsprechend problematisch erweist sich die Ausrichtung der Arbeit der Kirchengebietspresse an marktlichen Erfordernissen. Diesen Zielkonflikt beschreibt schon der Titel des in Grundzügen immer noch aktuellen publizistischen Gesamtkonzeptes der EKD von 1997, das mit „Mandat und Markt“ überschrieben ist. Im Jahr 2007 hat dieses Konzept eine Fortschreibung erfahren, deren Leitgedanke versucht die Dichotomie aufzulösen, indem nun vom „Mandat im Markt“ die Rede ist (*EKD* 2007). Sprachlich ist damit Abhilfe geschaffen, inhaltlich wurde die Dichotomie zum Paradoxon gewendet, denn gerade die Erfüllung der Mandatsaufgabe erfordert im Kern die Abkehr vom Markt. Tatsächlich aber steht die Kirchengebietspresse vor der Herausforderung, sich im Wettbewerbsumfeld des Medienmarktes in dem Maße behaupten zu müssen, in dem Subventionen von Seiten der Landeskirchen oder der kirchlichen Herausgeber zurückgeführt werden.

Über die Ziele evangelischer Publizistik besteht zunehmend Dissens:

> „Es gibt zurzeit eine unheilvolle Neigung in der Kirche, Zuflucht zu den verkehrten Mitteln zu nehmen: Vermeidung von Kritik, Sehnsucht nach günstiger Selbstdarstellung und ein Hang zum frommen Schein. In seiner Geschichte aber bekennt sich der Protestantismus zur öffentlichen und veröffentlichten Kritik, zur dialogischen Urteilsbildung, zur geschwisterlichen Kontroverskultur. Publizistik gehört zum unentbehrlichen Handwerkszeug auf dem Weg zur Erneuerung der Kirche in der Mediengesellschaft" (*Schibilsky* 2003, S. 282).

Die der Kirchenpresse von *Schibilsky* zugesprochene Funktion beschreibt *Rosenstock* (2002, S. 11) als das Vertreten eines protestantischen Standpunktes im Prozess der öffentlichen Meinungsbildung und das Wahrnehmen eines demokratischen Mandates innerhalb der Kirche. Zugeschrieben wird der Kirchenpresse die Fähigkeit, „religiöse Deutungskompetenz" und „freie Information" im innerkirchlichen Diskurs zu ermöglichen (*Rosenstock* 2002, S. 21). Dieser vorwiegend internen Ausrichtung steht eine Position der Hinwendung zu einer breiteren Zielgruppe von Personen mit Interesse an Religion und Protestantismus außerhalb der kirchlich hochverbundenen Klientel gegenüber. Hier treten die Werteorientierung und der protestantische Standpunkt in den Vordergrund der journalistischen Arbeit. Diesen Konflikt beschreibt *Haberer* (2005) polemisch als „Konkurrenz von Heiligem Geist und Zeitgeist".

Bis heute bleibt der Konflikt ungelöst. Die publizistischen Antworten, die verschiedene konfessionelle Verlage in unterschiedlichen Landeskirchen geben, sind höchst verschieden. So folgen einige Landeskirchen und die dortigen Verlage – beispielsweise der Presseverband für Westfalen und Lippe – den von *Rosenstock* und *Schibilsky* dargestellten Idealtypen. Ob die zu Grunde liegenden Funktionen tatsächlich erfüllt werden, bleibt angesichts schwindender Auflagen und Bedeutung für die Meinungsbildung offen.

Andere Verlage haben die Konzentration auf binnenkirchliche Zielgruppen aufgebrochen. Hierzu zählt insbesondere der Medienverband der Evangelischen Kirche im Rheinland. An die Stelle der Pflege einer Kontroverskultur im Rahmen des innerkirchlichen „demokratischen Mandates" tritt die „Vertretung eines protestantischen Standpunktes" (*Rosenstock* 2002, S. 11) sowie die Darstellung protestantischer Lebensentwürfe als Orientierungshilfe für kirchlich loser gebundene Zielgruppen. Damit wird der Versuch unternommen auf die seit langem geäußerte Kritik zu reagieren, dass kirchliche Publizistik den wesentlichen Teil der Kirchenmitglieder ausschließt. So formulierte ein EKD-Konzept schon Ende der 1970er Jahre:

> „Dennoch muß (sic!) davon ausgegangen werden, daß (sic!) ein großer Teil der 27 Millionen evangelischen Christen in der Bundesrepublik nie eine evangelische Zeitung oder Zeitschrift in die Hand bekommt. Der größte Teil der Auflage konzentriert sich vielmehr auf einen relativ kleinen Ausschnitt der Kirchenmitglieder, der dafür vielfach bedient wird." (*EKD* 1979)

1.3. Zielgruppen der Kirchengebietspresse

Mit Blick auf die Kirchengebietspresse konstatierte die *EKD* (1997, S. 37), dass diese generell an einer diffusen Zielgruppenbestimmung leide. Unbestritten hat kirchliche Publizistik stets den Spagat zwischen innerkirchlichen Zielgruppen mit ausgeprägtem

Interesse an der Selbstspiegelung und Wahrung einer Außenperspektive für ein breiteres Publikum zu bewältigen.

Die Motivation der Leser von kirchlichen Printpublikationen ist so divers wie die Leserschaft. Gerade bei traditionellen Kirchengebietszeitungen liegt die Vermutung nahe, dass der Bezug der Zeitung *Signaling*-Funktion erfüllt und die Zugehörigkeit zu einer Kirche und zu einem *inner circle* kirchlich gebundener Menschen dokumentiert. Solche Motive sind auch im Bereich der Qualitätszeitungen bekannt (*Kramp* 2008).

Eine Erhebung aus dem Jahr 2004 im Auftrag der EKD belegt anhand einer Analyse der Inhalte und Profile, dass die evangelische Printpublizistik stark absenderorientiert ist und vornehmlich der Binnenkommunikation dient (*epd* 2005, S. 14).

Ausgearbeitete Zielgruppenkonzepte fehlen weitgehend.

> „Die [evangelischen] Wochenzeitungen haben ihren Nutzungs-Schwerpunkt im Kreis der „hochverbundenen" Kirchenmitglieder, die einerseits eine ausgeprägte Leser-Blatt-Bindung begründen, die aber zum anderen eine Personengruppe bilden, deren Zahl deutlich zurückgeht",

stellte die EKD bereits 1997 fest (*EKD* 1997, S. 41). Die Entwicklung der Leserzahlen in den zehn Jahren nach dieser Feststellung belegt die Aussage eindrucksvoll. Die Reichweite (Leser pro Werbung führende Seite) aller Titel der konfessionellen Presse (inklusive katholischer Titel) ist von 4,16 Millionen Lesern im ersten Quartal 1997 auf 2,81 Millionen Leser im ersten Quartal 2007 zurückgegangen (*VDZ* 2007, S. 210). Mit wenigen Ausnahmen verlieren alle Titel Leser. Zum Teil liegen die Verluste im zweistelligen Prozentbereich pro Jahr. Abbildung 2 zeigt die negative Reichweitenentwicklung der Kirchenpresse.

Abbildung 2: Reichweitenentwicklung der Kirchenpresse

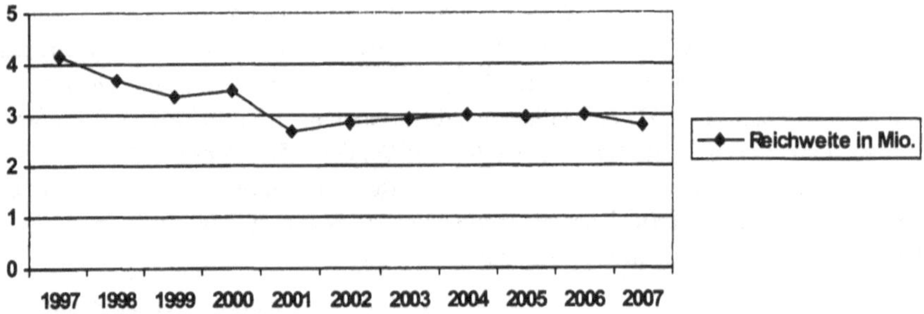

Quelle: *VDZ* (2007).

In scharfem Kontrast zu Reichweiten- und Kundenverlusten steht die Forderung einer klaren Marktorientierung: „Die Angebote der kirchlichen Publizistik müssen marktkonform sein. Sie hat sich zu orientieren am Marktverhalten der Zielgruppen, die erreicht werden wollen" (*Vetter* 2005, S. 8). Je mehr Subventionen zur Erhaltung einer Publikation gezahlt werden, desto stärker wird jedoch der Druck, sich an den Zielen der Geldgeber – also absenderorientiert – zu verhalten. Damit steigt die Gefahr, Leser zu verlieren und die Abhängigkeit von Subventionen weiter zu verstärken. Das Ideal einer selbständigen und von landeskirchlichen Entscheidern unabhängigen Kirchenpresse muss überdacht werden, um dies zu erkennen. Dass diese Abhängigkeitsvermutung nicht von der Hand zu weisen ist, zeigt ein Zitat des EKD-Publizistikreferenten *Udo Hahn* (2007), der im Zusammenhang mit „in irgendeiner Form von der Evangelischen Kirche oder ihren Gliedkirchen finanziell unterstützen" Publikationen zu Recht von „steuerungsfähigen" Produkten spricht.

Solange Subventionen der kirchlichen Träger neben Verkaufserlösen stehen, wird folglich die geforderte radikale Hinwendung zu den Adressaten der Publizistik Fiktion bleiben.

1.4. Zielgebiete der Kirchengebietspresse

Die Kirchengebietspresse orientiert sich in ihrer Regionalstruktur an den Grenzen der Landeskirchen. Diese stimmen nur zum Teil mit den politischen Grenzen der Bundesrepublik Deutschland überein.[2] Auch die im Wesentlichen an den Grenzen der Bundesländer orientierten publizistischen Räume, die von den für das Marketing relevanten Nielsen-Gebieten[3] markiert werden, stimmen mit dieser kirchlichen Struktur nicht überein. Eine Orientierung am Markt wird hierdurch besonders im Anzeigengeschäft erschwert.

Zwischen den evangelischen Publikationen in den einzelnen Kirchengebieten besteht faktisch keine Konkurrenz, da sich die Verbreitung auf die jeweiligen Kirchengebiete beschränkt. Die historischen Wurzeln dieses Gebietsschutzes liegen in der Lizensierungspolitik der Siegermächte nach dem Ende des Zweiten Weltkriegs, die für jede Landeskirche nur eine Publikation zuließ (*Rosenstock* 2005, S. 28). Dieser Gebietsschutz besteht weitgehend bis heute, da jede publizistische Einheit ihr Erscheinen im Wege der Selbstverpflichtung im Wesentlichen auf das eigene Kirchengebiet beschränkt. Zwar gibt es evangelische Presseprodukte, die im Wege einer Kooperation mehrere Landeskirchen bedienen.[4] In diesen Gebieten sind die Verleger der Kooperationsprodukte allerdings wiederum Quasi-Monopolisten. Ein Abweichen von dieser Aufteilung der Kirchengebiete unter den publizistischen Einheiten ist verschiedentlich versucht worden, regelmäßig aber auf erheblichen und erfolgreichen politischen Widerstand der betroffenen Landeskirchen gestoßen.

---

2 Die Evangelische Kirche im Rheinland umfasst beispielsweise Teile der Bundesländer Nordrhein-Westfalen, Hessen, Rheinland-Pfalz und Saarland.

3 Die Marktforschungsfirma „The Nielsen Company" hat anhand von politischen, demographischen, sozialen und (handels-)strukturellen Kriterien Deutschland in sieben Regionen aufgeteilt. Diese Aufteilung hat sich insbesondere im Bereich der Mediaplanung als Standard etabliert.

4 Beispielsweise erscheint die Publikation „Unsere Kirche (UK)" sowohl auf dem Gebiet der Evangelischen Kirche von Westfalen wie auf dem Gebiet der Lippischen Landeskirche. Eine redaktionelle Kooperation unter Beibehaltung eines eigenständigen öffentlichen Auftritts sind beispielsweise das „Evangelische Sonntagsblatt für Bayern" (München) und das „Evangelische Sonntagsblatt aus Bayern" (Rothenburg/Tauber) eingegangen.

Die Regionalstruktur der Kirchengebietspresse untermauert die Ausrichtung auf interne Zielgruppen und hochverbundene Kirchenmitglieder. Personen ohne Kenntnis der Kirchenstruktur dürfte kaum vermittelbar sein, warum in einer im Ruhrgebiet erscheinenden Kirchenzeitung Bochum und Dortmund vorkommen, Duisburg und Essen aber aufgrund der Zugehörigkeit zu einer anderen Landeskirche außen vor bleiben. Eine Beschränkung auf das eigene Kirchengebiet ist inhaltlich zu begründen, solange das Themenspektrum der Publikationen vorwiegend auf Aspekte landeskirchlichinterne Fragestellungen fokussiert bleibt. Wird dieses Themenspektrum zu Gunsten einer Hinwendung zu breiteren Leserschichten verlassen, steht die Sinnhaftigkeit der Gebietsaufteilung in Frage.

2. Akteure evangelischer Printpublizistik

Um die Situation und die Besonderheiten evangelischer Printpublizistik verstehen zu können, ist ein Blick auf die Akteure, die das Arbeitsfeld gestalten ebenso hilf- wie aufschlussreich. Euphemistisch konstatiert *Teichert* (2005, S. 43), dass die Vielgestaltigkeit des publizistischen Angebotes ein Hinweis auf die organisatorisch-institutionelle Vielgestaltigkeit des Protestantismus sei (2005, S. 43). Tatsächlich sind Strukturen und Verantwortlichkeiten ein Produkt protestantischer Grundüberzeugungen und ein Ergebnis der Skepsis gegenüber Zentralgewalten und *Top-Down*-Steuerung. Historisch gewachsene und begründete Aufgabenzuweisungen haben allerdings in weiten Teilen nicht mit den veränderten Rahmenbedingungen kirchlicher Publizistik Schritt gehalten, sodass durch zunehmende finanzielle Abhängigkeiten Abstimmungsbedarfe mit kirchlichen Geldgebern entstanden sind. Erschwert wird eine Abstimmung dadurch, dass – wie *Haberer* (2005a, S. 45) feststellt – in Entscheidungsgremien mancherorts „Fachleute unterrepräsentiert“ sind.

Herausgeber der Kirchengebietspresse sind in fast allen Landeskirchen rechtlich eigenständige juristische Personen. Vielfach handelt es sich um eingetragene Vereine, Gesellschaften mit beschränkter Haftung oder gemeinnützige GmbHs (Abbildung 3). Diese sind in der Regel Anstellungsträger der für die Publikationen tätigen Mitarbeiter und organisieren Redaktion, Produktion, Marketing und Vertrieb eigenständig. Ihr Handeln wird von Vorständen, Aufsichtsräten und Gesellschafterversammlungen kontrolliert.

Der erste Medienverband in Deutschland wurde 1891 in der Kirchenprovinz Sachsen gegründet (*Rosenstock* 2005, S. 26). Die Presseverbände wurden nach dem Zweiten Weltkrieg Träger der Presselizenzen ihrer jeweiligen Kirchengebiete.

Die Strukturen der Presse- und Medienverbände sind vielfältig. Ebenso divers sind die Verflechtungen mit den jeweiligen Landeskirchen. So sind regelmäßig kirchenleitende Persönlichkeiten in den Aufsichtsgremien der Verbände vertreten. Des Weiteren sind vielfach Mitarbeiter der Landeskirche journalistisch für die jeweiligen Kirchengebietspublikationen tätig. In vielen Fällen bieten die Vereine und GmbHs neben ihren verlegerischen Aktivitäten Dienstleistungen im Bereich der Kommunikation für die jeweiligen Landeskirchen und deren Gemeinden und Einrichtungen an. In diesen Bereichen handeln Verbände und Landskirchen wie Auftragnehmer und Auftraggeber. Dieses Beziehungsgeflecht zeigt Abbildung 3 schematisch.

Abbildung 3: Strukturelle Verknüpfung von Presseverbänden und Landeskirchen

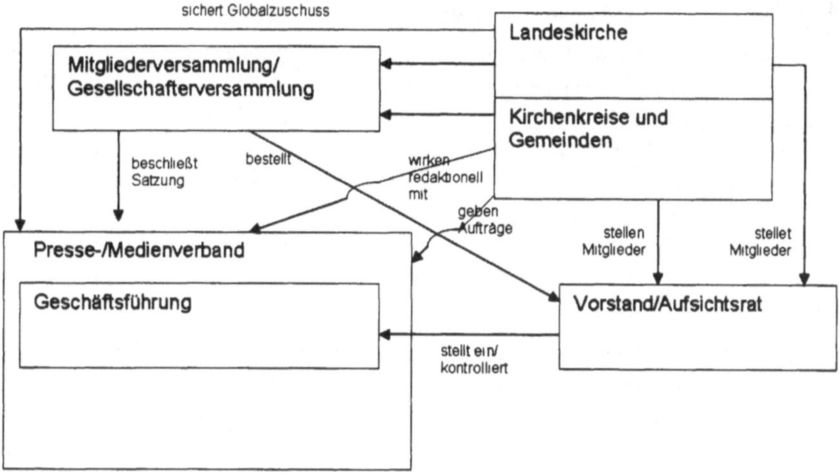

Quelle: Eigene Darstellung

3. Die Finanzierung der Kirchengebietspresse

Intransparente Finanzierungsstrukturen sind geradezu konstitutive Elemente evangelisch verantworteter Publizistik. Zum einen mag dies an der Konkurrenz um knapper werdende Ressourcen liegen, die zur Subventionierung zur Verfügung stehen, zum anderen liegt der Verdacht nahe, dass im Falle mancher Medien eine Kosten- und Finanzierungstransparenz zu Anfragen an die Sinnhaftigkeit einer Fortführung der fraglichen Publikationen führen könnte. Hauptgrund dürfte allerdings sein, dass die Finanzierungsstrukturen in fast allen Fällen historisch gewachsene Mischformen sind.

So stammen die Erlöse der Kirchengebietspresse in Teilen aus dem Verkauf. Kirchliche Publizistik lebt dabei von der Bindung an ihre Leserschaft. Da es an binnenkirchlichen Strukturen für den Einzelvertrieb mangelt, ist das Abonnement die vorherrschende Vertriebsform. Selbst Publikationen, die eine Zielgruppe außerhalb des engsten kirchlichen Umfeldes ansprechen, verfügen nicht über tragfähige alternative Vertriebswege. Zum Teil wird der Aufbau solcher Strukturen auch durch den Zuschnitt der jeweiligen Verbreitungsgebiete erschwert, da traditionelle Strukturen des Pressevertriebs an politischen Grenzen orientiert sind, die nur in Ausnahmefällen mit den Verbreitungsgebieten übereinstimmen (siehe Kapitel 1.4.).

Eine weitere Säule der Finanzierung sind kirchliche Globalzuschüsse an die Herausgeber in direkter oder indirekter Form. Der Subventions- oder Zuschussanteil dürfte in vielen Fällen schwer oder nicht quantifizierbar sein, da er in der Regel nicht für den Zweck der Erstellung einer Publikation gewährt wird, sondern allgemeiner Betriebskostenzuschuss ist. Ließen sich solche Zuschüsse, die als Geldmittel zur Verfügung gestellt werden, zwar nicht einem Produkt zurechnen, aber immerhin der Höhe nach quantifizieren, stößt die Messbarkeit dort an Grenzen, wo kirchliche Mitarbeiter ohne finanziellen Ausgleich redaktionell an der Erstellung von Publikationen mitwirken oder wo Teilauflagen von Gesellschaftern oder Mitgliedern der Herausgeberorganisation über den tatsächlichen Eigenbedarf hinaus aufgekauft werden.

Eine rein marktliche Refinanzierung kirchlicher Printpublizistik erscheint angesichts sinkender Auflagen nicht realistisch. So warnte die EKD schon 1997 vor der „Illusion, dass die evangelische Publizistik gänzlich kostendeckend arbeiten könnte. Dazu bleibt das Evangelium zu kostbar und der Markt zu eng" (*EKD* 1997, S. 19). Aktuelle Zahlen zur Höhe der anteiligen Globalzuschüsse, die in kirchliche Publizistik fließen, existieren nicht und scheinen angesichts der beschriebenen Vielfalt offener und verdeckter Subventionen auch nur bedingt erhebbar. 1997 schätzte die EKD das Gesamtvolumen für damals 16 Organe der Kirchengebietspresse auf umgerechnet rund 8,42 Millionen Euro (*EKD* 1997, S. 41).

Nicht generell zu beantworten ist die Frage nach der Motivation für eine Subventionierung der Kirchengebietspresse durch die Landeskirchen. Entstanden sind die Organe der Kirchengebietspresse vielfach außerhalb der landeskirchlichen Strukturen, um kirchenpolitisch unabhängig agieren zu können. Zuschussgelder sind daher regelmäßig keine Zahlungen für eine erwartete Leistung der Kirchengebietspresse, sondern vielmehr Grundlage, um eine solche publizistische Arbeit zu ermöglichen. Die Motivation mag also im allgemeinen Interesse der Kirchen an der Verkündigung des Evangeliums begründet liegen. Der Verweis auf die „Kostbarkeit des Evangeliums" allein ist aber sicherlich nicht hinreichend. Dagegen mögen unterschiedliche Motive eine Rolle spielen. Zu denken ist beispielsweise an eine strukturkonservierende Subventionierung, die es der traditionellen Kirchengebietspresse ermöglicht, ihre begrenzte, nicht rentabel zu bedienende Gruppe der hochverbundenen Kirchenmitglieder weiterhin zu versorgen.

Auch eine den Strukturwandel fördernde Subventionierung ist denkbar, indem sich eine Kirche entscheidet, publizistische Innovationen durch eine außerhalb der kirchlichen Struktur stehendes Medienunternehmen zu ermöglichen.

4. Wochenzeitung versus Monatsmagazin – Vermutungen über den Markt

Zwischen den Publikationen der Kirchengebietspresse gibt es aufgrund der Aufteilung der Kirchengebiete und des ausgeprägten Gebietsschutzes untereinander faktisch keine Konkurrenz. In einer Konkurrenzsituation befinden sich die Titel der Kirchenpresse allerdings zu kostenlosen Verteilpublikationen, die kirchlich subventioniert sind. Insbesondere diese Selbstkanibalisierung subventionierter Produkte wird angesichts der erwarteten Finanzsituation der evangelischen Kirche zunehmend kritisch thematisiert (*Hahn* 2007).

Derzeit steht allerdings eine andere Form des Wettbewerbs im Fokus innerkirchlicher Debatten. Als Surrogat für die fehlende Konkurrenz untereinander wird inzwischen ein Modellwettbewerb konkurrierender Modelle der Kirchengebietspresse ausgetragen. Dabei steht dem traditionellen Modell der binnenkirchlich orientierten Wochenpresse ein Monatsmagazinkonzept für weniger eng gebundene Kirchenmitglieder gegenüber. Typische Vertreter der traditionellen kirchlichen Wochenzeitung sind beispielsweise die in Bielefeld erscheinende Publikation „Unsere Kirche" oder die „Evangelische Zeitung" aus Hannover. Der Gegenentwurf wird exemplarisch vertreten durch das in Düsseldorf herausgegebene Magazin „chrismon plus rheinland". Der Herausgeber, der Medienverband der Evangelischen Kirche im Rheinland, hat die sinkende Zahl der hochverbundenen Kirchenmitglieder bei steigender Zahl von Orientierungssuchenden zum Anlass genommen, die traditionelle Wochenpresse durch das Monatsmagazin „chrismon plus rheinland" zu ersetzen. Der Beschluss erfolgte als Reaktion auf die anhaltend rückläufigen Abonnentenzahlen der vormaligen rheinischen Kirchenzeitung „Der Weg". Mit der grundlegenden Neuausrichtung auf die Magazinform hat die Zielgruppe der publizistischen Arbeit auf dem Gebiet der rheinischen Landeskirche gewechselt. Statt ausschließlich tief in der Kirche und in ihren Strukturen verwurzelte Personen anzusprechen, hat man die breitere Gruppe derjenigen in den Fokus genommen, die sich mit christlichen Werten identifizieren, unabhängig davon, ob sie eine starke Bindung gegenüber der Institution Kirche besitzen.

Eine weitere Überlegung beförderte diesen Entschluss: Zwischen der Leserschaft der traditionellen kirchlichen Wochenpresse und den Kirchenmitgliedern wird zunehmend eine strukturelle Abweichung erkennbar. Während fast zwei Drittel der Leserschaft der kirchlichen Wochenpresse 60 Jahre oder älter sind (*Konpress* 2007, S. 2), liegt der Anteil dieser Altersgruppe an allen Kirchenmitgliedern beispielsweise im Rheinland bei nur gut einem Drittel (*EkiR* 2008, S. 13). „Wochenzeitungen sind so etwas wie eine unerklärte Seniorenpresse", stellt *Teichert* (2006) zutreffend fest. Kirchliche Publizistik, die den Anspruch hat, kirchliche und gesellschaftliche Realität zu erfassen, kann mit einem solch deutlichen Auseinanderdriften von Zielgruppe und Mitgliederdurchschnitt nicht zufrieden sein.

Steigende Abonnentenzahlen bestätigen die Vermutungen über die mögliche größere Reichweite eines modernen „Wertemagazins" gegenüber einer traditionellen Wochenzeitung. Eine erste Leserbefragung für die Publikation „chrismon plus rheinland" zeigt, dass der Anteil der kirchlich eng gebundenen Leserinnen und Leser von 76 Prozent bei der zuvor im Rheinland existierenden traditionellen Kirchenzeitung auf nunmehr 23 Prozent beim Magazinkonzept gesunken ist. Auch gelingt es der Magazinpublizistik, die demografische Schere zwischen Leserschaft und Kirchenmitgliederstruktur zu schließen. Eine Befragung der Leserinnen und Leser von „chrismon plus rheinland" zeigt, dass 43 Prozent der neu gewonnenen Abonnenten jünger als 50 Jahre sind, 16 Prozent sind jünger als 40 Jahre. Die unterschiedlichen Konzepte verdeutlicht Tabelle 2.

Der angedeutete Modellwettbewerb wird mit Vehemenz geführt.

> „Der heftigste Kampf wird jedoch derzeit im Bereich der kirchlichen Wochenpresse gefochten. Mit der Gründung von chrismon hat sich die EKD die Konkurrenz um die Haushaltstitel für Publizistik ins eigene Haus und in die landeskirchlichen Haushalte geholt", (*Haberer* 2006, S. 20).

Noch ist der Modellwettbewerb nicht entschieden. Der Statistik der Informationsgemeinschaft zur Feststellung der Verbreitung von Werbeträgern e.V. (www.IVW.de) haben die Titel der Kirchengebietspresse zwischen dem 4. Quartal 2006 und dem 4.

Quartal 2007 fast 4,5 Prozent ihrer Auflagenhöhe verloren; demgegenüber konnten Magazintitel aus dem konfessionellen Bereich vielfach an Auflage zulegen.

Tabelle 2: Unterschiedliche Konzepte der Kirchengebietspresse

	Unsere Kirche	chrismon plus rheinland
Format	Zeitung	Magazin
Erscheinungsweise	wöchentlich	monatlich
Zielgruppe	binnenkirchlich	evangelisch
Preis/Ausgabe	€ 1,20	€ 2,50
Regionalteile	11	2
Abonnements	ca. 55.300	ca. 20.000
Funktion	Forumsfunktion	Orientierungsfunktion
Wirkung	organisationsstabilisierend	mitgliedschaftsstabilisierend

Quelle: Eigene Darstellung

Der Modellwettbewerb wird sich anhand verschiedener Faktoren entscheiden, die im Folgenden skizziert werden sollen.

Ein entscheidender Faktor wird die Frage der langfristigen Finanzierung der Publikationen sein. Angesichts des für beide Publikationen vergleichsweise hohen Redaktions- und Produktionsaufwandes und der damit verbundenen Defizite, die Publikationen der Kirchengebietspresse regelmäßig erwirtschaften, stellt sich die Frage, welcher Wert der innerkirchlichen Forums- und Informationsfunktion im Vergleich zur Ansprache kirchenfernerer Zielgruppen beizumessen ist. Hier mögen die Antworten verschiedener Medien- und Presseverbände unterschiedlich ausfallen. Dabei spielt die zeitliche Perspektive, mit der Subventionsentscheidungen getroffen werden, eine zentrale Rolle. Bei einem kurzfristigen Planungshorizont ist zu vermuten, dass kirchliche Entscheider geneigt sind, der traditionellen Kirchengebietspresse mit starken innerkirchlichen Funktionen den Vorzug zu geben, da die Befriedigung binnenkirchlicher Informationsbedürfnisse kurzfristig organisationsstabilisierend wirkt. Längerfristig planende Landeskirchen werden demgegenüber die Ansprache von institutionell nicht in das „kirchliche Tagesgeschäft" eingebundenen Personen über außenorientierte Magazinformate bevorzugen, da von diesen eine langfristig mitgliedschaftsstabilisierende Wirkung zu erwarten ist.

Neben der Finanzierung ist die Regionalausrichtung ein Erfolgskriterium im Modellwettbewerb. Hier hat die traditionelle Kirchenzeitung den Vorteil der Übereinstimmung von thematischem Bezugsraum und Kirchengebiet. Gerade von der Leserschaft der traditionellen Kirchengebietspresse kann erwartet werden, dass diese mit kirchlichen Strukturen vertraut ist. Grundsätzlich im Vorteil sind hier zudem Publikationen, deren Verbreitungsgebiet mit politischen oder regionalgeografischen Grenzen übereinstimmt. Ungleich schwerer dürfte es für Publikationen werden, deren Leserschaft mit kirchlichen Regionalstrukturen nicht vertraut ist und deren Verbreitungsgebiet keine Deckung mit geografischen oder politischen Strukturen aufweist. Bezogen auf die beispielhaft genannten Publikationen „Unsere Kirche" und „chrismon plus rheinland", ist die traditionelle Wochenzeitung hier aufgrund ihrer Leserschaft im Vorteil. Mit Blick auf die politische oder geografische Struktur sind beide Erscheinungsräume vergleichbar, auch wenn leichte Vorteile zu Gunsten von „Unsere Kirche“ existieren, da sich ihr Erscheinungsgebiet ausschließlich auf Teile eines Bundeslandes erstreckt, während „chrismon plus rheinland“ Teilgebiete von vier Bundesländern erfasst. Geografisch sind beide Kirchengebiete uneinheitlich. Während der Verbreitungsbereich von „Unsere Kirche“ Ostwestfalen, das Münsterland, das Siegerland und Teile des Ruhrgebiets einschließt, erscheint „chrismon plus rheinland“ unter anderem am Niederrhein im Köln/Bonner-Raum, in der Eifel, im Hunsrück, im Saarland, im Bergischen Land und ebenfalls in Teilen des Ruhrgebiets.

Ein weiterer Wettbewerbsfaktor ist die Erschließbarkeit von Vertriebsstrukturen. Hier wäre zu vermuten, dass eine binnenkirchlich orientierte Publikation auch auf binnenkirchliche Strukturen zurückgreifen könnte und damit im Vorteil gegenüber einer nach außen orientierten Publikation sei. Tatsächlich zeigt sich allerdings, dass dieser Vorteil ausschließlich theoretischer Natur ist und die kirchliche Verteilstruktur für Publikationen kaum nutzbar ist.

Schließlich ist ein Faktor im Wettbewerb der kirchenpublizistischen Modelle die Attraktivität der jeweiligen Zielmärkte. Diese wird von drei wesentlichen Faktoren bestimmt. Dies sind Marktwachstum, Marktpotenzial und Wettbewerbsintensität.

Die Marktabgrenzung für Publikationen der Kirchengebietspresse ist schwierig, da die Zielgruppen der Publikationen – wie dargestellt – diffus bleiben. Für den Zweck dieser Übersicht soll gelten, dass der Markt der traditionellen Kirchengebietspresse vorwiegend aus kirchlich und diakonisch haupt- und ehrenamtlich Mitarbeitenden sowie aus regelmäßigen Gottesdienstbesuchern besteht.

Der Markt für ein evangelisches Wertemagazin besteht demgegenüber aus Kirchenmitgliedern, die ihre Kirchenmitgliedschaft bewusst aufrecht erhalten.

Die Quantifizierung beider Märkte kann nur näherungsweise geschehen. Für das Verbreitungsgebiet von „Unsere Kirche“ ergibt sich ein Marktumfang von 60.000 Beschäftigten in Kirche und Diakonie plus 92.000 ehrenamtlich Mitarbeitenden (*EkvW* 2008) und 3,7 Prozent Gottesdienstbesuchern bei 2,8 Millionen Kirchenmitgliedern[5] (*EKD* 2007, S. 8) (103.600 Personen).[6] In Summe ergeben sich damit etwa 255.600 potentielle Kunden.

Noch schwieriger gestaltet sich die Schätzung des Anteils der Kirchenmitglieder der evangelischen Kirche im Rheinland, die als „bewusste Mitglieder“ zu bezeichnen sind. Hilfsweise soll hier die Zahl der Gottesdienstbesucher an einem typisch kirchlichen Festtag, der nicht wie Weihnachten oder Ostern in großen Zahlen kirchenferne Besucher zum Kirchgang bewegt, herangezogen werden. In diesem Sinne geeignet scheint der Erntedanktag. An diesem Tag besuchten im EKD-Durchschnitt 8,3 Prozent der Kirchenmitglieder einen Gottesdienst (*EKD* 2007, S. 15). Umgerechnet auf die 2,9 Millionen Mitglieder der Evangelischen Kirche im Rheinland sind dies 240.700 Personen.

---

5 Die Zahl der Kirchenmitglieder bezieht sich auf das Gebiet der westfälischen und der lippischen Landeskirche, da „Unsere Kirche“ beide Gebiete abdeckt.

6 Überschneidungen zwischen Gottesdienstbesuchern und Mitarbeiterschaft sind möglich, angesichts der insgesamt großen Unschärfe der Berechnung allerdings zu vernachlässigen.

Im Ergebnis erscheint das Marktpotenzial beider Varianten der Kirchengebietspresse vergleichbar.

Mit Blick auf das Marktwachstum ist für beide publizistischen Modelle ebenfalls eine vergleichbare Ausgangslage zu konstatieren. Signifikante Zuwächse sind weder bei den werteorientierten Kirchenmitgliedern noch bei den kirchlich engagierten Personen zu erwarten, vielmehr schrumpft der Markt in beiden Fällen demografisch bedingt. Vermutlich dürfte dabei der Markt der eng kirchlich gebundenen aufgrund des höheren Altersdurchschnitts etwas schneller schrumpfen als der Markt der werteorientierten evangelischen Kirchenmitglieder.

Mit Blick auf die Wettbewerbsintensität gibt es einige Unterschiede zwischen den Zielmärkten der unterschiedlichen Varianten der Kirchengebietspresse. Der traditionellen Wochenpresse droht Konkurrenz vor allem aus dem innerkirchlichen Spektrum. Insbesondere die Vielzahl der Mitarbeitendenpublikationen stellt hier einen Konkurrenzfaktor dar. Konkurrenz säkularer Medien ist angesichts der spezialisierten Inhalte der traditionellen Kirchengebietspresse nicht zu befürchten.

Für ein Wertemagazin mit breiterer Zielgruppe ist die Konkurrenz aus dem innerkirchlichen Bereich aufgrund des Themenspektrums und der Magazinform von geringerer Relevanz. Größer scheint das Risiko, mit säkularen Magazinformaten aus dem Lifestyle- und Wellnessbereich im Wettbewerb zu stehen. Von hoher Bedeutung wird in diesem Zusammenhang sein, ob es gelingt, die hohe Glaubwürdigkeit der evangelischen Kirche und das dezidiert protestantische Profil gegenüber der Leserschaft zu transportieren und damit säkularen Anbietern das Eindringen in den Markt zu erschweren.

In der Gesamtschau wird deutlich, dass weder regionale noch vertriebliche oder wettbewerbliche Faktoren eine eindeutige Aussage über die Zukunftsfähigkeit der unterschiedlichen Formen kirchlicher Publizistik ermöglichen. Entscheidend wird am Ende die Finanzierung und damit der politische Wille beziehungsweise der Planungshorizont der Entscheider sein.

Literatur

AWA (2006), Allensbacher Werbeträgeranalyse 2006, Institut für Demoskopie, Allensbach.

Bollamnn, Jörg (2005), in: epd-Dokumentation, Nr. 19/2005, S. 9-13.

EKD (1979), Publizistischer Gesamtplan der Evangelischen Kirche in Deutschland, Gütersloh.

EKD (1997), Markt und Mandat – Perspektiven evangelischer Publizistik, Hannover.

EKD (2007), Evangelische Kirche in Deutschland – Zahlen und Fakten zum Kirchlichen Leben, Hannover.

EKiR – Evangelische Kirche im Rheinland (2008), Statistik zur Synode 2008 – Heft B: Gemeindeglieder, Kirchengemeinden, Düsseldorf.

EKvW – Evangelische Kirche von Westfalen (2008), www.ekvw.de/Wir-ueber-uns.339.0.html

epd (2005), Die evangelische Printpublizistik scheint ausgeprägt absenderorientiert zu sein, in: epd-Dokumentation, Nr.19/2005, S. 14.

Fritz, Irina und *Klingler, Walter* (2006), Medienzeitbudgets und Tagesablaufverhalten – Ergebnisse auf Basis der ARD/ZDF-Studie Massenkommunikation 2005, in: media perspektiven, Nr. 4/2006, S. 222-233.

Haberer, Johanna (2005), Was nicht wahrgenommen wird, wird nicht für wahr genommen, Vortrag anläßlich des 1. Autorentages der mitteldeutschen Kirchenzeitungen am 12. März 2005 in Leipzig.

Haberer, Johanna (2005a), Die Zukunft der Kirchenpresse oder von der schwierigen Kunst, von lieben Gewohnheiten Abschied zu nehmen., in: epd-Dokumentation, Nr. 19/2005, S. 44-46.

Haberer, Johanna (2006); Finanzierte Unabhängigkeit; in: zeitzeichen, Jg. 7, Nr. 2, S. 19-21.

Hahn, Udo (2007), Wir brauchen gute Ideen; Vortrag anlässlich der Evangelischen Medientage am 25. April 2007 in Erfurt (www.ekd.de/vortraege/weitere/070426_hahn.html).

Konpress (2007), Konpress Marktanalyse, Pressemedien II, Recklinghausen.

Kramp, Leif (2008), Qualität als Statussymbol, Süddeutsche Zeitung, 16.1.2008, S. 15.

Rosenstock, Roland (2002), Evangelische Presse im 20. Jahrhundert, Stuttgart.

Rosenstock, Roland (2005), Deutungskompetenz – Ein kleiner historischer Streifzug zu einem umstrittenen Thema; in: epd-Dokumentation, Nr. 19/2005; S. 25-36.

Schibilsky, Michael (2003), Kirche und Öffentlichkeit in der Mediengesellschaft – Herausforderungen der evangelischen Publizistik, Nachrichten der Evangelisch-Lutherischen Kirche in Bayern, Nr. 9/2003, S. 280-283.

Teichert, Will (2005), Nur gemeinschaftlich können publizistische Fehlentwicklungen korrigiert werden, in epd-Dokumentation, Nr. 19/2005, S. 42-44.

Teichert, Will (2006), Zur Zukunft der evangelischen Wochenzeitungen, Referat bei der 11. Tagung der X. Landessynode der Evangelisch-lutherischen Kirche am 18. März 2006 in Wolfenbüttel.

VDZ – Verband deutscher Zeitschriftenverleger (2007), VDZ Jahrbuch 2007, Berlin.

Vetter, Hans-Christof (2005), Vom Status der Printpublizistik, in: epd-Dokumentation, Nr. 19/2005, S. 6-8.

3. Teil

Europäische Aspekte der Medienordnungspolitik

Dirk Wentzel (Hg.), Medienökonomik –
Theoretische Grundlagen und ordnungspolitische Gestaltungsalternativen
Schriften zu Ordnungsfragen der Wirtschaft · Band 89 · Stuttgart · 2009

Europäische Medienmärkte: Die Rolle der Wettbewerbspolitik[1]

Oliver Budzinski

Inhalt

---

1 Ich danke *Justus Haucap, Bernd Holznagel* und den Teilnehmern des 41. Radein-Seminars für wichtige Hinweise zu Struktur und Inhalt des Beitrages sowie *Elena Bartaschewitsch* und *Matthias Dauner* für wertvolle Recherchearbeiten.

1. Einleitung

Medienmärkte sind aufgrund ihrer kulturellen und sprachlichen Verwurzelungen (sowie umfangreicher nationaler (Schutz-)Regulierungen) Spätentwickler der europäischen Integration. Bis heute wurden und werden die meisten Medienmärkte national abgegrenzt, wie beispielsweise auch bei dem Megafusionsvorhaben Springer-ProSiebenSat.1 (2006) geschehen, für welches die mitgliedstaatlichen Wettbewerbs- und Regulierungsbehörden – Bundeskartellamt und Kommission zur Ermittlung der Konzentration im Medienbereich (KEK) – zuständig waren, welche wiederum das Zusammenschlussvorhaben schließlich beide untersagten (vgl. *Budzinski* und *Wacker* 2007; auch *Dewenter* und *Haucap* i. d. Bd.). Konsequenterweise obliegt die Regulierung von Medienmärkten daher bis heute ganz überwiegend den EU-Mitgliedstaaten, während sich eine eigene europäische Regulierung in den Kinderschuhen befindet.[2] Doch auch in der Medienbranche treten verstärkt Internationalisierungstendenzen auf, die auch Rufe nach einer Europäisierung der Medienaufsicht und -regulierung mit sich bringen (*Harcourt* 2005, S. 50; *Gounalakis* und *Zagouras* 2006). Zusätzlich zu der medienspezifischen Regulierung unterliegen Medienmärkte auch der ‚normalen' Wettbewerbsaufsicht. Hier kommen der EU immer dann umfangreiche Kompetenzen zu, wenn der grenzüberschreitende Handel innerhalb des Europäischen Wirtschaftsraumes durch wettbewerbswidriges Verhalten der Unternehmen betroffen ist. Mit einer zunehmenden Internationalisierung von Medienmärkten gehen somit auch erweiterte Kompetenzen der europäischen Wettbewerbsaufsicht einher, die sich in steigenden Fallzahlen bei der Generaldirektion Wettbewerb der Europäischen Kommission zeigen. Dabei wird in der Literatur mitunter die These vertreten, dass die Europäische Kommission über ihre Generaldirektion Wettbewerb immer wieder versucht hat, die europäischen Wettbewerbsregeln in Medienmärkten für weitere Ziele zu instrumentalisieren – wie öffentliches Interesse und insbesondere Kultur- und Meinungsvielfalt (z.B. *Harcourt* 2005).

Der vorliegende Beitrag analysiert exemplarisch anhand wichtiger Fälle, welchen Einfluss die europäische Wettbewerbspolitik auf die Entstehung und Entwicklung europäischer Medienmärkte nimmt (Abschnitt 3).[3] Vorweg sind allerdings ein paar grundsätzliche Bemerkungen zu Zuständigkeiten und Abgrenzungen zwischen europäischer und mitgliedstaatlicher Ebene (einerseits) sowie zwischen ökonomischem Wettbewerb und Medienpluralismus andererseits notwendig (Abschnitt 2).

---

2 Zwar existiert eine Vielzahl von Initiativen und Direktiven, die aber entweder eine liberalisierende (deregulierende) Stoßrichtung haben oder weitgehend wirkungslos geblieben sind. Vgl. ausführlich *Harcourt* (2005, S. 9-22).

3 Vgl. für Fallstudien mit Bezug auf nationale Medienmärkte und ihre Regulierungen bspw. auch *Budzinski* und *Wacker* (2007), *Wacker* (2007), *Dewenter* und *Haucap* (i.d.Bd.) und *Hübner* (2008).

2. Zuständigkeiten und Aufgaben der europäischen Wettbewerbspolitik in Medienmärkten

2.1. Europäische versus mitgliedstaatliche Zuständigkeiten

Wettbewerbspolitik wird in der Europäischen Union sowohl von der EU selbst als auch von den Mitgliedstaaten betrieben. Dabei fallen grundsätzlich alle Märkte bzw. Branchen/Industrien (mit Ausnahmen der Landwirtschaft) unter die europäischen Wettbewerbsregeln, während es auf mitgliedstaatlicher Ebene oftmals Ausnahmen gibt. Medienmärkte sind aber ganz überwiegend auch auf mitgliedstaatlicher Ebene vom Geltungsbereich der Wettbewerbsregeln erfasst. Die originär europäischen und die mitgliedstaatlichen Wettbewerbsregeln finden allerdings nicht vollständig konkurrierend Anwendung, sondern es existieren (imperfekte) Kompetenzabgrenzungsregeln, welche mit der institutionellen (europäische oder mitgliedstaatliche Wettbewerbsregeln) meist gleichzeitig auch die organisatorische Zuständigkeit (europäische oder mitgliedstaatliche Wettbewerbsbehörden und Gerichte) regeln.[4]

Im Grundsatz ist die EU-Ebene immer dann zuständig, wenn der grenzüberschreitende Güterverkehr beeinflusst ist. Dieser allgemeine Grundsatz hat aber in den unterschiedlichen Bereichen der Wettbewerbspolitik unterschiedliche Ausgestaltungen erfahren. Die originär europäische Wettbewerbspolitik beinhaltet dabei erstens die im EU-Vertrag[5] niedergelegte Kartellpolitik und die Politik gegen die missbräuchliche Ausnutzung von Marktmacht sowie zweitens die in der Fusionskontrollverordnung[6] verankerte Politik zur Kontrolle von Unternehmenszusammenschlüssen. Gemäß Art. 81 (1) EGV sind dabei Kartelle grundsätzlich verboten, was ausnahmslos für Preis-, Mengen- und Quoten-, Marktaufteilungs- sowie Diskriminierungs- und Boykottkartelle gilt. Alle anderen Kartelle können ausnahmsweise vom Kartellverbot des Art. 81 (1) EGV freigestellt werden, wenn sie kumulativ die Bedingungen von Art. 81 (3) EGV erfüllen, nämlich wenn sie eine angemessene Beteiligung der Konsumenten sicherstellen, zu Effizienzsteigerungen führen, die wirtschaftliche und technologische Entwicklung fördern, die jeweiligen Vorteile kartellspezifisch sind und der Wettbewerb nicht wesentlich beeinträchtigt wird (*Schmidt* und *Schmidt* 2006, S. 45 ff.). Art. 82 EGV untersagt marktbeherrschenden Unternehmen, ihre Marktmacht zu Lasten der Konsumenten, der Wettbewerber oder Zulieferer und Abnehmer einzusetzen (*Schmidt* und *Schmidt* 2006, S. 65 ff.). Gemäß der Fusionskontrollverordnung sind Unternehmenszusammenschlüsse dann zu untersagen, wenn sie den wirksamen Wettbewerb erheblich behindern (sog. SIEC-Test[7]; Art. 2 (2) FKVO) (*Bengtsson*, *Loriot* and *Whelan* 2006). Die Durchsetzung der europäischen Wettbewerbsregeln (Ermittlung, Entscheidung und Sanktionierung) obliegt dabei der Europäischen Kommission; das Europäische Gericht erster Instanz (EuGI) fungiert als Berufungsinstanz, der Europäische Gerichtshof (EuGH) als Revisi-

---

4 Vgl. zur Kompetenzallokation in der Wettbewerbspolitik in der EU und ihren neueren Entwicklungen ausführlich *Budzinski* (2006, 2007).

5 Genauer: Vertrag zur Gründung der Europäischen Gemeinschaften (EGV 1957/1998).

6 Genauer: VO 139/2004.

7 SIEC = Significant Impediment of Effective Competition. Vgl. zur Auslegung *Röller* and *de la Mano* (2006).

onsinstanz. Die Mitgliedstaaten der EU verfügen über eigene Wettbewerbsregeln (in Deutschland im Gesetz gegen Wettbewerbsbeschränkungen, GWB, niedergelegt), die sich von den europäischen Regeln, aber auch untereinander unterscheiden, sowie über eigene Ermittlungs- und Durchsetzungsinstanzen (in Deutschland das Bundeskartellamt).

Sowohl für die Kartellpolitik als auch für die Missbrauchskontrolle gilt als Abgrenzungsregel die *Zwischenstaatlichkeitsklausel.* Gemäß EGV fallen wettbewerbsbeschränkende Vereinbarungen und Verhaltensweisen unter das europäische Wettbewerbsrecht und in die Zuständigkeit der Europäischen Kommission, wenn sie geeignet sind, den Handel zwischen den Mitgliedstaaten zu beeinträchtigen. Bezüglich ihrer Marktwirkungen rein nationale Kartelle und Behinderungsstrategien fallen dementsprechend ausschließlich in die mitgliedstaatliche Kompetenz. Zwar entstehen bei Kartellen und Behinderungsstrategien marktmächtiger Unternehmen, welche die Zwischenstaatlichkeitsklausel erfüllen, prinzipiell konkurrierende Zuständigkeiten, da die Zuständigkeit der Kommission nicht exklusiv ist, jedoch werden diese Fälle in der wettbewerbspolitischen Praxis deutlich durch die Kommission und die Anwendung des EGV dominiert, unter anderem im Rahmen des Europäischen Wettbewerbsnetzwerks, in welchem die Kommission eine zentrale Position einnimmt. Zudem wurde die Zwischenstaatlichkeitsklausel im Laufe der Zeit zunehmend weiter ausgelegt, sodass auch eher virtuelle ‚Beeinträchtigungen' des Handels zwischen den Mitgliedstaaten bereits eine europäische Kompetenz begründen können (zum gesamten Absatz: *Budzinski* 2007, S. 133-137).

Im Bereich der Fusionskontrolle gründet die vertikale Kompetenzabgrenzung auf einem ähnlichen Grundsatz, der Gemeinschaftsdimension (*community dimension*), sodass die europäischen Institutionen und Organisationen immer dann zuständig sind, wenn ein Zusammenschluss eine gemeinschaftsweite Bedeutung hat. Jedoch war man hier von Beginn an bestrebt, konkurrierende Zuständigkeiten zu vermeiden, weswegen das *one-stop-shop principle* – d. h. jeder Zusammenschluss sollte nur aus einer einzigen Hand geprüft werden – als zweites bestimmendes Prinzip hinzukommt. Die Kombination dieser beiden Prinzipien wird dabei in einem ersten Schritt über Umsatzschwellenwerte operationalisiert. Ein Zusammenschluss besitzt gemäß Art. 1 FKVO eine gemeinschaftsweite Bedeutung, wenn

- der weltweite Gesamtumsatz aller beteiligten Unternehmen mehr als 5 Mrd. € beträgt und
- ein gemeinschaftsweiter Umsatz von mindestens zwei beteiligten Unternehmen von jeweils mehr als 250 Mio. € vorliegt,
- es sei denn, die beteiligten Unternehmen erzielen jeweils mehr als zwei Drittel ihres gemeinschaftsweiten Umsatzes in einem und demselben Mitgliedstaat,

oder wenn

- der weltweite Gesamtumsatz aller beteiligten Unternehmen mehr als 2,5 Mrd. € beträgt,
- der Gesamtumsatz aller beteiligten Unternehmen in mindestens drei Mitgliedstaaten jeweils mehr als 100 Mio. € beträgt,

- in jedem dieser drei Mitgliedstaaten der Gesamtumsatz von mindestens zwei beteiligten Unternehmen jeweils 25 Mio. € beträgt und
- ein gemeinschaftsweiter Umsatz von mindestens zwei beteiligten Unternehmen von jeweils mehr als 100 Mio. € vorliegt,
- vorbehaltlich der bekannten Zwei Drittel-Regel.

Sind diese Schwellenwerte erfüllt, ist die EU-Ebene exklusiv zuständig. Andernfalls sind die Mitgliedstaaten zuständig. Die so entstandene Ausgangsallokation kann bei Bedarf im Rahmen eines komplexen Verweisungsregimes korrigiert werden (vgl. insgesamt *Budzinski* 2006).

Aufgrund der Ausgestaltung der vertikalen Kompetenzabgrenzung zwischen EU und Mitgliedstaaten kann demnach aus einer steigenden Anzahl an Wettbewerbsfällen auf Medienmärkten, für welche die Kommission zuständig ist, eine gewisse Europäisierung der Medienmärkte gefolgert werden (vgl. auch *Beck* und *Wentzel* i.d.Bd.).

2.2. Ökonomischer Wettbewerb und Medienpluralismus

Zu den Besonderheiten von Medienmärkten gehört die Existenz zweier Arten von Wettbewerb, deren Verhältnis zueinander erst ansatzweise erforscht ist: Neben den ökonomischen Wettbewerb (Marktwettbewerb) tritt der publizistische Wettbewerb, welcher sich mit der für eine demokratische und liberale (‚offene') Gesellschaft (*Popper* 1945) überlebenswichtigen Norm der Meinungsvielfalt ebenso verbindet wie mit der Bewahrung und Schaffung kultureller Vielfalt. Intensiver ökonomischer Wettbewerb setzt den Anbietern von Medienprodukten Anreize, ihre Produkte an den Präferenzen der Nachfrager (Konsumenten) zu orientieren (*Dewenter* 2007) sowie innovativ und kreativ zu sein (*Budzinski* 2008a).

Die Sicherung der Meinungsvielfalt wird – in Deutschland beispielsweise der Rechtsprechung des Bundesverfassungsgerichts folgend (s. a. *Holznagel* et al. i.d.Bd.) – üblicherweise als Verbreitung der bestehenden Meinungen in Bezug auf Breite und Vollständigkeit sowie hinsichtlich ihrer Ausgewogenheit verstanden (*Dörr* 2007). „Die *vermittelten* Meinungen sollen also ein möglichst repräsentatives Abbild der in der Gesellschaft *vorhandenen* Meinungen sein" (*Walterscheid* 2007, S. 136). In ähnlicher Weise lässt sich auch der Begriff der kulturellen Vielfalt einordnen, welche die in der Bevölkerung vorhandenen Präferenzen für populäre und anspruchsvolle Themen ebenso wie für allgemeinbildende und *special interest*-Inhalte, welche informieren, bilden oder unterhalten, abbilden soll.[8] Die Bewahrung und Förderung kultureller Vielfalt zählt zu den Grundzielen der Europäischen Union (Art. 151 (4) EGV; *Psychogiopoulou* 2006). Üblicherweise werden dem Begriff ‚Kultur' die Sparten Literatur, Musik, bildende und darstellende Kunst zugeordnet (*Koenig* und *Kühling* 2000, S. 201).

8 Diese so genannte weite Auslegung des Kulturbegriffs (im Gegensatz zu einer engen Auslegung, die normativ eine qualitativ hochwertige, kommerzferne „Hochkultur" von qualitativ minderwertiger, kommerzieller Unterhaltung abgrenzt) wird unter anderem auch dem bundesdeutschen Rundfunkstaatsvertrag zugrunde gelegt (Begründung zum 7. Rundfunkänderungsstaatsvertrag, 2003, § 11 (2.4)).

Aus ökonomischer Sicht stellt sich somit die Frage, ob eine Sicherung des Marktwettbewerbs (durch die Wettbewerbspolitik) über die damit einher gehende Orientierung an den Konsumentenpräferenzen (indirekt: Bürgerpräferenzen) hinreichend ist, um Medienpluralismus zu sichern, oder ob der Schutz des publizistischen Wettbewerbs weitergehende Interventionen in Medienmärkte (sei es durch branchenbezogene Regulierungen, sei es durch erweiterte Ziele der Wettbewerbspolitik) erfordert.

Mullainathan und *Shleifer* (2005) analysieren, inwiefern eine Verringerung des Wettbewerbs (in Form eines Übergangs zu einer monopolistischen Situation) die Anreize für Medienunternehmen verändert, meinungsrelevante Berichterstattung zu verzerren (*Medienbias*) (ausführlich hierzu *Schnellenbach* i.d.Bd.). Sie kommen zu dem Ergebnis, dass, wenn die Konsumenten homogen eine unverzerrte Berichterstattung präferieren, weder im Wettbewerb noch im Monopol ein Medienbias auftreten wird. Haben hingegen alle Konsumenten identisch verzerrte Präferenzen, so wird – wiederum sowohl bei Wettbewerb als auch im Monopol – ein ‚präferenzgerechter' Medienbias auftreten. Bedeutsamer erscheint allerdings der von *Mullainathan* und *Shleifer* (2005) ebenfalls analysierte Fall, dass die Konsumenten heterogene Präferenzen besitzen (und sich damit der ‚Bias' der Konsumenten voneinander unterscheidet). Sie gehen dabei von wenigen großen, in sich homogenen Gruppen von Konsumenten aus (z.B. in politischer Hinsicht ‚links', ‚mitte' und ‚rechts'), mit dem Ergebnis, dass ein Monopolist in dem Bestreben, möglichst viele Konsumenten (aus allen Gruppen) für sich zu gewinnen, relativ unverzerrt berichten wird, während Wettbewerb ermöglicht, dass sich die einzelnen Anbieter auf Meinungsgruppen spezialisieren, der Medienbias der einzelnen Anbieter mithin steigt.[9, 10] Ein Monopolist hat demnach einen geringeren Anreiz, Medienbias zu produzieren als Wettbewerber, was zur Konsequenz hätte, dass eine Einschränkung des ökonomischen Wettbewerbs positive Folgen für die publizistische Qualität hätte – eine durchaus Aufsehen erregende Implikation.

Allerdings hängen diese Resultate sensitiv von einer Reihe von restriktiven Modellannahmen ab. So ist beispielsweise nach der Qualitätselastizität der Nachfrage zu fragen: Müsste ein Medienmonopol, wenn es verzerrt berichtet, tatsächlich mit einem signifikanten Rückgang der Nachfrager rechnen, deren Präferenzen damit nicht erfüllt würden? Oder würden diese Nachfrager mangels Alternative weiterhin die verzerrte Berichterstattung konsumieren? Wenn letzteres gilt, verringern sich die Anreize für einen Medienmonopolisten spürbar, den Medienbias zu minimieren. Dieses Argument gewinnt an Gewicht, wenn bedacht wird, dass beispielsweise Konsumenten eines TV-Monopols ein Bündel an Gütern konsumieren (verzerrte Informationen plus Unterhaltung usw.) und ein Ausschluss nur des verzerrten Inhalts unter Umständen nicht möglich ist.

---

9 Vgl. auch die exzellente, nicht-technische, aber weitaus ausführlichere Zusammenfassung von *Dewenter* (2007, S. 63-66).

10 *Xiang* and *Sarvary* (2006) zeigen hingegen, dass eine Konkurrenz stärker verzerrter Medien den Konsumenten insgesamt wahrheitsnähere Information ermöglichen kann als ein weniger verzerrter Medienmonopolist, da die Konsumenten im Wettbewerbsfall einen Nutzen (im Sinne von Wahrheitsfindung) aus den gegensätzlich verzerrten Informationen ziehen können (Verzerrung als Signal).

Weiterhin erscheint es nicht unplausibel, Informationsasymmetrien zu lasten der Nachfrager anzunehmen, d. h. die Konsumenten können den Wahrheitsgehalt der Berichterstattung nicht vollständig bzw. nicht mit absoluter Sicherheit überprüfen. Dies gilt umso mehr, je weniger konkurrierende Berichterstattung verfügbar ist, so dass eine Verringerung des Wettbewerbs beim Vorliegen von Informationsasymmetrien sehr wohl zu Meinungsmacht führen kann (*Gentzkow* and *Shapiro* 2005; *Anderson* and *McLaren* 2007).

Auf der Anbieterseite ist die Annahme strikt gewinnorientiert arbeitender Medienunternehmen zu hinterfragen. Enthält die Nutzenfunktion der Medieneigentümer und/oder der Medienmanager neben ökonomischen auch politisch-gesellschaftliche Ziele, so wächst mit (ökonomischer) Marktmacht auch die (publizistische) Meinungsmacht (*Corneo* 2005; *Anderson* and *McLaren* 2007). Das Ausmaß hängt dann zum einen davon ab, wie stark sich die Konsumenten von monopolistisch dargebotener verzerrter Berichterstattung beeinflussen lassen (die Präferenzen also endogen sind). Zum anderen wird in der Literatur darauf hingewiesen, dass die Existenz nicht-vernachlässigbarer politischer und/oder gesellschaftlicher Ziele in Personenunternehmen ökonomisch plausibel ist, in Kapitalgesellschaften hingegen deutlich weniger, insbesondere je stärker der Streubesitz ist. Dahinter steckt die Überlegung, dass die Verfolgung politisch-gesellschaftlicher Ziele die Verfolgung ökonomischer Ziele (Gewinnmaximierung) beeinträchtigt (mithin ein gewisser *trade off* besteht). Gibt es eine Vielzahl von kleinen Aktionären, von denen keiner alleine oder in einfachen Koalitionen bestimmend wirken kann, so müsste zu erwarten sein, dass bei den Eigentümern als Gruppe ökonomische Ziele (die anders als die politisch-gesellschaftlichen Ziele konsensfähig sind) dominieren (*Dewenter* 2007, S. 57-58). Jedoch ist auch zu beachten, dass auch Medienmanager politisch-gesellschaftliche Elemente in ihrer Nutzenfunktion haben können und das Prinzipal-Agenten-Problem zwischen Eigentümern und Managern umso größer wird, je stärker der Streubesitz ist. Mit anderen Worten, in einem Medienunternehmen ohne starke, bestimmende Eigentümer(gruppe) sollte der Handlungsspielraum und Einfluss des leitenden Managements recht groß sein. Darüber hinaus wird in der Literatur auch gezeigt, dass der postulierte *trade off* zwischen ökonomischen und polit-gesellschaftlichen Zielen nicht zwangsläufig ist, sondern Medienbias durchaus auch eine gewinnmaximierende Strategie sein kann (*Baron* 2006). Erste empirische Evidenz stützt jedenfalls die Signifikanz des Einflusses verzerrter Medien auf die Konsumentenpräferenzen (*DellaVigna* and *Kaplan* 2007).

Insgesamt spricht – unter einigermaßen realistischen Annahmen – also schon einiges dafür, dass sich Meinungsmacht parallel zu Marktmacht aufbaut.

> „Zwar können ein Konsumenten- und ein Medienbias auch dann vorliegen, wenn wettbewerbliche Strukturen herrschen, die Ausnutzung von Meinungsmacht allerdings erscheint unwahrscheinlich ohne die Existenz einer marktbeherrschenden Stellung" (*Dewenter* 2007, S. 68).

Damit bleibt freilich die Frage unbeantwortet, ob Marktwettbewerb neben einer notwendigen auch eine hinreichende Bedingung für Meinungsvielfalt ist oder ob die besonderen Charakteristika von Medienmärkten weitergehenden Schutz benötigen. Darüber hinaus bleiben in der hier zusammengefassten Diskussion Elemente dynamischer

Effizienz, insbesondere Innovationen (Kreation neuer Meinungen, neuer Vermittlungswege usw.) weitgehend unberücksichtigt.

Ebenfalls bisher wenig diskutiert ist eine Übertragbarkeit der Argumentation auf den Bereich der kulturellen Vielfalt. Ein wesentlicher Unterschied liegt auf den ersten Blick in möglichen Motivationen der Anbieter: Erscheint es plausibel, dass Anbieter in Meinungsmärkten neben ökonomischen auch politisch-gesellschaftliche Ziele verfolgen, so ist dies in Kulturmärkten nicht so offensichtlich. Welche ideologischen Motive würden ein dominierendes (im Extremfall monopolistisches) Medienunternehmen dazu bringen, entgegen den Gewinnmaximierungsmöglichkeiten eine Verengung des kulturellen Programms (z.B. auf eine Musikrichtung) vorzunehmen, wenn es durch (Binnen-)Differenzierung die Nachfrage nach seinen Produkten erhöhen kann? Allerdings ist ein kulturbezogener Medienbias aufgrund von kulturellen Eigenzielen von Medienunternehmern auch nicht kategorisch auszuschließen, wenn Medienunternehmer oder -manager in ihrer Nutzenfunktion kulturbezogene ideologische Elemente aufweisen (z.B. eine bestimmte Kunstrichtung ablehnen).

Dem gegenüber könnte Wettbewerb eine Verengung des Kulturangebots mit sich bringen, wenn die konkurrierenden Anbieter jeweils auf die größte Konsumentengruppe schielen. Ist beispielweise im Markt für Radiomusik die Präferenzverteilung der Hörer so, dass 40% die Musikrichtung A bevorzugen, während jeweils 10% die Musikrichtungen B, C, D, E, F und G hören möchten und es zudem zwei Anbieter im Markt gibt, so kann die gewinnmaximierende Strategie sehr wohl so aussehen, dass beide Anbieter ausschließlich A spielen, um einen möglichst großen Teil dieser Gruppe zu attrahieren. Selbst wenn sie dabei nur gleich gut sind – was hier mit einem Marktanteil von je 20% korrespondiert –, können sie immer noch einen größeren Hörerkreis attrahieren, als wenn sie auf eine der anderen Richtungen setzen (max. 10%). Ein Monopolist könnte dem gegenüber mit mehr Vielfalt die Minderheitennachfrager anlocken, ohne eine vergleichbare Abwanderung der A-Konsumenten (mangels Konkurrenzangebot) befürchten zu müssen. Wettbewerb könnte somit zu einer Verringerung der kulturellen Vielfalt führen, wobei dies sensitiv von der Marktstruktur abhängt und keinesfalls ohne weiteres verallgemeinerbar ist.

Insbesondere im Hinblick auf kulturelle Vielfalt ist aber die dynamische Dimension zu beachten: Kulturelle Vielfalt hängt in dynamischer Hinsicht von kultureller Evolution ab, so dass dem Auftreten von Innovation und kreativem Verhalten eine große Bedeutung zukommt. Marktwettbewerb beinhaltet Anreize zu innovativem Verhalten und schafft Zugänge für Innovationen, weil tendenziell Märkte offener bleiben, also weniger durch Marktzutrittsschranken verschlossen werden (*foreclosure*). So zeigt die medienökonomische Literatur, dass Innovationen in Musikmärkten vor allem von Außenseiteranbietern getrieben werden.[11] Ein (im ökonomischen Sinne) marktmächtiger Anbieter verfügt demnach hingegen über geringe Anreize zu innovieren, da dies kostenträchtig und risikoreich ist, ohne dass er damit im Erfolgsfall seine Marktposition nennenswert

11 Vgl. *Peterson* and *Berger* (1975); *Belinfante* and *Johnson* (1982); *Rothenbuhler* and *Dimmick* (1982); *Black* and *Greer* (1986); *Baker* (1991); *Alexander* (1994, 1997); *Gander* and *Rieple* (2002).

verbessern kann.[12] Die Problematik einer Produktkannibalisierung mindert bei *majors* erheblich signifikanter die erwartete Innovationsrente als bei *independents* (*Black* and *Greer* 1986). Marktwettbewerb leistet somit einen dynamischen Beitrag zu kultureller Vielfalt, ohne dass damit präjudiziert wäre, ob ein – wie immer normativ gesetztes – ‚ausreichendes' Niveau an kultureller Vielfalt erreicht wird. Mit Blick auf die Konsumentenwohlfahrt kann aber festgehalten werden, dass – unter der Annahme stark heterogener Präferenzen der Konsumenten in Bezug auf Musik – kulturelle Vielfalt grundsätzlich die Konsumentenwohlfahrt erhöht. Eine Homogenisierung des Musikangebots würde weniger Präferenzen befriedigen und damit ein Element sinkender Konsumentenwohlfahrt darstellen.[13]

Abschließend kann als vorsichtig formulierte These festgehalten werden, dass Marktwettbewerb in der Tendenz Medienvielfalt fördert. Wenn dies so ist, so bewirkt Wettbewerbspolitik durch den Schutz des Marktwettbewerbs in Medienmärkten automatisch auch einen (mindestens imperfekten) Schutz der Medienvielfalt. Die Rolle der Wettbewerbspolitik wird dabei umso bedeutender (weniger bedeutend), je stärker (schwächer) der positive Zusammenhang zwischen ökonomischem und publizistischem Wettbewerb ist. Wird Marktmacht als notwendige Voraussetzung für die Existenz von Meinungs- und Kulturmacht betrachtet, so kommt der Wettbewerbspolitik sogar eine herausragend wichtige Rolle zu.

3. Sicherung des Wettbewerbs auf Medienmärkten durch die Europäische Kommission

3.1. Vorbemerkung und Tendenzen

Die europäische Wettbewerbspolitik ist in erster Linie auf die Sicherung des Marktwettbewerbs auf grenzüberschreitenden Märkten innerhalb der EU gerichtet. Dabei nimmt im Zielkatalog der europäischen Wettbewerbspolitik neben dem Schutz des unverfälschten Wettbewerbs auch die Förderung der europäischen Integration einen nicht zu vernachlässigenden Platz ein. In jüngster Zeit wird insbesondere das Ziel der Konsumentenwohlfahrt verstärkt betont (*Budzinski* 2008b).

Diese allgemeine Ausrichtung der europäischen Wettbewerbspolitik gilt prinzipiell genauso für Medienmärkte. In den formellen Institutionen der europäischen Wettbewerbspolitik findet sich lediglich in der Fusionskontrollverordnung (FKVO) ein gesonderter Hinweis auf Medienmärkte: In Art. 21 (3) FKVO wird die Exklusivität der EU-Jurisdiktion über Zusammenschlüsse mit gemeinschaftsweiter Bedeutung (siehe oben Abschnitt 2.1.) dann aufgehoben, wenn die Mitgliedstaaten legitime Interessen verfolgen, wobei Medienpluralismus explizit als ein solches legitimes Interesse aufgeführt wird (neben der öffentlichen Sicherheit und *prudential rules*). Damit wird die Notwen-

12 Es ist vielmehr für ihn rationaler, seine Marktposition abzusichern, indem er versucht, sich vor innovativer Außenseiterkonkurrenz zu schützen (Marktzutrittsschranken, Behinderungs- und Verdrängungsstrategien).

13 Vgl. ausführlicher *Peterson* and *Berger* (1975); *Rothenbuhler* and *Dimmick* (1982); *Alexander* (2004, pp. 131-133); *Rothenbuhler* and *McCourt* (2004).

digkeit einer zusätzlichen, über das Wettbewerbsrecht hinausgehenden, mitgliedstaatlichen Medienregulierung anerkannt. Diese Grundausrichtung wurde in der Folgezeit durch Reports und Kommunikationen der Wettbewerbsdirektion sowie Beträgen ihrer Repräsentanten unterstützt, in welchen die hohe Bedeutung von Konzentrationsprozessen in der Medienindustrie für die Sicherstellung von kultureller Vielfalt und Meinungspluralismus betont wird (*Harcourt* 2005, pp. 44-46). So wurden in der 1990er „Communication to the Council and European Parliament on Audio-visual Policy“ im Abschnitt „pluralism and mergers“ die Besonderheiten von Medienmärkten aufgrund von *specific economic and cultural considerations* hervorgehoben und eine proaktive Rolle der Wettbewerbskommission beim Schutz des Medienpluralismus vor Konzentrationstendenzen verkündet. Freilich wurde dabei auch anerkannt, dass hierzu die Instrumente der Wettbewerbspolitik alleine unter Umständen nicht ausreichen. Dies gilt insbesondere vor dem Hintergrund, dass letztendlich Pluralismusüberlegungen nicht direkt entscheidungsrelevant sein können (mangels rechtlicher Basis), sondern nur über den Umweg eines „justified by eonomic rationales“ (*Harcourt* 2005, p. 46) – und daher potenziell juristisch angreifbar sind. Nicht zufällig ist es in den letzten Jahren um die Pluralismuskomponente innerhalb der europäischen Wettbewerbspolitik in Medienmärkten auch recht still geworden. Davon unabhängig spielen der Schutz und die Förderung von Meinungsvielfalt und kultureller Diversität weiterhin eine gewichtige Rolle in der Medienpolitik der Europäischen Kommission (*Psychogiopoulou* 2006; *Europäische Kommission* 2007a), wobei – anders als in der Wettbewerbspolitik – der Kommission hier kaum nennenswerte formelle Kompetenzen zufallen.

Abb. 1: Medienfusionskontrollfälle bei der Europäischen Kommission

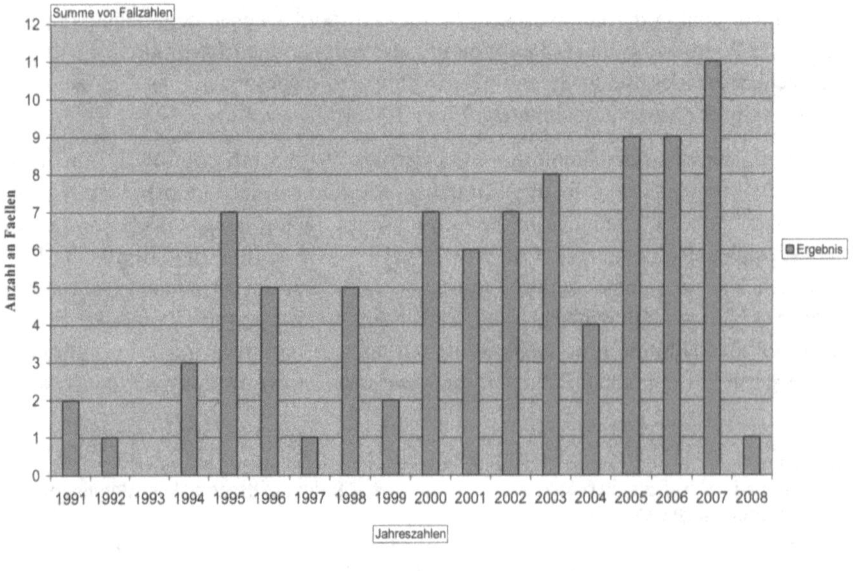

Mit Blick auf die tatsächlichen Fälle sind die Missbrauchsaufsicht und vor allem die Fusionskontrolle hervorzuheben. Im Bereich der Missbrauchskontrolle der Wettbewerbspolitik hat die Kommission fast 30 Fälle aufgegriffen, wobei die Schnittstelle zwischen Medien und Sport (Zentralvermarktung; Premiumcontent usw.) einen Schwerpunkt darstellt. Allerdings stellt die Fusionskontrolle bisher eindeutig den Schwerpunkt der europäischen Wettbewerbspolitik in Medienmärkten dar. Dies sowie die insgesamt steigenden Fallzahlen (s. Abbildung 1) weisen darauf hin, dass die Unternehmen in Medienmärkten intensiv mit Internationalisierungsstrategien befasst sind und die Europäisierung der Medienmärkte zumindest hinsichtlich des Anbieterverhaltens in vollem Gange ist.[14] Beispielhaft seien zwei Medienfusionen herausgegriffen, die zum einen besonders bedeutsam sind und zum zweiten sowohl Märkte mit Relevanz für Meinungsvielfalt (3.2.) als auch für kulturelle Vielfalt (3.3.) abdecken.

3.2. Meinungsvielfalt, Pay-TV und eine ungewöhnliche Sanierungsfusion

Die Europäische Kommission hat sich in einer Reihe von Entscheidungen mit dem Pay-TV-Markt[15] beschäftigt und dabei auch in zwei prominenten Fällen geplante Zusammenschlussvorhaben verboten, um den Wettbewerb zwischen Anbietern von Bezahlfernsehen aufrechtzuerhalten (*Europäische Kommission* 1995, 1998).[16] Mutmaßlich haben in diesen Fällen zumindest indirekt auch Aspekte einer Wahrung der Meinungsvielfalt eine Rolle gespielt. Ein besonders interessanter Fall ist in diesem Zusammenhang allerdings der sog. *Telepiù*-Fall: im Oktober 2002 wird die Übernahme des italienischen Bezahlfernsehanbieters *Telepiù* (unter alleiniger Kontrolle des internationalen Medienkonglomerats *Vivendi Universal*) durch den Konkurrenten *Stream* bzw. seines Haupteigners *Newscorp* (ein internationaler Medienkonzern mit Haupttätigkeit in den USA, Kanada, Europa und Australien) angemeldet und im April 2003 unter Auflagen durch die Kommission genehmigt (*Europäische Kommission* 2003; *Caffarra* and *Coscelli* 2003; *Mateucci* 2004).

Die Marktanalyse ist hierbei sehr eindeutig: Die Kombination von Stream und Telepiù unter dem Namen *Sky Italia* im klaren Mehrheitsbesitz von *Newscorp*[17] schafft ein Monopol auf dem italienischen Pay-TV-Markt. *Telepiù* mit einem Marktanteil von ca. 70 % und *Stream* mit einem Marktanteil von ca. 30 % sind zum Fusionszeitpunkt die einzigen Anbieter (*Europäische Kommission* 2003, S. 21; *Caffarra* and *Coscelli* 2003). Darüber hinaus wird kein nennenswerter Wettbewerbsdruck anderer Fernsehmärkte erkannt. Zudem weisen zahlreiche Indizien daraufhin, dass das entstehende Monopol

---

14 Eine andere Frage ist, inwieweit auch die Nachfrager grenzüberschreitend aktiv werden. Hier dürften Sprach- und Kulturbarrieren schwerer wiegen als auf der Anbieterseite.

15 Umfassende wettbewerbsökonomische Analysen von Fernsehmärkten liefern unter anderem *Wacker* (2007) und *Hübner* (2008).

16 Aus den gängigen Marktabgrenzungsverfahren ergibt sich dabei sehr klar, dass zum Zeitpunkt der jeweiligen Fusionsankündigung das Pay-TV einen eigenständigen (sachlich relevanten) Markt darstellt. Die Fusionskontrolle ist rechtlich gebunden, die Marktabgrenzung zum Zeitpunkt eines Fusionsvorhabens der Prüfung zugrunde zu legen und darf sich nicht auf Spekulationen über sich eventuell in der Zukunft ändernde Marktgrenzen (Stichwort: Medienkonvergenz) verlassen.

17 *Telecom Italia* erhielt eine Minderheitsbeteiligung von knapp unter 20%.

von hohen Marktzutrittsschranken geschützt sein wird, insbesondere durch ergänzende antikompetitive vertikale Effekte (*Europäische Kommission* 2003, S. 29-35, 46-51).[18] Außerdem erlangt *Sky Italia* eine klare und stabile marktbeherrschende Stellung auf den vorgelagerten Märkten für Inhalte, insbesondere Premium-Inhalte (vor allem Premium-Sportübertragungsrechte und Premium-Spielfilme) (*Europäische Kommission* 2003, S. 36-46).

> „Dementsprechend gibt es vernünftige und überzeugende Gründe für die Kommission, zu dem Schluss zu gelangen, dass infolge des Zusammenschlusses *Newscorp* für eine erhebliche Zeit in der absehbaren Zukunft der einzige Pay-TV-Veranstalter in Italien sein wird und dass dies höchstwahrscheinlich einen wirksamen Wettbewerb weitgehend verhindern wird" (*Europäische Kommission* 2003, S. 51).

Allerdings diskutiert die Kommission ausführlich (S. 51-56), ob es sich bei dem geplanten Zusammenschluss um eine Sanierungsfusion handeln könnte (wie von Seiten der *Newscorp*-Berater argumentiert wird; *Caffarra* and *Coscelli* 2003). Die ökonomische Grundidee der Verteidigung „Sanierungsfusion" besteht darin, dass ein Fusionsverbot ohne Nutzen ist, wenn das zu übernehmende Unternehmen im Verbotsfalle aufgrund einer Insolvenz aus dem Markt scheidet und seine Marktanteile ohnehin, also unabhängig vom Stattfinden der Fusion, dem übernehmenden Unternehmen zufallen würden.[19] Aus ihrer Fallpraxis heraus hat die Kommission drei Kriterien für die Anwendbarkeit der Einrede der Sanierungsfusion aufgestellt: (1) Das erworbene Unternehmen würde ohne den Erwerb durch ein anderes Unternehmen kurzfristig aus dem Markt ausscheiden, (2) es gibt keine weniger wettbewerbswidrige Alternative und (3) die zur Übernahme anstehenden Aktiva würden bei Nichtzustandekommen der Fusion unweigerlich dem Markt verloren gehen (*Europäische Kommission* 2003, S. 52).

Die Kommission sieht die Beweislast bei den anmeldenden Parteien und kommt schließlich zu dem Schluss, dass „es Newscorp nicht gelungen ist nachzuweisen, dass keine Kausalität zwischen dem Zusammenschluss und den Folgen für den Wettbewerb besteht" (*Europäische Kommission* 2003, S. 56). Dass eine Sanierungsfusion nicht ohne weiteres erkennbar ist, dürfte auch daran liegen, dass *Newscorp* geltend gemacht hat, dass seine Tochter *Stream* die insolvente Firma ist, also der merkwürdige Umstand eintritt, dass nicht etwa das übernommene Unternehmen (*Telepiù*), sondern das übernehmende Unternehmen (*Stream* als *Newscorp*-Tochter) angeblich vor der Insolvenz steht! Aus ökonomischer Sicht ist dabei zu fragen, inwieweit es glaubwürdig sein kann, dass die Konzernmutter sehr wohl und sehr offensichtlich bereit ist, erhebliche Investitionen

---

18 „[N]ach der Fusion [wird es] im Grunde keinen Wettbewerb auf dem italienischen Pay-TV-Markt mehr geben. Der Wettbewerbsdruck für das aus dem Zusammenschluss hervorgehende Unternehmen vonseiten der Kabelbetreiber in Italien ist als minimal anzusehen. Auch *Newscorp* selbst hat auf öffentlichen Konferenzen und geschäftlichen Präsentationen erklärt, dass das Kabel für das aus dem Zusammenschluss hervorgehende Unternehmen in Italien ‚keine Konkurrenz' darstellen wird." *Europäische Kommission* (2004, S. 26).

19 Es ist dabei keinesfalls ein Automatismus, dass die Marktanteile des insolventen Unternehmens dem übernehmenden Unternehmen zufallen. Vielmehr könnten die Kunden des insolventen Unternehmens einen Wechsel zur einer eventuell verbleibenden Restkonkurrenz durch kleinere Unternehmen präferieren. In diesem Fall greift die Einrede der Sanierungsfusion nicht, und es wäre aus wettbewerblicher Sicht wohlfahrtssteigernd, den Zusammenschluss zu untersagen.

in den Kauf des Konkurrenten *Telepiù* zu tätigen, nicht aber in das eigene Unternehmen. Auch fehlen ernsthafte Versuche seitens *Newscorp*, einen Käufer für *Stream* zu finden, was darauf schließen lässt, dass *Newscorp* sehr wohl ein vitales geschäftliches Interesse an einer Präsenz auf dem italienischen Pay-TV Markt hat und keinesfalls plant, aus selbigem auszuscheiden. Vieles spricht dafür, dass man die Frage, ob *Newscorp-Stream* ohne die Übernahme von *Telepiùs* wirklich aus dem Markt scheiden oder vielmehr in den Ausbau des eigenen Geschäfts investieren würde, durchaus dem Marktest hätte unterziehen können, sprich: an einem Fusionsverbot hätte festhalten sollen. Die Aussicht auf Monopolgewinne hingegen stellt eine sehr plausible Erklärung für die Präferenz auf Fusion gegenüber Investitionen in die eigene Leistung dar.

Obwohl das Argument der Sanierungsfusion von der Kommission als nicht hinreichend belegt bewertet wird, kommt es dennoch zu einer Genehmigung des Zusammenschlusses. Die Kommission (2003, S. 56) folgert nämlich:

> „Die Gefahr jedoch, dass *Stream* aus dem Markt ausscheidet (...) wäre als Faktor bei der Würdigung dieses Zusammenschlusses zu berücksichtigen. Die Kommission stellt ferner fest, dass eine Genehmigung des Zusammenschlusses mit geeigneten Auflagen für die Verbraucher vorteilhafter sein wird als eine Unterbrechung aufgrund einer eventuellen Schließung von *Stream*."

Caffarra und *Coscelli* (2003, p. 627) interpretieren dies wie folgt: „The Commission (..) accepted that a regulated ‚quasi-monopoly' in Italian pay-TV was better than (...) Telepiù emerging as an unregulated *de facto* monopolist" und feiern – aus Sicht der Berater der Fusionsparteien sicher berechtigt – die Geburt einer „ailing-but-not-yet-failing defence" (ebenda).[20] Aus ökonomischer Sicht erscheint es hingegen nicht so unproblematisch, dass die Kommission die nur mögliche und keinesfalls glaubhaft bewiesene (noch plausible) Insolvenz des Aufkäufers (!) zum Anlass nimmt, das Spiel der Wettbewerbskräfte auf den betroffenen Märkten auszusetzen und durch ein detailliertes Regime von Verhaltensregulierungen zu ersetzen, in *Caffarra* und *Coscelli*s (2003, p. 626) Worten „by setting up the blueprint for a full regulatory regime".

Die von der Kommission verfügten Auflagen entsprechen vollumfänglich jenen von *Newscorp* angebotenen (Selbst-)Verpflichtungen und beziehen sich in erster Linie und ganz überwiegend darauf, den Zugang zum Pay-TV Markt für zukünftige Wettbewerber offen zu halten. Die Verpflichtungszusagen beinhalten unter anderem: außerordentliche Kündigungsrechte für Inhalteanbieter gegenüber *Sky Italia*, den Verzicht auf Exklusivrechte an bestimmten Premium-Inhalten gegenüber anderen Fernsehplattformen, den Verzicht auf zukünftiges Abschließen von Langfristverträgen mit Inhalteanbietern, die Verpflichtung eines entbündelten und nicht-ausschließlichen Angebots an Premium-Inhalten an eventuelle Dritte sowie einen Verzicht auf diskriminierende Bedingungen bei einem eventuellen Zugang Dritter zur Pay-TV-Plattform; sie bleiben längstens bis

---

20 Es soll hier nicht über die theoretische Strategieoption einer bewussten ‚Trockenlegung' von *Stream* durch *Newscorp* zwecks Herbeiführung einer ‚ailing company' spekuliert werden, aber das aus der Entscheidung resultierende Signal, dass eine solche Strategie in zukünftigen Fällen von Erfolg gekrönt sein könnte, kann nicht im Sinne eines Schutzes des wirksamen Wettbewerbs liegen.

zum 31. Dezember 2011 in Kraft (*Europäische Kommission* 2003, S. 57-66; *Nicita* and *Ramello* 2005).

Abgesehen davon, dass es aus ökonomischer Sicht grundsätzlich bedenklich erscheint, dass die Kommission im Zweifel lieber der eigenen Regulierungskompetenz vertraut als den Marktkräften und es zudem fraglich erscheint, ob die Offenhaltungsauflagen nicht ohnehin längstens für einen Zeitraum gelten, in welchem nach der wettbewerbspolitisch sanktionierten Beseitigung des Wettbewerbs sowieso nicht mit Marktzutritten gerechnet werden kann[21], ist zu konstatieren, dass die für Meinungsvielfalt relevante Aufrechterhaltung voneinander unabhängiger, konkurrierender Anbieter bei der Entscheidung der Kommission keine nennenswerte Rolle gespielt hat. Andererseits zielen die Auflagen der Kommission darauf ab, zukünftige Marktzutritte zu ermöglichen. Ob es sich bei der *Telepiù*-Entscheidung somit um eine Abkehr von der Kommissionspraxis der 1990er Jahre handelt (Betonung medienspezifischer Besonderheiten), bleibt ambivalent. Ein besonderes Gewicht des Schutzes der Meinungsvielfalt ist allerdings nicht auffindbar. Darüber hinaus ist ein Bezug zu medienökonomisch fundierten Argumentationsketten zum Zusammenhang von Meinungsvielfalt und Marktstruktur (siehe Abschnitt 3.1.) jedenfalls nicht erkennbar.

3.3. Oligopolistische Musikmärkte und kulturelle Vielfalt

Zu den Medienfusionen, die eine besonders große Aufmerksamkeit hervorgerufen haben, gehört der Zusammenschluss der weltweiten Musikgeschäfte der *Sony Corporation of America (Sony Music Entertainment)* und der *Bertelsmann* AG (*Bertelsmann Music Group*) durch die Gründung des Syndikats *SonyBMG* (2004).[22] Der Zusammenschluss umfaßt dabei die Geschäftsbereiche Talentsuche und Förderung von Künstlern (‚A&R‘[23]) sowie die Vermarktung und den Verkauf von bespielten Tonträgern, nicht aber die Bereiche Herausgabe und Produktion der Tonträger (Musikverlage) und deren Auslieferung. Die Kommission grenzte als sachlich relevant die Märkte für *bespielte Tonträger* und *Online-Musik* sowie den vorgelagerten Markt *Musikverlagswesen* ab.[24]

---

21 Insgesamt drängt sich der Eindruck auf, dass die Kommission im Zuge ausführlicher und umfassender Verhandlungen mit *Newscorp* („The Commission's focus during Phase II was to engage with NewsCorp in extensive discussions on the regulatory regime that would bind Sky Italia going forward“ *Caffarra* and *Coscelli* 2003, p. 627) sich die Sichtweise des Unternehmens sehr zu eigen gemacht hat und unabhängige medienökonomische Expertisen bzw. alternative Sichtweisen hierdurch in nicht unerheblichem Ausmaß verdrängt wurden.

22 Vgl. zu den weiteren Ausführungen *Aigner* et al. (2006); *Brandenburger* and *Janssens* (2007); *Kuchinke* und *Henders* (2007); *Meyring* and *Hermes* (2007); *Europäische Kommission* (2004); *Europäisches Gericht erster Instanz* (2007).

23 ‚Artist & Repertoire' gilt als das Musikbranchen-Äquivalent zu ‚F&E' (*Europäische Kommission* 2004, S. 2).

24 Während sich das Tonträgergeschäft auf die Entdeckung und Förderung von Interpreten der musikalischen Werke (Sänger und Musiker) und die Verkaufsförderung, Vermarktung und den Verkauf der Tonträger konzentriert, sind die Geschäftsbereiche eines Musikverlegers (1) die Entdeckung von Textern und Komponisten, (2) ihre künstlerische und finanzielle Unterstützung, (3) rechtlicher Schutz des musikalischen Werkes, (4) kommerzielle Nutzung des musikalischen Werkes und (v) Verwaltung der Rechte der Komponisten und Texter. Gemäß der *Europäischen Kommission* (2004, S. 12) erwirtschaften „[d]ie Verleger (.) ihre Einnah-

Für räumlich relevant wurden aufgrund signifikant unterschiedlicher Konsumentenpräferenzen (insbesondere die Rolle nationaler Künstler), Preisdifferenzen, Unterschiede im Rechtemanagement sowie unterschiedlicher Veröffentlichungszeiten und -strategien der Anbieter die Märkte der einzelnen Mitgliedstaaten befunden.

Für die europäische Wettbewerbspolitik im Allgemeinen hat der Fall dadurch eine besondere Bedeutung erhalten, dass die Interessenvereinigung der unabhängigen Plattenfirmen (*Impala*)[25] vor dem Europäischen Gericht erster Instanz gegen die Freigabe der Fusion durch die Europäische Kommission erfolgreich geklagt. Die Aufhebung der Freigabe durch den EuGI (13. Juli 2006) impliziert erhebliche Konsequenzen für die Beweisführung und Schärfe des Beweisstandards bei Oligopolfusionen (ausführlicher: *Aigner* et al. 2006). Nachfolgend musste der Zusammenschluss erneut angemeldet werden (31. Januar 2007) und wurde durch die Kommission am 03. Oktober 2007 erneut genehmigt.[26] In der folgenden Diskussion soll es jedoch mehr um die Art und Weise der ökonomischen Analyse der betroffenen Musikmärkte gehen.

Seine medienspezifische Bedeutung erhält *SonyBMG* durch die gewählten Schwerpunkte der Wettbewerbsanalyse. Dabei wurde horizontalen Aspekten ein sehr großes Gewicht beigemessen, während crossmediale Aspekte weitgehend vernachlässigt wurden. Im Mittelpunkt stand dabei die Marktstruktur auf den Musikmärkten in Europa, auf denen 5 (vor dem Zusammenschluss) bzw. 4 (nach dem Zusammenschluss) große Anbieter (sogenannte *majors*) mit einer Vielzahl, von Land zu Land wechselnden kleinen Anbietern (sogenannte *independents*) konkurrieren (siehe Abbildung 2).[27]

Die Kommission untersuchte dieses enge Oligopol auf koordinierte Effekte[28], also darauf, ob sich die *majors* gleichgerichtet (wettbewerbslos) verhalten bzw. ob ein solches Verhalten durch den Zusammenschluss wahrscheinlicher wird. Da die Kommission hier erhebliche Verdachtsmomente und erste Beweise sah, wurden als auffällig wahrgenommene Parallelbewegungen der Preise auf den Märkten für bespielte Tonträger und Musikverlage mit Hilfe ökonometrischer auf eventuelle, bereits in der Vergangenheit praktizierte koordinierte Effekte untersucht (dazu ausführlich: *Aigner* et al. 2006, pp. 320-323, 325-328).

---

men aus der kommerziellen Verwertung musikalischer Werke, sei es durch Vervielfältigung (mechanische und Synchronisationsrechte), sei es durch öffentliche Wiedergabe (Aufführungs- und Senderechte) oder durch Verbreitung (graphische Rechte)."

25 *The Independent Music Publishers and Labels Association*. Vgl. www.impalasite.org.

26 Vgl. Presseerklärung der Europäischen Kommission IP/07/1437. Eine ausführliche Begründung liegt zum Zeitpunkt dieses Beitrages (19.02.2008) noch nicht vor, daher kann auf die neuerliche Entscheidung hier auch noch nicht im Detail eingegangen werden.

27 Für den vom Zusammenschluss nicht direkt betroffenen Markt der Musikverlage – *Sony* und *Bertelsmann* führen ihre Verlagsgeschäfte (*Sony/ATV Music Publishing* und *BMG Music Publishing*) unabhängig vom Gemeinschaftsunternehmen fort – stellt die *Europäische Kommission* (2004, S. 53-54) trotz intensiver vertikaler Verflechtung der Märkte nach sehr kurzer Analyse keine Wettbewerbsgefahren fest.

28 Vgl. zur Behandlung koordinierter Effekte (jur.: 'kollektive Marktbeherrschung') in der europäischen Wettbewerbspolitik *Aigner* et al. (2006), pp. 314-319.

Abb. 2: Marktanteile, Märkte für bespielte Tonträger, 2003

Mitgliedstaat	BMG	Sony	*Sony BMG*	Universal	Warner	EMI	Indepen-dents
Österreich	10-15%	5-10%	*15-20%*	30-35%	10-15%	15-20%	20-25%
Belgien/-Luxenburg	10-15%	10 -15%	*20-25%*	25-30%	5-10%	20-25%	15-20%
Dänemark	5-10%	10 -15%	*20-25%*	20-25%	10-15%	40-45%	5-10%
Finnland	5-10%	5-10%	*15-20%*	15-20%	10-15%	15-20%	35-40%
Frankreich	5-10%	15-20%	*25-30%*	30-35%	10-15%	15-20%	10-15%
Deutschland	15-20%	10 -15%	*25-30%*	20-25%	10-15%	10-15%	20-25%
Griechenland	-	10 -15%	*10 –15%*	15-20%	5-10%	35-40%	20-25%
Irland	10 -15%	15-20%	*30-35%*	25-30%	15-20%	20-25%	0-5%
Italien	15-20%	15-20%	*30-35%*	20-25%	15-20%	15-20%	5-10%
Niederlande	10 -15%	10 -15%	*25-30%*	20-25%	5-10%	15-20%	25-30%
Norwegen	5-10%	10 -15%	*15-20%*	20-25%	10-15%	20-25%	25-30%
Portugal	5-10%	10 -15%	*15-20%*	15-20%	5-10%	20-25%	35-40%
Spanien	10 -15%	10 -15%	*20-25%*	15-20%	20-25%	10 -15%	25-30%
Schweden	10 –15%	10 -15%	*20-25%*	15-20%	10-15%	20-25%	20-25%
GB	10 –15%	5-10%	*20-25%*	25-30%	10-15%	15-20%	15-20%
Gesamt	10 –15%	10 -15%	*20-25%*	25-30%	10-15%	15-20%	15-20%

Quelle: *Europäische Kommission* (2004), S. 14.

Dabei erwiesen sich zwei Besonderheiten von Musikmärkten sowohl in der Kommissionsanalyse als auch im EuGI-Verfahren als besonders kritisch (*Aigner* et al. 2006):

– Um koordinierte Effekte plausibel werden zu lassen, sind aus Sicht der spieltheoretischen Industrieökonomik vergleichsweise homogene Güter und Unternehmen notwendig. Auf letzteres deuten zwar neben der Marktstruktur auch weitere Elemente der Anbieterstruktur hin. Die Homogenität der Produkte hingegen erscheint weniger offensichtlich, da Musik zweifelsohne ein Gut ist, bei welchem die Konsumenten starke Präferenzen aufweisen (musikstilbezogen, künstlerbezogen). Gleichzeitig können sehr wohl homogene Träger-, Vertriebs- und Bepreisungsstrukturen (chartnotierte Standard-CD) festgestellt werden. Es stellt sich dann die Frage, inwieweit eine *Sortimentshomogenität* (alle *majors* bieten einen ähnlichen Musikstil- und Künstlermix an) die prinzipielle Heterogenität des Gutes ‚Musik' kompensieren kann.

– Weiterhin bedarf es eines informellen Bestrafungsmechanismus, um potenzielle Abweichler vom koordinierten Gleichgewicht zu disziplinieren. Die Kommission diskutiert hier die Möglichkeit, inwieweit die Oligopolisten (nur die *majors*) den Zugang zu anbieterübergreifenden *hit compilations* als Disziplinierungsinstrument nutzen könnten. Der Erfolg solcher *compilations* hängt sensitiv davon ab, dass mehrere *ma-*

jors Stücke aus ihrem Sortiment beisteuern. Gleichzeitig ist dies ein relevanter Teil des *recorded music*-Marktes (2003 ca. 15-20 %). Ein Abweichler könnte somit über die Androhung, ihn nicht mehr an den *compilations* zu beteiligen, diszipliniert werden. Während die Kommission diese Möglichkeit letztendlich verwirft, weil sie mit Hilfe ihrer empirischen Untersuchung keine tatsächliche Anwendung dieses Instruments nachweisen konnte, hält der EuGI diese Möglichkeit aufrecht, da – im Einklang mit der spieltheoretischen Wettbewerbsökonomik – sich die Wirksamkeit eines Disziplinierungsinstruments in einer abschreckenden Wirkung zeigt, es mithin also gerade nicht empirisch beobachtbar ist.

Die Diskussion um mögliche koordinierte Effekte ist dabei im Kontext eines lang anhaltenden Konzentrationsprozess in der Musikindustrie zu sehen, der spätestens in den 1960er Jahren begann und durch eine Vielzahl von Fusionen zu der gegenwärtigen Marktstruktur eines engen Oligopols führte.[29] Die Übernahme der *BMG Music Publishing* durch *Universal* (2006) hat inzwischen auch auf dem Markt der Musikverlage für eine vergleichbar enge Marktstruktur gesorgt (siehe Abbildung 3).

Abb. 3: Marktanteile Musikverlage

Alle Rechte	Universal	BMG	*Universal-BMG*	EMI	Warner	Sony	Andere
	%	%	%	%	%	%	%
Österreich	10-20	10-20	*20-30*	20-30	10-20	0-10	20-30
Belgien	10-20	0-10	*10-20*	20-30	10-20	0-10	20-30
Tschech. Rep.	0-10	0-10	*10-20*	30-40	20-30	0-10	10-20
Frankreich	10-20	10-20	*20-30*	10-20	10-20	0-10	30-40
Deutschland	0-10	10-20	*20-30*	20-30	10-20	0-10	30-40
Griechenland	10-20	10-20	*30-40*	20-30	20-30	10-20	0-10
Ungarn	20-30	20-30	*40-50*	20-30	10-20	10-20	0-10
Italien	0-10	10-20	*20-30*	10-20	10-20	0-10	40-50
Niederlande	10-20	10-20	*20-30*	20-30	10-20	0-10	10-20
Polen	10-20	10-20	*30-40*	10-20	10-20	10-20	10-20
Spanien	10-20	10-20	*20-30*	10-20	10-20	0-10	20-30
Großbritannien	10-20	10-20	*20-30*	20-30	10-20	0-10	20-30
EWR	*10-20*	*10-20*	*20-30*	*10-20*	*10-20*	*0-10*	*30-40*

Quelle: *Europäische Kommission* (2007b), S. 17.

29 Vgl. *Rothenbuhler* and *Dimmick* (1982); *Alexander* (1994, 2004); *Rothenbuhler* and *Mc-Court* (2004); *Raschka* (2006).

Die *Europäische Kommission* (2007b) hat diesen Zusammenschluss nach einer intensiven Prüfung und einer Reihe von Zugeständnissen der fusionierenden Parteien genehmigt.

Alle *majors* sind damit nunmehr vertikal integriert und – mit der Ausnahme von *EMI* – Teil eines konglomeraten Medienkonzerns (*Rothenbuhler* and *McCourt* 2004, pp. 231-234). Vertikale Integration ermöglicht – neben ‚traditionellen' Synergieeffekten – crossmediale Strategien, wie beispielweise cross-promotion mit Filmen, TV und Zeitschriften, welche nicht notwendigerweise den Wettbewerb beeinträchtigen müssen, sondern unter bestimmten Bedingungen auch den Präferenzen der Konsumenten gerecht werden können (Erhöhung der Konsumentenwohlfahrt; *Budzinski* und *Wacker* 2007, S. 298-302). Die konglomeraten Strukturen führen dazu, dass sich die gleichen Spieler (die *majors*) auf einer Vielzahl benachbarter Märkte begegnen (u.a. Tonträgermärkte, Online-Musikmärkte, Musikverlagswesen, TV- und Filmmärkte, Märkte für Fachmagazine usw.). Sogenannte *multi-market contacts* gelten in der spieltheoretischen Industrieökonomie als stabilisierender Faktor für koordiniertes Verhalten und informelle Kollusion (*Bernheim* und *Whinston* 1990), welche sich insbesondere auch antikompetitiv auf die Innovationsaktivitäten auswirken kann (*Vonortas* 2000; *Snyder* and *Vonortas* 2005). Es erscheint allerdings fraglich, ob die Kommission in *Sony/BMG* und insbesondere in *Universal/BMG Music Publishing* diesen Aspekt der konglomeraten Anbieterstrukturen hinreichend tief ökonomisch analysiert hat.

Zu den wichtigen Faktoren, welche gemäß der ökonomischen Theorie koordinierter Oligopoleffekte kollusives Verhalten begünstigen, zählt zudem die bisherige Erfahrung der Oligopolisten mit koordiniertem Verhalten: Wurde auch in der Vergangenheit wettbewerbslos miteinander umgegangen, so wächst die Wahrscheinlichkeit, dass eine weitere Verengung des Oligopols eine Verstärkung wohlfahrtsmindernder koordinierter Effekte mit sich bringt. Die *Europäische Kommission* (2004) hat sich mit aufwendigen ökonometrischen Analysen dieser Problematik angenommen, aber ihrer Meinung nach keine hinreichenden Beweise gefunden (anders: *Europäisches Gericht erster Instanz* 2006). Abgesehen davon existiert allerdings zusätzliche Evidenz in Form mehrerer Antitrustverfahren aufgrund illegaler Preisabsprachen in den USA. So warf die *Federal Trade Commission* den *majors* im Jahr 2000 vor, auf fallende CD-Preise sowie dem Rabattverhalten großer Handelsketten, insbesondere *Wal-Mart*, mit koordinierten Maßnahmen zur Preisstabilisierung und Vereinheitlichung zu reagieren (*FTC* 2000; *Alexander* 2004).[30] Die beschuldigten *majors* einigten sich schließlich mit den US-Wettbewerbsbehörden außergerichtlich auf eine Zahlung von 143 Millionen US-$ (*Alexander* 2004, p. 134).[31]

---

30 The *FTC* established that the market structure as well as the high entry barriers, which impede injection of new competition, "gives [them] reason to believe that these programs violate Section 5 of the FTC Act as practices which materially facilitate interdependent conduct". It also found that in the music industry "the respondents can easily monitor the pricing and policies of their competition" (*FTC* 2000). Thus, for the US market for recorded music, market transparency was deemed sufficient to allow for coordinated behaviour.

31 Tatsächlich war dies nicht der einzige Fall dieser Art in jüngerer Zeit in der Musikindustrie (*Pitofsky* et al. 2000; *FTC* 2003).

Schließlich wird in der einschlägigen ökonomischen Literatur auch immer wieder auf die Existenz hoher Marktzutrittsschranken auf Musikmärkten verwiesen, welche eine antikompetitive Marktstruktur ebenfalls tendenziell stabilisiert. So hätten Skaleneffekte im Vertrieb dazu geführt, dass in diesem Bereich (physische Tonträger) inzwischen ausschließlich mit den *majors* verbundene Unternehmen tätig sind, so dass die *independents* im Vertrieb ihrer Tonträger auf die *majors* angewiesen sind, was – so wird behauptet – sich auch in missbräuchlichen Strategien zu Lasten der *independents* niedergeschlagen hätte (*Alexander* 1994, p. 91-92; *Rothenbuhler* and *McCourt* 2004, p. 235). Hinzu kommen versunkene Kosten signifikanten Ausmaßes bei der Promotion von Musikern und Songs. Es ist jedoch kritisch zu fragen, inwieweit sich die Marktzutrittsschranken auf dem wachsenden Markt für Online-Musik unterscheiden und die Problematik somit im Zeitablauf an Bedeutung verliert. Vielleicht werden dadurch Marktzutritte, welche die sklerotische Marktstruktur der diskutierten Musikmärkte aufbrechen, wahrscheinlicher.

Weitaus weniger Beachtung als die Möglichkeit koordinierter Effekte fanden hingegen nicht-horizontale Effekte zu Lasten der *independents*, die sich durch den fortschreitenden Konzentrationsprozess möglicherweise verstärken. Hierbei gibt es Anhaltspunkte, dass insbesondere die Innovationsintensität und die kulturelle Vielfalt durch den Konzentrationsprozess der verschiedenen Musikmärkte negativ beeinflusst werden. Im Zentrum der Überlegung stehen Abschottungseffekte (*foreclosure*), mit denen insbesondere innovativen *independents* der Zugang zum Publikum erschwert wird. Eine hinreichende Repräsentation in Radio und (Musik-)Fernsehen muss gegenwärtig weiterhin als ein wichtiger Faktor für den kommerziellen Erfolg von Musik betrachtet werden (*Alexander* 2004, pp. 128-131; *Rothenbuhler* and *McCourt* 2004, pp. 228-229). Wenn es den *majors* gelingt, den *independents* den Zugang zu den *playlists* der Radiostationen und der *videorotation* des Musikfernsehens zu erschweren bzw. im Extremfall zu unterbinden, so können die *majors* damit zu Lasten der Innovationsdynamik und folglich auch zu Lasten der kulturellen Vielfalt ihre Marktstellung festigen – mit dem Ergebnis einer sinkenden Wohlfahrt.[32] Es verwundert dabei, dass die Kommission, die sich ja einem *more economic approach* (*Neven* 2006; *Röller* and *Stehmann* 2006), also der umfassenden Fundierung der Wettbewerbspolitik mit Hilfe (mikro-) ökonomischer Theorie[33], verschrieben hat, diese medienökonomischen Erkenntnisse weitgehend vernachlässigt und Abschottungs- und Innovationseffekte nur sehr kurz andiskutiert, ohne in eine ökonomische Analyse einzusteigen, die annähernd so tiefgehend wäre wie bei den koordinierten Effekten.[34] Dies gilt zumal vor dem Hintergrund, dass es neben der breiten Theorie hierzu (siehe oben) sehr wohl auch erste Anzeichen im Markt für eine Ver-

32 Vgl. *Rothenbuhler* and *Dimmick* (1982); *Black* and *Greer* (1986); *Baker* (1991); *Alexander* (1994, 1997, 2004); *Gander* and *Rieple* (2002). In den USA sind in diesem Zusammenhang sogenannte *payola payments* an Radiostationen immer wieder Gegenstand von Antitrustuntersuchungen gewesen (*Alexander* 1994, 2004; *Rothenbuhler* and *McCourt* 2004).

33 Vgl. für kontroverse Stellungsnahmen zu diesem Paradigmenwechsel der europäischen Wettbewerbspolitik *Christiansen* (2005); *Hellwig* (2006); *Budzinski* (2008a, 2008b); *Haucap* (2007); *Schmidt* und *Voigt* (2007); *Schmidt* (2008).

34 Ein Rückgang der Innovationsintensität wird zwar konstatiert (*Europäische Kommission* 2004, Ziff. 58), aber weiterhin kaum mehr (analytisch) aufgegriffen.

stärkung negativer dynamischer Effizienz gäbe. Wenn man den deutschen Markt als – nicht völlig untypisches – Beispiel heranzieht, so kann einerseits festgestellt werden, dass die Übernahme von VIVA durch MTV in eine Verringerung der Musikprogramme von 4 (MTV, VH1/MTV2Pop, VIVA und VIVA2) auf weniger als 2 (MTV und dreivierteltags VIVA) mündete. Damit einher ging – zwangsläufig – eine drastische Verringerung der Anzahl der gespielten Titel, die deutlich überproportional (und konträr zur Marktanteilsentwicklung) zu Lasten der *independents* ging.[35] Andererseits hat die zunehmende Abkehr der Radiolandschaft von eigenen Musikredaktionen hin zum Einkauf vorgefertigter Paketangebote durch Beratungsfirmen, die häufig unter der Bezeichnung Musikforschungsunternehmen firmieren und teilweise komplette *playlists* anbieten[36], ebenfalls eine spürbare Verringerung der Vielfalt bewirkt (*Schramm* et al. 2002, S. 235-239)[37], welche überproportional zu Lasten der *independents* geht. Die *majors* verfügen offenbar über einen spürbar besseren Zugang zu den Beratungsfirmen.

Die Ungleichbehandlung horizontaler, hier koordinierter Effekte, auf die ein erhebliches Arsenal theoretischer und empirischer Instrumente angesetzt wurde, und nicht-horizontaler sowie dynamischer Effekte, die nicht einer vergleichbar ausführlichen ökonomischen Analyse unterzogen wurden, korrespondiert weder mit der Hauptströmung der theoretisch-medienökonomischen Literatur noch mit den ohne Detailanalyse zur Verfügung stehenden empirischen Signalen. Sie steht auch im Widerspruch zur Kommissionspraxis gegenüber dem geplanten Fusionsvorhaben *Warner-EMI* (2000), welches die gleichen Märkte betraf und für welches die Kommission eine Verbotsabsicht verkündete, die insbesondere auf Abschottungseffekte und negative Innovationswirkungen verwies und welche schließlich zur Aufgabe des Fusionsvorhabens durch die Parteien führte.[38] Zieht man zusätzlich noch in Betracht, dass auch im *Sony-BMG* Fall die Kommission zunächst eine Verbotsabsicht bekundete, welche dann nach offenbar dem Einschreiten des neugeschaffenen Chefökonomenstabs revidiert wurde (*Bay* and *Calzado* 2005, p. 453, Fßn 94; *Europäisches Gericht erster Instanz* 2006, Ziff. 283), so kann gefragt werden, ob die Neuausrichtung der europäischen Wettbewerbspolitik (*more economic approach*) eine Abwendung von marktspezifischen Effekten beinhaltet[39] und

35 Die *Europäische Kommission* (2004, Ziff. 159-164) diskutiert kurz mögliche Implikationen insbesondere der starken Verflechtung von Bertelsmann mit TV- und Radiostationen in verschiedenen europäischen Ländern. Obwohl die Kommission dabei darauf hinweist, dass eine Bevorzugungsstrategie von *majors*-Produkten hier bereits in der Vergangenheit zu beobachten gewesen sei, wird nicht in eine ausführliche ökonomische Analyse eingestiegen. Vgl. auch *Aigner* et al. (2006, p. 323).

36 „In der standardisierten Befragung zeigt sich (…), dass (…) den Ergebnissen der Musikforschung insgesamt (.) die größte Rolle zukommt (.). Nach Sendertypen aufgeschlüsselt zeigt sich, dass für die Privatsender die Musikforschung die Hauptquelle für die Programmgestaltung darstellt (…)“ (*Schramm* et al. 2002, S. 238).

37 So ist die Zahl der im Rundfunk gespielten Titel nach offiziellen Angaben in den letzten 15 Jahren von mehr als 1 Million auf rund Tausend geschrumpft (*Nida-Rümelin* 2003).

38 Vgl. Commission opens full investigation into Time Warner/EMI merger, Press Release 00/617, 14 June 2000.

39 Es mag dabei zutreffend sein, dass die generelle Hinwendung zu horizontalen Effekten zu Lasten von nicht-horizontalen Effekten im Einklang mit der orthodoxen Industrieökonomik steht. Allerdings gilt dies wohl kaum für die offenbar ebenfalls in der Bedeutung sinkenden

damit auch Aspekten kultureller Vielfalt (über den Wirkungskanal Innovationsdynamik, kulturelle Evolution) systematisch eine geringere Bedeutung zukommt (*Aigner* et al. 2006, pp. 334-336). Diese Feststellung bezieht sich dabei weniger auf ein mögliches Ergebnis einer solchen Analyse (welches nicht zu präjudizieren ist[40]), sondern auf die Tiefe der ökonomischen Analyse, welche diesen Aspekten entgegen gebracht wird.

4. Fazit

Die Rolle der europäischen Wettbewerbspolitik in Medienmärkten bleibt eine ambivalente. Es steht dabei außer Zweifel, dass es der europäischen Wettbewerbspolitik vorrangig um den Schutz des ökonomischen Wettbewerbs geht. In den Kommunikationen der Wettbewerbsdirektion innerhalb der Europäischen Kommission wurde im Laufe der 1990er Jahre freilich auch immer wieder betont, dass die Dimension ‚Vielfalt' in Medienmärkten in besonderer und gegenüber ‚normalen' Gütermärkten in stärkerer Weise schützenswert sei. Das Wettbewerbselement Medienpluralismus (Meinungsvielfalt, kulturelle Vielfalt) wird damit als medienspezifische Besonderheit betont, was bei vielen Autoren die Erwartung geweckt hat, dass diese Wettbewerbsdimension ergänzend zu den allgemeinen, nicht-medienspezifischen ökonomischen Betrachtungen Berücksichtigung findet. In jüngerer Zeit scheint dies aber in der Fallpraxis der Kommission nicht (mehr) zu geschehen. So spielte Meinungsvielfalt im *Telepiù*-Fall im Gegensatz zu früheren Pay-TV-Fällen keine erkennbare Rolle (Abschnitt 3.2.). Darüber hinaus kann mit Blick auf kulturelle Vielfalt anhand der Musikmärkte vielmehr eine abnehmende Bedeutung vielfaltsrelevanter Wettbewerbselemente in der europäischen Fusionskontrolle konstatiert werden (Abschnitt 3.3.).

Bezüglich der Frage, ob Medienpluralismus ein zusätzliches Argument der Wettbewerbspolitik darstellen sollte oder ob der Schutz des ökonomischen Wettbewerbs eine hinreichende Bedingung für Medienvielfalt darstellt, weist die Medienökonomik kein klares Bild auf (Abschnitt 2.2.; vgl. auch *Beck* und *Wentzel* sowie *Dewenter* und *Haucap* i.d.Bd.). Hier sind weitere Forschungsanstrengungen dringend notwendig, um die komplizierte Interaktion von Marktwettbewerb und Meinungs- bzw. kultureller Vielfalt in Medienmärkten besser zu verstehen und genauer analysieren zu können. Allerdings zeigt sich recht deutlich, dass die speziellen Funktionsweisen des Wettbewerbs auf Medienmärkten auch theoretisch relevant sind und aus ökonomischer Perspektive eine distinkte und spezielle Analyse der Wettbewerbsverhältnisse erfordern. Es erscheint aus

---

dynamischen Effekte. Darüber hinaus ist die allgemeine wettbewerbsökonomische Aussage (Vorrang von horizontalen Effekten) sehr wohl kompatibel dazu, dass die orthodoxe Wettbewerbsökonomik für bestimmte Märkte – z.B. Medienmärkte – zu anderen Gewichtungen kommt – wie es in Bezug auf Musikmärkte der Fall ist. Ein ernst genommener *more economic approach* sollte dem Rechnung tragen.

40 Um Missverständnissen vorzubeugen: Die hier vorgebrachten Argumente zielen nicht darauf, zu zeigen, dass eine gleichermaßen sorgfältige Analyse nicht-horizontaler und dynamischer Effekte zwangsläufig zu einem Verbot der diskutierten Zusammenschlüsse hätte führen müssen. Dieses hinge vom Ergebnis einer solchen Analyse ab. Es wird hier vielmehr konstatiert, dass diese Effekte – im Gegensatz zu den kurzfristigen horizontalen Effekten – gar nicht erst einer tiefgreifenden ökonomischen Analyse unterzogen wurden.

wirtschaftswissenschaftlicher Sicht unangemessen, die Erkenntnisse hinsichtlich ‚normaler' Gütermärkte einfach zu übertragen. Trotz des proklamierten *more economic approach* werden die spezifischen medienökonomischen Erkenntnisse von der Kommission bei der Analyse des Wettbewerbs auf Medienmärkten bisher nicht hinreichend angewendet.

Literatur

Aigner, Gisela, Oliver Budzinski und *Christiansen, Arndt* (2006), The Analysis of Coordinated Effects in EU Merger Control: Where Do We Stand After *Sony/BMG* and *Impala*?, in: European Competition Journal, Vol. 2 (2), pp. 311–336.

Alexander, Peter J. (1994), Entry Barriers, Release Behavior, and Multi-product Firms in the Music Recording Industry, in: Review of Industrial Organization, Vol. 9 (1), pp. 85-98.

Alexander, Peter J. (1997), Product Variety and Market Structure: A New Measure and a Simple Test, in: Journal of Economic Behavior and Organization, Vol. 32 (2), pp. 207-214.

Alexander, Peter J. (2004), The Music Recording Industry, in: *James Brock* and *Walter Adams* (eds.), The Structure of American Industry, 11th ed., Englewood Cliffs, pp. 119-139.

Anderson, Simon and *John McLaren* (2007), Media Mergers and Media Bias with Rational Consumers, Working Paper, University of Virginia.

Baker, Alan J. (1991), A Model of Competition and Monopoly in the Record Industry, in: Journal of Cultural Economics, Vol. 15 (1), pp. 29-54.

Baron, David P. (2006), Persistent Media Bias, in: Journal of Political Economy, Vol. 90 (1), pp. 1-36.

Bay, Matteo F. and *Javier Ruiz Calzado* (2005), Tetra Laval II: the Coming of Age of the Judicial Review of Merger Decisions, in: World Competition, Vol. 28 (4), pp. 433-453.

Belinfante, Alexander and *Richard L. Johnson* (1982), Competition, Pricing and Concentration in the U.S. Recorded Music Industry, in: Journal of Cultural Economics, Vol. 6 (2), pp. 11-24.

Bengtsson, Claas, Guillaume Loriot and *Anthony Whelan* (2006), The Substantive Assessment of Mergers, in: *Götz Drauz* and *Christopher W. Jones* (eds.), EC Competition Law – Volume II: Mergers & Acquisitions, Brussels, pp. 239-462.

Bernheim, B. Douglas and *Michael D. Whinston* (1990), Multimarket Contact and Collusive Behaviour, in: RAND Journal of Economics, Vol. 21 (1), pp. 1–26.

Black, Michael and *Douglas Greer* (1986), Concentration and Non-price Competition in the Recording Industry, in: Review of Industrial Organization, Vol. 3 (2), pp. 13-37.

Brandenburger, Rachel and *Thomas Janssens* (2007), The Impala Judgment: Does EC Merger Control Need to Be Fixed or Fine-Tuned?, in: Competition Policy International, Vol. 3 (1), pp. 301-312.

Budzinski, Oliver (2006), An Economic Perspective on the Jurisdictional Reform of the European Merger Control System, in: European Competition Journal, Vol. 2 (1), pp. 119-140.

Budzinski, Oliver (2007), Modernisierung der europäischen Wettbewerbsordnung: Werden die nationalen Wettbewerbspolitiken verdrängt?, in: Klaus Heine und Wolfgang Kerber (Hg.), Zentralität und Dezentralität von Regulierung in Europa, Stuttgart, S. 131-154.

Budzinski, Oliver (2008a), Monoculture versus Diversity in Competition Economics, in: Cambridge Journal of Economics, Vol. 32 (2), pp. 295-324.

Budzinski, Oliver (2008b), „Wettbewerbsfreiheit“ und „More Economic Approach“: Wohin steuert die Europäische Wettbewerbspolitik?, in: *Marina Grusevaja* et al. (Hg.), Quo vadis Wirtschaftspolitik? Festschrift für Norbert Eickhof, Frankfurt a.M., S. 15-38.

Budzinski, Oliver and *Katharina Wacker* (2007), The Prohibition of the Proposed Springer-ProSiebenSat.1-Merger: How much Economics in German Merger Control?, in: Journal of Competition Law and Economics, Vol. 3 (2), pp. 281-306.

Caffarra, Cristina and *Andrea Coscelli* (2003), Merger to Monopoly: NewsCorp/Telepiù, in: European Competition Law Review, Vol. 24 (11), pp. 625-627.

Christiansen, Arndt (2005), Die "Ökonomisierung" der EU-Fusionskontrolle: Mehr Kosten als Nutzen?, in: Wirtschaft und Wettbewerb, Bd. 55 (3), S. 285-293.

Corneo, Giacomo (2005), Media Capture in a Democracy, CESIFO Working Paper, No. 1402, München.

DellaVigna, Stefano and *Ethan Kaplan* (2007), The Fox News Effect: Media Bias and Voting, in: Quarterly Journal of Economics, Vol. 122 (3), pp. 1187-1234.

Dewenter, Ralf (2007), Crossmediale Fusionen und Meinungsvielfalt: Eine ökonomische Analyse, in: *Frank Fechner* (Hg.), Crossmediale Fusionen und Meinungsvielfalt, Ilmenau, S. 47-89.

Dörr, Dieter (2007), Die Sicherung der Meinungsvielfalt und die Springer-Entscheidung, in: *Frank Fechner* (Hg.), Crossmediale Fusionen und Meinungsvielfalt, Ilmenau, S. 8-27.

Europäische Kommission (1995), COMP/M.490 – Nordic Satellite Distribution, Brüssel.

Europäische Kommission (1998), COMP/M.993 – Bertelsmann/Kirch/Premiere, http://ec. europa. eu/comm/competition/mergers/cases/decisions/m993_19980527_610_de.pdf.

Europäische Kommission (2003), COMP/M.2876 – Newscorp/Telepiù, http://ec.europa.eu/ comm/competition/mergers/cases/decisions/m2876_20030402_600_de.pdf.

Europäische Kommission (2004), COMP/M.3333 – Sony/BMG, http://ec.europa.eu/ comm/competition/mergers/cases/decisions/m3333_20040719_590_de.pdf.

Europäische Kommission (2007a), A European Approach to Media Literacy in the Digital Environment, communication from the Commission, http://ec.europa.eu/avpolicy/ media_literacy/docs/com20070833final.pdf.

Europäische Kommission (2007b), COMP/M.4404 – Universal/BMG Music Publishing, http://ec.europa.eu/comm/competition/mergers/cases/decisions/m4404_20070522_20600 _de.pdf.

Europäisches Gericht erster Instanz (2006), Case T-464/04, *Impala v Commission*, Judgment of the Court of First Instance, 13/07/2006.

FTC (2000), Analysis to Aid Public Comment on the Proposed Consent Order, 2000, 09/11/2006, available at http://www.ftc.gov/os/2000/05/mapanalysis.htm.

FTC (2003), FTC Finds Vivendi Subsidiaries Violated Antitrust Laws In Distribution of Three Tenors CDS July 28, 2003, http://www.ftc.gov/opa/2003/07/vivendi.htm.

Gander, Jonathan and *Alison Rieple* (2002), Inter-organisational Relationships in the Worldwide Popular Recorded Music Industry, in: Creativity and Innovation Management, Vol. 11 (4), pp. 248-254.

Gentzkow, Matthew A.. and *Jesse M. Shapiro* (2005), Media Bias and Reputation, in: Journal of Political Economy, Vol. 114 (2), pp. 280-316.

Gounalakis, Georgios und *Georgios Zagouras* (2006), Plädoyer für ein europäisches Medienkonzentrationsrecht, in: Zeitschrift für Urheber- und Medienrecht, Bd. 50 (10), S. 716-725.

Harcourt, Alison (2005), The European Union and the Regulation of Media Markets, Manchester, UK.

Haucap, Justus (2007), Irrtümer über die Ökonomisierung des Wettbewerbsrechts, in: Orientierungen zur Wirtschafts- und Gesellschaftspolitik, Nr. 114 (4), S. 12-16.

Hellwig, Martin (2006), Effizienz oder Wettbewerbsfreiheit? Zur normativen Grundlegung der Wettbewerbspolitik, in: *Christoph Engel* und *Wernhard Möschel* (Hg.), Recht und spontane Ordnung, Baden-Baden, S. 231-268.

Hübner, Susanna (2008), Wettbewerbsanalyse des Fernsehsektors: Anforderungen an eine neue Rundfunkordnung aus ordnungspolitischer Sicht, Frankfurt a. M., im Druck.

Koenig, Christian und *Jürgen Kühling* (2000), Mitgliedstaatliche Kulturförderung und gemeinschaftliche Beihilfenkontrolle durch die EG-Kommission, in: Europäische Zeitschrift für Wirtschaftsrecht, Bd. 11 (7), S. 197-203.

Kuchinke, Björn A. und *Thomas Henders* (2007), Aktuelle Diskussionen zum Zusammenschlussfall Sony/BMG und der Klage von Impala: Eine wettbewerbsökonomische Würdigung, in: *Frank Fechner* (Hg.), Crossmediale Fusionen und Meinungsvielfalt, Ilmenau, S. 158-189.

Mateucci, Nicola (2004), Diritti televisivi, oligopolio ed intervento antitrust nella pay-TV: il caso Telepiù-Stream, Diskussionspapier, http://www.dea.unian.it/quaderni/pdf/215.pdf.

Meyring, Bernd und *Judith Hermes* (2007), The merger control dilemma - the CFJ's judgement of 13th Juli 2006, in: Zeitschrift für Wettbewerbsrecht, Bd. (1), S. 108-118.

Mullainathan, Sendhil and *Andrej Shleifer* (2005), The Market for News, in: American Economic Review, Vol. 95 (4), pp. 1031-1053.

Neven, Damien J. (2006), Competition Economics and Antitrust in Europe, in: Economic Policy, Vol. 21 (48), pp. 742-791.

Nicita, Antonio and *Giovanni B. Ramello* (2005), Exclusivity and Antitrust in Media Markets: The Case of Pay-TV in Europe, in: International Journal of the Economics of Business, Vol. 12 (3), pp. 371-387.

Nida-Rümelin, Julian (2003), Dramatischer Verlust: Ja zur Quote deutschsprachiger Musik, in: Frankfurter Allgemeine Zeitung, 5. August 2003.

Peterson, Richard A. and *David G. Berger* (1975), Cycles in Symbol Production: The Case of Popular Music, in: American Sociological Review, Vol. 40 (2), pp. 158-173.

Pitofsky, Robert, Sheila F. Anthony, Mozelle W. Thompson, Orson Swindle and *Thomas B. Leary* (2000), Statement In the Matter of Sony Music Entertainment, Inc. et al, September 6, 2000, http://www.ftc.gov/os/2000/09/musicstatement.htm.

Popper, Karl Raimund (1945), The Open Society and Its Enemies, London.

Psychogiopoulou, Evangelia (2006), The Cultural Mainstreaming Clause of Article 151(4) EC: Protection and Promotion of Cultural Diversity or Hidden Cultural Agenda?, in: European Law Journal, Vol. 12 (5), pp. 575-592.

Raschka, Oliver D. (2006), Digitale Musik - Eine industrieökonomische Analyse der Musikindustrie, OPUS Online-Dissertation, 09/08/2006, http://opus-ho.uni-stuttgart.de/hop/volltexte/2006/141/.

Röller, Lars-Hendrik and *Miguel De La Mano*, (2006), The Impact of the New Substantive Test in European Merger Control, in: European Competition Journal, Vol. 2 (1), pp. 9-28.

Röller, Lars-Hendrik and *Oliver Stehmann* (2006), The Year 2005 at DG Competition: The Trend towards a More Effects-Based Approach, in: Review of Industrial Organization, Vol. 29 (4), pp. 281-304.

Rothenbuhler, Eric W. and *John Dimmick* (1982), Popular Music: Concentration and Diversity in the Industry, 1974–1980, in: Journal of Communications, Vol. 32, pp. 143-149.

Rothenbuhler, Eric W. and *Tom McCourt* (2004), The Economics of the Recording Industry, in: *Alison Alexander* et al. (eds.), Media Economics – Theory and Practice, 3rd ed., Mahwah, NJ: Erlbaum, pp. 221-248.

Schmidt, André (2008), Per se Rule, Rule of Reason und der „More Economic Approach", erscheint in: Zeitschrift für Wirtschaftspolitik.

Schmidt, André und *Stefan Voigt* (2007), Bessere Wettbewerbspolitik durch den „more economic approach"? Einige Fragezeichen nach den ersten Erfahrungen, in: ORDO, Bd. 58, S. 33-50.

Schmidt, Ingo und *André Schmidt* (2006), Europäische Wettbewerbspolitik und Beihilfenkontrolle, 2. Aufl., München.

Schramm, Holger, Sven Petersen, Karoline Rütter und *Peter Vorderer* (2002), Wie kommt die Musik ins Radio?, in: Medien & Kommunikation, Bd. 50 (2), S. 227-246.

Snyder, Christopher M. and *Nicholas S. Vonortas* (2005), Multiproject Contact in Research Joint Ventures – Evidence and Theory, in: Journal of Economic Behavior and Organization, Vol. 58, pp. 459-486.

Vonortas, Nicholas S. (2000), Multimarket Contact and Inter-firm Cooperation in R&D, in: Journal of Evolutionary Economics, Vol. 10 (1/2), pp. 243-271.

Wacker, Katharina (2007), Wettbewerb und Regulierung auf dem deutschen Fernsehmarkt: Deregulierungsbedarf und Umsetzungsbedingungen, Stuttgart.

Walterscheid, Heike (2007), Crossmediale Fusionen, Wettbewerb und erforderliche Vielfalt. Was können wir wissen? – Ein Kommentar zur Untersagung des Fusionsbegehrens der Axel Springer AG mit der ProSiebenSat.1 Media AG, in: *Frank Fechner* (Hg.), Crossmediale Fusionen und Meinungsvielfalt, Ilmenau, S. 108-157.

Xiang, Yi and *Miklos Savary* (2006), News Consumption and Media Bias, INSEAD Working Paper, Fontainebleau.

Dirk Wentzel (Hg.), Medienökonomik –
Theoretische Grundlagen und ordnungspolitische Gestaltungsalternativen
Schriften zu Ordnungsfragen der Wirtschaft · Band 89 · Stuttgart · 2009

Der Pressevertrieb in ausgewählten europäischen Ländern

*Nils Otter**

Inhalt

---

* Für hilfreiche Kommentare und Anmerkungen zu einer früheren Fassung des Manuskripts danke ich *Alfred Schüller* und *Dirk Wentzel* sowie den Teilnehmerinnen und Teilnehmern des 41. Forschungsseminars Radein, insbesondere meiner Korreferentin *Britta Meersmann*.

1. Zur Einführung: Die Pressefreiheit und der Pressevertrieb

Der Pressesektor ist in allen Ländern mit demokratischer Verfassungswirklichkeit privatwirtschaftlich organisiert. Im Gegensatz zu anderen Sektoren jedoch, in denen die bedarfsgerechte Bereitstellung von Gütern und Dienstleistungen einer wettbewerblich organisierten Privatwirtschaft überlassen wird, weist der Bereich des Pressewesens die Besonderheit auf, ebenfalls auch eine verfassungsrechtlich begründete öffentliche Aufgabe zu erfüllen (vgl. *Löffler* und *Ricker* 1994, S. 38; *Zohlnhöfer* 1989; *Krause-Ablaß,* 1979). Hierdurch bedingt ist ein gewisses Spannungsverhältnis, das konstitutiv für die Ordnungsprobleme des Pressewesens im Allgemeinen und des Pressevertriebs im Besonderen ist.

Die Organisationsleistung des Pressemarktes bzw. der Pressedistribution wird aktuell in zahlreichen europäischen Ländern zur Diskussion gestellt. Obwohl die Ursachen im jeweiligen nationalen Einzelfall sehr unterschiedlich sein können, sind insbesondere die Entwicklungen im Printbereich in ihrer Gesamtheit letztlich ein Ausdruck des Strukturwandels im gesamten Mediensystem. Dieser Strukturwandel begann bereits in den 1980er Jahren infolge der Deregulierung des Rundfunkbereichs und hat vor allem zu einer Vervielfachung der Werbeträger, einem verschärften Wettbewerb um Werbekunden und Zielgruppen sowie einer Verschiebung der Mediennutzung geführt. Hinzu kamen steigende Kosten im personalintensiven Druck- und Vertriebsbereich sowie höhere Papierkosten (vgl. *Haller* 2006, S. 17). Auch die sog. Pressekrise[1] Anfang dieses Jahrhunderts war im Wesentlichen durch steigende Vertriebskosten sowie eine höhere Abhängigkeit von Anzeigeerlösen bei sinkenden Auflagen gekennzeichnet (vgl. *Meyer-Lucht* 2003). Insgesamt haben diese Entwicklungen nicht nur neue Strategien (multi- und crossmediale Erweiterung der Produktion) der Presseverlage erforderlich gemacht, sondern vor allem auch dazu geführt, dass eine geringere Anzahl von Verlagskonzernen einen wachsenden Einfluss auf die organisatorischen Rahmenbedingungen des Pressevertriebs im europäischen Binnenmarkt erhalten haben (vgl. *Uwer* 1998, S. 291 ff.).

Vor diesem Hintergrund kann die Fragestellung des Beitrags wie folgt formuliert werden: Welchen Funktionsbedingungen unterliegt der Pressevertrieb in Europa, und handelt es sich um ein effizientes Verfahren im Hinblick auf die Versorgung der Bevölkerung mit Presseerzeugnissen? Als zentrale Messgrößen zur Beantwortung dieser Frage wird auf die Vielfalt und Überallerhältlichkeit von Presseerzeugnissen abgestellt, mit anderen Worten: Wie gut ist der Zugang der Bevölkerung zu möglichst heterodoxer Information bei möglichst flächendeckender Versorgung?

Zur Beantwortung dieser Frage wird wie folgt vorgegangen: Zweckmäßigerweise wird zunächst mit einer kurzen Darstellung und Erläuterung der rechtlichen, wirtschaftlichen und politischen Funktionen begonnen, deren Erfüllung eine privatwirtschaftliche Organisation des Pressesektors und Pressevertriebs gewährleisten sollte. In einem zweiten grundlegenden Abschnitt werden die Wettbewerbsverhältnisse im Vertriebssektor kurz dargestellt

---

1 Die Pressekrise begann Ende des Jahres 2001 und dauerte bis Anfang 2004. Vgl. dazu auch *Vogel* (2004), S. 322.

(intramediärer Wettbewerb). Anschließend ist das Modell eines wirtschaftlich und politisch funktionsfähigen Pressevertriebssektors generell als Leitbildvorstellung zu skizzieren. Weitergehend stellt sich dann auch die Frage, anhand welcher Kriterien die Pressevertriebssysteme in Europa miteinander verglichen werden können.

Vor diesem Hintergrund soll im dritten Abschnitt die konkrete Organisationsstruktur innerhalb des europäischen Pressevertriebs aufgezeigt werden. Dem Pressevertrieb kommt vor allem deshalb eine besondere Bedeutung zu, weil das spezifische Absatzsystem im Bereich von Presseprodukten eine Reihe von wirtschaftlichen Besonderheiten aufweist, die in dieser Form ansonsten in keinem anderen Wirtschaftsbereich auftreten. Diese Spezifika des Absatzsystems sind sicherlich auch ein Grund für die unter wettbewerblichen Aspekten deutlich unterschiedliche Bewertung des Presse-Grosso.[2]

Auf der Basis dieser Bestandsaufnahme soll im vierten Abschnitt schließlich die Frage nach der Funktionsleistung und Effizienz des Pressevertriebs diskutiert werden. In den europäischen Staaten sind im Zuge der letzten Jahre sehr unterschiedliche Entwicklungen mit Blick auf die Pressevertriebsstrukturen eingetreten, die auch für die Versorgungslage der Bürger zu bedeutenden Konsequenzen geführt haben. Schließlich erfolgt im fünften Abschnitt eine Zusammenfassung der Ergebnisse.

1.1. Informationsfreiheit als demokratietheoretische Legitimation

Die öffentliche Aufgabe der Presse ist darin zu sehen, dass durch die Vermittlung der Kommunikation zwischen Regierung und Regierten allen Gesellschaftsmitgliedern die Möglichkeit gegeben wird, verantwortlich – im Sinne von informiert – am gesamtgesellschaftlichen Willenbildungs- und Entscheidungsprozess teilzunehmen.[3] Mit anderen Worten ausgedrückt, stellen Parlamente, Parteien und Interessengruppen sog. Kommunikationsstrukturen dar, die einem interessierten Staatsbürger

> „...zur Verfügung stehen, sobald er seine Meinungen und Interessen zum Ausdruck bringen will. Sie funktionieren aber auch in umgekehrter Richtung, indem sie die Ergebnisse ihrer Überlegungs- und Entscheidungsprozesse an ihre Mitglieder speziell und an die Öffentlichkeit allgemein transportieren" (*Oberreuter* 1982, S. 21).

Das demokratische Leitbild eines ‚informierten Bürgers' ist daher auch gekoppelt an die Grundversorgung der Bevölkerung mit einem breiten Informationsangebot. Demzufolge zielen auch sämtliche Legitimationsversuche eines wettbewerblichen Ausnahmebereichs ‚Pressemarkt' im Kern darauf ab, die ‚freie öffentliche Meinung' aufgrund ihrer konstitutiven Funktion für das politische System besonders zu sichern. Im Unterschied zu den ‚her-

---

2 Vgl. *Miller* (2002), S. 189, der im Wesentlichen drei Positionen unterscheidet: Das Presse-Grosso ist a) wettbewerbsrechtlich bedenklich, b) wettbewerbsrechtlich zwar bedenklich, allerdings relativiert aufgrund spezifischer Sachverhalte sowie c) wettbewerbsrechtlich unbedenklich.

3 In der Literatur wird die öffentliche Aufgabe der Presse häufig auch als politische Funktion der Presse bezeichnet und weitergehend differenziert in eine Informations-, Artikulations- sowie Kritik- und Kontrollfunktion. Vgl. hierzu ausführlich *Ronneberger* (1974).

kömmlichen' Begründungen für einen solchen Ausnahmebereich, wie z.B. spezifische Produkteigenschaften oder verteilungspolitische Gesichtspunkte, wird mit Blick auf den Pressemarkt auf die politisch-demokratische Ordnung Bezug genommen.

1.2. Der Pressevertrieb zwischen Kartell- und Verfassungsrecht

Sofern der Vertrieb von Presseprodukten über das Grosso-System erfolgt, schließen die Verlage mit bestimmten Grossisten jeweils einen Alleinvertriebsvertrag für ihr jeweiliges Vertriebsgebiet ab, wobei der Grossist dazu verpflichtet wird, die Produkte zu den von Verlagsseite festgelegten Preisen und Mengen zu vertreiben. Der Grossist wiederum legt das Sortiment gegenüber dem Einzelhandel fest und verpflichtet die Einzelhändler vertraglich zur Einhaltung der gebundenen Preise. Nach nationalem Kartellrecht verstoßen jedoch Verträge mit Preisbindungsabsprachen grundsätzlich gegen § 1 GWB und sind demnach als nichtig anzusehen (vgl. *Roggen* 1983, S. 98 ff.). Allerdings enthält § 30 Abs. 1 GWB eine Ausnahmeregelung vom Verbot der Preisbindung für Verlagserzeugnisse. Aus rechtspolitischer Sicht wurden damit die Vorteile des Preisbindungsverbots, die in einem Preiswettbewerb bezüglich der Handelsgewinnspannen und der Produkte zu sehen sind, geringer gewichtet als die möglichen Nachteile (Verarmung des Angebots, höhere Preise für kleinauflagige Titel), die mit einer Streichung von § 30 GWB einher gegangen wären (vgl. hierzu *Kloepfer* 2000).

Auch das europäische Kartellrecht verbietet Preisabsprachen grundsätzlich. So sind nach Art. 81 Abs. 1 n.F. (vormals Art. 85 Abs. 1) EGV Absprachen zwischen Unternehmen verboten, die eine unmittelbare oder mittelbare Festsetzung von An- und Verkaufspreisen oder sonstigen Geschäftsbedingungen zum Inhalt haben (vgl. grundlegend *Kerber* und *Schwalbe* 2007, S. 238-430; ausführlich zu Art. 81 Abs. 1 *Emmerich* 2007, S. 129-224). Unter dieses europarechtliche Verbot fallen sowohl horizontale wie vertikale Preisabsprachen und folglich auch die Preisbindungsvereinbarungen im System des Pressevertriebs (vgl. *Müller-Graf* 1992, S. 3 ff.). Allerdings bezieht sich der Geltungsbereich gem. Art. 81 EGV nur auf solche Kartellabsprachen, die den Handel zwischen den Mitgliedsländern beeinträchtigen könnten, was bei einem nur national organisierten Presse-Großhandel nicht zwingend gegeben ist.[4] Hinzu kommt, dass die Europäische Kommission bereits sehr früh die Auffassung vertrat, den Normbereich des EG-Kartellrechts nicht anzuwenden, wenn der Handel und Wettbewerb zwischen den Mitgliedstaaten nur geringfügig beeinträchtigt wird und die Absprachen keine spürbaren Auswirkungen auf die Marktverhältnisse haben (vgl. *Europäische Kommission* 1986; *Schollmeier* und *Krimphove* 1997, Rd.Nr. 1864). Zwar enthält der EGV keine dem amerikanischen Wettbewerbsrecht entsprechende Ausnahmeregelung wie die sog. „rule of reason" (vgl. *Posner* 1975, S. 282 ff.). Gleichwohl hat der EuGH vergleichbare Kriterien entwickelt, um festzustellen, wann Art. 81

---

4 Es kann allerdings ein mittelbarer Einfluss vorliegen, wenn z.B. ausländische Titel im Inland vertrieben werden oder der Handel mit Presseerzeugnissen im Grenzgebiet betrachtet wird. Im deutsch-belgischen Grenzgebiet hat dieser Sachverhalt zu zwei Verfahren vor dem Europäischen Gerichtshof geführt. Vgl. *Hahn* (1992), S. 122 f.; *Ascherfeld* (1999), S. 117.

EGV nicht greifen soll (vgl. ausführlich *Säcker/Molle* 2007, S. 634-651). Folglich können auch nach EG-Kartellrecht wettbewerbs-beeinträchtigende Verträge ausnahmsweise zulässig sein,

> „...wenn diese im Ergebnis zu positiven Effekten führen, wenn die wettbewerbseinschränkende Maßnahme letztlich zu einem Mehr an Wettbewerb an anderer Stelle führt" (*Kloepfer* und *Kutzschbach* 1999, S. 2).

Darüber hinaus kann sogar weiterführend festgehalten werden, dass selbst bei einer Änderung bzw. zulässigen Anwendung des nationalen bzw. europäischen Kartellrechts einem Eingriff in das bestehende System der Pressedistribution Schranken gesetzt sind, weil sowohl nach nationalem als auch nach europäischem Verfassungsrecht das System des Presse-Grosso einem besonderen grundrechtlichen Schutz unterliegt. Der Schutzbereich der Pressefreiheit ist gesetzlich weit definiert und umfasst alle mit der Herstellung und Verbreitung von Presseprodukten verbundenen Tätigkeiten, inklusive der hier im Mittelpunkt stehenden Modalitäten des Vertriebs von Zeitungen und Zeitschriften (vgl. zum Begriff der Verbreitung *Bullinger* 1997, Rz. 24 ff.). Auch nach der Auffassung des Bundesverfassungsgerichts fällt die wirtschaftliche Tätigkeit der Presse-Grossisten in den Schutzbereich des Art. 5 Abs. 1 Satz 2 des Grundgesetzes (vgl. *BVerfGE* 1977, 346 I, 355). Aufgrund der Tatsache, dass die Presse europaweit als ein Kulturgut angesehen wird, sind im Zuge der europäischen Rechtsentwicklung bedeutende Kompetenzen im Pressebereich an die Mitgliedstaaten der Europäischen Union zurück gegeben worden. Mit Blick auf die Anwendbarkeit des EG-Vertrages stellt sich dann auch Frage, wie der Vertrieb von Presseprodukten unter dem Aspekt der Kulturhoheit der einzelnen Mitgliedstaaten zu bewerten ist (vgl. *Ascherfeld* 1999). Hieraus ergibt sich weiterhin die Rechtsfolge, dass ein staatlicher Eingriff in das Presse-Grosso nur dann erfolgen darf, wenn ein effektiver und allen Anbietern zu gleichen Konditionen offen stehender Pressevertrieb sichergestellt bleibt, der die Vielfalt und Überallerhältlichkeit des Presseangebots garantiert.

2. Der Pressevertrieb im Spannungsfeld von ökonomischem und publizistischem Wettbewerb

Damit sichergestellt ist, dass die Informationsfreiheit auch materiell funktioniert, spielt der Pressevertrieb eine besondere Rolle im Pressesektor. Folglich unterliegt nicht nur die Produktion, sondern auch der Pressevertrieb dem besonderen Grundrechtsschutz der Presse- und Informationsfreiheit. Denn als vorgegebene normative Größe des Wettbewerbsprozesses zählt vorrangig die Erfüllung bzw. Sicherstellung der Ubiquität des Angebots (im Sinne einer Jederzeit- und Überallerhältlichkeit, N.O.) sowie der freie Marktzutritt von neuen publizistischen Produkten (vgl. hierzu *von Danwitz* 2002, S. 101). Mit anderen Worten: Der Wettbewerb soll im Pressevertrieb ein demokratietheoretisch gewünschtes Marktergebnis realisieren und sich nicht nur durch ein freies Spiel der Marktkräfte einstellen. Bevor allerdings auf das der weiteren Analyse zugrunde gelegte Leitbild des Wettbewerbs eingegangen wird, soll die Wettbewerbssituation im Pressevertrieb kurz erläutert werden.

2.1. Zur Wettbewerbssituation im Pressevertriebssektor

Als grundsätzlicher Ausgangspunkt einer Argumentation für die privatwirtschaftliche Organisation des Pressemarktes kann die These angesehen werden, dass diese Marktordnung langfristig eine Vielfalt alternativer Produkte generiert, die durch autonome Verlagseinheiten hergestellt werden, und damit letztlich die Möglichkeiten einer freien Meinungsbildung gestärkt werden (vgl. hierzu bereits *Heinrich* 1984; *Mestmäcker* 1984; *Uwer* 1998). Im Hinblick auf das Großhandelssystems hat sich jedoch in der Zeit nach dem Zweiten Weltkrieg nicht nur in Deutschland, sondern fast überall in Europa ein Absatzsystem etabliert, das aufgrund seiner spezifischen Strukturmerkmale[5] wie folgt umschrieben worden ist:

> „Das Presse-Grosso ist Teil der Wirtschaftsordnung der Bundesrepublik. Deren Wirtschaftsverfassung ist die Wettbewerbsordnung. In ihr wirken die Gebietsmonopole des Grosso als ein Fremdkörper" (*Kaiser* 1979, S. 65).

Trotz dieser Besonderheiten im Presse-Grosso kann jedoch argumentiert werden, dass aus drei verschiedenen Gründen kein zwingender wettbewerbspolitischer Handlungsbedarf besteht, sondern sich im Pressevertrieb vielmehr unterschiedliche Stufen von Wettbewerb überlagern (vgl. *Hahn* 1992, S. 119):

Erstens ist zwar der Wettbewerb auf der Ebene des Großhandels ausgeschaltet, es findet jedoch ein intensiver Wettbewerbsprozess sowohl auf der vorgelagerten Ebene der Verlage als auch auf der nachgelagerten Ebene des Einzelhandels statt. Hierbei befindet sich die Verlagsebene, die über alle wesentlichen Aktionsparameter verfügt (Produktgestaltung, Preissetzung etc.), in einem Produktwettbewerb um die Lesergunst. Auf der Stufe des Einzelhandels erfolgt der Wettbewerb um die Leser bzw. Käufer nicht über das Produkt, sondern über bestimmte Serviceleistungen wie Verfügbarkeit und Auswahl von Presseprodukten, Nachbestellmöglichkeiten etc. (vgl. *Miller* 2002, S. 64.).

Die Einschränkung des Wettbewerbs im Bereich des Presse-Grosso führt damit zu einer Förderung des Wettbewerbs auf den vor- und nachgelagerten Wirtschaftsstufen. Denn der Absatz von Zeitungen und Zeitschriften

> „…über Unternehmen des Groß- und Einzelhandels erklärt sich in erster Linie aus den hohen Bedarfspotentialen in allen Gebieten, aus den zahlreichen kleinen und weit verstreuten Einzelhändlern und Haushalten, die unter einem erheblichen Kreditrisiko beliefert werden müssen, aus der Verderblichkeit von Presseerzeugnissen, die einen schnellen Warenumschlag erfordern, und aus der relativ geringen Markttransparenz" (*Brummund* 2006, S. 165).

Für die Verlage stellt sich das Presse-Grosso also als ein leistungsfähiger Absatzmittler dar, der insbesondere auch aufgrund des Remissionsrechts dazu beiträgt, das tatsächliche Verkaufspotential jedes einzelnen Titels voll auszuschöpfen. Hierdurch wird ein Wettbewerb von zahlreichen Presseprodukten miteinander überhaupt erst ermöglicht (vgl. *Burkhard* 1997, Rz. 35). Für die Einzelhändler stellt das Grosso-System, vor allem durch die

---

5 Im einzelnen: Preisbindung, Verwendungsbindung, Dispositionsrecht, Remissionsrecht, Neutralität, Alleingebietsschutz. Vgl. hierzu ausführlich Abschnitt 3.2.

optimale Erfüllung der Sortimentsfunktion sowie der Kontrahierungspflicht der Grossisten, eine breite und identische Produktpalette zur Verfügung, mittels derer ein Wettbewerb um die Käufer ermöglicht wird.

Zweitens findet ein Wettbewerb der Grosso-Unternehmen um die Verlage statt, denn die Beauftragung eines Grossisten ist nur ein möglicher Vertriebsweg unter vielen anderen Absatzformen. Mit anderen Worten: Zwischen den unterschiedlichen Vertriebswegen besteht ein latentes Konkurrenzverhältnis, so dass die Verleger aufgrund ihres Dispositionsrechtes jederzeit einen alternativen Vertriebskanal wählen können. Weiterhin ergibt sich eine potentielle Konkurrenzsituation für das Presse-Grosso aus der Tatsache, dass den Verlagen auch die Möglichkeit offen steht, einen eigenen Wettbewerbsgrossisten aufzubauen. Sofern der Verleger mit der Geschäftpolitik des Grosso nicht einverstanden ist, weil z. B. die Übernahme bestimmter Titel abgelehnt wird, so könnte sich ein neues Unternehmen mit einem Randsortiment am Markt etablieren.[6]

Schließlich kann *drittens* argumentiert werden, dass es dem Presse-Grosso aufgrund der bestehenden Wettbewerbssituation gar nicht möglich ist, sich wie ein Monopolist zu verhalten und Monopolgewinne abzuschöpfen. Denn infolge der praktizierten Preisbindung verfügt der Grossist über keinen autonomen Spielraum zur Preisgestaltung, so dass die monopolistische Maximalpreissetzung nicht durchgeführt werden kann (vgl. *Triebenstein* 1969, S. 28 ff.).

Obwohl sich also aus der Marktstruktur und Wettbewerbssituation im Pressevertrieb kein unmittelbarer staatlicher Regulierungsbedarf ableiten lässt, lassen sich in allen Mitgliedsländern der EU – entweder auf der verfassungsrechtlichen Ebene, durch die materielle Gesetzgebung oder als Auslegung der *civil liberties* – rechtliche Vorkehrungen zum Schutz eines offenen Informationszugangs antreffen (vgl. *Ascherfeld* 1999, S. 167; *Uwer* 1998, S. 303-327). Hierzu gehört insbesondere auch der Schutz der Dis-tribution, um die publizistische Vielfalt der Presse am *Point of Sale* zu sichern. Offensichtlich besteht in den westeuropäischen Ländern Konsens darüber, dass sowohl der Marktzugang für Publizisten als auch das Informationsrecht der Bürger nicht allein durch einen freien Wettbewerbsprozess gesichert werden soll, sondern ein zusätzlicher Schutz durch Rechtsnormen erforderlich ist (vgl. *Rudolf* 1989, S. 158 f.). Diese Aufgabe wurde in organisationsrechtlicher Hinsicht – zu nennen sind hier vor allem die Wettbewerbsregeln, die Organisationsstruktur sowie die jeweiligen Leistungsprofile und ihr Einfluss auf die Pressevielfalt – unterschiedlich gelöst. Angesichts dieser unterschiedlichen Rahmenbedingungen und Organisationsmuster stellt sich jedoch die Frage, wie ein Leistungsvergleich der verschiedenen europäi-

6 Als Beispiel kann der Aufbau eines Direktvertriebssystems des Presseimporteurs Saarbach angeführt werden, der eine Reaktion auf den kontinuierlichen Rückgang von ausländischen Pressetiteln über den Absatzweg Grosso/Einzelhandel darstellte. Entgegen der Kontrahierungspflicht aus § 20 Abs. 1 KartellG hatten sich die Pressegrossisten zunehmend geweigert, kleinauflagige Titel der Nationalvertriebe abzusetzen. Vgl. zur Entstehungsgeschichte sowie dem anschließenden Rechtsstreit *Brummund* (2006), S. 225 ff.

schen Vertriebssysteme überhaupt durchgeführt und mittels welcher Effizienzkriterien gemessen werden kann.

2.2. Das Leitbild eines funktionsdefinierten Wettbewerbs

Vor dem Hintergrund des Spannungsverhältnisses zwischen einem gewünschten publizistischen Wettbewerb sowie den möglichen Ergebnissen eines rein ökonomischen Wettbewerbs stellt sich die Frage, wie die jeweilige Leistungsfähigkeit der Pressevertriebssysteme beurteilt werden kann (vgl. hierzu grundsätzlich *Heinrich* 2001; *Beck* 2002). Um hierbei insbesondere auch den demokratietheoretisch geforderten Bedingungen gerecht zu werden, soll daher auf das funktionale Leistungsvermögen der nationalen Distributionssysteme abgestellt werden. Unter ‚Funktionalität' soll dabei verstanden werden, dass die Leistungen des Pressevertriebes unter der Perspektive normativ gesetzter Ziele erbracht werden. Mit dem Begriff ‚Wettbewerb' wird in erster Linie die Wahlfreiheit des Verlegers bezeichnet, sein Produkt im Sinne der Handels- und Gewerbefreiheit und unter der Bedingung eines möglichst effizienten Distributionssystems anzubieten.[7]

Mit dem Konzept des „funktionsdefinierten Wettbewerbs" wird daher nicht das

> „...Ziel eines möglichst unbeschränkten freien Wettbewerbs konkurrierender Presseanbieter (Marktprinzip) intendiert, sondern das Doppelziel einer sowohl publizistischen als auch ökonomisch effizienten *Sicherung der Angebotsvielfalt am Point of Sale*, verbunden mit einer möglichst hohen Versorgungsdichte im geografischen Raum" (*Haller* 2006, S. 19, Hervorhebung im Original).

Hierauf aufbauend soll die Leistungsfähigkeit des jeweiligen Pressedistributionssystems im Nachfolgenden anhand von vier Effizienzkriterien operationalisiert werden (vgl. *Haller* 2006, S. 20 ff.):

1. Publizistische Effizienz: Hierunter soll die Sicherung der Angebotsvielfalt über eine möglichst niedrige Schwelle für den Marktzutritt verstanden werden, um der verfassungsrechtlich vorgegebenen Norm der Presse- und Informationsfreiheit gerecht zu werden.
2. Effizienz der Mediennutzung: Für den Leser bzw. Bürger steht vor allem die Jederzeit- und Überallerhältlichkeit der zu realisierenden Angebotsvielfalt im Mittelpunkt, um so über einen Wettbewerb der Meinungen auch zur Bildung einer öffentlichen Meinung beizutragen.
3. Distributive Effizienz: Sie dient als Operationalisierung der grundlegenden Vertriebsformel, die richtigen Titel in der richtigen Menge zur richtigen Zeit am richtigen Ort zu liefern.
4. Betriebswirtschaftliche Effizienz: In welcher Relation steht die Vertriebsleistung zu den Kosten des Vertriebs? Hierbei dienen typische Effizienzmerkmale der Distribution, wie z.B. Remissionsquoten, Handelsspannen, Overheadkosten, als Indikatoren.

---

7 Vgl. zur funktionstheoretischen Bestimmung im Mediensektor zuerst *Jarass* (1978), S. 137 f., nachfolgend *Haller* (2006), S. 19 f.

Eine Gesamtbetrachtung dieser vier Dimensionen erlaubt anschließend, Rückschlüsse auf die jeweilige Printmedienausstattung in verschiedenen europäischen Ländern zu ziehen oder, anders ausgedrückt, Aussagen über den Zusammenhang von ökonomischen und rechtlichen Rahmenbedingungen, der Leistungsfähigkeit des Presse-Grosso sowie der Grundversorgung mit Presseprodukten zu treffen (vgl. *Haller* 2006, S. 22 sowie S. 224 ff.). Zur besseren Vergleichbarkeit der unterschiedlichen Systeme des Pressevertriebs in Europa erfolgt zunächst jedoch eine allgemeine Darstellung der wesentlichen Organisations- und Strukturmerkmale.[8]

3. Organisations- und Strukturmerkmale verschiedener europäischer Pressevertriebssysteme

In nahezu allen Ländern der EU hat sich im Zeitablauf ein drei- bzw. vierstufiges Pressedistributionssystem entwickelt, das sich in Verlag, Nationalvertrieb bzw. Importeur[9], Großhandel sowie Einzelhandel unterteilen lässt. Im nachfolgenden sollen diese Vertriebswege näher erläutert werden. Zuvor erfolgt jedoch eine Darstellung der wichtigsten Vertriebsformen für Presseprodukte.

3.1. Die Organisation des Pressevertriebs

Als Vertriebsform für Presseprodukte können grundsätzlich das *Abonnement* sowie der *Einzelverkauf* unterschieden werden. Definiert ist die Vertriebsform des Abonnements als eine laufende Abnahme der Ausgaben einer Zeitung/Zeitschrift durch einen Bezieher auf der Basis einer entsprechenden Bestellung (vgl. *Nußberger* 1966, S. 119). Insbesondere für die Verlage weist das Abonnement einige Vorteile auf: Zum einen kann man über einen längeren Zeitraum mit einem festen Leserkreis rechnen und damit die Druckauflage sehr genau disponieren (vgl. *Noelle-Neumann*, *Schulz* und *Wilke* 1994, S. 459). Zum anderen liefert diese Form des Vertriebs den Verlagen den mit Abstand höchsten Deckungsbeitrag (vgl. *Brummund* 2006, S. 547 sowie die Abbildung 1 im Anhang). Im Einzelverkauf werden die Presseerzeugnisse flächendeckend an verschiedenen Verkaufsstellen (*point of sale*, PoS) im Einzelhandel angeboten, der Käufer trifft hierbei seine Entscheidung von Fall zu Fall.

Neben diesen beiden Grundformen gibt es jedoch noch fünf weitere Formen des Vertriebs (vgl.. *Beck* 2002, S. 114; *Brummund* 2006, S. 1 ff.): Für Sonntagszeitungen ist die übliche Vertriebsform der *Zustellhandel*. Bei dieser Vertriebsform baut sich ein Zustell-

---

8 Daneben kann der Pressevertrieb auch anhand des Kriteriums der Vertriebsart differenziert werden, d. h. es wird zwischen Verkauf, Vermietung (Lesezirkel) und kostenloser Abgabe unterschieden. Vgl. hierzu *Heinrich* (2001), S. 222 f.

9 Der klassische Importeur war vor der Gründung der Europäischen Union bzw. vor Einführung des freien Warenverkehrs zwischen den Mitgliedsstaaten im Jahr 1968 mit den Einfuhr- und Zollformalitäten beauftragt. Inzwischen wird diese Funktion jedoch weitestgehend von den Nationalvertrieben (Verrechnung der Einfuhrumsatzsteuer) übernommen. Vgl. *Presse- und Informationsamt der Bundesregierung* (1996), S. 16.

händler einen eigenen Kundenkreis auf, den er regelmäßig beliefert und dafür in der Regel bar kassiert.[10] Erfolgt der Vertrieb über die Vermietung in Gestaltung eines *Lesezirkels*, so schließen ein Lesezirkelunternehmen und ein Leser, ähnlich wie bei einem Abonnement, einen Vertrag über die regelmäßige Belieferung mit einer sog. Lesemappe ab. Der Leser ist bei dieser Form als Mieter zu betrachten und nicht als Käufer, er erwirbt kein Eigentum an den Zeitschriften. Nach Ablauf der Mietzeit wird die Lesemappe weitervermietet. Die sog. *kontrollierte Verbreitung* ist eine im anglo-amerikanischen Raum verbreitete Absatzform, bei der eine vom Verlag präsize definierte Empfängergruppe beliefert wird. Weiterhin kann die *kostenlose Verbreitung* als Vertriebsform identifiziert werden. Zumeist über Zeitungsboxen werden dabei Zeitschriften und Zeitungen kostenlos an Flug-, Fahr- und Hotelgäste abgegeben. Schließlich existiert in Deutschland mit dem sog. *Bahnhofsbuchhandel* noch eine besondere Vertriebsform.[11] Bereits diese kurzen Erläuterungen lassen erkennen, dass die verschiedenen Absatzformen in der Regel auch mit unterschiedlichen Absatzmittlern verknüpft sind. Eng damit verbunden ist auch die Frage der Transportwege, die teilweise durch die spezifischen Anforderungen der unterschiedlichen Absatzwege vorgegeben sind (vgl. *Brummund* 2006, S. 2).

Mit Blick auf die unterschiedlichen Vertriebswege kann zwischen einem Nationalvertrieb, dem Presse-Großhandel sowie dem Einzelhandel differenziert werden.[12] Ein Nationalvertrieb übernimmt im Rahmen seiner nationalen Tätigkeit die vertriebliche Betreuung von Titeln diverser Verlage sowie den Vertrieb von internationalen Titeln entweder zum Grosso oder direkt zum Einzelhandel. Das Dienstleistungsangebot eines Nationalvertriebes ist sehr breit gefächert und reicht bis zu einem *Full Service*, d. h. ein Verleger kann im Prinzip bei Null beginnen und alle Vertriebsleistungen aus einer Hand beziehen.[13] Die Grosso-Unternehmen fungieren als Schnittstelle zwischen den Verlagen und dem Einzelhandel und stellen den wichtigsten Vertriebskanal für Presseerzeugnisse dar. Der Grossist kauft in eigenem Namen die Waren vom Verlag und setzt diese in seinem Monopolgebiet ab.[14] Ferner übernimmt der Großhandel die Markterschließung und wickelt sowohl die Remission als auch den Zahlungsverkehr ab (vgl. *Verband Deutscher Zeitschriftenverleger* 1979, S. 11 ff.). Als vorletztes Glied im Wirtschaftsablauf des Pressewesens fungiert der Einzelhandel, der vom Presse-Grossisten beliefert wird, die Kunden mit Zeitungen und Zeitschriften versorgt und das vertraglich eingeräumte Recht besitzt, alle nicht verkauften Exemplare im Wege der Remission zurück zugeben.

10 Im Unterschied zum Abonnement fehlt beim Zustellhandel die Dauerverpflichtung des Beziehers, im Gegensatz zum Einzelhandel steht der regelmäßige Bezug der Sonntagszeitung.

11 Der Bahnhofsbuchhandel wird im Folgenden nicht weiter betrachtet. Vgl. hierzu ausführlich *Brummund* (2005).

12 Mit dem Übergang von einem direkten auf ein indirektes Vertriebssystem sind einerseits fast immer Einsparungen von Vertriebskosten verbunden, andererseits müssen den jeweiligen Absatzmittlern jedoch Rabatte gewährt werden.

13 Vgl. zur Entstehungsgeschichte sowie dem Leistungsangebot *Brummund* (2006), S. 239-273.

14 Je nach Mitgliedsland erfolgt dies entweder auf eigene oder fremde Rechnung.

3.2. Strukturmerkmale des Presse-Grosso

Für die wettbewerbliche Beurteilung und Funktionsleistung des Distributionssystems sind die folgenden strukturellen Gegebenheiten beim Absatz von Zeitungen und Zeitschriften über den Pressegroßhandel von Bedeutung (vgl. http://www.bvpg.pressegrosso.de [Abrufdatum: 15.01.2008]):

- Preisbindung: Die Abgabepreise des Presse-Grosso an den Einzelhandel und des Einzelhandels an die Endverbraucher sind durch die Verlage gebunden, d. h. die preisbindenden Verlage legen sowohl die Abgabepreise vom Groß- zum Einzelhandel fest, als auch die Endverkaufspreise zwischen Einzelhandel und Konsumenten. Die Preisbindung ist vor allem unter kultur- und informationspolitischen Aspekten bedeutsam. Presseprodukte sollen der Preisspekulation entzogen werden.
- Dispositionsrecht: Das Sortiments- und weitgehend auch das Mengendispositionsrecht liegt bei den Verlagen. Der Pressegrossist hat eine Abnahmeverpflichtung gegenüber dem Verlag und der Einzelhandel wiederum eine solche gegenüber dem Presse-Grosso, soweit die Belieferung bestimmten Angemessenheitskriterien genügt.
- Remissionsrecht: Das Recht, nicht verkaufte Exemplare an den Verlag bzw. den Pressegrossisten zurückgeben zu können. Es besteht sowohl für das Presse-Grosso als auch den Einzelhandel.
- Alleingebietsgrossosystem: Die Pressegrossisten haben in der Regel jeweils ein Vertriebsgebiet, für das sie das ausschließliche Vertriebsrecht für die Presseerzeugnisse der einzelnen Verlage haben (Monopolgebiete). Diese Monopolgebiete sind dadurch entstanden, dass große Verlage Pressegrossisten jeweils ausschließliche Vertriebsgebiete für ein bestimmtes Gebiet eingeräumt haben. Andere Verlage haben sich bei der Vergabe der Vertriebsrechte dieser Struktur angepasst. Das Gebiet der Bundesrepublik Deutschland ist daher durch ein Netz von Grosso-Gebietsmonopolen abgedeckt.[15]
- Neutralität: Das Presse-Grosso ist dazu verpflichtet, sowohl alle Verlage als auch alle durch ihn belieferten Einzelhändler prinzipiell gleich zu behandeln. Es stellt damit den freien Marktzutritt aller Anbieter sicher und sorgt somit auch für die Überallerhältlichkeit der Ware.

3.3. Pressevertriebssysteme in ausgewählten europäischen Ländern[16]

Nachdem die verschiedenen Organisations- und Strukturmerkmale in allgemeiner Form dargestellt wurden, sollen nun die nationalen Spezifika der Pressevertriebssysteme in ausgewählten Mitgliedsländern der EU kurz betrachtet werden.

---

15 Vgl. hierfür Abbildung 2 im Anhang mit einer Gebietskarte für die Bundesrepublik.

16 Innerhalb der Europäischen Union bestehen verschiedene Pressevertriebssysteme. Es ist der Verdienst von *Biermeier* (2002), diese erstmals vergleichend systematisiert zu haben. Soweit nicht anders angegeben, beruht die nachfolgende Darstellung in diesem Kapitel auf *Biermeier* (2002), S. 42-65 sowie *Distripress* (1997).

In Deutschland erfolgt der Pressevertrieb im Wesentlichen über vier Absatzkanäle: Abonnements, Lesezirkel, Bahnhofsbuchhandlungen sowie als wichtigste Vertriebsform über das sog. Presse-Grosso. Hierbei schließen die Verlage mit einem Grossisten jeweils Alleinvertriebsverträge für ein bestimmtes Vertriebsgebiet ab, wobei der Grossist dazu verpflichtet wird, die Presseerzeugnisse zu den vom Verlag festgelegten Preisen und Mengen zu vertreiben. Die Einzelhändler wiederum sind vertraglich zur Einhaltung der gebundenen Preise zu verpflichtet. Demgegenüber verpflichten sich die Verleger dazu, nicht verkaufte Exemplare über die Remission wieder zurückzunehmen. Die Aufteilung der Gewinnspannen erfolgt in Verhandlungen zwischen den Verlegern und Grossisten.[17] Als Konsequenz des zugesicherten Gebietsschutzes sind die Grossisten gegenüber den Verlagen und ihren Produkten zu Neutralität verpflichtet, so dass auch tatsächlich jeder Titel einen ungehinderten Marktzutritt erhält.

Im Nachbarland Österreich sind die Strukturmerkmale des Dispositions- und Remissionsrechtes, der Neutralität sowie der Alleingebietsschutz in bereits definierter Form vorhanden. Die Preisbindung ist lediglich für den Vertrieb der Produkte von österreichischen Verlagen festgeschrieben. Deutsche Verlage, die mit ca. 80% aller in Österreich vertriebenen Zeitschriften einen sehr großen Anteil am Gesamtmarkt stellen, können lediglich eine Preisempfehlung aussprechen.

Auch in Belgien ist die Preisbindung für Presseprodukte nicht gesetzlich festgeschrieben, jedoch ebenfalls von faktischer Natur. Neutralität von Seiten der einzelnen Vertriebsfirmen ist gegeben, ebenso ist der freie Marktzugang sichergestellt. Die belgischen Verleger üben ein Dispositionsrecht durch die Angabe einer Mindestliefermenge, die nicht unterschritten werden darf, aus. Für die Einzelhändler besteht eine uneingeschränkte Remissionsmöglichkeit.

In den Niederlanden ist die Preisbindung für Zeitschriften und die importierte Presse am 1. Juli 2000 aufgehoben worden, lediglich für die nationalen Tageszeitungen besteht noch eine gesetzliche Preisbindung. Die Verwendungsbindung ist vertraglich geregelt, ebenso besteht ein uneingeschränktes Remissionsrecht.

In Großbritannien ist eine gesetzlich festgeschriebene Preisbindung für Presseerzeugnisse verboten, jedoch werden die jeweils aufgedruckten Preisangaben eingehalten. Relativ neu im englischen Pressevertrieb ist das Remissionsrecht, dass erst vor ca. 25 Jahren eingeführt worden ist. Das korrespondierende Dispositionsrecht liegt nicht bei den Verlagen, sondern bei den Grossisten bzw. dem Einzelhandel. Da sich die Grosso-Gebiete in Großbritannien teilweise überschneiden, ist das Alleinauslieferungsrecht nicht immer gewährleistet. Ebenfalls problematisch ist der freie Marktzutritt, da die großen Einzelhandelsketten maßgeblich das „Listing" bestimmen und somit großen Einfluss auf den Marktzutritt einzelner Titel besitzen. Ferner kommt hinzu, dass auch auf der Ebene des Einzelhandels eine Gleichbehandlung aller Titel nicht immer erfolgt.

---

17 Vgl. zur vertraglichen Ausgestaltung *Börner* (1981).

Frankreich weist zunächst einmal unter den betrachteten Ländern die Besonderheit auf, dass die Vielfalt an Presseprodukten auch durch staatliche Subventionen gewährleistet werden soll.[18] Durch ein Gesetz aus dem 19. Jahrhundert ist die Preisbindung in Frankreich festgeschrieben, der freie Marktzutritt ist durch eine genossenschaftliche Regelung sichergestellt. Die Verlage besitzen das Dispositionsrecht und gewähren gegenüber dem Grosso/Einzelhandel auch ein Remissionsrecht, allerdings mit einer sog. Remissionsobergrenze.[19]

In Italien sind weder die Preis- noch die Verwendungsbindung gesetzlich fixiert, jedoch faktisch handelsüblich. Ebenfalls existiert ein Remissionsrecht in vollem Umfang. Das Dispositionsrecht besteht auf allen Handelsstufen, d. h. der Verlag bzw. Nationalvertrieb legt die Menge für das Grosso fest, der Großhandel wiederum disponiert die Menge für den Einzelhandel. Zwar existieren in Ballungszentren mehrere Grosso-Unternehmen, grundsätzlich besteht allerdings ein Alleinauslieferungsrecht pro Titel.

In Spanien und Portugal sind alle wesentlichen Strukturmerkmale des Pressevertriebs vorhanden, d. h. es gibt eine gesetzliche Preisbindung, ein uneingeschränktes Dispositions- und Remissionsrecht, freien Marktzutritt, Neutralität sowie ein Alleinauslieferungsrecht pro Titel. Einschränkend ist allerdings anzumerken, dass in Spanien, u. a. bedingt durch das Fehlen einer nationalen Boulevardzeitung, nur ein relativ schwach ausgeprägtes Vertriebsnetz vorhanden ist. Mit Blick auf den Pressevertrieb in Portugal ist das Hauptproblem im Bereich des Einzelhandels zu sehen, weil am *Point of Sale* oftmals chaotische Verhältnisse herrschen, die einen freien Marktzutritt pro Titel de facto nicht immer gewährleisten.

In Dänemark gibt es keine gesetzliche Preisbindung, sie wird aber ebenfalls faktisch praktiziert. Ferner besteht ein Dispositions- und Remissionsrecht, ein vollständiges Alleinauslieferungsrecht sowie Neutralität und freier Marktzugang. Der Pressevertrieb in Dänemark weist allerdings die Besonderheit auf, dass es keine Grosso-Unternehmen gibt. Stattdessen erfolgt der Vertrieb von nahezu 90 % der Gesamtverkäufe über die Hauszustellung per Post. Der Zeitschriftenvertrieb erfolgt zu 100 % über den Nationalvertrieb, der Vertrieb von Zeitungen sowohl über diesen Vertriebskanal als auch direkt durch die Verlage. Allerdings wird bei beiden Vertriebswegen eine Anliefergebühr pro Stopp beim Einzelhändler fällig, um die höheren Logistikkosten abzudecken.

Auch in Schweden ist die Preisbindung lediglich handelsüblich, die Verwendungsbindung ist vertraglich geregelt, das Dispositionsrecht liegt bei den Verlagen und ein volles Remissionsrecht wird gewährt. Hervorzuheben ist, dass die Hauszustellung staatlich subventioniert wird. In Finnland ist die Preisbindung ebenfalls nur faktischer Natur und nicht gesetzlich festgeschrieben. Es besteht ein umfassendes Dispositions- und Remissionsrecht, ebenso ist der freie Marktzugang gesichert.

---

18 Hierfür gibt es spezielle Fonds der Regierung, Sonderkonditionen bei den Posttarifen sowie verminderte Logistikkosten bei der Nutzung des Schienennetzes.

19 Sofern bei nationalen Titel mehr als 25 % bzw. bei internationalen Titel 50 % remissioniert werden, ist eine Remissionsrückholungsgebühr zu entrichten.

In Tabelle 1 (s. Anhang) sind die wesentlichen quantitativen Größen, d. h. Anzahl der Verkaufsstellen, Einzelhandelsverkaufstellen pro Einwohner, Entfernung zum Point of Sale, die Leserdichte sowie die Anzahl der Verkaufsstellen für die internatonale Presse aufgelistet. Tabelle 2 (s. Anhang) bietet noch einmal eine synoptische Darstellung der soeben behandelten Strukturmerkmale.

Nach dieser Kurzdarstellung der pressespezifischen Besonderheiten in ausgewählten Mitgliedsländern der EU soll nun eine detailliertere Analyse der Leistungsmerkmale und Funktionsdefizite verschiedener Pressevertriebssysteme erfolgen. Obwohl sich alle westeuropäischen Distributionssysteme hinsichtlich ihrer Strukturmerkmale weitestgehend ähnlich sind, bestehen im Hinblick auf die „Mikroebene" bzw. Datenlage doch zahlreiche Unterschiede, die sich aus der Verwendung von anderen Definitionen und Kategorien ergeben. Aufgrund dieser eingeschränkten Vergleichbarkeit werden im nachfolgenden Abschnitt nur die Länder Deutschland, Großbritannien, Frankreich und Italien miteinander verglichen.[20]

4. Funktionsleistung und Funktionsprobleme der Pressedistribution

Ausgehend von der im Abschnitt 2.2. entwickelten Leitbildvorstellung, sollen an dieser Stelle die Leistungsfähigkeit und Effizienz der jeweiligen Pressedistributionssysteme in den vier ausgewählten Ländern überprüft werden. Dies erfolgt anhand der vier zuvor aufgestellten Effizienzdimensionen: der publizistischen Effizienz, der Mediennutzungseffizienz, der distributiven Effizienz sowie der betriebswirtschaftlichen Effizienz.[21]

4.1. Publizistische Effizienz: Marktzutritt und Angebotsvielfalt

Unter ökonomischen Aspekten kann die Effizienz des Pressevertriebs u. a. an den Handelsspannen der am Vertrieb beteiligten Unternehmen abgelesen werden. Im Hinblick auf die Marktzutrittschance wäre die Funktionsleistung des Distributionssystems dann am größten, wenn eine hohe Reichweite der Pressetitel mit möglichst niedrigen Kosten erreicht werden kann, d. h. der Erlösanteil am Netto-Warenwert für den Verlag maximiert

---

20 Wenngleich damit zwar nicht der gesamte Pressevertrieb in Europa behandelt wird, erscheint dieses Vorgehen jedoch aus zweierlei Gründen als vertretbar: Erstens liegt für die genannten Länder bereits eine datenbereinigte Untersuchung vor, auf die zurückgegriffen werden kann (*Haller* 2006, insbesondere S. 72-75 zur Datenkritik). Zweitens werden mit diesen vier Ländern auch die unterschiedlichen Rahmenbedingungen und Regulierungsmechanismen im Pressevertriebssektor sehr gut abgebildet.

21 In der Literatur ist bislang nur eine einzige empirische Untersuchung zum Pressevertrieb vorhanden (*Haller* 2006). Die nachfolgende Erörterung der Effizienzdimensionen stützt sich daher weitestgehend auf die hier erzielten Ergebnisse. Zwar werden grundlegende Länderinformationen sowie Basiszahlenmaterial auch von der *GWP media-marketing* GmbH (http://www.internationalemedien.com/countries) und der *Latour & Zuberbuehler* GmbH (http://www.presstrends.com/pdf/content) bereitgestellt. Jedoch sind diese Daten weder einheitlich erhoben noch in der ausreichenden Detailtiefe vorhanden, so dass eine vergleichende Analyse anhand dieser Datenquellen nicht möglich wäre.

wird. Unter normativen Gesichtspunkten stellen die Handelsspannen also sowohl einen Indikator für den Marktzutritt dar, im Sinne einer Quersubventionierung, als auch für die Neutralität im Sinne einer Gleichbehandlung aller Titel (vgl. *Haller* 2006, S. 160 ff.). In Frankreich und Italien werden die Handelsspannen aus diesem Grund vom Gesetzgeber bestimmt. Demgegenüber sind die Handelsspannen sowohl in Deutschland als auch in Großbritannien das Ergebnis einer jahrzehntelangen Verhandlungskultur zwischen den Verlagen und Grosso-Unternehmen. Sie werden in erster Linie in Abhängigkeit von der verkauften Auflage, aber auch vom Distributionsaufwand, der Remissionsquote und der Marktmacht der Verhandlungspartner ausgehandelt (vgl. *Heinrich* 2001, S. 227).

In Tabelle 3 (s. Anhang) sind die Handelsspannen von vier verschiedenen nationalen Nachrichtenmagazinen einander gegenüberstellt. Wählt man als Ausgangspunkt (100 %) den Netto-Warenwert, so erzielt der Verleger des italienischen L`Espresso den relativ größten Erlös, d. h. im Umkehrschluß, das italienische Distributionssystem ist relativ gesehen am preisgünstigsten. Den geringsten Erlös erzielt der Verlag des Economist, mit lediglich 56,2 % des Copypreises ist das britische Vertriebssystem damit am teuersten. Einschränkend muss allerdings darauf hingewiesen werden, dass die Handelsspannen für sog. Nischentitel in Deutschland deutlich höher liegen und dann in etwa das britische Niveau erreichen.

Die Handelsspannen für vier überregionale Tageszeitungen in den betrachteten Ländern sind in der Tabelle 2 (s. Anhang) wiedergegeben. Insgesamt zeigt sich eine deutlich andere Erlösstruktur beim Vertrieb von Tageszeitungen: Während die Margen in Frankreich und Italien unabhängig von der Auflagenhöhe und Pressegattung sind und die Erlösanteile für die Verlage bei ca. 67 % des Netto-Warenwertes liegen, weisen Deutschland und Großbritannien eine relativ stark gespreizte Handelsspannenstruktur auf, die nach Pressegattungen differenziert ist.

Aufgrund der Tatsache, dass sowohl in Frankreich als auch in Italien die Handelsspannen politisch bzw. per Gesetz bestimmt werden, macht es kaum einen Unterschied, ob eine Monatszeitschrift, eine tagesaktuelle Zeitung oder ein kleinauflagiges Spezialmagazin vertrieben werden. Demgegenüber erzielen die britischen Zeitungsverleger mit über 70 % den höchsten Erlösanteil, in Deutschland liegt dieser Wert mit knapp über 50 % am Ende der Vergleichsgruppe. Eine mögliche Erklärung ist darin zu sehen, dass die deutschen Qualitätszeitungen nur einen sehr kleinen Teil ihrer Auflage über den Einzelverkauf absetzen, d. h. in Hinblick auf das Vertriebssystem muss ein relativ hoher Aufwand für einen relativ geringen Warenumsatz erbracht werden (vgl. hierzu Tabelle 6 im Anhang). Eine Ausnahme stellt die Bild-Zeitung dar, die zu 98 % über den Groß- und Einzelhandel vertrieben wird und mit etwas über 70 % Erlösanteil die britischen Verhältnisse erreicht. Dies ist sicherlich auch Ausdruck der Marktmacht des Eigentümers. Folglich kann vermutet werden, dass bei dieser Spanne eine Quersubventionierung alternativer Zeitungen nicht mehr möglich ist und die Grossisten daher höhere Handelsspannen bei den anderen Tageszeitungen fordern (vgl. hierzu *Heinrich* 2001, S. 284).

Als zweiter Indikator für die publizistische Effizienz dient die Angebotsbreite, d. h. im Folgenden soll das von den Grossisten bereit gehaltene Gesamtangebot an inländischen Pressetiteln – auch Ordersortiment genannt - genauer betrachtet werden. Einen Überblick über das Order- und Präsenzsortiment verschiedener Großhändler bietet Tabelle 5 (s. Anhang).[22]

Vergleicht man das von den Grosso-Unternehmen verfügbare Ordersortiment der Länder miteinander, so verfügen die italienischen Grosso-Betriebe mit ca. 5000 Titel vor den deutschen Grossisten mit etwa 4000 Titel über das größte Sortiment, mit 3.500 und 2.500 Titeln fallen die gelisteten Titel in Frankreich und Großbritannien deutlich niedriger aus. Für die Frage nach der tatsächlichen Angebotsbreite ist allerdings das Präsenzsortiment wesentlich aussagekräftiger. Konkrete Zahlenangaben sind diesbezüglich jedoch kaum erhältlich, da das Präsenzsortiment in Italien und Großbritannien nicht erfasst wird und in Deutschland und Frankreich je nach Grossist bzw. Region stark schwankt. Laut der von *Haller* unter ausgewählten nationalen Grossisten durchgeführten Fragebogenerhebung wurde das Präsenzsortiment in Deutschland mit ca. 1850 Titeln, in Italien zwischen 500 und 5000, in Großbritannien mit 1200 bis 2500 Titeln sowie in Frankreich mit ca. 1600 bis 2500 Titeln angegeben. Von besonderer Relevanz in diesem Zusammenhang ist selbstverständlich auch die durchschnittliche Angebotsbreite am *Point of Sale*. Sofern keine weitere Differenzierung zwischen unterschiedlichen Einzelhandelsverkaufsstellen vorgenommen wird, sondern das durchschnittliche Präsenzsortiment sämtlicher *Points of Sale* betrachtet wird, stellt sich die Angebotsbreite wie folgt dar: Deutschland 214, Italien 380, Großbritannien 142, Frankreich 170.[23]

4.2. Ubiquität als Effizienzindikator der Mediennutzung

Die Ubiquität des Presseangebots war zuvor als Erfordernis der Nutzungseffizienz definiert worden. Als Indikator hierfür können zunächst die bereits vorgestellten alternativen Vertriebsformen und Vertriebswege für Presseerzeugnisse herangezogen werden, denn aus der Sicht der Bürger bzw. Käufer steigen mit einer größeren Anzahl an Vertriebsformen auch die Möglichkeiten, sich Zugang zu unterschiedlichen Presseprodukten zu verschaffen. Zugleich kann anhand dieses Indikators auch die Kapazität des jeweiligen Vertriebssystems beschrieben werden. In Tabelle 6 (s. Anhang) sind daher die Absatzwege und Vertriebskanäle der vier betrachteten Länder im Vergleich aufgeführt.

Die Gegenüberstellung zeigt ein eindeutiges Bild: Insbesondere in Italien und Großbritannien werden die Vertriebskanäle höchst einseitig genutzt und die Kapazitäten anderer

---

22 Mit dem Ordersortiment wird die Summe aller gelisteten Pressetitel bezeichnet, die über einen Grossisten bezogen werden können. Das Präsenzsortiment bezeichnet die Summe aller Presse-Titel, die zu einem bestimmten Zeitpunkt über das Grosso bzw. im Einzelhandel tatsächlich verfügbar sind. Vgl. *VDZ* (1998).

23 Vgl. für alle Zahlenangaben *Haller* (2006), S. 115-123. Der zunächst beeindruckende Wert für Italien ist allerdings mit großer Vorsicht zu behandeln, so verfügt z.B. im Vertriebsnetz von Mailand nur jeder zweite Kiosk über diese Titelvielfalt.

Vertriebsformen nicht ausgenutzt. Mit einem Abonnementanteil von über 60 % bei der Tagespresse ist Deutschland die Ausnahme, während in den anderen Ländern die Versorgung der Bevölkerung fast ausschließlich von der Leistung des Groß- und Einzelhandels abhängig ist. Ein ähnliches Bild lässt sich auch mit Blick auf den Zeitschriftenvertrieb feststellen. In Deutschland wird nur ca. jedes zweite Exemplar über den Einzelhandel verkauft, in Frankreich in etwa 2/3, in Italien bereits fast 80 % und in Großbritannien schließlich 90 % aller Zeitschriften. Bei dieser Betrachtungsweise gilt es allerdings auch, die jeweiligen landestypischen Lesegewohnheiten zu berücksichtigen (vgl. *Gustafsson* und *Weibull* 1996). Während es z.B. in Deutschland üblich ist, die Tageszeitung morgens über die A-bonnementlieferung im Briefkasten zu haben, entspricht es der italienischen Lesekultur, sich die Tageszeitung auf dem Weg zur Arbeit zu kaufen.

Der demokratische Anspruch der Überallerhältlichkeit von Presseprodukten kann vor allem auch mit Hilfe der Einwohner- und Flächenabdeckung pro Verkaufsstelle gemessen werden (vgl. *Biermeier* 2002, S. 65 f.). Die Faustregel lautet in diesem Fall: Je niedriger die Einwohner bzw. Flächenabdeckung pro *Point of Sale* (PoS), desto optimaler ist dieVersorgung der Bevölkerung mit Pressetiteln. Hierfür kann auf die Relationen von der Bevölkerung bzw. Fläche pro Land im Verhältnis zur Anzahl der Verkaufsstellen und Leserdichte zurückgegriffen werden, wie sie in der Tabelle 1 (s. Anhang) aufgeführt sind. Auch in dieser Hinsicht nimmt Deutschland unter den betrachteten Ländern die Spitzenposition ein: Auf 696 Einwohner kommt ein PoS, in Großbritannien sind es 1.316 Einwohner, in Italien 1.529, in Frankreich liegt diese Relation schließlich bei 1.785. Diese Rangfolge bleibt auch bei einer Betrachtung der Flächenrelation, also dem Abstand zum nächsten PoS in Kilometern, mit 3 zu 5 zu 8 zu 16 unverändert.[24]

4.3. Distributive Effizienz der Pressevertriebssysteme

Als Indikator der logistischen Effizienz eines Distributionssystems wird üblicherweise zuerst auf die Remissionsquote zurückgegriffen.[25] Die Ausgangshypothese lautet in diesem Zusammenhang, je niedriger die sog. Richtremission ausfällt, desto höher ist *ceteris paribus* die distributive Effizienz des Pressevertriebssystems.[26] Unter diesem Kriterium weist das britische Distributionssystem für Tageszeitungen im Mittel mit ca. 25 % die beste Korrelation zwischen Disposition und Remission auf. Das deutsche Vertriebssystem weist eine

---

24 Allerdings kann auch gegen diese Indikatoren ein *caveat* erhoben werden. Denn die jeweiligen Relationen sind u. a. natürlich auch auf die historisch gewachsene Einzelhandelsstruktur zurück zuführen.

25 Zum System der Remission vgl. *VDZ* (1999). Im Zeitschriftenbereich ist eine übergreifende Beurteilung der Remissionsquote nicht möglich, weil erstens zu große Unterschiede zwischen den verschiedenen Zeitschriftengattungen bestehen und zweitens ein erheblicher Einfluss über die jeweils gewählte Verlagsstrategie besteht.

26 Dic Aussagekraft dieser kausalen Beziehung wird allerdings dadurch eingeschränkt, dass es sowohl im Zuge einer Marktausschöpfungsstrategie als auch bei der Neueinführung von Titeln oftmals zu einer überhöhten Verbreitungsauflage kommt, die dann zwangsläufig auch eine höhere Remissionsquote nach sich zieht.

Quote von ungefähr 33 % auf, in Frankreich liegt sie bei 37 % und in Italien bei geschätzten 44 % (vgl. auch zum nachfolgenden *Haller* 2006, S. 124 ff.).

Ein weiteres Prüfkriterium für die distributive Effizienz stellt der Lieferumfang und Lieferzeitpunkt für Presseprodukte dar, beide Kriterien können als Ausdruck für die technische und logistische Leistungsfähigkeit des Vertriebssystems angesehen werden.[27] Bei einem Vergleich der zuvor bereits behandelten vier Nachrichtenmagazine ergab sich das folgende Bild: In Großbritannien besteht eine ungünstige Relation zwischen der verkauften Auflage, der Vertriebsreichweite, gemessen am Anteil der belieferten PoS, sowie der Remission. In dieser Hinsicht besonders effizient erwies sich die Distribution in Frankreich und Italien, wo jeweils eine hohe Reichweite mit einer niedrigen Remissionsquote einherging. In Deutschland liegt diesbezüglich die Remissionsquote zwar deutlich höher als in den beiden zuvor genannten Ländern, allerdings wird auch die mit Abstand größte Reichweite sowie der höchste Absatz erzielt.

Im Hinblick auf die Versorgung der Bevölkerung mit der Tagespresse weist das deutsche Distributionssystem deutliche Vorteile gegenüber den anderen Ländern auf. Während in Frankreich und Italien, zum Teil auch in Großbritannien, das jeweilige Vertriebssystem auf ein Zusammenspiel von unterschiedlichen Trägern (private und öffentliche Transportunternehmen) angewiesen ist, erfolgt die Verbreitung der überregionalen Tagespresse in Deutschland weitestgehend autark über verschiedene Druckorte sowie eine eigene Transportlogistik. Für diesen Unterschied in der Organisation ist in erster Linie die staatliche Subventionierung des Pressetransportwesens in Frankreich und Italien verantwortlich. Im Rahmen einer länderübergreifenden Befragung gaben die jeweiligen Grossisten hierfür jedoch insgesamt drei Hauptgründe an: neben den erwähnten Transportkosten die Verlässlichkeit (Umfang und Häufigkeit von Verspätungen) sowie das logistische *Handling* (keine Systemwechsel).

4.4. Betriebswirtschaftliche Effizienz: Die Relation von Kosten und Leistungen

Die Aufschlüsselung der Betriebskosten der Grosso-Unternehmen kann in zweifacher Hinsicht nur ansatzweise erfolgen: Zum einen bestehen auf der Ebene der Grosso-Unternehmen deutliche Kostenunterschiede, die nicht direkt öffentlich zugänglich sind. Zum anderen sind die Leistungs- und Pflichtenprofile der jeweiligen Distributeure in den europäischen Ländern völlig unterschiedlich definiert. Tabelle 7 (s. Anhang) gibt daher nur grobe Näherungswerte wieder, wobei zusätzlich zu beachten ist, dass nicht alle Kostenfaktoren berücksichtigt worden sind (d. h. die Summen ergeben nicht 100 %) (vgl. *Haller* 2006, S. 165 f.).[28]

---

27 Aus betriebswirtschaftlicher Sicht liegt hierbei ein komplexes Optimierungsproblem vor. Vgl. dazu *Dillmann* (2001).

28 Für das britische Grosso sind diesbezüglich keine vergleichbaren Daten vorhanden.

Aus den verfügbaren Trendangaben kann aber zumindest geschlossen werden, dass sowohl in Frankreich als auch in Italien ein relativ hoher Kostenanteil für den Transport und die Logistik aufgewendet werden muss. Dies ist Ausdruck der dünn besiedelten Gebiete im Süden der beiden Länder sowie der vor allem längeren Anfahrzeiten, da es in beiden Ländern zu einem Schwund an Verkaufstellen gekommen ist. Im Vergleich zu Deutschland ist dies dennoch überraschend, weil die deutschen Grossisten deutlich größere Ausliefergebiete mit einer wesentlich höheren Zahl von PoS versorgen. Die Betriebskostenanteile zeigen zudem, dass sich die Funktionsdefizite im Bereich der Grosso-Infrastruktur auch in höheren Kosten für die Kommissionierung und Remission bei den französischen und italienischen Grosso-Unternehmen niederschlagen.

Bezieht man als weiteren Indikator noch einmal die in den Tabellen 3 und 4 (s. Anhang) angeführten Handelsspannen in die Betrachtung mit ein, so ergibt sich das folgende Bild: Das italienische System arbeitet insgesamt sehr kostengünstig und bietet – ähnlich wie in Frankreich – bessere Marktzutrittschancen insbesondere für kleinauflagige Titel. In dieser Hinsicht begünstigt das deutsche System im Bereich der Tageszeitungen die Boulevardpresse gegenüber den Qualitätszeitungen. In Hinblick auf den Zeitschriftenvertrieb werden in Deutschland zwar hochauflagige Titel gegenüber Nischenprodukten bevorzugt, jedoch kann in diesem Segment aufgrund einer hohen distributiven Effizienz eine im internationalen Vergleich günstige Erlösstruktur erzielt werden.

5. Zusammenfassung und Ausblick

Dass Medienmärkte keine ‚gewöhnlichen' Märkte darstellen, ist eine bekannte Tatsache, die sich sowohl aus ökonomischen als auch politischen Überlegungen ergibt. Aus ökonomischer Sicht sprechen insbesondere externe Effekte, eine Fixkostendegression in der Produktion oder auch die sog. Anzeigen-Auflagen-Spirale dafür, dass Tatbestände des Marktversagens – zumindest aber bedeutende Dysfunktionalitäten – konstatiert werden können (vgl. hierzu *Heinrich* 2001; *Beck* 2002; kritisch *Gabszewicz*, *Garella* und *Sonnac* 2007). Auch aus der politisch-juristischen Perspektive heraus spricht vieles dafür, den Pressesektor mitsamt seiner spezifischen Vertriebsform unter gesonderten Zielsetzungen zu betrachten, da einem freien Informationszugang für demokratisch verfasste Gesellschaften eine große Bedeutung zukommt. Aus diesem Grund ist der Analyse in normativer Hinsicht auch ein funktionsbezogenes Wettbewerbskonzept zu Grunde gelegt worden, dass verschiedene Formen der Effizienz als Beurteilungsmaßstab berücksichtigt hat.

Allein aus der Wettbewerbstheorie kann keine ‚optimale' Pressestruktur abgeleitet werden. Letztlich wird es dann zur Aufgabe der Wettbewerbspolitik, die Märkte offen zu halten und für die Sicherung der Wettbewerbsfreiheit zu sorgen. Sofern man weitergehend der Auffassung folgt, dass der Wettbewerbsprozess im Pressewesen – aufgrund der Tatsache, dass das Produkt ‚öffentliche Meinung' die Eigenschaften eines Kollektivgutes aufweist – eine Tendenz zur Konzentration, zur Homogenisierung des Inhalts sowie zu einer suboptimalen Versorgung mit dem Kollektivgut ‚öffentliche Meinung' besteht (vgl. *Röpke* 1970), erhält auch die spezifische Vertriebsstruktur im Pressewesen eine zusätzliche

Rechtfertigung. Denn was nützt die beste publizistische Qualität, wenn sie beim Nutzer nicht ankommt? Diesbezüglich ist insbesondere festzuhalten, dass es zu einem für einen Monopolmarkt ungewöhnlichem Marktergebnis kommt:

> „Das bestehende Vertriebssystem bietet eine pünktliche, umfassende und flächendeckende Versorgung mit allen Objekten der Verlage“ (*Monopolkommission* 1992, S. 319, Ziffer 751).

Dieses Ergebnis ist im Wesentlichen eine Folge der Preisbindung, da dem jeweiligen Alleingebietsgrossisten ein entscheidendes Wettbewerbsinstrument, der Preis, für monopolistische Verhaltensweisen nicht zur Verfügung steht. Insofern stellt die vertikale Preisbindung die wichtigste Voraussetzung für die Sicherstellung der Pressevielfalt und Angebotsdichte dar.

Wettbewerbspolitisch erscheint insofern weniger die spezielle Ausprägung des Vertriebs als ein Problem, sondern vielmehr die zunehmende Konzentration im Verlagswesen sowie die vertikale Integration zwischen Produzenten und Vertrieb.[29] Für die Verlage gewinnt der Wettbewerb mit anderen Medien insbesondere auch vor dem Hintergrund der Anzeigeerlöse, als zweiter Haupteinnahmequelle neben den Verkaufserlösen, zunehmend an Bedeutung.[30] So hat sich z.B. das Verhältnis von Vertriebs- zu Anzeigenerlösen in Deutschland von 1938 (63:37) bis heute (44:56) fast umgekehrt (vgl. *Reumann* 1968; *Media-Perspektiven Basisdaten* 2007, S. 47).

Die Pressevertriebssysteme in Europa weisen jedoch auch im Hinblick auf ihre institutionelle Ausgestaltung, in diesem Kontext konkret bezogen auf den jeweiligen Umfang der gesetzlichen Regulierung, deutliche Unterschiede auf: In Frankreich und Italien bestehen Distributionssysteme, die aufgrund einer staatlichen Zuständigkeit stark reguliert werden, in Großbritannien und Deutschland dominiert demgegenüber das Prinzip der Selbstregulierung durch den Markt bzw. durch kooperative Selbststeuerung.

Dies könnte auch erklären, warum der Pressevertrieb in Deutschland als das leistungsfähigste System in Europa gilt und nahezu überall hoch gelobt wird. Obwohl der Vergleich auch einige Schwächen zu Tage gefördert hat, erfüllt das deutsche Presse-Grosso seine normativ vorgegebene öffentliche Aufgabe in einer ökonomisch effizienten Art und Weise. Akzeptiert man die – politisch und juristisch mitbestimmte – Zielvorgabe einer Jederzeit- und Überallerhältlichkeit von heterodoxen Presseerzeugnissen, so kommt man nicht umhin, dem Pressevertrieb trotz seines „Fremdkörpercharakters in der Wettbewerbsordnung“ ein gutes Zeugnis auszustellen.

---

29 Vgl. für die Entwicklungen der jüngeren Vergangenheit *Vogel* (2007).

30 In Frankreich wirtschaften aktuell fast alle Tageszeitungen mit großen Defiziten. Vgl. *Berschens* (2008).

Literatur

Ascherfeld, Nicolaus (1999), Presse-Grosso und Europarecht: Eine Untersuchung der kartell- und grundrechtlichen Aspekte des deutschen Presse-Großhandels im Europarecht unter besonderer Berücksichtigung der parallelen Problemlagen bei der Buchpreisbindung, Frankfurt/M. u. a.

Beck, Hanno (2002), Medienökonomie, Berlin u. a.

Berschens, Ruth (2008), Internet Zeitungen aus Protest, in: Handelsblatt, 04.01.2008.

Biermeier, Sabine (2002), Pressevertrieb in Europa, Wiesbaden.

Börner, Bodo (1981), Der Vertrag zwischen Verlag und Pressegrossisten, Berliner Abhandlungen zum Presserecht, Heft 27, Berlin.

Brummund, Peter (2005), Bahnhofsbuchhandel: Von der Versorgung mit Reiseliteralien zum Premiumhandel für Zeitungen und Zeitschriften, Dortmunder Beiträge zur Zeitungsforschung, Bd. 61, München.

Brummund, Peter (2006), Struktur und Organisation des Pressevertriebs, Dortmunder Beiträge zur Zeitungsforschung Bd. 62, München.

Bullinger, Martin (1997), Einleitung zu Bd. I, in: *Martin Löffler* (Hg.), Presserecht – Kommentar zu den Landespressegesetzen der Bundesrepublik Deutschland mit einem Besonderen Teil und einem Textanhang, 4. Aufl., München, S. 1-33.

Burkhard, Emanuel H. (1997), Beitrag Presserecht: Pressevertriebsrecht, in: *Martin Löffler* (Hg.), Presserecht – Kommentar zu den Landespressegesetzen der Bundesrepublik Deutschland mit einem Besonderen Teil und einem Textanhang, 4. Aufl., München, S. 1279-1326.

BVerfGE (1977), 346 I, 355.

Danwitz, Thomas von (2002), Der Gratisvertrieb anzeigenfinanzierter Tageszeitungen im Wettbewerb der Presseorgane, Baden-Baden.

Dillmann, Roland (2001), From the Publisher to the Wholesalers – Determination of the Number of Copies and Their Distribution among the Wholesalers, in: *Peter Kischka* u. a. (Hg.): Models, Methods and Decision Support for Management, Heidelberg: S. 165-193.

Distripress (1997), European Distribution Systems – Overview and Trends, o.O.

Emmerich, Volker (2007), Kommentar zu Art. 81 Abs. 1 EGV, in: *Ulrich Inmenga* und *Ernst-Joachim Mestmäcker* (Hg.), Wettbewerbsrecht, Band 1: Kommentar zum Europäischen Wettbewerbsrecht, 4. Aufl., München, S. 129-224.

Europäische Kommission (1986), Bekanntmachung der Kommission über Vereinbarungen, Beschlüsse und aufeinander abgestimmte Verhaltensweisen von geringer Bedeutung, die nicht unter Artikel 85 Absatz 1 des Vertrages zur Gründung der Europäischen Wirtschaftsgemeinschaft fallen (ABl C 64) i.d.F. vom 03.09.1986 (ABl. C 231).

Gabszewicz, Jean J., Paolo G. Garella and *Nathalie Sonnac* (2007), Newspapers' Market Shares and the Theory of the Circulation Spiral, in: Information Economics and Policy, Vol. 19, pp. 405-413.

Gustafsson, Karl Erik und *Lennart Weibull* (1996), Europäische Zeitungsleser – Ein Überblick, in: ENPA (Hg.), Europa liest Zeitung, Brüssel, S. 31-61.

Hahn, Dieter (1992), Pressevertrieb und Pressefreiheit in der Bundesrepublik Deutschland im Spannungsfeld von deutschem und europäischem Kartell- und Wettbewerbsrecht, in: Archiv der Presse, 23. Jg., S. 116-123.

Haller, Michael (2006), Informationsfreiheit und Pressevertrieb in Europa, 2. Aufl., Baden-Baden.

Heinrich, Jürgen (1984), Marktzutritt als Systemelement des Wettbewerbs, in: *Gerd G. Kopper* (Hg.), Marktzutritt bei Tageszeitungen: zur Sicherung von Meinungsvielfalt durch Wettbewerb, München u. a., S. 75-86.

Heinrich, Jürgen (2001), Medienökonomie, Band 1, 2. Aufl., Wiesbaden.

Jarass, Hans D. (1978), Die Freiheit der Massenmedien: Zur staatlichen Einwirkung auf Presse, Rundfunk, Film und andere Medien, Materialien zur interdisziplinären Medienforschung Bd. 8, Baden-Baden.

Kaiser, Joseph H. (1979): Das Recht des Presse-Grosso, Baden-Baden.

Kerber, Wolfgang und *Ulrich Schwalbe* (2007): Ökonomische Grundlagen des Wettbewerbsrechts, in: *Günter Hirsch, Frank Montag* und *Franz Jürgen Säcker* (Hg.), Münchener Kommentar zum Europäischen und Deutschen Wettbewerbsrecht (Kartellrecht), Bd. 1: Europäisches Wettbewerbsrecht, München, S. 238-430.

Kloepfer, Michael und *Gregor Kutzschbach* (1999), Presse-Grosso zwischen Kartell- und Verfassungsrecht, in: Archiv der Presse, 30. Jg., S. 1-7.

Kloepfer, Michael (2000), Presse-Grosso unter dem Schutz von Verfassungsrecht und Europarecht: Zur Stellung des Pressevertriebs im deutschen und europäischen Verfassungsrecht, Baden-Baden.

Krause-Ablaß, Günter B. (1979), Möglichkeiten und Grenzen der staatlichen Gewährung von Pressefreiheit, in: *Heinz-Dietrich Fischer* und *Barbara Baerns* (Hg.), Wettbewerbswidrige Praktiken auf dem Pressemarkt, Materialien zur interdisziplinären Medienforschung Bd. 7, Baden-Baden, S. 11-17.

Löffler, Martin und *Reinhart Ricker* (1994), Handbuch des Presserechts, 3. Aufl., München.

Media Perspektiven Basisdaten (2007), Daten zur Mediensituation in Deutschland 2007, Frankfurt/M.

Mestmäcker, Ernst-Joachim (1984), Pressefreiheit im Lichte des Wettbewerbsrechts: Über das Verhältnis von Wettbewerb und Pressefreiheit, in: *Jürgen Wilk,* (Hg.), Pressefreiheit, Darmstadt:, S. 435-458.

Meyer-Lucht, Robin (2003), Sinkende Auflagen, Einbrüche im Anzeigengeschäft, Konkurrent Internet: Die Krise auf dem deutschen Tageszeitungsmarkt, in: Analysen der Friedrich-Ebert-Stiftung zur Informationsgesellschaft, Nr. 9, S. 1-14.

Miller, Ralf (2002), Das deutsche Presse-Grosso als wettbewerblicher Ausnahmebereich aus Sicht eines evolutorischen Konzeptes der Wettbewerbsfreiheit, Bayreuth.

Monopolkommission (1992), Wettbewerbspolitik oder Industriepolitik, Hauptgutachten 1990/1991, Baden-Baden.

Müller-Graf, Peter-Christian (1992), Die Freistellung vom Kartellverbot, in: Europarecht, 27. Jg., S. 1-40.

Noelle-Neumann, Elisabeth, Winfried Schulz und *Jürgen Wilke* (1994), Fischer Lexikon Publizistik Massenkommunikation, Frankfurt/M.

Nußberger, Ulrich (1966), Probleme des Zeitungs- und Zeitschriftenverlages, Stuttgart.

Oberreuter, Heinrich (1982), Übermacht der Medien: Erstickt die demokratische Kommunikation?, Zürich und Osnabrück.

Posner, Richard A. (1975), Antitrust Policy and the Supreme Court: An Analysis of the Restricted Distribution, Horizontal Merger and Potential Competition Decisions, in: Columbia Law Review, Vol. 75, pp. 282-327

Presse- und Informationsamt der Bundesregierung (1996), Europa 2000 – Die Europäische Union der fünfzehn Staaten, Bonn.

Reumann, Kurt (1968), Entwicklung der Vertriebs- und Anzeigenerlöse seit dem 19. Jahrhundert, in: Publizistik, 13. Jg., S. 226-271.

Roggen, Michael (1983), Pressevertrieb und Kartellrecht, Schriften zum Wirtschaftsrecht Bd. 46, Berlin.

Ronneberger, Franz (1974), Die politischen Funktionen der Massenmedien, in: *Wolfgang R. Langenbucher* (Hg.), Zur Theorie der politischen Kommunikation, München, S. 193-205.

Röpke, Jochen (1970), Wettbewerb, Pressefreiheit und öffentliche Meinung: Eine Analyse der Wirkungen, in: Schmollers Jahrbuch, 90. Jg., 1. Halbbd., S. 171-192.

Rudolf, Walter (1989), Völkerrecht und Europarecht, in: *Fuhr, Ernst W.* (Hg.): Recht der neuen Medien: Ein Handbuch, Heidelberg, S. 148-210.

Saecker, Fanz Jürgen und *Alexander Molle* (2007), Wettbewerbsbeschränkende und wettbewerbsfördernde Elemente der Vereinbarung ("Per-se-verbote" und "Rule of Reason"), in: *Günter Hirsch, Frank Montag* und *Franz Jürgen Säcker* (Hg.), Münchener Kommentar zum Europäischen und Deutschen Wettbewerbsrecht (Kartellrecht), Bd. 1: Europäisches Wettbewerbsrecht, München, S. 634-651.

Schollmeier, Andreas und *Dieter Krimphove* (1997), Europäisches Wirtschaftsrecht, in: *Albert Bleckmann* (Hg.), Europarecht, 6. Aufl., Köln u. a., S. 650-717.

Triebenstein, Olaf (1969), Die volkswirtschaftliche Bedeutung des Zeitungs- und Zeitschriften-Großhandels in der BRD, St. Gallen.

Uwer, Dirk (1998), Medienkonzentration und Pluralismussicherung im Lichte des europäischen Menschenrechts der Pressefreiheit, Berlin und Baden-Baden.

VDZ – Verband Deutscher Zeitschriftenverleger (1979), Die Struktur des Pressevertriebs in der Bundesrepublik, Bonn.

VDZ – Verband Deutscher Zeitschriftenverleger (1998), Vertriebslexikon, Bonn.

VDZ – Verband Deutscher Zeitschriftenverleger (1999): Das Verfahren der körperlosen Remission, 4. Aufl., Bonn und Köln [abrufbar unter: http://www.pressegrosso.de/bereiche/marktanalyse/remissionsverfahren.html].

Vogel, Andreas (2004), Konsolidierte Großkonzerne bereit zu erneutem Wachstum: Daten zum Markt und zur Konzentration der Publikumspresse in Deutschland im I. Quartal 2004, in: Media Perspektiven, 07/2004, S. 322-338.

Vogel, Andreas (2007), Der Trend zur Segmentierung geht dem Ende zu: Die Publikumspresse – gestern, heute, morgen, in: *Mike Friedrichsen* und *Martin F. Brunner* (Hg.), Perspektiven für die Publikumszeitschrift, Berlin u.a., S. 49-64.

Zohlnhöfer, Werner (1989), Zur Ökonomie des Pressewesens in der Bundesrepublik Deutschland, in: *Michael Schenk* und *Joachim Donnerstag* (Hg.), Medienökonomie, Reihe Medien Skripte, Bd. 6, München, S. 35-75.

Anhang

Tabelle 1: Vertriebsstrukturen und Leserdichte im Ländervergleich

Merkmale	Bevölkerung [Mio]	Fläche [km²]	Bevölke-rungs-dichte [EW/km²]	Presse-Verkaufs-stellen (EH)	Einwoh-ner pro EH	Fläche pro EH [km²]	Leser-dichte	Ver-kaufsstel-len für Inter-nationale
Deutschland	82,2	357.000	230	118.000	696	3	311	17.600
Österreich	8,2	84.000	97	12.000	681	7	296	1.000
Luxemburg	0,4	2.600	164	270	1.578	10	328	270
Großbritanien	59,2	243.000	244	45.000	1.316	5	331	2.100
Frankreich	58,9	544.000	108	33.000	1.785	16	218	3.500
Italien	57,3	301.000	190	37.500	1.529	8	104	3.000
Spanien	39,6	505.000	78	27.000	1.468	19	99	5.600
Portugal	9,9	92.000	107	7.000	1.410	13	75	1.100
Griechenland	10,6	132.000	81	10.000	1.063	13	153	700
Belgien	10,2	31.000	327	6.600	1.538	5	161	2.000
Niederlande	15,7	37.000	425	9.000	1.749	4	306	4.700
Dänemark	5,3	43.000	123	9.500	556	5	311	1.200
Schweden	8,9	450.000	20	17.000	523	26	445	500
Finnland	5,2	338.000	15	8.000	646	42	455	4.000

Quelle: *Biermeier* (2002), S. 67

Tabelle 2: Strukturmerkmale ausgewählter Pressevertriebssysteme in Europa

	Preisbindung (gesetzlich)	**Verwendungs-bindung (ver-traglich)**	**Remissions-recht (zu 100 %)**	**Dispositions-recht (durch Verlag)**	**Alleinauslie-ferungsrecht (vertraglich)**	**Neutralität (handelsüblich)**
Deutschland	✓	✓	✓	✓	✓	✓
Österreich	✓	✓	✓	✓	✓	✓
Belgien	✓ (handelsüb-lich	✓	✓	✓	✓ (handelsüblich	✓
Niederland	Aufgehoben: 17.200; handel-sübl. für nat. Zeitungen	✓	✓	✓ (einvernehmlich)	✓ (handelsüblich	✓
Luxemburg	✓	✓	✓	✓	✓	✓
Großbritan-	Gesetzl. unters.	✓ (handelsüblich	✓ (nur z. T.)	✓ (Grossist/EH)	✓	✓
Frankreich	✓	✓	✓ (Obergrenze)	✓	✓ (handelsüblich	✓
Italien	✓ (handelsüb-lich	✓ (handelsüblich	✓	✓ (einvernehmlich)	✓ (pro Titel)	✓
Spanien	✓	✓ (handelsüblich	✓	✓ (einvernehmlich)	✓ (pro Titel)	✓
Portugal	✓	✓ (handelsüblich	✓	✓ (einvernehmlich)	✓	✓
Griechenland	✓ (handelsüb-lich	✓ (handelsüblich	✓	(Grossist/National-vertrieb)	✓ (handelsüblich	✓
Dänemark	✓ (handelsüb-lich	✓	✓	✓	✓ (handelsüblich	✓
Schweden	✓ (handelsüb-lich	✓	✓	✓ (einvernehmlich)	✓ (handelsüblich	✓
Finnland	✓ (handelsüb-lich	✓	✓	✓ (einvernehmlich)	✓	✓

Quelle: Eigene Darstellung auf Grundlage von *Biermeier* (2002).

Tabelle 3: Handelsspannen bei Nachrichtenmagazinen (in % des Endverkaufspreises)

	Focus	L'Espresso	Le Point	The Economist
Verkaufspreis am PoS (inkl. MwSt.) in Euro	2,70	2,80	3,00	4,50
Netto-Warenwert (d. h. ohne MwSt.) in Prozent des Verkaufspreises (=Basis für die Handelsspannen)	93,46%	98%	97,9%	100%
Nationalvertrieb in Prozent des Netto-Warenwert	entfällt	3%	7%	7%
Presse-Grosso in Prozent des Netto-Warenwert	13,7%	4,8-5,0%	9,8%	11,6-12%
Lokale Verteiler in Prozent des Netto-Warenwert	entfällt	4,8%	entfällt	entfällt
Einzelhandel in Prozent des Netto-Warenwert	18,3%	19%	16,7%	25%
Wertschöpfung der Handelsstufen	32%	31,6%	33,5%	43,8%
Erlösanteil des Verlags am Netto-Warenwert	68%	68,4%	66,5%	56,2%
Mehrwertsteuer in Prozent des Netto-Warenwerts	7%	4%	2,1%	entfällt
Erlösanteil des Verlags am Verkaufspreis (inkl. MwSt.)	62,4%	67%	63%	56,2%

Quelle: *Haller* (2006), S. 162.

Tabelle 4: Handelsspannen bei Tageszeitungen (in % des Endverkaufspreises)

	FAZ	Corriere della Sera	Le Monde	Daily Tele-graph
Verkaufspreis am PoS (inkl. MwSt.) in Euro	1,50 (Mo-Fr)	0,90	1,20	0,60 (Di-Fr)
Netto-Warenwert (d. h. ohne MwSt.) in Prozent des Endpreises (=Basis für die Handelsspannen)	93,46%	98%	97,9%	100%
Nationalvertrieb in Prozent des Netto-Warenwert	entfällt	3%	6,9%	entfällt
Presse-Grosso in Prozent des Netto-Warenwert	22,76 und 23,76%	4,8-5,0%	9,8%	6,5%
Lokale Verteiler in Prozent des Netto-Warenwert	entfällt	4,8%	entfällt	entfällt
Einzelhandel in Prozent des Netto-Warenwert	19,24%	19%	16,6%	23%
Wertschöpfung der Handelsstufen	43 bzw. 44%	31,8%	33,3%	29,5%
Erlösanteil des Verlags am Netto-Warenwert	56 bzw. 57%	68,2%	66,7%	71,5%
Mehrwertsteuer in Prozent des Netto-Warenwerts	7%	4%	2,1%	entfällt
Erlösanteil des Verlags am Verkaufspreis (inkl. MwSt.)	52,33 bzw. 53,27 %	67%	66,1%	71,5%

Quelle: *Haller* (2006), S. 164.

Tabelle 5: Order- und Präsenzsortiment ausgewählter Grossisten

Bundesverband Presse-Grosso (2001): Durchschnittliches Präsenzsortiment: ca. 1.600 Titel Durchschnittliche. Ordersortiment: über 4.000 Titel **Ordersortiment nach Auskunft ausgewählter Grossisten: Presse-Vertrieb Dresden:** ca. 3.000 Titel **Berliner Presse-Vertrieb GmbH:** ca. 4500 Titel **Presse-Vertrieb Jost (München):** ca. 4.000 Titel **Hinrich Müggel KG, Stade:** ca. 3.300 Titel **Roth + Horsch Pressevertrieb GmbH & Co. KG, Weiterstadt:** ca. 3.500 Titel **Pressevertrieb H.-U. Grade, Elmshorn:** ca. 3.400 Titel	**Nationale Grossisten:** **ADN/Pieroni** (FB 2000): Tageszeitungen 100 Zeitschriften: 5.000 (Ordersortiment) **Messagerie internazionali** (FB 20001) TZ 50-80 **ADN/Pieroni** (FB 2000)TZ 100, Zeitschr. 5.000 (Ordersortiment) **CISL** (FB 2001): ZS ca. 4000 (Ordersortiment) **Ordersortiment** nach Auskunft regionaler/lokaler Grossisten: **Fratelli Giorgi** (Grossist in Florenz): 250 Periodika, inkl. Auslandsprod.) 5 Tageszeitungen (Präsenzsortiment)	Nationale Grossisten: **ANMW** (FB 1999): **Ordersortiment:** 2.500 Zeitschr., mehr als 100 Tagesztgen; **Präsenzsortiment:** 1.200 Zeitschriften und 25 Tagesztgen. **NFRN** (FB 1999): **Ordersortiment** 3.500 Zeitschriften in UK, eine kleine Anzahl davon nur über Abo erhhältlich, 13 nationale Zeitungen **Präsenzsortiment:** 100-2.000 Magazine, abhängig von Größe und Art des PoS	**MLP:** 1.600 Zeitschriftentitel (FB 1999) **NMPP:** 3.200 Zeitungs- und Zeitschriftentitel (davon 700 ausländische) (FB 2001) **Viele Zwischenhändler** distribuieren die Titel beider ND. Zusammen sind dies (ohne Schnittmenge) 3.500 Zeitschriftentitel **SAD** (Verteiler von NMPP) und **UNDP** verteilen alle verfügbaren Titel; Zw.händler von Chalon-sur-Marne hat 2.800 im Programm **keine Unterscheidung zw. Präsenz- und Ordersortiment.**

Quelle: *Haller* (2006), S. 123.

Tabelle 6: Absatzwege und Vertriebskanäle

	Deutschland	Italien	Großbritannien	Frankreich
Über den Pressegroßhandel	TZ: 32% ZS: 45% WZ: 11%	TZ: 92% ZS: 85%	TZ: 95% ZS: 90%	Nat. TZ: 75% Reg. TZ: 48% ZS: 64%
Sonderformen			Zustellservice durch Einzelhandel (home-delivery): TZ: ca. 25% ZS: ca. 15%	Zustellservice durch die Post (Abonnements): TZ: ca. 15,4% ZS: ca. 29,1%
Verlagsabonnement (inkl. WBZ)	TZ: 66% ZS: 43% WZ: 78%	TZ: 8% LokTZ:15% ZS: 19%	TZ: 2% ZS: 5%	(à portage): Nat. TZ: 6% Reg. TZ: 38% ZS: 7%
Lesezirkel	ZS: 3% WZ: 3%	-	-	-
Sonstige Formen	TZ: 2% ZS: 9% WZ: 9%	nicht feststellbar	ZS: 9%	Nat. TZ: 3% Reg. TZ: 2%

Quelle: Haller (2006), S. 86.

Erläuterung: TZ: Tageszeitung; ZS: Zeitschriften; WZ: Wochenzeitungen.

Tabelle 7: Ausgewählte Betriebskostenanteile regionaler Grosso-Unternehmen

	Deutschland	Italien	Frankreich
Overheadkosten **(Verwaltung, Gebäude, Geschäftsleitung)**	Ca. 30%	22-24%	Ca. 25-38%
Kommissionierung und Remission	Ca. 23%	Ca. 28%	30%
Transportkosten und Logistik	Ca. 20-23%	28-30%	28-32%
Operatives Management **(Dispostion, EDV, Kundendienst)**	Ca. 18%	8-10%	6-8%

Quelle: *Haller* (2006), S. 166.

Abbildung 1: Sparten-Kalkulation eines Verlagshauses für den Titel XY

Tabelle 23: Sparten-Kalkulation Titel XY

Preise			Spannen		Herstellkosten:	
Preise - E V:	2,50	€	GR	19,60%	Durchschnittspreis €	0,60
- Abo:	2,40	€	EH	20,24%	Fortdruckpreis €	0,50
MwSt:	7,0	%	GR / EH	39,84%	Heftgewicht	300 g
MwSt: CH	2,4	%	B B	37,44%	Heftumfang	200 Seiten
MwSt: A	10,0	%	LZ	90,63%	Verkaufte Auflage Grosso Inland	70.000 Ex.

	I N L A N D								A U S L A N D				
	Grosso	Sonder -Grosso	BB	Lese-zirkel	W B Z - Agentur	WBZ Postversand	Verlags-Abo	Rabatt. Abo	E V - Ausland	Abo - Schweiz	Abo - Ausland	WBZ - Österreich	LZ Ausland
REMISSIONS-QUOTE	40,0%	30,0%	30,0%	1,0%	5,0%	1,0%	1,0%	1,0%	40,00%	1,0%	1,0%	0,5%	1,0%
Verkaufspreis in €	2,50	2,50	2,50		2,40	2,40	2,40	2,40		sfr 5,00	2,95		
Währungskurs													
Netto-Preis in €	2,34	2,34	2,34		2,24	2,24	2,24	2,24		4,88			
Handelsspanne in €	0,9308	0,4729	0,8748		0,0000	0,0000		40,0%		0,64			
Verlags-Erlös in €	**1,4056**	**1,8636**	**1,4617**	**0,2189**	**2,2430**	**2,2430**	**2,2430**	**1,3458**	**1,4367**	**€ 3,1250**	**2,6818**	**1,4500**	**1,4500**
+Post-/Verw.Gebühr						0,4637							
						2,7067							
HEFT-KOSTEN	**0,5000**	**0,5000**	**0,5000**	**0,5000**	**0,5000**	**0,5000**	**0,5000**	**0,5000**	**0,5000**	**0,5000**	**0,5000**	**0,5000**	**0,5000**
- konfektionieren													
- SBA / beschriften													
- einschweißen	Kosten für einschweißen, palettieren, Post aufliefern usw. sind in den Herstellkosten enthalten .												
- palettieren													
- Post-aufliefern													
-Porto										0,5100	0,3400		
- LKW-Versand	0,0300	0,0300	0,0300	0,0300	0,0300				0,0241	0,0300	0,0300	0,0241	0,0241
- Post-Versand		0,2559				0,4275	0,4275	0,4275					
VERSAND-KOSTEN	**0,0300**	**0,2859**	**0,0300**	**0,0300**	**0,0300**	**0,4275**	**0,4275**	**0,4275**	**0,0241**	**0,5400**	**0,3700**	**0,0241**	**0,0241**
- Heft	0,3333	0,2143	0,2143	0,0051	0,0263	0,0051	0,0051	0,0051	0,3333	0,0051	0,0051	0,0025	0,0051
- Versand	0,0200	0,1225	0,0129	0,0003	0,0016	0,0043	0,0043	0,0043	0,0161	0,0055	0,0037	0,0001	0,0002
- Verwaltung						0,0013	0,0024	0,0024		0,0024	0,0024	0,0012	0,0000
REMISSIONSKOSTEN	**0,3533**	**0,3368**	**0,2271**	**0,0054**	**0,0279**	**0,0107**	**0,0118**	**0,0118**	**0,3494**	**0,0129**	**0,0112**	**0,0038**	**0,0053**
Deckungsbeitrag I	**0,5223**	**0,7408**	**0,7045**	**-0,3165**	**1,6851**	**1,3048**	**1,3037**	**0,4065**	**0,5632**	**2,0721**	**1,8006**	**0,9221**	**0,9206**
- Umlagen		0,2600				0,1325	0,2362	0,2362		0,2362	0,2362	0,2362	
Deckungsbeitrag II	**0,5223**	**0,4808**	**0,7045**	**-0,3165**	**1,6851**	**1,1723**	**1,0675**	**0,1703**	**0,5632**	**1,8359**	**1,5644**	**0,6859**	**0,9206**

Brummund (2006), S. 545.

Abbildung 2: Grossogebiete in Deutschland

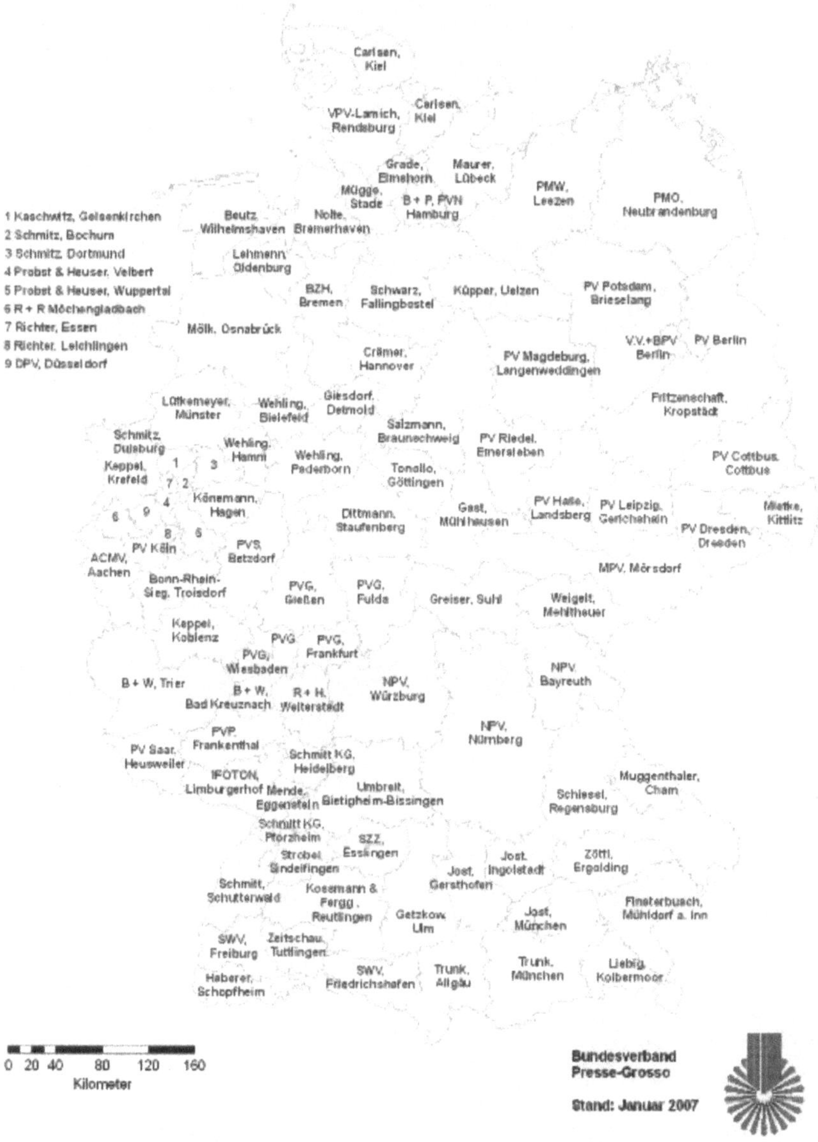

*Dirk Wentzel (Hg.), Medienökonomik –
Theoretische Grundlagen und ordnungspolitische Gestaltungsalternativen
Schriften zu Ordnungsfragen der Wirtschaft · Band 89 · Stuttgart · 2009*

Regulierung von Telekommunikationsmärkten – eine Aufgabe für die EU?

Torsten Sundmacher

Inhalt

1. Einleitung

Telekommunikationstechnologien haben in den letzten Jahrzehnten zu vielfältigen Veränderungen geführt. So haben sie in mancher Weise zu einer ‚Entgrenzung' beigetragen. Bisher bestimmende räumliche Entfernungen verlieren ihre Bedeutung und neue ‚digitale Landkarten' entstehen. Weiterhin sind sie eine wesentliche Bedingung für andere Informations- und Kommunikations-Technologien (IuK), die ebenfalls bisherige feste Grenzen auflösen: Software bestimmt nun die Motorleistungen, so dass physisch weitgehend identische Motoren in unterschiedlichen Leistungsstufen angeboten werden, und verschiedene Multifunktionsgeräte übernehmen mittels Software Funktionen jeweils anderer Geräteklassen (wie z.B. die wechselseitige Funktionsübernahme von Fernsehern, Computern, Handys und PDA zeigt).

Diese Entgrenzung und der dadurch mögliche effizienzsteigernde Neuzuschnitt von Arbeitsteilung sind ein wesentlicher Faktor für die zu beobachtenden Wachstumseffekte durch Telekommunikation bzw. durch IuK-Technologien im Allgemeinen (*Freund* und *Weinhold* 2002). Diese Wachstumsprozesse sind einerseits eine Folge technologischer Innovationen, die heute andere Möglichkeiten eröffnen als vor 30 Jahren. Andererseits hat es in diesem Zeitraum allerdings auch in vielen Staaten deutliche Änderungen des Telekommunikations-Ordnungsrahmens gegeben. Reduziert wurden in dem Zeitraum vormals deutliche Abweichungen vom Wohlfahrtsoptimum durch staatliche Monopole selbst außerhalb natürlicher Monopole, Inkompatibilitäten von Regulierung und staatlich induzierter technischer Fortschritt, der falsch, in einigen Bereichen zu gering, in anderen Teilen zu groß war.

Solche De- und Reregulierungsaktivitäten im Bereich Telekommunikation haben in Europa insbesondere die Marktentwicklung der letzten zehn Jahre geprägt. Sie sind stark beeinflusst durch die EU, auch wenn bisher (noch) wesentliche Regulierungskompetenzen auf nationaler Ebene angesiedelt sind. Die Liberalisierung von Netzindustrien mit dem Vorreiter Telekommunikation ist ein Vorzeigeprojekt einer ‚neuen' EU-Politik, die auf vielfältige Probleme mit EU-Überregulierungen, z.B. auf dem Agrarmarkt (wie etwa die Festlegung des Krümmungsgrads von Bananen), reagiert.

Das derzeitige Regulierungsregime in der EU kann durchaus vielfältige Erfolge vorweisen, und das angewendete Instrumentarium mit einer sektorspezifischen Regulierung, ausgestattet mit *ex ante*-Elementen und in Teilen moderner Anreizregulierung, entspricht im Großen und Ganzen dem Stand der wissenschaftlichen Regulierungsdiskussion. Und auch die Ergebnisse der Regulierung können sich sehen lassen: „Die Liberalisierung der Telekommunikationsbranche in Deutschland war ein durchschlagender Erfolg" (*Haucap* 2008, S. 1).

Während die vorfindliche Regulierung im Großen und Ganzen dem derzeitigen Diskussionsstand entspricht, gilt dies in zweifacher Hinsicht nicht für die Kompetenzallokation zwischen EU und nationalen Regulierungsbehörden. Einerseits gibt es bisher kaum eine wissenschaftliche Diskussion (als Ausnahme siehe *Haucap* und *Kühling* 2006), andererseits wird die bisherige Kompetenzallokation insbesondere durch die EU-Kommission stark in Frage gestellt und in Teilen eine stärkere Zentralisierung angestrebt.[1] Gleichzeitig gibt es deutliche Hinweise aus der Anwendung ökonomischer Theorien zur Kompetenzallokation, dass auch die jetzigen zentralen Kompetenzen der EU nach erfolgreicher Etablierung des jetzigen Regulierungsmodells in der EU nicht mehr notwendig sind und stattdessen stärker nationale Regulierungen zu besseren Ergebnissen führen können (*Monopolkommission* 2007, S. 70 ff.).

Vor diesem Hintergrund geplanter stärkerer Zentralisierung und einer bisher noch wenig entwickelten wissenschaftlichen Diskussion über die angemessene Kompetenzallokation bei der Telekommunikationsregulierung wird im Folgenden, ausgehend von den einschlägigen ökonomischen Theorien zur Allokation staatlicher Kompetenzen, über mehrere Ebenen untersucht, wie eine angemessene Ausgestaltung der Telekommunikationsregulierung aussehen könnte. Dabei wird sich zeigen, dass es gleichzeitig ein Zuviel und ein Zuwenig an EU-Kompetenzen gibt.

Zunächst wird kurz die Notwendigkeit staatlicher Eingriffe auf dem Telekommunikationsmarkt untersucht (Kapitel 2.1) und der derzeitige Regulierungsstand in groben Zügen skizziert (Kapitel 2.2). Nachfolgend werden die einschlägigen ökonomischen Theorien vorgestellt (Kapitel 3), mit deren Hilfe Kompetenzallokation bei der Telekommunikationsregulierung beurteilt werden kann. Dies erfolgt in Kapitel 4. Der Beitrag schließt in Kapitel 5 mit Ausgestaltungsempfehlungen zur Kompetenzallokation.

2. Notwendige und gegenwärtige Telekommunikationsregulierung

2.1. Begründbarkeit staatlicher Eingriffe auf Telekommunikationsmärkten

Neben distributiven Begründungen für staatliche Eingriffe auf dem Telekommunikationsmarkt, die insbesondere bei der Bereitstellung von Universaldiensten eine Rolle spielen, können allokative Unzulänglichkeiten staatliche Eingriffe begründen. Dabei ist das Vorliegen von Marktversagenstatbeständen (im extremen Fall kommt kein Markt, also kein Tausch zustande) oder die Existenz von Wettbewerbsversagen (ein Markt kommt zustande, aber der Tausch erfolgt zu falschen Preisen) nur eine notwendige, nicht jedoch eine hinreichende Bedingung für staatliche Eingriffe, denn der staatliche Eingriff kann durchaus zu stärkeren Wohlfahrtsverlusten führen als das allokative Problem selbst. Dies gilt insbesondere unter Beachtung von Effekten, wie sie in der Bürokratietheorie und der Neuen Politischen Ökonomie diskutiert werden[2] und für deren Existenz es bei der Telekommunikationsregulierung durchaus einige Anzeichnen gibt (*Schedl* und *Sulzle* 2007).

Auf Telekommunikationsmärkten können *Informationsasymmetrien* auftreten. Erfahrungs- oder gar Vertrauensgüter sind bei Netzen kaum zu vermuten – die Leistungen dieser Güter sind in der Regel einfach technisch messbar und der Nutzen dem Konsumenten deutlich vermittelbar. So können beispielsweise die *Download*-Zeiten bei Nutzung unterschiedlicher Netze problemlos verglichen werden. Bei Diensten oder Geräten

1 Zu einer ähnlichen Diskussion in den USA vgl. *Atkinson* (2006) und (*Sidak* 2006).

2 *Downs* (1957); *Olson* (1965); *Downs* (1967); *Niskanen* (1971).

können Informationsasymmetrien zwar durchaus vorkommen – allerdings verfügt der IuK-Bereich über besonders gute technische Möglichkeiten damit umzugehen. So lässt sich Software relativ zuverlässig mit Laufzeitbeschränkungen versehen, die es dem Kunden ermöglicht, sich von der Qualität des Produktes zu überzeugen, bevor er es kauft. Insgesamt ist nicht zu erkennen, dass auf dem Telekommunikationsmarkt im Speziellen oder dem IuK-Markt im Allgemeinen ein größeres Problem mit Informationsasymmetrien besteht als auf vielen anderen Märkten.

Ein möglicher Marktversagenstatbestand können *Netzwerkexternalitäten* sein. Liegt eine (positive) Netzwerkexternalität vor, dann steigt der Nutzen von Person A, wenn Person B ein Produkt nutzt, das Person A auch bereits verwendet. Wie bei anderen positiven Externalitäten auch liegt der tatsächliche Konsum unter dem optimalen Niveau, so dass es im Extremfall zu einer Nichteinführung eines Produkts oder einer Leistung kommen kann, da niemand ‚den ersten Schritt' tut und sich für ein Produkt oder eine Leistung entscheidet, deren Nutzen erst eintritt, wenn sich auch andere dafür entschieden haben (*Katz* und *Shapiro* 1985). Klassischerweise sind dabei Person A und B mit einer Leitung verbunden.[3] Ein Beispiel hierfür ist das Telefonieren – hat lediglich Person A einen Anschluß, ist seine Nutzenstiftung null, aber sie steigt (unter Absehung von Überfüllungskosten) mit der Anzahl weiterer Anschlüsse. Bei einem entwickelten Netz, wie es das Mobil- und Festnetz darstellt, ist allerdings der Nutzen zusätzlicher Anschlüsse relativ gering.[4] Ähnliches gilt für den Gerätemarkt. Netzwerkexternalitäten sind bei Geräten auf entwickelten Märkten wenig bedeutsam, da weitere Gerätenutzer nur einen geringen positiven externen Effekt verursachen. Hinzu kommt, dass auf dem Telekommunikationsmarkt unterschiedliche technologische Lösungen vorhanden sind, die aus Kundensicht häufig Gleiches oder sehr Ähnliches können (z.B. ein Handy, das auch Faxe oder Emails versenden kann). Selbst bei hohen Innovationsraten bestehen daher eine große Substituierbarkeit und auch Möglichkeiten zur Nutzung vielfältiger Standards. Insgesamt sind auf diesem Markt wenige Innovationen erkennbar, bei denen Netzwerkexternalitäten in bedeutsamem Umfang auftreten und dann einen wichtigen Grund für Innovationsverzögerungen darstellen. Insgesamt sind Netzwerkexternalitäten sicher nicht das vordringlichste Regulierungsproblem auf dem Telekommunikationsmarkt, zumal marktliche Lösungen zur Überwindung der innovationsbremsenden Wirkung von Netzwerkexternalitäten existieren (vgl. *Gröhn* 1999). Die Quersubventionierung von Handys über die Nutzungstarife ist ein praktiziertes Beispiel hierfür.

Andere (negative) Externalitäten sind durchaus auch auf dem Telekommunikationsmarkt anzutreffen. Sie können bei der Nutzung von Funkfrequenzen, aber auch bei der Verwendung von Leitungen durch mehrere Dienste auftreten. So kann die gleichzeitige Nutzung einer identischen Frequenz bzw. eines nahe gelegenen Frequenzbandes zur Übertragung von Informationen zu Interferenzen führen, die den Informationstransport unmöglich machen. Es bestehen teilweise technische Möglichkeiten zur Verringerung solcher Externalitäten: Paketbasierte Übertragungsverfahren (wie das IP-Protokoll) sind

---

3 Es kann sich aber auch um Standards handeln, wie bei Betriebssystemen oder Software.

4 Gleichzeitig ist die Gefahr von Überfüllungskosten hoch, die einen negativen externen Effekt darstellen.

ein Weg der gemeinsamen Nutzung von Übertragungswegen, ohne dass Interferenzprobleme auftreten. Weiterhin handelt es sich häufig bei Interferenzen nicht um vollständige externe Effekte, da von diesen auch der Verursacher der Interferenz betroffen ist. Insofern besteht hier ein Raum für wohlfahrtsverbessernde Verhandlungslösungen. Es verbleiben allerdings gerade bei der Nutzung des Übertragungsmediums ‚Luft' viele Fälle, in denen es ohne staatliches Eingreifen zu negativen Externalitäten kommen kann. In diesen Fällen können technische Vorgaben (wie eine Reduzierung der Sendeleistung und damit der Übertragungsreichweite) oder eine Vergabe ausschließlicher Lizenzen Lösungen für das Externalitätenproblem sein. Diese Regulierungsaufgaben auf dem Telekommunikationsmarkt sind durchaus bedeutsam und momentan durch die Neunutzungsmöglichkeit bisher analog verwendeter Frequenzen durch weit leistungsfähigere digitale Übertragung besonders wichtig. Insgesamt handelt es sich jedoch eher um eine Regulierung, die nur in größerem Zeitabstand notwendig ist, so dass die Frage nach der Kompetenzallokation möglicherweise nicht den Stellenwert hat wie bei anderen Regulierungsaufgaben. Weiterhin nimmt die Bedeutung der Frequenzallokation für einzelne Verwendungen, bedingt durch vermehrte technische Möglichkeiten, Interferenzprobleme zu vermeiden, deutlich ab.[5] Im Weiteren wird daher die Regulierung dieses Marktversagenstatbestands nicht weiter behandelt.

Von besonderer Bedeutung in Netzindustrien und damit auch in Teilen des Telekommunikationsmarktes können *monopolistische bottlenecks* sein. Diese führen zu negativen Wohlfahrtseffekten durch zu hohe Preise (*Cournot*-Preise) bei zu geringen Mengen im Monopolbereich sowie gegebenenfalls zu weiteren Wohlfahrtsverlusten in vor- und nachgelagerten Wertschöpfungsstufen. Natürliche Monopole liegen dann vor, wenn die Kostenfunktion im relevanten Nachfragebereich subadditiv ist, also eine Duplizierung der Einrichtung zu volkswirtschaftlich höheren Kosten führen würde als die Bereitstellung durch eine Einrichtung. Dies gilt in Telekommunikationsnetzen bei ausreichend vorhandenen Übertragungskapazitäten in besonderem Maße, da der Fixkostenanteil in diesen Netzen sehr hoch ist und die Grenzkosten der Durchleitung extrem gering sind.

Die Existenz eines natürlichen Monopols stellt jedoch noch keinen Marktversagenstatbestand dar, da der Monopolist möglicherweise durch einen *hit-and-run*-Wettbewerb eines neu hinzutretenden Wettbewerbers diszipliniert werden kann oder der potenzielle Markteintritt diese Wirkung hat (*Stigler* 1968; *Baumol, Panzar* und *Willig* 1982), so dass der Preis nicht gleich den Grenzerlösen ist, sondern sich stattdessen ein Preis in der Nähe der Durchschnittskosten einstellt.[6] Die Angreifbarkeit eines natürlichen Monopols

---

5 Vgl. *Heinrich* (1999, S. 200 f.). Aus diesem Grund beabsichtigt die EU-Kommission auch, die Einzelzuweisung von Frequenzen, die die Nutzungsrechte in einem Frequenzband einem einzigen Nutzer für eine bestimmte Anwendung (z.B. den Mobilfunk) zuweist, vermehrt aufzugeben und statt dessen Allgemeinzuweisungen zu verwenden, die für ein Frequenzspektrum lediglich bestimmte technische Spezifikationen (wie Sendeleistungen) festlegen, aber nutzer- und technologieneutral sind (*Kommission* 2007).

6 Ein Preis in Höhe der Grenzkosten wie im Falle der vollständigen Konkurrenz ist bei natürlichen Monopolen nicht zu erwarten, da aufgrund der streng fallenden Grenzkosten in diesem Fall eine Kostenunterdeckung entstünde, die langfristig zum Marktaustritt des Monopolisten führen würde.

durch einen potenziellen Wettbewerber wird wesentlich bestimmt durch den Umfang an Marktein- und -austrittsschranken. Neben staatlichen Marktzugangsbarrieren wirken in den Netzindustrien hohe versunkene Kosten des Leistungsnetzes als solche Schranken. So spielen bei der Verlegung des Telekommunikationsnetzes die Kosten der Leitungen eine geringe Rolle im Vergleich zu den Verlegungskosten z.B. unter einer Straße. Diese zuletzt genannten Kosten sind im wörtlichen Sinne unter der Erde versunken und können nicht zurückgeholt werden; auch eine Nutzung für andere Zwecke als dem der Informationsübertragung ist faktisch ausgeschlossen. Insofern kann es sich bei Telekommunikationsnetzen um nicht angreifbare natürliche Monopole handeln (*Kruse* 2002; *Dewenter* und *Haucap* 2004), bei denen die disziplinierende Wirkung potenzieller Markteintritte nicht eintritt.

Liegt schließlich ein solches nicht angreifbares natürliches Monopol in einem Bereich vor, dessen Zugänglichkeit für wettbewerblich organisierbare vor- und nachgelagerte Wertschöpfungsstufen eine notwendige Voraussetzung ihrer Tätigkeiten ist, handelt es sich um einen monopolistischen *bottleneck*. Das nicht angreifbare natürliche Monopol kann dann – gegebenenfalls als Ergebnis seiner unzureichenden Regulierung (*Knieps* 2002) – in seiner Wirkung auf die vor- und nachgelagerten Wertschöpfungsstufen ausstrahlen und durch Diskriminierungspraktiken den Zugang zum *bottleneck* erschweren. Telekommunikationsnetze können solch ein Flaschenhals sein, den z.B. Dienste benötigen, um vom Anbieter zu den Kunden zu gelangen.

Insgesamt ist unstrittig, dass Telekommunikationsnetze ein monopolistischer *bottleneck* sein können und eine wohlfahrtserhöhende Wirkung durch staatliche Eingriffe erstens in Form einer Preisregulierung zur Senkung von *Cournot*-Preisen und zweitens durch eine Marktzugangsregulierung zur Verhinderung von Netzzugangsdiskriminierung möglich ist. Bei Betrachtung der Situation auf den Telekommunikationsmärkten ist allerdings zu beachten, dass intra- und intermodaler Wettbewerb ganz wesentlich die Situation beeinflussen.

Auch durch Deregulierung von Bereichen, die kein Problem mit nicht angreifbaren natürlichen Monopolen haben (wie bei Diensten und Geräten), ist es in Europa zu einem erheblichen Nachfrageanstieg nach Telekommunikationsleistungen gekommen, die zum Neubau von Kapazitäten vor allem im Fernleitungsbereich geführt haben. Weiterhin gab es auf diesem Teilmarkt schon bestehende andere Leistungsnetze (in Deutschland vor allem bei der Bahn und bei den Stromversorgern), die in dieser Zeit für den allgemeinen Informationstransport geöffnet wurden. Ferner ist eine Durchleitung der Informationen über unterschiedliche Strecken (*Rerouting*) ohne nennenswerte Qualitätseffekte möglich, so dass verschiedene Leistungen zur Verbindung von zwei Teilnehmern verwendet werden können. Aus diesen Gründen besteht ein (inzwischen gut funktionierender) Wettbewerbsmarkt bei Fernleitungen *(intramodaler Wettbewerb)*.

Zusätzlich zu diesem intramodalen Wettbewerb, der sich bei kabelgebundener Übertragung im Fernbereich entwickelt hat, besteht durchaus auch ein Wettbewerb des ‚klassischen' Telefonkabels mit anderen Übertragungswegen von Informationen. Die Entstehung dieses *intermodalen Wettbewerbs* hängt eng zusammen mit der Entwicklung und zum Teil mit der Etablierung unterschiedlicher Technologien zum Datentransport jenseits der vorhandenen Leitungen. Besonders wichtig ist die Übertragung durch die Luft.

Dies betrifft z.B. Richtfunk, Mobilfunk und verschiedene Formen der Übertragung im Kurzstreckenbereich (*wireless local loop*). Neben der Möglichkeit eines intermodalen Wettbewerbs – also einer Datenübertragung nicht nur über Kabel, sondern auch über die Luft – bieten diese Technologien alle den großen Vorteil, dass sie zwar ebenfalls subadditive Kostenfunktionen aufweisen, jedoch in sehr viel geringerem Maße versunkene Kosten existieren. Notwendige Sende- und Vermittlungsanlagen lassen sich vergleichsweise einfach demontieren und an einem anderen Ort wieder verwenden. Insofern weisen Märkte mit diesen Technologien zumindest eine potenzielle Angreifbarkeit durch einen *hit-and-run*-Wettbewerb auf, so dass ein natürlicher Monopolist auch ohne staatlichen Eingriff diszipliniert und zu Preisen in Höhe der Durchschnittskosten gezwungen werden kann.

In der Gesamtschau auf die Situation der Telekommunikationsnetze könnte somit gefolgert werden, dass vor allem durch intramodalen Wettbewerb im Fernleitungsbereich sowie durch intermodalen Wettbewerb, der in den letzten Jahren vor allem die Übertragung im Nahbereich (der ‚letzten Meile') verändert hat, das *bottleneck*-Problem im Bereich der Telekommunikation gelöst ist.

Hierzu ist allerdings anzumerken, dass zwar inzwischen Technologien vorhanden sind, die die Überbrückung der ‚letzten Meile' durch ein Festnetz für viele Anwendungen überflüssig macht. Aber es bestehen erstens noch Probleme mangelnder Leistungsfähigkeit der kabelgebundenen Übertragungswege bei großen Datenmengen (wie sie z.B. bei *video on demand* bei hoher Bildqualität notwendig sind), so dass für diese Fälle kein technisches Substitut für das Festnetz besteht. Zweitens – und derzeit hinsichtlich des Gesamteffekts wichtiger – sind beide Übertragungswege für die meisten Kunden keine nahen Substitute. Ein wesentlicher Grund hierfür sind die nach wie vor großen Preisunterschiede z.B. zwischen Mobil- und Festnetztelefonie, auch wenn Anbieter inzwischen verschiedentlich Tarifmodelle vorgestellt haben, die diese Unterschiede verringern und sich so der Substituierbarkeit annähern. In breiter Front ist dies allerdings bisher noch nicht der Fall.

Somit besteht aus Sicht der Theorie nicht angreifbarer natürlicher Monopole zumindest für die ‚letzte Meile' – also die Teilnehmeranschlussleitung vom Telekommunikationsnutzer bis zur nächsten Vermittlungsstelle bzw. zum nächsten Netzknoten – ein Regulierungsproblem. Dieses wird anders als bei Fernleitungen, soweit bisher erkennbar, nicht durch intermodalen Wettbewerb gelöst werden. Denn die ‚letzte Meile' zum Telekommunikationskunden weist dank technischer Verbesserungen (Beispiel: DSL) heute ausreichende Übertragungskapazitäten auf, so dass kaum mit dem Bau paralleler Anschlussleitungen zu rechnen ist. Der intermodale Wettbewerb ist zwar im Wesentlichen technisch, nicht aber ökonomisch in hinreichendem Umfang vorhanden, um bei der ‚letzten Meile' derzeit von staatlicher Regulierung absehen zu können. Allerdings zeigt die technologische und die kostenseitige Entwicklung der Vergangenheit, dass kaum zu erwarten ist, dass dies immer so bleiben wird. Insofern sollte auch eine Regulierung der ‚letzten Meile' in kürzeren Abständen überprüft werden.

Abschließend ist darauf hinzuweisen, dass es auf dem Telekommunikationsmarkt einen Grund für staatliche Eingriffe gab, der sich aus der bis dato üblichen Behandlung der Telekommunikation als staatliches ‚Vollmonopol' über alle relevanten Wertschöpfungsketten bis hin zum Telefon ergab. Die Deregulierung von zu weitreichenden staatlichen Eingriffen (in Form geschaffener staatlicher Monopole) führte zu der bis heute in diesem Bereich besonders wichtigen Frage, wie im Anschluss an die Aufhebung der staatlichen Monopole das Problem der *missbräuchlichen Ausnutzung von Marktmacht* gelöst werden kann. Denn die ehemaligen Monopolisten wurden zwar ihres besonderen staatlichen Schutzes beraubt und zum Teil auch privatisiert – zerschlagen wurden sie jedoch nicht, so dass sich Marktneulinge regelmäßig erheblich marktmächtigen Altsassen gegenübersahen.

2.2. Kurze Skizze des Regulierungsdesigns in der EU

Die Eingriffe in den Telekommunikationsmarkt in der EU sind gekennzeichnet durch eine große Breite der ausgewählten Eingriffsbereiche mit einer generell erkennbaren Entwicklung von kleinen Anfängen – etwa der Endgeräterichtline von 1988 (88/301/EWG) zur Aufhebung der nationalen staatlichen Monopole auf Telefone u. ä. – zu einem umfänglichen Regelwerk für viele Teilmärkte sowohl auf der EU-Ebene als auch auf der Ebene der meisten Mitgliedsländer.

Einen wichtigen Schritt zum derzeitigen Eingriffsumfang auf der EU-Ebene bildet der 2002 beschlossene und national bis 2003 umzusetzende Rechtsrahmen für elektronische Kommunikationsdienste. Dieser besteht aus fünf Einzelrichtlinien:

- Die Rahmenrichtlinie (2002/21/EG) regelt insbesondere die generelle Kompetenzverteilung und die Ausgestaltung der Regulierung, die in den nachfolgenden Richtlinien spezifiziert wird.
- Die Richtlinie über die Genehmigung elektronischer Kommunikationsnetze und -dienste („Genehmigungsrichtlinie", 2002/20/EG) beschäftigt sich insbesondere mit der Frequenzallokation.
- Die Richtlinie über den Zugang zu elektronischen Kommunikationsnetzen („Zugangsrichtlinie“, 2002/19/EG) regelt den Zugang zu Netzen und die Zusammenschaltung.
- Die Richtlinie über den Universaldienst und die Nutzerrechte („Universaldienstrichtlinie“, 2002/22/EG) schreibt die flächendeckende Bereitstellung bestimmter Dienste vor.
- Die Richtlinie über die Verarbeitung personenbezogener Daten („Datenschutzrichtlinie für elektronische Kommunikation“, 2002/58/EG) bestimmt das EU-weit einzuhaltende Datenschutzniveau.

Dieses Regulierungspaket befindet sich seit 2005 in einem Überprüfungsprozess, der schon in der Rahmenrichtlinie von 2002 festgelegt worden war; der bisher letzte Stand ist ein Kommissionsvorschlag vom 13.11.2007, der den Regulierungsumfang verringern, gleichzeitig aber den Zentralisierungsgrad der Kompetenzallokation steigern will.

Auf den ersten Blick ist zu erkennen, dass die einzelnen Richtlinien sehr unterschiedlich ökonomisch begründet werden können: Die Datenschutzrichtlinie ist Teil der allgemeinen Verbraucherschutzpolitik, die sich eventuell mit dem Vorliegen asymmetrischer Informationen oder distributiv begründen läßt, und die Universaldienstrichtline ist klar distributiv begründet und lässt sich als Teil der Sozialpolitik einordnen. In beiden Fällen ist die Telekommunikationsspezifik relativ gering; gleiches gilt vermutlich auch für die ökonomischen Auswirkungen der Regelungen. Da sich beide Richtlinieninhalte weit weg von den in Kapitel 2.1. diskutierten Regulierungsproblemen im Telekommunikationsmarkt befinden, wird nachfolgend nicht mehr auf sie Bezug genommen.

Die Zugangs-, Genehmigungs- und Rahmenrichtlinie decken in etwa die Regulierungsprobleme ab, die in Kapitel 2.1. als wesentliche Markt- und Wettbewerbsversagensaspekte des Telekommunikationsmarkts identifiziert worden sind. Der generelle Zuschnitt dieses EU-Regulierungsansatzes beinhaltet insbesondere eine Abgrenzung von Märkten, die sich in etwa an üblichen Marktabgrenzungen des allgemeinen Wettbewerbsrechts orientiert. Allerdings ist sie nach wie vor relativ stark technologisch bestimmt. So findet z.B. die teilweise Substitution von Festnetz und Mobilfunk keine Berücksichtigung[7] – beide werden als zwei getrennte Märkte (untergliedert in weitere Teilmärkte) behandelt. Der generelle Ansatz zur Bestimmung einer Eingriffsnotwendigkeit auf den unterschiedenen Telekommunikationsmärkten besteht in einer Überprüfung auf missbräuchliche Ausnutzung von Marktmacht. Es findet also explizit keine Prüfung auf nicht angreifbare natürliche Monopole statt, so dass sich die EU-Regulierung entsprechend nicht nur auf Netze, sondern auch auf Dienste bezieht. Hinsichtlich der möglichen Regulierungsinstrumente wird ebenfalls kein Unterschied zwischen ‚einfachen' Marktmachtproblemen und monopolistischen *bottlenecks* gemacht.

In besonderem Maße zentralisierte Kompetenzen im Bereich der Regulierung von Marktmachtproblemen bestehen in der Definition von Telekommunikationsmärkten (ab 2002 18 Märkte; im Vorschlag der Kommission von 2007 sind sie auf sieben reduziert), in denen potenziell Wettbewerbsprobleme auftreten. Diese potenziell regulierungsbedürftigen Märkte werden ebenso wie die Kriterien für ihre Definition in einer nicht verbindlichen Empfehlung der Kommission veröffentlicht. Somit können Mitgliedsstaaten sowohl von den vorgegebenen Märkten als auch von den verwendeten Kriterien abweichen. Allerdings verfügt die Kommission über ein Vetorecht bei der Festlegung der relevanten Märkte durch die Mitgliedsstaaten, wenn Zweifel an der Vereinbarkeit mit dem Gemeinschaftsrecht bestehen (also z.B. die Marktdefinition zur Ausländerdiskriminierung genutzt wird) oder die allgemeinen Regulierungsziele und regulatorischen Grundsätze (niedergelegt vor allem in Art. 8 der Rahmenrichtlinie) verletzt werden. Es ist zu beobachten, dass das Vetorecht sehr selten verwendet wird, gleichzeitig aber die nationalen Abgrenzungen der Märkte in der Regel überwiegend mit den Vorgaben der Kommission übereinstimmen, so dass die Schlussfolgerung nahe liegt, dass die Empfehlung der Kommission zusammen mit ihrem Vetorecht bei Abweichungen einer *de facto*-Zentralisierung der Marktdefinition entspricht (vgl. *Monopolkommission* 2007, S. 74 f.).

Weiterhin zentralisiert ist der Analyserahmen, mit dessen Hilfe die Mitgliedsländer ihre Teilmärkte daraufhin untersuchen, ob in ihrem Land Wettbewerbsprobleme vorliegen. Auch hier wird der Analyserahmen in einer Empfehlung der Kommission festgelegt, von der die Nationalstaaten abweichen können. Ebenso verfügt hier die Kommissi-

7 Vgl. zur empirischen Situation *Wengler* und *Schäfer* (2003).

on wiederum über eine Vetomöglichkeit, wenn die nationale Feststellung nicht wirksamen Wettbewerbs nicht in Einklang mit dem Gemeinschaftsrecht oder den Vorgaben der Rahmenrichtlinie zu Zielen und Regulierungsgrundsätzen steht.

Kommen einzelne Mitgliedsländer zu dem Ergebnis, dass auf einem oder mehreren der Telekommunikationsmärkte kein wirksamer Wettbewerb herrscht, so haben sie die Kompetenz, über die einzusetzenden Instrumente ohne Vetomöglichkeit der Kommission zu entscheiden[8] – die Möglichkeit, keine Instrumente anzuwenden, haben sie allerdings nicht. In der deutschen Ausgestaltung des Instrumenteneinsatzes, wie es im Telekommunikationsgesetz von 2004 festgelegt ist, bedeutet dies z.B., dass zum Teil sehr weit reichende Instrumente zum Einsatz kommen. So können *ex ante*-Instrumente wie ein *price cap* oder gar eine Einzelpreisgenehmigung implementiert werden. Insofern reichen die verfügbaren Regulierungskompetenzen im Telekommunikationsmarkt weit über die Möglichkeiten des allgemeinen Wettbewerbsrechts bei vergleichbaren Fällen von Marktmacht hinaus. Insbesondere wird kein disaggregierter Ansatz verfolgt, der solche Formen der Preisregulierung zwar zur Disziplinierung monopolistischer *bottlenecks* vorsieht, für ‚normale' Marktmachtfälle aber eher ablehnt (*Knieps* 2002).

Eine Mischform zwischen einerseits der Zentralisierung von Marktdefinition und Vorgabe des Analyserahmens zur Feststellung von wirksamem Wettbewerb und andererseits der nationalen Zuständigkeit für Maßnahmen bei fehlendem wirksamen Wettbewerb bilden die Aktivitäten der *European Regulators Group* (ERG). Es handelt es sich um ein von der Kommission eingerichtetes Gremium, das aus Vertretern der nationalen Regulierungsbehörden und einem Kommissionsvertreter besteht. Dort werden Ergebnisse der nationalen Behörden vor der abschließenden Entscheidung über die Marktdefinition, die Feststellung von Marktmacht oder über einzuleitende Regulierungsmaßnahmen vorgelegt. Die Kommission und die anderen nationalen Regulierungsbehörden haben dann die Möglichkeit zu Stellungnahmen – diesen trägt der betroffene Regulierer „weitestgehend Rechnung" (Art. 7, Abs. 5 2002/21/EG). Auch wenn das Gremium keine Durchsetzungskompetenzen hat, so zeigte sich in der Vergangenheit doch ein erheblicher disziplinierender Effekt (*Haucap* und *Kühling* 2006, S. 330) – selbst unter der Bedingung, dass es sich bei den Stellungnahmen nicht um ein explizites Vetorecht handelt, da die Formulierung des „weitestgehend Rechnungtragens" durchaus Interpretationsspielraum zulässt. Der derzeitige Kommissionsvorschlag zur Überarbeitung des Richtlinienpakets sieht vor, diese Einrichtung zu einer *European Telecom Market Authority* auszubauen, in der die nationalen Regulierer zwar nach wie vor eine starke Stellung haben (und die Arbeit der Marktüberprüfung und Maßnahmeneinführung erledigen müssen), aber die zentrale Kompetenz insbesondere in der Verfahrensführung steigt trotz ihrer bisher vorgesehenen Ausrichtung auf eine reine Beratungsfunktion aber steigt. Weiterhin ist hervorzuheben, dass mit der *Authority* zum ersten Mal eine eigenständige EU-Telekommunikationsregulierungsbehörde – inklusive eige-

8 Abweichend hiervon werden insbesondere die Terminierungsentgelte für Mobilfunkgespräche behandelt. Hier wurde eine zentrale Festlegung der Preissenkungspfade außerhalb des sonstigen Regulierungsrahmens beschlossen.

nem EU-Personal – entsteht. Damit ist zumindest eine Vorbedingung für eine weitere Zentralisierung von Kompetenzen gelegt.[9]

Trotz einiger bedeutsamer zentralisierter Regulierungsinhalte bestehen nach wie vor erhebliche Unterschiede in der Telekommunikationsregulierung der Mitgliedsländer. Ein Grund hierfür dürften die immer noch vorhandenen, deutlich unterschiedlichen nationalen Voraussetzungen sein. So ist z.B. der intermodale Wettbewerb zwischen Breitbandkabel und dem Festnetz in der EU sehr unterschiedlich entwickelt (*Welfens* 2006). In den Niederlanden besteht ein echter Wettbewerb zwischen beiden Typen von Kabeln, so dass auch bei der ‚letzten Meile' kaum noch ein Problem mit monopolistischen *bottlenecks* bestehen dürfte, wenn auch der politische Akt der Netzduplizierung vermutlich volkswirtschaftlich ineffizient war. In Deutschland trifft letzteres wahrscheinlich auch zu, doch hier erfüllt das Breitbandkabel noch nicht einmal die Funktion einer Verringerung von Problemen in monopolistischen *bottlenecks*, wie dies in den Niederlanden der Fall ist. Wesentlicher Grund hierfür ist die Zersplitterung des Angebots. So sind viele tausend Eigentümer der ‚letzten Meile' vorhanden mit der Folge, dass Transaktionskosten für Diensteanbieter, die diese ‚letzte Meile' nutzen wollen, extrem hoch sind und daher ein intermodaler Wettbewerb mit dem Festnetz weitgehend unterbleibt.

Neben einem unterschiedlichen Zustand der Märkte spielt aber auch die stark divergierende nationale Ausgestaltung der Regulierung eine wichtige Rolle, wie sie sich z.B. in Regulierungsrankings zeigt[10]. Auch wenn die Bewertung der Länder vor dem Hintergrund einiger Kritik am Rankingverfahren (*Zenhäusern*, *Telser* und *Worm* 2006) nicht überbewertet werden sollte, so zeigt sich dennoch eine große Differenz zwischen den Ländern, die auch in den untersuchten Jahren seit 2004 nicht kleiner geworden ist. Die hier sichtbar werdenden Differenzen sind weniger Ausdruck unterschiedlicher Zustände der nationalen Märkte, sondern verdeutlichen – insbesondere in der Kategorie „Institutional Framework" – unterschiedliche nationale Regulierungsausgestaltungen.

Insgesamt ist der Zentralisierungsgrad im Vergleich zur Agrarpolitik gering, verglichen mit der Sozialpolitik (s. *Müller* und *Sundmacher* 2006) allerdings deutlich höher. Auch im ‚direkten Vergleich' mit der allgemeinen Wettbewerbspolitik ist der Zentralisierungsgrad der EU-Telekommunikationsregulierung im Wesentlichen geringer – so hat die Kommission insbesondere keine Möglichkeit, Regulierungsmaßnahmen bei Fehlen wirksamen Wettbewerbs vorzuschlagen oder gar zu implementieren. Allerdings sind Telekommunikationsmärkte in Teilen notwendigerweise sehr stark von kleineren räumräumlichen Einheiten geprägt – Ortsgespräche haben etwa als Extrembeispiel in den seltensten Fällen Binnenmarktrelevanz (*Haucap* und *Kühling* 2006, S. 337 f.).[11] Vor

9 Ein ähnliches Modell ist mit der European Medicines Agency (EMEA) im Bereich der zentralisierten EU-Arzneimittelzulassung anzutreffen (*Cassel, Sundmacher* und *Müller* 2007).

10 Zumindest für die Regulierung von Vorleistungen wird jedoch in einer anderen Untersuchung eine deutliche Konvergenz der Regulierung festgestellt (*Kiesewetter* 2007). Die Regulierung von Endkundenmärkten zeigt hingegen den gegenteiligen Trend.

11 Insgesamt spielen Binnenmarktüberlegungen für Telekommunikationsmärkte eine untergeordnete Rolle. Zwar sind funktionierende Telekommunikationsmärkte ein sehr wichtiger Faktor für die innereuropäische Integration. Die allermeisten Telekommunikationsleistungen sind aber nicht ‚binnenmarktfähig', da sie – wie Immobilien – nicht im- oder exportiert wer-

diesem Hintergrund wird im Folgenden zu prüfen sein, welche Antworten die ökonomische Theorie der Kompetenzallokation auf die Frage gibt, ob die EU die richtige Ebene für die Regulierung der Telekommunikationsmärkte ist.

3. Ebenentheorie

3.1. ‚Naives' Subsidiaritätsprinzip: die Effektivitätsinterpretation

> „Was im Dorf, in der Ortsgemeinde geleistet werden kann, das trage man nicht an das grosse öffentliche Gemeinwesen Staat heran; was im engeren Kreis der Familie erledigt werden kann, damit befasse man nicht die Öffentlichkeit, was man selbst tun kann, damit behellige man nicht andere" (*Nell-Breuning* 1985, S. 55).

Diese Definition von Subsidiarität, die als Interpretation der Enzyklika „Quadragesimo anno" (Papst Pius XI.) von 1931 durch *Nell-Breuning* angesehen werden kann, an der er mitwirkte, lässt sich – abgehoben von der Bedeutung in der katholischen Soziallehre (*Rauscher* 1999) – als Effektivitätsinterpretation des Subsidiaritätsprinzips deuten.

Wenn eine untere Ebene so lange eine Kompetenz behalten soll, wie sie die damit verbundenen Aufgaben ausführen kann, so kann dies dazu führen, dass sie dies ineffizient tut. Denn die Kompetenzverteilungsregel des so verstandenen Subsidiaritätsprinzips spricht nur von der Fähigkeit, dem Können und somit der Effektivität einer Handlung, nicht aber gleichzeitig von ihren Kosten, also zusammengenommen von ihrer Effizienz. Insofern ist eine solche Effektivitätsinterpretation aus ökonomischer Sicht im Allgemeinen wenig plausibel, da nicht danach gefragt wird, ob eine Ebene eine Leistung entsprechend des ökonomischen Prinzips effizient erbringen kann. Eine generelle Bevorzugung einer unteren kollektiven Ebene, also ein ‚Ebenensubsidiarismus', stellt sogar einen Verstoß gegen den normativen (und methodologischen) Individualismus dar, da dann einer unteren Ebene eigene Ziele zugestanden werden, die vor der höheren Einheit ‚geschützt' werden müssen (*Apolte* 2004, S. 272 ff.). Vor diesem Hintergrund lassen sich die nachfolgend behandelten Theorien zur Kompetenzallokation als der Versuch verstehen, eine Effizienzbetrachtung der Kompetenzallokation über verschiedene Ebenen zu operationalisieren.

3.2. Theorie des fiskalischen Föderalismus

Die unterschiedlichen Theoriestränge des fiskalischen Föderalismus versuchen zu zeigen, wie die Ermittlung einer effizienten Kompetenzallokation über Ebenen durch die Entwicklung von ‚Prüfkriterien' operationalisiert werden kann. Wesentlich ist die Untersuchung auf ebenenübergreifende Externalitäten und Skaleneffekte. Ihr Vorliegen kann möglicherweise Zentralisierung begründen, ihr Fehlen spricht für eine Kompe-

den können. Insofern kann eine angemessene Regulierung der europäischen Telekommunikationsmärkte die Binnenmarktentwicklung indirekt stärken, indem sie den Austausch anderer Waren und Dienstleistungen vereinfacht. Der direkte Binnenmarkteffekt durch den grenzüberschreitenden Handel mit Telekommunikationsdienstleistungen ist allerdings gering.

tenzallokation auf einer niedrigen (z.B. nationalstaatlichen) Ebene (als Übersicht vgl. *Apolte* 1999, S. 11-25).

Die Beantwortung der Frage, ob bei einer Regulierung *ebenenübergreifende Externalitäten* auftreten, macht eine Untersuchung der Gutseigenschaften von Regulierung notwendig. Zunächst ist festzustellen, dass es sich bei Regulierung in der Regel um ein öffentliches Gut handelt: Es besteht keine Rivalität im Konsum der Regulierungsresultate (z.B. der vom *Cournot*-Preis in Richtung Durchschnittskosten reduzierte Preis eines natürlichen Monopolisten), und auch ein Ausschluss vom Konsum des Gutes ist ökonomisch sinnvoll nicht möglich (und nicht gewollt). Die räumliche Reichweite der Regulierung ist auf dem Telekommunikationsmarkt sehr unterschiedlich und ähnelt der Regulierung in der Umweltschutzpolitik. So lassen sich einige globale öffentliche Güter erkennen (ähnlich dem Klimaschutz etwa die Regulierung von Interkontinentalnetzen), einige Regulierungseffekte sind regional beschränkt (ähnlich wie Umweltschutzmaßnahmen in Flussgebieten sind z.B. Regulierungen inländischer Telefonate zu beurteilen), und wieder andere sind in ihrer Wirkung lokal beschränkt (ähnlich wie Maßnahmen gegen Staub können z.B. Regulierungen von Ortsgesprächen hinsichtlich ihrer räumlichen Wirkung eingeordnet werden). Somit kann die Bereitstellung von Regulierung durchaus Effekte haben, die über die regulierende Jurisdiktion hinauswirken. Ob dies eintritt, liegt einerseits am regulierten Bereich, andererseits aber auch am Zuschnitt der Jurisdiktion.

Die auftretenden ebenenübergreifenden externen Effekte können dabei einerseits positiv sein. Beispielsweise senkt eine Regulierung nicht angreifbarer natürlicher Monopole im Inland auch die Gesprächskosten des Auslands ins Inland, ohne dass im Ausland eine Regulierung notwendig ist (die noch einmal den Preis durch Senkung der ausländischen Terminierungsentgelte senken könnte). Andererseits sind auch negative grenzübergreifende Externalitäten der Telekommunikationsregulierung vorstellbar. So kann eine Regulierung auch zur Ausländerdiskriminierung genutzt werden. Eine Möglichkeit hierzu bietet z.B. die Vorgabe von (Kostenrechnungs-)Standards, die in inländischen Unternehmen der Normalfall sind, für ausländische Anbieter aber mit erheblichen Implementierungs- und Betriebskosten einhergehen.

Treten solche grenzübergreifenden Externalitäten auf, dann kann eine Kompetenzallokation auf einer höheren Ebene eine Möglichkeit zur Internalisierung dieser externen Effekte sein. Allerdings ist es möglich, dass auch eine höhere Ebene (z.B. die EU) noch nicht ‚hoch genug' ist und die grenzübergreifenden externen Effekte (wie im Beispiel der Interkontinentalverbindungen) immer noch auftreten. Weiterhin sind auch bilaterale Verhandlungslösungen vorstellbar, bei der wechselseitig verursachte Externalitäten aus verschiedenen Bereichen zusammen betrachtet werden und möglicherweise – bei Verbleiben eines Nettoeffekts – Kompensationen vorgenommen werden.

Positive Skaleneffekte können zum einen beim *Konsum* von Regulierung auftreten. Hier besteht ein enger Bezug zu den vorangehend diskutierten grenzüberschreitenden externen Effekten. Im Falle eines globalen öffentlichen Gutes führt das Hinzukommen eines weiteren Konsumenten dieses Gutes aufgrund fehlender Konsumrivalität zu keinerlei Nutzenbeeinträchtigungen für die bisherigen Konsumenten oder zu steigenden totalen Kosten der Bereitstellung des Gutes, wohl aber zu sinkenden Durchschnittskosten. Dieser Skaleneffekt aufgrund einer Fixkostendegression ist ein deutliches Argument für eine zentrale (globale) Bereitstellung der Regulierung. Wie allerdings oben diskutiert, ist nur ein (kleiner) Teil der Regulierungswirkung räumlich unbeschränkt – nationale oder sogar vor allem lokale Wirkungen (etwa bei der besonders bedeutsamen Regulierung der ‚letzten Meile') sind eher die Regel, so dass mit Skaleneffekten im Konsum von Telekommunikationsregulierung nur sehr bedingt zu rechnen ist.

Positive Skaleneffekte sind aber auch bei der *Bereitstellung* der Regulierungsleistung möglich. Skalenvorteile in der Bereitstellung können – analog zur ökonomischen Theorie der Betriebsgröße (*Gutenberg* 1956) – dazu führen, dass eine zentrale Bereitstellung effizienter möglich ist. Welcher Teil der Bereitstellung – die Beschlussfassung und die politisch-administrative Umsetzung (Management) oder die tatsächliche Produktion – damit gemeint ist, bleibt zunächst offen.

Auch wenn bei der Entscheidungsfindung und besonders bei der politischen Umsetzung im engeren Sinne Kostenverläufe vorkommen, die für eine Zentralisierung sprechen, so können diese Zentralisierungsvorteile in erweiterter Kostenperspektive verloren gehen. Höhere Kosten durch umfänglicher wirkende Fehlentscheidungen sind ein Beispiel dafür, dass neben den reinen Entscheidungsfindungskosten, die deutliche Skaleneffekte aufweisen, weitere Kosten, die als Folge der Entscheidungsfindung entstehen, berücksichtigt werden müssen. Eine Gesamtbetrachtung aller Kosten in den Bereichen Entscheidungsfindung und politische Umsetzung kann daher zu Kostenverläufen ohne Skaleneffekte führen.

Bei der Beurteilung von Skaleneffekten bei der Produktion von Regulierung (also z.B. dem Entwurf, der Implementierung und der Kontrolle eines *price caps*) ist zu bedenken, dass diese Produktion nur in seltenen Fällen aufgrund schwerwiegender Marktversagenstatbestände eine staatliche Aufgabe ist. Liegt hier kein Marktversagen vor, dann sollte staatliches Eingreifen – egal auf welcher Ebene – generell unterbleiben, sondern stattdessen die Produktion privat erfolgen. Auf funktionierenden Märkten wird sich dann zeigen, ob Zentralisierungs- oder Dezentralisierungsvorteile überwiegen. Selbst wenn nicht an eine Privatisierung der Regulierungsproduktion gedacht wird, so ist zumindest eine deutliche Trennung zwischen der Zentralisierung von Entscheidungsfindung und politischer Umsetzung auf der einen und Produktion auf der anderen Seite vorzunehmen. Für beide Seiten kann es – insbesondere mit Blick auf Skaleneffekte – durchaus unterschiedliche optimale Kompetenzallokationen geben.

Neben positiven Skaleneffekten bei Konsum und Bereitstellung von Regulierung können noch ‚indirekte' Skaleneffekte bei den Regulierungsadressaten auftreten. Die Gleichartigkeit der Regulierung in vielen Nationalstaaten, somit also die Größe des Regulierungsraums, senkt Transaktions- und Informationskosten, vereinheitlicht Arbeitsabläufe und homogenisiert die Produktentwicklung.

3.3. Systemwettbewerb

Im Rahmen der vorangegangen diskutierten Kriterien (ebenenübergreifender Externalitäten und positiver Skaleneffekte) fehlte der Aspekt der Berücksichtigung von dynamischen Effekten von Zentralisierung und Dezentralisierung. Hierzu liefern Theorien des (neuen) Systemwettbewerbs weiterführende Ergebnisse.[12]

Besteht ein funktionierender Systemwettbewerb, entstehen bei dezentraler Regulierung parallel neue Lösungen (Mutationsfunktion), die erprobt werden können. Es setzt sich dann im Wettbewerb untereinander durch *Voice* oder *Exit* die beste Lösung durch (Selektionsfunktion). Der Wettbewerb von Systemen in Analogie zum Wettbewerb auf Märkten weist neben den auch von letzterem bekannten Problemen (wie etwa das Hervorbringen von wettbewerbsbehindernden Praktiken durch den Wettbewerb selbst[13]) weitere Besonderheiten auf. Zum einen kann es zum Versagen von Systemwettbewerb bei bestehendem Wettbewerb der Systeme kommen. Ein *race to the extrem (bottom/top)* bei der staatlichen Bereitstellung kann die Folge sein (*Sinn* 1997, 2004). Zum anderen kann Systemwettbewerb deshalb versagen, weil er aufgrund fehlenden Widerspruchs oder nicht erfolgter Abwanderung gar nicht erst zustande kommt. Dies ist insbesondere dann der Fall, wenn ein staatlicher Eingriff eine vergleichsweise kleine Bedeutung für die meisten Bürger hat, dieser Eingriff also im ‚Gesamtpaket' einer Abstimmung mehr oder weniger verschwindet und gleichzeitig hohe Mobilitätskosten eine Abwanderung besonders Betroffener verhindern.

Insgesamt bedarf es vermutlich relativ spezieller Konstellationen und/oder eines ausgefeilten Wettbewerbsrahmens (auf höherer Ebene), damit Systemwettbewerb funktioniert und zu den von ‚normalem' Wettbewerb auf Gütermärkten erwarteten Effekten führt, so dass nationalstaatliche Leviathane im Interesse ihrer Bürger gezähmt werden.[14]

---

12 Hierbei wird nicht von dem engen Modell des Systemwettbewerbs nach *Tiebout* (1956) ausgegangen, das im Rahmen restriktiver Annahmen (so etwa einem U-förmigen Kostenverlauf, bezogen auf die Bevölkerungszahl, bei der Bereitstellung von Gütern durch den Staat – eine Annahme, die für öffentliche Güter mit ihrer fehlenden Konsumrivalität nicht zutreffen kann) die statische allokative Effizienz des Wettbewerbs von staatlichen Kosten- und Leistungsbündeln untersucht (zu dieser kritischen Einschätzung des Modells vgl. auch *Tiebout* 1956, S. 419). Stattdessen liegt hier der Schwerpunkt der Betrachtung auf den dynamischen Wettbewerbseffekten (*Hayek* 1969; mit ähnlichem Vorgehen *Kerber* 1998).

13 Im Fall des Systemwettbewerbs können Verlagerungen von Kompetenzen auf eine höhere Ebene unter Umständen als Kollusion gewertet werden (*Kerber* 1998). Wenn es allerdings z.B. um die Bereitstellung grenzüberschreitender öffentlicher Güter geht, sind solche Fälle in der Regel anders zu bewerten als bei Unternehmensabsprachen, auch wenn hier (z.B. in Form von erlaubten Normungskartelle) ebenfalls unternehmensübergreifende externe Effekte und deren Internalisierung eine Rolle spielen können.

14 Ein Beispiel für einen unter Umständen funktionierenden Systemwettbewerb liefert die Ausgestaltung der EU-Arzneimittelzulassung (*Cassel, Sundmacher* und *Müller* 2007). Wesentlich sind in diesem Beispiel erstens ein Qualitätsinteresse an der Regulierung seitens der Regulierungsnachfrager (Unternehmen und Konsumenten) und zweitens die Existenz einer externen Qualitätsreferenz (in Form der Arzneimittelzulassung auf dem extrem bedeutsamen US-amerikanischen Markt). Beides zusammen verhindert ein *race to the bottom*, und große Mobilität bei den Regulierung nachfragenden Arzneimittelherstellern führt zum notwendigen Wettbewerbsdruck durch die *exit*-Option.

3.4. Institutionenökonomische Perspektive: Heterogenität der Präferenzen und Präferenzdurchsetzung durch Institutionen

Ebenfalls im Rahmen der Theorien des fiskalischen Föderalismus wird intensiv diskutiert, welche Zusammenhänge zwischen der Größe einer Jurisdiktion und der Präferenzorientiertheit staatlicher Eingriffe in diesem Raum bestehen. Diese Diskussion wird hier ergänzt durch die Frage, durch welche Institutionen Präferenzen der Bürger adäquat durchgesetzt werden können, ergänzt.

Zunächst ist es plausibel anzunehmen, dass die Heterogenität der Bürgerpräferenzen auf einer höheren administrativen Ebene (z.B. der EU) größer ist als auf einer tieferen Ebene innerhalb dieser Jurisdiktion (z.B. in einem Mitgliedsland). Denn es ist kaum anzunehmen, dass die Summe der Heterogenitäten aller Mitgliedsländer nicht größer ist als die Präferenzheterogenität in einem Mitgliedsland.

Weiterhin ist es gut möglich, dass, je heterogener die Präferenzen sind, desto größer im Durchschnitt die Abweichung zwischen einer politischen Entscheidung und den Präferenzen der Bürger ist. Dies führt zu Frustrationskosten. Dieses Bild kann sich dann ändern, wenn eine Maßnahme zwar zentral getroffen wird, aber Differenzierungen für Teile (z.B. für Regionen oder Einkommensklassen) möglich sind. Für die Telekommunikationsregulierung ist eine solche Differenzierung durchaus auch vorstellbar.

Schließlich wird häufig betont, dass die untere Ebene effektiver und effizienter in der Lage ist, Präferenzen der Bürger zu erkennen. Auf kommunaler Ebene können dies z.B. Effekte sein, die sich aus der ‚teilnehmenden Beobachtung' der politischen Entscheidungsträger ergeben – sie sind in das gesellschaftliche Leben der Kommune eingebunden und haben so ein unmittelbares (aber möglicherweise durch die eigene Lebenssituation auch verzerrtes) Bild von den Wünschen der Mitbürger. Ob dieser Effekt allerdings bei einem Vergleich höherer Ebenen (etwa zwischen Mitgliedsland und EU) noch eine Rolle spielt, ist letztlich eine nur empirisch zu beantwortende Frage; zumindest aber nimmt die Bedeutung solcher Effekte bei höheren Ebenen (oder größeren Staaten, bei denen das Problem äquivalent auftritt) deutlich ab.

Steigende Heterogenität der Präferenzen, ansteigende Frustrationskosten und zunehmende Präferenzentdeckungskosten führen zusammengenommen zu der Vermutung, dass staatliche Eingriffe auf unterer Ebene präferenzgerechter sind (*Tullock* 1969).

Allerdings bleibt bei dieser Schlussfolgerung das Problem der Präferenzdurchsetzung ausgeklammert. Zentralisierung kann Einfluss auf Prinzipal-Agenten-Beziehungen haben und so die Präferenzdurchsetzung erkannter Präferenzen der Bürger beeinflussen. Einerseits ist es denkbar, dass die Zentralisierung zur Verringerung von Prinzipal-Agenten-Problemen beiträgt. Für einen solchen Zusammenhang sprechen eine höhere öffentliche Aufmerksamkeit (man vergleiche etwa die Wahlbeteiligungen bei Kommunal-, Landtags- und Bundestagswahlen), eine professionalisierte Kontrolle (z.B. durch die Arbeit von Rechnungshöfen auf höheren Ebenen) und eine Zurückdrängung von intransparenten, ineffizienten Koordinationsverfahren (etwa die Ablösung paternalistischer oder auf Korruption gründender Systeme durch solche mit offenem politischen Wettbewerb[15]).

Andererseits kann aber Zentralisierung auch die Prinzipal-Agenten-Probleme erhöhen. Mehrfache, ebenenübergreifend interdependente Verweisungen (wie im europäischen Mehrebenensystem) machen bei eingeschränkter demokratischer Kontrolle die zentrale Ebene in höherem Maße unabhängig von den Präferenzen der Prinzipale, und höhere organisationsinterne X-Ineffizienzen (*Leibenstein* 1966) verringern die Gesamteffizienz.

Insgesamt scheint in der Empirie allerdings die Ausgestaltung der Prinzipal-Agenten-Beziehung auf der jeweiligen Ebene selbst von weit größerer Bedeutung zu sein als die Ebene der Entscheidung (*Shah*, *Thompson* und *Zou* 2004; *Saavedra* 2004). Somit mag zwar das Erkennen von weniger heterogenen Präferenzen auf einer unteren Ebene effektiver und effizienter möglich sein – bei der Durchsetzung der erkannten Präferenzen spielt aber nicht nur die Ebene der Durchsetzung eine Rolle, sondern (vor allem) deren konkrete Ausgestaltung. So gibt es gute Beispiele für eine weitgehend fehlende Orientierung der Politik an den Bürgerpräferenzen auf sehr tiefen Ebenen (plakativ: in der mafiagesteuerten italienischen Kleinstadt) ebenso wie es hohe Ebenen gibt, die deutlich besser funktionieren (dies gilt im Vergleich vermutlich selbst für die EU).

4. Anwendung der Ebenentheorie auf die Telekommunikationsregulierung

4.1. ‚Naives' Subsidiaritätsprinzip: die Effektivitätsinterpretation

Aus der Effektivitätsinterpretation des Subsidiaritätsprinzips folgt in Anwendung auf die Regulierung des Telekommunikationsmarkts die Frage, ob die untere (in diesem Fall nationale) Ebene in der Lage gewesen wäre, das Regulierungsziel zu erreichen, oder ob es nicht aus Effektivitätsgründen notwendig war, eine höhere Ebene (wie die der EU) mit der Aufgabe zu betrauen.

In weiten Teilen sinnvoller Telekommunikationsregulierung besteht generell auf der nationalstaatlichen Ebene ausreichend Handlungsmöglichkeit, um die Regulierungsziele (z.B. eine Senkung von Monopolpreisen) zu erreichen. Probleme können sich z.B. im Bereich der länderübergreifenden Kommunikation ergeben (etwa bei der Zusammenschaltung mit Auslandsnetzen). Hier sind nicht nur ebenenübergreifende externe Effekte möglich (siehe dort z.B. bei der Senkung von Verbindungspreisen für das Ausland durch inländische Regulierung), sondern die Effektivität inländischer Regulierung ist in Teilen nicht gegeben, da sie keinen Zugriff auf die ausländischen Netze hat. In diesem Fall ist – allerdings schon zu Zeiten staatlicher Monopole – gegebenenfalls eine Kooperationslösung notwendig. Je mehr Länder ihre Telekommunikationsmärkte öffnen, desto geringer dürfte die Wahrscheinlichkeit werden, dass die Zusammenschaltung z.B. aus politischen Gründen (etwa ausgehend von dem Wunsch einer Abschottung des Landes)

15 Zur Abhängigkeit des Korruptionsgrads vom Zentralisierungsgrad vgl. z.B. *Shah, Thompson* und *Zou* (2004).

verweigert wird, denn nun besteht ein Gewinninteresse der jeweiligen (privaten) Netzbetreiber, das bei der Zusammenschaltung möglichst vieler Netze am Besten erreicht werden dürfte.

Wichtiger als diese Effektivitätsprobleme, die durch die Marktöffnungen der letzten Jahre eher verringert wurden, ist die Klärung der Frage, ob die Nationalstaaten in politökonomischer Betrachtung tatsächlich Ende der 90er Jahre eine sinnvolle Telekommunikationsregulierung eingeführt hätten. Zu diesem Zeitpunkt verfügte in der EU lediglich Großbritannien über ein entsprechendes Regulierungsregime, ohne dass in anderen Mitgliedsländern deutliche Aktivitäten zu erkennen gewesen wären, die in eine solche Richtung gedeutet hätten. Insofern ist es sehr fraglich, dass ein Regulierungsprojekt, das so weit geht wie das der EU, Ende der 90er Jahre in vielen Mitgliedsländern durchsetzbar gewesen wäre (*Haucap* 2008).

Allerdings ist es auch vorstellbar, dass der enge Zusammenhang zwischen angemessener Regulierung, IT-Branchenwachstum und genereller Wachstumsdynamik eines Landes (*Freund* und *Weinhold* 2003) im Laufe der Jahre dazu geführt hätte, dass Vorreitern andere Länder gefolgt wären, somit also eine Form eines erfolgreichen Systemwettbewerbs entstanden wäre. Noch einmal anders stellt sich die Situation zum gegenwärtigen Zeitpunkt dar – auch ohne EU-Regulierung erscheint es nicht sehr wahrscheinlich, dass die Mitgliedsländer wieder in den Zustand von Staatsmonopolen zurückfallen.

Zusammenfassend ist somit festzuhalten:

- Es bestehen Effektivitätsgrenzen einer inländischen Regulierung insbesondere bei der Zusammenschaltung mit ausländischen Netzen, die aber bei einer Marktöffnung auch in anderen Ländern kleiner werden.
- Zum historischen Zeitpunkt Ende der 90er Jahre hat es sehr wahrscheinlich eine Effektivität der Regulierung nur auf der höheren Ebene der EU gegeben; die Mitgliedsstaaten hätten flächendeckend keine Marktöffnung in diesem Umfang durchgeführt.
- Es bestand jedoch die Möglichkeit, dass sich eine sinnvolle Regulierung (vielleicht mit anderem, eventuell sogar stärker wohlfahrtserhöhendem Zuschnitt) auch – allerdings später – durch Systemwettbewerb ohne Einschaltung einer höheren Ebene eingestellt hätte.
- Gegenwärtig besteht auch auf der Ebene der Mitgliedsländer eine große Wahrscheinlichkeit für das Beibehalten einer effektiven Regulierung, so dass es auch ohne EU-Kompetenzen nicht zu einem Rückfall in die Zeiten staatlicher Monopole kommen dürfte.
- Somit spielt heute insgesamt das Effektivitätsargument keine bedeutsame Rolle mehr.

4.2. Theorie des fiskalischen Föderalismus

4.2.1. Ebenenübergreifende externe Effekte

Das Auftreten *von negativen* grenzüberschreitenden externen Effekten wird vor allem bei der Zusammenschaltung von Netzen sowie als Folge einer (bewussten) Diskriminierung des Auslands erwartet.

Die Zusammenschaltung von Netzen des In- und Auslands ist, wie gesehen, zunächst ein Problem der Effektivität – die inländische Regulierung kann regelmäßig nicht dafür Sorge tragen, dass die Zusammenschaltung mit Auslandsnetzen zustande kommt. Werden nun Verhandlungslösungen zur Organisation der Zusammenschaltung implementiert (wie dies mit den zwei Organisationen CEPT und ECC[16] schon vor langer Zeit geschehen ist), kann ihr Handeln allerdings zu ebenenübergreifenden Externalitäten führen. Es bestehen jedoch Möglichkeiten, den Abstimmungsmodus, die Sanktionsmöglichkeiten und die Finanzierung so zu gestalten, dass solche Externalitäten nicht auftreten.

Negative grenzüberschreitende Externalitäten durch Diskriminierung des Auslands lassen sich durch sehr viele staatliche Eingriffe erreichen, die so ausgestaltet werden können, dass sie zwischen Inländern und Ausländern diskriminieren und letztere etwa im Sinne einer strategischen Handelspolitik benachteiligen. Zu fragen ist, ob die Gefahr bei der Telekommunikationsregulierung im Vergleich zu anderen staatlichen Eingriffen eher größer oder kleiner ist. Bei der Beantwortung dieser Frage ist der gewählte Regulierungsumfang von einiger Bedeutung. Bei der derzeitig gewählten Breite von 18 Teilmärkten mit potenziell beträchtlicher Marktmacht sind einige Märkte zu erkennen, bei denen eine entsprechende Gefahr besteht – etwa bei ausländischen Terminierungsentgelten im Mobilfunk (*roaming*). Allerdings gilt für einen größeren Teil der Märkte, dass ihre Regulierung keine wesentlichen grenzübergreifenden Effekte aufweist, da diese Märkte vor allem lokal oder regional abgegrenzt sind.

Würde eine Regulierung im Sinne des disaggregierten Ansatzes erfolgen und würden somit nur monopolistische *bottlenecks* reguliert werden, dann würden im Fall des Telekommunikationsmarkts im Wesentlichen nur noch die Teilnehmeranschlußleitungen, die ‚letzte Meile' also, reguliert. In diesem Fall sind entsprechend keine ebenenübergreifenden Effekte (außer eventuell in Grenzregionen) zu erwarten.

Bei der gegenwärtig gewählten Breite der Regulierung werden vor allem zwei Fälle diskutiert, in denen es zur Diskriminierung von Telekommunikationsnutzern aus dem Ausland kommen kann: Dies sind die Terminierungsentgelte für ausländische Kunden im Inland *erstens* beim Mobilfunk (*roaming*) und *zweitens* bei Auslandsgesprächen im Festnetz.

Zu 1.: Ein Kunde, der mit einem ausländischen Mobilfunkvertrag im Inland telefoniert, muss sich als ‚Gast' in das Netz eines ausländischen Netzbetreibers einbuchen, mit dem er keinen (Laufzeit-)Vertrag hat. Führt er nun Gespräche in diesem Netz, fallen

---

16 CEPT: Conférence Européenne des Administrations des Postes et des Télécommunications; ECC: Electronic Communications Committee.

roaming-Gebühren für die Nutzung des Mobilfunknetzes im Inland an, die in Deutschland bei ankommenden und ausgehenden Gesprächen der Gast aus dem Ausland zahlen muss.[17]

Diese *roaming*-Gebühren sind im Vergleich zu den Gesprächskosten bei Abschluss eines Laufzeitvertrags mit einem inländischen Netzbetreiber in Europa generell deutlich höher. Eine mögliche Erklärung hierfür könnte eine bewusste Ausländerdiskriminierung durch die inländischen Regulierungsbehörden sein, die bisher nach EU-Recht die Möglichkeit hatten, Maßnahmen für diesen Teilmarkt autonom zu bestimmen. Aus Sicht des inländischen Regulierers besteht kein Interesse, auf diesem Markt Wettbewerbspreise zu etablieren, da nur Ausländer betroffen sind. Im Gegenteil: Der Regulierer kann die Subventionierung inländischer Kunden bei anderen Leistungen (z.B. bei normalen Inlandsgesprächen oder Handypreisen) durch *roaming*-Einnahmen zu erreichen versuchen. Insofern werden dann die ausländischen *roaming*-Kunden zu Gunsten der inländischen Kunden ausgebeutet. Dies ist in etwa auch der Argumentationsstrang, den die EU-Kommission genutzt hat und mit dem sie erreichen konnte, dass EU-weit in allen Mobilfunknetzen nun Maximalpreise für das *roaming* vorgegeben wurden, die auf einem festgelegten Preispfad sinken müssen.

Das tatsächliche Bild sieht aber vermutlich anders aus: Die hohen Preise könnten weniger das Ergebnis bewusst fehlender Eingriffe des inländischen Regulierers sein, sondern sind möglicherweise das Resultat geringer Preiselastizität. In diesem Fall könnten sie eine wohlfahrtssteigernde Preisdiskriminierung in der Nähe von *Ramsey*-Preisen sein, da die hohen Fixkosten der Netze stärker von den preisunelastischen *roaming*-Kunden als von den preiselastischeren Inlandskunden getragen werden. Ein Hinweis hierauf ergibt sich bei der Betrachtung der Wettbewerbssituation. Im Inland ist der Wettbewerb zwischen verschiedenen Anbietern häufig auf Wechselmöglichkeiten nach Vertragsablauf (in der Regel alle 2 Jahre) beschränkt, auch wenn andere Vertragsoptionen ein größer werdendes Gewicht bekommen.[18] Die Situation im Ausland ist diesbezüglich wesentlich günstiger. Hier kann der Kunde, der im Inland einen Vertrag hat, normalerweise zwischen allen technisch verfügbaren Netzen wählen – eine Option, die er im Inland nicht hat. Es besteht also ein potenziell größerer Wettbewerb, da eine *call by call*-Anbieterauswahl möglich ist.[19] Weiterhin kann der Kunde aus dem Ausland im Inland einen Vertrag mit einem inländischen Netzanbieter abschließen und – auch ohne Laufzeitvertrag – von *prepaid*-Tarifen profitieren, die weit günstiger sind als *roaming*-Gebühren. Zusammen mit verfügbaren Handys, in denen mehrere SIM-Karten gleichzeitig betrieben werden können, verlöre der ausländische Kunde noch nicht einmal den Zugang zu seiner bisherigen Mobilfunknummer. Diese Möglichkeiten werden aber ins-

---

17 Zu anderen Zahlungsmodellen und ihrer Anreizwirkung vgl. *Dewenter* und *Kruse* (2005).

18 Weiterhin sorgen viele Netzbetreiber dafür, dass das in solchen Verträgen üblicherweise subventioniert abgegebene Handy während der Vertragslaufzeit nicht in anderen inländischen Netzen bzw. mit anderen SIM-Karten betrieben werden kann, so dass ein Anbieterwechsel mit einem solchen Handy während der Vertragslaufzeit nicht möglich ist. Dadurch sinkt die Wettbewerbsintensität weiter.

19 Allenfalls besteht eine technische *preselection* durch die vom inländischen Netzbetreiber vorgenommenen Handy-Einstellungen, die aber in der Regel geändert werden können.

gesamt nur wenig genutzt, so dass es nicht zu einem funktionierenden Preiswettbewerb kommt. Eine geringe Preiselastizität bei den ‚üblichen' Nachfragern (vor allem Urlaubern oder Geschäftskunden mit Firmenhandys) wäre eine mögliche Erklärung für das beschriebene Phänomen. Jedenfalls sind keine Hinweise darauf vorhanden, dass die *roaming*-Preise im Wesentlichen ein Regulierungsergebnis sind. Hierbei ist auch zu bedenken, dass im Mobilfunk kein Problem mit monopolistischen *bottlenecks* besteht und auch das Marktmachtproblem in vielen Ländern der EU sehr viel kleiner ist als beispielsweise im Festnetz, da bei der Allokation von Mobilfunklizenzen häufig unterschiedliche Anbieter zum Zuge kamen.

Allerdings besteht generell ein systematischer Anreiz der nationalen Regulierungsbehörde, diesen Teilmarkt nicht angemessen zu regulieren, wenn es dort zu Problemen kommt, und so ebenenübergreifende negative externe Effekte durch Nichthandeln zu produzieren.

Zu 2.: Ein zweites relevantes Beispiel möglicher negativer Externalitäten durch Ausländerdiskriminierung können Terminierungsentgelte im ausländischen Festnetz sein. Generell könnte eine Regulierung so ausgestaltet sein, dass der inländische Festnetzbetreiber für die ‚Zustellung' eines Gesprächs aus dem Ausland einen anderen Preis abrechnet als für die Terminierung eines inländischen Gesprächs. Auch hier kann der inländische Regulierer eher etwas für das inländische Wohlfahrtsniveau gewinnen, wenn er die Ausbeutung von Ausländern durch überhöhte Terminierungsentgelte bei Verbindungen aus dem Ausland zulässt. Allerdings ist die Möglichkeit für solche Preisdiskriminierungen vermutlich in Ländern mit (ansonsten) wettbewerblichen Telekommunikationsmärkten vermutlich nicht gegeben. Die technischen Möglichkeiten des *re-routings* (also in diesem Fall der Umwandlung eines Auslands- in ein Inlandsgespräch z.B. durch einen kurzen Direktleitungsbau über die Grenze) und der Wettbewerbsdruck auf funktionierenden Märkten[20] dürfte dazu führen, dass eine derartige Preisdiskriminierung nicht durchgehalten werden kann (*Haucap* und *Kühling* 2006, S. 334).

Größere Probleme bestehen möglicherweise mit Ländern ohne geöffnete Märkte. Hier kann das Ausland die technischen Möglichkeiten des *reroutings* (und den Wettbewerb) ausschließen und die Preisdiskriminierung zwischen Terminierungsentgelten für Gespräche im Inland und aus dem Ausland festschreiben. In der EU entsprach der Zustand vor Beginn der Regulierungsaktivitäten der EU einer solchen asymmetrischen Liberalisierung mit Großbritannien als Vorreiter. Inzwischen ist die Marktöffnung aber im Wesentlichen symmetrisch, und es ist auch nicht sehr wahrscheinlich, dass die Liberalisierung in den Mitgliedsstaaten bei Aufgabe aller EU-Kompetenzen rückgängig gemacht würde. Insofern sind bei diesem Beispiel heute keine grenzüberschreitenden negativen Externalitäten mehr zu erwarten.

Neben negativen externen Effekten können durch eine inländische Regulierung auch *positive Externalitäten* für das Ausland auftreten. So führt eine einseitige Marktöffnung dazu, dass auch das Ausland hiervon profitiert – sei es durch gesunkene Telekommunikationspreise bei Gesprächen in das regulierte Land, sei es dadurch, dass marktöff-

20 Für die EU vgl. hierzu *Galbi* (1998) und *Drake* (2000).

nungsbedingte Wachstumsimpulse auch das Ausland erreichen. Die Existenz solcher positiven Externalitäten führt insbesondere dann zu Wohlfahrtsverlusten, wenn hierdurch die produzierte Menge (hier an Regulierung) sinkt. Bei vielen positiven Externalitäten (etwa bei nicht patentgeschützten Innovationen) ist dies der zu erwartende Effekt.

Führt aber die Existenz dieses positiven externen Effekts der Telekommunikationsregulierung auch zu einer zu geringen Menge, also z.B. zu einer Regulierung, die in einem monopolistischen *bottleneck* die Preise nicht auf die Durchschnittskosten senkt, sondern zu Preisen in der Nähe des *Cournot*-Preises führt? Eine solche Nicht-Regulierung führte aber im Inland zu Wohlfahrtsverlusten, wenn auch gleichzeitig die positiven Externalitäten gesenkt werden. Eine solche Form der Regulierung würde also unterbleiben, da sie das Inland schädigt, wenn nicht-interdependente Nutzenfunktionen – hier also Neid und noch dazu in erheblichem Umfang, da dieser Effekt die Wohlfahrtsverluste im Inland kompensieren muss – unterstellt werden.

Weiterhin können die auf das Ausland ausstrahlenden Wachstumsimpulse einer inländischen Regulierung auch wieder auf das Inland zurückwirken, so dass die Externalität internalisiert würde – oder sogar die Richtung der Externalität umgedreht würde, wenn der Wachstumsimpuls aus dem Ausland stärker ist als der Primärimpuls aus dem Inland.

Zusammenfassend ist mit Blick auf grenzüberschreitende Externalitäten festzuhalten:

Negative Externalitäten:

- Die Zusammenschaltung in nicht liberalisierten (politisch kontrollierten) Märkten kann ein Effektivitätsproblem sein, das auf einer höheren Ebene bzw. durch Verhandlungen gelöst werden kann. Bei der Ausgestaltung notwendiger Institutionen (wie der CEPT) können grenzüberschreitende Externalitäten auftreten, die aber vermeidbar sind.
- Negative grenzüberschreitende Externalitäten beim *roaming* sind möglich, da nationale Regulierungsbehörden einen systematischen Anreiz zur Ausbeutung von Ausländern haben. Die hohen *roaming*-Preise können aber auch andere Gründe haben; möglicherweise sind sie das Ergebnis einer preisunelastischen Nachfrage.
- Eine Diskriminierung bei der Terminierung von Auslandsgesprächen ist in geöffneten Märkten aufgrund von *rerouting* und Wettbewerb wenig wahrscheinlich; entsprechend ist heute nicht (mehr) mit solchen grenzüberschreitenden Externalitäten zu rechnen.

Positive Externalitäten:

- Positive grenzüberschreitende Externalitäten der inländischen Telekommunikationsregulierung sind z.B. in Form von Preissenkungen für Kunden im Ausland möglich, führen aber nicht zu einer zu geringen Regulierungsproduktion, sondern bleiben ohne Folgen für die inländische Regulierung.
- Positive Externalitäten in Form eines Wachstumsimpulses aus dem liberalisierten Inland ins Ausland können wachstumsstimulierend zurückwirken und so zu einer Internalisierung des Primäreffekts führen.

4.2.2. Skaleneffekte

Skaleneffekte bei der Zentralisierung der Telekommunikationsregulierung auf der EU-Ebene können *erstens* bei der Entscheidungsfindung und politischen Umsetzung, *zweitens* der Regulierungsproduktion oder *drittens* in Form indirekter Skaleneffekte bei den Regulierungsadressaten auftreten.

Zu 1.: Bei der *Entscheidungsfindung und politischen Umsetzung (Management)* hängt das Ergebnis einer Zentralisierung sehr stark von den politischen Institutionen auf den jeweiligen Ebenen ab. Auf der EU-Ebene bestehen vergleichsweise hohe Koordinations- und Entscheidungskosten, während auf der Ebene der Nationalstaaten durchaus politische Systeme mit deutlich geringeren Kosten bei Entscheidungsfindung und Umsetzung zu erkennen sind. Inwieweit die Summierung der Kosten der politischen Prozesse in 27 Einzelstaaten immer noch zu geringeren Kosten von Entscheidungsfindung und Umsetzung führt, muss hier offen bleiben. Zumindest aber sind im gegenwärtigen System der Telekommunikationsregulierung die Nationalstaaten in Form der Umsetzung der von der EU vorgelegten Richtlinien soweit involviert, dass das faktische Auslassen eines weiteren Beteiligten – also der EU-Organe – möglicherweise durchaus kostensenkend wirken würde. Eine ‚perfekte' EU im Vergleich zu jeweils ‚perfekten' Nationalstaaten mit Blick auf Entscheidung und Umsetzung von Telekommunikationsregulierung würde allerdings sicher Skaleneffekte dieses Regulierungsmanagements erkennen lassen, da die Duplizierung der Vorgänge entfällt.

Zu den beschriebenen allgemeinen Problemen durch die Funktionsweise der EU-Organe und der Verwendung von mitgliedsstaatlich umzusetzenden Richtlinien kommt im Fall der Telekommunikationsregulierung noch ein weiterer Punkt hinzu. Ein großes Problem der gegenwärtigen Regulierung ist, dass sie die nationale Entscheidungsfindung nicht ersetzt, sondern zusätzlich zu dieser noch ein aufwendiges Konsultierungsverfahren geschaffen hat. Somit setzt sich hier im Speziellen das fort, was schon im Allgemeinen sichtbar wurde – die partielle Zentralisierung führt nicht zu einer Abnahme, sondern in diesem Fall sogar zu einer Zunahme von Entscheidungs- und Durchsetzungskosten auf der nationalen Ebene, da zu den nationalen Aktivitäten noch diejenigen hinzutreten, die für die EU unternommen werden müssen.

Zu 2.: *Skaleneffekte bei der Produktion* von Regulierung, z.B. bei der konkreten Festlegung von *price caps*, sind durchaus vorstellbar. Ob sie realisiert werden, hängt entscheidend von der Unterschiedlichkeit der (nationalen) Lage des Telekommunikationsmarkts ab. Hierzu gehören die Marktstruktur in den zu regulierenden Telekommunikationsmärkten, die angewendeten Regulierungsinstrumente, die Lage bei den zu regulierenden Unternehmen (etwa hinsichtlich ihrer Kostenfunktionen oder ihres Integrationsgrads) oder die Nachfragesituation. So ist klar, dass dann, wenn in einem Land das Instrument einer *ex ante*-Einzelpreisgenehmigung auf der Grundlage eines analytischen Kostenmodells vorgenommen wird, in einem zweiten Land hingegen ein einfacher *price cap* mit einer Ermittlung des Effizienzfortschritts durch einen politischen Verhandlungsprozess existiert, die Skaleneffekte einer Zentralisierung aufgrund der Unterschiedlichkeit der Instrumente (etwa hinsichtlich ihrer Informationsanforderungen) nicht sehr groß sein dürften.

Insgesamt dürfte sich im Laufe der Zeit (auch in Folge der partiellen Zentralisierung der Regulierung) die Lage auf den nationalen Telekommunikationsmärkten angenähert haben, so dass die Chancen auf Skaleneffekte bei der Regulierungsproduktion größer geworden sind. Dennoch sind (und bleiben vermutlich auch) viele Telekommunikationsmärkte lokal oder regional abgegrenzt, so dass auch bei einer Zentralisierung z.B. die Anzahl durchzuführender Analysen über Märkte mit Marktmacht kaum sinken wird. Insofern beschränken sich die Skaleneffekte bei der Regulierungsproduktion im Wesentlichen auf die Anwendung von Verfahren, etwa auf Zeitersparnisse durch das Einüben der Vorgehensweise. Also sind Skaleneffekte bei der Regulierung von Telekommunikationsmärkten vermutlich vorhanden, in den letzten Jahren gestiegen, aber letztlich nicht sehr groß.

Zu 3.: *Indirekte Skaleneffekte bei Regulierungsadressaten* können immer dann auftreten, wenn Unternehmen (und eventuell auch Kunden) in mehr als einem Land aktiv sind. Dies ist allerdings bisher noch nicht sehr häufig der Fall – ein Umstand, der allerdings auch eine Folge der bisherigen, zu wenig zentralisierten Regulierung und den daraus resultierenden Nachteilen einer zersplitterten Regulierung sein kann.

Der Vorteil, nicht auf unterschiedliche Regulierungen reagieren müssen, zeigt sich etwa bei der einfacheren Aneignung des Wissens über die Regulierung, bei der Möglichkeit, gleichartige Produkte anbieten zu können, oder bei Vorteilen hinsichtlich des Innovationsgeschehens. Solche Skaleneffekte – etwa die Entwicklung neuer Übertragungsnetze und -techniken (z.B. VDSL[21]) – können bis hin zu Mindestgrößenanforderungen reichen. So ist es vorstellbar, dass Innovationen nur in größeren, identisch regulierten Räumen hervorgebracht werden, da sie sich nur in einem solchen Regulierungsgebiet amortisieren.

Auch wenn die Möglichkeit solcher indirekten Skaleneffekte der Regulierung bei den Regulierungsadressaten nicht von der Hand zu weisen ist, so stellt sich die Verbesserung durch Zentralisierung jedoch nur dann ein, wenn sie (aus Sicht des jeweiligen Adressaten) auch ‚perfekt' zu den eigenen Zielen passt. Ist das nicht der Fall, sind Unternehmen vielleicht froh, dass es wenigstens einige Staaten gibt, in denen sie eine Chance auf dem Markt haben.

Zusammenfassend ergibt sich somit folgende Einschätzung:

Zu 1.: Regulierungsmanagement (Entscheidungsfindung und politische Umsetzung):

- Skaleneffekte sind hier generell möglich, wenn auch Gegeneffekte, wie in Großorganisationen üblich, dem entgegenstehen.
- Gegenwärtig hat die EU-Ebene aber deutliche Probleme bei der Realisierung von Skaleneffekten auch durch eine unzureichende Ausgestaltung der Organe, die eher

21 VDSL stellt gegenüber dem bisherigen Verfahren ADSL Übertragungsleistungen von bis zu 100 Mbits/s im *downstream* zur Verfügung und ist daher besonders geeignet für datenintensive Anwendungen, wie sie unter dem Stichwort *triple play* (TV on demand, Internet und Sprachtelefonie) diskutiert und angeboten werden. VDSL hat allerdings den Nachteil einer geringen Übertragungsreichweite, so dass eine neue Infrastruktur (Glasfasernetze bis zum Verteiler, neue Verteiler zwischen Ortsvermittlungsstelle und Hausanschluss) notwendig ist.

dazu führt, dass bei Einschaltung der höheren Ebene die Kosten der unteren Ebenen nicht wegfallen, sondern gesteigert und durch die Kosten der EU-Ebene ergänzt werden.

- Die Zentralisierung der Telekommunikationsregulierung dupliziert gegenwärtig durch hohen Koordinationsaufwand eher die Kosten.

Zu 2.: Regulierungsproduktion:

- Skaleneffekte sind vorhanden und in den letzten Jahren aufgrund einiger Konvergenz auf den Telekommunikationsmärkten in der EU gestiegen.
- Skaleneffekte sind aufgrund der in Teilen lokal und regional abgegrenzten Märkte eingeschränkt.
- Bei der Regulierungsproduktion ist zu prüfen, ob es sich um staatliche Maßnahmen handeln muss (nur dann, wenn Markt- oder Wettbewerbsversagen vorliegt) – wenn nicht, mag es bei der Produktion durch den Markt zentralere oder auch dezentralere Lösungen geben.

Zu 3.: Indirekte Skaleneffekte bei den Regulierungsadressaten:

- Das Vorliegen indirekter Skaleneffekte der Regulierung, die bei den Regulierungsadressaten auftreten, ist durchaus stichhaltig.
- Das Auftreten von indirekten Skaleneffekten erfordert aber eine aus Sicht der (unterschiedlichen) Adressaten ‚perfekte' Regulierung – allein schon aufgrund unterschiedlicher Ziele/Präferenzen können dezentrale Regulierungen von Vorteil sein.

4.3. Systemwettbewerb

Um dynamische Effizienz durch einen Systemwettbewerb zu erreichen, muss dieser *erstens* durch voice oder exit zustande kommen, und er darf *zweitens* nicht zu unerwünschten Extremen (*race to the bottom/top*) führen.

Zu 1.: Ein *Systemwettbewerb kommt zustande*, wenn entweder durch *exit* oder durch *voice* ein Regulierungsregime verlassen bzw. verändert werden kann. Ein *exit* des Regulierungsregimes durch Verlassen der Jurisdiktion ist bei Privatkunden generell schwer vorstellbar, wenn die durchschnittliche Bedeutung von Telekommunikation im Budget eines Haushalts mit normalerweise vorhandenen hohen Wanderungskosten verglichen wird. Allerdings existieren einige Telekommunikationsmärkte, bei denen ein *exit* des Regulierungsregimes nicht mit dem Wechsel in ein anderes Land verbunden ist. Dies gilt z.B. bei grenzüberschreitenden Übertragungswegen durch die Luft, also etwa für satellitengestützte Übertragung sowohl hinsichtlich von Diensten als auch beim ‚Netz'. Jedoch ist die Bedeutung dieser Märkte auch aufgrund hoher Kosten vergleichsweise gering. Somit ist ein Verlassen des Regulierungsregimes in der Regel mit einem Länderwechsel verbunden. Ein Länderwechsel aufgrund eines gewünschten anderen Regulierungsregimes ist jedoch für Unternehmenskunden wohl auch kaum relevant – er ist allenfalls bei ‚Telekommunikationsgroßverbrauchern' (etwa bei Telefonmarketing-Unternehmen) vorstellbar.

Die Wirksamkeit von *voice*, also insbesondere die politische Durchsetzung einer Telekommunikationsregulierung, wie sie in einem anderen Land schon existiert, kann generell möglich sein. Es ist allerdings festzustellen, dass internationale Vergleiche von (Telekommunikations-)Regulierungsregimen in der öffentlichen Diskussion keine sehr große Rolle spielen – etwa im Vergleich zur Auseinandersetzung um die Leistungsfähigkeit unterschiedlicher nationaler Gesundheitssysteme (*Sundmacher* 2005). Zumindest existiert aber eine gut entwickelte Fachdiskussion, die, wie in Abbildung 1 beispielhaft vorgestellt, gut vermittelbare verdichtete Informationen über die Regulierungsausgestaltung in Form von *Rankings* von Nationalstaaten hervorbringt. Da Telekommunikationsprodukte, aber auch Telekommunikationsunternehmen und ihre Märkte durchaus in der öffentlichen Aufmerksamkeit stehen, kann die Telekommunikationsregulierung einen erkennbaren Teil eines zur Abstimmung stehenden Pakets bilden und somit für die Wahl oder Nichtwahl einer Partei und ihres Programms Bedeutung haben. Allerdings sollte diese Bedeutung auch nicht überschätzt werden – ein wahlentscheidendes Thema mit entsprechend hoher öffentlicher Aufmerksamkeit war die Telekommunikationsregulierung bisher nur sehr selten.

Insofern ist vermutlich mit Lerneffekten zwischen Regulierungsregimen, etwa auf der Ebene der Regulierungsbehörden, zu rechnen – ein echter Systemwettbewerb mit deutlichem Druck auf schlechte Regulierungslösungen ist hingegen nicht zu erkennen. Dieser bisher eher gering entwickelten Wettbewerbsdynamik steht allerdings die zunehmende Bedeutung eines parallel erprobten Regulierungswettbewerbs gegenüber. Telekommunikation ist auch in der Vergangenheit schon ein sehr dynamischer Markt gewesen, und Technologien beeinflussen Regulierung erheblich, wie sich z.B. an der technischen Möglichkeit des entbündelten Netzzugangs zeigt. Die bisherigen Regulierungsregime haben sehr stark die statische Effizienz und damit die Senkung von auf genereller Marktmacht beruhenden überhöhten Marktpreisen zum Ziel gehabt. Zukünftig zeichnen sich aber verschiedene Innovationen ab (wie VDSL und *Next Generation Networks*[22]). Diese können zwar ebenfalls zu Monopolen führen, die aber typischerweise temporär sind und durch Imitationsprozesse marktendogen wieder beseitigt werden. Wie solche temporären, für den Innovator häufig notwendigen Monopole von persistenten Marktmachtproblemen unterschieden werden können und welche Regulierungsmaßnahmen (wie etwa Regulierungspausen; vgl. *Katz* and *Shapiro* 1987, *Gans* and *Williams* 1999) notwendig sind, ist bisher noch nicht klar. Dies wäre ein wichtiges Feld für einen Wettbewerb innovativer Regulierungsregime.

Zu 2.: Durch verschiedene Entwicklungen, wie z.B. durch zunehmenden öffentlichen Druck in Richtung Telekommunikationsregulierung oder eine zunehmende Bedeutung von Telekommunikationsmärkten, bei denen ein Wechsel des Regulierungsregimes auch ohne Verlassen eines Landes möglich ist, ist echter Systemwettbewerb vorstellbar. Für diesen Fall ist zu untersuchen, ob bei einem solchen Regulierungswettbewerb eine Tendenz zu Extremen erkennbar ist (*Wildasin* 1988; *Oates* and *Schwab* 1988; *Sinn*

22 Hierunter verstanden wird insbesondere das Zusammenführen verschiedener Typen von Netzen unter ein homogenes System des Betriebs, z.B. auf der Basis der paketvermittelten IP. Eine solche Integration macht vielfältige Investitionen in die Netzinfrastruktur (so bei Vermittlungsanlagen) notwendig.

1997, 2004). Telekommunikationsunternehmen, die an einem niedrigen Regulierungsniveau Interesse hätten, da es monopolähnliche Gewinne ermöglichen würde, würden sicher zunächst in Länder mit einem solchen geringen Niveau der Regulierung wandern. Für die Kunden würde eine solche Regulierung zu höheren Preisen und zu geringeren konsumierten Mengen führen. Somit besteht ein großer Anreiz seitens der Konsumenten, durch *exit* das Regulierungsregime zu verlassen oder durch *voice* für seine Veränderung zu sorgen. Folglich sorgen Anbieter durch Abwanderung oder in Abstimmungen für ein niedriges Regulierungsniveau, und Nachfrager versuchen ein möglichst hohes Regulierungsniveau zu erreichen. Ein Markt für die meisten Telekommunikationsgüter kommt aber nur zustande, wenn Nachfrager und Anbieter unter demselben Regulierungsregime zusammenkommen. Insofern besteht das Interesse des Regulierungsanbieters, sowohl für Telekommunikationsanbieter als auch für Telekommunikationsnachfrager ein angemessenes Regulierungsniveau zu bieten, so dass weder die eine noch die andere Marktseite abwandert. Ein hierfür notwendiger Kompromiss führt gerade nicht dazu, dass das Regulierungsniveau extrem wird.

Zusammenfassend lässt sich festhalten:

Zu 1.: Zustandekommen des Systemwettbewerbs:

- Ein *exit* in ein anderes Regulierungsregime durch Verlassen des Landes ist nur in sehr wenigen Fällen vorstellbar; durch diese wenigen Fälle entsteht kein Systemwettbewerb auf breiter Front.
- *Exit* durch die Wahl von nicht im Inland regulierten Telekommunikationsgütern (wie z.B. Satellitenfunk) hat bisher nur geringe Bedeutung.
- *Voice* zur Selektion eines guten Regulierungsregimes hat in der öffentlichen Auseinandersetzung bisher noch keine besonders große Rolle gespielt.
- Insgesamt ist kaum mit dem Zustandekommen eines echten Systemwettbewerbs zu rechnen, wenn auch das Lernen von anderen Regulierungen im Regulierungshandeln eine gewisse Rolle spielt.
- Aufgrund von wichtigen zur Markteinführung anstehenden Innovationen spielt das Funktionsprinzip des Systemwettbewerbs (paralleles Hervorbringen neuer Regulierungsvarianten und Selektion bewährter Varianten) eine zunehmend größere Rolle, um Regulierungen zu finden, die mit temporären Innovationsmonopolgewinnen umgehen können.

Zu 2.: Tendenz zu Extremen durch Systemwettbewerb:

- Kommt ein Systemwettbewerb von Telekommunikationsregulierungen zustande, ist eine Tendenz zu sehr hohem oder niedrigem Regulierungsniveau unwahrscheinlich, da unterschiedliche Interessen von Anbietern und Nachfragern von Telekommunikationsgütern in einem Regulierungsregime zusammengebracht werden müssen.

4.4. Institutionenökonomische Perspektive: Heterogenität der Präferenzen und Präferenzdurchsetzung durch Institutionen

Ein wichtiger Grund für eine dezentrale Regulierung könnte darin liegen, dass heterogene Präferenzen der Bürger hierdurch besser im politischen Prozess berücksichtigt werden. Zunächst einmal ist zu untersuchen, inwieweit solche länderspezifisch unterschiedlichen Präferenzen für Telekommunikation von Bedeutung sind.

Hinsichtlich des Konsums von Telekommunikationsleistungen ist durchaus zu erkennen, dass es länderspezifisch unterschiedliche Konsumgewohnheiten gibt, die sich z.B. in einer sehr verschiedenen Internetanschlussdichte zeigt. In der EU (EU 25) reichte sie 2007 von 25 % angeschlossener Haushalte in Estland bis zu 84 % in den Niederlanden (*Eurostat* 2007, S. 2). Allerdings existieren diese realen Unterschiede im Konsum bei gleichzeitig stark divergierender Regulierung und sehr unterschiedlicher Ausgangslage (verschiedenartig staatlich geförderter Infrastruktur etwa im Bereich Breitbandkabel). Insofern stellt sich die Frage, ob die zu beobachtenden Unterschiede ihre Ursache in nationalen Präferenzunterschieden haben oder ob sie vor allem den bisherigen staatlichen Eingriffen geschuldet sind. Hinzu kommt, dass die Heterogenität in einzelnen Ländern je nach gewähltem Kriterium und Land teilweise höher ist als im Ländervergleich. Beim Beispiel der Internetnutzung differiert diese Größe in Deutschland z.B. nach Alter[23] oder Bildung[24] ebenfalls ganz erheblich.

Schließlich ist noch zu beachten, dass die Präferenzunterschiede beim Konsum von Telekommunikationsgütern nur indirekt bedeutsam sind, denn die Frage ist, ob länderspezifische Präferenzunterschiede bei der Regulierung des Telekommunikationsmarkts bestehen – auch wenn klar ist, dass Regulierung und die Entwicklung des Telekommunikationsmarkts zusammenhängen. Beim jetzigen Regulierungsumfang, der sich auf viele Teilmärkte mit mehr oder weniger großen Marktmachtproblemen auch jenseits nicht-angreifbarer natürlicher Monopole erstreckt, sind solche unterschiedlichen Präferenzen für Regulierung (als Folge abweichender Präferenzen des Konsums von Telekommunikationsgütern) durchaus wahrscheinlich. So ist in Ländern mit hohen Präferenzen für Auslandsgespräche möglicherweise eine umfassende Regulierung dieses Teilmarkts bzw. seiner Vorleistungsmärkte wichtiger als eine Regulierung von Inlandsgesprächen. Bei einem Regulierungsdesign, das sich auf die Regulierung nicht-angreifbarer natürlicher Monopole konzentriert, sind solche Präferenzunterschiede für Regulierung vermutlich weniger wichtig.

Die Auswahl des zu regulierenden Bereichs wird sich dann auf die Übertragungsnetze und hier insbesondere auf die ‚letzte Meile' zum Konsumenten konzentrieren, außer wenn im jeweiligen Land (wie z.B. in den Niederlanden) Alternativen (wie dort in Form von Breitbandkabeln) genutzt werden können. Dass dann eine Regulierung nicht notwendig ist, hat allerdings weniger etwas mit heterogenen Präferenzen, sondern in die-

23 91 % der über 70jährigen Frauen sind keine Internetnutzer, während es bei den 14-19jährigen nur 4 % sind; s. *Kompetenzzentrum* (2007), S. 16.

24 71 % der Frauen mit Volksschulabschluss, aber ohne Lehre nutzen kein Internet, während dies mit abgeschlossenem Studium nur 15 % sind; s. *Kompetenzzentrum* (2007), S.12.

sem Fall mit einer sinnvolleren Politik zu tun, die nicht zur eigentumsrechtlichen Zerstückelung des Kabelnetzes wie in Deutschland beigetragen hat.[25]

Auch hinsichtlich des allgemeinen Regulierungsziels der Implementierung einer Anreizregulierung dieses Netzbereichs dürften nur geringe Präferenzunterschiede bestehen – zumindest sind hier in der wissenschaftlichen und öffentlichen Diskussion kaum Differenzen in der Einschätzung zu sehen. Die konkrete Instrumentenausgestaltung kann hingegen durchaus strittig sein, so dass hier unterschiedliche Präferenzen für verschiedene Instrumente eine Rolle spielen können. Allerdings ist vermutlich die Anzahl derjenigen, die explizite Präferenzen für einen konkreten Instrumenteneinsatz haben, vergleichsweise gering.

Insgesamt ist das Argument heterogener Präferenzen in diesem Fall ein eher schwaches Argument– insbesondere bei einer Regulierung, die sich auf monopolistische *bottlenecks* beschränkt.

Liegen tatsächlich heterogene nationale Präferenzen für die Regulierung des Telekommunikationsmarkts vor, ist in einem zweiten Schritt zu prüfen, ob diese heterogenen Präferenzen besser (z.B. mit geringeren Frustrations- und Informationskosten) auf der nationalen oder der EU-Ebene durchgesetzt werden können. Die Frage der *Präferenzdurchsetzung* hängt in starkem Maße von der Ausgestaltung der Institutionen auf den beiden Ebenen ab und ihrer Auswirkung auf Umfang und Inhalt der Telekommunikationsregulierung.

Gegen die EU-Ebene als beste Ebene zur Durchsetzung von Präferenzen für Telekommunikationsregulierung sprechen zunächst die Anreizstrukturen bei der Kommission und dem Europäischen Parlament, die aufgrund bestehender Prinzipal-Agenten-Probleme tendenziell zu einer zu starken, nicht präferenzgerechten Zentralisierung tendieren. Das Verhalten der Kommission, die ein sehr wesentlicher Akteur bei der Implementierung und der Kontrolle der Telekommunikationsregulierung ist, lässt sich im Wesentlichen bürokratietheoretisch beschreiben. Ihre politische Macht ist relativ groß bei gleichzeitig geringem Kontrollniveau (insbesondere auch mit Blick auf die Kontrollfunktion der Regulierung), so dass hier aus Eigeninteresse resultierendes Budgetausweitungsverhalten zu erwarten ist. Tatsächlich hat bisher der Regulierungsumfang im Laufe der EU-Regulierungsgeschichte zugenommen. Allerdings ist dies weder eine notwendige, noch eine hinreichende Bedingung für eine bürokratietheoretisch zu erklärende Budgetausweitung, denn es ist möglich, dass sich der optimale Zentralisierungsgrad im Zeitablauf geändert hat. So spielen beispielsweise die Anfangsunterschiede auf den Telekommunikationsmärkten, die z.B. durch die staatlichen nationalen Monopolisten verursacht wurden, inzwischen eine deutlich geringere Rolle. Dies könnte dazu führen, dass heute eine Zentralisierung aus Gründen von Skaleneffekten sinnvoller ist als zu Beginn der Marktöffnung. Auch beinhaltet der letzte Kommissionsvorschlag zur Reform der EU-Telekommunikationsregulierung zwar einerseits Vorschläge für eine stär-

25 Natürlich lässt sich annehmen, dass die unterschiedlichen politischen Vorgaben eine Folge abweichender Präferenzen sind, jedes Land also das von den Wählern gewünschte Kabelnetz bekommen hat. Aufgrund vielfältiger Prinzipal-Agenten-Probleme in den politischen und administrativen Prozessen ist eine solche Schlussfolgerung aber sicher nicht gerechtfertigt.

kere Zentralisierung, andererseits werden aber mehr als die Hälfte der bisher potenziell regulierten Teilmärkte aus der Regulierung entlassen, so dass nur bedingt von einer Budgetausweitung gesprochen werden kann. Erklärt werden kann dies auch mit den partiell unterschiedlichen Interessen in der Kommission sowie in der EU-Bürokratie. Dies zeigt sich z.B. in der unterschiedlichen Beurteilung der vorgeschlagenen *European Telecom Market Authority*. Ihre Einführung würde das Gewicht zwischen der Generaldirektion Wettbewerb und der Generaldirektion Telekommunikation, die beide in die EU-Telekommunikationsregulierung involviert sind, vermutlich verschieben, da die *Authority* wahrscheinlich der Generaldirektion Telekommunikation unterstellt würde und damit der Einfluss der Generaldirektion Wettbewerb zurückginge. Auch wenn zumindest hinsichtlich konkreter Instrumente, die zur Zentralisierung genutzt werden können, keine eindeutigen Positionen in der Kommission und ihrer Bürokratie bestehen, so ist doch die generelle Tendenz des Versuchs einer Kompetenzausweitung zu erkennen.

Auch durch das Europäische Parlament, das durch Anwendung des Mitentscheidungsverfahrens (Art. 251 EGV) an der Gesetzgebung zur Telekommunikationsregulierung beteiligt ist, kann sich durch nicht kontrolliertes Eigeninteresse der Akteure eine übermäßige Zentralisierungstendenz ergeben. Insgesamt besteht beim Europäischen Parlament durchaus eine Tendenz zu Entscheidungen, die die Zentralisierung und damit die Stärkung der Kompetenzen des Europäischen Parlaments fördern und so das Parlament in Richtung eines vollwertigen Legislativorgans weiterentwickeln. In diesem Sinne können auch die Stellungnahmen des Parlaments im Zuge der Verabschiedung der Telekommunikationsregulierung 2002 interpretiert werden. So wurde beispielsweise sehr starker Wert darauf gelegt, dass alle Netze unabhängig von ihrer Nutzung und technischen Ausstattung der EU-Regulierung unterworfen werden sollten, was als Versuch der stärkeren Zentralisierung interpretiert werden kann (*European Parliament* 2001).

Für die EU-Ebene spricht, dass auf dieser Ebene nicht präferenzgerechte Fälle der Ausländerdiskriminierung durch nationale Regulierungen verhindert werden können,[26] die vermutlich am Anfang der Marktöffnung eine relativ große Bedeutung gehabt haben, inzwischen aber eine deutlich abnehmende Tendenz haben dürften (*Haucap* und *Kühling* 2006, S. 331). Ein wesentlicher Grund für die Diskriminierung von Ausländern

26 Dies betrifft z.B. auch *hold-up*-Probleme (*Haucap* und *Kühling* 2006, S. 339 f.). Generell kann (erwartetes) Regulierungshandeln zum *hold-up* führen und damit zu einem unteroptimalen Investitionsniveau, da ein Investor (z.B. in neue Netze) fürchten muss, dass nach erfolgter Investition seine Monopolgewinne, die auch Folge eines temporären Innovationsmonopols sind, durch den Regulierer weggesteuert werden. Auf nationaler Ebene kommt noch ein besonderes Problem hinzu. Nachfrager sind immer Inländer, Investoren hingegen nicht, so dass hier tendenziell eine Verzerrung des Regulierungshandelns zu Gunsten der Inländer besteht, sich also eine zu restriktive Regulierung mit (kurzfristiger) Begünstigung der Nachfrager ergeben würde. Gegen einen solchen Effekt spricht, dass viele Großinvestoren in den nationalen Telekommunikationsmärkten die nach wie vor staatsnahen Altmonopolisten sind. Diese haben eine relativ enge Bindung an die nationale Regulierungsbehörde (*regulatory capture*). Insofern besteht auf der nationalen Ebene möglicherweise eine Kompensation des *hold-up*-Problems durch das *regulatory capture*.

war eine Form des *regulatory capture* – so bestanden in vielen Ländern vielfältige (institutionelle, aber auch persönliche) Beziehungen zwischen dem zu kontrollierenden Ex-Monopolisten und der Kontrollbehörde, die häufig (wie in Deutschland) aus dem vormals zuständigen Ministerium hervorgegangen waren. Inzwischen sind diese Verbindungen (auch als Folge eines häufig starken Personalaufbaus, s. *Schedl* und *Sülzle* 2007) deutlich gelockert. Daher sind heute statt einer Kompetenzverschiebung in Richtung EU, die auch für eine deutliche Abnahme solcher Beziehungen sorgen würde, möglicherweise effizientere Maßnahmen vorhanden, das bestehende Restproblem eines *regulatory capture* zu verringern. Dies könnte z.B. eine vollständige Privatisierung der Ex-Monopolisten sein, die den Staat von der Doppelrolle, Eigentümer und gleichzeitig Kontrolleur sein zu müssen, befreit (*Haucap* 2008, S. 2).

Zusammenfassend sind die folgenden Punkte festzuhalten:

Zur Heterogenität von Präferenzen:

- Die sichtbare Heterogenität im Konsum von Telekommunikationsgütern ist sicher in Teilen autonom, allerdings auch eine Folge unterschiedlicher nationaler Regulierungen.
- Präferenzen für Telekommunikationsleistungen sind nicht nur im Ländervergleich, sondern besonders bei neuen Gütern (wie bei der Internetnutzung) auch innerhalb eines Landes sehr heterogen.
- Die Heterogenität von Präferenzen für Telekommunikationsgüter schlägt nicht in vollem Maße durch auf die Präferenzen für die Regulierung des Telekommunikationsmarkts, die einheitlicher sein dürften. Dies gilt insbesondere für eine Telekommunikationsregulierung, die sich auf die Regulierung von monopolistischen *bottlenecks* beschränkt.

Zur Durchsetzung heterogener Präferenzen:

- Es sind einige problematische Anreize auf der EU-Ebene zur unerwünschten Zentralisierung als Folge der institutionellen Schwächen vorhanden (die nicht spezifisch für eine höhere Ebene sind, sondern aus der konkreten Ausgestaltung der EU-Organe resultieren).
- Gleichzeitig bestehen vermutlich sinkende Probleme auf der nationalen Ebene, und es stehen andere, effizientere Maßnahmen (wie eine vollständige Privatisierung der Ex-Monopolisten) zur Verfügung, um die Gefahr nicht präferenzadäquater Ausländerdiskriminierung zu verringern.

5. Schlussfolgerungen

In der Gesamtbeurteilung der Kompetenzverteilung zwischen nationaler und EU-Ebene ergibt sich, dass zumindest keine generellen EU-Kompetenzen für alle bisherigen Regulierungsbereiche notwendig sind.

Zwar war die EU vermutlich die einzige Ebene, die das Regulierungsthema Ende der 90er Jahre angehen konnte (s.a. *Beck* und *Wentzel* i.d. Bd.); dieses *Effektivitätsargument* ist aber heute wenig bedeutsam. Um der Gefahr zu begegnen, dass nationale Regulierungen sich vom in der EU eingeschlagenen Kurs der Marktöffnung generell abwenden, könnte ein Sondervetorecht der EU-Ebene etabliert werden. Durch diese Lösung wäre eine Wiedereinsetzung einer EU-Regulierung (etwa entsprechend der derzeitigen Regulierung) möglich, wenn die Marktentwicklung in einem Land sehr unbefriedigend ist. Ansonsten ruhen diese EU-Kompetenzen. Das Sondervetorecht müsste dann verbunden sein mit sehr strikten Aufgreifkriterien (z.B. hinsichtlich Marktkonzentration und Vergleichsmarktpreisen), um Missbrauch zu verhindern.

Negative grenzüberschreitende Externalitäten sind vor allem beim *roaming* möglich, wenn auch die dort zu beobachtenden hohen Preise ebenfalls aus mangelnder Preiselastizität vieler Nachfrager erklärt werden können. Aufgrund des generell bestehenden Anreizes zur Ausländerdiskriminierung durch den inländischen Regulierer können hier EU-Kompetenzen sinnvoll sein. Möglicherweise reichen hierzu die Regelungen zu den Grundfreiheiten im EG-Vertrag aus, zumindest aber sind weniger restriktive und effizientere Instrumente als gegenwärtig vorstellbar. Eine Möglichkeit wäre die Wettbewerbsstimulierung durch Öffnung des Marktes für Mobilfunk-Terminierungsentgelte, etwa durch individuelle *preselection* oder *call by call* statt überwiegender Vorgabe durch den inländischen Netzbetreiber (*Sidak* and *Crandall* 2004).

Positive grenzüberschreitende Externalitäten, etwa in Form von Wachstumsimpulsen durch geöffnete Märkte für das Ausland, sind nicht regulierungsbedürftig, insbesondere weil sie für das nationale Regulierungshandeln nicht relevant sind.

Skaleneffekte im Regulierungsmanagement sind auf einer zentralen Ebene durchaus möglich, bei der gegenwärtigen Regulierungsausgestaltung durch Duplizierung von Prozessen aber nicht zu erwarten. Im Vergleich zu anderen Effekten einer höheren oder niedrigeren Ebene spielen diese Skaleneffekte kaum eine Rolle. Aus beiden Fällen ist kein schlagkräftiges Argument für eine Regulierung auf der EU-Ebene abzuleiten.

Skaleneffekte bei der Produktion der Regulierung sind vorhanden, aber durch die große Bedeutung lokaler und regionaler Märkte beschränkt. Eine sinnvolle Lösung für das Problem der richtigen Kompetenzallokation wäre hier die Prüfung von Möglichkeiten der Privatisierung, so dass der Markt die richtige Betriebsgröße für die Regulierungsproduktion ermitteln kann.

Indirekte Skaleneffekte bei Regulierungsadressaten sind möglich, setzen aber die richtige Regulierung für alle Adressaten voraus – aufgrund unterschiedlicher Ziele (bei Unternehmen) oder Präferenzen (bei Haushalten) können aber dezentrale Regulierungen einen deutlichen Vorteil haben. Sollten jedoch solche indirekten Skaleneffekte existieren und bedeutsam sein (wie dies insbesondere bei Mindestgrößenanforderungen an den Regulierungsraum zur Amortisation von Investitionen in neue Technologien zu erwarten ist), ergibt sich hieraus eine Kompetenz für die EU-Ebene, die dann für einen größeren Raum mit identischer Regulierung für diese Innovation sorgen müsste.

Das *Entstehen von Systemwettbewerb* ist bisher nicht zu sehen. Paralleles Erproben und Selektieren von Lösungen als Mechanismus gewinnt aber aufgrund zunehmender Innovationen in regulierungsrelevanten Bereichen (Beispiel VDSL) an Bedeutung, so dass zumindest ein stark intensiviertes Lernen einzelner Regulierungen voneinander wichtiger wird. Eine mögliche EU-Kompetenz könnte dabei in der Stimulierung des Systemwettbewerbs oder zumindest des wechselseitigen Lernens durch Informationsbereitstellung und Vergleich liegen. Hierzu könnte z.B. ein reformiertes Modell des Verfahrens der Offenen Methode der Koordinierung (OMK, s. *Sundmacher* 2005) beitragen.

Die *Heterogenität von Präferenzen* für Regulierung ist im Ländervergleich nicht besonders bedeutsam. Auch ist die Heterogenität innerhalb eines Landes teilweise größer als im Ländervergleich. Die Durchsetzung eventuell vorhandener heterogener Präferenzen ist aufgrund von stärkeren Prinzipal-Agenten-Problemen auf der EU-Ebene und von nachlassenden Schwierigkeiten durch Ausländerdiskriminierung auf den nationalen Ebenen gegenwärtig eher auf nationaler als auf EU-Ebene zu erwarten. Damit die Entwicklung auf der nationalen Ebene stabil ist, kann die Stärkung der Unabhängigkeit der Regulierungsorgane gegenüber den Ex-Monopolisten eine EU-Aufgabe sein. Dies kann durch eine Vorgabe von Unabhängigkeitsregeln erfolgen, ist aber eventuell schon durch die allgemeinen Regelungen des EG-Vertrags zur Ausländerdiskriminierung in der Auslegung des EuGH („Zwischenstaatlichkeitsklausel") vorgegeben.

Insgesamt mag die bisherige EU-Kompetenz angesichts der damaligen Lage auf dem Telekommunikationsmarkt angemessen gewesen sein; zukünftig sind aber deutliche Änderungen für eine effiziente Kompetenzallokation zwischen EU und Mitgliedsstaaten notwendig. Wesentliche Elemente einer zukünftig veränderten EU-Kompetenz sind entsprechend der oben geführten Diskussion:

- Wiederaufleben von Eingriffsrechten der EU bei starken Zielverfehlungen auf Teilmärkten über eine längere Zeit (Sonderveto),
- Eingriffskompetenzen bei Sondereffekten; dies betrifft a) das *roaming* in Form von EU-Kompetenzen mit Instrumenten, die eine geringere Eingriffsintensität aufweisen als die bisher verwendeten, und b) Mindestgrößen von Innovationen, bei denen ein gemeinsamer Regulierungsraum (z.B. eine gemeinschaftsweite Regulierungspause) geschaffen wird und
- Rahmeneingriffskompetenzen; diese betreffen a) die Stimulierung von Systemwettbewerb etwa durch ein modifiziertes Verfahren der OMK, b) die Initiierung der Privatisierung von Regulierungsproduktion und c) Vorgaben zur Unabhängigkeit von Regulierungsorganen.

Literatur

Apolte, Thomas (2004), Die eigentümliche Diskussion um Zentralisierung und Dezentralisierung in der Europapolitik, in: Perspektiven der Wirtschaftspolitik, 5. Jg., H. 3, S. 271 - 291.

Apolte, Thomas (1999), Die ökonomische Konstitution eines föderalen Systems: Dezentrale Wirtschaftspolitik zwischen Kooperation und institutionellem Wettbewerb, Tübingen.

Atkinson, Robert (2006), How Much and What Kind of Regulation Will be Needed in the Networked World of Tomorrow?, in: *Arnold Picot* (ed.), The Future of Telecommunications Industries, München, S. 169-181.

Baumol, William J., John C. Panzar und *Robert D. Willig* (1982), Contestable Markets and the Theory of Industry Structure, San Diego.

Cassel, Dieter, Torsten Sundmacher und *Christian Müller* (2007), Ökonomische Begründungen für Pharmamarktregulierungen auf verschiedenen Kompetenzebenen: Das Beispiel der Arzneimittel-Zulassungshürden in Europa, in: *Wolfgang Kerber* und *Klaus Heine* (Hg.), Zentralität und Dezentralität von Regulierung in Europa, Stuttgart, S. 288-307.

Dewenter, Ralf und *Jörn Kruse* (2005), Calling Party Pays or Receiving Party Pays? The Diffusion of Mobile Telephony with Endogenous Regulation, Discussion Paper No. 43, Department of Economics, Helmut-Schmidt-University Hamburg, Hamburg.

Dewenter, Ralf und *Justus Haucap* (2004), Die Liberalisierung der Telekommunikationsbranche in Deutschland: Bisherige Erfolge und weiterer Handlungsbedarf, in: Zeitschrift für Wirtschaftspolitik, Bd. 53, Nr. 3, S. 374-393.

Downs, Anthony (1957), An Economic Theory of Democracy, New York.

Downs, Anthony (1967), Inside Bureaucracy, Boston.

Drake, William J. (2000), The Rise and Decline of the International Telecommunications Regime, in: *Christopher T. Marsden* (ed.), Regulating the Global Information Society, London, pp. 124–177.

European Parliament (2001), Report on a proposal for a directive of the European Parliament and of the Council on a common regulatory framework for electronic communications networks and services - Committee on Industry, External Trade, Research and Energy, A5-0053/2001, o.O.

Eurostat (2007) (Hg.), Internet-Nutzung in 2007: Haushalte und Einzelpersonen, Eurostat Daten kurz gefasst, Nr. 23, Brüssel.

Freund, Caroline L. und *Diana Weinhold* (2002), The Internet and Evolving Patterns of International Trade, in: *Claude Barfield, Günter Heiduk* und *Paul J. J. Welfens* (Hg.), Internet, Economic Growth and Globalization, Berlin, Heidelberg und New York, S. 85-104.

Galbi, Douglas A. (1998), Cross-Border Rent Shifting in International Telecommunications, in: Infomation Economics and Policy, No. 10, pp. 515–536.

Gans, Joshua S. and *Philip L. Williams* (1999), Access Regulation and the Timing of Infrastructure Investment, in: Economic Record, Vol. 75, No. 228, pp. 127-138.

Gröhn, Andreas (1999), Netzwerkeffekte und Wettbewerbspolitik: Eine Ökonomische Analyse des Softwaremarktes, Tübingen.

Gutenberg, Erich (1956), Betriebsgröße, in: *Hans Seischab* (Hg.), Handwörterbuch der Betriebswirtschaft, Band 1, Stuttgart, Sp. 800-806.

Haucap, Justus (2008), 10 Jahre Marktöffnung in der Telekommunikation: Stand und Perspektiven, Nürnberg (http://www.wettbewerb.wiso.uni-erlangen.de/?page=cms_forschung)

Haucap, Justus und *Jürgen Kühling* (2006), Eine effiziente vertikale Verteilung der Exekutivkompetenzen bei der Regulierung von Telekommunikationsmärkten in Europa, in: Zeitschrift für Wirtschaftspolitik, Bd. 55, Nr. 3, S. 324-356.

Hayek, Friedrich A. (1969), Freiburger Studien, Tübingen.

Heinrich, Jürgen (1999), Medienökonomie, Opladen.

Katz, Michael L. and *Carl Shapiro* (1985), Network Externalities, Competition, and Compatibility, in: American Economic Review, Vol. 75, No. 3, pp. 424–440.

Katz, Michael L. and *Carl Shapiro* (1987), R&D Rivalry with Licensing or Imitation, in: American Economic Review, Vol.. 77, No. 3, pp. 402-420.

Kerber, Wolfgang (1998), Zum Problem einer Wettbewerbsordnung für den Systemwettbewerb, in: Jahrbuch für neue politische Ökonomie, Tübingen, S. 199-240.

Kiesewetter, Wolfgang (2007), Marktanalyse und Abhilfemaßnahmen nach dem EU-Regulierungsrahmen im Ländervergleich, WIK Diskussionsbeitrag Nr. 288, Bad Honnef.

Knieps, Günter (2002), Preisregulierung auf liberalisierten Telekommunikationsmärkten, Arbeitspapier Nr. 89, Universität Freiburg, Institut für Verkehrswissenschaft und Regionalpolitik.

Kommission (2007), Vorschlag für eine Richtlinie des Europäischen Parlaments und des Rates zur Änderung der Richtlinie 2002/21/EG über einen gemeinsamen Rechtsrahmen für elektronische Kommunikationsnetze und -dienste, der Richtlinie 2002/19/EG über den Zugang zu elektronischen Kommunikationsnetzen und zugehörigen Einrichtungen sowie deren Zusammenschaltung und der Richtlinie 2002/20/EG über die Genehmigung elektronischer Kommunikationsnetze und -dienste, KOM(2007) 697 endgültig, Brüssel.

Kompetenzzentrum Technik-Diversity-Chancengleichheit (2007), Internetnutzung von Frauen und Männern in Deutschland 2007. Sonderauswertung Gender & Diversity des (N)ONLINER Atlas 2007, September 2007, www.kompetenzz.de.

Kruse, Jörn (2002), Deregulierung in netzbasierten Sektoren, in: *Hartmut Berg* (Hg.), Deregulierung und Privatisierung: Gewolltes – Erreichtes – Versäumtes, Berlin, S. 71-88.

Leibenstein, Harvey (1966), Allocative Efficiency and X-Efficiency, in: American Economic Review, Vol. 56, No. 3, pp. 392-415.

Monopolkommission (2007), Wettbewerbsentwicklung bei der Telekommunikation 2007: Wendepunkt der Regulierung, Sondergutachten gemäß § 121 Abs. 2 Telekommunikationsgesetz, Bonn.

Müller, Christian und *Torsten Sundmacher* (2006), Europäische Sozialpolitik, in: *Dirk Wentzel* (Hg.), Ordnungspolitische Aspekte der Europäischen Integration, Stuttgart, S. 187-222.

Nell-Breuning, Oswald von (1977), Gerechtigkeit und Freiheit: Grundzüge der katholischen Soziallehre, 2. Aufl., München 1985.

Niskanen, William A. Jr. (1971), Bureaucracy and Representative Government, Chicago.

Oates, Wallace E. and *Robert Schwab* (1988), Economic Competition among Jurisdictions: Efficiency Enhancing or Distortion Inducing?, in: Journal of Public Economics, Vol. 35, No. 3, pp. 333-354.

Olson, Mancur (1965), The Logic of Collective Action: Public Goods and the Theory of Groups, Cambridge, Mass.

Rauscher, Anton (1999) (Hg.), Christliche Soziallehre heute: Probleme, Aufgaben und Perspektiven, Köln.

Saavedra, Leonardo E. L. (2004), Fiscal Decentralisation as a Mechanism to Modernise the State: Truths and Myths, in: CESifo DICE Report, No. 1, pp. 15-20.

Schedl, Hans und *Kai Sülzle* (2007), Sektorspezifische Regulierung: Transitorisch oder ad infinitum? Eine internationale Bestandsaufnahme von Regulierungsinstitutionen, ifo Schnelldienst, Nr. 9, S. 31-34.

Shah, Anwar, Theresa Thompson and *Heng-fu Zou* (2004), The Impact of Decentralisation on Service Delivery, Corruption, Fiscal Management and Growth in Developing and Emerging Market Economies: A Synthesis of Empirical Evidence, in: CESifo DICE Report, No. 1, pp. 10-14.

Sidak, J. Gregory (2006), How Much and What Kind of Regulation Will be Needed in the Networked World of Tomorrow?, in: *Arnold Picot* (Hg.), The Future of TelecommunicationsIndustries, München, S. 155-158.

Sidak, J. Gregory and *Robert W. Crandall* (2004), Should Regulators Set Rates to Terminate Calls on Mobile Networks?, Yale Journal on Regulation, Vol. 21, No. 2, pp. 261-314.

Sinn, Hans-Werner (1997), The Selection Principle and Market Failure in Systems Competition, in: Journal of Public Economics, No. 66, pp. 247–274.

Sinn, Hans-Werner (2004), The New Systems Competition, in: Perspektiven der Wirtschaftspolitik, Nr. 5, S. 23–38.

Stigler, George J. (1968), Barriers to Entry, Economies of Scale, and Firm Size, in: *George J. Stigler* (ed.), The Organization of Industry, Homewood, Ill, pp. 67-70.

Sundmacher, Torsten (2005), Die Offene Methode der Koordinierung im Gesundheitswesen – folgenlose Verschwendung oder Gewinne jenseits ausgetretener Pfade?, in: Sozialer Fortschritt, Bd. 54, Nr. 12, S. 304-310.

Tiebout, Charles (1956), A Pure Theory of Local Expenditures, in: Journal of Political Economy, Vol.. 64, No. 5, pp. 416-424.

Tullock, Gordon (1969), Federalism: Problems of Scale, in: Public Choice, Vol. 6, No. 1, pp. 19-29.

Welfens, Paul J.J. (2006) Rational Regulatory Policy for the Digital Economy: Theory and EU Policy Options, Diskussionsbeitrag 146, Bergische Universität Wuppertal, Europäische Wirtschaft und internationale Makroökonomik.

Wengler, Martin O. und *Ralf G. Schäfer* (2003): Substitutionsbeziehungen zwischen Festnetz und Mobilfunk: Empirische Evidenz für Deutschland und ein Survey internationaler Studien, WIK Diskussionsbeitrag Nr. 249, Bad Honnef.

Wildasin, David E. (1988), Nash Equilibria in Models of Fiscal Competition, in: Journal of Public Economics, Vol. 35, No. 2, pp. 229–240.

Zenhäusern, Patrick, Harry Telser und *Heike Worm* (2006), Analyse der «ECTA Regulatory Scorecard», Ökonomisches Positionspapier – erstellt für Deutsche Telekom AG, Olten.

Dirk Wentzel (Hg.), Medienökonomik –
Theoretische Grundlagen und ordnungspolitische Gestaltungsalternativen
Schriften zu Ordnungsfragen der Wirtschaft · Band 89 · Stuttgart · 2009

Regulierung und Innovationsdynamik in der EU-Telekommunikationswirtschaft

Paul J.J. Welfens und *Michael Vogelsang*

Inhalt

1. Erste Erfahrungen mit der Telekommarkt-Öffnung und Herausforderungen durch die Internationalisierung im TK-Sektor

Die EU hat 1998 den Telekom-Netzbetrieb und die Sprachtelefonie im Zuge einer Marktöffnungsvorgabe für die damals 15 Mitgliedsländer der Union liberalisiert. Der Telekommunikationssektor (TK-Sektor) wurde also ordnungspolitisch einem neuen Regime unterworfen, das auf mehr nachhaltigen nationalen und internationalen Wettbewerb abzielte. Damit ist ein wichtiger Bereich der netzbasierten Infrastrukturwirtschaft, für die Universaldienstvorgaben – allgemeiner flächendeckender Leistungszugang zu standardisierten Preisen – charakteristisch sind, in den Wettbewerb im EU-

Binnenmarkt entlassen worden. Die Festnetztelekommunikation zeichnet sich dadurch aus, dass die Ex-Monopolisten in den EU-Ländern vertikal integriert sind, also digitale Dienste in Verbindung mit dem Netzbetrieb anbieten. Hiermit ergeben sich für Neuanbieter natürlich Probleme, da man im Zweifelsfall auf die Nutzung des Festnetzes (insbesondere der ‚letzten Meile') des Ex-Monopolisten angewiesen ist und bei ungünstiger Tarifierung der Netznutzung kein profitables Geschäftsmodell zu realisieren ist – selbst wenn man die digitalen Dienste günstiger anbieten kann als der Ex-Monopolist. Hier liegt das Problem des Netzzugangs bei vertikaler Integration, auf das die moderne Regulierung mit Entbündelungsvorgaben – der funktionalen Abspaltung des Teilnehmeranschlusses vom Gesamtnetz – und *Price-caps* reagiert hat. Beim *Price-cap* geht es um eine kostenbasierte Entgeltregelung, die auf Basis der Schätzung des sektoralen technischen Fortschritts nach der Formel RPI-X (Inflationsrate minus Fortschrittsrate X) für einen Leistungskorb definierte Mindestpreissenkungen für marktmächtige Unternehmen bzw. den Ex-Monopolisten vorsieht. Die Marktöffnung der Europäischen Kommission ist auf Basis nationaler Regulierungen in Verbindung mit einer EU-Rahmenregulierung umgesetzt worden, wobei sich in Deutschland insbesondere dank der Regulierungsbehörde für Telekommunikation und Post (RegTP) bzw. der Bundesnetzagentur für Elektrizität, Gas, Telekommunikation, Post und Eisenbahn (BNetzA, als Nachfolgebehörde der RegTP, die regulatorisch Pionierarbeit leistete) ein zum Teil funktionsfähiger Wettbewerb ergeben hat.

Hohe versunkene Kosten und sinkende Durchschnitts- bzw. Grenzkosten bedeuten in Gestalt der Teilnehmeranschlussleitung im Festnetzbereich einen *bottleneck*. Die genannte Kostenstruktur steht für den Fall eines natürlichen Monopols, bei dem die im Markt gewünschte Gesamtmenge von einem einzigen Unternehmen günstiger produziert werden kann als von einer Vielzahl von Firmen. Resistent ist der Engpassbereich infolge hoher versunkener Kosten im Festnetzbereich. Durch die Konvergenz bzw. die Digitalisierung hat sich allerdings in Form des Kabel-TV-Netzes – sofern abgespalten vom Ex-Telekommonopolisten (frühzeitig in den Niederlanden, sehr spät in Deutschland) – ein konkurrierendes Übertragungsnetz in Ballungsräumen entwickelt. Auch Stadtnetzbetreiber sind hier auf Basis eigener Netzwerke aktiv geworden. Der entsprechende Ausbau bzw. die Modernisierung des Kabel-TV-Netzes und die in vielen Großstädten erfolgenden Investitionen durch Stadtnetzbetreiber implizieren in vielen EU-Ländern, dass sich der *bottleneck* im Anschlussbereich vermindert hat (*Blankart*, *Knieps* und *Zenhäusern* 2007). Hinzu kommt, dass faktisch die Mobilkommunikationsnetze zum Teil mit Festnetzinfrastrukturen als hybride Infrastrukturen ausgestaltet worden sind.

Trotz der Ansatzmöglichkeiten zur Deregulierung der digitalen Kommunikation nach dem ersten Jahrzehnt der Marktöffnung hat sich allerdings in den EU-Ländern die Zahl der in den Regulierungsinstitutionen Beschäftigten weiter erhöht (*Schedl* und *Sülzle* 2007), was Fragen nach dem institutionellen Reformbedarf aufwirft. Es ist jedenfalls erstaunlich, dass bei einer verstärkten Tendenz zu nachhaltigem funktionsfähigem Wettbewerb der Personalbestand der Regulierungsbehörden in vielen Ländern ausgebaut wird – der Review 2007/08 der Europäischen Kommission im Telekommunikationsbereich hat jedenfalls die eindeutige Schlussfolgerung erbracht, dass die gegenüber der

Kommission zu notifizierenden Teilmärkte mit Regulierungserfordernis sich der Zahl nach in allen EU-Ländern im Zeitablauf vermindert haben. Auch aus dem *benchmarking* der nationalen Regulierungsansätze ergeben sich Ansatzpunkte für Reformen der Regulierung. Zudem ist zu bedenken, dass die nationalen Regulierungsansätze im wesentlichen auf Basis eines Modells für eine geschlossene Volkswirtschaft entwickelt worden sind, so dass etwa wohlfahrtsökonomische Fragen – mit Bezug auf die Rolle von Direktinvestitionen – nicht analysiert wurden.

Nach der ersten Marktöffnungsphase, die sich auf schmalbandige Übertragungswege richtete, hat sich der Focus zu Beginn des 21. Jahrhunderts verstärkt auf breitbandige Übertragungstechnologien verlagert, also auf DSL, Kabel-TV und UMTS im Mobilfunk. Zu den weiteren wichtigen Fragen aus Regulierungssicht kann man daher die Thematik des Zugangs zu breitbandigen Netznutzungen bzw. Diensten zählen (z. B. DSL) und die Verbindung von Festnetz- und Mobiltelefonie; letztere wird zunehmend als Substitut zum Festnetz gesehen, wodurch sich die Abgrenzung des relevanten Marktes ändert. Der Übergang zu *Next Generation Networks* (NGN), die technologisch auf dem Internetprotokoll aufsetzen, führt auch zu neuartigen Fragestellungen. Hier stellt sich u. a. die Frage, ob Newcomern beim Aufbau von NGN durch den Ex-Monopolisten der Zugang zu kostenorientierten Preisen ermöglicht werden muss und damit Beschränkungen des Innovationswettbewerbs erfolgen dürfen, und wie lange das alte Netzwerk – mit reguliertem Netzzugang für Newcomer – vom Ex-Monopolisten fortgeführt werden muss, der naturgemäß an einer Migration ins NGN interessiert ist.

Die Nachfrager haben in der ersten Liberalisierungsphase auf verschiedene Weise die Angebote neuer Anbieter genutzt, die Nutzermehrheit hat auf die zum Teil wesentlich verbesserten Angebote des Ex-Monopolisten und der Newcomer zurückgegriffen. Die Regulierer auf nationaler bzw. supranationaler Ebene mussten sich zugleich auch mit verschiedenen, von Seiten der Wissenschaft entwickelten Regulierungskonzepten auseinandersetzen, wobei man in den OECD-Ländern in der Regulierungspraxis unterschiedliche Ansätze vorfand (*Welfens* und *Graack* 1996; *Welfens* 2007; *Kennet* and *Ralph* 2007). Dabei gilt als Besonderheit der Telekommunikation, dass der Staat für diesen Sektor Universaldienstvorgaben definiert hat – bestimmte Telefondienste sollten für jedermann flächendeckend zu erschwinglichen Preisen erhältlich sein.

Der Universaldienst wird in den meisten EU-Ländern auf Basis eines Pool-Modells finanziert, in den die Anbieter typischerweise in Abhängigkeit von den Marktanteilen einzahlen. Die EU-Mitgliedsländer haben zunächst auf nationaler Ebene eine asymmetrische Regulierung eingeführt, um durch ein *ex ante*-Set von Regeln für den vertikal integrierten ehemaligen Monopol-Festnetzbetreiber einen diskriminierungsfreien Wettbewerbsprozess durchzusetzen; dem britischen Modell der RPI-X-Preisregulierung der frühen 90er Jahre folgend, hat man in den EU-Ländern zunächst für einen Leistungskorb des Ex-Monopolisten eine Preisformel von Seiten der jeweiligen nationalen Regulierungsbehörden festgesetzt und zugleich Regulierungsvorgaben für die Netzzusammenschaltung gemacht. Diese war Voraussetzung dafür, dass die Newcomer abgehende Gespräche an die Kunden des Ex-Monopolisten durchstellen können. Die Europäische Kommission hat durch eine Rahmenregulierung, die 2002 konsolidiert wurde, für alle EU-Länder im Telekombereich verbindliche Vorgaben gemacht, die eine Reihe von

Bereichen betrifft. 2007 hat die EU erstmals auch im Mobilfunkbereich erhebliche Eingriffe in den Preissetzungsprozess, nämlich bei grenzüberschreitenden Gesprächen, vorgenommen. Die Europäische Kommission hat schon in 2007 einen *Review* zur Telekomregulierung vorgelegt und für 2008 einen *Review* zum Universaldienst vorgesehen, wobei die Frage nach einem breitbandigen Universaldienst im Kontext der Banken- bzw. Wirtschaftskrise eine neue Aktualität erhält; denn hier bietet sich etwa im Bereich der Fiskalpolitik der EU-Mitgliedsländer an, dass der Staat geplante bzw. angedachte Ausbaustufen für breitbandige Netze im Zuge von Infrastrukturprogrammen vorzieht.

Die Telekommunikationswirtschaft ist Teil der Informations- und Kommunikationstechnologie (IKT), die zu Beginn des 21. Jahrhunderts als mit Blick auf die Innovationsintensität dynamischster Sektor gilt. Die 1998 erfolgte Marktöffnung der Festnetztelekommunikationsmärkte in der EU hat in der EU zu einer relativ dynamischen Marktentwicklung geführt. Sie zeigte sich:

- im Marktzutritt zahlreicher neuer Anbieter;
- im Sinken der Marktanteile der Ex-Monopolisten und der gleichzeitigen Internationalisierung der Telekommärkte unter wesentlicher Mitwirkung dieser Akteure, die in liberalisierten Nachbarländern neue Wachstumsmöglichkeiten suchten;
- in einem starken Absinken der absoluten und relativen Telefonpreise und einer Verstärkung der Telekomnutzung, die internationalen Telekommunikationspreise sind im Festnetzbereich besonders stark gesunken;
- in einer Zunahme der Bedeutung des Innovationswettbewerbs; dabei spielte in den Festnetzmarkt die Expansion und Innovationsintensität der Mobilfunkmärkte stimulierend hinein. Schließlich dürfte neben der ohnehin hohen Dynamik im Sektor der Informations- und Kommunikationstechnologie auch die Konvergenz der Märkte im Zuge der Digitalisierung eine stimulierende Rolle gespielt haben – die in der Zeit der analogen Nachrichtenübermittlung noch getrennten Märkte für Sprachtelefonie, Bilder und Daten sind dank Digitalisierung zu großen integrierten Märkten zusammengewachsen. Im Übrigen hat die Europäische Kommission im Jahr 2007 erstmals durch Preisobergrenzen für das internationale europäische *Roaming* in der Mobilkommunikation – also die „Übergabe digitaler Kommunikationspakete in Fremdnetze“ im Verkehr zwischen EU-Mitgliedsländern – auch im Mobilfunkbereich interveniert.

In der modernen Wirtschafts- und Wissensgesellschaft ist digitale Kommunikation unerlässlich für Wohlstand, Stabilität und Demokratie. Aus wirtschaftlicher bzw. wirtschaftspolitischer Sicht kommen dem Telekommunikationsmarkt wichtige Funktionen zu,

- weil zahlreiche digitale Dienste Vorleistungen in der Produktion aller Sektoren sind, so dass preiswerte bzw. innovative Dienste letztlich produktions- und beschäftigungsrelevant und ein internationaler Wettbewerbsvorteil sind;
- weil für die privaten Haushalte Sprachtelefonie-Dienste aus dem Universaldienstgedanken heraus allgemein verfügbar sein sollten; Ähnliches gilt auch für einige digitale Mehrwertdienste mit Blick auf den Wunsch nach digitaler Chancengleichheit breit;

- weil effizientes, bürgerfreundliches digitales Regieren bzw. Verwalten (etwa digitale Ausschreibungen, digitale Bürgerdienste) auf wettbewerbsintensive Telekommärkte angewiesen ist.

Preiswerte und innovative digitale Dienste sind daher wünschenswert. Eine ordnungspolitisch wichtige Frage betrifft jedoch das Ausmaß der Regulierung – nachdem 2008 eine Dekade der Liberalisierung der Festnetzmärkte vorüber ist. Die geschrumpften Marktanteile der Ex-Monopolisten sprechen für eine gelungene Marktöffnung, ob allerdings bereits ein nachhaltiger Wettbewerb auf den relevanten Teilmärkten besteht, gilt es zu prüfen, zumal im Zuge von *Triple-Play* Produktbündelungen (Sprachtelefonie, Internet, TV-Angebote) an Bedeutung gewonnen haben, die gegebenfalls für den Wettbewerbsprozess als problematisch einzustufen sind. Zudem sind die Internationalisierungstendenzen in den Märkten einerseits und die wachsende Rolle des Internets andererseits zu berücksichtigen. In der nachfolgenden Analyse werden zunächst Regulierungserfahrungen bzw. der Regulierungsansatz in der EU dargestellt, bevor auf Fragen des EU-*Reviews* zur Telekomregulierung bzw. auf Internationalisierungs- und Innovationsaspekte eingegangen wird (Abschnitt 2). Danach werden die Innovationsproblematik und NGN-Regulierungsvorschläge erörtert (Abschnitt 3), und schließlich werden wirtschaftspolitische Schlussfolgerungen formuliert (Abschnitt 4). Betont wird hierbei insgesamt eine dynamische Perspektive bzw. die Notwendigkeit, die Regulierung national und international angemessen weiterzuentwickeln. Im Übrigen wird betont, dass wohlfahrtsökonomische Regulierungsanalysen die Präsenz von Direktinvestoren nicht ignorieren sollten; die gewachsene Rolle von Direktinvestoren im TK-Sektor des EU-Binnenmarktes ist bei der Rahmenregulierung der EU mit Blick auf die geforderte ökonomische Marktanalyse der nationalen Regulierungsbehörden zu bedenken.

2. Regulierungsansatz und EU-*Review*

Der EU-Regulierungsansatz stellt darauf ab, dass nachhaltiger Wettbewerb auf Märkten für digitale Dienste bzw. im Binnenmarkt sichergestellt werden soll. Dabei können wesentliche Aspekte der Debatte im Kontext des *Reviews* von 2007 zur EU-Rahmenregulierung thematisiert werden, bei dem es um eine Reihe wichtiger Punkte geht (*Schedl* 2007):

- Die Regulierungsbehörde soll vertikal integrierte Anbieter zum Anbieten von Großhandelsleistungen auf Basis einer diese Aktivitäten separat anbietenden Großhandelsgesellschaft zwingen können, wobei Rechtsform und Art der vertikalen Trennung vorgegeben werden können; eine organisatorische Separierung ist grundsätzlich ein relativ moderater Eingriff in vertikal integrierten Unternehmen mit Marktmacht, hingegen sind weitere Vorgaben sicherlich als starker Eingriff in Eigentumsrechte und die Wirtschaftsfreiheit zu sehen.
- Die Europäische Kommission möchte ein erweitertes Vetorecht haben, das sich nicht nur auf die Marktanalyse – wie bisher – bezieht, sondern auch die Eingriffsmittel der nationalen Regulierungsbehörden betreffen soll.
- Ein Mehr an EU-Regulierung soll nach Angaben der Kommission zu einer größeren Konsistenz in der Anwendung der EU-Regeln in den Mitgliedsstaaten führen und die

regulatorische Fragmentierung überwinden; allerdings ist durch die *European Regulatory Group* (ERG) als „Club der nationalen Regulierer" bereits eine informelle Integrationsinstanz aktiv (die EU möchte die ERG als Beratungsgremium der neuen Superbehörde nutzen).

- Aufgaben der neuen EU-Behörde sollen das Schlichten von grenzüberschreitenden Konfliktfällen, Marktdefinitions- und Analyseverfahren sowie Abhilfemaßnahmen bei unzureichendem Wettbewerb sein; bei Verzug nationaler Behörden könnte die Europäische Kommission die EU-Behörde zu komplementären Analysen auffordern.

Die bisherigen nationalen Regulierungsansätze, die jeweils differenziert den nationalen Marktgegebenheiten entsprechen, dürften durch eine neue EU-Behörde deutlich an Einfluss verlieren. Eine solche supranationale Behörde scheint aber angesichts der bisherigen Erfahrungen nicht wirklich erforderlich zu sein bzw. birgt die Gefahr einer komplexen Überregulierung. Wenn man schon bisher auf nationaler Ebene feststellen muss, dass die Regulierungsaktivitäten eine gewisse Eigentendenz zur Selbstausweitung haben – oft auch im Kontext von Gerichtsentscheidungen –, dann dürfte es auf der supranationalen Ebene (bei angenommenen ähnlichen Mechanismen) noch sehr viel schwerer werden, den Weg in die verstärkte Regulierung zu vermeiden. Die Brüsseler Politikebene wird ungleich weniger stark von den Wählern kontrolliert als die nationale Politikebene; die geringe und im Zeitablauf sinkende Wahlbeteiligung bei Wahlen zum Europaparlament spricht hier eine deutliche Sprache.

Betrachten wir einen typischen nationalen Regulierungsansatz, nämlich den in der Bundesrepublik Deutschland. Hier geht man im Telekommunikationsgesetz (TKG) vom Leitbild eines funktionsfähigen Wettbewerbs aus, womit aus ökonomischer Sicht zwei Teilziele zu betonen sind:

- Statische Allokationseffizienz, wonach langfristig die Preise den langfristigen Grenzkosten entsprechen sollten (unter bestimmten Bedingungen den langfristigen Durchschnittskosten – s. u.);
- Dynamische Effizienz im Sinne hoher Innovationsintensität: Demnach sind Rahmenbedingungen zu schaffen, die innovative Vorstöße durch bestehende und neu eintretende Unternehmen ermöglichen („*Schumpeter*scher Wettbewerb"). Zudem muss ein effizienter Diffusionswettbewerb gesichert sein, d. h. dass Innovationen im Zuge des Wettbewerbs im Markt mittelfristig diffundieren sollen.

Aus wirtschaftspolitischer Sicht geht es bei der Telekommunikations- bzw. Regulierungspolitik zunächst darum,

- den größtmöglichen Nutzen für Nutzer zu sichern, was in herkömmlicher Sicht raumwirtschaftlich auf die Bundesrepublik Deutschland bezogen wird; diese Sichtweise ist für ein zukunftsweisendes TKG zu Beginn des 21. Jahrhunderts zu eng – jedenfalls wenn man von grenzüberschreitenden Netzwerkeffekten ausgeht, was in Teilmärkten eine relevante Betrachtung ist;
- eine angemessene EU-Politikperspektive zu definieren: Da Deutschland EU-Mitgliedsland ist, kann es bei einer im Regulierungsansatz angelegten Nutzenmaximierung nicht nur um eine direkte nationale Wohlfahrtsoptimierung der Bürgerinnen und Bürger in Deutschland gehen. – Exemplarisch sei hier darauf verwiesen,

dass eine Wohlfahrtsmaximierung in einer offenen Volkswirtschaft mit Direktinvestitionen im In- bzw. Ausland zu beachten hat, dass in der Regel auf das Bruttonationaleinkommen, also die Summe aus Bruttoinlandsprodukt plus Gewinntransfers aus dem Ausland minus Gewinntransfers ins Ausland, abzustellen ist; Direktinvestitionen deutscher Telekomfirmen im Ausland können mit Blick auf empfangene Gewinntransfers aus dem Ausland also nicht ignoriert werden, und auch die denkbaren Wettbewerbsintensivierungseffekte im EU-Binnenmarkt, die aus Direktinvestitionen erwachsen, sind zu beachten. – Vielmehr ergibt sich aus den EU-Verträgen einerseits unmittelbar, dass die Bundesrepublik Deutschland auch ein besonderes Interesse am EU-Binnenmarkt bzw. an einem wettbewerbsintensiven dynamischen EU-Markt hat: Aus wettbewerbsintensiven Nachbarländern gehen positive Wettbewerbsimpulse auch für Deutschland aus. Andererseits führt die zunehmende Mobilität von Arbeitnehmern und Investoren im EU-Binnenmarkt dazu, dass man aus deutscher Sicht ein Interesse an einem wettbewerbsintensiven EU-Markt insgesamt hat, der auch eine wesentliche Voraussetzung für eine von Europa ausgehende langfristige Internationalisierung des IKT-Sektors ist (*Dachs*, *Meijers* und *Welfens* 2008).

Geht man davon aus, dass Vermögen unmittelbar Nutzen-stiftend ist, dann sind auch von der Art der Regulierung ausgehende Vermögenseffekte explizit mit zu bedenken. Sowohl eine Unter- wie auch eine Überregulierung könnte die langfristige Innovationsdynamik der Telekomunternehmen beeinträchtigen und damit bei börsennotierten Unternehmen zu einem Kursabschlag führen bzw. ein Telekomunternehmen zu einem relativ leichten Übernahmekandidaten für Investoren etwa aus den USA, Japan, China etc. machen. Wird im Zuge einer solchen internationalen Übernahme der Unternehmenssitz und damit – typischen Erfahrungen bei internationalen Zusammenschlüssen folgend – der geographische Schwerpunkt für Forschung und Entwicklung ins Ausland verlagert, so hätte dies in einem innovationsstarken Sektor wie der Telekommunikation erhebliche negative Wohlfahrtseffekte. Umgekehrt ist zu bedenken, dass es im Kontext des Innovationsprozesses auch zu grenzüberschreitenden positiven *spillovers* kommen kann (*Mohnen* 2001). Dies gilt zumal, da zu bedenken ist, dass Innovationsprojekte in der Regel positive externe Effekte haben – d. h. der volkswirtschaftliche bzw. gesellschaftliche Nutzen ist größer als der vom Innovator in Form höherer Gewinne wahrgenommene Innovationsnutzen (ein großes innovationsstarkes Unternehmen sorgt z. B. – etwa durch teilweise kostenlose Innovationsnachahmung in anderen Branchen – für zusätzliche gesamtwirtschaftliche Produktivitätseffekte; eine faktische internationale Verlagerung des Hauptsitzes eines Telekomunternehmens bedeutete so gesehen, dass die positiven Zusatzeffekte von Forschung und Entwicklung dann ebenfalls im Ausland anfallen – grenzübergreifende positive Zusatzeffekte sind in der Regel eher schwach).

Bevor man sich der Frage nach Über- oder Unterregulierung bzw. einer optimalen Regulierung widmen kann, sind einige grundsätzliche Überlegungen zur Regulierung angebracht: Es bedarf angemessener Infrastruktur-Investitionen, um digitale Dienste in hinreichender Menge und hoher Qualität bereitzustellen. Letztlich sind die Nutzer an attraktiven Diensten nicht am Netz, der Infrastruktur, per se interessiert. Der Staat bzw. der Regulierer kann in infrastrukturbasierten Märkten bestimmte Vorgaben machen, um diskriminierungsfreien Zugang aller Anbieter zum Netz bzw. eine Netzzusammenschaltung im TK-Markt sicherzustellen. Da der Ausgangspunkt, das Jahr 1998, weitgehend durch Marktbeherrschung der Ex-Monopolisten in TK-Dienstemärkten einerseits und beim Ortsnetzzugang andererseits geprägt war, ging es in einer ersten Phase der Marktöffnung darum, einen Wettbewerbsprozess in Gang zu bringen. Dieses Ziel ist in den ersten sieben Jahren der Liberalisierung weitgehend erreicht worden.

Langfristig ist gemäß TKG in Deutschland bzw. der EU-Rahmenregulierung ein Übergang zur allgemeinen Wettbewerbsgesetzgebung angestrebt, aber der Ausgangspunkt der Eingriffe in den TK-Markt setzte zunächst auf das Konzept der asymmetrischen Regulierung: Der Ex-Monopolist wurde reguliert (durch einen regulierten Netzzugang für Newcomer), während Neuanbieter weitgehend ohne regulatorische Beschränkungen agieren konnten. Aus volkswirtschaftlicher Sicht sollten damit statische Monopolpreise verhindert und eine kostenträchtige Duplizierung der Festnetzinfrastruktur vermieden werden.

Die EU-Rahmenregulierung von 2003 – sie arbeitete zunächst auf Basis von 18 vordefinierten Märkten und erwartete von nationalen Regulierungsbehörden Marktanalysen als Basis für Eingriffe (*Briglauer* 2006) – und die nationalen Regulierungsansätze versuchten den Besonderheiten des TK-Marktes gerecht zu werden und dabei zugleich auch dynamische Allokationseffizienz bzw. hohe Innovationsdynamik zu sichern. Theoretische Basis mit Blick auf die Innovationsdynamik war hier ein *Schumpeter*scher Ansatz, wonach durch Innovationen neue Märkte geschaffen werden – mit temporären dynamischen Monopolrenten für den Innovator – und längerfristig ein effizienter Diffusionsprozess zustande kommt (siehe z. B. *Welfens* und *Weske* 2006; *Welfens* 2006; *Bijl* und *Peitz* 2002). Die Monopolkommission hat die Wettbewerbsprozesse im TK-Markt regelmäßig untersucht (z. B. *Monopolkommission* 2005). Dies gilt in ähnlicher Weise auch für die Europäische Kommission, die zudem im Kontext einer Evaluierung des Lissabon-Prozesses auch in besonderer Weise Fragen der Expansion des IKT-Sektors bzw. des Wettbewerbs in der Telekommunikation thematisiert hat (*European Commission* 2008, S. 130 ff.).

Im Rahmen des EU-*Reviews* von 2007/08 ist die Zahl der zu regulierenden Märkte vermindert worden, da die Europäische Kommission statt 18 nur noch sieben Märkte vorab als regulierungskritisch betrachtete. Diese Einschätzung bedeutet, dass offenbar auf Teilmärkten bereits nachhaltiger Wettbewerb besteht. Unverändert müssen die nationalen Regulierungsbehörden im Fall von Regulierung eine Marktanalyse vorlegen und die Europäische Kommission notifizieren; die Kommission hat ein Einspruchsrecht, allerdings steht die Entscheidung über Maßnahmen zur Behebung von Marktmacht den nationalen Regulierungsbehörden zu. Die von der Europäischen Kommission 2007 vorgelegten Überlegungen, wonach die Kommission eine mit umfassenden Kompetenzen ausgestattete EU-Regulierungsbehörde errichten will, hat keine Zustimmung der EU-Mitgliedsländer gefunden. Vor dem Hintergrund des Subsidiaritätsprinzips ist eine nicht durch klare Sachargumente begründete Verlagerung von Kompetenzen auf die EU-Ebene auch nicht empfehlenswert; zu unterschiedlich sind im Übrigen auch die nationalen Gegebenheiten auf den Märkten in den EU27-Ländern, als dass eine dominante supranationale Regulierungsbehörde erwägenswert wäre. Die wesentlichen Informationen fallen zudem in den Festnetzmärkten vor allem auf der nationalen Ebene an. Schwieriger dürfte sich langfristig die Frage der Mobilkommunikation darstellen, die einerseits wegen der relativ geringen *sunk costs* als weniger regulierungsbedürftig gilt als die Festnetztelefonie; andererseits ist zu beachten, dass bei zunehmendem Substitutionsprozess Festnetz-/Mobiltelefonie (in Österreich geht seit 2005 die Mehrheit der Telefongespräche über Mobilfunknetze) begründete EU-Interventionsbereiche im Mobilfunkbereich verstärkten Druck auf eine Art Kombiregulierung Festnetz-Mobilfunk auf EU-Ebene auslösen könnten. Die EU hat 2007 mit ersten Entscheidungen zum internationalen intra-EU-*Roaming* (Festsetzung von Tarifen bzw. internationalen Zusammenschaltkosten, die akzeptierbar sind) einen wichtigen Eingriffspunkt markiert. Eine aus EU-Sicht wichtige Problematik betrifft im Übrigen die bislang mangelnde Existenz von Sekundärmärkten für Mobilfunklizenzen, die dynamische Wettbewerbsineffizienzen bedeutet; so kann etwa im Fall eines Unternehmenskonkurses eine erworbene Lizenz nicht ohne weiteres als selbstständiges Aktivum weiterveräußert werden. Problematisch ist darüber hinaus die Unterschiedlichkeit bei den nationalen Mobilfunk-Lizenzzuteilungen in der EU; wenn etwa die *Telefonica* oder *France Telecom* weitgehend zu geringen Gebühren Lizenzen erhalten haben, während etwa in Großbritannien oder Deutschland Auktionen durchgeführt wurden, so haben damit *Telefonica* und *France Telecom* einen wichtigen Wettbewerbsvorteil im Heimatmarkt erhalten – der Wettbewerbsprozess im Binnenmarkt ist damit verzerrt. Im Übrigen ist zu fragen, wie sich auf Basis von IP-Netzen – sie nutzen das Internet-Protokoll – *Next Generation Networks* noch sinnvoll regulieren lassen.

Im Telekommunikationssektor stellen sich damit Fragen nach den Erfahrungen der Liberalisierung bzw. den Erfolgen und Anpassungserfordernissen der ordnungspolitischen Weichenstellungen, und zwar in einem von hoher Technologiedynamik geprägten Marktumfeld. Sein Hauptkennzeichen ist, abgesehen von der hohen Fortschrittsrate, die so genannte Konvergenz: nämlich das dank Digitalisierung erfolgende Zusammenwachsen früher getrennter Marktsegmente, die man traditionell vor dem Hintergrund unterschiedlicher technologischer Plattformen auch national unterschiedlich regulierte: Rundfunk/TV, Telekommunikation und Internetdienste. Während Rundfunk/TV etwa in Deutschland im Wesentlichen auf der Ebene der Bundesländer, die Telekommunikation dagegen auf nationaler Ebene reguliert wird, sind das Internet bzw. die Internetdienste noch weitgehend unreguliert. Das Internet wird im Wesentlichen durch eine Nichtregierungsorganisation, die ICANN (Internet Corporation for Assigned Names and Numbers), reguliert (verantwortlich u. a. für die Vergabeprozeduren bei Domain-Namen), über deren Regelsetzung allerdings die US-Regierung ein Veto-Recht ausüben kann.

Aus ökonomischer Sicht gibt es eine wohlfahrtstheoretisch fundierte Regulierungstheorie einerseits und eine positive Sicht der Regulierung andererseits, wobei letztere die tatsächliche Regulierungsdynamik zu erklären sucht. Regulierung ist faktisch eine sektorspezifische *ex ante*-Wettbewerbspolitik, die in ihrer Abweichung von der allgemeinen Wettbewerbspolitik einer ökonomischen Rechtfertigung bedarf. In netzbasierten Infrastrukturindustrien waren kontinentaleuropäische EU-Länder (mit Ausnahme Finnlands) in der Festnetzkommunikation bis 1998 durch staatliche Monopolunternehmen geprägt, die man durch die Theorie des natürlichen Monopols zu rechtfertigen suchte. Danach bestand wegen sinkender Grenz- bzw. Durchschnittskosten keine Aussicht auf einen nachhaltigen Wettbewerb, so dass eine Regulierung erforderlich sei; der Staat als monopolistischer Telekomanbieter in den EU-Ländern war quasi ein direkt vom Ministerium geführtes Unternehmen, in dem es infolge fehlenden Wettbewerbs erhebliche X-Ineffizienzen gab. Ein regulierungstheoretisch wichtiger Ansatzpunkt ist dagegen die Theorie disaggregierter Regulierung, die staatliche *ex ante*-Eingriffe auf monopolistische Engpassbereiche beschränken will (*Knieps* 2005), also eine Minimalregulierung anstrebt, die auf die Ermöglichung von Marktzutritten trotz fallender Grenz- und Durchschnittskosten bzw. der Existenz von versunkenen Kosten setzt: Der Staat soll neben Zusammenschaltungsvorgaben, die letztlich als Ausdruck des Diskriminierungsverbots aufgefasst werden können, das marktbeherrschende Unternehmen via Regulierung veranlassen, Newcomern Zugang zu monopolistischen Engpasselementen (*essential facilities*) auf Kostenbasis zu geben; die Vermietung etwa des Kundenanschlusses an Newcomer – auf Basis der Kosten effizienter Leistungserstellung – entspricht dieser Logik.

Es ist davon auszugehen, dass der TK-Markt langfristig wächst, wobei laut *OECD* (2005) in vielen OECD-Ländern eine beobachtete Preiselastizität der Dienste-Nachfrage größer 1 bedeutet, dass auch bei sinkenden Preisen die Umsätze nominal weiter wachsen, denn das Volumenwachstum überkompensiert den Rückgang beim Preis. Nicht auszuschließen ist allerdings, dass die Umsätze langfristig in realer Rechnung stagnieren könnten. Ob ein nachhaltiges Umsatzwachstum bzw. eine Wertschöpfungssteigerung realisiert werden kann, hängt wesentlich davon ab, dass Haushalten, Industrie und Verwaltung immer wieder neue digitale Dienste angeboten werden. Das Internet hat sich dabei seit den späten 90er Jahren als ein wesentliches neues Geschäftsfeld entwickelt. Internet-Diensteanbieter nutzen dabei teilweise eigene Infrastruktur, vor allem aber auch die Infrastruktur der Ex-Monopolisten in den jeweiligen EU-Ländern. Das Ortsnetz stellt in vielen EU-Ländern – mit Ausnahme der Niederlande, z. T. auch Großbritanniens (mit jeweils ausgebauten Kabelnetzen mit triple play) – einen monopolistischen Engpassbereich dar, so dass der Zugang zum Kunden sehr häufig über das Netz des Ex-Monopolisten erfolgt.

Aus einer ökonomischen Analyse-Sicht ist eine Regulierung immer dort notwendig, wo sich resistente Monopole ergeben; d. h. es gibt eine Monopolstellung, die kaum von Neuanbietern aufzubrechen ist. Eine Monopolstellung, die zumindest potenzieller Konkurrenz durch drohende Markteintritte im Fall übernormal hoher Rendite bzw. Preise ausgesetzt ist, kann als relativ geringes Problem aus wirtschaftspolitischer Sicht gelten. Wenn hingegen die Monopolposition resistent, also nicht angreifbar ist, dann besteht naturgemäß ein erhebliches Problem. Ein solches Problem von faktischer Blockierung von Markteintritten – und damit Fehlen von potenzieller Konkurrenz – ergibt sich, wenn erhebliche Massenproduktionsvorteile (im Grenzfall kann ein Anbieter allein billiger produzieren als jeder einzelne Anbieter für sich – man spricht hier von kostenmäßigen „Subadditivitäten“ –, so dass es zu aggressiven Übernahmekämpfen kommt) mit hohen „versunkenen Kosten“ einhergehen. Denn:

– Massenproduktionsvorteile bedeuten, dass es im Markt nur wenige Großanbieter geben wird – im Grenzfall sogar nur einen relevanten Großanbieter. Je größer die Massenproduktionsvorteile sind, desto schwieriger ist es für Kleinfirmen bzw. junge Firmen, in den Markt einzutreten.

– Bei strategischen Preiskämpfen gegen potenzielle Neuanbieter wird der im Markt befindliche Anbieter rationalerweise die so genannten versunkenen Kosten ignorieren, d. h. einen Preis festsetzen, der eben nur einen Teil der Kosten deckt. Nehmen wir an, dass ein potenzieller Neuanbieter – für diesen sind alle Kosten vor Markteintritt vermeidbar bzw. entscheidungsrelevant – zu 70 % der Kosten des Monopolisten im Markt produzieren könnte. Also wäre es einzel- und gesamtwirtschaftlich nur vernünftig, wenn ein Markteintritt erfolgen würde. Wenn aber beim Monopolisten 40 % der Kosten versunkene Kosten sind – solche Kosten, die nach dem Ende der gewöhnlichen Geschäftstätigkeit als auf ewig verloren anzusehen sind (bestimmte fixe Investitionskosten in Netze bzw. Leitungen, Innovationsaufwendungen, Marketingkosten) –, dann wird der Monopolist mit einer Preisstrategie einer Preissenkung um 40 % den drohenden Markteintritt abzuwehren versuchen.

Je höher der Anteil der versunkenen Kosten an den Gesamtkosten ist, desto größer ist das Markteintrittsproblem. Eine Kombination von hohen versunkenen Kosten und Massenproduktionsvorteilen bedeutet daher also ein erhebliches Monopolproblem. Resistente monopolistische Engpassbereiche sind im Interesse des Wettbewerbs zu regulieren, sofern Anbieter den Zugang zu den entsprechenden Infrastrukturelementen nicht oder nur zu relativ hohen Kosten duplizieren können (*essential facility*-Problem). Wie man auch hier sieht, kann Regulierung durchaus in bestimmten Fällen wirtschaftspolitisch bzw. volkswirtschaftlich sinnvoll sein. Es ist allerdings klar, dass die Regulierung sich nicht auf alle Aktivitäten in einem konglomeraten Monopol – als denkbarem Referenzfall – beziehen soll. So sind etwa Nummernauskunftsdienste weder durch hohe versunkene Kosten, noch durch große Skaleneffekte gekennzeichnet. Daher kann also bei Auskunftsdiensten durchaus grundsätzlich Wettbewerb herrschen.

Investment Ladder-Konzept

Man kann Regulierung als ein Instrument sehen, das längerfristig Newcomer zu Infrastrukturinvestitionen motiviert: In der Literatur wird im Rahmen des *Investment Ladder*-Konzeptes (*Cave* 2005) behauptet, dass Regulierung insbesondere so auszurichten sei, dass Unternehmen zunächst zu geringen Markteintrittskosten als *Resale*-Anbieter auftreten können, um dann bei wachsendem Kundenstamm selbst verstärkt Investitionen vorzunehmen. Diese Sichtweise ist in Teilbereichen des Telekommunikationsmarktes zwar relevant; für den TK-Markt insgesamt dürfte sie in undifferenzierter Form als problematisch gelten. Denn wenn Newcomer regelmäßig zu günstigen Konditionen einen Netzzugang bei Ex-Monopolisten erhalten, dann ist der Anreiz für Investitionen der Wettbewerber in manchen Feldern eher gering. Hier ist im Übrigen auch eine spieltheoretische Modellierung sinnvoll (z. B. *Flacher* und *Jennequin* 2006), die allerdings eine komplexe Analyse für die Regulierungsbehörde bedeutet – was aber kein Grund sein kann, die entsprechenden Analysen nicht zu realisieren.

Wichtiger für hohe Investitionsdynamik im TK-Binnenmarkt insgesamt dürften die Perspektiven zur europäischen Marktkonsolidierung bzw. das Ausmaß an nationaler und supranationaler Regulierung sein – also die davon ausgehenden Investitions- und Innovationsimpulse für die führenden TK-Unternehmen in der EU – sowie generell das Ausmaß an Newcomer-Dynamik. Wenn Regulierung so ausgestaltet sein sollte, dass Sie bei den führenden TK-Unternehmen z. B. 10 % an Investitionsvolumenverminderung auslösen, während zugleich einige wenige Kleinanbieter im Gegenzug ihr geplantes Investitionsvolumen minimal erhöhen, so wird der Nettoinvestitionseffekt für das betreffende Land gering oder möglicherweise auch negativ sein.

Die Europäische Kommission hat wiederholt betont, dass sie eine Separierung von Netzdiensten und Netzbetrieb in organisatorischer und sogar unternehmerischer Hinsicht für wettbewerbsförderlich hält. Eine solche Sichtweise kann man aber als problematisch insofern ansehen, als die enorme Innovationsdynamik im Bereich Dienste einerseits und Netzwerkentwicklung andererseits die üblicherweise bei vertikaler Disintegration als relevant angesehene Problematik einer Unterinvestition mit sich bringt – es gibt hier eine mehrstufige spieltheoretisch abbildbare Entscheidungsproblematik, die bei separierten Netzbetreibern bzw. Investitionsentscheidungen zu einer suboptimal niedrigen Investition führen wird. Daran aber kann einer auf nachhaltigen Wettbewerb und Wachstum ausgerichteten Europäischen Kommission – mit ihrer Betonung der Lissabon-Agenda – eigentlich nicht gelegen sein (*Welfens* 2007).

3. Innovationsproblematik bei neuen Netzen (NGN)

3.1. Netztopologien im Vergleich

Aus technischer Sicht werden als *Next-Generation-Networks* (NGNs) Netze bezeichnet, auf denen in hoher Geschwindigkeit Daten auf Basis des Internet Protokolls (IP) übertragen werden. Dies umfasst Sprache ebenso wie eMail, Video (TV) und viele andere Anwendungen. NGN-Netze basieren in der Regel auf optischer Übertragung (Glasfaser) oder Funk (UMTS, Wimax etc.). Für die Bezeichnung der möglichen Endkundenangebote hat sich *Triple Play* (Sprache, Internet, TV) und *Quadruple Play* (*Triple Play* + Mobile Kommunikation) eingebürgert. Die Internet-basierten neuen Netze (NGN) stellen regulierungspolitisch eine große Herausforderung dar, wobei es ökonomisch einerseits um Anreize für eine optimale Nutzung bestehender Netzkapazitäten und andererseits um positive Investitionsanreize geht.

Bevor die wesentlichen Merkmale der Internet-Topologie vorgestellt werden, soll zunächst kurz gezeigt werden, wie sich die moderne Telekommunikation entwickelt hat.. Einen ersten strukturellen Wandel bekam die junge Telekommunikationsindustrie bereits im 19. Jahrhundert zu spüren. Die Telegraphennetze hatten sich weltweit entwickelt, aber das Senden und Abhören einer Nachricht geschah von Hand. Auch für die Weitervermittlung waren Operatoren notwendig. Eine Telegraphenleitung lief über mehrere Stationen, zum Beispiel Städte. Um aber dann eine Stadt zu erreichen, die an einer anderen Leitung hing, oder eine Nachricht innerhalb einer Stadt weiterzuleiten, musste sie von Hand abgehört, mitgeschrieben und in das andere Netz eingegeben werden. So entstanden große, personalintensive Telegraphenzentren als Vorläufer der späteren Vermittlungsstationen (*Standage* 2007).

Mit der Verbreitung automatisierter Telegraphen im vorletzten Jahrhundert, die Nachrichten zum Beispiel auf Lochstreifen oder im Klartext ausgeben konnten, stieg die Kapitalintensität dieses Industriezweigs. Später ersetzte dann das Telefon die Telegraphie als Massenkommunikationsmittel. Mitte des 20. Jahrhunderts war die automatisierte Vermittlung zwischen den Netzen so weit ausgereift, dass auch das 'Fräulein vom Amt' seinen Platz räumen musste. Bis zur Jahrtausendwende hat sich dann die vorherrschende Technologie im Telekommunikationssektor nicht verändert. Über eine Leitung konnte genau ein Gespräch geführt werden, die Weitervermittlung erfolgte über zentrale Vermittlungseinheiten (*circuit-switched*). Das *Routing* zwischen Anrufer und Angerufenem folgte einer festen Regel bzw. einem festgelegten Übermittlungsweg.

Der Engpass bei der traditionellen Technologie liegt in der ‚letzten Meile' bzw. dem Kupferkabel zwischen Verteilstation und Nutzer. Die Entbündelung der Teilnehmeranschlussleitung ist entsprechend noch heute das wichtigste Instrument der Telekommunikationsregulierung. Die mögliche Wertschöpfung der neuen Wettbewerber verhält sich umgekehrt proportional zur Länge des Kabel-Leitungsweges, die vom vorherigen (Staats-)Monopolisten angemietet wird. In der Folge entstand in einigen Ländern ein detailliertes Regulierungsregime, das unterschiedliche Preise für die Zusammenschaltung zwischen Monopolisten und Mitbewerbern in Abhängigkeit vom Zusammenschaltpunkt bzw. von der Zahl der Zusammenschaltpunkte vorgab. Fraglich ist, inwieweit dieses Regulierungssystem in Anbetracht der Entwicklung moderner NGN-Netze zukunftstauglich ist.

Im Gegensatz zu herkömmlichen *circuit-swichted* Telekommunikationsnetzen erfolgt die Übertragung bei NGN-Netzen dezentral, paketweise, oftmals durch optische Verbindungen, d. h. durch Glasfaserkabel, und folgt damit der Internettopologie.

In Abbildung 1 ist das Routing des Internets dargestellt. Dezentral bedeutet, dass ein Router anhand einer Routingtabelle die Daten zum jeweils nächsten Router sendet. Dieser sendet sie zum übernächsten, usw., bis der endgültige Empfänger erreicht ist. Fällt auf diesem Weg ein Router oder eine Leitung aus, kann alternativ ein anderer Weg gewählt werden. Dies kann über unterschiedliche Internet Service Provider (ISP) oder Internet Backbone Provider (IBP) erfolgen und der Wechsel kann auch während einer Übertragung (z. B. während des Surfens auf einer Internetseite) geschehen, da die Übertragung paketweise erfolgt. Die Daten, zum Beispiel im Fall eines Telefonats die digitalisierte Sprache, werden in Pakete zerlegt, einzeln zum Empfänger transportiert, dort zusammengesetzt und ggf. wieder zurück codiert – aus Daten wird wieder Sprache (*Hatfield* 2005; *Economides* 2005).

Schon heute werden von Telekommunikationsunternehmen Glasfasernetze, die Sprache auf Basis des Internet Protokolls (IP) transportieren, für die Telefonhauptleitungen (backbone) eingesetzt, ohne dass dies Einfluss auf das Regulierungsregime hätte.

Abbildung 1: Struktur des Internet-Routings

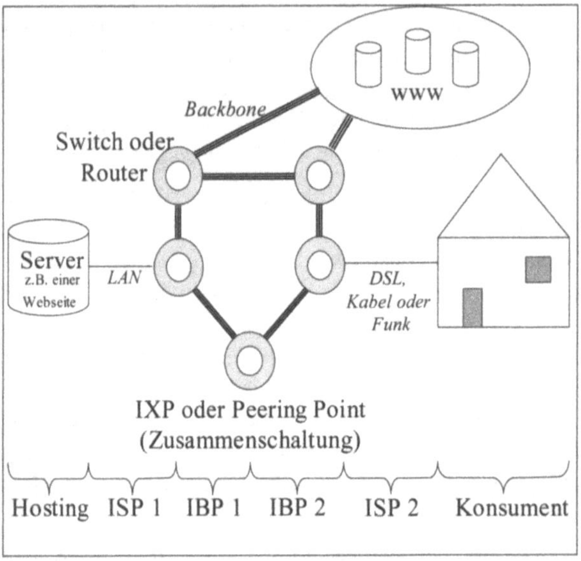

Quelle: Eigene Darstellung

3.2. Zugangsalternativen zum Endkunden

Die Folgen von NGN-Angeboten im Endkundenbereich für zukünftige Regulierungsanforderungen sind beträchtlich, denn auch die Lage der Übergabeprodukte zwischen dem (neuen) Glasfasernetz und den vorhandenen Kupferleitungen bestimmt maßgeblich die verfügbare Bandbreite beim Nutzer. Liegt der Übergabepunkt beim heutigen Hauptverteiler, läßt sich beim Endkunden eine Internetgeschwindigkeit von etwa 25 Mbit/s erzielen. Bei einer Signalübergabe in den Kabelverzweigern sind 40 Mbit/s möglich, bei einer Übergabe am Haus 100 Mbit/s. Wird dagegen ein Glasfasernetz bis zum Rechner des Endkunden aufgebaut, so daß eine durchgängige optische Verbindung vorliegt, lassen sich Bandbreiten von 1 Gbit/s realisieren.

Es gibt einen Zusammenhang zwischen Übertragungsraten (Bandbreite) und Übergabepunkten bei Glasfaserzuleitungen. Liegt der Übergabepunkt beim Hauptverteiler, lässt sich beim Endkunden eine Internetgeschwindigkeit von 25 Mbit/s erzielen. Bei einer Signalübergabe in den Kabelverzweigern sind 40Mbit/s möglich, bei einer Übergabe am Haus 100 Mbit/s und mit einer durchgängigen optischen Verbindung schließlich 1 Gbit/s.

Diese Geschwindigkeitsdifferenzierung ist zwar für reine Sprachanwendungen unerheblich, zur Ausnutzung der sich durch NGN bietenden Produktdifferenzmöglichkeiten aber von hoher Bedeutung. Mit Ausnahme des zuletzt genannten Falls der durchgehenden Glasfaserverbindung bleibt aber das bekannte Problem der ‚letzten Meile‘ erhalten, wenn auf den letzten Verbindungsmetern auf bereits liegende Kupferkabel, die sich (in der Regel) im Eigentum des Ex-Monopolisten befinden, zurückgegriffen wird.

3.3. Regulierungsherausforderungen

Für den Zugang zu den Glasfasernetzen sind die traditionellen Kupferkabel nach wie vor von Bedeutung. Fasst man den NGN-Begriff aber weiter, kommen auch alternative Zugangswege zum Endkunden in Betracht. Dazu gehören der Zugang über das TV-Kabel, WLAN oder Mobilfunklösungen. Somit eröffnet NGN neue Perspektiven auf die Herausforderungen an die Netzregulierung:

- Wettbewerbsintensität - Mit NGN steigt die Wettbewerbsintensität des Zugangs zum Endkunden. Durch das Zusammenwachsen der Dienste, d. h. die gemeinsame Nutzung des Internet-Protokolls, werden Sprachanwendungen auch über TV-Kabel möglich, Datenanwendungen auch über den Mobilfunk. Die relevanten Märkte werden größer.
- Technologische Neutralität – Gleichzeitig wird das Prinzip der technologischen Neutralität von der Regulierung verletzt, denn TV-Kabel-Betreiber verfügen jetzt ebenso über einen oligopolistischen *bottleneck* (wenn auch in Deutschland über einen sehr viel kleineren Marktanteil im Telefonsegment). *Voice over IP*-Anwendungen, was umgangssprachlich als das Führen von Telefonaten "über das Internet" beschrieben wird, treten in Konkurrenz zu der herkömmlichen Festnetztelefonie (*OECD* 2006a).
- Investitionen – Die Regulierung der Telekommunikationsnetze hat bislang kaum ein Investitionskalkül in Betracht ziehen müssen. Die Kupferkabel liegen seit Jahrzehnten in der Erde, sind in der Regel abgeschrieben. Um eine hohe Übertragungsgeschwindigkeit zu erreichen, wird aber die möglichst weitreichende Verlegung von Glasfaserkabeln notwendig. Somit stellt sich die Frage nach angemessenen Investitionsanreizen.

3.4. *First-Best* Regulierungsalternative

Ob NGNs zu regulieren sind, gilt als umstritten (*Alleman* and *Rappoport* 2007), wobei die Ex-Monopolisten als führende NGN-Investoren ein Interesse an Deregulierung haben, während Newcomer – ein Teil investiert selbst in NGN – tendenziell ein Interesse an Preisregulierung bei der Netznutzung des Ex-Monopolisten haben; durch Regulierung werden hier die sonst entstehenden Verhandlungsunsicherheiten vermieden bzw. bessere Zugangsbedingungen erwartet. Im Übrigen hat der Ex-Monopolist in der Regel Pläne, über das im Vergleich zum Altnetz übertragungsmäßig schnellere und flexiblere NGN neuartige digitale Produkte anzubieten, um mehr Umsatz und höhere Marktanteile sowie eine verbesserte Rendite zu erzielen. Es ist zu prüfen, ob hier ähnliche Regulierungen angemessen sind, wie für die herkömmliche Festnetztelefonie als Ausgangspunkt der Marktöffnung in der EU 1998.

Die EU-Rahmenregulierung sieht vor, dass ein Anbieter nur zu regulieren ist, wenn kumulativ drei Bedingungen erfüllt sind (3-Kriterien-Test):

- das Bestehen hoher und dauerhafter Markteintrittsbarrieren,

- die fehlende Tendenz zu wirksamem Wettbewerb und
- eine unzureichende Wirkung der allgemeinen Wettbewerbsgesetzgebung.

Neue Märkte sollen in der Regel, gemäß EU-Rahmen, nicht reguliert werden. Dies führt nun insofern zu einer schwierigen regulierungspolitischen Problematik, da durch Produktinnovationen – gegebenenfalls realisiert in Verbindung mit Prozessinnovationen – neue Märkte geschaffen werden können. Auf solchen Märkten könnte für den Fall, dass der Ex-Monopolist der relevante Innovator ist, dieser eine *Schumpeter*sche Rente erzielen; diese ist grundsätzlich als markt- bzw. wettbewerbskonform anzusehen, und in jedem Fall wäre es sonderbar, wenn etwa durch Preisregulierung diese *Schumpeter*sche Rente wegreguliert werden sollte. Dem Sinn nach stellt der Drei-Kriterien-Test bei den Markteintrittsbarrieren ja auf statische Zutrittshemmnisse ab. Wenn der Ex-Monopolist bzw. ein marktbeherrschendes Unternehmen (eine Firma mit *significant market power*) digitale Produktinnovationen und diese über ein neuartiges (NGN-)Netzwerk anbietet, dann stellt sich die Frage, ob

- erstens die Neuanbieter regulierten Zugang zum NGN haben sollen;
- zweitens der Ex-Monopolist das Alt-Netz noch aufrechterhalten muss, da die Newcomer in der Marktöffnungsphase einen regulierten Netzzugang erhalten hatten.

Die beiden Aspekte hängen miteinander zusammen. Offenbar hat der Ex-Monopolist kein Interesse daran, bei voller Einführung eines NGN noch das Altnetz weiterzuführen, da dies unnötig Kosten verursacht. Im Sinne einer äquivalenten Zugangsregulierung wäre es offenbar sinnvoll, wenn der Regulierer den Newcomern zu äquivalenten Kosten- bzw. Qualitätsbedingungen Zugang zum NGN gäbe – die technische Leistungsabgabe an die Newcomer kann dabei natürlich unter dem vollen NGN-Potential liegen, lediglich die bisherige „Qualität" aus dem Altnetz muss für eine Reihe von Jahren dupliziert werden (jedenfalls wenn das Altnetz abgeschaltet wird). Die hier vorgelegte Sicht ist nicht in Übereinstimmung mit der Position der *European Regulators Group* (*ERG* 2007a, V), die behauptet, dass bei Fortbestehen der bisherigen Wettbewerbsbedingungen eine Weiterregulierung auch im NGN notwendig ist. Vielmehr bedeutet eben die Einführung eines NGN, dass gerade eine Änderung der Wettbewerbsbedingungen mit Innovationsrelevanz eingetreten ist.

Wenn mit der Regulierung der volle Zugang zum NGN zu einem kostenorientierten Preis ermöglicht werden soll, dann geht dem Innovator – und sei es auch ein Ex-Monopolist – die Innovationsrente verloren. Das aber ginge mit erheblichen Wohlfahrtsverlusten einher und zeigt im Übrigen, dass es nach erfolgreicher Marktöffnung nicht sinnvoll sein kann, die in der Anfangsphase der Marktöffnung adäquaten Regulierungen (u. a. Zusammenschaltvorgaben für den Ex-Monopolisten; Regulierung zugunsten einer entbündelten Teilnehmeranschlussleitung – also faktische Trennung von Dienste- und Infrastrukturebene beim Endkunden –, inklusive Option für Newcomer, diese zu kostenbasierten Preisen anzumieten) einfach in den folgenden Marktinnovationsphasen fortzuführen.

Abbildung 2: Innovation in einem asymmetrischen Duopol

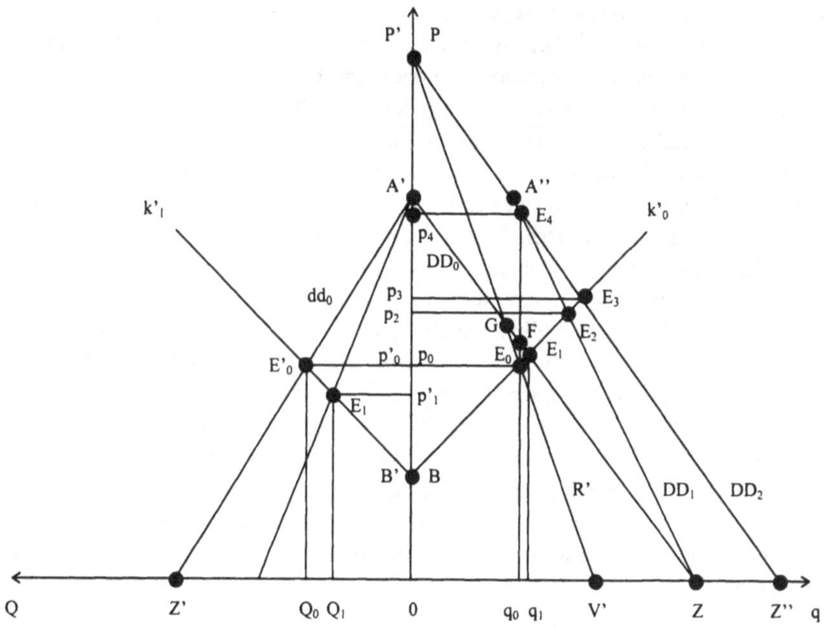

Quelle: Welfens (2008)

In Abbildung 2 wird als einfache Ausgangssituation ein Duopol betrachtet, wobei auf beide Unternehmen die gleiche Nachfrage entfällt; gefragt wird dann im weiteren, welche Effekte sich bei Einführung einer Produktinnovation ergeben (zur Vereinfachung werden unveränderte Grenzkosten angenommen), wobei hier von einer Abwanderung eines Teils der ursprünglichen Nachfrage DD_0 beim anderen Anbieter ausgegangen wird. Der Innovator wird üblicherweise einen temporären Monopolpreis setzen wollen, wobei aus Sicht der Wettbewerbstheorie ihm diese Innovationsrente auch zusteht – allerdings darf langfristig der Diffusionswettbewerb nicht behindert werden. Wenn die Monopolrente wegreguliert wird, dann dürfte der entsprechende Anbieter (und auch andere Anbieter mit Marktmacht) im Weiteren auf Produktinnovationen verzichten, was als unerwünscht gilt. Die ursprüngliche Lösung im Duopol ist E_0 bzw. E'_0 bei Anbieter I (rechte Diagrammhälfte) bzw. II (linke Diagrammhälfte), wobei die Produktinnovation von Anbieter I annahmegemäß die Nachfragekurve steiler macht (DD_1 statt DD_0); allerdings dreht sich durch Abwanderung von innovationsorientierten Nachfragern bei Anbieter II – dort ergibt sich im Gleichgewichtspunkt nunmehr ein niedrigerer Preis p'_1 – annahmegemäß auch die Nachfragekurve, der sich Anbieter I gegenübersieht, so dass DD_2 gilt. Der Anbieter II wird statt Q_0 nur Q_1 als Absatzmenge erzielen, und zwar zu einem reduzierten Preis p'_1 (statt anfänglich p'_0).

Eine rein kostenorientierte Preisbildung auf Basis steigender Grenzkosten (modifizierte, aber grundsätzlich analoge Überlegungen gelten bei sinkenden Grenzkosten) führt auf den Gleichgewichtspunkt E_3 bzw. den Preis p_3. Eine temporäre *Schumpeter-*

sche Monopolposition hingegen bedeutet, dass Gleichgewichtspunkt E_4 vorübergehend gilt, also der Preis p_4 mit der Menge q_0. Die Monopolgewinne sind in der Marktwirtschaft als temporärer Anreiz zu sehen, der notwendig ist, um das Innovationsrisiko einzugehen. Dieses ließe sich in der Abbildung dadurch explizit zusätzlich verdeutlichen, dass man als Annahme eine Verschiebung der Grenzkostenkurve nach oben im Kontext der Produktinnovation betrachtet – eine solche Verschiebung kann aus theoretischer Sicht Ausdruck höherer pekuniärer Kosten oder aber einfach einer Risikoprämie sein, die eben Anbieter mit Projekten zur Produktinnovation auf dem Kapitalmarkt zu erbringen haben. Daher könnte sogar für den günstigen Fall einer kombinierten Produkt- und Prozessinnovation bzw. einer dank paralleler Prozessinnovation sinkenden Grenzkostenkurve eine temporäre Verschiebung der Angebotskurve nach oben erfolgen – wenn die Produktinnovation erfolgreich ist bzw. als neuer Standard durchgesetzt ist. Dann entfällt am Kapitalmarkt auch die anfängliche Risikoprämie. Es ist aus wohlfahrtsökonomischer Sicht vernünftig, dass ein innovativer marktbeherrschender Anbieter – beide Anbieter haben anfänglich einen Marktanteil von jeweils 50 % –, eine temporäre *Schumpeter*sche Monopolposition erlangen kann; die Regulierungspolitik sollte lediglich einen funktionierenden Wettbewerbs- bzw. Diffusionsprozess sicherstellen, der mittelfristig eine kostenorientierte Preissetzung auch beim innovativen Anbieter herbeiführen wird. Langfristig wird bei voller Diffusion auch die Nachfragekurve von Anbieter II steiler werden, und beide Anbieter werden sich das Marktvolumen wieder im Verhältnis 50:50 aufteilen, sofern man von Reputationsgewinnen für das Pionierunternehmen absieht. Solche Reputationsgewinne sind allerdings in der Realität zu erwarten und dürften zu einer grundsätzlich – ceteris paribus – steileren Nachfragekurve für Unternehmen I führen.

3.5. *Second-Best* Regulierungsalternative

Die moderne Regulierungstheorie ist einerseits normativ, indem sie zunächst wohlfahrtsökonomische Aspekte in einer First-best-Welt betrachtet. Zudem wird die tatsächliche Regulierungsentwicklung im Rahmen der positiven Analyse erklärt, wobei auch politische Interessen und institutionelle Fragen zu beachten sind. Allerdings kann man bei Abweichungen vom *First best* – etwa wenn die traditionellen Marginalbedingungen der vollständigen Konkurrenz verletzt sind – auch weitergehende Überlegungen im Rahmen eines *Second-best*-Ansatzes entwickeln, wie dies nachfolgend geschieht. Die *Second-Best*-Regulierungsalternative geht im Gegensatz zum oben skizzierten *First-Best*-Modell nicht davon aus, dass aufgrund der alternativen Zugangswege in der NGN-Welt das ‚Letzte-Meile'-Problem obsolet wird. Wenn aber signifikante Marktmacht aufgrund von Eigentumsrechten an der ‚letzten Meile' diagnostiziert wird, wird eine Regulierung notwendig, und zwar nicht nur in Bezug auf die Duplizierung der Qualität des Altnetzes wie im vorherigen Absatz beschrieben. Ziel muss es dann sein, ein System aus *bottleneck-* (z. B. *Local Loop Unbundling*: LLU) und Zugangsregulierung so zu etablieren, dass dennoch die Investitionsanreize für einen großflächigen Glasfaseraufbau erhalten bleiben.

Der folgende Vorschlag basiert auf der Idee, das Regulierungsprinzip für NGN-Netze zu vereinfachen und dabei die Eigenheiten einer paketvermittelten Übertragung auszunutzen. Ausgangsüberlegungen sind:

- In der NGN-Welt ändern sich durch den paketweisen Transfer auch die Bedingungen der Zusammenschaltung. Durch die dezentrale Struktur ist – in gewissen Grenzen – ein Wechsel zwischen verschiedenen Zusammenschaltungspartnern möglich, d. h. eine Änderung der Verkehrswege für die Datenpakete, ohne dass sich die für den Nutzer wahrnehmbare Qualität der Datenübermittlung (z. B. die Geschwindigkeit) verringert.
- Die volumenmäßige Abrechung der Terminierung wird durch eine bandbreitenbasierten Abrechnung zwischen den Providern ersetzt.

Mit anderen Worten: Je mehr Datenverkehr die Wettbewerber des Ex-Monopolisten an einem Zusammenschaltpunkt übernehmen können, d. h. je besser sie ihre eigenen Glasfaserleitungen ausnutzen können, desto geringer werden ihre durchschnittlichen Kosten. Dies impliziert, dass die Wettbewerber aus dieser Sicht ein Interesse haben könnten, geographisch ein Stück von den heutigen Zusammenschaltungspunkten 'wegzurücken', wenn sie dadurch größere eigene Skalenvorteile realisierten.

Ein einfaches Regulierungsprinzip, das diese Eigenheiten aufgreift, würde lediglich aus drei Komponenten bestehen:

- *Local-loop unbundling*, hier in der Form eines einheitlichen Mietpreises für die ‚letzte Meile', unabhängig vom verwendeten Kabelmaterial;
- eine Zusammenschaltungsverpflichtung bei einem beliebigen IXP (Internet Exchange Point), verbunden mit einer Verpflichtung für die Wettbewerber, die vom Ex-Monopolisten zur Verfügung gestellte Bandbreite zum Transport von Daten über vermietete Endkundenzugänge zu entlohnen;
- eine technologische Auflage, die den Ex-Monopolisten zu einer bestimmten Netzqualität (d. h. Bandbreite und Latenzzeiten auf dem Weg vom Endkunden zum IXP) verpflichtet.

Internet Exchange Points (IXPs) (s. Abb. 1) sind ‚neutrale' und in der Regel faktisch *Non-profit*-Organisationen, an denen deren Mitglieder Internet-Datenverkehr austauschen (*OECD* 2006b). Die Zusammenschaltung kann dort erfolgen, muss aber nicht. So haben große Provider bereits heute viele *Peering*-Vereinbarungen geschlossen, bei denen sie dezentral Datenverkehr untereinander austauschen.

Bei dem vorgeschlagenen Prinzip gäbe es zwei Entlohnungskomponenten für den *incumbent*: den einheitlichen Mietpreis und die bandbreitenabhängige Entlohnung für die Zusammenschaltung (CPC – *Capacity based charging*). Ein Investitionsanreiz in Glasfasernetze ergibt sich aus der zweiten Komponente, da die Bandbreite beim Endkunden mit einer entsprechenden Bandbreite bei der *Interconnection* einhergehen muss.

In dem vorgeschlagenen Regulierungssystem wäre eine dezentralere Zusammenschaltung selbstverständlich auch möglich. Diese erfolgt als Verhandlungslösung zwischen dem Ex-Monopolisten und seinem Wettbewerber. Der Erstere hat ein Eigeninteresse an einer solchen Lösung, da ihm ein Teil des Transportweges zum IXP erspart bliebe. Der Wettbewerber hat ein Interesse, wenn er einen Kosten- oder Qualitätsvorteil realisieren könnte. Anderenfalls bleibt es bei der skizzierten Minimallösung, d. h. der Zusammenschaltungsverpflichtung bei einem IXP.

Die vorgeschlagene Lösung hat mehrere Vorteile:

- Sie ist einfacher als das heutige Festnetz-Regulierungssystem mit den vielen unterschiedlichen Verrechnungspreisen.
- Sie schafft Investitionsanreize sowohl für den Ex-Monopolisten als auch für die Wettbewerber. Ist eine dezentralere Zusammenschaltung als beim IXP gewünscht, wird die Verhandlungslösung dann realisiert, wenn sie zu beidseitigem Vorteil gereicht. Aus Sicht der Endkunden gibt es dennoch eine implizite Garantie, dass ein bestimmtes Kostenniveau exklusive der Gewinnmarge nicht überschritten wird, da die ‚letzte Meile' und die Zusammenschaltungslösung beim IXP reguliert sind.
- Sie belohnt positive Qualitätsdifferenzierungen in Form einer höheren zur Verfügung stehenden Übertragungskapazität besser als andere Systeme, bei denen das übergebene Datenvolumen abgerechnet wird oder ein kostenloser Austausch zwischen den Zusammenschaltungspartnern auf Gegenseitigkeit stattfindet.
- Wegen seiner Einfachheit könnte das skizzierte Regulierungsprinzip auch auf TV-Kabel und Mobilfunkbetreiber übertragen werden, was das Postulat der 'technologischen Neutralität' von Regulierung erfüllen würde.

Allerdings muss eingeräumt werden, dass auch dieser Ansatz mit Schwierigkeiten verbunden. So wird sich etwa aus technischer Sicht die Zahl der Zusammenschaltungspunkte von NGN und klassischen Telefonnetzen (PSTN/ISDN) nur schrittweise reduzieren (*Hackbarth* und *Kulenkampff* 2006). Eng verbunden mit der Frage der Zusammenschaltung ist auch die Frage der Abrechnung gegenüber den Kunden. Die zwei prinzipellen Abrechnungssysteme aus dem Telekommunikationsbereich, CPP (*Caller Party Paid*) oder RPP (*Receiver Party Paid*), stehen hier zur Verfügung, die jeweils unterschiedliche Wechselwirkungen mit dem gewählten Zusammenschaltungsregime aufweisen (*Vogelsang* 2006; *ERG* 2007b). Wir haben allerdings bei der Präsentation des oben stehenden Vorschlags implizit vorausgesetzt, dass sich langfristig in der NGN-Welt eine *Flat-Rate*-Abrechung auf Endkundenbasis durchsetzen wird. Ebenso offen ist bei dem beschriebenen Vorschlag die Finanzierung einer Universaldienstverpflichtung. Im traditionellen Festnetz können Terminierungsentgelte dafür eingesetzt werden, während bei reinen Internetverbindungen keine Terminierungsentgelte berechnet werden (*OECD* 2006c; *ITU* 2006). Letztlich müssen auch bei diesem Vorschlag die regulierten Entgelte so gewählt werden, dass Wettbewerb ermöglicht und weitere Innovationen gefördert werden.

4. Wirtschaftspolitische Schlussfolgerungen

Die Regulierung in Deutschland bzw. der EU ist im Bereich der Festnetztelekommunikation durchaus erfolgreich im Sinn einer nachhaltigen Marktöffnung gewesen. Der Europäischen Kommission kommt das Verdienst zu, durch ihre Initiative die Märkte geöffnet zu haben und einen Liberalisierungs- und Innovations- sowie Internationalisierungsprozess in Gang gesetzt zu haben. Es fehlt allerdings offenbar in der

EU an Konsolidierungsmöglichkeiten im Festnetzbereich, denn es ist schon auffallend, dass die Zahl der großen Festnetzanbieter in den USA in 2008 drei beträgt – mit z. T. hybriden Strukturen Festnetz-Kabel-TV-Netz – und im Mobilfunk noch vier große Unternehmen aktiv sind. Hingegen sind in der EU rund 15 Festnetzanbieter und sechs große Mobilfunkanbieter aktiv, wobei mit *Telia-Sonera* im Festnetzbereich nur ein internationaler Zusammenschluss von Bedeutung stattgefunden hat; dies betrifft den Ex-Monopolisten in Schweden bzw. Finnland.

Ordnungspolitisch sinnvoll ist die Kombination von EU-Rahmenregulierung und nationaler Regulierung, denn hier ist das Prinzip der Subsidiarität zu beachten. Mit zunehmender Bedeutung der Internet-Telefonie (VoIP) wird allerdings die Abgrenzung nationaler Märkte hinfällig, und es wird sich der Druck verschärfen,

- entweder die nationalen Regulierungen weitgehend abzuschaffen, da ja auch das Internet kaum reguliert ist,
- oder eine globale Regulierung des Internet einzuführen, und zwar mit besonderem Bezug auf VoIP.

Die Optionen für eine rationale Regulierung von NGN-Netzen sind vielfältig, wobei man im Kern unterscheiden kann zwischen

- Fortführung der bisherigen Regulierungsregimes (wie von ERG befürwortet) und
- Einführung neuartiger Regulierungsansätze – wie hier vorgeschlagen; dabei könnten von der ERG auch neue Ansätze aufgenommen werden.

Es ist zu bedenken, dass sich gegen eine Konsensmeinung der ERG nur schwer alternative Ansätze durchsetzen lassen; daher ist hier eine argumentative Auseinandersetzung in jedem Fall notwendig, auch mit Blick auf einen wünschenswerten Systemwettbewerb (s. *Sundmacher* i.d.Bd.).

Die EU27 steht für einen großen und heterogenen Politikclub, der erhebliche Bürokratiekosten und Schwerfälligkeiten mit sich bringt. Auch dies sind Aspekte, die gegen ein einfaches Mehr an supranationaler Regulierung sprechen, wie dies von Seiten der Europäischen Kommission gefordert worden ist. Interessant könnte allerdings für den institutionellen Lernprozess ein institutionelles *Benchmarking* sein, das mit einer standardisierten *Performance*-Messung sowie Umfragen zur Kundenzufriedenheit zu kombinieren ist. Die EU kann schließlich Vorgaben für standardisierte Mindestinformationen auf Ebene der nationalen Regulierungsbehörden machen, wozu auch Angaben über durchschnittliche Wartezeiten bei Servicerufnummern aller Anbieter gehören; hier gibt es versteckte Kosten der digitalen Kommunikation, die in vielen Fällen erheblich sind. Kluge Regeln für die digitale Wirtschaft können ein sehr wesentlicher Beitrag für mehr Innovation, Wachstum und Beschäftigung und schließlich auch ein Mehr an virtueller Integration in Europa sein.

Als vorläufiges Fazit kann man feststellen, dass im Mobilfunkbereich in der EU schon eine erhebliche Internationalisierung und in diesem Kontext auch Konsolidierung festzustellen ist. Da der Anteil der vom Mobilfunknetz ausgehenden Gespräche im Zeitablauf zunehmen wird, kommt in der Tat auch der ordnungspolitischen Durchleuchtung der Mobilfunkmärkte besonderes Gewicht zu; dabei ist zu bedenken, dass wegen der im

Vergleich zum Festnetzbereich relativ geringen versunkenen Kosten die Wettbewerbsintensität im Mobilfunkbereich höher sein dürfte als im Festnetzsegment. Die Substitutionstendenz zugunsten des Mobilfunks bedeutet von daher längerfristig für den Gesamt-Telekommarkt eine Wettbewerbsintensivierung. Infrastrukturbasierter Wettbewerb ist im Rahmen einer konsistenten Politikstrategie in der EU bzw. in den EU-Mitgliedsländern unerlässlich, wobei auch eine flächendeckende Breitbandversorgung im Rahmen sinnvoller Ausschreibungsmodelle vorstellbar ist. Hiervon dürften für die Expansion des Angebotes innovativer digitaler Dienste erhebliche Impulse ausgehen. Es bleibt längerfristig eine Aufgabe der nationalen Regulierungspolitik, durchdachte Regulierungen zugunsten eines nachhaltigen Infrastrukturwettbewerbs vorzunehmen und zugleich einen internationalisierten digitalen Innovationswettbewerb auch im Festnetzbereich – und bei hybriden Netzstrukturen – zu ermöglichen bzw. zu stimulieren. *Schumpeter*sche Renten für innovative Anbieter sind dabei auch im Bereich regulierter Märkte sicherzustellen; jedenfalls wäre es problematisch, wenn seitens der Regulierung auf nationaler bzw. supranationaler Ebene Diskriminierungen erfolgten – derartige Diskriminierungen gegenüber marktbeherrschenden Unternehmen wären beim Innovationswettbewerb mit hohen negativen Wohlfahrtskosten verbunden.

Im globalen Wettbewerb auf digitalen Märkten werden Weichenstellungen für eine weltweite Rahmenordnung im Kontext des NGN-Ausbaus in den OECD-Staaten und in Schwellenländern im Anschluss an den EU-*Review* zu diskutieren sein. Die Zahl der Anbieter in bestimmten digitalen globalen Märkten dürfte längerfristig relativ gering sein, und es bleibt eine Herausforderung, wie etwa der Regulierungsdialog im Verhältnis EU-USA bzw. in der Triade EU-USA-Asien sinnvoll geführt werden kann. Erhebliche Probleme kann es auch durch Überkreuzsubventionierung geben – etwa wenn *Google* oder *Ebay* digitale Telekommunikationsdienste auf IP-Basis kostenlos anbieten sollten bzw. aktiv in Mobilfunkmärkten als Anbieter auftreten wollten. EU-*Benchmarking* kann im Bereich der TK-Regulierung in vielen Teilsegmenten der Märkte sinnvoll sein, wie man unter anderem aus der Entscheidung der französischen Regulierungsbehörde in 2008 ersehen konnte, die den bislang geringen Marktanteil von *Virtual Mobile Operators* (VMO) in Frankreich zum Anlass für Reformen nahm, die zum Teil auf die vergleichsweise bessere Situation in Deutschland Bezug nahmen: Anbieter ohne eigene Netze sollen verbesserte Rahmenbedingungen für ein VMO-Angebot erhalten. Den unterschiedlichen Ausgangsbedingungen der TK-Märkte in der EU ist man insgesamt durch eine Verbindung von nationalen Regulierungsbehörden und EU-Rahmenregulierung im ersten Jahrzehnt der Marktöffnung weitgehend gerecht geworden. Auf den TK-Märkten sollte man längerfristig den Innovationswettbewerb weiter fördern und für nationale und internationale Investoren stabile und konsistente Rahmenbedingungen schaffen. Auch digitale Gründerförderung sollte im Fokus der Politik sein.

Literatur

Alleman, James and *Paul Rappoport* (2007), The Future of Communications in Next Generation Networks: The Unsustainability of Access Competition, mimeo International Telecommunication Union, Document FoV/02.

Bijl, Paul de and *Peitz, Martin* (2002), Regulation and Entry into Telecommunications Market, Cambridge.

Blankart, Charles B., Günter Knieps and *Patrick Zenhäusern* (2007), Regulation of New Markets in Telecommunications? Market Dynamics and Shrinking Monopoly Bottelenecks, erscheint in: European Business Organization Law Review (EBOR), Vol. 8, No. 3, pp. 37-58.

Briglauer, Wolfgang (2006), Market Analyses Under the New European Communications Framework – Some Conceptual Issues, in: *Paul J.J. Welfens* and *Mathias Weske* (eds.) Digital Economic Dynamics. Innovations, Networks and Regulation, Heidelberg and New York, pp. 63-90.

Cave, Martin (2005), ETNO Reflection Document on re-assessing the „ladder of investment“ in the context of broadband access regulation, ETNO Reflection Document RD227 (2005/09).

Dachs, Bernhard, Huub Meijers and *Paul J.J. Welfens* (2008), Internationalisation of European ICT activities – A project carried out for the European Commission and Institute for Prospective Technological Studies (IPTS), Heidelberg und New York – forthcoming.

Economides, Nicholas (2005), The Economics of the Internet Backbone, in: *Martin Cave, Sumit Kumar Majumdar* and *Ingo Vogelsang* (eds.) Handbook of Telecommunications Economics – Volume 2 – Technology Evolution and the Internet, Amsterdam, pp. 375-412.

ERG (2007a), ERG Opinion on Regulatory Principles of NGA, Brussels.

ERG (2007b), Final Report on IP Interconnection, Project Team on IP-Interconnection and NGN, Brussels.

European Commission (2008), The LIME Assessment Framework (LAF), European Economy, Occasional Papers 41, Brussels.

Flacher, David and *Hugues Jennequin* (2006), Long Term versus Short Term Regulation: A Model of Investment Behavior in the Telecommunications Sector, paper presented at the 17th European Regional ITS Conference, August 22-24, 2006, University of Amsterdam.

Hackbarth, Klaus-D. und *Gabriele Kulenkampff* (2006), Technische Aspekte der Zusammenschaltung in IP-basierten Netzen unter besonderer Berücksichtigung von VoIP, Studie für die Bundesnetzagentur, wik consult, Bad Honnef.

Hatfield, Dale, Bridger M. Mitchell and *Padmanabhan Srinagesh* (2005), Emerging Network Technologies, in: *Martin Cave, Sumit Kumar Majumdar* und *Ingo Vogelsang* (eds.), Handbook of Telecommunications Economics – Volume 2 – Technology Evolution and the Internet, Amsterdam, pp. 29-80.

ITU (2006), Interconnection in an NGN Environment – Background Paper, Genf.

Kennet, D. Mark and *Eric K. Ralph* (2007), Efficient interconnection charges and capacity-based pricing, in: International Economics and Economic Policy, Vol. 4, pp. 135-158.

Knieps, Günter (2005), Wettbewerbsökonomie – Regulierungstheorie, Industrieökonomie, Wettbewerbspolitik, 2. A., Heidelberg.

Mohnen, Pierre (2001), International R&D Spillovers and Economic Growth, in: Matti Pohjola (ed.) Information Technology, Productivity and Growth, Oxford.

Monopolkommission (2005), Wettbewerbsentwicklung bei der Telekommunikation, Bonn.

OECD (2005), Communications Outlook 2005, Paris.

OECD (2006a), The Policy Implications of Voice over Internet Protocol, http://www.oecd.org/dataoecd/14/29/36133304.pdf, letzter Aufruf: 10.02.2008.

OECD (2006b), Internet Traffic Exchange: Market Developments and Measurement of Growth, http://www.oecd.org/dataoecd/25/54/36462170.pdf, letzter Aufruf: 10.02.2008.

OECD (2006c), Rethinking Universal Service for a Next Generation Network Environment, http://www.oecd.org/dataoecd/59/48/36503873.pdf, letzter Aufruf: 10.02.2008.

Schedl, Hans (2007), Brauchen wir mehr Bürokratie in Brüssel?, Ifo Schnelldienst, 60. Jg., Nr. 21/2007, S. 5-6.

Schedl, Hans und *Kai Sülzle* (2007), Sektorspezifische Regulierung: Transitorisch oder ad infinitum?, Ifo München.

Standage, Tom (2007), The Victorian Internet: The Remarkable Story of the Telegraph and the Nineteenth Century's On-Line Pioneers, New York, NY.

Vogelsang, Ingo (2006), Abrechnungssysteme und Zusammenschaltungsregime aus ökonomischer Sicht, Gutachten im Auftrag der Bundesnetzagentur für Elektrizität, Gas, Telekommunikation, Post und Eisenbahnen, Endfassung 28. April 2006.

Welfens, Paul J.J. (2006), Innovations in Macroeconomics, 2. Veränderte und erweiterte Auflage, Heidelberg.

Welfens, Paul J.J. (2007), Schattenregulierung als Phänomen der Telekommunikationswirtschaft, List Forum für Wirtschafts- und Finanzpolitik, Heft 3, Münster.

Welfens, Paul J.J. (2008), Digital Innovation Dynamics and Optimal Regulation, EIIW Working paper, No. 162, University of Wuppertal.

Welfens, Paul J.J. und *Cornelius Graack* (1996), Telekommunikationswirtschaft, Heidelberg.

Welfens, Paul J.J. and *Mathias Weske* (eds.) (2006), Digital Economic Dynamics: Innovations, Networks and Regulation, Heidelberg and New York.

Rahmenprogramm

Dirk Wentzel (Hg.), Medienökonomik –
Theoretische Grundlagen und ordnungspolitische Gestaltungsalternativen
Schriften zu Ordnungsfragen der Wirtschaft · Band 89 · Stuttgart · 2009

Erfahrungen mit der Publikation ordnungspolitischer Erkenntnisse

Karen Horn

Inhalt

Fünfzig Jahre ist es her, dass mit dem Gesetz gegen Wettbewerbsbeschränkungen (GWB) ein wesentlicher Pfeiler der deutschen Wirtschaftsordnung in Kraft getreten ist. Dieses Gesetz ist einem ausgeprägt ordnungstheoretischen Denken entsprungen, das den damaligen Bundeswirtschaftsminister *Ludwig Erhard* mit den Vertretern der Freiburger Schule der Nationalökonomie verband. *Erhard* setzte das GWB gegen große Widerstände in der Politik und in der Wirtschaft durch. Fünfzig Jahre jedoch sind eine lange Zeit. Im Alltagsgeschäft scheint heute der ordnungspolitische Blick immer mehr verloren zu gehen. Eine rigorose ordnungsökonomische Perspektive ist in der Politik kaum mehr anzutreffen. Die Misere beginnt jedoch schon im intellektuellen Vorfeld der Politik, in der kommunikativen Vermittlung der Ergebnisse aus der Wissenschaft. Die Publikation ordnungspolitischer Ergebnisse gestaltet sich mühselig; das Interesse der Medien hält sich in Grenzen. Meistens heißt es, die Zuschauer oder Leser hätten wenig Muße für derlei.

Im Folgenden soll erst einmal geklärt werden, was ordnungspolitische Forschungsergebnisse eigentlich sind bzw. was sie spezifisch von anderen Erkenntnissen unterscheidet. Dann wird das grundsätzliche Interesse der Medien betrachtet, der messbare Trend im Leserverhalten und der daraus abzuleitende Kriterienkatalog für die Berücksichtigung ordnungspolitischer Erkenntnisse in den Medien. Anschließend werden die Probleme benannt, die sich aus der üblichen Wahrnehmung ordnungspolitischer Forschungsergebnisse für deren mediale Verbreitung ergeben, und zum Schluß soll noch versucht werden, einige Ratschläge sowohl an die Anbieter als auch an die Nachfrager, an Wissenschaftler und Medien zu richten.

1. Was sind überhaupt ordnungspolitische Forschungsergebnisse?

Wie es *Manfred Streit* im Gablerschen Volkswirtschaftslexikon (1996) prägnant definiert hat, geht es generell auf dem Feld der Ordnungsökonomik um das Verständnis und die „zielorientierte Gestaltung von Ordnungen". Die Ordnungsökonomik zählt zwei Hauptabteilungen, die Ordnungstheorie und die Ordnungspolitik. *Streit* schreibt:

> „Zur Ordnungstheorie gehören die Beschreibung, die Erklärung und Prognose der Entstehung und Wirkung von Regeln im Hinblick auf die Interaktion von Individuen. Abhängig von dem ordnungstheoretischen Erkenntnisstand kann ordnungspolitisch relevantes Wissen abgeleitet werden. Es bezieht sich auf die Möglichkeiten und Grenzen zielorientierter Gestaltung von Ordnungen."

Ordnungspolitik ist damit nicht nur das gezielte Setzen von Anreizen, als das sie häufig missverstanden wird. Ordnungspolitik ist nicht bloß *incentive engineering*. Ordnungspolitik ist vielmehr ein umfassender Ansatz der Gestaltung von Rahmenbedingungen und Institutionen; es geht dabei nicht um unmittelbar erzielbare Ergebnisse, sondern um Verfahren der gesellschaftlichen Koordination, die entweder durch Mustervorhersagen (*pattern predictions*) utilitaristisch oder in liberaler Tradition anthropologisch und naturrechtlich begründet sind. Ordnungspolitik geht aus von der Prämisse, dass die Wahrung der spontanen Koordination, der Nutzung des kreativen Prozesses der Wissensteilung entscheidend ist für das gedeihliche Miteinander der Menschen, und sie strebt danach, Institutionen so zu konzipieren, dass dieser Prozess nicht verstopft wird. Ordnungspolitik hat dabei immer den Anspruch, in sich schlüssig zu sein, auf einem kohärenten und philosophisch gut begründeten Weltbild und einem ebensolchen klaren (eigenverantwortlichen) Bild vom Menschen zu fußen; sie setzt auf die „List des Systems" statt auf die Tugend des Menschen und hat somit eine eindeutige „constrained vision" im Sinne *Thomas Sowells*. Dieser Anspruch ist tiefgründiger und komplexer, als es manchem politischen Alltagshandeln entspricht. Vor allem aber sind ordnungspolitische Forschungsergebnisse damit von vornherein normativ in eindeutiger Weise positioniert.

2. Was ist das Interesse der Medien?

Privatrechtliche Medien sind Unternehmen wie andere auch. Sie verfolgen das Ziel, von ihrer Geschäftstätigkeit leben zu können, das heißt einen Gewinn zu erzielen. Radio und Fernsehen brauchen Quote, Zeitschriften und Zeitungen brauchen den Absatz einer möglichst großen Auflage. Auflage bringt Geld in die Kasse über den Preis, aber auch über die damit verbundene Reichweite, die Anzeigenkunden anlockt.

Wie nun lässt sich die Auflage maximieren? Die Zeitungen orientieren sich zunehmend an den Präferenzen der Leser, wie sie in Marktstudien und Umfragen zutage treten. Dabei sind als Trends folgende Entwicklungen auszumachen:

- Das Leserverhalten hat sich verändert, die Treue zu einer bestimmten Zeitung und damit die Zahl der Abonnements nimmt ab, dafür wird häufiger erst am Kiosk nach Anschauung der Aufmacherseite über das jeweils zu kaufende Produkt entschieden;
- die Aufmerksamkeitsspannen werden kleiner, d.h. die Menschen scheuen Fülle, Länge und Schwere. Eine Vielzahl von Seiten wird als Belastung empfunden, und dies kann bis zur Abonnementskündigung führen, weil die Kunden ein schlechtes Gewissen gegenüber sich selbst haben und nicht länger ertragen wollen. Lange Artikel spannen die Geduld auf die Folter; schwierige Sachverhalte und komplexe Diskussionen ermüden den Leser; nicht umsonst gibt es den Slogan: „Weiß wird gelesen";
- der Appetit auf Unterhaltung nimmt zu, Klatsch und Tratsch bringen offenbar Entspannung und werden verlässlich nachgefragt; Verbrauchernähe hilft immer; Emotionalisierung und Personalisierung funktionieren in jedem Fall.

Was sind angesichts dessen die sich annäherungsweise ergebenden Kriterien für die Berücksichtigung ordnungspolitischer Erkenntnisse in den Medien? Wie *Gisela Färber* in diesem Band schon ausgeführt hat, sind dies:

- relative und absolute politische Wichtigkeit des jeweiligen Themengebiets,
- Aufregerqualität der Ergebnisse,
- Prominenz des jeweiligen Wissenschaftlers.

Zu unterscheiden gilt es dabei noch nach der Aktualität und Dringlichkeit der Ergebnisse.

Grundsätzlich haben Forschungsarbeiten ohne aktuellen äußeren Anlass eine immerhin kleine Chance, in manchen Medien Niederschlag zu finden (wenn auch eher in den Feuilletons als auf der politischen Aufmacherseite), nämlich dann,

- wenn sie eine wesentliche paradigmatische Verschiebung, eine neue Lesart klassischer Werke oder historischen Geschehens bringen, zum Beispiel wenn die Wirtschaftspolitik unter Reichskanzler *Heinrich Brüning* plötzlich in einem ganz anderen Licht als bisher steht oder wenn die Hintergründe des wirtschaftswissenschaftlichen Widerstandes gegen die Nationalsozialisten bekannt werden,
- wenn sie kontra-intuitiv oder einfach ungewöhnlich sind, was beispielsweise für die Glücksforschung gilt, aber auch für moderne empirische Ansätze wie zum Beispiel von *Stephen Levitt* („Freakonomics").

Forschungsarbeiten, die an aktuellen politischen Anlässen anknüpfen, haben demgegenüber stets eine größere Chance, in den Medien (Niederschlag zu finden) veröffentlicht zu werden – insbesondere als zitierfähiges Expertenwissen für die abgerundete Berichterstattung, zum Beispiel über Politikfelder wie Rente, Steuern, Gesundheit, Arbeitsmarkt, Wirtschaftswachstum und Konjunktur etc., oder auch als Untermauerung für die Kommentierung.

Ordnungspolitische Erkenntnisse sind dabei – wie gesagt – ein Sonderfall. Sie sind

- normativ vorpositioniert,
- prozess- statt ergebnisorientiert,
- „kalt“,
- komplex,
- oftmals mit Absolutheitsanspruch und
- selten medienkompetent vorgetragen.

3. Die besonderen Probleme

3.1. Normativität

Die angelegte Normativität ordnungspolitischer Erkenntnisse macht sie einerseits besonders interessant für die Berichterstattung: Ein Ergebnis lässt sich so durch Dritte besser zuordnen und in den gesellschaftlichen Diskurs einordnen. Andererseits gehen dezidierte ordnungspolitische Erkenntnisse auch rasch mit dem Vorwurf der ideologischen Voreingenommenheit, der Verbohrtheit, der Realitätsferne und der fehlenden Wissenschaftlichkeit einher – wie es beispielsweise mit allem ist, das irgendwie mit dem Label „Neoliberalismus“ in Berührung kommt.

3.2. Prozess- statt Ergebnisorientierung

Politik wird – sowohl von den Akteuren selbst als auch von der Öffentlichkeit – meistens gesehen als ein kollektives Verfahren zur Einigung auf ein konkretes gemeinsames Ziel, das es dann umzusetzen gilt vermittels geeigneter Instrumente. Als geeignet wird betrachtet, was das gewünschte Ziel am ehesten zu erreichen verspricht. In aufgeklärter Form geschieht all dies immerhin noch unter Berücksichtigung allfälliger zu vermeidender Verzerrungen.

Die Ziele, um die es dabei geht, sind eigentlich nie das, was sie aus ordnungspolitischer Sicht sein sollten: abstrakte Ziele bzw. Verfahrensziele. Sie sind vielmehr ausgesprochen konkrete Ziele, die auf möglichst direktem Wege erreicht werden sollen: mehr Kinder, höhere Renten, billigere Gesundheitsversorgung, höhere Löhne für Stelleninhaber etc. Es geht hier um Ergebnisse, nicht um Prozesse bzw. Ordnungen. Das herkömmliche allgemeine Politikkonzept ist somit ein per se interventionistisches, ein explizit ergebnisorientiertes. Ordnungspolitische Erkenntnisse hingegen, die im Gegenteil auf Nicht-Intervention bzw. bloß auf Gestaltung des Prozesses setzen, gelten daher oftmals als politisch inkorrekt, aber auch realitätsfern und insofern irrelevant. Das schlägt sich dann auch in der (Nicht-)Berichterstattung so nieder.

Die Übernahme von ordnungspolitischen Erkenntnissen in die Kommentierung hat mit den gleichen Schwierigkeiten zu kämpfen. Dabei finden normalerweise als besonders extrem gewertete Meinungen eher noch in der Berichterstattung den Weg zum Leser als durch die Übernahme in die Kommentierung.

3.3. „Kälte"

Das vielleicht größte Problem ordnungspolitischer Forschungsergebnisse ist ihre gefühlte moralische Kälte bzw. ihre „offene kantianische Flanke". Sie ergibt sich daraus, dass Ordnungstheoretiker gerade nicht auf die Absichten der wirtschaftlichen Akteure setzen, sondern die List des Systems zu nutzen und einen Ordnungsrahmen optimal zu gestalten suchen. Der auf Unterhaltung, auf zunehmend leichte, aber herzerwärmende Kost zielende Leser jedoch kann damit nicht viel anfangen und empfindet es als herzlos. Moral ist gefragt, und Moral lässt sich gegenüber einer ordnungstheoretisch unaufgeklärten Allgemeinheit eben leichter mit unmittelbaren politischen Maßnahmen verbinden als mit dem abstrakten Design eines Ordnungsrahmens. Ordnungsethik ist als Konzept schwieriger zu vermitteln als Individualethik. Nehmen wir das Thema Steuerhinterziehung: Im Allgemeinen will sich der Bürger über den jeweiligen Kriminellen aufregen und den brav seine Steuern zahlenden Mittelständler bemitleiden, der Ordnungspolitiker hingegen muss nicht zuletzt nach der Rechtmäßigkeit der staatlichen Verwendung von Hehlerware, der optimalen Höhe von Spitzensteuersätzen und dem Souveränitätsrecht von Staaten fragen. Das Beispiel zeigt auch: Emotionalisierung und Personalisierung sind Trumpf, und sie verbinden sich leichter nicht nur mit Ergebnissen statt Prozessen, sondern auch mit tendenziell „linken" Themen wie „soziale Gerechtigkeit". Gerechtigkeit lässt sich an individuellen Schicksalen gefällig durchdeklinieren. Der für Ordnungspolitiker häufiger im Vordergrund stehende Begriff der Freiheit hingegen ist abstrakt und lässt sich nur in extremen Fällen personalisieren und emotionalisieren, zum Beispiel im Zusammenhang mit Diktaturen. Auch innerhalb der Redaktionen sind da gelegentlich erhebliche Widerstände zu überwinden. Das ordnungspolitische Anliegen gilt einfach als kalt… und komplex.

3.4. Komplexität

Ordnungspolitische Erkenntnisse gelten als komplex, kompliziert und tendenziell „verkopft". Der intellektuelle Anspruch einer Ökonomie, die nicht nur mechanisch denkt, ist einfach überdurchschnittlich. Das lässt den Weg zum Kommentar relativ einfacher erscheinen, da dort eher noch grundsätzliche Erwägungen zum Zuge kommen können, als in der Berichterstattung, aber auch das ist noch schwer genug.

3.5. Absolutheit

Ordnungspolitische Erkenntnisse werden zumeist mit einem gewissen Absolutheitsanspruch vorgetragen. Sie sind oftmals extrem prinzipieller Natur. Das ist zwar im Blick auf das persönliche Rückgrat richtig, aber im politischen Diskurs hilft das zumindest kurzfristig nicht unbedingt, und die Tür zu den Medien öffnet es infolgedessen auch nicht zwangsläufig.

3.6. Fehlende Medienkompetenz

Ordnungspolitische Erkenntnisse leiden in ihrer Vermittlung häufig an dem Theorieslang, in dem sie vorgetragen werden. Dabei ist die abstrakte Fachsprache nicht nur für die Vermarktung schädlich, sondern auch für den Gebrauch in der Theorie meistens eigentlich überflüssig. Oftmals ist eine gedrechselte Sprache nur Zeichen nebliger Kategorien. Klares Denken lässt sich meist mühelos in einfache Sätze fügen. Abgesehen davon fehlt in vielen Fällen ordnungspolitischer Forschung völlig eine ernst zu nehmende Medienarbeit. Gutachten in Überlänge, mit „Zusammenfassungen" von 35 Seiten, ohne dass der Rezipient in irgendeiner Form an die Hand genommen wird, sind kommunikativ ein Unding. Und schließlich wird in den seltensten Fällen ein Thema „proaktiv" bearbeitet. Viele ordnungspolitische Erkenntnisse finden ihren Weg in die öffentliche Debatte nur als Reaktion auf Äußerungen von Politikern. Besser wäre es, schon im vorhinein Begriffe zu besetzen und treffende Slogans zu erfinden.

4. Anregungen

Wissenschaftler, die ihre ordnungspolitischen Erkenntnisse an den Mann bringen wollen, dürfen auf keinen Fall resignieren oder gar aufgeben. Es gilt die eigene Medienkompetenz im genannten Sinne zu stärken, die Komplexität zu reduzieren und aufwendige Erläuterungen auf ein handhabbares Niveau herunterzubrechen. Diese Verkürzung muß betrieben werden, soweit es geht, aber nicht weiter: Was komplex ist, ist komplex und verträgt keine übermäßige Vereinfachung, sonst gehen wesentliche Aspekte einer Argumentation verloren. Und was nicht zu ändern ist, ist nicht zu ändern. Darüber hinaus gilt es die Stilmittel der Emotionalisierung und Personalisierung einzusetzen, wo es nur irgend geht.

Mit Blick auf das Handwerk der Medien ist vor allem strittig, was tatsächlich „Aufregerqualität" hat… und ob das Interesse der Leserschaft und allgemein der Bürger an ordnungspolitischen Erkenntnissen (mit all den genannten Eigenschaften) wirklich so gering ist, wie manche vermuten und wie es Umfragen andeuten. Es fragt sich: Wie kann man das Interesse, so es nicht vorhanden ist, wecken? Wie kann man bewerkstelligen, dass auch Redaktionen, statt vor einem angeblichen, in Umfragen möglicherweise auch messbaren Desinteresse in die Knie zu gehen, in Aufklärung investieren und Meinungen nicht als unverrückbar hinnehmen? Hier ist viel an Überzeugungsarbeit notwendig. Denn Umfragen haben viele Mängel, methodische und grundsätzliche, wobei einer besonders gravierend ist: Umfragen sind statisch. Sie reflektieren bloß, was die Leser zu einem bestimmten Zeitpunkt denken. Sie können nicht die Reaktion auf redaktionelle Inhalte erfassen, die noch nicht stattgefunden haben. Sie können auch Lernprozesse nicht antizipieren. Sie versuchen, etwas zu erfassen, das noch gar nicht existiert. Die Konsequenz ist, dass momentane Meinungen viel zu ernst genommen werden und das Potential der Zukunft unterschätzt bleibt. Umfragen werden von ängstlichen Menschen verwendet, denen der Unternehmergeist abgeht, von Managern und Politikern ohne Kompass und ohne Glauben an das eigene Produkt. Denn eines ist ganz sicher: Ordnungspolitische Forschungsergebnisse haben ihren Platz in den Medien; die Menschen sind daran zumindest potentiell interessiert. Es braucht nur ein bisschen unternehmerische Initiative, um dieses Potential zu heben.

Dirk Wentzel (Hg.), Medienökonomik –
Theoretische Grundlagen und ordnungspolitische Gestaltungsalternativen
Schriften zu Ordnungsfragen der Wirtschaft · Band 89 · Stuttgart · 2009

Für den medienaffinen Ökonomen:

Zehn Tips für den Umgang mit Medien

Hanno Beck und *Michael Vogelsang*

Inhalt

1. Das Modell

Eine geschlossene Medienwirtschaft bestehe aus zwei Gruppen, Journalisten und Ökonomen. Betrachtet werden jeweils repräsentative Vertreter dieser Gruppen J und Ö. Qualitätsdifferenzierungen spielen keine Rolle.

Ökonomen besitzen (politischen) Gestaltungswillen und wollen ihre Erkenntnisse über die Medien einer breiteren Öffentlichkeit zur Verfügung stellen. Das tatsächliche Zeitbudget der Journalisten für die Berichterstattung über wissenschaftliche Texte oder Forschungsarbeiten betrage B_J. Die Erwartung der Ökonomen über das vorhandene Zeitbudget beträgt $E_ö(B_J)$. Je geringer die Erwartung über das vorhandene Zeitbudget ist, desto besser bereiten Ökonomen die Forschungsergebnisse medientauglich auf, d.h. Medientauglichkeit M mit $\partial M / \partial\, E_ö(B_J) < 0$.

Dies führt zu folgender Fallunterscheidung:

(1) $B_J > E_ö(B_J)$

Ökonomen liefern Journalisten wissenschaftliche Erkenntnisse mundgerecht. Die restliche Zeit verbringen Journalisten mit Rotwein, Kaffee und Zigaretten. Ökonomen halten ihr Fachgebiet in den Medien für ausreichend vertreten. Leider gibt es (außerhalb von Hollywood) keine hinreichende empirische Evidenz, um diese These zu stützen.

(2) $B_J = E_ö(B_J)$

Dies impliziert rationale Erwartungen von Ökonomen.

(3) $B_J < E_ö(B_J)$

Ökonomen liefern an die Redaktionen umfangreiche Werke wissenschaftlichen Wissens, welche die Journalisten im Rahmen des Zeitbudgets M nicht durchschauen können. Im Ergebnis erachten Journalisten Ökonomen als abgehoben und realitätsfern. Im Gegenzug sehen Ökonomen die Journalisten als dumm und oberflächlich an. Nach Erfahrung der Autoren sowohl in der Innenwelt der Medien als auch der Hochschulen besteht anekdotische Evidenz für die Gültigkeit dieser These: Wissenschaftliche Erkenntnisse werden von den Medien nicht ausreichend berücksichtigt; nicht zuletzt auch deswegen, weil viele Wissenschaftler nicht in der Lage sind, ihre Erkenntnisse für Normalsterbliche zu kommunizieren.

Dies führt zu einem Dilemma:

Nicht zutreffende Erwartungen führen zu Medienversagen aus Sicht der Ökonomen.

2. Praxistipps

Um das gefühlte Medienversagen zu lindern, müssen Ökonomen $E_ö(B_J)$ dem tatsächlichen Wert der exogenen Variablen B_J anpassen. Nach pi-mal-Daumen-Schätzung der Autoren liegt die Zeit in den Redaktionen für die Prüfung eines neuen, schriftlich eingereichten Themenvorschlags bei maximal zwei Minuten.

Weiterhin postuliert das Modell, dass $\partial M/\partial\ E_ö(B) < 0$ gelte. Jedes Modell ist nur so gut wie seine Annahmen. Daher möchten wir an dieser Stelle die folgenden zehn Praxistipps für eine wissenschaftliche Pressearbeit geben:

1. Keine Pressemitteilung länger als eine Seite. Im ersten Satz steht, kurz zusammengefasst, was spektakulär ist und warum man den Rest der Pressemitteilung lesen muss. Hier gibt es kein Aber: Auch der Rücktritt des Bundeskanzlers lässt sich in einem Satz vermelden. Das zwingt Sie auch, Stellung zu beziehen: Kein Wenn, Aber, Vielleicht, keine Fußnoten, keine Sonderfälle – eine Meinung, ein Satz, ein Statement.
2. Auf den Neuigkeitswert achten: Was neu und berichtenswert ist, muss im Vordergrund stehen (dies ist nicht der Literaturüberblick). Wichtig ist der für die Allgemeinheit erkennbare Nutzen – warum soll der Journalist Ihnen seine knappe Zeit widmen, warum sollen die Leser oder Zuschauer ihre knappe Zeit damit verbringen, Ihnen zuzuhören?
3. Die Sprache sollte kurz, prägnant und sachlich sein. Bandwurmsätze sind ebenso wie Fachausdrücke zu vermeiden. Der Adressat für den Text ist der Leser, der Journalist ist der Vermittler.
4. Beispiele mitliefern, gerade auch mit regionalem und aktuellem Bezug. Wissensvermittlung muss anschaulich sein, auch für und von Journalisten. Auch aktuelle Daten sind erwünscht, sie stützen den Eindruck von Objektivität und sind gegebenenfalls gutes Material für eine Grafik.
5. Journalisten interessieren sich eher für Ergebnisse, weniger für Methodik. Jede Formel halbiert das Interesse und die Aufmerksamkeit der Journalisten. Wenn sie einen stressigen 40- bis 50-Stundenjob haben und permanent unter Zeitdruck ste-

hen, dann wollen sie nicht nebenher noch über unverständlichen Formelsammlungen brüten.

6. Persönliche Ansprache der Journalisten schadet nicht, im Gegenteil: Ein Anruf in der Redaktion, um die e-Mail-Adresse oder Fax-Nummer des richtigen Ansprechpartners herauszufinden, ist besser als der Gießkannenversand an alle Chefredakteure. Aber Vorsicht: Kontaktieren Sie Ihre Gesprächspartner nur, wenn Sie etwas wirklich Wichtiges zu verkaufen haben – nach der fünften Ankündigung einer vermeintlichen Sensation nimmt man Sie nicht mehr ernst. Wenn Sie darüber hinaus die Gelegenheit haben, persönliche Kontakte zu pflegen, tun Sie das unbedingt – das erhöht Ihre Chancen, mit Ihrer Botschaft durchzudringen. Sie haben die Bringschuld. Aber Vorsicht: Auch die Kontaktaufnahme will zum richtigen Zeitpunkt gemacht werden. Bei Tageszeitungen beispielsweise ist es keine gute Idee, den Redakteur am späten Nachmittag anzurufen und ihm eine Kurzvorlesung zu halten – das ist genau die Tageszeit, zu der er am meisten zu tun hat und am meisten unter Druck steht.

7. Die Uni-Pressestellen verfügen in der Regel über gute Kontakte. Alternativ können auch Presseagenturen weiterhelfen. Um innenpolitischen Ärger zu vermeiden, empfiehlt es sich zudem, sich mit der Pressestelle des Hauses abzustimmen – der Pressereferent des Hauses ist Ihr Verbündeter, behandeln Sie ihn dementsprechend.

8. Erreichbar sein. Ein Anrufbeantworter oder die Weitergabe einer Mobilfunknummer sind zum Beispiel gute Instrumente. Aber bedenken Sie: Sätze wie „Ich rufe Sie zurück“ hört man nicht gerne, wenn man unter Zeitdruck steht. Seien Sie prompt und zuverlässig. Instruieren Sie auch Ihr Sekretariat, wann und wo man Sie erreichen kann und für wen Sie erreichbar sind. Profis geben auch ein Interview aus dem Spanien-Urlaub heraus.

9. Nicht mit dem Chefredakteur drohen, wenn etwas nicht wie gewünscht läuft – das ist albern. Auf Druck von oben reagieren die meisten Journalisten allergisch – sie sind auch nur Menschen. Wenn der Journalist die Relevanz Ihrer Forschung für das Blatt in Frage stellt, sollten Sie sich fragen, ob er nicht vielleicht Recht hat.

10. Am Tag nach morgen erscheint die nächste Zeitung.

Weiterer Forschungsbedarf ist gegeben, so etwa im Hinblick auf die Folgen der ebenfalls nicht zutreffenden Erwartungsbildung $E_J(B_Ö) \Rightarrow \infty$.

Literatur

Zimmermann, Klaus F., Advising policy makers through the media, IZA Discussion Paper No. 1001, January 2004.

Anschriften der Autoren

Apolte, Prof. Dr. *Thomas,* Universität Münster, Institut für Ökonomische Bildung, Scharnhorststr. 100, D-48151 Münster, apolte@uni-muenster.de

Beck, Prof. Dr. *Hanno,* Hochschule Pforzheim, Tiefenbronner Str. 65, D-75175 Pforzheim, hanno.beck@hs-pforzheim.de

Beyer, Prof. Dr. *Andrea,* Fachhochschule Mainz, An der Bruchspitze 50, D-55122 Mainz, a.beyer@wiwi.fh-mainz.de

Budzinski, Prof. Dr. *Oliver,* University of Southern Denmark, Syddansk Universitet Campus Esbjerg, Dept. of Environmental and Business Economics, Niels Bohr Vej 9-10, DK-6700 Esbjerg, obu@sam.sdu.dk

Dewenter, Prof. Dr. *Ralf,* Helmut Schmidt-Universität Hamburg, Institut für Wirtschaftspolitik, Holstenhofweg 85, D-22043 Hamburg, ralf.dewenter@hsu-hh.de

Färber, Prof. Dr. *Gisela*, Deutsche Hochschule für Verwaltungswissenschaften, LS für Wirtschaftliche Staatswissenschaften, Freiherr-vom-Stein-Straße 2 , D-67346 Speyer, faerber@dhv-speyer.de

Haucap, Prof. Dr. *Justus*, Friedrich-Alexander-Universität Erlangen-Nürnberg, LS für Wirtschaftspolitik, Lange Gasse 20, D-90403 Nürnberg, justus.haucap@wiso.uni-erlangen.de

Holznagel, Prof. Dr. *Bernd*, LL.M., Universität Münster, Juristische Fakultät, Leonardo-Campus 9, D-48149 Münster, holznagel@uni-muenster.de

Horn, Dr. *Karen,* Institut der deutschen Wirtschaft, Wallstr. 15/15a, D-10179 Berlin, karen@karenhorn.de

Jahn, Eike, Universität Münster, Institut für Informations-, Telekommunikations- und Medienrecht (ITM), Leonardo-Campus 9, D-48149 Münster, eike.jahn@uni-muenster.de

Knorr, Prof. Dr. *Andreas*, Deutsche Hochschule für Verwaltungswissenschaften, LS für Volkswirtschaftslehre, Freiherr-vom-Stein-Straße 2 , D-67346 Speyer, knorr@dhv-speyer.de

Kruse, Prof. Dr. *Jörn*, Helmut Schmidt-Universität Hamburg, Institut für Wirtschaftspolitik, Holstenhofweg 85, D-22043 Hamburg, Joern.Kruse@hsu-hh.de

Lindstädt, Dipl.-Kff. *Nadine,* University of Southern Denmark, Syddansk Universitet Campus Esbjerg, Dept. of Environmental and Business Economics, Niels Bohr Vej 9-10, DK-6700 Esbjerg, nad@sam.sdu.dk

Müller, Prof. Dr. *Christian,* Universität Münster, Institut für Ökonomische Bildung, Scharnhorststr. 100, D-48151 Münster, christian.mueller@wiwi.uni-muenster.de

Otter, Dr. *Nils,* Staatskanzlei des Landes Sachsen-Anhalt, Hegelstraße 40-42, D-39014 Magdeburg, n.otter@email.de

Schnellenbach, Dr. *Jan*, Ruprecht-Karls-Universität Heidelberg, Alfred-Weber-Institut für Wirtschaftswissenschaften, Grabengasse 14, D-69117 Heidelberg, jan.schnellenbach@awi.uni-heidelberg.de

Schröder, Dr. *Guido,* Universität Bayreuth, LS Volkswirtschaftslehre V, D-95440 Bayreuth, guido.schroeder@uni-bayreuth.de

Schulz, Dr. *Christina*, Jugendkulturelle Bundeswettbewerbe, Berliner Festspiele, Schaperstraße 24, D-10719 Berlin, christina.schulz@berlinerfestspiele.de

Simon, Isabel, M.A., Institut für Informations-, Telekommunikations- und Medienrecht (ITM), Leonardo-Campus 9, D-48149 Münster, isabel.simon@uni-muenster.de

Sundmacher, Dr. *Torsten,* Sustain Consult, Kaiserstr. 24, D-44135 Dortmund, sundmacher@sustain-consult.de

Theurl, Prof. Dr. *Theresia,* Universität Münster, Institut für Genossenschaftswesen, Am Stadtgraben 9, D-48143 Münster, theresia.theurl@uni-muenster.de

Tutt, Dr. *Lars*, Geschäftsführer des Medienverbandes der Evangelischen Kirche im Rheinland gGmbH, Kaiserswerther Straße 450, D-40474 Düsseldorf, tutt@medienverband.de

Vogelsang, Michael, Universität Wuppertal, Europäisches Institut für Internationale Wirtschaftsbeziehungen (EIIW), Campus Freudenberg, Rainer-Gruenter-Str. 21, D- 42119 Wuppertal, vogelsang@eiiw.uni-wuppertal.de

Welfens, Prof. Dr. *Paul J.J.*, Universität Wuppertal, LS für Volkswirtschaftslehre, Makroökonomische Theorie und Politik, Jean-Monnet-Professor für Europäische Integration, Gaußstr. 20, D-42119 Wuppertal, welfens@uni-wuppertal.de

Wentzel, Prof. Dr. *Dirk,* Hochschule Pforzheim, Jean-Monnet-Professor für Europäische Integration, Tiefenbronner Str. 65, D-75175 Pforzheim, dirk.wentzel@hs-pforzheim.de

Schriften zu Ordnungsfragen der Wirtschaft

Lucius&Lucius Verlags-GmbH, Stuttgart, ISSN 1432-9220

Band 90: *Alfred Schüller* und *Stefan Voigt* (Hg.),
Von der Ordnungstheorie zur Institutionenökonomik: Rückblick und Entwicklungsoptionen eines Marburger Forschungsprogramms – aus Anlaß des 50jährigen Bestehens der Forschungsstelle zum Vergleich wirtschaftlicher Lenkungssysteme, 2008, 170 S.,32 €, ISBN 978-3-8282-0438-6.

Band 89: *Dirk Wentzel* (Hg.),
Medienökonomik – Theoretische Grundlagen und ordnungspolitische Gestaltungsalternativen, 2008, 482 S., 58 €, ISBN 978-3-8282-0437-9

Band 88: *Helmut Leipold,*
Die Ordnung von Wirtschaft und Gesellschaft als zentrale Aufgabe: Ordnungsökonomische und kulturvergleichende Studien, 2008, 307 S., 38 €, ISBN 978-3-8282-0436-2.

Band 87: *Katharina Wacker,*
Wettbewerb und Regulierung auf dem deutschen Fernsehmarkt: Deregulierungsbedarf und Umsetzungsbedingungen, 2007, 220 S., 36 €, ISBN 978-3-8282-0414-0.

Band 86: *Albrecht F. Michler* und *H. Jörg Thieme* (Hg.),,
Systeme monetärer Steuerung: Analyse und Vergleich geldpolitischer Strategien, 2007, 420 S., 44 €, ISBN 978-3-8282-0410-2.

Band 85: *Friedrich Gröteke,*
Europäische Beihilfenkontrolle und Standortwettbewerb: Eine ökonomische Analyse, 2007, 336 S., 38 €, ISBN 978-3-8282-0401-0.

Band 84: *Dieter Starke,*
Unternehmensinsolvenzen im Wandel der Gesellschafts- und Wirtschaftssysteme: Eine Untersuchung im Lichte des Kritischen Rationalismus und der Evolutionsökonomik, 2007, 333 S., 38,00 €, ISBN 978-3-8282-0395-2.

Band 83: *Klaus Heine* und *Wolfgang Kerber* (Hg.),
Zentralität und Dezentralität von Regulierung in Europa, 2007, 355 S., 42,00 €, ISBN 978-3-8282-0383-9.

FSC
www.fsc.org
MIX
Papier | Fördert
gute Waldnutzung
FSC® C083411

Kolibri 360 GmbH
Ferdinand-Jühlke-Straße 7
99095 Erfurt, Deutschland
produktsicherheit@kolibri360.de